STEFANIA AUCI

Die Löwen von Sizilien

GOLDMANN

Stefania Auci

Die Löwen von Sizilien

Die Geschichte einer Familie

Roman

Aus dem Italienischen
von Judith Schwaab

GOLDMANN

Die Originalausgabe erschien 2019 unter dem Titel »I leoni di Sicilia«
bei Casa Editrice Nord, Gruppo editoriale Mauri Spagnol, Mailand.

5. Auflage
Deutsche Erstveröffentlichung Juni 2021

in der Penguin Random House Verlagsgruppe GmbH,
Neumarkter Straße 28, D-81673 München
produktsicherheit@penguinrandomhouse.de

Gestaltung des Umschlags und der Umschlaginnenseiten:
UNO Werbeagentur, München
Umschlagmotiv: Zitronen, Ranken, Korb: FinePic®, München;
Frau: Mark Owen/Trevillion Images;
Composing-Element (Bäume): Drunaa/Trevillion Images;
Haus, Landschaft: Yolande de Kort/Trevillion Images
Redaktion: Christina Neiske
BH · Herstellung: kw
Satz: KCFG – Medienagentur, Neuss
Druck: GGP Media GmbH, Pößneck
Printed in Germany
ISBN: 978-3-442-49123-0

www.goldmann-verlag.de

Für Federico und Eleonora:
Für den Mut, die Unschuld, die Angst
und die Verrücktheit, die wir geteilt haben,
an verlorenen und wiedergefundenen Tagen.

Ob das Schlachtfeld auch verloren
Ist doch nicht alles hin; der Wille nicht,
Der unbesiegbar, nicht der Rache Durst,
Der ewge Hass und Muth, sich nie zu beugen,
Und was sonst noch unüberwindlich ist.

John Milton, *Das verlorene Paradies*

PROLOG

Bagnara Calabra, 16. Oktober 1799

Cu nesci, arrinesci.
Wer weggeht, hat Erfolg.
Sizilianische Redensart

Das Erdbeben ist ein Grollen, das im Meer geboren wird. Es zwängt sich in die Nacht, schwillt an, wächst, verwandelt sich in ein Dröhnen, das die Stille zerreißt.

In den Häusern schlafen die Menschen. Einige von ihnen werden wach, als das Geschirr klappert; andere, als die Türen zu schlagen beginnen. Doch als die Wände beben, sind alle auf den Beinen.

Kühe muhen, Hunde bellen, es wird gebetet, geflucht. Die Berge schütteln sich, werfen Felsen und Schlamm ab, die Welt steht Kopf.

Der Erdstoß erreicht das Viertel Pietraliscia, greift nach dem Fundament eines Hauses, schüttelt es heftig.

Ignazio öffnet die Augen, aus dem Schlaf gerissen von dem Beben, das die Wände zum Wackeln bringt. Über ihm eine niedrige Decke, die jeden Moment auf ihn niederzustürzen scheint.

Es ist kein Traum. Es ist die schlimmste Wirklichkeit, die man sich vorstellen kann.

Vor ihm wogt das Kinderbett von Vittoria, seiner Nichte, zwischen der Wand und der Mitte des Zimmers. Auf der Sitzbank zittert die Metallkassette, fällt zusammen mit dem Kamm und dem Rasiermesser zu Boden.

Das Haus hallt von den Schreien einer Frau wider. »Hilfe, Hilfe! Ein Erdbeben!«

Bei diesem Schrei springt er auf. Doch Ignazio läuft noch nicht nach draußen. Zuerst muss er Vittoria in Sicherheit bringen, sie ist erst neun Jahre alt und hat fürchterliche Angst. Er zieht sie unter das Bett, wo sie vor dem herabstürzenden Putz in Sicherheit ist.

»Bleib hier, hast du verstanden?«, sagt er zu ihr. »Rühr dich nicht vom Fleck.«

Sie nickt. Ihre Angst ist so groß, dass es ihr die Sprache verschlagen hat.

Paolo. Vincenzo. Giuseppina.

Ignazio läuft aus dem Zimmer. Der Flur kommt ihm endlos vor, dabei sind es nur ein paar Schritte. Er spürt, wie die Wand unter seiner Hand weggleitet; es gelingt ihm, sie noch einmal zu berühren, doch sie bewegt sich, als wäre sie lebendig.

Er erreicht das Schlafzimmer seines Bruders Paolo. Durch die Fensterläden dringt ein Streifen Licht. Giuseppina, seine Schwägerin, ist vom Bett gesprungen. Ihr Mutterinstinkt hat sie vor einer Bedrohung Vincenzos gewarnt, ihres nur wenige Monate alten Sohnes, und sie geweckt. Sie versucht, den Säugling aus der Wiege zu nehmen, die an den Deckenbalken aufgehängt ist, doch das Weidenkörbchen ist zum Spielball der seismischen Wellen geworden. Die Frau weint vor Verzweiflung, streckt die Arme aus, während die Wiege heftig hin und her schwingt.

Der Schal, den sie trägt, fällt zu Boden, ihre Schultern sind nackt. »*Figghiema! Ccà vene, Maronna mia, aiutateci!* Mein Sohn! Kommt her, heilige Mutter Gottes, helft uns!«

Jetzt gelingt es Giuseppina, den Säugling zu ergreifen. Vincenzo reißt die Augen auf, fängt an zu weinen.

In dem Chaos bemerkt Ignazio einen Schatten. Sein Bruder Paolo. Er springt von der Matratze herunter, packt seine Frau, schiebt sie auf den Flur hinaus. »Raus hier!«

Ignazio macht wieder kehrt. »Warte! Vittoria!«, schreit er auf dem Weg zu seinem Zimmer. Im Dunkel unter dem Bett tastet er nach dem Mädchen und findet Vittoria. Da kauert sie, mit den Händen über dem Kopf. Er hebt sie hoch, läuft davon. Ganze Stücke Verputz lösen sich von den Wänden, das Heulen des Erdbebens geht weiter.

Er spürt, wie die Kleine bei ihm Schutz sucht, wie ihre Hände sich in sein Hemd krallen, den Stoff zerreißen. Sie kratzt ihn vor Angst.

Paolo schubst sie über die Schwelle, die Treppe hinunter. »Hierher, kommt.«

Sie laufen gerade durch den Innenhof, als die Erdstöße ihren Höhepunkt erreichen. Sie fallen einander in die Arme, ihre Köpfe berühren sich, die Augenlider geschlossen. Sie sind zu fünft. Alle sind da.

Ignazio betet und zittert, und er hofft. Es wird aufhören. Es muss aufhören.

Die Zeit zerspringt in Millionen Momente.

Dann, so plötzlich, wie es begonnen hat, nimmt das Dröhnen ab, hört schließlich ganz auf.

Einen Augenblick lang ist es einfach nur Nacht.

Doch Ignazio weiß, dass dieser Frieden trügerisch ist. Das Erdbeben ist eine Lektion, die er früh hat lernen müssen.

Er hebt den Kopf. Vittorias Panik spürt er durch sein Nachthemd hindurch, ihre Nägel, die sich in seine Haut krallen, ihr Zittern und Beben.

Er liest die Angst im Gesicht seiner Schwägerin und die Erleichterung in dem seines Bruders, er sieht, wie Giuseppina nach dem Arm ihres Mannes greift, doch dieser windet sich heraus, um sich dem Gebäude zu nähern. »Gott sei Dank, das Haus steht noch. Morgen, wenn es hell ist, schauen wir uns die Schäden an und …«

Vincenzo sucht sich ausgerechnet diesen Moment aus, um in heftiges Weinen auszubrechen. Giuseppina wiegt ihn in ihren Armen. »Ist ja gut, mein Augenstern, ist ja gut«, tröstet sie ihn und tritt auf Ignazio und Vittoria zu. Man sieht Giuseppina an, wie groß ihre Angst ist: Ignazio merkt es an ihrem hastigen Atmen, am Schweißgeruch, dem Odem der Angst, der sich mit dem Seifengeruch ihres Nachthemds mischt.

»Vitto', wie geht es dir? Alles in Ordnung?«, fragt Ignazio.

Seine Nichte nickt, lässt das Hemd des Onkels aber trotzdem nicht los, packt es nur noch fester. Ignazio löst ihr Händchen mit Nachdruck. Doch er versteht die Angst des Mädchens: Die Kleine ist Waise, die Tochter seines Bruders Francesco. Er und seine Frau sind vor ein paar Jahren gestorben und haben das Kind in der Obhut von Paolo und Giuseppina gelassen, den Einzigen, die der Kleinen eine Familie und ein Dach über dem Kopf bieten konnten.

»Ich bin ja hier. Sei ganz beruhigt.«

Vittoria schaut ihn stumm an und klammert sich dann an Giuseppina, so wie sie sich noch kurz zuvor an ihn geklammert hat, wie eine Schiffbrüchige.

Vittoria lebt bei Giuseppina und Paolo, seit diese vor knapp drei Jahren geheiratet haben. In ihrer Art ähnelt sie sehr ihrem Onkel Paolo: Sie ist schweigsam, stolz, reserviert. Doch in diesem Moment ist sie lediglich ein kleines Mädchen, das sich fürchtet.

Angst tritt in vielen Gewändern auf. Ignazio weiß zum Beispiel, dass sein Bruder sich niemals damit aufhalten würde zu weinen. Mit finsterer Miene, die Hände in die Hüften gestützt, betrachtet Paolo den Hof und die Berge, die die Schlucht umschließen. »Heilige Mutter Gottes, wie lange hat es wohl gedauert?«

Seine Frage trifft auf Schweigen. Dann ergreift Ignazio das Wort: »Ich weiß es nicht. Lange.« Er versucht, das Beben in seinem eigenen Inneren zu beruhigen. Seine Miene ist angespannt, man sieht ihm die durchlittene Angst an. Ein heller Bartflaum sprießt an seinem Kinn, seine Hände sind schmal, nervös. Er ist jünger als Paolo, der wiederum älter wirkt, als er ist.

Die Anspannung weicht einer gewissen Erschöpfung, und allmählich machen sich körperliche Empfindungen bemerkbar: die Feuchtigkeit in der Luft, Schwindel, die Kälte der Kiesel unter den Füßen. Ignazio ist barfuß, unter dem Nachthemd praktisch nackt. Er streicht sich die Haare aus der Stirn, betrachtet den Bruder, dann die Schwägerin.

Nur ein Moment, dann ist es entschieden.

Er geht in Richtung Haus. Paolo folgt ihm, hält ihn am Arm fest. »Wo willst du denn hin?«

»Sie brauchen Decken.« Ignazio weist mit dem Kopf auf Vittoria und Giuseppina, die den Säugling im Arm hält. »Bleib du nur bei deiner Frau. Ich geh schon.«

Er wartet nicht auf eine Antwort. Eilig und vorsichtig zugleich steigt er die Treppe hoch. Am Eingang bleibt er einen Moment stehen, um seine Augen ans Halbdunkel zu gewöhnen.

Geschirr, Hausrat, Stühle: Alles ist zu Boden gegangen. Neben dem Backtrog schwebt noch eine Mehlwolke in der Luft.

Ihm wird bang ums Herz: Das hier ist das Haus, das

Giuseppina als Mitgift in die Ehe mit seinem Bruder Paolo eingebracht hat. Es gehört ihnen, doch auch für Ignazio ist es ein Zuhause: ein Ort, an dem er sich behaglich und willkommen fühlt. Es ist erschütternd, es so zu sehen.

Ignazio zögert. Er weiß, was passieren kann, wenn es zu einem weiteren Erdstoß kommt.

Doch es ist nur ein Moment. Dann geht er hinein, reißt die Decken von den Betten.

Er geht in sein Zimmer, sucht nach der Satteltasche, in der er sein Werkzeug aufbewahrt, und hängt sie sich über die Schulter. Dann tritt er zu der eisernen Kassette, öffnet sie. Der Ehering seiner Mutter schimmert im Dunkeln, als wollte er ihn trösten.

Er legt das Kästchen mit dem Ring in die Satteltasche.

Im Flur entdeckt er Giuseppinas Schal, der auf dem Boden liegt: Die Schwägerin muss ihn auf der Flucht nach draußen fallen gelassen haben. Sie trennt sich nie von ihm: Seit dem allerersten Tag, als sie in die Familie kam, trägt sie ihn.

Er hebt ihn auf, wendet sich der Haustür zu und bekreuzigt sich unter dem Kruzifix, das über dem Türstock hängt.

Einen Moment später beginnt die Erde wieder zu beben.

»Gott sei Dank war es diesmal kürzer.« Ignazio teilt die Decken mit dem Bruder; eine davon gibt er Vittoria. Am Ende der Schal.

Als er ihn ihr zurückgibt, greift sich Giuseppina verwirrt ans Nachthemd, fühlt nackte Haut. »Oh …«

»Den habe ich auf dem Boden gefunden«, erklärt Ignazio und senkt den Blick.

Sie murmelt »Danke« und kuschelt sich in den Stoff, auf der Suche nach Trost und Wärme in der ungewöhnlichen Kälte, die sie verspürt. Ein Schauder durchfährt sie, eine Mischung aus Angst und bösen Erinnerungen.

»Es hat keinen Sinn, draußen zu übernachten.« Paolo macht die Tür des Stalles auf. Die Kuh protestiert mit einem kurzen Muhen, als er sie am Strick zur gegenüberliegenden Wand führt und sie dort anbindet. Dann schlägt er einen Funken und entzündet eine Laterne, verteilt Heubüschel an der Wand. »Vittoria, Giuseppina, setzt euch.«

Es ist eine Geste der Fürsorge, das weiß Ignazio, doch der Ton, den Paolo anschlägt, duldet keine Widerrede. Die Frauen wirken seltsam gedankenverloren und schauen ratlos zum Himmel, auf die Straße. Wenn ihnen niemand sagte, was sie tun sollen, würden sie die ganze Nacht auf dem Hof stehen bleiben. Paolo übernimmt die Aufgabe eines Familienvaters. Stark sein, beschützen – das tut ein Mann, vor allem ein Mann wie Paolo.

Vittoria und Giuseppina lassen sich auf einem Strohbüschel nieder. Das kleine Mädchen rollt sich auf dem Boden zusammen und presst die geballten Fäuste vors Gesicht.

Giuseppina sieht sie an. Sie will der Erinnerung, die in ihr aufsteigt, Einhalt gebieten, doch sie ist hartnäckig, heimtückisch, sie greift ihr an die Kehle und zieht sie in die Vergangenheit zurück.

Ihre Kindheit. Ihre Eltern, tot.

Die Frau schließt die Lider, verscheucht mit einem tiefen Seufzer die Erinnerung. Oder sie versucht es zumindest. Sie drückt den kleinen Vincenzo an sich, öffnet dann ihr Nachthemd und legt ihn an die Brust. Die Händchen greifen nach ihrer zarten Haut, die Nägel kratzen sie rund um die Brustwarze.

Sie lebt, ihr Sohn lebt. Er wird nicht zum Waisen.

Ignazio hingegen steht reglos auf der Schwelle, betrachtet das Haus von der Seite. Obwohl es dunkel ist, sucht er nach Schäden, einem Riss etwa, einer eingedrückten Mauer, doch er kann nichts entdecken. Er kann es nicht glauben, wagt kaum zu hoffen, dass *dieses Mal* nichts passieren wird.

Die Erinnerung an seine Mutter ist wie ein Windstoß in der Nacht. Seine Mutter, wie sie lachte, wie sie ihm die Arme entgegenstreckte, und wie er, als er klein war, ihr entgegenlief. Die Schachtel in der Satteltasche kommt ihm auf einmal schwer wie ein Stein vor. Ignazio nimmt die Tasche, holt den Ring aus geschmiedetem Gold hervor. Er umschließt ihn mit der Hand und legt sie ans Herz.

»Mama.«

Er flüstert es nur. Es ist ein Gebet, vielleicht die Suche nach Trost. Nach einer Umarmung, die ihm fehlt, seit er sieben Jahre alt war. Seit seine Mutter Rosa gestorben ist. Man schrieb das Jahr 1783, das Jahr der göttlichen Heimsuchung, das Jahr, in dem die Erde so lange bebte, bis von Bagnara nur noch Schutt und Asche übrig waren. Jenes schreckliche Erdbeben, das halb Kalabrien und Sizilien zerstörte und Tausende Menschen das Leben kostete, davon allein zehn in einer einzigen Nacht nur in Bagnara.

Damals waren Giuseppina und er Nachbarn gewesen.

Ignazio erinnert sich gut an sie. Ein mageres, bleiches Ding, das – eingezwängt zwischen Bruder und Schwester – zwei Erdhügel mit einem einzigen Kreuz darauf anstarrte: ihre Eltern, im Schlaf getötet, begraben unter dem Schutt ihres eigenen Schlafzimmers.

Er hingegen stand neben seinem Vater und der Schwester; Paolo, ein wenig hinter ihnen, hatte die Fäuste geballt, einen traurigen Blick auf dem Gesicht eines Jünglings. In jenen Tagen beweinte niemand nur die eigenen Toten: Das Begräbnis der Eltern von Giuseppina, Giovanna und Vincenzo Saffiotti fand am gleichen Tag statt wie das seiner Mutter Rosa Bellantoni, und mit ihnen fanden viele andere aus Bagnara ihre letzte Ruhestätte. Die Nachnamen waren immer die gleichen: Barbaro, Spoliti, Di Maio, Sergi, Florio.

Ignazio senkt den Blick auf die Schwägerin. In dem Moment, als Giuseppina ihre Augen hebt und seinem Blick begegnet, weiß der junge Mann, dass auch sie von Erinnerungen überwältigt ist.

Sie sprechen die gleiche Sprache, bewohnen den gleichen Schmerz, tragen die gleiche Einsamkeit in sich.

»Wir sollten nachsehen, wie es den anderen ergangen ist.« Ignazio zeigt auf den Hügel jenseits von Bagnara. Lichter sind in der Dunkelheit zu erkennen, dort sind Häuser, Menschen. »Willst du etwa nicht wissen, ob es ihnen gut geht, Mattia und Paolo Barbaro?«

In seiner Stimme liegt ein leichtes Zögern. Mit dreiundzwanzig ist er ein erwachsener Mann, doch sein Gebaren erinnert Paolo immer noch an den kleinen Jungen, der sich in ihrem Elternhaus hinter dem Schmiedeofen des Vaters versteckte, wenn ihre leibliche Mutter ihn ausschimpfte. Danach, bei jener *anderen*, der neuen Frau des Vaters, hat Ignazio nie wieder geweint. Er beschränkte sich darauf, sie mit einem tiefen Hass anzuschauen und zu schweigen.

Paolo zuckt mit den Achseln. »Nicht nötig. Wenn die Häuser noch stehen, wird ihnen nichts passiert sein. Außerdem ist es Nacht und stockfinster, und der Weg ist weit.«

Ignazio späht dennoch ängstlich in Richtung Straße, und noch weiter, zu den Anhöhen, die das Dorf umgeben. »Nein, ich gehe nachschauen, was geschehen ist.« Er tritt auf den Pfad, der in den Ortskern von Bagnara führt, gefolgt von einer Beschimpfung durch den Bruder.

»Kehr um«, schreit der ihm hinterher, doch Ignazio hebt nur die Hand und bedeutet ihm, dass er weitergehen wird.

Er ist barfuß, im Nachthemd, doch das ist ihm gleichgültig: Er will wissen, wie es seiner Schwester geht. Er steigt von der Anhöhe herab, auf der Pietraliscia liegt, und hat in wenigen Schritten das Dorf erreicht. Hie und da liegen Verputzbrocken, Dachstücke, zerbrochene Ziegel.

Er sieht einen Mann, der mit einer Wunde am Kopf umherläuft. Das Blut schimmert im Schein der Fackel, mit der er die Gasse beleuchtet. Ignazio kommt an der Piazza vorbei, schlüpft in eine der Gassen, die voller Tiere sind, Hühner, Ziegen, Hunde auf der Flucht. Es herrscht großes Durcheinander.

In den Höfen sitzen Frauen und Kinder und beten den Rosenkranz, oder sie rufen einander etwas zu, fragen nach Neuigkeiten. Die Männer hingegen suchen nach Spaten und Hacken, packen ihre Satteltaschen mit dem Werkzeug, das Einzige, womit sie sich ihren Lebensunterhalt verdienen können, wertvoller als Essen oder Kleidung.

Er erklimmt den Pfad, der in das Granaro-Viertel führt, wo die Barbaros wohnen.

Dort stehen am Straßenrand Baracken aus Stein und Holz.

Einst standen hier richtige Häuser – er war damals noch klein, erinnert sich jedoch gut. Dann hatte das Beben des Jahres 1783 sie alle dem Erdboden gleichgemacht. Wer konnte, baute sein Haus mit dem, was er retten konnte, so gut wie möglich wieder auf. Andere nutzten die Ruinen, um größere, prächtigere Häuser daraus zu bauen, so wie es sein Schwager Paolo Barbaro, der Mann seiner Schwester Mattia Florio, getan hat.

Und der allererste Mensch, auf den er jetzt trifft, ist tatsächlich Mattia, die mit nackten Füßen auf einer Bank sitzt. Ihre Augen sind dunkel, der Blick streng; ihre kleine Tochter Anna, nur im Nachthemdchen, klammert sich an sie, Raffaele schläft in ihrem Arm.

In diesem Moment sieht Ignazio seine Mutter in ihr, ihre dunkle Haut, das schwarze Haar. Er läuft ihr entgegen und umarmt sie, ohne ein Wort zu sagen. Endlich ist die Anspannung verschwunden, die an seinem Herzen genagt hat.

»Wie geht es euch? Paolo, Vincenzo? Und Vittoria?« Sie nimmt sein Gesicht zwischen beide Hände, küsst seine Augen. Ihre Stimme klingt, als hätte sie gerade geweint. »Giuseppina, wie geht es ihr?« Der Bruder umarmt sie noch einmal, schnuppert ihren ganz eigenen Duft nach Brot und Früchten, einen süßen Duft, nach Zuhause.

»Alle sind in Sicherheit, Gott sei's gedankt. Paolo hat Giuseppina und die beiden Kinder im Stall untergebracht. Ich bin gekommen, um zu sehen, wie es dir geht … wie es euch geht.«

In dem Moment tritt Paolo Barbaro aus dem hinteren Teil des Gebäudes. Sein Schwager. Er führt einen Esel am Strick.

Mattia versteift sich, Ignazio lässt sie los.

»Ach, gut. Gerade wollte ich dich und deinen Bruder aufsuchen.« Paolo bindet das Tier an den Karren an. »Wir müssen zum Hafen fahren, um nach dem Boot zu sehen. Es macht nichts, wenn nur du dabei bist.«

Ignazio breitet die Arme aus, lässt die Decke, in die er sich gehüllt hatte, fallen. »So? Ich bin halb nackt.«

»Was soll's, genierst du dich etwa?«

Paolo ist klein und untersetzt; sein Schwager hingegen hat eine hagere Statur, einen sehnigen, noch jungen Körper. Mattia tritt auf die beiden zu, gleicht dabei das Gewicht der beiden Kinder aus, die sich an sie klammern.

»In der Truhe sind Kleider. Die kann er doch anziehen …«

Ihr Ehemann fährt ihr über den Mund. »Hat dich jemand gefragt? *Perché t'ha sempre immiscari?* Immer musst du dich einmischen. Und du, steig jetzt auf. Nach dem, was passiert ist, wird niemand darauf achten, wie einer angezogen ist …«

»Mattia wollte mir nur helfen«, nimmt Ignazio seine Schwester in Schutz. Er erträgt es nicht, Mattia mit gesenktem Kopf zu sehen, zerknirscht, die Wangen gerötet.

Der Schwager springt auf den Karren. »Meine Frau redet immer mehr als genug. Los, fahren wir.«

Ignazio will ihm Widerworte geben, doch Mattias flehentlicher Blick lässt ihn verstummen. Er weiß ja, dass Barbaro vor niemandem Respekt hat.

Das Meer sieht aus wie zäher Sirup. Es hat die Farbe von Tinte, die Grenze zum Himmel ist verwischt. Ignazio springt vom Karren, kaum sind sie im Hafen angelangt.

Vor ihm liegt die windgepeitschte Bucht, eingekeilt zwischen Klippen und Sand, doch auch geschützt von der zerklüfteten Felsmasse der Berge und von Kap Marturano.

Männer laufen schreiend zwischen den Booten hin und her, kontrollieren die Fracht, ziehen Taue fest.

Ein Tohuwabohu, wie zur Mittagszeit.

»Gehen wir.« Barbaro macht sich auf den Weg zum Turm von König Roger, wo das Meer tief ist. Dort liegen die größeren Boote vor Anker.

Kurz darauf stehen sie vor einem Schiff mit flachem Kiel. Das ist die *San Francesco di Paola,* die Schifazzo, die den Florios und den Barbaros gehört. Der hohe Mast schwankt im Rhythmus der Wellen, der Bugspriet zeigt in Richtung Meer. Die Segel sind eingeholt, das Tauwerk ist in Ordnung.

Ein Lichtschein taucht in der Schiffsluke auf. Barbaro beugt sich nach vorne, lauscht dem Knarzen und Quietschen mit einer Mischung aus Überraschung und Verärgerung. »Schwager, bist du das?«

Paolo Florios Kopf taucht in der Luke auf. »Wer sonst sollte es sein?«

»Was weiß ich? Nach all dem, was heute Nacht passiert ist …«

Doch Paolo Florio hört ihm schon nicht mehr zu. Er sieht jetzt Ignazio an. »Und du? Bist sang- und klanglos einfach verschwunden. Jetzt komm aufs Boot, mach schon.« Er zieht sich in den Bauch des Schiffes zurück, und auch der Bruder springt an Bord. Ihr Schwager bleibt auf der Brücke stehen und überprüft die linke Schiffswand, die gegen die Mole gedonnert ist.

Ignazio zwängt sich im Laderaum zwischen Kisten und Säcken hindurch, die von Kalabrien bis nach Palermo geliefert werden sollen.

Damit verdienen sie sich ihren Lebensunterhalt: mit dem Handel, vor allem zur See. Nur wenige Monate ist es her, dass es im Königreich Neapel schwerwiegende Veränderungen gegeben hat: Der König wurde vom Thron verjagt, und die Aufständischen haben in Neapel die Parthenopäische Republik ausgerufen. Dabei handelte es sich um eine Gruppe Adliger und Intellektueller, die die Ideen der Demokratie und Freiheit verbreiten wollten, genau wie es zuvor während der Revolution in Frankreich geschehen war, als man die Köpfe Ludwigs XVI. und Marie Antoinettes rollen sah. König Ferdinand und seine Gemahlin Maria Karolina haben allerdings besser aufgepasst und sind rechtzeitig entkommen, unterstützt von jenem Teil der Armee, der den Engländern, dem Erzfeind Frankreichs, die Stange gehalten hatte, bevor die *lazzari,* die Aufständischen, ihre Wut an ihnen auslassen konnten.

Doch bis hierher in die kalabrischen Berge ist nur die allerletzte Welle jener Revolution durchgedrungen. Es hat mehrere Morde gegeben, die Soldaten wussten nicht mehr, wem sie gehorchen sollten, und die Briganten, die schon immer dieses Bergland unsicher gemacht haben, begannen, auch die Kaufleute an der Küste auszunehmen wie die Weihnachtsgänse.

Hier die Aufständischen, dort die Briganten – die Wege sind gefährlich geworden, und auch wenn es auf dem Meer weder Kirchen noch Gasthäuser gibt, bietet es doch mehr Sicherheit als die Straßen im Königreich der Bourbonen.

Im Inneren des kleinen Laderaums ist es stickig. Da gibt es Zedernäpfel in Weidenkörbchen für die Parfümeure; außerdem Fisch, vor allem Stockfisch, und eingelegte Heringe. Weiter hinten liegen Lederstücke, bereit für den Transport nach Messina.

Paolo inspiziert die Säcke mit Waren. Im Laderaum vermischt sich das Aroma von Salzfisch mit dem leicht säuerlichen Gerbgeruch des Leders.

Die Gewürze lagern allerdings nicht hier. Die behalten sie bis kurz vor der Abfahrt im Haus. Die Feuchtigkeit und der Salzgehalt des Meeres könnten ihnen schaden, und so werden sie mit der allergrößten Achtsamkeit gelagert. Sie haben fremdländische Namen; wenn man sich deren Klang auf der Zunge zergehen lässt, steigen sogleich Bilder von Sonne und Wärme in einem auf: Pfeffer, Zitronat, Gewürznelken, Blutwurz, Zimt. Sie sind der wahre Reichtum.

Auf einmal spürt Ignazio, dass Paolo nervös ist. Er sieht es an seinen Gesten, er hört es daran, wie er spricht, auch wenn seine Worte durch das Schwappen des Wassers gegen die Bootsverkleidung gedämpft werden. »Was ist denn?«, fragt er ihn. Er fürchtet, sein Bruder habe mit Giuseppina gestritten. Seine Schwägerin ist alles andere als die unterwürfige Frau, die sie sein sollte. Zumindest für einen Mann wie Paolo. Doch das ist es nicht, was seinen Bruder aufwühlt, das spürt Ignazio. »Was gibt's?«, fragt er noch einmal.

»Ich will von Bagnara weg.«

Der Satz fällt in dem flüchtigen Moment zwischen einer Welle und der nächsten.

Ignazio hofft, dass er seinen Bruder nicht richtig verstanden hat. Doch Paolo hat bereits bei anderen Gelegenheiten diesen Wunsch geäußert. »Wohin?«, fragt er, mehr betrübt als überrascht. Er hat Angst. Eine urplötzliche Angst, eine alte Angst, wie ein Tier, das ihm mit dem scharfen Atem des Verlassens im Nacken sitzt.

Mattia und Paolo haben ihn immer unterstützt. Jetzt hat Mattia ihre eigene Familie, und Paolo will weggehen. Ignazio allein lassen.

Sein Bruder senkt die Stimme, fast ist es nur noch ein Flüstern. »Eigentlich denke ich schon eine ganze Weile darüber nach. Das Beben von heute Nacht hat mich endgültig davon überzeugt, dass es die richtige Entscheidung ist. Ich will nicht, dass Vincenzo hier aufwächst, immer mit dem Risiko, dass ihm das Haus über dem Kopf einstürzt. Und außerdem …« Er schaut ihn an. »Ich will mehr, Igna'. Dieses Dorf hier reicht mir nicht mehr. Ich will nach Palermo.«

Ignazio öffnet den Mund, um ihm zu antworten, schließt ihn wieder. Er weiß nicht, was er sagen soll, spürt, wie die Worte zu Asche werden.

Sicher, Palermo ist eine Wahl, die auf der Hand liegt: Barbaro und Florio, wie man sie in Bagnara nennt, haben dort unten eine *putìa,* einen Gewürzladen.

Ignazios Gedanken schweifen zurück. Alles hat vor zwei Jahren mit einem Lagerraum begonnen, einer kleinen Faktorei, in der sie die Ware unterbrachten, die sie entlang der Küste erwarben, um sie auf der Insel wiederzuverkaufen. Am Anfang war dies schlicht eine Notwendigkeit, doch schon bald darauf kam sein Bruder Paolo auf die Idee, das Lager als Standort zu nutzen, denn von dort aus könnten sie die Verkäufe in Palermo ankurbeln, einem der größten Häfen im Mittelmeer. Und so ist aus jenem kleinen Lagerraum ein richtiges Geschäft geworden. *Außerdem gibt es in Palermo eine große Gemeinde von Leuten aus Bagnara*, überlegt Ignazio. Es ist ein lebendiger Markt, vielfältig und voller Möglichkeiten, vor allem jetzt nach der Ankunft der Bourbonen, die vor der Revolution geflohen sind.

Er weist mit dem Kopf stumm nach oben zur Brücke, wo die Schritte ihres Schwagers widerhallen.

Nein, Barbaro weiß es noch nicht. Paolo legt den Finger an die Lippen.

Die Einsamkeit schnürt Ignazio die Kehle zu.

Die Rückfahrt ist schweigsam. Bagnara befindet sich in einem Zustand der Schwebe; es wartet auf den Anbruch des Tages. Als die beiden Brüder in Pietraliscia angekommen sind, betreten sie den Stall. Vittoria schläft, Vincenzo ebenso. Giuseppina hingegen ist wach.

Paolo setzt sich neben seine Frau, die stocksteif dasitzt, ein Bild des Argwohns.

Ignazio sucht sich einen Platz auf dem Stroh und kuschelt sich an Vittoria. Die Kleine stößt einen Seufzer aus. Instinktiv nimmt er sie in die Arme, doch er findet keinen Schlaf.

Die Neuigkeit ist schwer hinzunehmen. Wie soll er allein zurechtkommen, er, der noch nie allein war?

Draußen dämmert der Morgen, Lichtstrahlen stehlen sich durch die Risse in der Tür. Ein goldenes Licht, das vom Nahen des Herbstes kündet. Ignazio erschaudert vor Kälte; Rücken und Nacken sind verkrampft, die Haare voller Spelzen. Er rüttelt Vittoria sanft aus dem Schlaf.

Paolo ist schon auf den Beinen. Er schnaubt, während Giuseppina den Kleinen wiegt, der wieder zu quengeln begonnen hat.

»Wir müssen ins Haus zurück«, erklärt sie kampflustig. »Vincenzo muss gewickelt werden, und auch ich muss mich umziehen. So kann ich nicht bleiben, das schickt sich nicht.«

Paolo schnaubt erneut und macht die Tür auf; Sonnenlicht durchflutet den Stall. Das Haus steht noch, und jetzt, im frühen Morgenlicht, sieht man deutlich mehrere Verputzstücke und kaputte Dachziegel. Doch es gibt keine Risse in den Mauern, keine sonstigen Schäden. Giuseppina murmelt ein Dankgebet. Sie können wieder hinein.

Ignazio betritt das Haus direkt hinter Paolo. Danach kommt Giuseppina. Ignazio hört ihre zögerlichen Schritte und wartet auf sie, bereit, ihr beizustehen.

Sie überschreiten die Schwelle. Die Küche ist voller kaputtem Hausrat.

»Heilige Mutter Gottes, was für ein Durcheinander.« Giuseppina hält den Neugeborenen, der mittlerweile brüllt wie am Spieß, fest an sich gedrückt. Der Kleine riecht nach sauer gewordener Milch. »Vittoria, hilf mir! Räum auf hier, ich kann nicht alles machen! Beeil dich!« Jetzt betritt das Mädchen, das zurückgeblieben war, die Küche. Vittoria sucht den Blick der Tante, doch diese beachtet sie nicht. Mit aufeinandergepressten Lippen bückt sie sich und beginnt, die Scherben aufzuklauben. Weinen wird sie nicht, das darf sie nicht.

Giuseppina geht weiter zu dem Flur, an dem die Schlafzimmer liegen. Jeder ihrer Schritte ist ein Wehklagen, das ans Herz geht. Ihr Haus, ihr ganzer Stolz, ist voller Gesteinsbrocken und Scherben. Es wird Tage dauern, das alles wieder in Ordnung zu bringen.

In ihrem Schlafzimmer kümmert sie sich zuerst um Vincenzo, wäscht und wickelt ihn. Dann legt sie ihn auf die

Matratze, um sich selbst zu säubern. Der Kleine strampelt, grabscht nach seinem Füßchen, lacht und gluckst.

»Mein Goldschatz«, sagt sie. »Mein Leben.«

Vincenzo ist ihre *puddara*, ihr Polarstern. Das Menschlein, das sie mehr liebt als alle anderen.

Am Ende zieht sie ihr Hauskleid an, legt sich den geliebten Schal über die Schultern, steckt einen Zipfel am Rücken fest.

Während sie ihren kleinen Sohn in die Wiege legt, betritt Paolo das Zimmer.

Er öffnet das Fenster. Oktoberluft weht ins Zimmer herein, zusammen mit dem Rascheln der Buchenblätter, die sich in Richtung Gebirge bereits rot verfärben. Eine Elster zetert, nur wenige Meter entfernt, in dem Gemüsegarten, um den sich Giuseppina persönlich kümmert. »Wir können nicht in Pietraliscia bleiben.«

Giuseppina, die gerade ein Kissen aufschüttelt, hält inne. »Wieso? Gibt es Schäden? Wo?«

»Das Dach hat beträchtlich gelitten, aber es geht nicht nur um die Schäden. Wir gehen hier weg. Weg von Bagnara.«

Giuseppina traut ihren Ohren nicht. Das Kissen gleitet ihr aus den Händen. »Warum?«

»Darum.« Paolos Stimme lässt keinen Zweifel: Hinter dieser Ankündigung steht eine unwiderrufliche Entscheidung.

Sie starrt ihn an. »Was redest du da? Ich soll aus meinem Haus weg?«

»Aus *unserem* Haus.«

Aus *unserem* Haus?, hätte sie beinahe gefragt. Sie tritt ihm entgegen, beißt die Zähne zusammen. *Das hier ist* mein *Haus*, denkt die Frau wütend. *Mein Haus, das ich als Mitgift in die Ehe eingebracht habe, während du und dein Vater noch mehr Geld haben wolltet, und das hat immer noch nicht gereicht…* Denn Giuseppina erinnert sich noch gut an das Tauziehen, das es damals um die Mitgift gab, die die Florios haben wollten, und wie viel es gebraucht hatte, bis sie zufrieden waren, während Giuseppina überhaupt nicht hatte heiraten wollen. Und jetzt will er einfach weg von hier? Warum?

Nein, sie will es eigentlich gar nicht wissen. Sie geht auf den Flur, weg aus diesem Zimmer, weg von diesem Zank.

Paolo folgt ihr. »Die Innenmauern hier haben Risse, es sind Ziegel heruntergefallen. Beim nächsten Erdbeben wird uns das Haus über dem Kopf einstürzen.«

Sie haben die Küche erreicht. Ignazio begreift sofort. Er kennt die Anzeichen dafür, dass bei den Florios der Haussegen schief hängt, und sie sind alle da. Er bedeutet Vittoria hinauszugehen, und sie verzieht sich in Richtung Treppe, nach draußen. Er selbst macht sich zum Flur auf den Weg, bleibt aber direkt hinter der Schwelle stehen: Er fürchtet Paolos Reaktionen und den Zorn seiner Schwägerin.

Nein, bei diesem Streit wird nichts Gutes herauskommen. Zwischen den beiden ist noch nie etwas Gutes herausgekommen.

Giuseppina greift nach einem Reisigbesen, um das Mehl vom Boden wegzukehren. »Dann richte die Schäden: Du bist das Familienoberhaupt. Oder ruf Handwerker.«

»Ich kann nicht die ganze Zeit hierbleiben, um die Maurer zu überwachen, und um es selbst zu machen, fehlt mir die Zeit. Wenn ich nicht rausfahre, haben wir nichts zu essen. Wir fahren über Neapel nach Palermo, aber ich habe keine Lust mehr, ein *bagnaroto* zu sein, ein Habenichts aus Bagnara. Ich will mehr, für mich und für meinen Sohn.«

Sie stößt einen Laut aus, der halb ordinäres Lachen und halb verächtliches Schnauben ist. »Aber du wirst immer ein *bagnaroto* sein, auch wenn du an den Bourbonenhof gehst. Man kann nicht auslöschen, was man ist, selbst wenn man nach Geld stinkt. Und du bist ein Trödler, der Dinge auf einer Schifazzo verkauft, einem Schiff, das er zusammen mit seinem Schwager erworben hat, der ihn immer noch wie einen Dienstboten behandelt.« Giuseppina beginnt, sich an dem Geschirr in der Spülwanne zu schaffen zu machen.

Ignazio hört das laute Klappern der Teller, er spürt, wie zornig seine Schwägerin ist. Durch den Türspalt sieht er ihren Rücken, der sich bewegt, über den Zuber gebeugt.

Er weiß, wie sie sich fühlen muss: wütend, verstört, erschrocken. Verängstigt.

Genau so, wie er sich seit der vergangenen Nacht fühlt.

»Wir gehen in den nächsten Tagen weg. Und es wäre gut, wenn du deiner Großmutter Bescheid sagst, dass wir …«

Ein Terrakottateller zerschellt auf dem Boden. »Ich gehe nicht aus meinem Haus weg! Vergiss es!«

»Deinem Haus!« Paolo unterdrückt einen Fluch. »Dein Haus! Das hältst du mir schon vor, seit wir verheiratet sind! Du und deine Verwandten, und dein Geld! Ich bin es, der dir das Leben hier ermöglicht, mit meiner Hände Arbeit.«

»Ja. Aber das Haus gehört mir, meine Eltern haben es mir vermacht. Ein solches Haus, davon konntest du nur träumen. Du hast im Heuschober deines Schwagers gelebt, erinnerst du dich? Ich habe von meinem Onkel und meinem Vater Dukaten geerbt, und jetzt beschließt du, dass ich von hier wegsoll?« Sie greift nach einer Kupferpfanne und schleudert sie mit voller Wucht auf den Boden. »Ich gehe nicht weg von hier! Das hier ist mein Haus! Das Dach ist kaputt? Dann richtet man es eben. Du bist doch sowieso nie da, jeden Monat bist du unterwegs. Dann geh doch, geh doch, wohin du willst. Mein Sohn und ich werden uns nicht von Bagnara wegrühren!«

»Nein. Du bist meine Frau. Es ist mein Sohn. Du wirst tun, was ich dir sage.« Paolo ist eiskalt.

Jegliche Farbe weicht aus Giuseppinas Gesicht.

Sie birgt ihr Antlitz hinter der Schürze und schlägt sich mit den Fäusten vor die Stirn, mit einer rohen Wut, die nur noch nach Ausbruch schreit.

Ignazio möchte einschreiten, möchte sie und den Bruder beschwichtigen, doch das darf er nicht. Er muss den Blick abwenden, um sich daran zu hindern.

»Du Unglückseliger, willst du mir wirklich alles nehmen?«, schluchzt Giuseppina. »Hier habe ich meine Tante, meine Großmutter, die Gräber meines Vaters und meiner Mutter. Du willst, dass ich nur des Geldes wegen alles hier zurücklasse? Was für ein unbarmherziger Ehemann bist du eigentlich?«

»Hör auf!«

Sie hört ihm gar nicht zu. »Nein, sagst du zu mir? Nein? Und wo, verflucht noch mal, willst du hin?«

Paolo betrachtet die Scherben des Terrakottatellers auf dem Boden, schiebt eine mit der Schuhspitze zur Seite. Er wartet einen Augenblick, bis Giuseppinas Schluchzen abebbt, und antwortet dann: »Nach Palermo, wo Barbaro und ich den Gewürzladen eröffnet haben. Palermo ist eine reiche, reiche Stadt – ganz anders als Bagnara!« Er geht auf sie zu, streichelt ihren Arm. »Außerdem leben am Hafen einige aus unserem Ort. Du wärst nicht allein.« Es ist eine unbeholfene Geste, etwas grob, aber auch sanft.

Giuseppina schüttelt die Hand ihres Mannes ab. »Nein«, schreit sie. »Ich komme nicht mit.«

Jetzt verhärtet sich Paolos Blick. »Doch, du kommst mit. Ich bin dein Ehemann, und du wirst mit mir nach Palermo kommen, und wenn ich dich an den Haaren bis zum Turm von König Roger zerren muss. Fang schon an, deine Sachen zu packen. Bis Ende der kommenden Woche sind wir hier weg.«

GEWÜRZE

November 1799 – Mai 1807

Cu mania 'un pinìa.
Wer fleißig ist, leidet nicht.
Sizilianische Redensart

Bereits seit dem Jahre 1796 weht in Italien an verschiedenen Orten der Wind der Revolution. Mitgebracht haben ihn die Truppen eines jungen und ehrgeizigen französischen Generals: Napoleon Bonaparte.

1799 rebellieren die Jakobiner des Königreichs Neapel gegen die bourbonische Monarchie und rufen die neapolitanische Republik aus. Ferdinand IV. von Neapel und seine Gemahlin, Maria Karolina von Habsburg, sind gezwungen, sich nach Palermo abzusetzen. Erst 1802 kehren sie nach Neapel zurück; die Zeit der Republik endet mit einer Phase härtester Repression.

Um dem wachsenden Einfluss der Franzosen in Europa entgegenzuwirken, schließen sich schon 1798 mehrere Staaten, darunter Großbritannien, Österreich, Russland und das Königreich Neapel, gegen Frankreich zusammen. Doch bereits kurz nach der Niederlage bei Marengo (14. Juni 1800) unterzeichnen die Österreicher den Friedensvertrag von Lunéville (9. Februar 1801), und ein Jahr später besiegelt auch Großbritannien mit dem Vertrag von Amiens (25. März 1802) den Frieden mit den Franzosen, wodurch die Briten allerdings den Großteil ihrer Kolonien verlieren. In der Folge verstärkt die englische Marine ihre Präsenz im Mittelmeer, insbesondere rund um Sizilien.

Am 2. Dezember 1804 erklärt sich Napoleon selbst zum Kaiser der Franzosen, proklamiert nach dem entscheidenden Sieg bei Austerlitz (2. Dezember 1805) das Ende der Bourbonen-Dynastie und schickt General André Masséna mit dem Auftrag nach

Neapel, den Bruder Napoleons, Joseph, auf den dortigen Thron zu setzen, wodurch dieser zum König von Neapel wird. Erneut sieht sich Ferdinand gezwungen, nach Palermo zu fliehen, was ihm unter dem Schutz der Engländer gelingt; er kann in Sizilien weiterregieren.

Zimt, Pfeffer, Kreuzkümmel, Anis, Koriander, Safran, Sumach, Cassiazimt …

Nein, Gewürze braucht man nicht nur zum Kochen: Sie sind Arzneimittel, sie werden in der Kosmetik eingesetzt, dienen als Gifte und Parfüms, und sie sind Erinnerungen an ferne Länder, die nur wenige Menschen je gesehen haben.

Um auf der Theke eines Gewürzladens zu landen, gehen eine Zimtstange oder eine Ingwerwurzel durch Dutzende von Händen, sie reisen in langen Karawanen auf dem Rücken eines Maultiers oder Kamels, sie überqueren den Ozean, bis sie schließlich in einem europäischen Hafen landen.

Und es liegt auf der Hand, dass die Kosten mit jeder Etappe ihres Transports steigen.

Reich ist derjenige, der Gewürze kaufen kann, und reich auch der, dem es gelingt, sie zu verkaufen. Gewürze für die Küche – und erst recht diejenigen, die zu medizinischen Zwecken oder als Duftstoffe dienen – stehen nur wenigen Auserwählten zur Verfügung.

Venedig hat seinen Reichtum auf dem Handel mit Gewürzen und auf seinen Einfuhrzöllen begründet. Jetzt, zu Beginn des 19. Jahrhunderts, sind es vor allem die Engländer und Franzosen, die Handel betreiben. Aus ihren überseeischen Kolonien treffen Schiffe ein, die nicht nur voller Heilkräuter sind, sondern auch hochbeladen mit Zucker, Tee, Kaffee und Schokolade.

Die Preise sinken, der Markt verzweigt sich, die Häfen öffnen sich, es sind immer mehr Gewürze im Umlauf. Nicht nur Neapel, Livorno oder Genua spielen eine Rolle. In Palermo gründen die Aromateure eine Zunft. Sie haben sogar eine eigene Kirche: Sant'Andrea degli Amalfitani.

Und es wächst auch die Zahl derer, die es sich erlauben können, Gewürze zu verkaufen.

Ignazio hält den Atem an.

Das tut er immer.

Jedes Mal, wenn vor dem Bug der Schifazzo der Hafen von Palermo in Sicht kommt, hat er Schmetterlinge im Bauch, so wie man es von Verliebten kennt. Lächelnd drückt er Paolos Arm, und sein Bruder erwidert die Geste.

Nein, er hat ihn nicht in Bagnara zurückgelassen. Er wollte ihn bei sich haben.

»Freust du dich?«, fragt Paolo. Ignazio nickt, seine Augen leuchten, und seine Brust schwillt an, während er die ganze Schönheit dieser Stadt in sich aufnimmt. Er hält sich an den Tauen fest, beugt sich in Richtung Bugspriet.

Er hat Kalabrien verlassen, seine Familie oder das, was davon übrig ist. Doch jetzt, wo seine Augen voller Himmel und Meer sind, hat er keine Angst um die Zukunft mehr. Die Furcht vor der Einsamkeit ist ein Gespenst, das sich verflüchtigt hat.

Ihm stockt der Atem angesichts der verschiedenen Schattierungen von Himmelblau, über denen sich die Begrenzungsmauern des Hafens erheben, ins Licht der Nachmittagssonne getaucht. Die Augen fest auf die Berge gerichtet streichelt Ignazio den Ehering seiner Mutter, den er am rechten Ringfinger trägt. Er hat ihn sich übergestreift, damit er ihn nicht mehr verlieren kann. Nun hat er jedes Mal, wenn er ihn berührt, das Gefühl, seine Mutter sei an seiner Seite, und er könne ihre Stimme hören. Es ist, als würde sie ihn rufen, ihm zuhören.

Vor ihm legt die Stadt ihren Schleier ab. Sie nimmt Gestalt an.

Majolikakuppeln, zinnenbewehrte Türme, Ziegeldächer. Da ist die Cala, dicht an dicht liegen die Feluken, Brigantiner und Schoner im herzförmig geschwungenen Hafenbecken, von zwei Landzungen begrenzt. Durch den Wald der Masten erkennt man die Stadttore zwischen den Palazzi, wie ein Stein in der Fassung und buchstäblich über ihnen errichtet: die Porta Doganella, Porta Calcina, Porta Carbone. Häuser, die Wurzeln geschlagen haben und stolz beieinanderstehen, als wollten sie einen Blick aufs Meer erhaschen. Zur Linken, halb von den Dächern verborgen, ragt der Glockenturm von Santa Maria di Porto Salvo empor; nicht weit davon entfernt erkennt man San Mamiliano und den schmalen Turm der Annunziata, und dann, unmittelbar hinter den Mauern, die achteckige Kuppel von San Giorgio dei Genovesi. Rechter Hand eine weitere Kirche, Santa Maria di Piedigrotta, klein und gedrungen, und der imposante Umriss des Castello a Mare, das von einem Wassergraben umgeben ist; gleich daneben, auf einer Landzunge, die ins Meer hineinragt, steht das Lazarett, in dem kranke Seeleute auf das Ende ihrer Quarantäne warten.

Über allem ragt der Monte Pellegrino empor. Dahinter eine bewaldete Gebirgskette.

Ein ganz besonderer Duft steigt vom Land auf und

schwebt in einer Wolke über dem Wasser: eine Mischung aus Salz, Früchten, verbranntem Holz, Algen, Sand. Paolo sagt, das sei der Geruch des Festlandes. Ignazio hingegen hält es für das ganz eigene Parfüm dieser Stadt.

Der Lärm eines lebhaften Hafens dringt an ihr Ohr. Allmählich legt sich ein modriger Gestank über das Aroma des Meeres: Mist, Schweiß und Pech, zusammen mit dem muffigen Geruch von Brackwasser.

Weder Paolo noch Ignazio bemerken, dass Giuseppina den Blick auf das offene Meer gerichtet hat, als könnte sie dort noch immer Bagnara sehen.

Sie wissen nicht, dass sie an die Umarmung Mattias zurückdenkt. Denn für sie ist diese Frau nicht einfach nur eine Schwägerin: Sie ist eine Freundin, ein sicherer Hafen, die Stimme, die sie in den ersten, schwierigen Monaten der Ehe mit Paolo geleitet hat.

Giuseppina hat gehofft, dass auch Barbaro und Mattia ihnen nach Palermo folgen würden, doch diese Hoffnung hat sich nicht erfüllt – Paolo Barbaro hat erklärt, er würde in Bagnara bleiben und von dort nach Palermo pendeln, um mit dem Norden Italiens Handel zu treiben und einen weiteren sicheren Hafen für ihre Geschäfte zu haben. Außerdem brauche er ein weibliches Wesen, das sich um Haus und Kinder kümmert. Insgeheim hat Giuseppina jedoch den Verdacht, dass Paolo seine Frau von ihren Brüdern entfernen will. Barbaro war nie von ihrer Nähe begeistert, vor allem die enge Beziehung zwischen Ignazio und Mattia war ihm ein Dorn im Auge.

Eine einzelne Träne kullert über ihre Wange, zerspringt auf dem Schal. Giuseppina denkt an das Rauschen der Bäume zurück, die sich von den Bergen bis fast ans Meer ziehen, an all die Male, die sie auf den Straßen Bagnaras bis zum Turm von König Roger gelaufen ist, an das Sonnenlicht, das sich auf dem Wasser und den nassen Kieseln des Strandes brach.

Dort, an der Mole unterhalb des Turms, hat Mattia ihr beim Abschied einen Kuss auf die Wange gegeben. »Du darfst nicht denken, dass du allein bist. Ich werde den Schreiber bitten, dir Briefe zu schicken, und du wirst dasselbe tun. Und jetzt weine nicht mehr so, ich bitte dich.«

»Das ist nicht gerecht!« Giuseppina ballte die Fäuste. »Ich will nicht!«

Die andere schloss sie in ihre Arme. »*Cori meu*, so ist es, mein Herz. Wir gehören unseren Ehemännern, wir haben keine Macht. Sei stark.«

Giuseppina schüttelte den Kopf, denn für sie war es undenkbar, ihrer Heimat einfach entrissen zu werden. Ja, die Frauen gehörten ihren Ehemännern, diese hatten das Sagen. Doch oft begriff ein Ehemann nicht, wie er seine Frau an sich binden konnte.

So war das auch bei ihr und Paolo.

Auf einmal wandelte sich Mattias Gesichtsausdruck. Sie löste sich aus Giuseppinas Umarmung, um Ignazio entgegenzugehen. »Ich wusste, dass dieser Tag kommen würde. Es war nur eine Frage der Zeit.« Sie küsste ihn auf die Stirn. »*U' Signuri v'aiuta e a' Maronna v'accumpagna*«, segnete sie ihn. Der Herr stehe euch bei, und die heilige Mutter Gottes sei mit euch.

»Amen«, erwiderte er.

Mattia streckte die Hand aus und zog Giuseppina und Ignazio in eine gemeinsame Umarmung. »Pass auf unseren Bruder Paolo auf«, sagte sie. »Er ist zu hart zu allen, vor allem ihr gegenüber. Sag ihm, er soll geduldiger sein. Du kannst das, du bist sein Bruder und ein Mann. Auf mich hört er nicht.« Wenn sie jetzt daran zurückdenkt, spürt Giuseppina, wie es ihr immer noch eng in der Brust ist. Sie weinte erstickte Tränen der Zärtlichkeit an der Schulter ihrer Schwägerin, schmiegte ihr Gesicht an den rauen Stoff des Umhangs.

»Danke, *cori di lu me cori*, Herz von meinem Herzen.«

Die Antwort war ein Streicheln.

Bei diesen Worten verfinsterte sich Ignazios Miene. Er wandte sich um, Paolo Barbaro stand in einiger Entfernung. »Und dein Mann, Mattia? Ist dein Mann denn geduldig, und respektiert er dich?« Er schnaubte leise. »Du weißt nicht, wie schwer es mir fällt, dich hier mit ihm allein zu lassen.«

Die Schwester senkte den Blick. »So ist er. Er verhält sich so, wie er sich zu verhalten hat.« Ein Satz. Ein Flüstern, leise wie das Knistern von Stroh, das verbrennt.

Und Giuseppina schloss aus dieser Geste das, was sie ohnehin bereits wusste. Dass Barbaro handgreiflich mit Mattia wurde, dass er sie hart anfasste. Ihre Ehe war von den Familien geschlossen worden, und es war nur ums Geld gegangen, so wie bei ihr und Paolo.

Das können die Männer nicht begreifen: dass sie alle beide ein gebrochenes Herz haben.

Jetzt ruft Vittoria nach ihr: »Tante, schaut nur! Wir sind da!« Die Kleine ist ganz aus dem Häuschen. Der Gedanke an eine neue Stadt, weit weg von Bagnara, hat sie von Anfang an mit Freude erfüllt. »Das wird wunderschön, Tante«, hat sie noch am Tag vor der Abreise zu Giuseppina gesagt.

Die Tante zieht eine Grimasse. »Du bist zu klein, um das zu begreifen. Da ist es nicht wie hier im Dorf …«

»Eben.« Vittoria hat nicht vor, sich entmutigen zu lassen. »Eine Stadt, eine richtige Stadt.«

Giuseppina schüttelt nur den Kopf, während eine Mischung aus Schmerz, Wut und Zorn in ihr wütet.

Jetzt springt das Mädchen auf, zeigt auf etwas. Paolo nickt, Ignazio schwenkt die Arme.

Aus der Menge der Schiffe löst sich eine Barkasse, die sie zur Anlegestelle lotst. Kaum sind sie vor Anker gegangen, bildet sich eine kleine Menge Neugieriger. Barbaro streckt einen Arm aus, greift nach dem Tau und schlingt es um den Poller. Ein Mann tritt nach vorn, heißt sie willkommen.

»Emiddio!«

Paolo und Barbaro springen an Land und begrüßen ihn voller Vertrauen und Respekt. Ignazio sieht die drei miteinander plaudern, während er die Laufplanke anlegt, damit seine Schwägerin von Bord gehen kann. Giuseppina steht an Deck und presst den kleinen Jungen an sich, als wollte sie ihn vor einer Bedrohung schützen. Ignazio hilft ihr behutsam an Land und erklärt: »Das ist Emiddio Barbaro, ein Vetter von Paolo. Er war es, der uns dabei geholfen hat, den Gewürzladen zu kaufen.«

Vittoria springt mit einem Satz an Land, läuft zu Paolo. Brüsk bedeutet er ihr zu schweigen.

Giuseppina erkennt in der Miene ihres Mannes eine sonderbare Anspannung, wie ein inneres Beben, als hätte es einen Riss in dem ansonsten so selbstgewissen Gebaren dieses Mannes gegeben, der sie so oft wütend macht. Doch es ist nur ein Moment, dann wird Paolos Miene wieder schroff, seine Augen blicken hart und voller Argwohn. Wenn Paolo Angst hat, verbirgt er sie gut.

Sie zuckt mit den Achseln. Das interessiert sie nicht. Sie

dreht sich zu Ignazio um und sagt, ganz leise, damit niemand es hören kann: »Den kenne ich. Bis vor zwei Jahren, solange seine Mutter noch lebte, kam er regelmäßig nach Bagnara zurück.« Ihre Miene wird weicher. »Danke«, murmelt sie, neigt den Kopf und schenkt ihm einen Blick, an eine Stelle gerichtet, die irgendwo zwischen Hals und Schlüsselbein liegt.

Ignazio hält kurz inne, folgt ihr dann.

Er setzt einen Fuß auf die steinerne Mole.

Palermo geht ihm von den Augen direkt ins Blut.

Jetzt ist er da, in der Stadt.

Es ist eine Mischung aus Staunen und Freude, die ihn durchströmt, ein Gefühl, an das er in ein paar Jahren voller Melancholie zurückdenken wird, wenn er erfahren hat, wie diese Stadt wirklich ist.

Paolo ruft nach Ignazio, damit er ihm hilft, ihre Habseligkeiten auf den Karren zu laden, den Emiddio Barbaro ihnen besorgt hat.

»Ich habe euch ganz in der Nähe von einigen Landsleuten aus Bagnara untergebracht, die hier in Palermo leben. Es wird euch gefallen.«

»Ist es ein großes Haus?« Paolo wirft einen Weidenkorb voller Steingut auf den Karren. Es knirscht; mindestens einer der Teller scheint zerbrochen zu sein. Dann hieven zwei Lastenträger die *corriola*, die Truhe mit Giuseppinas Aussteuer, auf den Karren.

Emiddio verzieht das Gesicht. »Drei Zimmer, ebenerdig. Sicher sind sie nicht so geräumig wie die in eurem Haus in

Kalabrien. Einer aus unserem Dorf hat mich auf die Wohnung aufmerksam gemacht, nachdem sein Vetter nach Scilla zurückgekehrt ist. Doch das Wichtigste ist: Sie liegt nur wenige Schritte von eurer *putìa*, dem Gewürzladen, entfernt.«

Giuseppina schafft es nicht, den Blick von der Mole zu heben. Sie schweigt.

Alles ist beschlossen.

Wut steigt in ihr hoch, frisst sie innerlich auf. Noch immer klammert sich Giuseppina an die Scherben ihres gebrochenen Herzens, versucht, sie wieder zusammenzufügen, doch es gelingt ihr nicht. Sie haben scharfe Kanten und schmerzen sie, dort zwischen Rippen und Kehle.

Überall möchte sie sein, sogar in der Hölle. Nur nicht hier.

Paolo und Barbaro laden immer noch Waren auf der Mole ab. Emiddio führt sie und Ignazio in Richtung der Porta Calcina.

Während sie unterwegs sind, stürmen die Stimmen der Stadt auf sie ein, sie klingen roh, ungehobelt.

Die Luft ist faulig hier. Die ganze Stadt ist schmutzig, das hat Giuseppina schon auf den allerersten Blick erkannt. Palermo ist ein armseliger Ort.

Vor ihr lacht und gluckst ihre Nichte laut, dreht sich begeistert um die eigene Achse. *Was gibt es hier, das dich so froh macht?*, denkt Giuseppina voller Groll und schleppt die Füße über das schmierige Pflaster. *Doch es stimmt: Vittoria hatte nichts und hat folglich nichts verloren. Sie kann nur gewinnen.*

Und tatsächlich stellt sich das kleine Mädchen seine Zukunft vor und träumt davon, nicht mehr nur eine Waise zu sein, die man aus Barmherzigkeit aufgenommen hat. Sie stellt sich vor, wie es wäre, selbst ein wenig Geld zu haben, vielleicht einen Mann, der nicht mit ihr verwandt ist. Mehr Freiheit im Vergleich zu dem Leben in dem Dorf zwischen Bergen und Meer, zu dem sie verdonnert gewesen wäre.

Giuseppina hingegen fühlt sich armselig und verzweifelt.

Jenseits des Stadttores windet sich die Gasse zwischen Läden und Lagerräumen hindurch, die ohne Gehweg direkt an der Straße liegen, Seite an Seite mit Behausungen, die kaum mehr sind als Hütten. Sie erkennt einige Gesichter. Grüße erwidert sie nicht.

Sie empfindet Scham.

Diese Leute kennt sie, sie kennt sie gut. Es sind Leute, die Bagnara vor Jahren verlassen haben. »Bettler«, hat ihre Großmutter sie damals abfällig bezeichnet. »Hungerleider, die nicht auf dem Dorf bleiben wollten«, hat ihr Onkel hinzugefügt; Leute, die lieber als Handlanger oder Tagelöhner in der Fremde schufteten oder ihre Frauen dazu zwangen, als Magd bei anderen Leuten zu arbeiten. Denn Sizilien ist Fremde, eine eigene Welt, die mit der auf dem Festland rein gar nichts zu tun hat.

Und ihre Wut wächst noch, denn sie, Giuseppina Saffiotti, ist eben keine solche Hungerleiderin, die ihre Heimat verlassen muss, um ihr Leben in der Fremde zu fristen. Sie besitzt Land, sie hat eine Aussteuer, eine Mitgift.

Je schmaler die Gassen werden, desto schwerer wird ihr ums Herz. Sie kann mit den anderen nicht mehr mithalten. Sie will es auch nicht.

Sie kommen auf einen kleinen Platz. Zur Linken steht eine Kirche mit einem Bogengang. »Das hier ist Santa Maria la Nova«, erklärt Emiddio und zeigt Giuseppina das Gotteshaus. »Die andere da drüben ist San Giacomo. An Orten zum Beten wird es euch nicht mangeln«, fügt er freundlich hinzu.

Sie dankt ihm, bekreuzigt sich, doch nach Gebeten steht ihr momentan nicht der Sinn. Vielmehr erinnert sie sich an das, was sie gezwungen war zurückzulassen. Sie schaut auf die großen Pflastersteine hinab, auf die trüben Pfützen, in denen Obst- und Gemüsereste schwimmen. Kein Wind der Welt könnte diesen Geruch nach Tod und Dung hinwegwehen.

Am Ende bleiben sie auf einer Seite der Piazza stehen. Passanten verharren, werfen ihnen verstohlene Blicke zu; andere, forschere, grüßen Emiddio und spähen dabei nach ihren Habseligkeiten, beäugen ihre Kleidung, ihr Gebaren, versuchen, mit Blicken das Leben der Neuankömmlinge auszukundschaften.

Geht weg!, möchte Giuseppina schreien. *Verschwindet!*

»So, da wären wir«, verkündet Emiddio.

Eine Holztür. Kisten mit Obst, Gemüse und Kartoffeln lehnen an den Türflügeln.

Emiddio nähert sich, versetzt einem der Tragkörbe einen Tritt. Er stützt die Hände in die Hüften und ruft mit dem Ton eines Menschen, der eine Ankündigung macht: »Mastro Filippo, was soll das, wann räumt Ihr endlich dieses Zeug hier weg? Die neuen Mieter aus Bagnara sind da.«

Der Händler ist ein alter Mann mit gebeugtem Rücken und einem wässrigen Auge. Er kommt aus den Tiefen des Lagerraums und muss sich mehrfach an der Wand abstützen. »*Bbono … ca sugnu!* Ach, da sind sie ja.« Als er den Kopf hebt, sieht man das andere Auge, das wesentlich wacher blickt und die Neuankömmlinge sofort unter die Lupe nimmt. Sein Blick ruht zuerst auf Ignazio, dann auf Giuseppina.

»Zeit wird's.« Und im Dialekt fügt Emiddio hinzu: *»L'avia dittu di livari 'sta robba già stamattina.* Eigentlich hattet Ihr versprochen, das Zeug schon heute Morgen wegzuräumen.«

Der Alte schlurft zu den Kisten und hebt eine hoch. Ignazio macht Anstalten, ihm zu helfen, doch Emiddio legt ihm eine Hand auf den Arm. »Mastro Filippo ist stärker als du und ich zusammen.«

Doch hinter diesen Worten steckt auch noch eine andere Botschaft.

Und es ist die allererste Lektion, die Ignazio hier lernt: dass in Palermo ein halber Satz weit mehr ausdrücken kann als nur ein paar Worte.

Unter großem Schnaufen und Seufzen räumt der Händler den Durchgang frei. Es bleiben Blätter liegen, Orangenschalen.

Ein Blick Emiddios genügt, und auch sie werden weggekehrt.

Dann endlich können sie eintreten.

Giuseppina schaut sich um. Sie sieht sofort, dass das Haus bereits deutlich länger als zwei Monate unbewohnt ist. Die Feuerstelle befindet sich gleich hinter der Schwelle. Der Abzug funktioniert offenbar nur schlecht: Die Mauer ist geschwärzt, die angeschlagenen Kacheln sind voller Ruß. Es gibt nur einen Tisch; keinen Stuhl, nur einen Schemel. Außerdem mehrere Wandschränke mit Türen aus aufgequollenem, zerborstenem Holz. Zahllose Spinnennetze hängen in den Dachbalken; Kellerasseln huschen über den Boden, der unter ihren Füßen knirscht.

Es ist dunkel.

Stockdunkel.

Giuseppinas Wut verwandelt sich in Abscheu. Ekel steigt

aus ihrer Magengrube empor, wie bittere Galle. Er ist so stark, dass ihr fast übel wird.

Das soll ein Zuhause sein? Mein Zuhause?

Sie betritt das Schlafzimmer, wo bereits Emiddio und Ignazio stehen. Es ist schmal, kaum mehr als ein Flur; schummriges, kränklich wirkendes Licht fällt durch ein vergittertes Fenster, das auf den Innenhof hinausgeht. Draußen plätschert ein Brunnen.

Die beiden anderen Räume sind kaum mehr als Abstellkammern. Es gibt keine Türen, nur Vorhänge.

Giuseppina drückt Vincenzo an ihre Brust und traut ihren Augen kaum, während sie sich umschaut. Und doch ist das alles Wirklichkeit. Dieser Dreck. Dieses Elend.

Vincenzo wacht auf. Er hat Hunger.

Sie kehrt in die Küche zurück. Hier ist sie allein, Ignazio und Emiddio sind drüben im anderen Zimmer. Jetzt spürt sie, wie ihr die Beine nachgeben, und kurz bevor sie zu Boden sinkt, lässt sie sich auf den Schemel hinab.

Draußen geht die Sonne unter, schon bald wird es finstere Nacht sein in Palermo und in dieser Bruchbude, die damit zur Gruft wird.

So findet Ignazio sie vor, als er hereinkommt. Erschöpft, mit dem wimmernden Kind auf dem Schoß.

Er macht sich am Gepäck zu schaffen. »Kann ich dir helfen?«, fragt er sie. »Gleich kommt Paolo mit den anderen Kisten, der Truhe mit der Aussteuer.« Er würde Giuseppinas entsetzten Gesichtsausdruck am liebsten auslöschen. Er möchte sie ablenken, möchte …

»Hör auf.« Ihre Stimme ist brüchig. Sie hebt den Kopf. »Konnten wir uns nichts Besseres leisten als diese armselige Bude hier?«, fragt sie atemlos, ohne Zorn, ohne Kraft.

»Nicht hier in Palermo. Die Stadt … ist eine Stadt. Es ist teuer hier. Kein Dorf wie unseres«, versucht Ignazio, ihr zu erklären, doch er begreift sofort, dass diese Worte niemals genügen werden.

Ihr Blick ist leer. »Das hier ist eine elende, armselige Hütte. Eine Bruchbude. Wo hat dein Bruder mich nur hingebracht?«

Der Morgen graut. Fast keine Menschenseele am Piano San Giacomo, dem Platz, an dem die *putìa* von Florio und Barbaro liegt.

Die Tür quietscht. Paolo betritt den Gewürzladen. Ein modrig-muffiger Geruch weht ihm entgegen.

Hinter ihm schnappt Ignazio nach Luft. Die Ladentheke ist vor Feuchtigkeit aufgequollen. Einzelne Tiegel und Balsamarien stehen herum.

Die Entmutigung der beiden ist greifbar, sie geht vom einen auf den anderen über, legt sich ihnen wie eine eisige Hand um die Kehle.

»Hier hat keiner gewusst, dass Ihr kommt«, versucht sich der Laufbursche zu rechtfertigen, der ihnen die Schlüssel übergeben hat. »Außerdem ist Don Bottari krank … Er ist schon seit Wochen nicht mehr aus dem Bett aufgestanden.«

Ignazio denkt, Krankheit hin oder her – Bottari hat sich einfach nicht um den Laden gekümmert. Dieser desolate Zustand ist kein Ergebnis von ein paar Tagen.

Paolo sagt nichts dazu. »Gib mir den Besen«, fordert er ihn stattdessen auf. »Hol du ein paar Eimer Wasser.« Er packt den Reisigbesen, beginnt den Boden zu kehren. Dabei versucht er, sich seine Verärgerung nicht anmerken zu lassen. So hat er die *putìa* nicht in Erinnerung, seit er das letzte Mal in Palermo war.

Ignazio zögert, begibt sich dann in den Raum, der hinter einem Vorhang liegt.

Auch hier Schmutz. Unordnung. Papiere, die überall verstreut sind. Alte Stühle, zerbrochene Stößel.

Das Gefühl, alles falsch gemacht zu haben, alles auf eine Karte gesetzt und verloren zu haben, bemächtigt sich seiner. Und das rhythmische Geräusch des Besens verrät ihm, dass auch Paolo dieses Gefühl hat.

Wisch, wisch.

Jeder Besenstrich ist wie eine Ohrfeige. Nichts ist so geworden, wie sie es sich erwartet hatten. Nichts.

Er beginnt, die Papiere zu ordnen, leert einen Jutesack, um den Unrat einzusammeln. Eine große Küchenschabe fällt ihm auf die Füße.

Wisch, wisch.

Das Herz ist ein kleiner Stein, den man zwischen den Händen halten kann.

Er schiebt das Ungeziefer mit dem Fuß weg.

Als es Mittag läutet, sind sie mit dem Saubermachen fertig. Paolo steht auf der Schwelle des Ladens – mit bloßen Füßen, die Hemdsärmel hochgekrempelt – und wischt sich das erhitzte Gesicht ab.

Jetzt duftet der Gewürzladen nach Seife. Der Laufbursche staubt die Balsamarien und andere Apothekergefäße ab und sortiert sie nach Anwendungsbereichen.

»Aha. Dann stimmt es also. Er hat wieder geöffnet.«

Paolo dreht sich um.

Vor ihnen steht ein Mann mittleren Alters, mit Augen, so blau, dass sie fast ausgewaschen wirken. Seine Geheimratsecken lassen sein Gesicht breit und hell wirken. Er trägt einen Anzug aus Tuch und eine breite Krawatte mit goldener Nadel.

Hinter ihm steht ein junges Mädchen mit einem satinbesetzten Umhang und Perlenohrringen, am Arm eines Jünglings.

»Was hat denn Domenico Bottari gemacht? Er hat den Laden vermietet?«, fragt der junge Mann.

Paolo richtet den Blick auf ihn. Er ist deutlich jünger als der andere Mann, hat eine kräftige Stimme. Er spricht tiefen Dialekt und hat Unmengen Sommersprossen im Gesicht. »Der Laden gehört mir, zusammen mit meinem Bruder und meinem Schwager.« Er trocknet sich die feuchte Hand an der aufgekrempelten Hose ab und streckt sie den Besuchern entgegen.

»*Vuautri site u' patrune*? Was, Ihr seid der Besitzer?« Der junge Mann verzieht das Gesicht zu einem breiten Lachen. »Und da putzt Ihr den Boden selber?«

»Noch ein Kalabrier«, ruft das Mädchen aus. »Aber wie viele sind das denn hier? Und wie reden die bloß, als würden sie singen!«

»Und was werdet Ihr hier tun? Handelt Ihr auch mit Gewürzen?«, fragt der ältere Mann, ohne die Bemerkung des jungen Mädchens zu beachten. Ist sie vielleicht seine Tochter? *Gut möglich,* denkt Paolo, *sie ist ihm ja wie aus dem Gesicht geschnitten.*

Der andere tritt auf ihn zu, betrachtet ihn aufmerksam.

»Oder wollt Ihr andere Dinge kaufen und verkaufen? Wo kriegt Ihr Eure Ware her?«

»Sicher hat er Kontakte zu den anderen Kalabriern und zu denen aus Neapel. Verkaufen die Euch vielleicht die Gewürze?«, hakt der Ältere nach.

»Ich … nein …« Paolo wird der vielen Fragen allmählich überdrüssig. Die Hände immer noch ausgestreckt, sieht er sich nach Ignazio um, doch der ist zu einem Zimmermann gegangen, um einige Holzlatten zu besorgen, mit denen sie die kaputten Regale und wackeligen Stühle reparieren können.

Der Laufbursche steht wenige Meter von der *putìa* entfernt in einer Ecke. Er hat einen Eimer in der Hand und schaut die beiden Fremden voller Ehrfurcht an. Paolo bedeutet ihm, näher zu kommen, begreift dann jedoch, dass der Junge dies nicht vorhat.

Der Ältere der Männer nähert sich der Tür. »Ihr erlaubt?« Er betritt den Laden, ohne auf eine Antwort zu warten. »Unter Bottari lief diese *putìa* gut, aber das ist lange her …« Ein Blick genügt ihm. »Da habt Ihr noch einiges zu tun, bevor Ihr hier was verkaufen könnt, *senza fare i malefiùri*, ohne Euch zu blamieren.« Er reibt sich die Hände. »Und wenn Ihr nicht wisst, von wem Ihr was kauft und an wen Ihr verkauft, dann könnt Ihr geöffnet haben bis zum Sankt-Nimmerleins-Tag.«

Paolo lehnt den Besen an die Mauer und rollt seine Hemdsärmel herunter. Jetzt klingt seine Stimme nicht mehr herzlich. »Das stimmt. Aber es mangelt uns weder an Möglichkeiten noch an Entschlossenheit.«

»Aber Ihr werdet auch viel Geld dafür brauchen.« Der jüngere Mann ist dem Älteren in den Laden gefolgt. Abschätzend betrachtet er die Regale, zählt die Apothekergefäße, liest die Aufschriften der Balsamarien. Fast hat es den Anschein, er würde allem, was er sieht, sogleich einen Wert zuordnen. »Mit dem Zeug da kommt Ihr nicht weit. Ihr seid hier nicht in Kalabrien. Ihr seid in Palermo, der Hauptstadt Siziliens, und da ist kein Platz für Habenichtse.« Er greift nach einem der Majolikagefäße und fährt mit dem Finger einen Riss nach. »Oder glaubt Ihr ernsthaft, Ihr kommt mit zerbrochenen Tiegeln weiter?«

»Wir haben jemanden, der an uns verkauft. Wir sind Gewürzhändler, und wir haben unsere eigene Schifazzo. Mein Schwager bringt uns jeden Monat neue Ware. Wenn wir uns erst mal hier eingerichtet haben, wird das Geschäft laufen, seid unbesorgt.« Ohne es zu wollen, verspürt Paolo das Bedürfnis, sich zu rechtfertigen. Dieser Mann bringt ihn dazu, indem er ihn lächerlich macht, ihn in die Ecke drängt.

»Aha! Dann seid Ihr also Verkäufer. Keine Aromateure.«

Der Jüngere stößt seinen Begleiter mit dem Ellbogen an. Er bemüht sich nicht einmal, seine Stimme zu senken. »Was habe ich Euch gesagt? Das kam mir schon gleich komisch vor … Am Kolleg der Aromateure ist keine Anfrage eingegangen, und ebenso wenig bei den Apothekern. *Putiàri sunnu*, Händler sind das.«

Und der andere antwortet ihm: »Du hattest recht.«

Paolo würde sie am liebsten rauswerfen: Diese Leute stecken ihre Nase in Dinge, die sie nichts angehen, sie haben ihm unaufgefordert das Geld in der Tasche gezählt, und jetzt machen sie sich auch noch über ihn lustig. »Wenn Ihr nichts dagegen habt, würde ich jetzt gerne weiterarbeiten«, sagt er und weist ihnen die Tür. »Einen schönen Tag noch.«

Der Ältere wippt auf den Füßen. Mit einem verächtlichen Blick schlägt er spöttisch die Hacken zusammen, als befolgte er einen Befehl, und verlässt den Laden grußlos.

Der andere hingegen betrachtet immer noch die Regale. »Ich gebe Euch zwei Monate, dann geht Ihr am Bettelstab. Zwei Monate, dann müsst Ihr wieder zumachen.«

Als Ignazio zurückkehrt, zeigt sein Bruder eine angespannte Miene, seine Hände zittern. Er schiebt Tiegel und Apothekergefäße hin und her, betrachtet sie, schüttelt den Kopf. »Was war denn?«, fragt Ignazio prompt. Denn es muss etwas geschehen sein. So aufgewühlt hat er seinen Bruder selten gesehen.

»Vor Kurzem haben uns hier drei Christenmenschen aufgesucht. Zwei Männer und eine Frau. Was die mich alles gefragt haben! Wer seid Ihr, was macht Ihr, welche Art von Handel treibt Ihr …«

»Neugierige Leute also.« Ignazio hebt einige der Latten in die Höhe, die er bei dem Zimmermann gekauft hat, um damit Stühle und Regale zu reparieren. Er nimmt einen Nagel, hält ihn fest, beginnt zu hämmern. »Und was wollten sie?«

»Frag nicht nur, was sie wollten, sondern wer sie waren.«

Erst an diesem Punkt horcht Ignazio auf. Der Überdruss in der Stimme seines Bruders kann nicht nur von Ablehnung herrühren; er deutet auf Beunruhigung hin, vielleicht sogar Angst. Er zieht die Stirn in Falten. »Paolo, wer waren die? Was wollten sie von uns?«

»Der *picciutteddu*, der Junge, den uns Bottari geschickt hat,

hat es mir gesagt. Der hatte so eine Angst, dass er sich ihnen nicht einmal nähern wollte.« Sein Bruder legt ihm die Hand auf den Arm. »Es waren die Canzoneris, Ignazio. Canzoneri und sein Schwiegersohn Carmelo Saguto. Wie der sich aufgeführt hat … Ich kann es dir gar nicht sagen.«

Ignazio legt den Hammer auf der Theke ab. »*Der* Canzoneri? Der Gewürzgroßhändler, der auch an das königliche Heer liefert?«

»Und an den gesamten Adel. Ja, genau der.«

»Und was wollte er hier?«

Paolo breitet die Arme aus, als wollte er den ganzen Gewürzladen erfassen. Der herbstliche Schatten des frühen Abends breitet sich im Raum aus wie eine große Leere. »Uns sagen, dass wir seiner Meinung nach nicht weit kommen werden.« Ein Hauch von Mutlosigkeit liegt in seiner Stimme, eine Resignation, die Ignazio ans Herz geht. Und die er nicht ertragen kann.

Er greift wieder zum Hammer, nimmt einen Nagel. »Lass ihn reden.«

Ein Hammerschlag.

Ignazio denkt an den Moment zurück, als sein Bruder ihm damals in Bagnara gesagt hat, er wolle weggehen. Jetzt ist er es, der ihm Mut zusprechen muss. »Lass sie doch alle reden, Paolo. Wir sind nicht hierhergekommen, um Habenichtse zu werden oder bei Nacht und Nebel wieder nach Kalabrien zu verschwinden, wie Bettler.« Ignazios Stimme klingt hart, er verbirgt nicht seine Wut, seine Verärgerung, seinen Stolz. Noch ein Nagel, noch ein Hammerschlag. »Wir sind hierhergekommen, und hier werden wir bleiben.«

Nach Canzoneri sind noch weitere Aromateure aufgetaucht. Sie sind neugierig im Laden umhergeschlendert, haben durch die Schaufenster gespäht, oder sie haben ihre Laufburschen geschickt, damit sie den Laden auskundschaften.

Ihre Mienen sind feindselig, verächtlich oder mitleidig. Einer von ihnen, ein gewisser Gulì, hat, durchaus wohlwollend, zu beiden gesagt, sie sollten sich bloß nicht zu schlau fühlen, denn Palermo sei »schwierig«.

Palermo schaut sie sich genau an, diese Florios. Es unterzieht sie einer genauen Prüfung. Und es hat nichts zu verschenken.

Kunden kommen nur wenige.

Dabei sind die Gewürze jetzt da, und zwar allererste Qualität.

Deshalb trauen sie auch kaum ihren Augen, als sich einige Wochen später die Tür mit einem lauten Quietschen öffnet.

Eine Frau. Sie trägt ein Kopftuch und eine Schürze. In der Hand hat sie einen Zettel. Sie hält ihn Paolo hin, der näher steht. »Ich weiß nicht, was er da geschrieben hat«, erklärt sie. »Mein Mann hat Bauchweh und hohes Fieber. Es hieß, ich soll diese Sachen hier kaufen, aber ich habe nicht genug Geld, um in die Apotheke zu gehen. Dann bin ich zu Gulì, und der hat mir gesagt, für das bisschen Geld kriegt man nichts. Könnt Ihr mir denn etwas verkaufen?«

Die Brüder werfen sich einen Blick zu.

Paolo liest. »Medikamente für Verstopfung. Schauen wir mal, was wir tun können.« Er listet die Kräuter auf. »Weinraute, Malvenblüten …«

Ignazio nimmt die Leiter und holt verschiedene Tiegel von den Regalen. Die Kräuter werden gemörsert, während Paolo der Frau lauscht.

»Jetzt sind es schon vier Tage, dass mein Mann diese Schmerzen hat und nicht mehr aufstehen kann.« Sie schaut ängstlich zu Ignazio, der heftig mit dem Stößel arbeitet. »Und davon wird er wieder gesund? Bei uns ist das Geld so knapp. Ich musste schon meine Ohrringe ins Pfandhaus bringen, um den Doktor rufen zu können, weil der Bader auch nicht geholfen hat.«

Paolo reibt sich das Kinn. »Und das Fieber? Ist es sehr hoch?«

»*Si vota nt'o letto e 'un avi risettu.* Ja, er wälzt sich herum, findet keine Ruhe.«

»Armer Mann. Aber klar, wenn das Fieber so hoch ist …«

Ignazio zeigt auf einen großen Tiegel hinter ihm. Paolo begreift, was er sagen will.

Auch ein großer Löffel Chinarinde landet im Mörser.

Die Frau späht Ignazio misstrauisch an. »*Soccu è 'sta cosa?* Und was ist das da?«

»Das nennt man Cortex. Es ist die Borke eines Baumes in Peru, auch Chinarinde genannt, und sie dient dazu, das Fieber zu senken«, erklärt Paolo geduldig.

Doch die Frau wirkt trotzdem besorgt, sie steckt die Hände in die Taschen ihrer Schürze. Ignazio hört Münzen klimpern, offenbar zählt sie. »Dieses Mal müsst Ihr nichts bezahlen. Seid ganz beruhigt«, sagt er schließlich.

Sie kann es kaum glauben. Sie klaubt das Geld aus der Tasche, legt es auf die Theke. »Aber die anderen …«

Paolo legt ihr eine Hand auf den Arm. »Die anderen sind die anderen und machen das, was sie wollen. Wir sind die Florios.«

Und so beginnt alles.

Die Wochen gehen ins Land, eine nach der anderen. Bald wird es Weihnachten sein.

Eines Tages taucht Giuseppina im Laden auf, kurz nachdem es zu Mittag geläutet hat. Sie trifft ihren Ehemann und Schwager beim Aufräumen verschiedener Tiegel und Feinwaagen an.

»Ich habe euch was zum Mittagessen gebracht«, sagt sie. Sie hat einen Korb mit Brot, Käse, Oliven dabei. Ignazio schiebt ihr einen Stuhl hin, damit sie sich setzen kann, doch sie schüttelt den Kopf. »Ich muss gehen. Vittoria ist mit Vincenzo allein.«

Paolo packt sie am Handgelenk. »Lauf doch nicht immer davon.« Er sagt es mit einer seltsamen Zärtlichkeit. Und so nimmt sie doch neben ihrem Mann Platz, der ihr eine mit Olivenöl beträufelte Scheibe Brot reicht.

»Ich habe schon gegessen.«

Er drückt ihr die Hand. »Na und? Ein bisschen was kannst du doch noch essen, oder?« Giuseppina nickt. Aber sie hält den Blick gesenkt.

Ignazio kaut langsam. Er beobachtet die beiden.

Sie scherzen. Oder, genauer gesagt ist es Paolo, der scherzt. Giuseppina nimmt die Häppchen entgegen, die er ihr reicht, doch ihre Miene bleibt finster.

Es klopft an der Tür.

»Ach, nicht mal eine Minute hat man Ruhe …« Paolo wischt sich den Mund mit der Hand ab. Er geht in den Laden, während Ignazio den letzten Bissen Käse isst und Anstalten macht aufzustehen.

Giuseppina packt ihn am Ärmel. »Ignazio!«

Giuseppinas Ton klingt hart, fast so wie bei seinem Bruder. »Was ist denn?«

»Ich brauche deine Hilfe. Ich …« Im Raum nebenan klappern die Balsamarien. »Ich wollte Mattia einen Brief schicken. Könntest du ihn für mich schreiben?«

Ignazio dreht sich zu ihr um. »Kann dir denn Paolo nicht helfen?«

»Ich habe ihn schon gefragt.« Giuseppinas Hand liegt auf der Tischplatte. Sie ballt die Faust, schiebt dann die Hand über den Tisch, bis sie die seine berührt. »Er hat gesagt, er hat keine Zeit, und ich solle ihn nicht mit so etwas belästigen. In Wirklichkeit aber will er nicht, das weiß ich, und als ich ihm das gesagt habe, wurde er wütend. Doch Mattia weiß nicht, wie es uns geht, ob wir uns eingelebt haben … Früher haben wir beide uns jeden Tag in der Kirche gesehen. Jetzt weiß ich nicht einmal mehr, ob sie noch lebt, und ich will ihr wenigstens schreiben …«

Ignazio seufzt. Sein Bruder und Giuseppina sind wie Wasser und Öl: Selbst in derselben Schüssel werden sie sich niemals miteinander vermischen.

Sie senkt die Stimme. Sie berührt ihn, drückt ihm die Hand. »Ich weiß nicht, wen ich sonst fragen soll. Hier bin ich noch mit niemandem näher bekannt, und einem Fremden will ich das alles nicht anvertrauen. Hilf wenigstens du mir.«

Ignazio schweigt und denkt nach. *Nein,* sagt er sich. *Sie müsste sich an einen Schreiber wenden.* Er will nicht wissen, warum Giuseppina so traurig aussieht oder warum Paolo immer wieder versucht, sich ihr zu nähern, obwohl er genau weiß, dass er zurückgewiesen wird.

Aber was soll's: Er sieht sie ohnehin jeden Tag, er hört

sie, auch wenn sie niemals laut werden, wenn sie streiten. Manche Dinge spürt man einfach, mit der Seele, dem Instinkt. Und er, der beide gernhat, sitzt zwischen den Stühlen.

Und so kommt es, dass er, der sanfte, großzügige, gutmütige Bruder, spürt, wie es aus seinem Nest kommt, dieses Schlänglein, das immer im Verborgenen gelebt hat, eine giftige Natter. Ignazio hat gelernt, es mit Steinen zu bewerfen, um es zu vertreiben, denn er hat nicht das Recht, es zum Vorschein kommen zu lassen. Er kann Paolo nicht sagen, was er mit seiner Frau machen soll.

Giuseppina spricht auf ihn ein, leise, eindringlich. »Ich bitte dich.«

Ignazio weiß, dass er sich nicht einmischen darf. Er müsste gehen, müsste ihr sagen, sie solle sich noch einmal an Paolo wenden.

Erst in diesem Augenblick merkt er, dass sie ihre Finger ineinander verschränkt haben.

Er reißt sich los, kehrt ihr den Rücken zu. »*Va bbonu. Ora vattinni.* Na gut. Und jetzt geh.«

Als Paolo ihn fragt, warum er Papier und Tinte nach Hause bringt, erklärt Ignazio ihm den Grund. Er sieht, wie das Gesicht seines Bruders vor Zorn rot anläuft. »Mach nur. Ich will ihre Vorwürfe nicht auch noch schriftlich haben.«

Sie essen schweigsam zu Abend; in der Mitte des Tisches steht ein Teller, aus dem sich jeder bedient. Zum Abschluss gibt es Weintrauben, ein paar Trockenfrüchte. Vittoria geht durch das Zimmer, Vincenzo hängt an ihrem Hals. Sie singt:

Guardati stu' figghiu
guardati quant'è beddu
Dormi dormi
dormi cuntentu
cà chista è l'ura,
chistu è lu momentu
E veni, veni sonnu
e veni pigghiatillu
a stu' figghiuzzu meo piccilirillu.

Schau ihn dir an, diesen Kleinen,
schau nur, wie schön er ist.
Schlaf nur, schlaf,
schlaf ganz tief und fest,
denn es ist Zeit,
es ist höchste Zeit.
Und du, Schlaf, komm
und hol ihn dir,
meinen Sohn, meinen kleinen Schatz.

Giuseppina trocknet sich die Hände an der Schürze ab. Sie geht auf Vittoria zu, gibt ihr einen Kuss. »Geht zu Bett, ihr beiden. Ich habe hier noch etwas mit dem Onkel zu erledigen.« Sie lässt sich auf die Sitzbank sinken, streicht sich die Haare aus dem Gesicht. »Und jetzt?«

»Ich hole das Papier.« Ignazio geht in das Zimmer hinüber, das er sich mit Vittoria teilt, und sucht nach der Tinte. Dabei spitzt er die Ohren in Richtung Küche.

»Warum hast du mich nicht gefragt?«, will Paolo wissen.

»Du hast gesagt, du hättest keine Zeit.« Giuseppina klingt bitter.

»Aha.« Ein Stuhl knarzt. »Dann geh ich jetzt ins Bett.«

Ignazio stürzt in die Küche, tritt seinem Bruder in den Weg. »Da bin ich. Komm, Paolo, sag mir doch auch ein paar Worte zum Gruß, die ich schreiben soll.«

Giuseppina schaut ihren Mann an. *Bleib*, scheint sie ihm zu sagen.

Und Paolo bleibt.

Er setzt sich wieder hin, schreibt. Er ist ein schwieriger Mensch, dieser Paolo, aber anders könnte er auch nicht sein, wenn man bedenkt, wie er aufgewachsen ist. Und er ist stolz, wie alle Florios.

Danach schiebt er das Blatt zu Ignazio hinüber. Der greift nach der Feder, fordert Giuseppina auf zu beginnen.

»Liebe Mattia ...« Sie hält inne, holt tief Luft. Und dann legt sie los, als könnte sie gar nicht mehr wieder aufhören.

»Der Junge wächst und gedeiht, und deine Brüder arbeiten von früh bis spät ...«

»Die Wohnung ist klein, liegt aber ganz in der Nähe des Ladens ...«

»Das Grünzeug, das wir immer zusammen in den Bergen gesammelt haben, gibt es hier nicht.«

»Palermo ist riesengroß, und ich kenne nur die Straßen, die zum Hafen führen ...«

Ignazio ist hoch konzentriert.

Er spürt, was Giuseppina in Wirklichkeit sagen will.

Wenigstens Vincenzo verschafft mir Befriedigung, während Paolo und Ignazio mich den ganzen Tag allein lassen und ich schier wahnsinnig werde in diesem Loch. Ja, denn diese Wohnung ist kaum mehr als ein Lagerraum für den Gewürzladen, und ich verbringe meine Tage hier mutterseelenallein mit meinem Sohn und Vittoria. In dieser riesengroßen Stadt ist kein Platz für mich, du bist nicht da, und so verliere ich mich in diesen vielen Mauern und dem Dreck und dem Nichts.

Am Ende schweigt Giuseppina.

Paolo tritt auf seine Frau zu, drückt ihr die Schulter. »Morgen früh schicke ich den Brief weg«, sagt er zu ihr. Er streichelt ihr übers Haar. Es ist eine lange Liebkosung, aus der Bedauern und Zärtlichkeit sprechen, auch Angst. Er öffnet den Mund, um zu sprechen, sagt aber nichts. Schließlich verlässt er den Raum unter dem verwirrten Blick seiner Frau.

Dabei müsste er es tun, denkt Ignazio. *Er müsste mit ihr reden. Ihr zuhören. Ist das nicht der Sinn des Verheiratetseins? Dass man die Last des Lebens gemeinsam trägt?*

Ist es nicht das, was er tun würde?

»Nochmals danke, Don Florio, und noch einen schönen Tag!«

»Stets zu Euren Diensten. Auf Wiedersehen!«

Das Weihnachtsfest des Jahres 1799 ist in Windeseile verflogen. Auch das darauffolgende Jahr ist ins Land gegangen, und der Gewürzladen wächst und gedeiht. Die Gebrüder Florio haben sich ganz allmählich – und unter großen Mühen – einen Namen gemacht. Lange Zeit haben das Misstrauen der Palermitaner und die Gerüchte, die Saguto, Canzoneris Schwiegersohn, in die Welt gesetzt hat, ihnen zu schaffen gemacht. Die anderen Aromateure haben – teils aus Scheu, teils, um bei Canzoneri nicht in Ungnade zu fallen – einen großen Bogen um den Laden der Florios gemacht. Paolo erinnert sich noch gut an die Tage, als er vor dem Laden stand und auf Kundschaft wartete, oder auf einen anderen Händler, der auf sie zutrat und Gewürze bei ihnen bestellte. Noch unerträglicher waren die Blicke Sagutos, wenn er wie zufällig am Laden vorbeikam und beim Anblick des leeren Geschäfts geradezu frohlockte. Paolo hat sich oft geschworen, wenn er das noch einmal machte, würde er ihm seinen verdammten Hals umdrehen.

Das neue Jahr, 1801, hat jede Menge Eis und Regen mit sich gebracht. Die Ladentür schließt sich mit einem mittlerweile vertrauten Quietschen. Einen Augenblick lang ist im Laden nur das Prasseln des Regens zu hören; ein eisiger Wind pfeift um die Ecken, es riecht nach verbranntem Holz.

Paolo schaut sich um, räumt die Balsamarien weg, die auf der Arbeitsfläche standen.

Am Ende des vergangenen Jahres hat es eine schlimme Grippeepidemie gegeben, und zu Weihnachten wechselten sich die festlichen Messen mit den Klagen über die vielen Begräbnisse ab.

Chinarinde wurde knapp und ging schließlich fast ganz aus. Auch die wichtigsten Gewürzläden, darunter die von Canzoneri, wogen das begehrte Fiebermittel buchstäblich gegen Gold auf und gaben es nur denjenigen, die es wirklich brauchten.

Dann traf, vollkommen unerwartet, die Gewürzlieferung von Barbaro ein. Sie kam mit dem Jahreswechsel: kistenweise Gewürze, so viele, dass der ganze Laden voll damit war, und die Nachricht verbreitete sich wie ein Lauffeuer. Wie man so schön sagt: Wer zuletzt lacht, lacht am besten, dachten sich die Florios. Und so war es. Am nächsten Tag war der Laden voller Kundschaft, und nicht nur von armen Leuten, die eine Handvoll Arzneikräuter brauchten und anschreiben ließen.

Sie waren alle da: Aromateure. Inhaber kleinerer Apotheken. Mehrere Bader.

Da standen sie in der Tür, mit dem Hut in der Hand und Geld in der Tasche, und flehten die Florios an, ihnen die Rinde zu verkaufen, die nirgendwo sonst mehr zu haben war.

Paolo erinnert sich noch gut, wie Carmelo Saguto am Piano San Giacomo vorbeikam und stehen blieb, um sich ungläubig das Kommen und Gehen der Kundschaft bei diesen Kalabriern anzuschauen, auf die er keinen Pfifferling gegeben hatte. Er stürmte in den Laden, drängte sich an allen anderen vorbei und verlangte von Paolo, ihm die Rinde zu zeigen, denn das könne ja wohl nicht wahr sein, schrie er, mit ihm sei nicht zu spaßen, und überhaupt…

Paolo nahm eine Handvoll Rinde und breitete sie auf der Theke aus. »Chinarinde aus Peru. Frisch eingetroffen, und schon fast alles verkauft. Ihr habt wenig Grund zur Klage, Saguto.«

Der andere wich ein paar Schritte zurück, gefolgt von den verlegenen Blicken der anderen Aromateure und Bader. Sein Gesicht war geschwollen, zu einer Grimasse verzerrt. So stand er da, spuckte auf den Boden und fluchte: »*Fangu d'a tierra.*« Doch jeder im Raum wusste, dass die Ware der Florios alles andere als der letzte Dreck war.

Am Tag danach gab Canzoneri bekannt, er habe andere Gewürze bekommen und die Preise gesenkt, und für seine treuen Kunden gebe es weitere Vergünstigungen. Doch das Kind war in den Brunnen gefallen, der Schaden angerichtet.

»*Campa tu e cu' mori, mori*«, lautete Paolos Kommentar. Wer lebt, der lebt, und wer stirbt, der stirbt.

Mittlerweile hat er begriffen. So läuft das.

Das war der Moment, in dem er aufhörte, einfach nur »einer aus Bagnara« zu sein, und zu *Don* Paolo Florio wurde.

Jetzt steht es in den Wechseln und auf den Dokumenten, auf den Verträgen, die von den Händlern unterschrieben werden, denn diese haben die Güte der Ware geprüft und kaufen wieder bei ihnen.

Paolo verstaut den letzten Tiegel auf dem Regal.

Es stimmt: Die Sache mit der Chinarinde war ein glücklicher Zufall. Doch all das, was später kam, ging über Fügung oder Vorsehung hinaus.

Hinter der Glasscheibe, mitten im Regen, kommt ihr Laufbursche Michele angerannt. Er hält einen Kasten an sich gepresst, der in Wachstuch eingewickelt ist. Er tritt ein, schüttelt sich wie ein nasser Hund. »Meine Güte, was für ein Wetter!«, ruft er aus und stellt den Kasten auf die Ladentheke. »Da wären wir: Muskatnuss und Kumin. Ich habe auch ein bisschen weißen Diptam mitgebracht, weil ich gemerkt habe, dass er langsam ausgeht.«

»Wie sieht's im Lager aus?«

»Kalt. Es ist feucht, aber bei diesem Regen können wir nicht viel machen.«

»Die Feuchtigkeit ruiniert die Aromen.« Paolo schnaubt. »Später geht ihr, Domenico und du, rüber. Lagert die Säcke hoch und verschließt die Türritzen mit Wachspapier.«

Der Junge nickt und verschwindet im Hinterzimmer des Ladens. Sie haben den Vorhang durch eine Tür ersetzt und die dunklen Stellen an der Wand übertüncht.

Das ist nicht die einzige Veränderung, die sie auf den Weg gebracht haben.

Der Laden wird allmählich zu klein.

Paolo und Ignazio haben ein Lager an der Via dei Materassai angemietet, im Bezirk Castellammare. Dort können sie Ware einlagern, die aus dem gesamten Mittelmeer kommt. Ein großer Sprung in Sachen Qualität, notwendig geworden, nachdem sie begonnen haben, als Grossisten Gewürze an andere Händler zu verkaufen.

Er ruft Michele.

»Was kann ich tun, Don Paolo?«

»Ich muss weg. Ignazio lässt auf sich warten, ich möchte nicht, dass es Schwierigkeiten mit dem Zoll gibt. Pass du aufs Geschäft auf.«

Draußen regnet es immer noch in Strömen, und es läuft ihm eiskalt über den Rücken. Er überquert den Piano San Giacomo, schaut zum Haus hinüber. Hinter den Fensterläden sickert Licht durch. Giuseppina kocht.

Und Vincenzo …

Vincenzo ist ein kluges Kind. Abends beobachtet Paolo ihn und Vittoria beim gemeinsamen Spielen, oder er sieht Ignazio dabei zu, wie er versucht, seinem kleinen Neffen das Alphabet beizubringen.

Einen Augenblick später tritt seine Frau an die Tür und schüttet eine Schüssel mit Schmutzwasser aus. Sie hat ihn gesehen, da ist er sich sicher, aber sie hat es nicht zu erkennen gegeben; nicht einmal mit einem Gruß.

Er zieht den Kopf ein, geht mit raschen Schritten weiter in Richtung Palazzo Steri. Giuseppina hegt keine Gefühle für ihn. Das weiß er, und er hat sich nie daran gestört; er hat seine Arbeit. Das Reisen zur See geht ihm nicht ab, und der Gewürzladen erfüllt seine Tage.

Nur manchmal würde er sich eine Umarmung wünschen, um mit dem warmen Gefühl einzuschlafen, geliebt zu werden.

Giuseppina lässt die Tür ins Schloss fallen. Da draußen war Paolo.

Wer weiß, wo er wieder hinging.

Sie spürt, wie ihr eng in der Brust wird.

Mi scura u cori, hat man in Bagnara dazu gesagt.

Ihr Herz ist schwarz. Sie hasst dieses Haus. Sie hasst diese Stadt, dieses feuchte Wetter. Wenn es Winter ist und regnet, ist sie gezwungen, die Fenster geschlossen zu halten und Licht zu machen.

Außerdem ist heute kein guter Tag. Es geht ihr nicht besonders, am Vormittag hat sie sich sogar ein wenig hinlegen müssen, während Vittoria ihr bei der Hausarbeit half.

Giuseppina ist schwanger.

Seit einigen Tagen ist sie sich sicher. Ihre Regel ist ausgeblieben, und die Brust tut ihr weh.

Das hat ihr gerade noch gefehlt: ein weiteres Kind zu erwarten, hier in Palermo, in diesem Haus ohne Licht.

Ich müsste es Paolo sagen, denkt sie. Doch noch hat sie weder die Gelegenheit noch die richtigen Worte gefunden.

Die Wahrheit ist: Sie weiß nicht, ob sie das Kind will.

Sie vertraut Paolo nicht. Sie fürchtet ihn sogar, manchmal hat sie regelrecht Angst vor ihm. In anderen Momenten verwandelt sich der ehrfürchtige Respekt, den eine Frau für ihren Ehemann empfinden sollte, in eine Art beißenden Groll, eine messerscharfe Schneide, die sich ihr in die Magengrube bohrt. Und jetzt ein Kind von ihm? Noch ein Kind?

Sie schämt sich dafür, so etwas zu denken, doch dieses Kind sollte nicht auf die Welt kommen.

Und so bindet sie sich einen Schal um und zieht ihre

Schuhe an. Sie geht hinaus, umrundet den Piano San Giacomo und geht in Richtung Hafen. Dort, in einer der Bruchbuden jenseits der Stadtmauern, wohnt die Hebamme der Leute aus Bagnara, Mariuccia Colosimo. Kurz darauf steht sie vor ihrer Tür. In dem Haus riecht es nach Seife und frisch gewaschener Wäsche. Giuseppina zögert. »Donna Mariuccia! Seid Ihr da?«, ruft sie dann.

Die Angesprochene zeigt sich. Sie hat ein wie in Tuff gemeißeltes Gesicht und schmale Lippen. »Donna Giuseppina ... Ich setze gerade die Lauge für die Wäsche an. Was kann ich für Euch tun?«, fragt sie und trocknet sich die geröteten Hände an der Schürze ab.

Einen Augenblick lang zögert Giuseppina. Es ist nicht richtig, was sie da vorhat, es ist Sünde. Die Mutter Gottes wendet sich ab, wenn eine Frau ihr Kind wegwirft, so sagte immer ihre Großmutter.

Trotzdem.

Giuseppina nähert sich und flüstert ihr zu: »Kann ich an einem der nächsten Tage zu Ihnen kommen?«

Die Frau neigt den Kopf, nur ein winziges bisschen. Sie riecht wie eine Bäuerin, nach Heu und Milch. »Wann immer Ihr wollt. Was gibt es denn? Ist ein Ei im Nest?«

Giuseppina nickt. »Aber mein Mann weiß es noch nicht«, fährt sie leise fort.

Die Hebamme drückt den Rücken durch. Sie stellt keine Fragen, sie hält nur die Hand auf. Sie versteht, sie versteht alles, und sie weiß, dass es mehr Dinge gibt, die die Frauen nicht sagen, als solche, die die Männer jemals begreifen könnten. »Ich bin hier. Ich erwarte Euch.«

Giuseppina nickt, und die Hebamme verschwindet hinter der Tür.

Langsamen Schrittes tritt sie den Heimweg an. Der Regen hat ihren Schal durchnässt, jetzt dringt die Feuchtigkeit bis in ihr Korsett durch. Die Regentropfen fallen dicht, und das Gehen fällt ihr immer schwerer. Als sie am Piano San Giacomo ankommt, wirft sie einen raschen Seitenblick zum Gewürzladen. Jenseits der Scheibe sind schemenhaft Menschen zu erkennen, vielleicht Kunden.

Sie seufzt. Wäre die Wahl der Großmutter damals auf Ignazio gefallen, hätte vielleicht alles anders kommen können.

Sie erinnert sich daran zurück, wie sie damals, vor einigen Jahren, nach dem Erdbeben, das Bagnara zerstört hatte, gemeinsam ihre verstorbenen Angehörigen bestatteten. Sie erinnert sich an den Jungen mit den freundlichen Augen, das kantige Gesicht rot verweint, wie er jenen Erdhügel betrachtete, unter dem seine Mutter Rosa begraben worden war. Und sie, die beide Eltern verloren hatte und selbst kaum mehr als ein dürrer Stecken war, die Fäuste an das Kleidchen gedrückt vor Wut auf die ganze Welt, die ihr die Mama und den Papa genommen hatte, trat auf ihn zu und reichte ihm ein Taschentuch, damit er sich den Rotz abwischen konnte, der ihm aus der Nase lief.

»Nicht weinen«, tadelte sie ihn. »Jungen weinen nicht.« Doch sie tat es mit einem gewissen Groll, vielleicht weil sie ihn um diese befreienden Tränen beneidete, denn sie selbst hatte keine Tränen mehr. Und er schaute sie an, zog die Nase hoch. Eine Antwort gab er ihr nicht.

Sie ist wieder zu Hause. Der Saum ihres Rockes ist durchnässt, den Schal könnte man auswringen. Vittoria schaut sie fragend an. »Ihr seid ja ganz nass, Tante! Geht es Euch gut?«

»Ja, ja … Ich musste zu Donna Mariuccia, um sie etwas zu fragen.«

Vincenzo versucht, ihre Aufmerksamkeit auf sich zu lenken, zupft an ihrem Rock. »Mama, auf den Arm.«

Giuseppina drückt ihn an sich, atmet genießerisch den warmen Duft seiner Halsfalte ein. Ihr kleiner Sohn ist das einzig Gute, was ihr Mann ihr gegeben hat. Und er reicht ihr, noch einen will sie nicht, nicht denjenigen, der da in ihrem Bauch wächst und von dem ihr übel wird, der ihr den Atem nimmt. Er könnte ja so werden wie ihr Mann …

Der Unmut, den sie für Paolo empfindet, wird wieder angefacht. Es ist ein alter Groll, den sie in ihrer Brust, direkt unter dem Herzen, hegt und pflegt wie ein zartes Pflänzchen. Ja, sie wollte einen Mann, wollte Kinder, doch wenn sie gewusst hätte, dass die Ehe so ist, dann wäre sie davongelaufen und hätte sich in den Bergen versteckt.

Oh, Paolo ist respektvoll, gewiss. Er hat nur zwei Dinge im Kopf: die Arbeit und das Geld. Selbst am Weihnachtstag ist er in den Gewürzladen gegangen und hat Fracht kontrolliert, während sie und Vittoria allein zurückblieben, Kastanien aßen und sich anschauten.

Er ist nicht wie Ignazio.

Der Regen ist noch heftiger geworden. Es ist fast Mittag, als Paolo an der Seite des Zollamts, das sich im Palazzo Steri befindet, den Eingang für Karren durchschreitet. Der Palazzo ist eine Art Kubus, von schmalen zweibogigen Fenstern durchbrochen, eine Festung innerhalb der Stadt, ursprünglich das Wohnhaus der Familie Chiaramonte, das danach als Kerker der Inquisition und anschließend als Kaserne benutzt wurde; ein stummes Zeugnis der Stadtgeschichte.

Zusammen mit anderen, Lastenträgern und Kaufleuten, nimmt er in der Passage zwischen zwei Innenhöfen Zuflucht vor den Wassermassen.

Und er steht noch immer dort, als er in dem quadratischen Innenhof Ignazio entdeckt, der einem Mann hinterherläuft und in einen Disput mit ihm verwickelt ist. Jetzt erkennt er, wer der andere ist. »Schwager! Ignazio!«

Sie hören ihn nicht. Paolo Barbaro versetzt Ignazio einen Stoß, und der breitet die Arme aus.

Paolo verlässt seinen Unterschlupf und läuft auf die beiden zu. »Was habt ihr denn? Was ist los?«

Barbaro stürzt sich auf ihn. »Du genauso! Eine Schlange habe ich an meinem Busen genährt, so ist es! Ist das die Dankbarkeit dafür, dass ich euch durchgefüttert habe, als ihr beinahe verhungert wärt? Dass ihr einfach etwas mietet, ohne es mir zu sagen? Und auch noch euren Namen unter den Vertrag setzt?«

»Was meinst du damit?« Paolo versteht gar nichts, schaut seinen Schwager an, dann Ignazio. »Was soll das?«

Ignazio versucht, es ihm zu erklären: »Einer von Canzoneris Angestellten hat ihm gesagt, dass wir dieses Lager angemietet haben, und er behauptet nun, wir hätten ihn hinters Licht führen wollen …«

»Und, ist das etwa nicht so?«, schimpft Barbaro. »Müssen mir jetzt etwa Fremde sagen, was ihr hier macht, hinter meinem Rücken? Wir sind Kompagnons und sogar verwandt, verflixt und zugenäht, und trotzdem versucht ihr, mich zu leimen? Vergesst nicht, wer hier das Geld reingesteckt hat! Und wenn ich will, nehme ich euch einfach alles wieder weg, und ihr könnt sehen, wo ihr bleibt.«

»Ach, das willst du machen? Tatsächlich?«, gibt Paolo zurück. »Wer schuftet denn hier, wir oder du? Wir haben den Gewürzladen wieder auf Vordermann gebracht. Als wir noch in Bagnara waren, hast du behauptet, alles sei bestens hier, dabei war es ein erbärmliches Loch mit jeder Menge Ungeziefer drin. Jetzt kaufen die Leute wieder bei uns, das Geschäft läuft. Und statt uns für das zu danken, was wir erreicht haben, sollen wir jetzt auch noch für alles Rechenschaft ablegen? Komm doch du mal zum Arbeiten hierher, dann siehst du, warum wir noch einen Lagerraum anmieten mussten. Und was fällt dir eigentlich ein, uns anzuschreien?«

»Wie bitte? Das hättet ihr mir sagen müssen, bevor ihr es macht!«

»Wieso denn? Müssen wir dich etwa um Erlaubnis bitten?«

Barbaro legt ihm die Hände an die Brust, schubst ihn. Ignazio geht dazwischen, bevor sein Bruder auf die Grobheit reagieren kann. »Jetzt hört auf, ihr beiden. Die Leute schauen schon«, zischt er.

Dutzende von Augenpaaren sind auf sie gerichtet, hungrig auf Ärger.

»Gehen wir in den Laden. Dort können wir besser reden.«

Sie entfernen sich. Barbaro geht voraus, Paolo und Ignazio folgen ihm. Auf Distanz. Seite an Seite.

Carmelo Saguto hat die Szene im Bogengang verfolgt. Er zeigt weder Freude noch Genugtuung.

Nach außen hin zumindest.

Als die Florios den Palazzo Steri verlassen haben, tritt Don Canzoneri zu ihm. »Habt Ihr gesehen, was der Kalabrier ihnen für eine Standpauke gehalten hat? Die hätten sich fast geprügelt«, sagt Saguto.

Sein Schwiegervater nickt. »Aber du hast nichts damit zu tun, richtig?«

Carmelo breitet die Arme aus. Auf seinem Gesicht steht eine Mischung aus Unschuld und hämischer Freude. »Ich? Ich hab gar nichts gemacht. Das war Leonardo, *u' scarricaturi*, der alles ausgeplaudert hat.« Was er nicht sagt, ist, dass er selbst diesem Dienstmann, der am Hafen Lasten trägt, befohlen hat, diese Behauptung laut auszusprechen, und er war es auch, der unter den Angestellten des Zollamts das Gerücht verbreitet hat, die Florios seien untereinander zerstritten und machten Schulden über Schulden. Er sagt nicht, dass seine liebste Waffe die Verleumdung ist, doch sein Schwiegervater weiß das sehr wohl. Deshalb hält er ihn auch so nahe bei sich, näher als seine eigenen Kinder.

Sie lachen.

»*Jamuninni, va'*, gehen wir.« Canzoneri zeigt auf die Kutsche. »Lass uns nach Hause fahren.« Dann dreht er sich um, blickt seinen Schwiegersohn an. »Siehst du, was passiert, wenn man mit Verwandten Geschäfte macht? Man muss sich immer gut überlegen, wie man sich verhält, und lernen, wo sein Platz ist.«

Sagutos Lachen erstirbt. »Was wollt Ihr damit sagen? Habe ich es etwa jemals an Respekt Euch oder meinen Schwagern gegenüber mangeln lassen?«

»Nein, eben nicht. Ich habe es dir nur gesagt, damit es am Ende nicht schiefgeht.« Der Schwiegervater schlägt mit der

Hand auf das Kutschdach, und das Gefährt setzt sich in Bewegung. »Du bist schlau genug, um zu begreifen, wie du dich zu verhalten hast, *si' u' cani chi canusci u' patrune.* Stimmt's?«

Carmelo nickt und schluckt seinen Groll hinunter. Denn genau das ist er: ein Hund, der vor seinem Herrn kuscht. Das weiß er, er sagt es sich jeden Tag in den Spiegel. Er ist kein freier Mann wie diese beiden Kalabrier, die vor nichts Angst haben und niemandem Rechenschaft schuldig sind. Und genau aus diesem Grund hasst er diese Florios: weil sie das sein können, was er niemals sein wird.

An diesem Abend übernachtet Paolo Barbaro nicht bei den Florios, wie er es sonst immer tut, wenn er in Palermo ist. Die Diskussion – lebhaft, stellenweise sogar heftig – war lang. An einem bestimmten Punkt ist Ignazios Bruder aufgestanden und mit lautem Türenschlagen ins Geschäft gegangen, weil er es leid war, sich anhören zu müssen, er habe seinen Schwager übers Ohr hauen wollen. Ignazio hingegen ist geblieben und hat weiter versucht, alles zu erklären. Mit Geduld. In Ruhe.

Am Ende hat sich Barbaro von Giuseppina verabschiedet. »Bring deinen Mann zur Vernunft«, hat er ihr an der Tür noch gesagt. »Sonst können wir irgendwann die ganze Sache in den Wind schreiben, denn mit einem, der mich betrügt, will ich nichts zu tun haben.«

Giuseppina hat ihm nichts erwidert, denn das steht ihr als Frau des Hauses, als *fimmina di casa,* nicht zu. Doch eines weiß sie: Paolo und Ignazio sind ehrlich. Ihr Ehemann ist seiner Arbeit mehr ergeben als seiner Familie. Doch vor allem Ignazio wäre eines Betruges niemals fähig.

Sie essen erst am späten Abend, als ihr Mann zurückgekehrt ist. Über den Streit wird nicht gesprochen.

Ignazio wird müde, fast wie im Fieber. Er wartet nicht, bis sie mit dem Essen fertig sind, sondern legt sich gleich hin, fast ohne Gruß. Vittoria und Vincenzo tun es ihm nach.

Paolo und Giuseppina bleiben allein am Tisch sitzen.

Paolo nimmt einen Becher aus Steingut zur Hand. »Gehen wir schlafen?«

Giuseppina macht sich an den Abwasch. Sie sagt nichts.

Der Mann stellt den Becher ab. Er legt ihr die Hände auf die Hüften. Giuseppina begreift, was er will. »Lass mich.«

Der Druck ihres Mannes wird stärker. »Musst du eigentlich immer Nein sagen? Warum denn immer Nein?«

»Ich bin müde.«

Paolo presst sich an sie. »Was soll ich denn noch machen – dich anflehen um etwas, das mir zusteht? Was ist denn so komisch an dem, was ich von dir will?« Tatsächlich liegt etwas Flehentliches in seiner Stimme. Er erdrückt sie fast zwischen der Küchenwand und seinem Körper, und einen Moment lang befürchtet Giuseppina, er wolle sie dort in der Küche nehmen, wo das Risiko besteht, dass die anderen alles hören. Sie streift die Hand ab, die ihren Rock angehoben hat, windet sich aus seiner Umarmung.

Und doch verspürt sie auch ein Zucken in sich, in diesem verräterischen Geschlecht, ein Verlangen, sich hinzugeben, das sie kaum in Schach halten kann. »Nein. Lass mich, habe ich gesagt.«

Paolo hält inne. Er weiß nicht, ob er sie anschreien oder ohrfeigen soll, oder das Haus verlassen und bei der ersten

Frau, die ihm über den Weg läuft, seiner Lust frönen soll. Denn das ist es, was er jetzt braucht: ein wenig Trost. Etwas anderes will er nicht.

Er packt sie am Handgelenk, zerrt sie ins Schlafzimmer. Er zieht sie aus. Sie hält die Augen geschlossen, während ihr Mann sich das von ihr nimmt, was er will und was sie ihm geben muss.

Im Zimmer nebenan, jenseits des Vorhangs, der als Tür dient, ist Ignazio aufgewacht, weil ihm kalt ist. Er starrt in die Dunkelheit. Lauscht.

Am Morgen danach steht Giuseppina auf, als es noch dunkel ist. Eilig zieht sie sich an. Ihr Mann schläft. Sie beachtet ihn nicht.

Dann öffnet sie die Tür. Bald wird der Winter Palermo mit eiserner Hand regieren.

Bis auf wenige Passanten, die zur Cala unterwegs sind, ist der Piano San Giacomo menschenleer. Sie zündet die Lampe an, um wenigstens ein bisschen Licht zu haben, und macht sich ein Honigbrot. Von einem Regal nimmt sie eine Schüssel mit Käsebrocken und stellt sie auf den Tisch. Vittoria erscheint auf der Schwelle, murmelt verschlafen »Guten Morgen!« und geht dann wieder hinaus, um sich anzuziehen.

Ein Krampf, so stark, dass Giuseppina eine Hand auf ihren Bauch legen muss.

Man hat ihr beigebracht, dass Kinder von Gott kommen und es eine Todsünde ist, wenn man sie zurückweist. Daran glaubt sie; sie weiß, dass der Herr gibt und nimmt, dass er sie bestrafen wird, wenn sie dem Baby etwas antut. Doch was soll sie machen, wenn sie dieses Kind nicht als das ihre empfindet? Es ist nicht wie bei Vincenzo, der schon zu ihrem Fleisch und Blut wurde, als er noch gar nicht auf der Welt war. Dieses Wesen ist fremd, es gehört nicht zu ihr …

Nein, vielleicht ist es nur eine Frage der Zeit, sagt sie sich wieder, versucht, sich selbst zu überzeugen. Sie muss sich daran gewöhnen, muss der Natur ihren Lauf lassen, damit sie ihr noch einmal zeigt, wie man Mutter ist.

Vielleicht ist es ja bereits eine Sünde, dass sie nicht mehr Mutter werden will.

Dieses Bewusstsein wird sie immer in sich tragen, in all den Jahren, die noch kommen werden. Wenn sie sich an diesen Gedanken erinnert, wird es sein, als würde sich ein Nagel tief in ihr Inneres bohren.

Noch ein Krampf. Sie muss sich setzen, tief durchatmen. Vittoria ist sofort bei ihr. »Tante?«

»Frauenschmerzen.«

Vittoria ist noch nicht geschlechtsreif, doch sie weiß bereits, worum es sich handelt. »Bleibt nur sitzen. Ich kümmere mich um das Frühstück«, sagt sie zu ihr. Sie ist ein aufgewecktes und intelligentes Mädchen, und am Abend zuvor hat sie auch Bescheid gewusst, als sie die Geräusche aus dem Zimmer von Onkel und Tante hörte. Und noch etwas weiß Vittoria: dass sie keinen Mann haben will, der sie herumkommandiert wie ihr Onkel die Tante. Sie will einen Mann, der sie respektiert, der sie zu Wort kommen lässt, auch wenn die Tante ihr sagt, so sei er nicht, der Lauf der Welt.

Kurz darauf ist die ganze Familie um den Tisch versammelt. Es zieht durch die Tür, ein eisiger Wind, der die Temperatur im Raum merklich sinken lässt.

Sie essen in Eile, die Köpfe tief über den Tisch gebeugt. Ignazio und Paolo hüllen sich in ihre Überwürfe und gehen, der eine in Richtung Zollamt, der andere zum Gewürzladen.

Doch Paolo bleibt kurz stehen, kehrt noch einmal zurück. Er tritt auf seine Frau zu, streichelt ihr über die Wange.

Giuseppina zeigt keine Reaktion und schaut zu, wie er weggeht.

Fegen, Betten machen, Gemüse putzen, Pfannen wienern. Vittoria kommt herein, mit zwei Eimern voller Wasser vom Brunnen in den Händen, die vor Kälte dunkelrot sind. Vincenzo quengelt, er will raus. Giuseppinas Müdigkeit nimmt von Minute zu Minute zu, ebenso wie die Krämpfe. Sie würde sich so gern ausruhen, doch sie kann nicht: Es gilt Wäsche zu machen, die Seifenlauge zum Kochen zu bringen. Der Schweiß läuft ihr den Rücken hinab und zwischen den Brüsten hindurch.

Plötzlich bleibt Vittoria stehen. »Tante …«, murmelt sie, die Hand erschrocken vor den Mund geschlagen. »Was ist mit Euch?«

Giuseppina senkt den Blick. Dunkle Flecken auf ihrem Rock. »Was …«

Plötzlich begreift sie, dass die Hitze, die sie zwischen den Beinen gespürt hat, kein Schweiß ist, sondern Blut. Aus Verwirrung wird Angst. Ihr bleibt nur noch die Zeit für die geflüsterte Bitte, die Hebamme zu rufen, dann sinkt sie ohnmächtig zu Boden.

Mit bloßen Füßen läuft Vittoria über das regennasse Kopfsteinpflaster in Richtung Via San Sebastiano. Sie rutscht aus, rappelt sich hoch. Sie sucht nach Mariuccia, von der sie weiß, dass sie die Hebamme der Leute aus Bagnara ist. Paolo hat gesagt, es kämen oft Frauen und Mädchen zu ihm, um nach Kräutern zu fragen, die sie ihnen empfohlen hat.

Endlich hat die Kleine das Haus gefunden. »Za' Mariuccia, meine Tante verliert Blut!«, schreit sie, voller Angst, auch das letzte bisschen Familie, das ihr geblieben ist, zu verlieren. »Sie ist ohnmächtig geworden! Kommt, kommt.«

»Wer ist es denn, wer ist es?« Ein Gesicht mit Kopftuch erscheint an einem Fensterchen.

»Donna Giuseppina, die Frau von Don Florio. Kommt!«

»*Matri sant'Anna!*«

Die Frau verschwindet im Inneren des Hauses. Dann kommen laute Schritte die Treppe herunter, und wenige Augenblicke später steht Mariuccia vor Vittoria, mit einem Korb in der Hand. »Sei ganz ruhig. *Cùntami,* erzähl, was ist passiert?«

»Wir waren beim Wäschewaschen, da habe ich bemerkt, dass sie Flecken auf dem Kleid hat.«

In diesem Moment bringt eine Stimme sie dazu anzuhalten. »Vittoria! Was machst du denn hier?«

»Onkel Ignazio!« Das kleine Mädchen wirft sich in die Arme des Onkels und bricht in Tränen aus.

»Was ist denn los?«

Vittoria erzählt, der Mann erbleicht. »Aber … war sie denn schwanger?«

Das Mädchen schüttelt den Kopf. »Ich weiß nichts, Onkel.«

Der Mann packt seine Nichte an den Schultern und zieht sie in den Schutz seines Umhangs. »Michele, bring du die Ware ins Lager und sag Paolo Bescheid, dass er nach Hause kommen soll. Los!« Zusammen laufen sie in Richtung Piano San Giacomo.

Mariuccia ist ihnen vorausgeeilt.

Sie kniet neben Giuseppina. Sie ist bei Bewusstsein, weint leise vor sich hin, ihr Kleid ist fast bis zum Becken hochgerutscht. Aus dem angrenzenden Zimmer ist Vincenzos Brüllen zu hören. Auf dem Boden eine Blutlache.

»Vitto', geh zu Vincenzo und tröste ihn«, murmelt Giuseppina.

Das Mädchen gehorcht, die Augen auf den Fleck gerichtet. Dann hört das Brüllen plötzlich auf.

Mariuccia hebt den Kopf. »Seid Ihr allein hier?«

»Ich bin ihr Schwager. Ich muss …«

Die Frau wedelt mit der Hand. »Nichts müsst Ihr. *Amunì*, na los, *pure si site masculu.* Auch wenn Ihr ein Mann seid. Helft mir, wir müssen sie aufs Bett legen.«

Ignazio bleibt stocksteif stehen. »War sie wirklich schwanger?«

Die Hebamme nickt. Sie nimmt ein Tuch aus ihrem Korb, beginnt Giuseppina abzureiben. Giuseppina schämt sich, birgt das Gesicht in der Armbeuge der Frau. »Ja. Sie hätte sich schonen müssen. Jetzt ist nichts mehr zu machen.«

Ignazio legt seinen Umhang ab und hebt Giuseppina hoch, entzieht sie Mariuccia. »Macht Platz«, sagt er in einem Ton zu ihr, der keinen Widerspruch duldet. »Ich trage sie.«

»Du machst dir die Kleider schmutzig.« Giuseppina wimmert. »Immer bist du bei mir«, fügt sie dann hinzu und packt ihn am Hemd. »Du, und nicht er.«

Sie sagt es leise, so leise, dass er fast glaubt, nicht richtig gehört zu haben. Doch das hat er, und es macht seinen Schmerz nur noch größer.

Mariuccia bedeckt das Bett mit Laken und Handtüchern, damit die Matratze nicht beschmutzt wird, denn jetzt muss sie das zu Ende bringen, was die Natur begonnen hat.

»Paolo hat nichts davon gewusst?«, flüstert Ignazio.

Giuseppina schüttelt den Kopf. Sie weint weiter, und ihm bleibt nichts, als ihr zu sagen, wie leid es ihm tut. Wieder und wieder murmelt er es in ihr Haar, das nass vom Schweiß ist. Er hilft ihr, sich auf dem Bett auszustrecken, und will schon hinausgehen, als er noch einmal umkehrt, ihre Hand nimmt und die Handfläche küsst. Dann entfernt er sich, denn er will nicht, dass die Hebamme merkt, welche Höllenqualen er leidet.

Als Paolo nach Hause kommt, kniet Vittoria in der Küche und putzt den Boden.

»Die Tante ist da drüben«, sagt sie leise. Sie taucht die Hände in das rötliche Wasser, wringt den Lappen aus, wischt weiter.

Paolo geht zu ihr. »Das solltest nicht du machen …«

»Und wer sonst, wenn nicht ich?«, erwidert Vittoria mit Härte in der Stimme. Und mit einem Hauch Vorwurf.

Auf einmal wird dem Onkel bewusst, wie sehr sie gewachsen ist und dass sie fast schon eine Frau ist. Doch Vittoria lässt ihn nicht weitersprechen. »Es ging ihr schon seit Tagen schlecht, sie übergab sich, war immer müde. Hattet Ihr das nicht bemerkt?«, fragt sie. Ernst, streng.

Paolo gerät ins Stammeln, er schüttelt den Kopf. Das Schuldgefühl, das ihn erfüllt, ist wie eine Faust, die sich um sein Herz schließt und langsam zudrückt. Erst jetzt begreift er so manches. Auch die Verweigerung vom vorigen Abend.

Vittoria beobachtet ihn ohne Worte. Sie richtet sich auf, schüttet das schmutzige Wasser vor die Tür. Doch jetzt ist kein Vorwurf mehr in diesen dunklen, stillen Augen. Schmerz ja. Mitleid. Vielleicht sogar Verstehen.

»Wo ist Ignazio? Und Vincenzo?«

Das Mädchen nimmt einen Teller und beginnt, Gemüse zu schneiden, um eine Fleischbrühe zu kochen, wie man sie für Wöchnerinnen zubereitet. »Onkel Ignazio hat ihn rausgebracht, damit er nicht hier war, solange Donna Mariuccia arbeitete.« Ihre Stimme wird weich. »Geht nur zur Tante. Sie darf nicht allein sein, die Arme, sonst denkt sie noch, es sei ihre Schuld.«

Und ist es etwa meine Schuld?, denkt Paolo. *Obwohl ich nicht einmal gemerkt habe, dass es ihr nicht gut geht?*

Auf der Schwelle zum Schlafzimmer bleibt er stehen und betrachtet seine Frau voller Gram. Hätte er das gewusst, wäre er am vergangenen Abend nicht so hartnäckig gewesen …

Er nähert sich ihr auf leisen Sohlen. »Du hättest es mir sagen können.« Kein Vorwurf, nur Bitterkeit spricht aus seiner Stimme. Jetzt, angesichts des Schmerzes, den er in ihren Augen sieht, fressen ihn seine Schuldgefühle schier auf. »Warum hast du es mir nicht gesagt?«, drängt er.

Dicke Tränen quellen unter den Lidern seiner Frau hervor und kullern über ihre Wange; man sieht, dass sie lange geweint hat. Paolo setzt sich neben sie aufs Bett. »Komm, nicht weinen. Ich bitte dich.« Er trocknet ihr eine Träne. »Vielleicht wäre es wieder ein Junge gewesen. Man sieht, das Schicksal hat es nicht gewollt.«

Giuseppina verharrt reglos, den Blick auf die Wand gerichtet. Keine Bitte um Verzeihung, kein Wort der Entschuldigung, so wie Ignazio.

Mariuccia schlüpft aus dem Zimmer.

Die Cala ist fast menschenleer. Es ist kalt. Nur wenige Lastenträger und Seeleute machen sich bei den Schiffen zu schaffen. Der Wind donnert mit voller Wucht gegen die Stadtmauern, rüttelt an den Fensterläden und bringt die aufgehängte Wäsche zum Flattern.

»Und das Schiff da?«

Vincenzo klammert sich an Ignazios Hals und zeigt aufs Meer hinaus. Der Onkel legt den Umhang über ihn, um ihn vor dem Tramontana-Wind zu schützen. Die Piedigrotta-Kirche ist geschlossen, nicht einmal die üblichen Bettler hocken vor dem Eingang. Auf der Mauer des Castello a Mare dreht ein Wachsoldat seine Runden und muss seine Mütze festhalten.

»Das nennt man Schifazzo. Es ist ein Schiff wie das, mit dem wir damals hierhergekommen sind, als du noch klein warst.«

»Wie klein?«

»Sehr klein. Du lagst in einem Körbchen.«

Vincenzo zappelt. Ignazio setzt ihn auf dem Boden ab,

und der kleine Junge läuft auf die Steinkante der Mole zu, schaut in das dunkle und aufgewühlte Wasser hinab. Die Oberseite eines mit Algen bewachsenen Ankers dümpelt dort unten in der Dunkelheit. »Wie tief ist das Meer?«

»Sehr tief, Vicenzi'«, antwortet Ignazio. Er nimmt ihn an der Hand. Vincenzo hat dunkle Augen und einen Blick voller Vertrauen, und sein Haar ist so hell wie das von Paolo. »Tiefer, als du es dir vorstellen kannst. Weißt du, dass dort, jenseits des Meers, wo man nichts mehr sieht, ein anderes Land ist?«

»Ja, das weiß ich. Da ist Bagnara. Davon erzählt mir Mama immer.«

»Nein, nicht Bagnara. Weiter weg sind Frankreich und England, dann Spanien und noch weiter weg Indien und China und Peru. Es gibt Länder, wo man mit Schiffen hinfährt, die noch viel größer sind als das hier, und in den Bäuchen dieser Schiffe sind Gewürze, wie dein Vater und ich sie verkaufen, außerdem Seide und andere Stoffe, wie du sie dir kaum vorstellen kannst.«

Staunen erblüht auf dem Gesicht des kleinen Jungen. Seine Hand zittert in der des Onkels, er würde am liebsten loslaufen, doch der Onkel hält ihn fest; das Pflaster ist glitschig, und er fürchtet, der Kleine könnte ins Wasser fallen.

»Was ist Seide, Onkel Ignazio?« Das S spricht er noch etwas unsicher aus.

»Seide«, antwortet der Onkel, »ist ein kostbarer Stoff für reiche Leute.«

»Seide«, wiederholt Vincenzo mit träumerischer Miene, und auf einmal klingt das Wort wie eine Eroberung, die er gerade gemacht hat. »Eines Tages will ich mich auch in Seide hüllen. Und für Mama werde ich ein Kleid aus Seide machen.«

Ignazio nimmt ihn wieder auf den Arm. Der Kleine schnuppert an den Kleidern seines Onkels, riecht die Gewürze: ein vertrauter, warmer, heimeliger Duft. Zusammen gehen sie in Richtung Via dei Materassai. »Dann wirst du hart arbeiten müssen. Diese Dinge kosten viel Geld«, erklärt Ignazio. Es fällt ihm leicht, mit dem Jungen so zu reden. Vincenzo ist ein schlauer kleiner Kerl.

»Das mache ich, Onkel Ignazio.« Das sagt er nach einer langen Pause und mit gesenkter Stimme.

Es klingt wie ein Versprechen.

Die Tür des Gewürzladens gibt immer noch ein nervtötendes Quietschen von sich, doch die Verkaufstheke ist ebenso erneuert worden wie die Tiegel für die Kräuter und Gewürze.

Auch die Fensterläden sind frisch lackiert. Jetzt steht nur noch der Name Florio darauf.

Es ist Februar 1803, und die Firma Paolo Barbaro und Paolo Florio gibt es nicht mehr.

Nach dem Streit beim Zollamt hat es noch weitere Dispute gegeben. Der letzte, erst vor ein paar Wochen, drehte sich um eine Lieferung von Zimt und geraspeltem Elfenbein zur Gallertherstellung.

Paolo war an die Cala gegangen, weil er von Michele erfahren hatte, dass sein Schwager angekommen sei, und hatte sich nicht wie sonst sogleich zum Gewürzladen begeben. Offenbar war Barbaro am Hafen mit einem Kaufmann namens Curatolo ins Plaudern gekommen und sogleich mit ihm handelseinig geworden; als Paolo hinzutrat, hatte er ihm gerade die gesamte Ladung zu einem lächerlichen Preis verkauft.

Curatolo ging, ohne ihn zu grüßen, die Verlegenheit stand ihm deutlich ins Gesicht geschrieben. Paolo konnte nur noch zusehen, wie er mitsamt den Gewürzen von dannen zog. Kaum war er weg, fiel er über Barbaro her. »*Ca' si' fuodde?* Was fällt dir ein, das ganze Elfenbein an unsere Konkurrenz zu verkaufen?« Paolo konnte nicht glauben, dass sein Schwager das allen Ernstes getan hatte. »Und was machen wir jetzt?«

»*Unsere* Konkurrenz? Seit wann existiert bei dir dieses *unser*?«

»Aber es war unsere Ladung. Wieso?«

»Du verhältst dich doch genauso!«, gab ihm Barbaro in bösem Ton zurück. »Dir ist egal, was ich mache, und mir das, was dir wichtig ist.« Er klimperte mit den Münzen in seiner Tasche. »Und die hier behalte ich.«

Paolo kehrte ihm den Rücken zu und ging nach Hause, sein Stolz zutiefst gekränkt. Er erzählte alles seinem Bruder und Giuseppina, und ihr verbot er, jemals wieder etwas mit den Barbaros zu tun zu haben, Mattia eingeschlossen.

Endgültig gestorben war ihre Geschäftsverbindung vor einem Notar. Sie verkauften die Schifazzo sowie den im Lager verbliebenen Teil der Ware und teilten den Erlös untereinander auf. Ein Dokument, zwei oder drei Unterschriften, ohne sich auch nur ins Gesicht zu blicken, und Paolo hatte den Gewürzladen gekauft, während Barbaro ihnen die Via dei Materassai überließ und sich ein anderes Quartier an der Via dei Lattarini suchte, wo auch andere Leute aus Bagnara ihre Lager hatten.

Es war ein Krieg, dessen Wunden noch immer spürbar

sind. Die kalte Wut, die an die Stelle heißen Zorns getreten war, wollte lange, lange nicht vergehen.

Vincenzo geht hinter seiner Mutter, immer wieder bleibt er stehen, um seine Umgebung zu betrachten. Er hat eine Lakritzstange in der Hand, an der er gedankenverloren lutscht. Seit er laufen kann, ist die Welt für ihn riesengroß geworden.

Gerade will er mit dem Fuß in eine Pfütze treten, als Giuseppina ihn festhält. »Pass doch auf! Schaust du denn nie, wo du hingehst? Du bist fast vier Jahre alt und kein *nuzzente*, kein Säugling, mehr!«

Er sieht sie mit schuldbewusster Miene an. Giuseppina seufzt. Vincenzo ist und bleibt die einzige, die wahre Liebe ihres Lebens.

Um sie herum ein Sprachengewirr. Ein Bauer versucht, eine Palette Zitrusfrüchte an einen englischen Händler zu verkaufen, der in Frack und Stiefeln auf den Markt gegangen ist. Der Karren behindert die Passanten, Protest wird laut.

»No, I won't buy those … arance. They are rotten!«

»Von wegen verrottet! Alle knackig und frisch, hier, schaut doch nur, wie saftig die ist!« Der Bauer nimmt eine der Früchte in die Hand, zeigt sie ihm, doch der Händler sträubt sich, zeigt auf einen Schwarm Fruchtfliegen, der über dem Obststand schwebt.

Ein neapolitanischer Seemann beobachtet die Szene und hebt in gespielter Verzweiflung die Hände zum Himmel. »Sind denn diese Christenmenschen alle verrückt geworden? Seht doch nur, die vielen Mücken …«

Leute aus aller Herren Länder, so viele neue Sprachen. Seit die Franzosen wieder damit begonnen haben, das Tyrrhenische Meer unsicher zu machen, ist es mit dem Frieden vorbei. Erneut haben die Engländer den Franzosen den Krieg erklärt, Napoleon hat kriegerische Handlungen angezettelt und Schiffe angreifen lassen, die das Mittelmeer befuhren. Handelsschiffe sind nicht mehr sicher, und die Engländer, die früher die Herren des Handels zur See waren, sind verdrängt worden. Palermo und Sizilien haben sich zu einem sicheren Hafen entwickelt, weit weg vom französischen Einfluss. Vor allem jedoch liegt die Insel im Zentrum des Mittelmeers; so ist Palermo zu einer Stadt geworden, in der es von Händlern und Seeleuten aus ganz Europa nur so wimmelt. Französische Gewürze kommen aus den norditalienischen Häfen, englische aus Malta, aber nicht nur. Mittlerweile trifft auch Ware aus der Türkei, aus Ägypten, Tunesien und Spanien ein.

Von alldem versteht Giuseppina nur wenig. Es sind Dinge, in die sich eine Frau nicht einmischt, wie sie oft Vittoria gegenüber betont, die hingegen immer alles genau wissen will und Ignazio mit endlos vielen Fragen quält.

Giuseppina hat den Gewürzladen erreicht. Hinter der Glasscheibe sieht sie Paolo hinter der Theke stehen; er spricht mit einem Mann im Samtanzug. Weiter vorne in der Gasse, fast direkt vor der Kirche, steht eine Sänfte, golden und grün lackiert.

Mutter und Sohn treten ein. Paolo sieht sie, bedeutet Vincenzo zu schweigen und spricht weiter mit dem Kunden. »Unsere Rinde ist erstklassig, Herr Baron. Sie kommt direkt aus Peru, und wir liefern sie an einen Großteil der Apotheker von Palermo. Riecht doch nur, was für ein Aroma.« Er nimmt eine Handvoll der Chinarinde. Sie ist dunkel, krümelig. Ein paar Splitter fallen auf die Ladentheke.

Der Mann rümpft die Nase. »Was für ein starker Geruch!«

»Weil wir wissen, wie man sie konserviert.« Paolo senkt die Stimme. »Möchtet Ihr, dass ich Euch davon etwas zubereite? Zusammen mit Eisen, richtig?«

»Ja, danke. Ihr wisst ja, wie das so ist … Ich habe den Geist eines jungen Mannes, aber der Körper macht leider, leider nicht mehr mit. Es geht einfach nicht mehr so gut wie früher, und Ihr könnt euch vorstellen, wie unangenehm es ist, wenn man in bestimmten Situationen versagt«, schließt er, etwas peinlich berührt.

»Dann wird Euch das Eisen neue Kraft schenken. Wir fügen noch Fenchelsamen und etwas Zitronenschale hinzu, dann seid Ihr auch vor fieberhaften Erkrankungen geschützt. Soll ich das auf die Rechnung für die Ware von letzter Woche setzen?«

»Nein, bitte nicht.« Auf Verlegenheit folgt Stolz. »Hier, damit begleiche ich die Außenstände der letzten Zeit.« In seiner Hand schimmern mehrere Münzen. »Hier. Ich weiß, dass ich auf Eure Diskretion zählen kann. Wenn ich hierhergekommen bin und nicht zu Euren renommierten Kollegen, so deshalb, weil man mir gesagt hat, Ihr seid verschwiegen.«

»Ihr könnt Euch darauf verlassen, dass Euer Geheimnis bei mir in besten Händen ist.«

Paolo ist höflich, aber nicht unterwürfig. Die Aristokraten Palermos sind ein seltsames Völkchen. Sie verteidigen ihre Privilegien mit Zähnen und Klauen, und auch wenn ihnen das Wasser bis zum Halse steht, würden sie auf ihre Samtanzüge und ihre Juwelen niemals verzichten. Lieber verkaufen sie Häuser und andere Besitztümer, die sie nicht mehr unterhalten können, und tauschen sie wie gezinkte Karten in einem Kartenspiel.

Vincenzo sucht sich genau diesen Moment aus, um sich dem Griff der Mutter zu entwinden. »Papa, Papa«, ruft er, zieht sich an der Ladentheke hoch und streckt ihm die Hand hin.

Paolo wendet sich seinem Sohn zu. In seinen Augen steht Missbilligung. »Jetzt nicht, Vicenzi'.«

Die Finger des Jungen gleiten von der Theke weg. Der Kleine umrundet flink die Theke und schlüpft ins Hinterzimmer, wo, wie er weiß, sein Onkel Ignazio beschäftigt ist. Er findet ihn tief über Kassenbücher gebeugt vor.

»Onkel?«

»Was machst du denn hier?« Er setzt den Jungen auf den Tisch, schiebt das Tintenfass beiseite und fährt mit dem Ausstellen von Rechnungen fort. »Bist du mit deiner Mama gekommen?«

»Mhm.« Der Junge lutscht an seiner Lakritzstange und baumelt dabei mit den Füßen. »Hier riecht es aber gut. Das sind Nelken, richtig?«, fragt er und kräuselt schnuppernd die Nase.

»Ja, das sind Gewürznelken. Gestern eingetroffen. So, jetzt halt mal still.« Ignazio legt ihm die Hand aufs Knie, eine zärtliche Geste. »Was war denn mit der Mama?«

»Jemand hat ein Papier gebracht. Es war ein Seemann. Und sie hat sich sehr aufgeregt, als sie es gesehen hat.«

»Ein Papier? Du meinst, einen Brief?«

»Mhm.«

An diesem Punkt hebt Ignazio den Kopf. Eine seltsame Unruhe erfasst ihn. »Wem hat sie ihn gebracht? Ich meine, damit er ihn ihr vorliest?«

»Zu einem der Hausmädchen im Palazzo der Fitalias, das alles Mögliche über seine Herrin weiß und es Mama und Tante Mariuccia erzählt.«

Ignazio schnauft tief durch. »Aha. Die hat uns gerade noch gefehlt.« Er seufzt, denkt nach. Es ist jetzt mehr als zwei Jahre her, dass Giuseppina die Fehlgeburt erlitten hat. Seither hat Ignazio zugesehen, wie sie und sein Bruder sich mehr und mehr entfremdet haben. Sie leben zusammen, doch ihr Dasein hat nur noch wenige Berührungspunkte, als würden sie gar nicht mehr zusammengehören, geschweige denn die Nähe des anderen suchen. Sie leben zusammen wie zwei Fremde, die zufällig im gleichen Haus wohnen.

Ganz allmählich hat Giuseppina resigniert. Liebgewonnen hat sie hingegen Mariuccia, die Hebamme, die für sie etwas geworden ist, das einer Freundin nahekommt. Dann sind noch zwei weitere junge Frauen aus Kalabrien eingetroffen, unter ihnen Rosa, das Hausmädchen, das Vincenzo erwähnt hat. Er und Paolo, der die Frau nicht ausstehen kann, halten sie für eine große Klatschbase.

»Und was ist dann passiert?«

Der Kleine lässt die Lakritzstange ruhen. Er setzt eine ernste und auch ein wenig vorwurfsvolle Miene auf. »Sie hat angefangen zu weinen. Und dann hat sie mich hierhergeschleppt, um mit Vater zu reden.«

Ignazio stutzt. Einige Augenblicke lang schwebt die Schreibfeder in der Luft, dann wird sie neben dem Tintenfass abgelegt.

Giuseppina ist kein Mensch, der ohne Grund weint.

Ignazio spitzt die Ohren, hört, wie Paolo sich von seinem Kunden verabschiedet. Kurz darauf die Stimme der Schwägerin. Er legt den Finger an die Lippen, bedeutet Vincenzo zu schweigen. Er geht in Richtung Eingang, bleibt aber im Schatten der Tür stehen.

»Und? Was gibt's?«, fragt Paolo.

Giuseppina zieht einen Umschlag hervor. Sie hält ihn ihm hin. »Der ist von Mattia. Sie ist verzweifelt, bittet um Hilfe im Namen ihres Mannes, der in der Stadt ist. Er ist krank geworden und ganz allein, hat niemanden, der sich um ihn kümmert. Und wir sind hier, in Palermo.«

Stille senkt sich über den Gewürzladen.

Lange schwebt Giuseppinas Hand mit dem Brief in der Luft, dann nimmt Paolo ihn endlich entgegen.

Er zerreißt ihn in Stücke.

»Aber … du hast ihn nicht einmal gelesen«, stammelt sie, mehr bedrückt als überrascht. »Sie ist deine Schwester!«

Paolo kehrt ihr den Rücken zu. »Sie *war* meine Schwester. Sie hat beschlossen, die Partei dieses Schurken zu ergreifen, den sie geheiratet hat.«

Giuseppina breitet die Arme aus. »Den *sie* geheiratet hat? Sie hatte doch gar keine Wahl! Damals war sie vierzehn, und dein Vater hat sie verheiratet, um sie sich vom Halse zu schaffen. Keine Frau hat die Wahl, wenn sie heiratet. Konnte ich mich etwa wehren, als du mich hierhergezerrt hast?«

Mit diesem Vorwurf hat Paolo nicht gerechnet. »Kommst du mir immer noch damit? Unser Leben hat sich verbessert, bist du denn so blind, das nicht zu sehen? Wolltest du wirklich in Bagnara bleiben und Bäuerin sein? Und hier? Siehst du nicht, dass ich gut verdiene? Woher kommen denn deiner Meinung nach all die neuen Kleider, oder die Kommode, die ich dir habe bauen lassen?«

»Ach was! Und trotzdem leben wir hier immer noch in einem Stall. Diese Wohnung ist doch …«

»Wir ziehen bald in eine neue um!«

»Wann denn, wann? Ich fühle mich wie eine Sklavin in meinem eigenen Haus!«

»Sei vorsichtig, wie du redest, oder ich schwöre bei Gott, dass du von mir das kriegst, was du noch nie bekommen hast!«

Giuseppina stützt die geballten Fäuste in die Hüften. »Mattia hat nichts mit dem Streit zu tun, den du mit Barbaro hattest, und ob es dir nun gefällt oder nicht – Paolo Barbaro ist immer noch dein Schwager. Du hast mit ihm zusammengearbeitet, im Schweiße deines Angesichts, hast das Brot mit ihm geteilt … und jetzt? Verflixt noch mal! Könnt ihr nicht wenigstens versuchen, euch zu vergeben? Deine Schwester …«

Paolo bedenkt Giuseppina mit einem so vernichtenden Blick, dass sie verstummt. Seine Haltung, die Gesten, seine Miene – aus allem spricht eine Unnachgiebigkeit, die nur von tiefem Groll herrühren kann. Sogar Ignazio spürt, wie groß der Zorn ist, der in seinem Bruder wütet. »Alles seine Schuld. Wenn du auch nur einmal mein Vertrauen missbrauchst, dann hast du das einmal zu oft getan. Weißt du, was er von mir will? Geld. *Mein Geld,* für das ich hart schufte, um es nach Hause zu bringen, während er sich als der große Herr aufspielen will. An diesem Geld klebt mein Schweiß, und das Blut von meinem Bruder und mir. Du erinnerst dich wirklich nicht, was er getan hat?« Mit jedem Satz wird seine Stimme lauter, erfüllt sich mehr und mehr mit Neid und Missgunst. »Er hat Zwietracht unter den Lieferanten gesät, hat den anderen Händlern gesagt, dass *wir ihm* Rechenschaft schuldig sind. Dass *ich* ihm Rechenschaft schuldig bin. Ich, der diesen Laden hier erst zu dem gemacht hat, was er ist.«

Jetzt bekommt es Giuseppina mit der Angst zu tun. Sie weicht in Richtung Regale zurück. »Aber deine Schwester …«

»Was fällt dir eigentlich ein, mich zu bitten, den Brief einer Frau zu lesen, die ihr eigen Fleisch und Blut verraten hat? Für mich sind die gestorben, alle miteinander.«

Die Frau ist wie in die Enge getrieben zwischen ihrem Mann und den Regalen.

»Warte mal … deine Großmutter war eine Barbaro. Und jetzt kommen sie und wollen dich um Hilfe bitten? Ich hatte dir verboten, jemals noch einmal mit ihnen etwas zu tun zu haben.«

»Genug jetzt, Paolo.« Ignazio betritt den Laden, legt ihm eine Hand auf die Schulter. Er weiß, wie er seinen Bruder beruhigen kann.

Doch auch Ignazio kann Barbaro nicht verzeihen. Weder die Vorwürfe, die er ihnen gemacht hat, noch die Unterstellungen, die gedroht haben, ihnen das Geschäft zu ruinieren, und erst recht nicht den Bruch zwischen ihm, Paolo und Mattia, den er herbeigeführt hat.

Aufgelöst lässt Giuseppina den Blick zwischen ihrem Mann und Ignazio schweifen. Sie läuft zu Vincenzo, nimmt ihn auf den Arm. Das Letzte, was sie von ihr sehen, ist ein Zipfel Umhang, der die Tür streift, dann ist sie verschwunden.

»Warum musstest du deiner Frau so zusetzen? Sie und Mattia mögen sich.«

»Sie mögen sich, ja!« Paolos Lachen ist bitter. »Und das, was andere über ihren Mann gesagt und ihm angetan haben, interessiert sie nicht.« Er streicht sich die Haare glatt, versucht, seinen Ärger herunterzuschlucken.

Ignazio möchte seinen Bruder in den Arm nehmen. Ihn besänftigen. Doch er weiß, das würde nichts nützen: Paolo hat sich in seinem Zorn verschlossen.

Er bückt sich, um die Fetzen von Mattias Brief aufzuheben, entdeckt seinen eigenen Namen an einer Stelle, den von Paolo an einer anderen. Seine Familie ist zerrissen, so wie diese paar Blätter Papier, und Ignazio konnte es nicht verhindern.

Giuseppina kehrt nach Hause zurück, die Hand ihres Sohnes fest umklammert. Er sagt kein Wort, schaut sie nur schweigend von der Seite an, die Lakritzstange wieder zwischen den Zähnen.

Als sie über die Schwelle treten, läuft Vittoria ihm entgegen, nimmt ihn auf den Arm. Sie kitzelt ihn und bedeckt seinen Hals mit vielen Küsschen.

Giuseppina lässt sich auf einen der Stühle sinken. »Nichts.« Sie ahmt Paolos Geste nach. »Vor meinen Augen hat er ihn zerrissen. Von deiner Tante will er nichts mehr wissen.« Sie hält sich die Hand vor den Mund, denn sie weiß, dass eine Frau niemals schlecht über ihren Mann reden soll, besonders nicht gegenüber Verwandten, auch wenn sie das alles – Gott ist ihr Zeuge – am liebsten hinausschreien würde wie eine Verrückte.

Vittorias Miene verfinstert sich. Sie stellt Vincenzo auf dem Boden ab, und er läuft ins Schlafzimmer. »Tante, Ihr könnt nichts machen.« Sie streicht Giuseppina eine Haarsträhne aus dem müden Gesicht. »Onkel Paolo ist eben so. Und außerdem hat Onkel Barbaro ihn wirklich verletzt: Er hat sich ihm gegenüber richtig verhalten, die Kränkung war einfach zu groß.«

Darauf erwidert Giuseppina nichts. Was weiß Vittoria schon darüber, was es bedeutet, niemanden mehr zu haben, dem man sich anvertrauen kann? Was weiß sie schon, wie sehr Mattia sich früher ihrer angenommen und ihr beigestanden hat?

Die Kutsche, die vor dem Gewürzladen der Florios steht, blockiert den Verkehr auf der Via dei Materassai. Man kommt kaum daran vorbei, so eng ist der Durchgang. Die Luft ist frisch und erfüllt vom Zwitschern der ersten Schwalben, es duftet nach Heu und wenigen, schüchternen Blümlein.

Drinnen ist Michele dabei, einen Handwerker zu bedienen, der sich mit Lack und Mennige eindecken will. Ignazio hingegen widmet sich einer anderen Kundin.

Eine vornehme Dame, eine Adlige.

Es ist eine schöne Frau in einem Umhang, der mit Fuchspelz gesäumt ist, um sie vor der Kälte des immer noch unwirtlichen März zu schützen. Ihre Haut verrät, dass sie nicht mehr die Jüngste ist, was sie jedoch geschickt unter Puder versteckt. Ignazio deutet ein Lächeln an, während er sorgfältig eine Mischung aus Wermut, Sternanis und Diptam im Mörser zerstößt.

Mittlerweile sieht man ihn nur noch selten an der Theke. Seit die Florios im Jahre 1803 mit Barbaro gebrochen haben, läuft das Geschäft wie ein Schiff mit geblähten Segeln. Sie haben Kontakt mit vielen Händlern, ob es nun Neapolitaner oder Engländer sind; diese sind sogar ihre allerbesten Lieferanten geworden. Sie sind zuverlässig und haben größtes Interesse daran, mit den Sizilianern gute Beziehungen zu pflegen, erst recht, seit die Franzosen im restlichen Italien immer übermächtiger werden. Nur wenige Monate ist es her, dass Napoleon das Königreich Neapel erobert hat und die Bourbonen mit eingeklemmtem Schwanz nach Sizilien fliehen mussten, um bei den Engländern Zuflucht zu nehmen. Zu empfindlich war die Niederlage. Und so bleibt Palermo einer der wenigen Häfen, der frei vom napoleonischen Einfluss ist, ein kostbarer Austauschplatz für die Koalition gegen die Franzosen.

Ignazio widmet sich im Hause Florio hauptsächlich der Verwaltung und der finanziellen und wirtschaftlichen Führung ihres kleinen Unternehmens. Dennoch kehrt er für besondere Kunden gern hinter die Ladentheke zurück.

»In Euer Geschäft zu kommen ist immer so … *exotisch.* Diese vielen Düfte aus fernen Ländern! Übrigens, wo ist eigentlich Paolo?«

»Mein Bruder ist gleich zurück. Kaum hat er die Kutsche Eurer Durchlaucht erblickt, kam ihm der Gedanke, Ihr könntet vielleicht an einigen Dingen interessiert sein, von denen er Euch bei Eurem letzten Besuch erzählt hat.«

Der Blick der Frau wird aufmerksam. »Es handelt sich um Bernstein, stimmt's?«

Ignazio mörsert weiter die Kräuter und nickt dabei. »Bernstein aus dem Baltikum, von allergrößter Reinheit. Er kommt aus den asiatischen Steppen und ist bereits geschliffen.«

Die Türangeln quietschen.

»Signora.« Paolo Florio begrüßt die Dame mit einer Verbeugung. Er stellt eine kleine Holztruhe mit Elfenbeinbeschlägen auf die Theke. »Verzeiht mir die Verspätung, doch ich war in Euren Diensten unterwegs.«

Die Dame macht den Hals lang und scheint es kaum mehr erwarten zu können. »Also?«

»Schon die Truhe ist eine Kostbarkeit, aber sie ist nichts im Vergleich zu dem, was sie enthält.« Er hebt den Deckel an, und sofort ergießen sich goldene Lichtreflexe über die Theke. »Seht nur. Ist er nicht wundervoll? Und er ist genau das Richtige für Euch: Wusstet Ihr, dass Bernstein Magenbeschwerden lindert und die Energien des Körpers erhält?«

»Wirklich?« Die Dame berührt die braunen Kugeln und zieht erstaunt die Hand weg. »Die sind ja warm!«, ruft sie überrascht aus.

»Weil es kein Stein ist, sondern ein Harz. Es heißt, sein Licht konserviere den Funken des Lebens. Doch lasst mich …« Paolo beugt sich vor, reicht ihr die Kette. »Hier. Probiert sie nur an.«

Die Kette funkelt und schimmert auf dem Gewand der Frau. Sie berührt sie, bewundert sie. Dann wird aus Staunen Begehren. Sie hat sich bereits entschlossen. »Wie viel?«

Paolo zieht die Stirn in Falten, tut so, als fiele es ihm schwer, sich von dem kostbaren Stück zu trennen. Dann schließlich murmelt er den Preis.

Das Lächeln der Frau welkt dahin. »Das ist Wahnsinn. Mein Mann wird mir tagelang Vorhaltungen machen.« Dennoch können ihre Finger nicht von der Kette lassen, wieder und wieder berührt sie sie. Sie senkt die Stimme, und auf einmal spricht sie voller Bitterkeit und Missbilligung. »Während er meine Mitgift am Spieltisch verjubelt, kann ich mir nicht einmal eine kleine Caprice erlauben.«

»Oh, aber Ihr gebt das Geld keineswegs für eine Caprice

aus. Ihr kauft eine Medizin für Eure Gesundheit, genau wie das Tonikum, das mein Bruder für Euch zubereitet. Übrigens, was machen denn die Darmwinde?«

»Viel besser. Ihr hattet recht, es war nichts Ernstes.«

»Das freut mich. Das hier ist ein uraltes Heilmittel, etwas, das sich nur wenige Kunden leisten können. Würde es sich um etwas Komplexeres handeln, wäre ich der Erste, der Euch zu Don Trombetta an der Porta Carini schickt. Er ist ein ausgezeichneter Pharmazeut, abgesehen davon, dass er auch unser Kunde ist.« *Und er ist einer von denen, die sich nicht mehr von Canzoneri beliefern lassen, sondern zu uns und unseren Gewürzen übergewechselt sind,* denkt er.

Doch die Dame hört ihm nicht mehr zu. In ihren Augen leuchtet nur noch das Licht des Bernsteins. Sie stößt einen Seufzer aus, der eindeutig ist. »So sei es denn. Ich lasse Euch eine Anzahlung da sowie eine schriftliche Verpflichtungserklärung. Mein Mann wird vorbeikommen und den Rest begleichen.«

Ignazio kann seine Enttäuschung nur durch ein Hüsteln überspielen.

Solche schriftlichen Erklärungen sind meistens auch nichts anderes als Zahlungen in Raten. Manche Sizilianer sind reich nur an Namen und Titeln, die kaum mehr wert sind als der Stein, in den ihr Wappen gemeißelt ist.

Sein Bruder hingegen zuckt nicht einmal mit der Wimper. »Und ich werde ihn hier erwarten.«

Paolo begibt sich ins Hinterzimmer, um Papier und Tinte zu holen, während Ignazio die fein gewiegten Kräuter in ein Fläschchen mit Alkohol gibt und dann das Gemisch mit einem Glasstäbchen umrührt. Er ruft die Zofe der Dame zu sich.

»Pass gut auf. Das Tonikum muss acht Tage im Dunkeln ruhen. Dann servierst du deiner Herrin jeden Abend ein Gläschen davon, nachdem du es abgeseiht hast. Verstanden?«

Diese knödelt *»caciettu«*, ein Ausdruck der Zustimmung, der ihre Herkunft vom Lande offenbart. Ignazio versiegelt das Fläschchen und wickelt die Ampulle in dunklen Stoff. Er reicht die Flasche genau in dem Moment dem Dienstmädchen, als ihre Herrin die Zahlungsverpflichtung unterzeichnet.

Paolo begleitet die Edeldame zum Ausgang. Als die große Kutsche die Via dei Materassai verlässt, ist endlich wieder der Weg frei.

»Es ist schön, Kunden zu haben, die dich nicht nach einem Preisnachlass fragen.« Paolo streicht seine Weste glatt. Ignazio trägt ein sehr ähnliches Kleidungsstück über einem weißen Hemd, dessen Ärmel er bis zu den Ellbogen aufgerollt hat.

»Hoffen wir nur, dass Cavaliere Albertini nicht allzu viele Fragen stellt. Wenn seine Frau zum Einkaufen geht, beschwert er sich hinterher gern, dass sie ihn noch irgendwann an den Bettelstab bringt.« Ignazio liest sich die Verpflichtungserklärung durch, die die Frau unterschrieben hat. »Er könnte dir immer noch sagen, er habe seine Frau nicht dazu ermächtigt, diesen Kauf zu tätigen. Das weißt du, oder?«

»Das wird er nicht tun. Albertini ist mit mehreren Notaren und Richtern verwandt und besitzt eine Faktorei in Bagheria. Am Ende wird er bezahlen, weil er nicht *malafiùra* machen will. Niemand will das Gesicht verlieren.« Er betrachtet seinen Bruder. »Du solltest diese Ärmel runterrollen. Wir sind keine Dienstboten.«

Denn noch immer werden sie von vielen als solche betrachtet. Offen würde das keiner von beiden zugeben. Doch vielleicht achten sie deshalb besonders darauf, dass das Geschäft ebenso wie ihre Kleidung immer picobello in Ordnung ist.

Ignazio weiß um das Bild, das man in der Öffentlichkeit immer noch von ihnen hat, und ärgert sich darüber.

Gewisse Erinnerungen sind wie Salz in seinen Wunden.

Er erinnert sich. Zwei Wochen ist es her.

Bei der Dogana dello Steri, der Zollbehörde, in dem Kontor, wo über die Ein- und Ausgänge von Waren im Hafen Buch geführt und die Gewürzlieferungen registriert werden. Ein rechteckiges Kämmerlein im Erdgeschoss, das auf den quadratischen Innenhof hinausgeht.

Ignazio wartete auf die Abfertigung einer Lieferung, die gerade gelöscht worden war; nun galt es nur noch, ins Büro des Notars zu gehen und Steuern und Zoll zu entrichten. Beim Warten kam er ins Plaudern mit einem jungen Engländer namens Ben Ingham, der erst vor Kurzem in Palermo eingetroffen war.

»Ich finde, es ist eine sehr lebendige Stadt, aber auch … wie sagt man … *really chaotic*?«

Ignazio deutete ein Lächeln an. »Es ist nicht leicht, hier zu leben, da gebe ich Euch recht. Es ist eine undankbare Stadt, schlimmer als ein Frauenzimmer. Sie schmeichelt dir, und dann …« Er öffnete Zeigefinger und Daumen und wackelte mit der Hand, als hielte er einen Fächer darin. »Alles nur leere Versprechungen.«

»Oh, das habe ich auch schon bemerkt. Und deshalb habe ich schnell begriffen, dass man vorsichtig sein muss und … *as you say* …«

»Taliàrisi u' cappotto?«

Der Engländer zog die Stirn in Falten, während er sich bemühte, die Bedeutung dieses Ausdrucks zu erraten, nämlich dass jeder schauen muss, wo er bleibt. Er versuchte sogar, die Worte zu wiederholen, und brach dann in ein gut gelauntes Lachen aus, als es ihm nicht gelang.

Auf einmal hallte der Raum von Carmelo Sagutos Stimme wider. Ignazio sah, wie dieser sich in der Schlange vordrängelte und direkt vor den Notar trat, der ihn ehrerbietig begrüßte.

Ein paar in der Schlange raunten, doch es war weniger ein Protest als ein müdes Murren: Saguto war Canzoneris Schwiegersohn, und mit ihm legte sich niemand an.

Kurz darauf war Ignazio an der Reihe.

Kaum hatte er das Kontor verlassen, nahm Saguto ihn aufs Korn. »Ach, wen haben wir denn hier? Don Florio. *Chiddu nico,* der Jüngere allerdings.« Er machte eine etwas abfällige Handbewegung, heischte Zustimmung bei den Zollbeamten. »Wie gehen denn die Geschäfte? Laufen sie?«

»Wir sind zufrieden, danke.«

Saguto trat auf den Tisch des Notars zu, wo die Abrechnung der Florios lag, und linste darauf. »Ach, so viel?«

Der Angestellte nickte. »Die Florios sind fleißig. Ihr solltet Eurem Schwiegervater sagen, er wird sich noch umschauen.«

»*N'hanno di manciare pani e cipudda.* Die werden noch lange Brot und Zwiebeln essen, bevor sie da sind, wo die Canzoneris sind. Nichts für ungut, ja?«, mischte sich ein anderer Schreiber ein. »Eine ehrenwerte Familie. Ich erinnere mich noch gut an den Vater Ihres Herrn Schwiegervaters. Wie fleißig er war …«

Alle redeten, als wäre Ignazio gar nicht da. Als hätte er mitsamt seiner Arbeit, seinem Geld, ja, seinem Leben nicht den geringsten Wert.

Fast riss Ignazio dem Schreiber die Quittung für die entrichteten Gebühren aus der Hand. »Wenn Ihr dann fertig seid …«

Doch Saguto war noch nicht gewillt, ihn gehen zu lassen. Im Gegenteil. Er trat ihm in den Weg und sagte mit erhobener Stimme: »Sagt an, wie geht es eigentlich Eurem Schwager? Ich meine den aus Bagnara, der in der Via dei Lattarini sein Lager hatte und alles verkaufen musste. Ach, da sagt Ihr nichts mehr, oder?« Er fing an zu lachen. Ein trockenes Lachen, wie wenn man ein Messer schleift. »*Mancu l'armali fanno accussì.* Nicht einmal Tiere verhalten sich so …«

Ignazio musste sich sehr zusammenreißen, um die Fassung zu bewahren. »Uns allen geht es ausgezeichnet, danke der Nachfrage. Im Übrigen solltet Ihr Euch um Eure eigenen Angelegenheiten kümmern. Ich sage Euch ja auch nicht, wie Ihr mit Eurer Verwandtschaft umzugehen habt.«

Ringsum wurden die Gespräche leiser. Saguto machte ein paar Schritte auf ihn zu, kehrte dann wieder um. »Ihr wollt mir also weismachen, wie man sich in einer richtigen Familie verhält? Ihr, die Ihr nichts anderes seid als ein *cani di bancata*, ein streunender Hund, der sich auf dem Markt die Reste von den Tischen holt? Blutsbande, das heißt, dass das Geld geteilt wird. Und wisst Ihr, wie viel Geld das hier ist?« Er wedelte mit einem Bündel Quittungen.

»Unter dem Strich ist das gar nicht so viel mehr als bei uns. Und mein Bruder und ich sind wenigstens nur zu zweit. Unter wie vielen müsst Ihr denn teilen? Vier, fünf? Außerdem seid Ihr nur der Sekretär von Don Canzoneri, kein

Apotheker wie seine Söhne. Ihr seid doch nur der Bürohengst, der Befehle empfängt.«

Carmelo Saguto wurde bleich und dann wieder puterrot im Gesicht. »Wenn ich der Bürohengst bin, dann seid Ihr armselige Schindmähren. Ich weiß noch sehr gut, wie Ihr hinter Eurem schäbigen Laden den Müll weggeräumt habt.«

In der Zollbehörde war es auf einmal eiskalt geworden.

Hinter ihm flüsterte jemand: »Genau, Schindmähren, das sind sie, die aus Bagnara.« Und einer fügte gehässig hinzu: »Womit die ihr Geld machen, weiß nur der Herrgott.«

An der Tür stand eine Traube von Menschen – Kaufleute, Matrosen, andere Zöllner –, wie streunende Hunde, die nur darauf warteten, einen Knochen abzubekommen, und die dann diese Geschichte überall in Castellammare herumerzählen würden, nicht ohne sie auszuschmücken und noch viel drastischer und blutrünstiger zu machen.

Eine Hand legte sich auf Ignazios Arm. »Seid Ihr jetzt fertig? Dann wäre ich an der Reihe.« Als er sich umdrehte, sah er das Gesicht des jungen Engländers Ben Ingham vor sich.

»Ich schulde Ihnen einen Gefallen«, sagte Ignazio kurze Zeit später zu ihm, als er aus dem Gebäude kam.

»Da wird mir schon was einfallen«, erwiderte der grinsend. »Ihr hättet bestimmt das Gleiche für mich getan. Sich zum Schauspiel für andere zu machen ist nie eine gute Idee, erst recht nicht bei so einem Publikum«, fügte der Engländer hinzu.

Noch heute erschaudert Ignazio, wenn er an die Szene zurückdenkt. Sie ist tief in seiner Erinnerung verwurzelt und geht ihm nicht mehr aus dem Kopf. Und er ist Ingham immer noch dankbar dafür, dass er ihn davor bewahrt hat, Saguto vor all diesen Leuten ins Gesicht zu schlagen.

Jetzt nimmt Ignazio die Schürze ab und zieht Jacke und Umhang über. »Ich krempele die Manschetten lieber hoch, weil sie sonst staubig werden und Flecken bekommen. Jedenfalls wollte die Signora den Bernstein von Anfang an. Das Tonikum war nur ein Vorwand.«

Paolo lacht. »Ich muss ihn ihr so appetitlich angepriesen haben, dass sie sich buchstäblich alle zehn Finger danach abschleckte.«

Aus dem Hinterzimmer dringt das laute Klacken der Stößel im Steinmörser, ein vieltönender Rhythmus, der längst zur Untermalung ihrer Tage geworden ist. Mittlerweile haben sie neben Michele noch zwei weitere Angestellte, denen die Herstellung der Pülverchen anvertraut wurde. Ignazio wiederum hat mittlerweile Maurizio Reggio an seiner Seite, einen Buchhalter, der ihn bei der Rechnungslegung und Buchführung unterstützt.

Sein Bruder ist bereits auf dem Weg nach draußen, kehrt jedoch noch einmal um. »In der Schatulle war aber nicht nur die Bernsteinkette.«

Paolo streichelt liebevoll über die Holztruhe, die immer noch auf der Ladentheke steht, und klappt sie auf. »Nein.« Er zieht ein Paar Ohrringe heraus, eine kleine Kostbarkeit aus Korallen und Perlen. »Ich habe Kapitän Panerto gebeten, sich in Neapel nach einem Geschenk für Giuseppina zu ihrem Namenstag, dem Fest von San Giuseppe, umzusehen, und dieses Geschmeide hat er gefunden. Ich hoffe, es gefällt ihr.«

Im Ehekrieg mit Giuseppina sind die Fronten immer noch verhärtet, doch in letzter Zeit zeigt sie sich ein wenig umgänglicher. Vielleicht ist es das Zeichen für eine friedliche Übereinkunft, die sie mit Paolo geschlossen hat; ein

Waffenstillstand, geschuldet der Notwendigkeit, mit einem Mann zusammenzuleben, den sie zwar nicht liebt, aber immerhin ein wenig liebgewonnen hat.

In diesem Moment betritt jemand den Laden; es ist ein Dienstbote in Livree. Ignazio nutzt die Gunst des Moments und macht sich auf den Weg zu ihrem Kontor.

Die Florios haben schon seit einiger Zeit weitere Räumlichkeiten hinter dem Zollamt angemietet, die Teil des großen Anwesens des Palazzo Steri sind. Es sind helle und luftige, gut bewachte Räume an einem langen Flur, der auf der Rückseite der Zollkanzlei liegt und auf den Betriebshof hinausgeht. Hier werden die Gewürze zwischengelagert, die entweder auf ihren Weitertransport in andere Häfen oder auf den Verkauf an hiesige Händler warten. Der Einfuhrzoll wird erst dann entrichtet, wenn die Ware wirklich in Palermo an Land geht, nicht vorher. Im Großhandel ist das eine gängige Praxis; lieber bezahlt man die Miete für ein Zwischenlager, als sich zusätzliche Gebühren aufzubürden. Es gibt Gewürze, die über englische Zwischenhändler aus Indien kommen, andere aus den französischen Kolonien, und die in Livorno und dem gesamten Tyrrhenischen Meer veräußert, dann von italienischen Seeleuten erworben und in Palermo weiterverkauft werden. Die Florios haben Ware aus dem gesamten Mittelmeerraum, und alles ist von bester Qualität. Es stimmt, so reich wie die Canzoneris sind sie noch lange nicht. Aber sie sind auf dem besten Wege dorthin.

Jedenfalls war das Lager in der Via dei Materassai viel zu klein geworden.

Als Ignazio ins Kontor kommt, erfährt er, dass Maurizio bereits ein gutes Stück Arbeit geleistet hat.

»Ich habe die eingegangenen Frachtstücke abgefertigt und die Übergabe der Sendung von Chinarinde nach Messina und Patti vorbereitet. Bis morgen Abend kann sie raus.« Er zeigt Ignazio die Quittungen und weist auf einen großen Transportkarren, der von einem der Angestellten des Gewürzladens bewacht wird.

»Dann geh jetzt in den Laden und verbuche alles. Sag meinem Bruder, ich komme bald.«

Allein zurückgeblieben gönnt sich Ignazio den Luxus eines kleinen Spaziergangs zur Cala. Der Horizont ist eine klare blaue Linie. Die Luft wird allmählich mild, und der Wind ist nicht mehr so schneidend kalt, wie er es in den vergangenen Wochen war. Der Frühling steht vor der Tür.

Die Entscheidung ist schnell getroffen.

Auf einmal findet er sich im Vicolo della Neve wieder, einer Gasse, durch die ein frischer Wind weht und den abgestandenen Mief des Gassengewirrs hinwegfegt. Er durchschreitet die Pforte, an der tatsächlich *neve*, Schnee, verkauft wird, den man im nahegelegenen Gebirge, den Madonie, gewinnt; irgendwo über ihm spielt jemand Geige, man hört die gestrenge Stimme eines Privatlehrers, der seinem Zögling die Leviten liest. Überall auf diesen Straßen, in den Faktoreien und Läden mischen sich Sprachen, Akzente und Dialekte – hier Genuesisch, dort Toskanisch, ein wenig Englisch, ein Hauch Neapolitanisch.

Ignazio folgt der Via Alloro, ohne den prachtvollen Palazzi des palermitanischen Adels Beachtung zu schenken, und erreicht schließlich die Zagarellai, wo Frauen sich mit wohlgefüllten Tragekörben oder brüllenden Kindern entlangschleppen und vor Läden stehen bleiben, um zu begutachten, zu feilschen, zu kaufen.

Ignazio tritt auf einen Stand zu, der im Schutze eines steinernen Bogens aufgebaut ist und eine schier überbordende Fülle von Bändern jeglicher Art – ob aus Seide oder Spitze, bestickt oder aus Samt – feilbietet.

Ignazios Blick fällt auf ein Goldband, und er stellt es sich sofort an dem Mieder aus grünem Twill vor, das Paolo vor einiger Zeit seiner Frau gekauft hat.

Schließlich befreit die Verkäuferin ihn aus der Verlegenheit. »Was darf es sein, Signore?«, fragt sie. »Dieses Band dort?«

»Ja.« Er räuspert sich. »Ich brauche ein Geschenk. Wie viel davon braucht man für ein Mieder?«

Überraschte Blicke um ihn herum. »Das kommt darauf an. Für wen ist es denn? Für Eure Frau?« Sie zeigt auf den Ehering seiner Mutter, den Ignazio am Finger trägt. Er schüttelt den Kopf. Nein, verheiratet ist er nicht.

»Für meine Schwester«, sagt er aus dem Stegreif. Und spürt, dass er rot wird wie ein kleiner Junge, wer weiß, warum.

Die Frau betrachtet ihn skeptisch. »Wie viel brauchen Sie denn?«

Panik.

»Wie viel könnte ich denn brauchen?«

»Kommt drauf an, wie sie gebaut ist.«

Ignazio versucht zu antworten. Er hat keine Ahnung. Wie hat er sich nur diesen Schlamassel einbrocken können?

»Hat sie eine üppige Brust? Gefallen ihr eher schlichte Sachen, oder hat sie es gern prächtig?«

»Soll das Band nur als Schmuck dienen oder die gesamten Nähte bedecken?«, fragt eine andere Frau, die mit Spitze handelt.

Jetzt erhebt sich ein ganzer Chor von Frauenstimmen.

Ignazio weiß es nicht, Gott im Himmel. Er nimmt all seinen Mut zusammen. »Sie ist … wie Ihr.« Er zeigt auf eine junge Frau, die gerade eine Litze ausprobiert. Das Mädchen lacht und zeigt ein Gebiss, das bereits gelblich verfault ist.

Jetzt mischt sich eine ältere Frau ein, die in einer Ecke sitzt. Ihre Haut ist wettergegerbt und erinnert an Rinde, wahrscheinlich ist sie die Besitzerin des Standes. »*Cristina, dacci du' pezzi, accussì si li unci idda.* Gib ihm zwei Stück zu einer Unze«, sagt sie. »Und auch noch Schnallen dazu.«

Cristina, die Angestellte des Standes, mit der er zuvor gesprochen hat, zeigt ihm mehrere Schnallen aus Bein. Die Alte hat recht: Einige davon sind wunderschön. Ignazio wählt eine, auf der eine Meerjungfrau abgebildet ist.

Kurz darauf macht sich Ignazio auf den Heimweg, unter dem Umhang hat er das Päckchen versteckt. Bis zur Via dei Materassai ist es nicht weit. Er hat einen verschlungenen Weg hinter sich und befindet sich im Vicolo dei Chiavettieri, wo ein starker Geruch nach Feilspänen und das schrille Quietschen von Drehbänken in der Luft liegt.

Es ist zu ihrem Namenstag, sagt er sich. *Giuseppina hat so viel für unsere Familie getan, da hat sie sich das und noch viel mehr verdient. Wir haben sie gezwungen hierherzukommen, und mir gegenüber war sie immer respektvoll* …

Auf einmal wird das Päckchen unter dem Umhang schwer wie Blei.

Nein, ein Geschenk dieser Art kann er ihr nicht machen. Er ist ja gar nicht ihr Bruder … Aber ist das denn so wichtig? Sie sind verschwägert, er kennt sie schon seit Ewigkeiten.

Sie gehören zu ein und derselben Familie, oder etwa nicht?

Es kommt Giuseppinas Namenstag. Paolos Geschenk nimmt sie mit einem erstaunten Lächeln entgegen, das zu einem »Danke« wird. Sie hält die Ohrringe hoch, damit Vincenzo sie ihr nicht aus der Hand reißen kann, und befestigt sie an ihren Ohren.

Ihr Mann kommt aus dem Lächeln nicht heraus, während sie sich ungläubig und glücklich vor dem Spiegel bewundert.

Das Päckchen mit dem Band und der Schnalle bleibt in Ignazios Hand, die er hinter seinem Rücken versteckt. Auch er beschränkt sich darauf zu lächeln, fühlt sich dabei jedoch töricht, fehl am Platze, wie aus der Zeit gefallen.

Schließlich entschuldigt er sich und geht kurz darauf in sein Zimmer. Das Päckchen versteckt er tief in einer Truhe am Fußende seines Bettes.

Dort wird es Giuseppina dereinst, nach seinem Tod, finden.

Vincenzo läuft in Windeseile durch die Gassen, ohne sich darum zu scheren, dass er sich die Hose mit Matsch beschmutzt. Schließlich steht er vor einem Haus an der Via della Tavola Tonda und klopft an die Tür. »Peppino, komm schnell runter! Die Brigg ist eingelaufen, gehen wir!«

Ein Junge erscheint auf der Schwelle. Er ist etwa sechs Jahre alt, im gleichen Alter wie Vincenzo. Aufgeweckter Blick, ungekämmtes Haar, schmutzige Füße. Sie lachen, laufen los, der eine barfuß, der andere in Lederschuhen. In ihren Augen steht Freude darüber, zusammen zu sein.

»*D'unni ti rissi to' patri chi veni?* Weißt du, woher sie kommt?«, fragt Peppino.

»Aus Marseille. Die Franzosen geben die Gewürze neapolitanischen Seeleuten, die sie an meinen Vater weiterverkaufen. Und der bringt sie dann in unserem Gewürzladen an den Mann.«

Die Porta della Dogana durchqueren sie an einem Karren hängend. Als der Fahrer des Wagens sie entdeckt, droht er ihnen mit einem Stock, und sie laufen kichernd davon.

Verschwitzt und rot im Gesicht kommen sie an der Mole an.

Vincenzos Haare glänzen in der Septembersonne. Er sieht seinen Onkel, wie er an Deck steht und die Ladung prüft, die Stück für Stück aus dem Schiffsbauch geholt wird. Reggio folgt ihm mit einer Liste in der Hand und zählt laut mit.

Andere Kaufleute warten am Pier, bis sie an der Reihe sind, doch die Florios haben den größten Fisch an Land gezogen. Das weiß Vincenzo, weil er gehört hat, wie sein Vater es am vorigen Abend voller Stolz erklärt hat. Er weiß auch, wenn mit diesem Verkauf alles gut geht, werden sie umziehen können. Das hat ihm die Mutter gesagt.

Von Vincenzo gefolgt klettert Peppino auf eine Taurolle. »*Mii, to' zio avi i stivala comu i signuri.* Mensch, dein Onkel hat ja Stiefel wie ein feiner Herr.«

»Mein Onkel achtet sehr auf sein Äußeres. Er sagt, die Leute kapieren, wer du bist, wenn sie dich sprechen hören, aber wenn du nicht gut angezogen bist, hören sie dir gar nicht erst zu.« Ignazio hält die Hand über die Augen, um sie vor der Sonne zu schützen. Der Geruch der Gewürze dringt bis zu ihm vor, überlagert sogar den stärkeren des Salzwassers. Er erkennt Gewürznelken und Zimt, dazwischen weht auch ein Hauch Vanille zu ihnen herüber.

Als er sich umdreht, um mit Reggio zu sprechen, entdeckt Ignazio ihn. Und er erkennt auch den Jungen, der bei ihm ist: Giuseppe Pastore, Sohn eines Seemannes aus Bagnara, der eine Frau aus Palermo geheiratet hat.

Wenn sein Bruder wüsste, dass Vincenzo sich mit einem solchen Straßenjungen abgibt, wäre er wütend, und das nicht ganz zu Unrecht. Francesco Pastore, Peppinos Vater, lebt von der Hand in den Mund, und damit sie über die Runden kommen, muss sich seine Mutter als Küchenmagd verdingen. Doch Ignazio sieht das nicht so wie Paolo, im Gegenteil. Vincenzo soll seiner Meinung nach mit Menschen aller Schichten verkehren und keinem die Würde streitig machen. Außerdem haben auch sie beide einmal mit bloßen Füßen auf den Straßen von Bagnara gespielt, oh ja.

In diesem Moment tritt Reggio auf ihn zu. »Wir sind fertig, Don Ignazio. Soll ich alles zum Zoll bringen lassen?«

»Ja, alles bis auf die Kiste mit dem Indigo und die mit dem Safran. Die lasst bitte in das Lager an der Via dei Materassai bringen.«

An der Mole kommt Gemurmel auf, das Ignazio als ein erleichtertes Seufzen interpretiert.

Es ist nicht ihre Schuld, dass sie die größte Fracht von allen haben. Sollen sie doch denken, was sie wollen. Doch aus den grimmigen Blicken, die ihn treffen, als er an Land geht, spricht kein Neid.

Es ist Feindseligkeit.

»Und, seid Ihr endlich fertig?«

Es ist ein Kaufmann aus der Via dei Lattarini, der das gerufen hat, ein gewisser Mimmo Russello: einer von denen, die früher auf dem Markt Gewürze zweifelhafter Qualität feilboten und im Schatten Canzoneris oder Gulìs ihr Leben fristeten. »Ich bedauere, dass Ihr so lange warten musstet. Tretet doch näher.« Ignazio begleitet die Aufforderung mit der Andeutung einer Verbeugung.

Einige lachen, andere hüsteln hinter vorgehaltener Hand.

»Früher hat hier nur einer den Ton angegeben, und das war Canzoneri. Heute seid auch Ihr hier, und Arbeiten ist unmöglich geworden. Was ist denn, habt Ihr Euch etwa zusammengetan?«, brummt Russello.

»Wir? Mit Canzoneri?« Ignazios Lachen ist echt. Er antwortet mit einer sizilianischen Redewendung: »Mit dem zusammen würde ich nicht einmal eine Monstranz tragen.«

»*Vuautri,* Ihr lacht euch ins Fäustchen, und wir anderen Christenmenschen nagen am Hungertuch. Kaum seid Ihr oder Saguto am Zoll, kommt alles zum Stillstand. Ihr macht die Preise, Ihr holt euch die besten Schnäppchen. Und jetzt kommt Ihr auch noch her und spielt Euch als der große Herr auf.«

Jetzt ist Ignazio das Lachen vergangen. »Das ist meine Arbeit. Es ist nicht meine Schuld, wenn die Kunden nicht mehr zu Euch kommen, Mastro Russello.« Er legt die Betonung auf das »Mastro«, damit jeder, der in der Nähe steht, den Unterschied zwischen den beiden begreift. »Wenn unsere Preise hoch sind, dann deshalb, weil wir die beste Qualität von ganz Palermo bieten, und das wissen die Leute. Wollt Ihr mehr Gewürze? Andere Dinge? Dann kommt zu uns ins Kontor, und wir reden darüber.«

»Klar. Genau so machen wir's, *accussì.* Damit Ihr und Canzoneri mir gemeinsam das Fell über die Ohren ziehen könnt.«

»Dann beklagt Euch auch nicht.« Ignazios Sarkasmus ist eisig geworden. »Niemand nimmt Euch etwas weg. *Chiso è u' travagghiu nostro.«* Das haben wir mit unserer eigenen Hände Arbeit geschaffen. Er sagt es in einem Palermitanisch, aus dem man seine kalabrische Herkunft kaum noch heraushört.

Russello kneift die Augen zusammen und mustert ihn böse. »*Caciettu!*«, zischt er leise. Er mustert Ignazio von Kopf bis Fuß, bleibt bei den Stiefeln hängen und weist mit dem Kinn auf sie. »Sind die Euch nicht zu eng? Es heißt, wenn jemand zu lange barfuß läuft, kann er geschlossene Schuhe nicht mehr ertragen.«

Rund um Ignazio verdichtet sich das Schweigen zu überraschten oder auch sichtlich unbehaglichen Blicken. Nur die Matrosen rufen und schreien sich weiter zu, ungeachtet dessen, was an der Mole vorgeht.

Ignazios Antwort kommt, als Russello bereits auf halbem Wege die Laufplanke hoch ist. »Nein, die Füße tun mir nicht weh. Ich kann mir nämlich das butterweichste Leder leisten, das Ihr Euch vorstellen könnt. Euch jedoch wird bald der Geldbeutel wehtun, wenn so lange kein Geld reinkommt.«

Er sagt es im ruhigen Ton einer Feststellung, und doch weichen einige der Kaufleute erschrocken zurück, sind verwirrt. Noch nie hat man gehört, dass der sonst so sanftmütige Ignazio Florio ausfällig wurde.

Er entfernt sich, ohne jemandem ins Gesicht zu schauen. Doch er spürt, wie er in ihm brennt, der Zorn: sengend, ungerecht. In Palermo genügt es einfach nicht, bis zum Umfallen zu schuften. Immer muss man die Stimme erheben, Macht ausüben, ob man sie nun hat oder nicht, und gegen denjenigen angehen, der zu viel dummes Zeug redet. Was zählt, ist der äußere Schein. Die Lüge, die man miteinander teilt, das Fundament aus Pappmaché, auf dem alle agieren und ihre Spielchen spielen.

Die Wirklichkeit und wahren Reichtum verzeiht dir keiner.

Sein Blick begegnet dem Vincenzos, der immer noch auf seiner Taurolle hockt.

Die Miene seines kleinen Neffen verfinstert sich, er blickt erschrocken drein. Noch bevor er etwas sagen kann, packt ihn Ignazio am Arm. »Wer hat dir erlaubt hierherzukommen? Und dann auch noch mit dem da! Was wird man von uns denken?«, sagt er und zeigt auf Peppino. Seine aufgestaute Wut sucht sich einen Fluchtweg. »Wenn dein Vater wüsste, dass du dich auf der Straße herumtreibst, bekämst du den Stock zu spüren.«

Der Junge entschuldigt sich stammelnd. Was hat er denn Schlimmes gemacht?

Hinter ihm steigt Peppino von der Taurolle und entfernt sich ein paar Schritte.

Vincenzo sieht sich immer wieder nach seinem Freund um, während sein Onkel ihn davonzerrt. Immer wieder schaut er Ignazio an, dann Peppino.

Er versteht es nicht.

Trockener Husten. Immer wieder.

Paolo irrt im Haus umher, eine Hand vor dem Mund, um niemanden zu wecken, weder Ignazio noch Vincenzo, Vittoria oder Giuseppina.

Ihn fröstelt in der Decke, die er sich umgelegt hat. Er schwitzt. Schließlich ist er im Speisezimmer angelangt; hier stehen ein Tisch und eine Anrichte, an die er sich lehnt, um durchzuatmen. An der Wand zwei Wandteppiche.

Er tritt ans Fenster, um frische Luft hereinzulassen, doch er zögert: zu kalt.

Unter ihm glänzt das Pflaster feucht, der Mond taucht es in ein weißes Licht. Leere Obstkisten lehnen wieder an der Tür ihrer alten Behausung.

Es ist schön, ihr neues Zuhause. Paolo reibt sich die Brust. Nach jedem Hustenanfall hat er das Gefühl, dass ihm die Luft wegbleibt. Er muss sich irgendwo eine Erkältung geholt haben, die nicht mehr weggeht. Und wie soll sie das auch? Immer ist er unterwegs, ob nun die Sonne scheint, ob es regnet oder stürmt …

Schritte hinter ihm.

Er dreht sich um. Im Dunkeln ein Gesicht. Das Nachthemd bedeckt nur knapp die bloßen Füße auf dem Kachelboden.

Sein Sohn schaut ihn an.

Als Erwachsenem wird Vincenzo genau dieses Bild in den Sinn kommen, wenn er an seinen Vater zurückdenkt. Nicht die Stimme, seine Gesten, seine Art. In ihrer Erbarmungslosigkeit wird ihm die Erinnerung einen Mann vor Augen führen, der in sich zusammengesunken an der Anrichte lehnt und ihm mit fiebrigen Augen und allen Anzeichen einer schweren Krankheit entgegenblickt.

Und jedes Mal wird er sie erneut empfinden, diese Angst, die ihn, den verwirrten kleinen Jungen, damals spüren ließ, dass sein Leben sich verändern würde.

Er wird immer noch seine eigene schwache Kinderstimme hören und diesen Geruch nach Krankheit in der Nase haben, den er so sehr verachten gelernt hat.

»Was habt Ihr, Papa?«

Vincenzo ist groß geworden: Er ist sieben, und seinem Blick entgeht nichts. Paolo hört aus seiner Stimme eine Furcht heraus, die keinen Namen hat.

»Ein wenig Husten, Vicenzi'. Geh wieder ins Bett.«

Doch der Junge schüttelt den Kopf. Er holt sich einen Stuhl heran und stellt sich darauf, direkt vor ihn. So stehen sie sich eine Weile gegenüber, lehnen sich aneinander. Der Takt ihres Atems wird eins, ihre Blicke richten sich auf dieselben Kacheln.

Vincenzo nimmt die Hand seines Vaters. »Kann ich morgen in den Gewürzladen kommen?«

»Und dein Lehrer? Was sollen wir dem Lehrer sagen, der nur für dich kommt?«

Der Junge gibt nicht auf. »Danach?«

»Nein.«

Von dem Moment an, als sein Vater beschlossen hat, dass er lernen muss, waren für Vincenzo die Tage der Freiheit zwischen der Cala und den Gassen des Hafens, zusammen mit Peppino und den anderen Jungs aus Familien Bagnaras, vorüber. Doch er lässt nicht locker. Immer wieder schafft er es, sich davonzustehlen und zur Cala oder zu seinen Freunden zu laufen. Dann spielen sie zusammen mit dem *piriu*, dem Kreisel, auf den *balate*, den großen, glatten Steinen der Piazza Sant'Oliva. Und genau dort findet ihn irgendwann seine Mutter, packt ihn am Ohr und zieht ihn bis nach Hause, wo jeden Tag ein junger Mann und zukünftiger Priester namens Antonino Gagliano auf ihn wartet, um ihn zu unterrichten.

Schreiben, rechnen, lesen. Eigentlich gefällt es ihm, etwas zu lernen, doch noch mehr liebt er es, hinter der Ladentheke zu stehen und seinem Onkel zuzuhören, der mit den Lieferanten und Schiffskapitänen spricht, sich die fremdländischen Namen der Orte einzuprägen und die Schiffe im Hafen an ihrem Umriss zu erkennen. Auch die Gewürze kann er bereits alle an ihrem Geruch unterscheiden: Chinarinde, Gewürznelken, Arnika, sogar Asant.

Sein Vater scheint seine Gedanken zu lesen. »Geduld musst du haben. Geduld und Durchhaltevermögen: Wenn du nicht lernst, wirst du meine Arbeit nie machen können.«

»Aber Ihr seid doch gar nicht auf die Schule gegangen.«

»Das stimmt.« Ein Seufzer. »Aus diesem Grund musste ich mich auch wesentlich mehr anstrengen und bin trotzdem oft genug übers Ohr gehauen worden. Aber wenn du über die Dinge Bescheid weißt, wird dir das wahrscheinlich nicht passieren.«

Vincenzo ist nicht überzeugt. »Man muss doch die Dinge sehen, Papa, und sie nicht nur studieren.«

»Wenn du mal groß bist, ja.« Paolo versucht, ihn in die Arme zu nehmen, doch es gelingt ihm nicht. Auf einmal ist ihm wieder schwindelig, und er muss sich am Türstock festhalten. »Na komm, gehen wir schlafen. Ich bin müde.«

Doch Vincenzo schlingt die Arme um ihn, drückt ihn fest an sich, birgt das Gesicht am Hals des Vaters und atmet tief seinen ganz eigenen Duft ein, eine Mischung aus Heilkräutern und Schweiß. Doch tief verborgen zwischen diesen beiden Gerüchen nimmt er auch noch etwas anderes wahr, etwas Unangenehmes, Säuerliches, das nicht dazugehört.

An diese Umarmung wird er sich sein Lebtag lang erinnern.

Das Jahr 1806 ist fast vorüber; Paolos Husten hingegen geht nicht mehr weg. Er sitzt tief und ist hartnäckig. Aber er will nicht zum Arzt gehen, auch wenn Ignazio es ihm mehrfach geraten hat. Paolo ist immer müde und kann nur noch kurze Zeit im Laden sein.

Maurizio Reggio kümmert sich um die Buchhaltung, Ignazio führt das Geschäft. Die Kunden treffen ihn hinter der Theke an, und an ihn wenden sich die Einzelhändler, um Bestellungen aufzugeben. In all den mühsamen Jahren haben seine Gesichtszüge ihre Feinheit verloren. Er ist ein junger Mann mit ruhiger, emotionsloser Stimme. Geschäftliche Sorgen lässt er sich ebenso wenig anmerken wie die Furcht, Paolos Brustleiden könnte etwas Ernstes sein.

Doch das ist es.

Das begreift er erst, als Orsola, das Hausmädchen, das Paolo für seine Frau eingestellt hat, eines Tages völlig aufgelöst in den Laden kommt. »Don Ignazio, kommt schnell.« Voller Angst streicht sie sich mit den Händen wieder und wieder über ihr Kleid. »Eurem Bruder geht es schlecht.«

Auch wenn mittlerweile Winter ist und Weihnachten vor der Tür steht, hält sich Ignazio nicht damit auf, nach seinem Umhang zu greifen. Er läuft los, nimmt mehrere Stufen auf einmal, als er das Haus erreicht hat. In Paolos Schlafzimmer angekommen bleibt er auf der Schwelle stehen. In einer Ecke, tief in einen Stuhl versunken, sitzt Vittoria, die Hände vor den Mund gepresst, und wiegt sich vor und zurück. Sie murmelt: »Heilige Mutter Gottes was für ein Unglück«, mehr kann sie nicht sagen.

Giuseppina hingegen steht neben dem Bett, in den Händen hat sie eine Schüssel mit verschmierten Taschentüchern. Sie sieht aus wie ein Mensch, der Bescheid weiß, sich jedoch noch nicht eingestehen will, dass er begriffen hat.

Langsam betritt Ignazio das Zimmer, nimmt ihr die Schüssel aus den Händen. Giuseppinas Finger zittern. Er bedeckt sie kurz mit den seinen. »Geh in die Küche. Sag Orsola, sie soll sofort den Bader Caruso holen, dann wasch dich und den Jungen, auch Vittoria. Wascht die gesamte Wäsche mit kochend heißem Wasser und Lauge.«

Die Frauen verlassen das Zimmer. Erst jetzt findet Ignazio den Mut, sich seinem Bruder zuzuwenden.

Paolo liegt tief in die Kissen gebettet. Lippen und Schnurrbart sind rot befleckt. Sein Lächeln ähnelt mehr einer Grimasse. »Das war's dann. Ich wusste schon, dass das keine harmlose Erkältung ist.«

Ignazio zögert einen Moment, bevor er sich aufs Bett setzt. Er nimmt ihn in die Arme. Er ist sein Bruder, gleichgültig, ob er krank ist oder nicht. »Ich kümmere mich um alles, hast du verstanden?« Und er legt die Stirn an die seines Bruders, so wie es Paolo vor so vielen Jahren mit ihm getan hat. »Ich lass dich nicht allein.« Er legt ihm die Hand in den Nacken. »Ich lass dir gleich eine Echinacin-Tinktur ansetzen. Dann suche ich dir ein Haus außerhalb der Stadt, vielleicht in La Noce oder in San Lorenzo. Du wirst es warm haben und saubere Luft atmen. Das wird schon wieder, ich verspreche es dir.«

In der Küche setzen Vittoria und das Dienstmädchen große Kessel mit heißem Wasser auf, um darin Bettzeug und Kleidung auszukochen. Das Gesicht des Mädchens ist fahl, die Lippen sind zusammengekniffen, wie eine Wunde.

Giuseppina kann das Zittern ihrer Hände nicht unterbinden. Vincenzo hockt, in Handtücher gewickelt, auf dem Küchentisch. Zu seinen Füßen steht ein dampfender Zuber. Er sieht die Bestürzung seiner Mutter, kennt aber nicht ihren Grund.

Da betritt Ignazio die Küche. Er scheint um Jahre gealtert. »Wir müssen uns alle untersuchen lassen.« Er steht stocksteif da, seine Stimme hat ihre Wärme verloren.

Giuseppina möchte etwas sagen, doch ihre Kehle ist wie zugeschnürt. Hinter ihr spürt der Junge, dass etwas Ernstes vorgeht. Er begreift es, wie Kinder es immer tun: eine Erleuchtung, die bereits Gewissheit geworden ist.

»Papa geht es schlecht?«

Giuseppina und Ignazio drehen sich wie auf Kommando zu ihm um.

Vincenzo hat verstanden.

Seine Mutter will auf ihn zugehen, doch ihr Schwager hält sie davon ab. Er redet mit ihm wie mit einem Erwachsenen. »Ja, Vincenzo.«

Die dunklen Augen des Jungen erlöschen. Er lässt sich vom Tisch gleiten, durchquert den Raum und geht in sein Zimmer. Auf dem Bett liegt eine Schiefertafel. Darauf stehen die Aufgaben, die sein Hauslehrer ihm aufgetragen hat.

Er setzt sich. Beginnt zu schreiben.

In dieser Nacht schläft niemand.

Paolo nicht, eine verlorene Seele, die nicht aufhören kann

zu husten. Vincenzo nicht, dem es nicht in den Kopf will, was mit seinem Vater geschehen wird, und der in sein Kissen weint. Vittoria nicht, die spürt, wie das Gespenst einer ganz neuen Einsamkeit auf sie zukommt.

Giuseppina nicht, die im Bett ihrem Mann den Rücken zudreht, ins Dunkel starrt und ihre Angst für sich behält.

Ignazio nicht, der mit bloßen Füßen auf und ab geht, das Hemd aus der Hose hängend und mit offener Weste. Die Kälte, die vom Boden aufsteigt, empfindet er als angenehm.

Paolos Krankheit verändert alles.

Er weiß jetzt schon, dass sich die Nachricht in Windeseile in Palermo verbreiten wird, und dass einige – allen voran Canzoneri – versuchen werden, von der Situation zu profitieren.

Von nun an werden die Geschäfte allein auf seinen Schultern ruhen. Er wird noch jemanden einstellen und dafür sorgen müssen, dass sich Vincenzo nicht mehr vom Lernen ablenken lässt. Und er wird sich um Giuseppina kümmern müssen.

Genau das lässt ihn innerlich erzittern.

Er kann sich einfach nicht vorstellen, was in den nächsten Monaten auf ihn zukommt. Wie weit fortgeschritten die Krankheit bereits ist, und was die Konsequenzen sind.

Er denkt an einen Morgen im Herbst zurück, als sein Bruder, noch in jungen Jahren, ihn zum Haus von Mattia und Paolo Barbaro gebracht hat, um ihn vor dem Groll der Stiefmutter und der Gleichgültigkeit des Vaters zu beschützen. Er hat ihm damals das Leben gerettet, das weiß er jetzt.

Mattia.

Mattia ist mit ihren Kindern nach Marsala umgezogen. Ignazio hat ihr gelegentlich Geld geschickt, damit sie

Raffaele auf die Schule gehen lässt, oder einfach, um ihr über die Runden zu helfen, da Paolo Barbaro nach seiner Krankheit nicht mehr in der Lage war zu arbeiten und sich ein billiges Haus für sich und seine Familie suchen musste.

Oder vielleicht, das muss er sich voller Scham eingestehen, wollte er auch nur sein Gewissen reinwaschen.

Ignazio muss seine Schwester von dem unterrichten, was geschehen ist. Paolo weiß es nicht, doch seine Frau hat seinen Befehl, alle Verbindungen zu Mattia abzubrechen, nicht befolgt. Zuerst schüchtern, dann in regelmäßigen Abständen, hat Giuseppina Ignazio gebeten, Briefe für sie zu schreiben, und er hat ihr den Wunsch erfüllt.

Und so ist dieser letzte Rest von Familie zusammengeblieben, dieser kleine Rest Leben. Es ist ein Geheimnis, das er mit der Schwägerin teilt, eines jener unausgesprochenen Dinge, die sie schon immer vereint haben.

Die Gelegenheit, sich mit Mattia in Verbindung zu setzen, ergibt sich nur wenige Tage später. Paolo ist aufs Land umgezogen, und Giuseppina ist mit ihm gekommen, um eine Dienstbotin anzustellen, die ihn Tag und Nacht umsorgen kann.

Ignazio und Vincenzo sind hingegen in der Stadt geblieben.

Früher Nachmittag. Die Angestellten machen Mittagspause.

»Darf ich eintreten?«

Vincenzo, der an der Ladentheke Rechenaufgaben löst, hebt den Kopf. »Onkel, da ist jemand für dich«, ruft er.

Ignazio taucht an der Tür zum Hinterzimmer auf. Bei dem Kunden handelt es sich um einen ihrer Spediteure, der mit einer Feluke zur See fährt und eine Ladung Anis abliefern will. »Mastro Salvatore, willkommen. Kommt doch herein.«

»*Assabbinirica*, seid gegrüßt, Don Florio. Es scheint Euch gut zu gehen. Und wie geht es Eurem Bruder? Im Hafen hat man mir gesagt, nicht allzu gut…« Es sind leise, respektvolle Worte, gefolgt von einem kurzen Seitenblick zu dem Jungen.

»Ja, danke, Segenswünsche können wir gut gebrauchen… Mein Bruder… nun ja. Er ist brustkrank, liegt aber nicht im Sterben. Er erholt sich außerhalb der Stadt und hofft auf die Gnade Gottes.«

»Oh je. So etwas habe ich auch gehört. *I genti parlano a muzzo.* Die Leute zerreißen sich das Maul.«

»Sie haben offenbar nichts Besseres zu tun. Aber kommt doch herein…« Sanft geleitet er den Mann in das Büro im hinteren Teil des Ladens. Er verströmt einen Duft nach Salzwasser und Sonne, bei dem sich Ignazio sofort an seine Jugend erinnert fühlt.

Wer weiß, ob auch sein Bruder noch daran zurückdenkt – an das Meer und die Tage, die sie auf der *San Francesco* zwischen Neapel und Messina unterwegs waren.

Während er die Quittungen für die Ladung unterschreibt, fragt er den Mann, wohin ihn seine nächsten Fahrten führen werden.

»Ich komme gerade aus Messina zurück und dachte deshalb, einen Abstecher nach Mazara del Vallo und dann nach Gela zu machen… Warum?«

Ignazio betrachtet ihn vom Scheitel bis zur Sohle, das

Kinn auf die verschränkten Hände gestützt. »Wenn ich Euch bäte, in Marsala zu halten und einen Brief für mich abzugeben – würdet Ihr das machen?«

»*Caciettu.* Etwas Wichtiges?«

Ignazio nimmt einen Umschlag aus der Schreibtischschublade. »Sehr wichtig. Ihr müsst ihn bei Mattia Barbaro, geborene Florio, abgeben, und nur zu ihren Händen. Seht her, hier habe ich ihre letzte Adresse aufgeschrieben. Und sollten sie nicht mehr dort wohnen, weit weg können sie nicht sein.«

Der Seemann nickt. Er runzelt die Stirn. Ihm kommt etwas in den Sinn, über das irgendwann einmal geklatscht wurde: dass die Florios einen ihrer Verwandten aus dem Geschäft ausgebootet und sich nicht um ihn gekümmert hätten, als er scheiterte. Ohne sich von Angesicht zu Angesicht anzuschauen, *comu l'estranei,* wie Fremde.

Er schiebt den Brief in seine Jackentasche. Er stellt keine Fragen und will nichts wissen – das geht ihn nichts an.

Ignazio begleitet ihn bis zur Tür.

»*U' Signuri v'aiuta e a' Maronna v'accumpagna,* Don Florio. Der Herr sei mit Euch, und die heilige Mutter Gottes stehe Euch bei. Und grüßt Euren Bruder: Ich werde zum heiligen Franz von Paola beten, er möge ihn beschützen.«

»Euch auch, Mastro Salvatore. Euch auch.«

Ignazio sieht ihm hinterher, wie er davongeht, breitbeinig über das Kopfsteinpflaster balanciert, als marschierte er immer noch über das Deck eines Schiffes. Ein wenig bereut es Ignazio, ihm den Brief mitgegeben zu haben.

Doch er hat keine Wahl. Er weiß nicht, wie viel Zeit ihm noch bleibt.

Giuseppina stützt die Stirn in die Hand und blickt starr auf das viereckige Stück Himmel, das sie vom Fenster aus sehen kann. Es ist ein kräftiges Blau, das vom noch jungen Frühling kündet, einem stürmischen, zügellosen Lenz.

Paolo geht es viel schlechter. Manchmal kann er vor lauter Husten nicht mehr atmen. Sie hat Orsola zu Ignazio geschickt, damit sie es ihm sagt; mittlerweile führt ihr Schwager den Gewürzladen ganz allein.

Eine Hand legt sich auf ihre Schulter. Sie greift danach, küsst sie. Stoff raschelt, als Mattia Barbaro vor ihr Platz nimmt.

Die beiden Frauen schauen sich an, ohne zu sprechen.

Vor zwei Tagen ist Mattia aus Marsala eingetroffen; Ignazio hat für ihre Reise und die ihres Sohnes Raffaele bezahlt. Das Leben der Barbaros ist zunehmend schwieriger geworden, doch von einer Rückkehr nach Bagnara ist nicht die Rede: Paolo Barbaro ist zu stolz, um allen zu zeigen, was aus ihm geworden ist, und noch weniger steht ihm der Sinn danach, in Bagnara ständig von den Erfolgen der Florios reden zu hören.

Mattia musste einen heftigen Streit mit ihrem Mann ausfechten – den ersten nach Jahren der Gefügigkeit –, weil der sie nicht fahren lassen wollte; sie hätten das Geld nicht für die Reise, und Paolo habe es nicht verdient, dass man ihm dieses Opfer bringe.

Doch sie ist eine Florio, und die Florios lassen ihr Fleisch und Blut nicht im Stich.

Mattias Antlitz ist eine Maske der Resignation und der Erschöpfung, ihre Züge schlaff. Die Zeit und all die Unbilden ihres Lebens haben ihr Haar weiß werden lassen.

Von der anderen Seite des Zimmers aus kommen Kinderstimmen; Vincenzo zeigt Raffaele, seinem um wenige Jahre älteren Vetter, seine Bücher. Auch Vittoria ist bei ihnen und passt auf sie auf, spitzt aber mehrfach die Ohren, um dem Gespräch ihrer Tanten zu lauschen. Auch sie hat es verstört, Mattias Gesicht so gezeichnet von der Zeit und vom Kummer zu sehen.

Giuseppina betrachtet die Kinder mit verzagter Miene. »Er hat noch nicht begriffen, dass sein Vater sterben wird.« Sie sagt es voller Angst, aber auch mit einem Hauch Groll. »Manchmal sehe ich, wie er vor dem Zimmer steht und sich nicht traut einzutreten, auch wenn Paolo ihn hereinwinkt. Es ist, als wollte er ihn nicht mehr so sehen, und ihm ist gar nicht bewusst, wie sehr das diese arme Christenseele schmerzt.«

»Er ist ein Kind: Er hat einfach Angst vor dem, was da geschieht. Du jedoch darfst den Mut nicht verlieren. Der Moment ist gekommen, in dem du all deine Kraft zusammennehmen und Gott um Hilfe anflehen musst.«

»Gott schert sich kein bisschen um mich. Wären wir in Bagnara geblieben, hätte das nicht passieren können, das weiß ich.«

»Nein, so kannst du das nicht sagen. Ebenso gut hätten unsere beiden Ehemänner Schiffbruch erleiden können, oder es wäre ein weiteres Erdbeben gekommen. Was wissen wir schon, welchen Weg das Leben für uns bereithält?« Aber Mattia kennt diese Bitterkeit und weiß deshalb auch, wie weh sie tun kann. »Du darfst nicht mehr an das denken, was war oder was hätte sein können. Auch ich wollte nie nach Marsala, aber ich musste, weil mein Mann krank geworden ist. Um meines Mannes willen musste ich meine Familie vergessen; für meinen Bruder existierte ich nicht mehr. Und doch – siehst du, jetzt? Da sind wir, endlich wieder zusammen.«

Giuseppina versucht, ihr Haar glatt zu streichen, doch es gelingt ihr nicht. Eine Haarlocke fällt ihr erneut in die Stirn. »Du hast deinen Mann noch, und du hast Ignazio. Er ist dein Fleisch und Blut. Ich habe niemanden mehr, meine Verwandten sind tot…« Es sind beißende Worte, die Giuseppina ausspricht, während sie dasitzt, der Schal ohne jegliche Anmut seitlich an ihr herunterhängend. Ein Gefühl der Ohnmacht brennt ihr in der Kehle. »Was habe ich denn noch, kannst du mir das sagen?«

In der Stille, die eintritt, schließt Mattia die Augen. »Du hast deinen Sohn, der ein Schatz ist.« Sie lächelt traurig. »Und auch du hast Ignazio. Hast du es nie bemerkt?«

Als Giuseppina ihm gesagt hat, dass es Paolo schlechter geht, hat Ignazio nach dem Bader Caruso geschickt. Der hat ihm versichert, sobald er einen Karren ergattern könne, der ihn nach La Noce bringe, würde er ihn besuchen. »Es könnte der Auswurf sein, oder eine Ansammlung von Körpersäften. Lasst mich die Lungen abhören, und ich werde es Euch sagen können.«

Also hat Ignazio eine Kutsche besorgt und ist mit ihr zu dem Bader gefahren, um ihn abzuholen. Er wird seinen Bruder aufsuchen, wird ihm von Mattias Ankunft erzählen und ihm Hoffnung geben – das alles sagt er sich, als er zusammen mit dem Bader durch die Olivenhaine von La Noce fährt.

Es *muss* eine Hoffnung geben.

Als er wieder zurück ist, ist der Abend weit fortgeschritten.

Seine Schritte sind schwer, die Augen gerötet. Vincenzo und Raffaele schlafen schon, Schulter an Schulter, überwältigt von den aufwühlenden Ereignissen dieses Tages. Vittoria hat die Zimmer gefegt und sich ebenfalls zurückgezogen.

Die beiden Schwägerinnen hingegen warten in der Küche auf ihn.

Giuseppina sieht es Ignazio sofort an, dass er keine guten Nachrichten bringt. Sie geht ihm entgegen, steht vor ihm, die Hände an die Brust gedrückt, um die Zipfel des Schals festzuhalten. »Und?«

Er schaut Mattia an, die neben ihr steht, und schüttelt den Kopf. »Nichts. Er will dich nicht sehen.«

Die Frau schlägt die Hand vor den Mund, um ihr Schluchzen zu ersticken, sie wiegt sich vor und zurück. »Wie? Nicht einmal die Krankheit schafft es, sein Herz zu erweichen?« Giuseppina nimmt sie in die Arme, doch sie macht sich los. »Ohne Herz und ohne Gewissen. Dann habe ich mir nicht einmal Vergebung verdient?«

Jetzt drückt Ignazio sie an seine Brust. »Es tut mir leid. Er fing an zu schreien, hatte einen furchtbaren Hustenanfall mit blutigem Auswurf. Ich musste ihm Laudanum geben, um ihn zu beruhigen.« Er sucht Trost in Giuseppinas Miene, die mit geballten Fäusten und feuchten Augen hinter Mattia steht.

Nein, er wird nicht mehr vom Zorn seines Bruders erzählen, von der ganzen Wut, die dieser an ihm ausgelassen hat. Von dem Schmerz, der ihn ergriffen hat, als Paolo sagte, für ihn sei Mattia gestorben; sie sei nur des Geldes wegen gekommen und könne gleich wieder gehen, denn für sein Testament habe er längst alles bedacht, und sie und dieser Schurke von Mann würden rein gar nichts bekommen.

Giuseppina muss er das auch nicht sagen. Sie weiß es.

Von der Erschütterung des Baders jedoch, als dieser Paolos Brust abgehorcht hat, kann er auch ihr nichts erzählen. Wenigstens nicht jetzt.

Mattia macht sich von ihrem Bruder los. »Ich habe mich vor Gott mancher Sünde zu verantworten, doch solchen Grolls nicht.« Sie schlägt sich auf die Brust. »Er ist mein Bruder, ich habe ihn gern, und ich bitte zu Gott, dass er ihm vergibt, denn das hätte Paolo mir nicht antun dürfen. Ich habe mich mit meinem Mann zerstritten, um hierherzukommen, und jetzt behandelt er mich wie eine Aussätzige?«

Wieder Schluchzen. Giuseppina führt sie zum Schlafzimmer. »Beruhige dich doch, *cori meo*, mein Herz«, murmelt sie ihr zu. »Komm, schlaf jetzt.«

Sie sind Schwestern, obwohl keine Blutsbande zwischen ihnen sind, denkt Ignazio.

Die Schwägerin dreht sich noch einmal um. »Ich habe dir einen Teller *maccarruna con i broccoli*, Nudeln mit Brokkoli beiseitegestellt. Sie müssten noch warm sein. Iss jetzt, und dann ruh auch du dich aus.«

Er nickt, doch Hunger hat er keinen.

Mattia bleibt in der Tür noch einmal stehen. »Das Böse, das man tut, kommt immer zurück«, sagt sie. »Für manche Dinge bezahlt man, Generation um Generation. Er tut nicht nur mir weh, sondern uns allen: Das sollte er immer bedenken.«

Giuseppina durchfährt ein Beben, und auch Ignazio erschaudert.

Denn diese Worte, sie klingen wie eine *magarìa*, ein böser Fluch, und manche Dinge kann man, sind sie erst einmal ausgesprochen, nie mehr zurücknehmen.

Sie fallen in die Zeit hinein und gehen von einer Generation auf die nächste über, bis sie schließlich wahr werden.

Giuseppina wartet, bis Mattia eingeschlafen ist, und macht sich dann auf den Weg in die Küche zurück, um aufzuräumen.

»Das habe ich nicht verdient«, hat Mattia wieder und wieder gesagt. »Ich habe ihn aufgezogen wie eine Mutter, hab ihm die Kleider gewaschen. Ich habe ihn beschützt. Und jetzt weist er mich so zurück?« Weiter und weiter, wieder Tränen. Während Giuseppina sie trocknete, stieg erneut die Wut in ihr hoch.

Und jetzt? Was soll jetzt passieren, was wünscht sie sich? Dass ihr Mann, den sie nie geliebt hat, wieder gesund wird und nach Hause zurückkehrt?

Ein Mann ist für eine Frau wie sie die einzige Sicherheit, die sie hat. Er ist ein Teller auf dem Tisch, er ist ein Eimer Kohlen für den *cufune*, die Kohlenpfanne aus Kupfer.

Sie zieht ihren Schal enger um sich. Nein, es ist nicht wirklich das, was ihr Angst macht. Es ist etwas anderes, etwas, das nur sie angeht und das gerade eben außerhalb ihrer Gedanken liegt.

Sie zuckt zusammen, als sie im Dunkel der Küche einen Schatten sieht.

Es ist Ignazio, der am Tisch sitzt, den Kopf auf die Platte gelegt. Seine Schultern zittern.

Er weint.

Verhaltene, erstickte Schluchzer: das Weinen eines Mannes, dessen Schmerz so groß ist, dass er ihn nicht mehr für sich behalten kann, der aber auch fürchtet, man könnte ihn hören.

Die Frau macht einen Schritt zurück. Sie kehrt wieder um ins Schlafzimmer.

Ignazio schläft wenig und schlecht in jener Nacht. Er hatte gehofft, im Weinen etwas Trost zu finden, doch seine Hoffnung hat sich nicht erfüllt, im Gegenteil. Auf einmal hat er Angst, gar nichts von dem, was er sich vorgenommen hat, erreichen zu können. Er hat Angst zu scheitern.

Doch das darf er nicht einmal denken, geschweige denn es jemandem sagen.

Er steht auf und zieht sich sorgfältig an, damit niemand sagen kann, die Florios seien in Schwierigkeiten. Es ist nicht wichtig, dass es noch sehr früh ist, so früh, dass das Morgengrauen kaum mehr ist als eine Andeutung. Der Gewürzladen erwartet ihn.

Doch als er in die Küche kommt, ist Giuseppina bereits wach. »Mattia?«, fragt er.

»Die schläft noch, die Ärmste. Heute Nacht hatte sie Albträume.«

Ignazio betrachtet sie, während sie ihm eine Tasse lauwarme Milch hinstellt. »Und du? Hast du geschlafen?«

»Ein bisschen, ja.«

Sie greift nach dem Reisigbesen, beginnt zu fegen, während er ein Stück Brot in die Tasse tunkt.

Auf einmal hält sie inne. Sie spricht, ohne ihn dabei anzuschauen. »Sag mir die Wahrheit.«

Und er versteht, so wie er sie immer verstanden hat. Die Milch wird zu Gift in seinem Mund. »Es hat sich verschlechtert. Sinnlos, es dir zu verschweigen.«

»Hat dir das der Bader gesagt?«

»Ja.«

»Er stirbt also?«

Ignazio gibt ihr keine Antwort.

Vor ihm gähnt auf einmal eine große Leere. Kein Geräusch, keine Wärme. Giuseppina scheint sich aufgelöst zu haben, und an ihrer Stelle steht nur noch eine Statue.

Dann ein Schluchzer. Und noch einer. Der Besen fällt klappernd zu Boden. Alles an ihr ist Verzweiflung, ihr Gesicht, der zitternde Körper, der aufgerissene Mund.

Ignazio hat schon vor einer Weile begriffen, dass man eine Bindung aufbaut, wenn man mit jemandem zusammenlebt. Man liebt nicht diesen Menschen, sondern die Vorstellung, die man von ihm hat, die Gefühle, die er hervorruft, ja, sogar den Hass, den man ihm gegenüber empfindet. Sogar die eigenen Dämonen gewinnt man lieb. »Ich bitte dich … nicht …«, fleht er sie an, und er kann gar nicht anders, als sie an sich zu drücken, denn es hat den Anschein, sie könnte jeden Moment in Stücke gehen, so heftig ist ihr Schluchzen.

Er erstickt ihr Weinen an seinem Hals. Ihm wird bewusst, dass auch er weint, und sie weinen zusammen, eng umschlungen. Als die Tränen aufhören zu fließen, spürt er, wie sie erstarrt. Giuseppina hebt den Kopf, fast berühren sich ihre Gesichter.

Das Trugbild, das er in sich trägt, wird zu einem Körper aus Fleisch und Blut, der in diesem Moment der seine ist.

Nicht der seines Bruders, nicht der seines Neffen. *Seiner.*

Er ist immer einen Schritt hinter ihr gegangen. Niemals hat er sie auf eine Weise berührt, die nicht schicklich gewesen wäre.

Jetzt kann er es tun, denn Paolo ist weit weg, ans Bett gefesselt.

Auch sie scheint verwirrt. Doch als sie ihre Augen auf sein Gesicht richtet, verschwindet dieser Ausdruck der Verlorenheit wieder. Sie legt ihm eine Hand an die Wange, berührt seine Lippen.

Einen Augenblick lang stellt er sich vor, wie alles hätte kommen können, wenn er an Paolos Stelle gewesen wäre.

Wenn Giuseppina seine Frau gewesen wäre und Vincenzo sein Sohn, und wenn das ihr gemeinsames Zuhause wäre. Er stellt sich die Tage und Nächte vor, die Kinder, die sie hätten haben können, ob in Bagnara oder hier in Palermo. Ein kleines, bescheidenes, gemeinsames Leben, das sie glücklich gemacht hätte, oder doch zumindest zufrieden.

Doch die Realität ist eine andere.

Giuseppina ist die Frau seines Bruders, und er ist ein Verräter. Genau das ist er: ein Mann der Schande.

Er schließt die Augen. Noch einen Moment lang hält er es an sich gedrückt, das Leben, von dem er geträumt hat. Kurz presst er sie an sich und lässt sie dann los, geht weg, damit die Versuchung ihn nicht noch einmal übermannt.

Wenige Tage später kehrt Mattia auf der Feluke von Mastro Salvatore nach Marsala zurück. Ignazio hat ihr ein wenig Geld auf den Weg mitgegeben, Giuseppina eine lange Umarmung. Mattia geht schweren Herzens, und nichts kann den Schmerz, den sie empfindet, lindern, nicht einmal Vittorias Herzlichkeit und Vincenzos letzter Gruß, zahnlos und schüchtern. Ihren Bruder Paolo wird sie nicht wiedersehen. Sie weiß, gewisse Wunden können einfach nicht heilen, und die Zeit ist für sie beide endgültig abgelaufen.

Die Krankheit weht durchs Zimmer wie ein modriger Hauch, der einem den Atem nimmt und gegen den auch der Blütenduft, der in Böen von draußen hereinweht, nichts ausrichten kann. Ein Zitronenbaum streckt seine Äste nach dem Fenster aus. Die Sonne klingt nach dem ersten Zirpen der Grillen in den Zweigen.

Giuseppina steht in der Tür und beobachtet Paolos Brustkorb, der sich nur mit Mühe hebt und senkt. Sie beißt sich auf die Lippe. Alles geht so schnell.

Eine Hand legt sich auf ihren Arm. »Da bin ich. Ich bin so schnell gekommen, wie ich konnte.« Ignazio tritt an ihre Seite, flüstert ihr ins Ohr. »Im Laden habe ich alles geregelt. Und dann ist ja auch noch Maurizio da, der mich ersetzt, bis … solange es nötig ist.« Doch Giuseppina hat ihm gar nicht zugehört, das sieht Ignazio an dem leeren Ausdruck in ihren Augen. »Ich habe Vincenzo mitgebracht. Er spielt draußen unter den Bäumen und kann später ein wenig zu ihm gehen.«

Eine Ankündigung, die sie mit Erleichterung erfüllt.

Sie möchte weinen, kann es aber nicht. Dieser Mann, den sie nie geliebt hat, dauert sie, doch sie leidet auch für sich selbst, weil sie weiß, dass er ihr fehlen wird. Es wird eine

Leere sein, mit der sie sich noch viele Jahre auseinandersetzen muss.

Sie hat mit Paolo zusammengelebt, ohne Liebe, manchmal auch mit Hass. Sie wird ihn für das Böse, das sie einander angetan haben, nicht um Verzeihung bitten können. Paolo hat eine Grenze erreicht, und wenn er sie überschritten hat, werden sie nicht mehr miteinander reden können. Schon jetzt können sie es nicht mehr. Das Schuldgefühl, das sie in sich trägt, wird Teil des Fegefeuers sein, dem sie schon auf Erden entgegensieht.

Ignazio betritt das Zimmer, schickt die Dienstbotin hinaus, die in einer Ecke über Paolo gewacht hat. Als dieser seine Stimme hört, dreht er den Kopf. Seine Augen glänzen fiebrig.

Sein Bruder setzt sich aufs Bett. Er fragt ihn nicht mehr, wie es ihm geht; diese letzte, heuchlerische Formalität haben sie aufgegeben, seit vor einigen Tagen der Bader ihn im Gewürzladen aufgesucht und ihm gesagt hat, dass die Schwindsucht Paolos Lunge aufgefressen hat. »Jetzt kann es nicht mehr lange dauern«, hat er gesagt.

Ignazio hat ihm gedankt, ihn für seine Dienste entlohnt und dann weitergearbeitet.

Doch Paolo hat noch lange durchgehalten. Es sind die gute Konstitution und die Hartnäckigkeit der Florios, die ihn am Leben erhalten.

Sein Bruder nimmt seine Hände. »Heute hat mich die Dienstbotin unter den Zitronenbaum gesetzt, aber ich habe furchtbar husten müssen und jede Menge Blut gespuckt. Sie musste mich komplett neu ankleiden.« Das Sprechen bereitet ihm sichtlich große Mühe. »Der Herr hat's gegeben, und der Herr hat's genommen, wie es so schön heißt.« Paolo versucht sich an einem bitteren Lächeln. »Mir nimmt er jetzt alles.« Ein Hustenanfall. Lang, schmerzhaft. Als er wieder sprechen kann, klingt es rau, wie das Kratzen von Eisen auf Stein. »Hat dir Notar Leone gesagt, dass ich mein Testament gemacht habe?«

Unter dem Taschentuch, das er sich vor den Mund hält, fühlen sich Ignazios Lippen ganz ausgetrocknet an. »Ja.«

Paolo bekommt kaum noch Luft. Ignazio hebt seinen Kopf an, gibt ihm zu trinken, dann sagt er: »Solange ich lebe, werde ich für ihn sorgen. Ich habe bereits einen Privatlehrer gefunden, der ihn in Latein und den anderen Fächern unterrichtet. Er tritt an die Stelle von Antonino Gagliano, der dieser Tage zum Priester geweiht wird.«

Eine Geste Paolos unterbricht ihn. »Ist ja gut, ist ja gut.« Er drückt ihm den Arm, und Ignazio spürt an dieser winzigen Bewegung, wie wenig Kraft ihm noch geblieben ist. »Du hingegen … hör mir zu. Du musst das sein, was ich nicht mehr sein kann.«

»Du weißt, dass ich ihn liebe wie meinen eigenen Sohn.« Ignazio legt eine Hand auf die seine.

»Nein, ich meine mehr. Verstehst du? Du wirst ihn großziehen. Während die anderen aufs Geld schauen, wirst du ihm der Vater sein. Verstehst du? Sein Vater.« Er schaut ihn so eindringlich an, als wollte er in seinen Kopf hinein.

Ignazio hält es nicht mehr aus. Er steht auf. Draußen spielen Vincenzo und Giuseppina unter einem Zitronenbaum. Ignazio spricht gemessen, weil er nicht will, dass sein Bruder sich aufregt. »Ich habe einen unserer Vettern Barbaro am Hafen getroffen. Er hat mir eine Nachricht von unserem Schwager Paolo überbracht.«

Sein Bruder schlägt mit der Hand aufs Bett. »Gott! Ich

habe so oft an ihn und an Mattia gedacht.« Jetzt weint er. »Ich habe begriffen, dass das die Strafe ist, die der Herr mir geschickt hat. Als es ihm schlecht ging, hätte ich ihm helfen können. Es wäre ein Akt der Barmherzigkeit gewesen. Und dann, als unsere Schwester hierherkam, hätte ich sie sehen können, die Ärmste, doch ich … Ich habe gar nichts getan, habe sie sogar zurückgewiesen.« Er trocknet sich die Augen. »Du sagst es Mattia, dass ich ihr vergebe, ja? Und dass sie mir vergeben soll? Und ich … nichts, nichts! Der Dämon hatte von meiner Seele Besitz ergriffen, verflucht sei ich, verflucht.«

Ignazio schaut ihn an. Er möchte mit ihm sprechen, ihn trösten, doch seine Kehle ist wie zugeschnürt, und sein Herz scheint zu verdorren und immer kleiner zu werden, bis es nur noch die Größe einer Kinderfaust hat. Sein Bruder ist voller Angst, man sieht es seinem Gesicht an. Offenbar spürt er, dass der Tod nahe ist, wenn er so sehr um Vergebung bittet und endlich an dem Punkt angelangt ist, für seine hartherzige Art Buße tun zu wollen.

Paolo hebt den Kopf vom Kissen. Schweißdurchtränkte Haarsträhnen kleben an seiner Stirn. »Also? Was für eine Nachricht schickt mir Barbaro?«

Ignazio muss sich zu einer Antwort zwingen. Seine Stimme, eben noch in seiner Kehle gefangen, befreit sich mit einem Seufzer. »Er schreibt, dass er für dich betet und dir baldige Genesung wünscht.« Er weiß nicht, warum, aber irgendwie findet er diesen Satz lächerlich. Er beginnt zu lachen, und nach einem Moment fällt sein Bruder in das Lachen ein.

Sie lachen zusammen, als wäre das Leben ein gewaltiger Scherz und Paolos Schwindsucht eine derbe Komödie, die der Herrgott auf die Bühne gebracht hat, als könnten sie einfach zurück, und alles wäre wieder gut. Doch so ist es keineswegs, und das ist das Lächerliche daran: dass das alles wahr ist, dass eben nicht alles in Ordnung kommen wird. Alles wird ungelöst bleiben, ein Weg, der unterbrochen wurde, ja vielleicht sogar unbegehbar geworden ist.

Paolos Lachen endet in einem Hustenanfall. Ignazio eilt ihm zu Hilfe und hält ihm eine Schüssel hin, in die sein Bruder Blutklumpen und Schleim abhustet.

Ignazio umarmt ihn. Paolo ist abgemagert. Die Krankheit hat ihn buchstäblich dahinschwinden lassen, bis er nur noch Haut und Knochen war, sein Körper nur noch die Hülle eines ungezähmten Geistes, der nicht weichen will. Noch nicht.

Als Vincenzo einige Tage später die Tür aufmacht, steht ein Mann in schwarzer Soutane und lila Gebetsschal vor ihm. Das ist Don Sorce, der Priester der Olivuzza. Die Hitze scheint ihm schwer zuzusetzen. »Deine Mutter hat nach mir geschickt. Wo ist sie?«, fragt er.

Die Dienstbotin erscheint. »Hier entlang, bitte.«

Der Junge beobachtet, wie sie um die Ecke biegen. Aus dem Garten, jenseits der offen stehenden Tür, dringt der Duft nach Sommer und Hitze.

Vincenzo läuft nach draußen. Er will es nicht wissen, will es nicht hören.

Ignazio trifft ein, als alles vorüber ist.

Er findet Giuseppina am Fußende des Bettes vor. Sie spricht nicht, sie weint nicht, beißt sich nur auf die Fingerknöchel. Sie sieht aus, als wäre sie weit, weit weg, und vielleicht ist sie das auch.

Sie starrt den Leichnam an. »Wir brauchen seine besten Kleider«, murmelt sie, in ihren Fingern der Rosenkranz.

Ignazio nickt mechanisch. »Ich fahre in die Via dei Materassai, um das Begräbnis zu organisieren. Und ich muss Maurizio Reggio sagen, dass er das Geschäft zwei Tage schließen soll.« Er macht eine Pause. »Ich muss Mattia und unseren Verwandten in Bagnara schreiben. Und ich nehme Vincenzo mit.«

Giuseppina räuspert sich, doch es kommt nur ein Flüstern aus ihrem Mund. »Die Messen. Es müssen so viele Messen gehalten werden, um seine Seele reinzuwaschen; immerhin hat er am Ende alles bereut, was er seiner Schwester angetan hat. Das hat er mir gesagt, als ich nach der letzten Ölung sein Nachthemd gewechselt habe. Und es muss auch den Waisen gespendet werden. Sag Vittoria, dass sie sich darum kümmern soll.«

Ignazio nickt. Er hält die Luft an, atmet aus. Er, der es noch kann.

Dann nähert er sich Paolos sterblicher Hülle. Es ist immer noch etwas Wärme darin; die Haut des Gesichts ist durchscheinend, die Hände, einst stark und voller Schwielen, sind knochig. Haar und Bart sind weiß geworden.

Er streckt die Hand aus. Streichelt ihn. Dann beugt er sich unvermittelt hinab, küsst ihn auf die Stirn und verharrt einen Moment lang so, die Lippen auf die Haut des Toten gedrückt. Der Schmerz nimmt ihm schier den Atem.

Diesen einen Moment wird er sein ganzes Leben in sich

tragen. Der Kuss ist die Besiegelung eines Versprechens, eines Schwurs, der seinen Mund verlässt und den nur er selbst und Paolo hören können.

Schließlich steht er auf, verlässt das Zimmer. Er geht zum Zitronenbaum, wo der Junge auf ihn wartet.

»Hast du dich von deinem Vater verabschiedet?«

Vincenzo schaut ihn nicht an. Er spielt mit einem Stückchen Holz, zerbricht es in viele kleine Stücke. »Ja.«

»Möchtest du ihn noch einmal sehen?«

»Nein.«

Ignazio streckt ihm die Hand hin, und Vincenzo ergreift sie. Gemeinsam gehen sie zu der Kalesche, die in der Gasse auf sie wartet.

Vor dem Geschäft hat sich eine kleine Menschenmenge versammelt, zum Großteil Kalabrier. Maurizio Reggio steht in der Tür, umarmt Ignazio, lauscht seinen Anweisungen. Nur wenige Minuten später sind die Holztüren verschlossen und mit schwarzem Florband versehen, um das Haus als Haus der Trauer zu kennzeichnen.

Ignazio weicht den Blicken nicht aus. Einige bekreuzigen sich, andere sprechen ihm ihr Beileid aus. Dann tritt er den Rückzug an, die Hand seines Neffen fest in der seinen. Auf der Schwelle steht Vittoria, sie weint leise. Sie zieht ihren Vetter an sich, küsst ihn, drückt ihn. »Jetzt hast du auch niemanden mehr, der dich beschützt, so wie ich«, sagt sie.

Vincenzo bleibt reglos. Stumm.

Zu Hause treffen sie Giuseppe Barbaro an, einen der Verwandten von Emiddio, der sich bereit erklärt, das Begräbnis zu organisieren. »Der Herr nehme sich seiner Seele an«, sagt er zu ihnen.

Ignazio antwortet mit einem »Amen«.

Im Haus ist es still. Orsola nimmt Vincenzo mit auf sein Zimmer, um ihm Trauerkleidung anzuziehen. Aus dem Schlafzimmer seiner Eltern dringen Geräusche; jemand wühlt in der Sitztruhe.

Gewänder rascheln, ein paar Wortfetzen wehen herüber. Vittoria, Ignazio, Emiddio.

»Die Schwindsucht war zu weit fortgeschritten …«

»Er ist in Frieden gestorben …«

»Jemand muss sich um den Sarg kümmern«, sagt auf einmal das Mädchen.

»Er muss bemalt werden. Und bei der Messe müssen Mönche singen. Er ist … er war schließlich nicht irgendwer. Mein Bruder war *Don* Paolo Florio. Unser Gewürzladen hat hier in Palermo einen Namen, und es war sein Verdienst, dass er so wichtig geworden ist.«

Auf einmal begreift Vincenzo wirklich, was geschehen ist.

Der Nachdruck, mit dem sein Vater ihm die Hand auf die Schulter legte. Seine Umarmung. Der Bart, der ihm übers Gesicht strich. Der strenge Blick. Die Hände, die auf der Waage Chinarinde abwogen. Der Gewürzgeruch, den er immer an sich hatte.

Taumelnd geht Vincenzo zum Schlafzimmer seiner Eltern.

Sein Vater wird nicht mehr zurückkommen. Und genau in dem Moment, als diese Wahrheit von ihm Besitz ergreift, begegnet er Ignazios Blick und erkennt darin eine schmerzliche Leere, die der seinen ähnlich ist.

Die Erkenntnis, dass sein Vater endgültig nicht mehr da ist, trifft ihn mit voller Wucht.

Vincenzo läuft davon, die Augen voller Tränen, seine Füße schliddern auf dem Pflaster. Er läuft weg von diesem Haus, weil er glaubt, den Kummer, der ihn zu erdrücken droht, dort hinter sich lassen zu können.

»Vincenzo!«

Ignazio ruft ihm hinterher, doch der Junge ist so schnell, dass er über das Pflaster zu fliegen scheint. Irgendwann, in der Via San Sebastiano, verliert er ihn aus den Augen.

Er bleibt stehen, stützt die Hände auf die Knie. »Du musstest ihm ja unbedingt hinterherlaufen …«, murmelt er. Er holt tief Luft und läuft weiter, sucht den Jungen im Trubel des Hafens. Er weicht Bekannten aus, die ihn anhalten wollen, um ihm zu kondolieren, bahnt sich einen Weg zwischen Hausrat hindurch, der darauf wartet, verschifft zu werden.

Schließlich hat er die Mitte der Cala erreicht, durchquert das Hafengelände mit Blick auf die Piedigrotta-Kirche im Lazarett-Viertel. Das Castello a Mare wirft einen Schatten auf den Hafen. Dutzende von Schiffsmasten versperren ihm die Sicht.

Am Ende findet er ihn.

Er sitzt am äußersten Ende der Mole und lässt die Füße baumeln.

Er weint.

Ignazio nähert sich behutsam. Er ruft ihn. Der Junge dreht sich nicht um, strafft aber die Schultern.

Eigentlich sollte Ignazio ihn dafür tadeln, dass er weggelaufen ist, und vielleicht wäre das auch richtig so: Nach all dem, was geschehen ist, war Vincenzos Flucht nur ein Akt des Aufbegehrens. Außerdem ist er ein Junge, und Jungen weinen nicht. Aber er schimpft ihn nicht aus.

Er setzt sich neben ihn. Eine Weile bleiben sie sitzen, einer neben dem anderen. Ignazio wäre froh, wenn er Worte des Trostes für ihn hätte, Worte, wie auch er sie gehört hat, als seine eigene Mutter nach dem Erdbeben gestorben war. Er war mehr oder weniger in demselben Alter, und er erinnert sich noch gut an dieses Gefühl des Verlassenseins, der Leere.

An die Verzweiflung.

Doch wie ist es beim Vater?

Er kann es sich nicht vorstellen: Sein Vater, Mastro Vincenzo Florio, Schmied aus Bagnara, ist kaum mehr als eine Erinnerung. Mit Paolo hingegen war er praktisch unzertrennlich, seit sie gemeinsam zur See fuhren, um Handel zu treiben.

Und jetzt hat er Angst vor dem, was ihm bevorsteht, eine verdammte Angst, doch das kann er niemandem sagen, erst recht nicht einem kleinen Jungen.

Vincenzo ergreift als Erster das Wort. »Was soll ich nur machen ohne ihn?«

»Es war das Schicksal deines Vaters. Gott hat es so gewollt.« Mit diesen Worten sucht Ignazio nach einer Erklärung, die auch für ihn selbst herhalten kann. »Wir alle haben ein Schicksal, das bereits seit dem Moment, an dem wir auf die Welt kamen, geschrieben steht. Da können wir nichts machen.«

Die Stille füllt sich mit dem lauten Schwappen des Meeres gegen die Mole.

»Nein. Wenn das der Wille Gottes ist, dann will ich ihn nicht.« Vincenzo hält mit Mühe die Tränen zurück.

»Vice', was sagst du denn da?«

Es war heftig und gotteslästerlich, was Vincenzo da gesagt hat, und viel zu drastisch für einen Jungen von acht Jahren. »Ich will keine Kinder haben, wenn ich dann so sterben soll. Meine Mama weint, und auch du bist traurig, das sehe ich«, fährt der Junge in zornigem Ton fort. Er hebt den Kopf. »Jetzt muss ich ohne ihn weiterleben, und ich weiß nicht, wie.«

Ignazio blickt starr auf das schwarze Wasser hinaus. Über ihnen segeln Möwen in der Nachmittagsluft. »Ich weiß auch nicht, wie ich das schaffen soll. Mir ist der Boden unter den Füßen weggezogen worden, Vincenzo. Mein Bruder, dein Vater, war immer da, und jetzt …« Er holt tief Luft. »Jetzt bin ich allein.«

»Jetzt sind *wir* allein«, murmelt Vincenzo. Er lehnt sich an die Schulter seines Onkels, der ihn in seine Arme zieht.

Alles hat sich verändert, denkt Ignazio. Den Luxus, Sohn oder Bruder zu sein, können sie sich nun nicht mehr leisten. Jetzt ist er der Chef. Ihre gemeinsame Arbeit ist die seine geworden. Alles liegt in seiner Verantwortung.

Das ist die einzige Gewissheit, die er hat.

SEIDE

Sommer 1810 – Januar 1820

'U putiàru soccu ave abbània.
Der Kaufmann beschreit seine
eigene Ware am lautesten.
Sizilianische Redensart

Als Joseph Bonaparte König von Spanien wurde, wird er von Napoleon durch seinen Schwager Joachim Murat ersetzt, der am 1. August 1808 den Thron des Königreichs Neapel besteigt.

Im Jahre 1812 bricht auf Sizilien wegen der Einführung einer Einkommenssteuer durch Ferdinand IV. eine Revolte aus. Das sizilianische Parlament erlässt eine nach dem englischen Modell ausgerichtete Verfassung, die faktisch den bourbonischen König entmachtet und in der unter anderem die Abschaffung des Feudalsystems und die Reform des Staatsapparats vorgesehen ist. Ziel ist die gesellschaftliche Modernisierung auf der Insel; außerdem soll eine noch engere Bindung an die Engländer stattfinden, in deren Interesse es liegt, die Unabhängigkeit Siziliens beizubehalten.

Im selben Jahr beginnt Napoleon seinen verheerenden Feldzug gegen Russland. Nach der Niederlage in der Völkerschlacht bei Leipzig (19. Oktober 1813) verbündet sich Murat mit Österreich in der Hoffnung, dadurch seine Herrschaft zu erhalten. Im Jahre 1815 kehrt er an die Seite Napoleons zurück, doch die Österreicher besiegen ihn endgültig in der Schlacht bei Tolentino (2. Mai 1815). Mit dem Vertrag von Casalanza (20. Mai 1815) wird die Rückkehr Ferdinands IV. nach Neapel besiegelt, der seinen Sohn Franz in Palermo als Statthalter des Reiches einsetzt.

Am 8. Dezember 1816 vereint der Herrscher das Königreich Neapel und das von Sizilien unter einer Krone und nimmt den Namen Ferdinand I. an, König des »Königreichs beider Sizilien«.

Die Verfassung von 1812 wird außer Kraft gesetzt. Die Insel wird wie eine Kolonie geführt und einer überaus harten Besteuerung unterworfen.

Die Seide gehört nicht zu Palermo.
Sie gehört zu Messina.
Besser gesagt, sie *gehörte* zu Messina.

Von der Meerenge bis in die Ebene von Catania haben Bauernfamilien schon seit Jahrhunderten im Schatten von uralten Maulbeerbäumen, deren Blätter als Nahrung der Larven dienten, Raupen gezüchtet. Es waren vor allem die Frauen, die sich um die Aufzucht der Tierchen kümmerten, und ihnen gebührte auch die Anerkennung für diese wenig appetitliche und undankbare Aufgabe. Diese Frauen waren freier und unabhängiger als andere Bäuerinnen oder als die Dienstbotinnen bei adligen Familien. Den Verdienst konnten sie für sich behalten.

Kostbares, hart verdientes Geld, das die Frauen für ihre Aussteuer oder den Erwerb von Möbeln für ihr zukünftiges Zuhause ausgaben.

Und dann die Entdeckung, dass im Fernen Osten wesentlich mehr Seide produziert wurde, und das zu deutlich günstigeren Preisen.

So kommen die Stoffe jetzt von den Engländern, die in den Kolonien ganze Ballen gesponnener Seide kaufen, um sie dann in heimischen Betrieben zu verarbeiten, oder sie importieren bereits fertige Stoffe mit exotischen Mustern. Mit den ewigen Streifen und tristen Farben, die man in Europa kennt, ist es nun vorbei. Nach den langen Jahren der

Kriege gegen Napoleon ist ein Zeitalter angebrochen, in dem man sich nach Fantasie und Lebensfreude sehnt.

Langsam nehmen die Exporte aus Sizilien in den Rest Italiens ab und hören irgendwann ganz auf. Die Maulbeerbäume geraten in Vergessenheit.

Auf einmal sind alle verrückt nach Chinoiserien: Möbel, Porzellan, geschnitztes Elfenbein.

Und natürlich Stoffe.

Selbst die Bourbonen lassen sich von dem neuen Fieber anstecken, und König Ferdinand beschließt, aus seinem Jagd- und Lustschlösschen ein »chinesisches Schlösschen« zu machen.

Wer reich ist, hat mindestens ein Zimmer, das mit Seide tapeziert ist.

Wer reich ist, kleidet sich in Seide.

Die Tür geht auf. Die Scheiben klirren nicht mehr, die Angeln sind gut geölt und haben mit dem Quietschen aufgehört.

Die Hand fährt über die Ladentheke. Eine Marmorplatte auf Mahagoni, glatt poliert wie Samt. Die Augen verweilen auf den Majolikafliesen des Bodens, wandern dann hoch zu den Schubladen aus Walnussholz mit den geschnitzten Namen der Gewürze. Ein Geruch nach frisch geschlagenem Holz und Lack liegt in der Luft.

Ignazio steht mitten im Raum. Er ist allein, aber er hätte es auch nicht anders gewollt.

Diesen Moment erträumt er sich schon seit zwei Jahren, seit der alte Besitzer des Ladens, Vincenzo Romano, zugesagt hat, ihm diese Räumlichkeiten zu überlassen. Damals war der Schmerz um Paolos Tod noch eine Wunde, die sich erst langsam schloss.

Und auch damals war es Sommer.

»Was sagt Ihr denn da?« Pure Entrüstung hatte sich in der Miene Vincenzo Romanos gezeigt, des Besitzers des Anwesens an der Via dei Materassai, als er hörte, was Ignazio von ihm wollte.

Ignazio saß hinter dem Schreibtisch und musterte ihn vom Scheitel bis zur Sohle.

Nachdem er ihn in sein Büro zitiert hatte – denn mittlerweile war er es, der die Anweisungen gab –, hatte er ihm nicht einmal einen Stuhl angeboten, sondern ihn stehen lassen wie einen Bittsteller, um ihn zu verwirren. Um es ihm unbehaglich zu machen. Er ließ ihn warten, während er Papiere unterzeichnete, viele Papiere. Denn so war das mittlerweile mit den Geschäften der Florios: Sie hatten viel zu tun.

Dann sagte er ihm, was er wollte.

»Siti fuodde?« Ob er von Sinnen sei, fragte Romano und hielt sich an der Schreibtischkante fest. »Nur über meine Leiche! Ich verkaufe nicht.«

Ignazio wusste, wie sehr der Mann am Geld hing, und hatte vorausgesehen, dass es ein harter Kampf werden würde, doch er war bereit, ihn zu führen und den Mann in die Knie zu zwingen. Ein Kampf, den er ohne Aggressivität, aber mit Entschlossenheit führte, und wie immer waren Geduld und Höflichkeit seine bevorzugten Waffen. »Aber auch Ihr müsst doch sehen, welche Gründe ich habe. Diese Räumlichkeiten und das Halbgeschoss bedürfen dringend einer Renovierung, einer gründlichen Renovierung. *Vuautri u' sapiti*, ihr wisst doch: Die Casa Florio kann nicht länger in einem Ladenraum geführt werden, der feuchte Wände und eine quietschende Tür hat.«

»Na und? Dazu braucht es nur ein paar Eimer Farbe und einen Tropfen Öl …«

»Das ist nicht das Problem. Hier tropft Wasser, und der Boden ist kaputt … Es gibt viel zu tun, und es ist dringend. Ich möchte bezweifeln, dass Ihr jemals so gute Mieter finden würdet wie uns, und wenn wir gehen, müsstet Ihr ja trotzdem alles renovieren.«

Kurz ging es Vincenzo Romano durch den Kopf abzulehnen. Doch nur einen Moment lang. Er wusste, dass Florio recht hatte.

Und da war er, der Zweifel. Der Riss in der Mauer der Ablehnung. Man sah es an seinem umherirrenden Blick, dem halb geöffneten Mund.

Jetzt war es an der Zeit für Ignazios nächsten Schritt. »Ich hätte da eine Idee, wenn Ihr mir zuhören wollt. Einen Kompromiss, der gut für beide Seiten wäre.«

»Und zwar?«

Erst jetzt bedeutete er Romano, sich zu setzen.

»Eine Erbpacht.«

»Großartig! Dann bin ich nach wie vor der Herr hier, aber alle Rechte habt Ihr. Mir bleibt nur der Titel des Besitzers, und ansonsten habe ich hier nichts mehr zu sagen.« Romano fluchte leise vor sich hin. »Alles nur schnöder Schein.«

»Überlegt es Euch gut. Durch die Erbpacht bliebt Ihr,

zumindest in den Augen der anderen, Besitzer des Geschäfts. Meine Firma und ich würden uns um die Renovierung kümmern. Aber wenn Ihr nicht wollt …« Ignazio hob die Hand zu einer sprechenden Geste. »Es liegt ganz bei Euch. Genauso wie es bei uns liegt, uns etwas anderes zu suchen.«

Die letzten Worte sprach Ignazio mit großer Entschiedenheit. Seine eigene Angst wusste er zu verbergen, denn mit dem, was er da tat, ging er ein Risiko ein. Wenn Romano ablehnte, würden sie sich tatsächlich neue Räumlichkeiten für den Gewürzladen und Lagerräume in einer anderen Gegend suchen müssen.

Das hätte bedeutet, den Ort zu verlassen, wo mit Paolo alles begonnen hatte.

Doch wie auch immer: Sie konnten einfach nicht in einem Laden bleiben, in dessen Hinterzimmer es schimmelte und wo die Türen verzogen und kaputt waren. Das passte nicht zu dem, was die Casa Florio mittlerweile darstellte.

Romano war gekommen, um die Miete zu kassieren, und sah sich auf einmal mit einem unerwarteten Angebot konfrontiert. Er ging nervös im Raum auf und ab, und fragte dann, eher erstaunt als sarkastisch: »Seid Ihr etwa neidisch auf Canzoneri und Gulì, und auf ihre *putìe*, ihre Läden?«

»Nein, wirklich nicht. Vielmehr geht es darum, Gewissheiten zu haben. Wenn man schon sein Herzblut für eine Sache vergießt, dann muss sie einem auch wirklich gehören, und niemand darf einem mehr dreinreden. Ich habe nicht vor, in eine *putìa* Geld zu stecken, und dann kommt Ihr auf einmal auf die Idee, sie an jemand anderen zu verkaufen. Versteht Ihr?«

Und wie er es verstand.

Romano verabschiedete sich mit einem »Ich denke drüber

nach«, doch am Ende dachte er weniger darüber nach, als Ignazio befürchtet hatte, und nahm den Vorschlag an.

Zuerst kam die Erbpacht. Dann begannen die Renovierungsarbeiten, und die Handwerker gaben sich die Klinke in die Hand; es kam der Wassermeister und dann der Zimmermann, es gab neue Kacheln und Fenster. Nach nur wenigen Monaten löste Ignazio die vereinbarte Summe ab und wurde alleiniger Besitzer des Gewürzladens.

Wenn er an jene sechs Monate emsiger Arbeit zurückdenkt, singt ihm das Herz in der Brust.

Neue Apothekergefäße und Tiegel mit der Aufschrift *Florio* am Boden stehen dicht an dicht auf den Regalen. In den Lagern an der Via dei Materassai, am Piano San Giacomo und im Zollamt warten Säcke voll peruanischer Borke darauf, im Mörser zu pulverisierter Chinarinde zerstoßen zu werden.

Der Gewürzladen ist zu dem geworden, was er sich immer erträumt hat. Einer richtigen Drogerie.

Nur eins hat Ignazio aus dem alten Laden übernommen: die Präzisionswaage, die sein Bruder schon seit den allerersten Tagen ihres Unternehmens benutzt hatte.

Sie soll ihn immer daran erinnern, wo er herkommt.

Hinter der Tür hört man das Gemurmel der Neugierigen und der Dienstboten von Adligen, die durch das Schaufenster spähen und auf die Wiedereröffnung des Ladens warten. Gleich werden sie sehen, was aus jener finsteren Kaschemme geworden ist, jener *putíedda,* von einem Hungerleider aus Bagnara geführt, wie es damals hieß, und ihre Gesichter sprechen bereits Bände. Ignazio genießt es, sie so zu sehen, hin- und hergerissen zwischen Neugier und Misstrauen. Niemals würden sie zugeben, dass es Neid und Bewunderung sind, die sie antreiben und dazu bringen, so lange vor dem Laden zu warten, bis er endlich öffnet.

Er selbst wartet nur noch auf das Erscheinen derjenigen, die ihm bislang immer Knüppel zwischen die Beine geworfen haben. Es ist eine neue Runde eingeläutet worden, nicht nur gegen Canzoneri und Saguto, sondern gegen alle Aromateure Palermos, die da draußen stehen, raunend und fragend und zitternd.

Denn die Florios sind keine einfachen *putiàri* mehr. Sie sind Kaufleute, und das können sie mit stolz erhobenem Kopf sagen.

Die Tür geht auf. Jemand tritt ein.

Ignazio dreht sich um.

Es ist Giuseppina.

»Oh … Der Laden ist wunderschön geworden!« Seine Schwägerin staunt, und die Sorgenfalten auf ihrer Stirn sind auf einmal wie weggeblasen. Sie streicht sich mit der behandschuhten Hand über das schwarze Kleid. »Wirklich, ich hätte nicht gedacht, dass sich das noch mal so verändert.«

Auch sie hat sich verändert.

Mit dem Wohlstand sind Dienstbotinnen gekommen; Giuseppina kann sich ihre Kleider von einer Schneiderin nähen lassen und muss sie nicht mehr bei Kerzenlicht flicken, und auch neue Schuhe und Mäntel hat es gegeben. Der Tisch ist reichlicher gedeckt als früher, für sie, für Vincenzo und Vittoria, die noch immer bei ihnen lebt, obwohl sie immer öfter andeutet, dass sie sich eine eigene Familie wünscht. Doch es liegt nicht nur an den eleganteren Kleidern oder an der Tatsache, dass ihre Hände nicht mehr rissig von der vielen Arbeit sind.

In Giuseppinas Augen leuchtet ein neues Licht. Sie wirkt fröhlich, unbeschwert.

Ignazio beobachtet, wie sie im Laden umhergeht: Sie streicht über die vielen Schubladen, öffnet eine, schnuppert an den Gewürzen.

Dann hebt sie den Kopf, lächelt ihn an.

Und er kann sich gar nicht an ihr sattsehen.

»Wirklich schön geworden«, sagt sie leise.

Er würde ihr so gern über die Wange streichen, ihre Wärme spüren. Stattdessen verschränkt er die Arme über der Brust, darauf bedacht, die Jacke, die er sich für den Neuanfang hat schneidern lassen, nicht zu zerknittern. Wer den Laden betritt, soll sofort begreifen, dass er keinen Ladenjungen mit aufgekrempelten Ärmeln mehr vor sich hat.

Genau in diesem Moment kommt Vincenzo herein. »Mama! Onkel! Warum habt ihr nicht auf mich gewartet?«

Der Junge ist groß gewachsen für sein Alter und wirkt fast wie ein Jüngling, obwohl er gerade mal elf ist.

Ignazio fährt ihm mit der Hand durchs Haar. »Wir waren ja nicht fort. Außerdem müsst ihr erst mal das Hinterzimmer sehen. Die Farbe trocknet noch.«

Er geht Mutter und Sohn den Korridor entlang voraus, der zum Kontor der Florios führt. Auf den Schreibtischen, auch sie neu, Tintenfässer, Papierstapel, Löschrollen.

Ignazio deutet auf ein längliches Schild aus bemaltem Holz: Es lehnt ganz hinten im Raum an der Wand. Die Farben sind kräftig und noch leicht feucht. Ganz unten sieht man die feine Unterschrift des Malers Salvatore Burgarello, der in Castellammare wohlbekannt ist. »Erst heute Morgen ist er damit fertig geworden. Er meinte, wir sollen es weit weg von der Sonne trocknen lassen, sonst werden die Farben rissig.«

Giuseppina schlägt staunend die Hand vor den Mund, fast hätte sie laut ausgerufen.

Vincenzos Blick wandert zwischen der Aufschrift und dem Onkel hin und her. Er zeigt darauf.

DROGERIE VON IGNAZIO UND
VINCENZO FLORIO

»Du hast auch meinen Namen draufschreiben lassen? Wieso?«

Ignazio streicht dem Jungen mit der Hand über die Schulter. »Weil du mein Neffe und der Erbe deines Vaters bist.«

Und, denkt Ignazio mit einer Zärtlichkeit, die ihm ganz warm ums Herz werden lässt, *weil du mein Sohn bist, nicht leiblich, aber in der Seele.*

Auf dem Schild ist ein Wald abgebildet. Darunter ergießt sich ein Bach aus den Wurzeln eines Baumes; ein Löwe stillt seinen Durst an dem kühlen Nass.

Es ist ein Chinarindenbaum.

»Es war mir wie immer eine Ehre, Euch zu Diensten zu sein, Donna Margherita. Auf Wiedersehen.«

Von Vincenzo gestützt wackelt die alte Dame von der Ladentheke bis zur Tür. Der groß gewachsene und hagere junge Mann überragt sie um einen Kopf. Die Alte nickt und erteilt ihm mit einer Hand eine Art Segen. *»Bonu! A' tia ti* *vitti crisciri.* Du bist aber gewachsen! Ich kenne dich, seit du so ein kleiner, frecher Knirps warst, aber jetzt ist ein aufmerksamer junger Mann aus dir geworden! *Bravo, bravo,* guter Junge! Danket dem Herrn!«

Vincenzo kommt aus dem Lächeln nicht mehr heraus, bis sich die Tür hinter der alten Dame schließt. Kaum ist sie jedoch draußen, schlägt er erschöpft die Hände vors Gesicht. »Madonna del Carmine, die hört ja gar nicht mehr auf!«

Die Angestellten der Drogerie kichern. Margherita Conticello aus dem Tribunali-Viertel ist ein altes Plappermaul, mit dem jeder seine Mühe hat. Ihr in seiner Rolle als Lehrling ausgeliefert zu sein ist ein Spiel, das er nur verlieren kann.

Aus dem Büro kommt heiteres Geplauder.

Dort sitzt Ignazio mit einem Mann zusammen, dessen Gesicht von der Sonne verbrannt ist: Es ist Vincenzo Mazza, einer von vielen, vielen Leuten aus Bagnara, die es nach Palermo verschlagen hat.

»Na gut, ich lasse es Euch wissen«, sagt Mazza mit starkem kalabrischem Akzent. Er drückt Ignazio die Hand und schlägt Vincenzo auf die Schulter. »He, Vicenzi', du bist ja groß geworden! Was geben die dir bloß zu essen?«

»Brot, Oliven und Zwiebeln.«

»Und deine Mutter gießt dich wie ein Bäumchen, damit du jeden Tag ein Stückchen wächst, hm?«

Wieder Gelächter.

Nachdem sie sich verabschiedet haben, will Ignazio ins Büro zurück, doch der Junge hält ihn davon ab. »Onkel, kann ich mit dir reden?«

Ignazio seufzt. Er kann sich den Grund für das Gespräch

schon denken. »Na, dann komm.« Er setzt sich, massiert sich die Schläfen. Er arbeitet zu viel. Doch das ist Vincenzo gar nicht zur Gänze bewusst: Er ist fünfzehn Jahre alt und blickt mit dem Egoismus der jungen Leute in die Welt, die meinen, bereits alles über sie zu wissen. Ignazio weist auf einen Stuhl. »Und, was gibt's?«

Vincenzo lässt sich auf den Stuhl fallen wie ein leerer Sack. »Donna Conticello war da. Mal wieder.« Er schlägt die Hände vors Gesicht. »Über ihre Gicht weiß ich mehr als ihr Arzt. Bedient werden möchte sie nur von dir oder von mir; sie sagt, sie will nur mit den Herren zu tun haben, nicht mit ihren Untergebenen.«

Ignazio reibt sich die Lippen. »Aber was ist so schlimm daran? Sie ist eine einsame alte Frau, die Ansprache sucht, und sie mag dich. Sag immer Ja und Amen zu ihr, und sie wird glücklich und zufrieden nach Hause gehen. Und noch etwas: So sitzt man nicht. Gerader Rücken, Blick geradeaus, und die Hände auf die Knie. Wie oft soll ich dir das noch sagen?«

Vincenzo richtet sich auf, ohne jedoch die Hände vom Gesicht zu nehmen; jetzt linst er auch noch zwischen den Fingern hindurch und schaut den Onkel flehentlich an. »Aber muss ich denn wirklich die ganze Zeit hinter der Ladentheke stehen? Ich kann die Leute, die sich beklagen, nicht ausstehen, am liebsten würde ich sie in der Cala ertränken. Ich wäre dir eine größere Hilfe, wenn ich im Kontor bei Signor Reggio wäre, du weißt doch, wie gut ich im Rechnen bin. Bitte, Onkel!«

Ignazio nagelt ihn mit einem vernichtenden Blick auf dem Stuhl fest. »Nein. Und ich habe dir auch erklärt, warum.«

»Ja, ich weiß … Weil ich so lerne, die Leute besser zu verstehen und zu erraten, was sie wirklich wollen. Weil ich mich in Disziplin übe und mich besser an die Anstrengung gewöhne. Weil ich mir angewöhne, Respekt vor der Arbeit anderer zu haben.« Vincenzo zählt all diese Gründe an den Fingern ab und schnaubt am Ende unwillig. »Habe ich noch was vergessen?«

»Ja.« Ignazio macht eine ausladende Handbewegung, die den ganzen Raum erfasst. »Das, was du hier siehst, haben dein Vater und ich uns erarbeitet, und wir haben mit einer *putìa* angefangen, die kaum mehr als eine Rumpelkammer war. Ich möchte, dass dir bewusst wird, was dieser Ort hier für uns Florios bedeutet.«

Der Junge hat den Kopf gesenkt, sein Atem geht schneller. Er schweigt.

»Und jetzt geh wieder an deine Arbeit«, befiehlt ihm Ignazio.

Erst als sein Neffe hinter der Tür verschwunden ist, werden seine Züge wieder nachsichtig und sanft. In manchen Dingen ähnelt Vincenzo seinem Bruder Paolo, das stimmt, doch zugleich könnte er nicht unterschiedlicher sein, denn er hat ein sonniges Gemüt, er lacht gern und betrachtet das Leben ohne Furcht.

Vincenzo ist sein ganzer Stolz, seine ganze Freude. Er lernt schnell, doch das ist nicht genug. Er muss auch lernen, mit beiden Beinen auf dem Boden zu stehen.

Ignazio hängt immer noch seinen Gedanken nach, als die Glastür sich erneut öffnet. »Aber kannst du mir wenigstens sagen, was Signor Mazza wollte?«

Ignazio verdreht die Augen. »Du gibst nicht auf, was?« Er zeigt ihm ein Bündel Papiere. »Da, lies.«

Das lässt sich Vincenzo nicht zweimal sagen. Er nimmt die Papiere entgegen, überfliegt sie. »Eine Versicherungspolice?«

»Ja. Mazza und ich beabsichtigen, eine große Menge Sumach zu versichern. Im Grunde geht das so, dass man eine gewisse Summe zahlt und sich damit gegen den Verlust einer Ladung versichert.«

»Damit sich das nicht wiederholt, was mit dem Schiff von Kommandant Olsen passiert ist, als du ihm die Ablösung für die Gewürzfracht zahlen musstest?«

Ignazio zeigt auf einen Punkt in dem Dokument. »Genau. Wie du dich erinnerst, hat es uns eine Menge Geld gekostet, die Ware zurückzubekommen.«

»Hier in Palermo macht das keiner. Aber mir scheint es trotzdem eine gute Sache zu sein …«, schließt Vincenzo und gibt ihm die Papiere zurück. Er ist fast so groß wie sein Onkel; groß für einen Jüngling.

»Das ist es. Eine Versicherung bringt dich nicht an den Bettelstab, doch der Verlust einer Fracht könnte das durchaus. Aber das verstehen nicht alle«, erklärt Ignazio geduldig. »Überzeugt hat mich die Tatsache, dass es Adam Gibbs ist, der diese Versicherungsgesellschaft betreibt. Die Engländer haben einen ausgezeichneten Ruf und eine Flotte, die sie vor den Franzosen schützt, was wir nicht haben. Wir alle müssen unsere Interessen wahren, und von den Engländern kann man lernen, wie man das macht. Hier in Palermo haben sie Lagerräume und Faktoreien gemietet, die es ihnen ermöglichen, mit dem gesamten Mittelmeerraum Handel zu treiben; für sie sind Palermo und Malta zwei sichere Anlaufstellen. Sie wissen, wie sie ihre Handelsschiffe zu schützen haben; sie versichern Frachten schon seit Jahrzehnten, und

Gibbs hat Erfahrung in diesen Dingen. Außerdem ist er nicht nur Kaufmann, sondern auch englischer Konsul, was uns zusätzliche Garantien verschafft. Ach, jetzt, wo ich dran denke …« Er sucht in dem Papierstapel nach einem einzelnen Dokument und reicht es Vincenzo. »Da du sowieso gerne weg von der Theke willst, hast du bestimmt nichts dagegen, einen kleinen Abstecher zu Ingham zu machen. Das hier ist für ihn. Vergewissere dich, dass er es höchstpersönlich liest.«

»Für Benjamin?« Vincenzos Augen leuchten. Er ist neugierig auf diesen Mann, der einen starken ausländischen Akzent spricht, aber mit einer einzigen Geste Dinge und Menschen in Bewegung setzt. Geld hat er wie Heu, in der Tat so viel, dass er es sich leisten kann, ein ganzes Schiff zu mieten, um die Waren, die er in Sizilien kauft, nach Großbritannien zu bringen. Unter den englischen Kaufleuten wie John Woodhouse, James Hopps oder eben Abraham Gibbs ist er der Bekannteste. Vielleicht ist er nicht der Reichste – *noch nicht,* denkt der Junge –, aber ganz gewiss der Gewiefteste. Der Entschlossenste.

»Für dich immer noch Signor Ingham, Vice'. Denk immer daran: Respekt öffnet uns alle Türen. Die Tatsache, dass er unser Nachbar ist, gibt dir nicht das Recht, dir unangemessene Vertraulichkeiten herauszunehmen. Und jetzt Abmarsch.«

Der Junge ist schon fast aus der Tür.

Ignazio seufzt. Manchmal fühlt er sich wirklich wie sein leiblicher Vater, und wie ein Vater korrigiert er ihn auch. Und er liebt ihn.

Dennoch …

Der Junge hat auch eine dunkle Seite, die Ignazio nur in

gewissen Momenten wahrnimmt. Eine Unruhe im tiefsten Inneren, etwas Rebellisches, das seinen Onkel beunruhigt; und weil ihm eine solch unterschwellige Wahrnehmung nicht vertraut ist, weiß er auch nicht damit umzugehen.

Auf der Via dei Materassai steht der Frühling in voller Blüte: Man spürt ihn auf den schmalen Balkonen, er zeigt sich in den Blumen und den Töpfen mit würzigen Kräutern, an der frisch gewaschenen Wäsche, die auf Leinen zwischen den Häusern zum Trocknen hängt, am Geruch nach Seife und Pastasoße aus frischen Tomaten. Die Fensterläden, die im Winter zum Schutz gegen Sturm und Regen verrammelt waren, stehen weit offen, weiße Vorhänge bauschen sich im Wind.

Es sind viele Menschen unterwegs, vor allem Kaufleute, die nach englischer Art gekleidet sind; allerorten sieht man Westen und Leinensakkos. Vom Piano San Giacomo dringen die Rufe der Straßenhändler herüber, dahinter hört man das Hämmern der emsigen Handwerker. Ein dunkelhäutiger Matrose plaudert in einer Mischung aus Arabisch und Sizilianisch mit einem rothaarigen Mann, der mit seiner sonnenverbrannten Haut aussieht wie ein Krebs.

Die Hände in den Taschen und frohen Herzens marschiert Vincenzo durch die Gasse; nur wenige Meter sind es vom Laden bis zu dem Haus, wo Benjamin Ingham wohnt. Der Engländer ist reicher als jeder andere hier und sogar wohlhabender als die meisten Adligen Palermos.

Vincenzo rückt das Revers seiner Jacke zurecht und klopft. Ein livrierter Butler geleitet ihn ins Vorzimmer, dann kommt ihm Ingham schon entgegen. »Der junge Florio! Willkommen! Tretet ein, nehmt Platz!«

»Signore …« Vincenzo folgt dem Engländer in sein Arbeitszimmer, die Augen fest auf seinen Rücken gerichtet. Ihn trennen bestenfalls fünfzehn Jahre von seinem Gastgeber, doch der junge Engländer hat bereits Erfahrungen gemacht – im Leben, im Geschäft –, die ihn gezeichnet haben, sodass er deutlich älter wirkt, als er ist.

Ben Ingham trägt eine breite Krawatte, seine Anzüge sind stets schlicht geschnitten. Die Falten auf seinem von der sizilianischen Sonne gegerbten Gesicht sprechen von Zähigkeit, Durchsetzungsvermögen und Disziplin. Vincenzo spürt sie beinahe körperlich – die Macht, die dieser Mann ausstrahlt. Es ist eine Art von Wärme, die ihn umgibt, wie ein heißer Windhauch, der seine Mitmenschen dazu veranlasst, immer einen gewissen Abstand zu ihm einzuhalten, etwas Konkretes und zugleich nicht Greifbares. Niemals erhebt Ingham die Stimme oder erregt sich über etwas, so wie es die anderen Kaufleute oft tun. Das hat er nicht nötig.

Doch Vincenzo weiß nicht – er kann es nicht wissen –, wie viel Mühen es Ingham gekostet hat, diese Stellung zu erlangen. Als er nach dem Untergang des Schiffes, das von seiner Familie in Leeds produzierte Stoffe an Bord gehabt und diese damit in den Bankrott getrieben hatte, nach Palermo kam, war Ingham mittellos und ganz allein auf sich gestellt, in einer unbekannten Stadt. Als Ignazio ihn damals beim Zoll kennenlernte, suchte Ingham gerade nach einer Möglichkeit, im sizilianischen Tuchhandel Fuß zu fassen; schließlich waren Stoffe – ob Leinen, Seide oder Baumwolle – das Einzige, mit dem er sich auskannte. Doch er lernte schnell und kann es sich mittlerweile erlauben, den anderen englischen Kaufleuten alles zu verkaufen, ob es sich nun um Schwefel, Sumach oder Lederwaren handelt.

»Habt Ihr etwas für mich?«

Vincenzo reicht ihm das mitgebrachte Schreiben, das der Engländer sogleich zu lesen beginnt.

In der Zwischenzeit blickt sich der Junge um. Er ist noch nie hier gewesen und findet den Raum ausgesprochen faszinierend, so ganz anders als der Gewürzladen und sein Trubel. Hier herrscht Stille, und es liegt ein angenehmer, süßlicher Duft in der Luft, vielleicht Tabak mit getrockneter Minze.

Es ist ein Raum voller Licht, Leder, Holz, Bücher. Auf den Dokumenten, die herumliegen, prangen fremdländische Stempel.

Durch eine Tür zu seiner Linken weht das Rascheln von Seiten und gedämpftes Gemurmel herein; kurz darauf betritt ein Mann das Zimmer, zeigt Ingham ein Dokument und fragt ihn etwas auf Englisch. Vincenzo kennt nur ein paar Worte in dieser Sprache und versteht nicht, wovon sie reden. Seine Augen folgen dem Sekretär, und er sieht, wie der Mann ebenso leise verschwindet, wie er gekommen ist.

Als Ingham sein Interesse bemerkt, runzelt er die Stirn. »Kann ich etwas für Euch tun?«

Vincenzo fühlt sich ertappt und lächelt verlegen. »Nein, äh … ich … Bitte verzeiht, aber dieses Zimmer hier …« Er macht eine ausladende Handbewegung, zeigt auf die Wände. »Es ist so anders.«

»Ein Hauch von England, mitten in Sizilien.« Ingham scheint sich über Vincenzos Interesse zu freuen. Er fordert ihn auf, näher zu treten. »Ordnung ist alles. Schaut nur: Die

Bücher sind nach Jahren geordnet, und innen gibt es Spalten für Soll und Haben. Don Ignazio verfährt nach einem ähnlichen Prinzip, wenn ich nicht irre.«

»Ja.« Vincenzo liest die Aufschriften auf den ledergebundenen Rücken der Kassenbücher. »Ich würde so gern einmal Euer Land besuchen, Signore«, entfährt es ihm. »Es muss so anders sein als unseres.«

»Und warum macht Ihr es nicht? Ihr habt doch auch Fracht nach England … Ihr könntet Euren Onkel bitten, Euch einmal auf einem der Schiffe mitfahren zu lassen, die Eure Ware an Bord haben. Das wäre eine sehr lehrreiche Erfahrung.«

Auf einmal ist der Junge auf der Hut. »Ja, wir sind hin und wieder unterwegs.« Wenn es eine Regel gibt, die er gelernt hat, dann ist es die, geschäftliche Angelegenheiten der Familie nicht auszuplaudern.

Ingham tritt um ihn herum und steht auf einmal vor ihm. »Mehr als ›hin und wieder‹, wenn mein Gedächtnis mich nicht trügt. Es ist doch schon eine Weile her, dass Ihr nur mit Gewürzen gehandelt habt.«

»Wir handeln mit Waren, die aus vielen Häfen kommen, und nicht nur aus dem Mittelmeer.«

»Das denke ich mir. Ihr Florios seid doch nicht da angekommen, wo ihr steht, nur indem Ihr Zimt und Nelken zum Kuchenbacken verkauft.« Ingham reicht ihm das Dokument zurück, nachdem er etwas darauf notiert hat. »Richtet Eurem Onkel aus, dass es hier keine Probleme gibt; die Personen, von denen die Rede ist, sind absolut zahlungsfähig.«

Die Vorsicht, mit der Vincenzo zuvor noch gesprochen hatte, ist wieder wie weggeblasen, denn er ist neugierig geworden. Er macht den Hals lang, um zu erkennen, was Ingham geschrieben hat. »Dann geht es um Wechsel, die diskontiert werden sollen?«

Ingham senkt die Lider, scheint nichts weiter preisgeben zu wollen. »Auch, ja. Aber wenn Euer Onkel nicht mit Euch darüber sprechen will, werde ich das auch nicht tun.«

Jetzt begreift Vincenzo, warum sein Onkel ihn hierhergeschickt hat. Und der Gedanke zaubert ihm die Andeutung eines Lächelns aufs Gesicht.

Als er wieder im Geschäft ist, tritt er zu den anderen hinter die Theke und nimmt die Arbeit wieder auf, ohne zu murren. Sein Kopf ist von Gedanken erfüllt, seine Augen von Inghams Bibliothek, seine Nase von seinem Tabakduft. Und in seiner Brust ist auf einmal eine ungekannte Sehnsucht nach Meer, nach dem offenen Himmel – auch sie gehört zu seinen Wurzeln, zur Vergangenheit seiner Familie.

In seinem Arbeitszimmer überfliegt Ignazio die Antwort des englischen Kaufmanns, und er lächelt, als er den letzten Satz liest.

Vincenzo entwickelt sich gut. Wenn er so weitermacht, könnt Ihr Euch irgendwann zur Ruhe setzen.

Es ist schon fast Abend, als Ignazio und Vincenzo endlich den Gewürzladen verlassen. Über ihnen nimmt der graue Frühlingshimmel ein tiefes Blau an, und die wenigen Passanten, die noch unterwegs sind, schleppen sich nach einem langen Arbeitstag über das Kopfsteinpflaster.

Vincenzo unterdrückt ein Gähnen. »Onkel, macht es dir

was aus, wenn ich mir vor dem Abendessen noch ein wenig die Füße vertrete? Mir schwirrt der Kopf.«

Ignazio schlägt ihm als Antwort herzlich auf die Schulter. »Es reicht, wenn du beim Läuten von San Domenico zu Hause bist; dann müssen wir zu Abend essen, und du weißt ja, dass deine Mutter sonst schimpft.«

»Das weiß ich. Ich muss sowieso noch lernen, denn morgen kommt Don Salpietra …«

»Na, dann lauf jetzt.«

Ignazio schaut ihm hinterher, einen Hauch von Nachsicht im Blick. Dann legt er die wenigen Meter zurück, die den Gewürzladen von ihrem Zuhause trennen, und öffnet langsam die Tür. Der Duft von gekochtem Fleisch kitzelt ihn in der Nase und erinnert ihn daran, dass er das Mittagessen hat ausfallen lassen.

Giuseppina sitzt in der Küche, den Rosenkranz in einer Hand, den Kopf auf die Faust gestützt, das Gesicht ganz weich, die Augen geschlossen. Vor ihr der gedeckte Tisch. Sie ist beim Warten eingeschlummert.

Er bleibt reglos stehen, unsicher, ob er sie wecken oder noch ein wenig ausruhen lassen soll, und gestattet sich auf diese Weise, sie ein wenig zu betrachten: Ein paar widerspenstige Härchen haben sich aus dem Zopf gestohlen und rahmen ein Gesicht ein, auf dem sich bereits die allerersten Falten zeigen. In diesem Moment öffnet Giuseppina die Augen, und ihre im Schlaf so friedliche Miene wirkt auf einmal schuldbewusst. »Heilige Mutter Gottes, ich bin beim Beten eingeschlafen …«

Ignazio hängt seinen Mantel über die Stuhllehne. Giuseppina schickt ein kurzes Stoßgebet zum Himmel, murmelt dann ein »Amen« und küsst den Rosenkranz. Als sie sich ihm zuwendet, erblickt sie im Antlitz ihres Schwagers jene entwaffnende Sanftheit, die wie so oft ihr Herz zum Beben bringt und sie dazu zwingt, den Blick abzuwenden.

Ignazio tritt näher. »Bist du müde? Hilft dir Olimpia nicht genügend, möchtest du gerne eine weitere Dienstbotin einstellen? Wir können es uns leisten, das weißt du«, sagt er beflissen.

Sie schüttelt den Kopf und schlingt ihren Schal enger um sich, schließt ihn vor der Brust. »Nein, das ist nicht nötig. Ich weiß, dass es nicht mehr ist wie vorher und dass wir jetzt … Aber genau aus diesem Grund dachte ich an früher, an Paolo. Daran, wie wir waren, und an all das, was wir zusammen durchgemacht haben. Deshalb habe ich für ihn gebetet.«

Paolo.

Sein Bruder ist seit sieben Jahren tot. Giuseppina betet noch immer für seine Seele, und sie trägt immer noch Schwarz, doch nicht, weil sie trauert. Nein, vielmehr hegt sie den hartnäckigen Wunsch, eine Schuld wiedergutzumachen, die ihr doch niemand zum Vorwurf macht, das Bedürfnis, sich für all das Schlechte, was sie und Paolo einander angetan haben, zu bestrafen.

»Ich … war mit ihm nicht glücklich, nein, das war ich nicht«, sagt sie auf einmal, als könnte sie Ignazios Gedanken lesen und wollte darauf antworten. »Doch er war mein Ehemann, den meine Familie und Gottes Wille mir gegeben hatten, und so habe ich ihn zum Mann genommen. Wäre er damals genesen, hätte ich vielleicht sogar gelernt, ihn gernzuhaben, denn er war kein schlechter Mensch. Er war ernst, emsig, ein Mann, der ohne seine Arbeit nicht sein konnte. Und wenn wir manchmal aneinandergerieten, dann deshalb, weil wir uns so ähnlich waren.«

»Ihr habt gestritten, weil ihr unterschiedliche Dinge wolltet«, erwidert Ignazio, tief betroffen. »Du sagtest Weiß und er Schwarz, du ertrugst ihn nicht, und er hat dich gezwungen, Dinge zu tun, die du nicht wolltest. Deshalb ging es dir schlecht.« Die Worte sprudeln nur so aus ihm heraus. Ignazio hat seinen Bruder mehr geliebt als sich selbst, und die Erinnerung an ihn ist ihm kostbar, doch er kann es nicht zulassen, dass Giuseppina ihn zum Heiligen macht und seine Schuld auf ihre eigenen Schultern lädt.

Sie hebt die Hand, will antworten. Doch dann nickt sie nur. »Das stimmt. Aber du weißt ja, über Tote redet man nicht schlecht.«

Wieder einmal spürt Ignazio die Hoffnung in sich wachsen. Doch er weiß, es ist ein böses Kraut, was da in ihm sprießt, und wie immer reißt er es sich mit aller Kraft aus dem Herzen. Er ballt die Fäuste, schaut Giuseppina dabei zu, wie sie durch den Raum zum Herd geht, kann dabei aber das Gefühl der Ungerechtigkeit nicht unterdrücken, das in ihm wütet. »Paolo ist tot. Er ruht in Frieden, und diesen Frieden solltest auch du dir gestatten«, murmelt er.

Giuseppina hält inne, die Hände über den Pfannen. Dann drückt sie das Kreuz durch, verflucht sich leise selbst. »Ich kann es nicht. Ich schaffe es nicht«, sagt sie schließlich. Worte, in die sie den ganzen Schmerz und die Wut legt, die sie in sich trägt, all die Reue, die Einsamkeit und die Unfähigkeit, anderen und sich selbst zu verzeihen.

Als Vincenzo nach Hause kommt, trifft er die beiden gedankenverloren an, ein jeder in seine eigene Stille verschlossen, die er nicht entziffern kann. Sie essen das Siedefleisch und wechseln nur ein paar Sätze über ihr Tagwerk.

Ignazio zieht sich als Erster zurück. Er gibt seinem Neffen einen Klaps auf die Schulter, nähert sich dann seiner Schwägerin, berührt sie fast. Giuseppina, die die Hände voller Teller hat, bleibt auf der Schwelle zur Küche stehen.

»Gute Nacht«, sagt er, und sein Atem kitzelt sie am Haar. Sie spürt etwas in ihrer Brust, das erneut in Wallung gerät, das Echo einer nie gelebten Erinnerung, eines Lebens, von dem sie niemals auch nur zu träumen gewagt hat.

Und während Giuseppina sich über das Spülbecken beugt, wendet er den Blick ab und geht hinaus.

Vincenzo wird Zeuge dieser Szene, ohne zu wissen, was genau da vorgefallen ist. *Vielleicht haben sie gestritten,* denkt er. Oder seine Mutter hat sich über etwas geärgert, was Onkel Ignazio gesagt hat. *Wer weiß…* Er hat die beiden immer zusammen gesehen und hat sich nie Fragen gestellt. Sie waren – und sie sind – seine Familie, sie haben ihn, jeder auf seine Art, großgezogen, so wie es in der Ordnung der Dinge eben ist.

Doch an diesem Abend hat er das allererste Mal das Gefühl, dass dem nicht so ist. Auf konfuse, aber auch unmissverständliche Art spürt er, dass diese beiden Menschen nicht getrennt voneinander existieren, sondern *ein Paar sind*. Und dass sie für ihn eine Familie aufgebaut, dabei jedoch – vielleicht – auf sich selbst verzichtet haben. Denn sie lieben sich mit einem Gefühl, das nicht mit der Ehe zu tun hat, dabei jedoch nicht weniger stark und weniger dauerhaft ist. Auch wenn es da ein Geisterwesen gibt, das sie trennt: sein Vater Paolo.

In diesem Augenblick begreift er, dass es Liebe gibt, die

keinen Namen hat, die jedoch stark und ebenso wert ist, gelebt zu werden, wie sie schmerzhaft ist.

Die Kirche der Aromateure, Sant'Andrea degli Amalfitani, ist überfüllt. Die Männer tragen schwarze Anzüge, die Frauen – nur wenige – einen schwarzen Schleier. Aus nächster Nähe hört man die Stimmen und riecht die Gerüche des Vucciria-Marktes.

Vor der großen Kirchtür wartet ein Leichenwagen, vor den vier schwarz geschirrte Pferde mit hohem schwarzem Federschmuck gespannt sind. Dahinter hat sich bereits eine Schar Waisenkinder aufgestellt. Zwei Klageweiber schlagen sich auf die Brust und spähen in Richtung Eingang, um beim Auszug der Bahre die Lautstärke ihrer Klagen zu erhöhen.

Es ist das Begräbnis von Salvatore Leone, einem alten Gewürzhändler aus Palermo und zugleich einem der besten Kunden der Casa Florio.

Die Bahre wird durch den Mittelgang getragen, gefolgt vom Priester und den Ministranten, die Weihrauchfässer schwenken. Direkt dahinter folgen die weinende Witwe und die beiden Töchter, in Gewändern aus schwarzer Seide und Krepp. Vincenzo sitzt in einer der letzten Bänke, hinter dem Onkel. Er schwitzt. Im September ist es schwül, der Sommer noch lange nicht vorbei.

»Ein Begräbnis allererster Güte«, flüstert Vincenzo. »Die Waisenknaben, der Chor der Ministranten … Allein der Leichenwagen muss ein Vermögen gekostet haben.« Er schiebt zwei Finger unter seinen Kragen, wo der Bart ihn juckt und quält. Seine siebzehn Jahre haben ihm all diese stacheligen Härchen beschert, mit denen er sich erst noch anfreunden muss.

Ignazio nickt. »Und denk nur, dass seine Familie ihm diese Zeremonie trotz der Krise, die wir gerade durchleben, zuteilwerden lassen konnte. Aber wie auch immer – der Tod muss ebenso seine Würde haben wie das Leben.«

Der Junge und sein Onkel nähern sich gemessenen Schrittes der Familie des Verstorbenen und sprechen ihr ihr Beileid aus. Die drei Frauen sind untröstlich, ringen die Hände, weinen.

Während die Klageweiber ihrem Namen alle Ehre machen, versammeln sich die Vertreter der Zunft der Aromateure mit ihrem Standesabzeichen um die Angehörigen. Blicke werden gewechselt, leises Geplauder.

»Hast du gesehen?«, fragt der Junge.

Ignazio nickt.

»Dann haben sie vermutlich schon gehört, dass wir mit Bens Schwager Joseph Whitaker bezüglich des Pfeffers aus Sumatra handelseinig geworden sind.«

»Kann sein. Doch das ist nicht unser Problem, Vice'. Wir werden einen teuren Preis für diesen Pfeffer bezahlen, aber wenigstens haben wir ihn aufgetrieben. Im Gegensatz zu ihnen.«

Ein lautes Heulen der Klageweiber, gefolgt vom Aufschluchzen der Witwe. Ein Ruck geht durch den Leichenwagen, dann setzt er sich in Bewegung, die Trauergäste folgen in einer langen Prozession. Die beiden Florios bleiben hinter den anderen Kaufleuten zurück.

»Meine Herren … Genau Euch habe ich gesucht.« Groß und stämmig gebaut, in eine Wolke aus Sandelholzparfüm gehüllt hat sich Giuseppe Pajno ihnen von hinten genähert, ohne dass sie es bemerkt haben. Er ist einer der Großhändler, die für die Florios sowohl Käufer als auch Verkäufer sind. Man kennt und man schätzt sich. Mehrere größere Geschäfte haben sie bereits mit ihm getätigt, unter anderem den Kauf von Kolonialwaren, die von sizilianischen Korsaren erbeutet und dann in Palermo feilgeboten worden waren.

Sie schütteln sich die Hand. »Wie geht es Euch?«

»Ganz sicher besser als Don Leone.« Der Mann reiht sich zwischen den beiden Florios ein. Er spricht mit leiser Stimme. »Armer Mann, nach einem Leben voller Arbeit... Er war doch auch Euer Kunde, richtig?«

»Einer der besten, auch wenn er in letzter Zeit Mühe hatte, seine Rechnungen pünktlich zu begleichen.«

»Wie im Übrigen derzeit alle.«

In Ignazios Kopf beginnen leise, die Warnglöcklein zu läuten. »Wie mir scheint, gehörte er doch auch zu Euren Käufern.«

»Ja, das stimmt. Wusstet Ihr eigentlich, dass Leone erst vor ein paar Tagen das Geschäft an Don Nicchi veräußert hatte?«

Nein, das hat Ignazio nicht gewusst, doch er lässt sich nichts anmerken. »Ich habe davon gehört«, sagt er stattdessen. »Ich hatte geplant, mich in den nächsten Tagen zu den Angehörigen Don Leones zu begeben, doch unter diesen Umständen schien es mir nicht angebracht, über Geschäfte zu reden.«

Pajno verlangsamt kaum merklich seinen Schritt. »Ihr seid ein feiner Mann, Don Ignazio. Andere sind das nicht.« Er weist mit dem Kinn in Richtung der Standarte der Zunftangehörigen.

»Aha.« Vincenzo hat begriffen. »Und, was haben sie

gesagt? Die tun doch nichts anderes als Lästern und Zwietracht säen. So wie kürzlich, in der Schreibstube …«

Pajno legt ihm eine Hand auf den Arm. »Leider gibt es Leute, die nicht gut auf Euch zu sprechen sind. Je höher man steigt, desto mehr Steine werden einem in den Weg gelegt, und oft sind es ausgerechnet die frömmsten Christenmenschen, die mit ihrem Klatsch anderen schaden. Seht«, fügt er, an beide gerichtet, hinzu, »ich bin Kaufmann, genau wie Ihr. Für mich zählt, wer arbeitet und wer mich bezahlt. Angesichts der geschäftlichen Beziehungen, die wir miteinander haben, scheint es mir angebracht zu sein, Euch darauf hinzuweisen, dass über Eure Arbeit schlecht geredet wird.«

»Inwiefern?« Ignazio hat den Blick starr auf die Bahre gerichtet. Seine Miene ist undurchdringlich.

»Es heißt, Ihr hättet kein Geld in der Kasse, und die Sache mit dem Pfeffer sei nur eine Finte, um die Leute zum Kaufen zu verführen. Seit der Abreise der Engländer ist Palermo sterbenslangweilig geworden. Wir alle haben doch gedacht, nach der Niederlage der Franzosen würde der Handel wieder Aufwind bekommen. Stattdessen steht alles still, obwohl sie Napoleon ins Exil geschickt haben, dorthin, wo sich Fuchs und Hase Gute Nacht sagen, wie es so schön heißt. Mit der Krise, die sich immer mehr ausweitet, ist es überaus schwierig geworden, Gewürze zum Import zu finden, der Handel zur See ist nicht mehr sicher genug, und man weiß nicht, mit wem man überhaupt noch Geschäfte machen kann. Und dann kommt urplötzlich Ihr daher und brüstet Euch damit, Pfeffer direkt aus Sumatra erhalten zu haben.« Er senkt die Stimme. »Ihr müsst doch zugeben, dass das seltsam ist.«

»Aber es stimmt! Wir …«

Der Blick des Onkels schneidet wie ein Messer. Vincenzo verstummt.

»Ich verwette den gesamten Inhalt unserer Lagerräume hinterm Zollamt, dass ich weiß, wer diese Verdächtigungen in Umlauf bringt. Es ist Saguto, stimmt's?« Ignazios Stimme ist ebenso scharf wie sein Blick.

Pajno nickt bedächtig. »Er behauptet, Ihr stündet am Rande des Bankrotts. Vor Kurzem habe ich gehört, wie er gesagt hat, das Wasser stünde Euch bis zum Hals, und Ihr könntet unmöglich bis zum Jahresende durchhalten. Der Mann ist eine Schlange. Ich weiß nicht, warum er eigentlich so schlecht auf Euch zu sprechen ist, aber er führt die Waffe der Feiglinge: die üble Nachrede. Und glaubt mir, er weiß sehr genau, wie man Leute einwickeln kann.«

Ignazio antwortet äußerlich ruhig; er versteckt seine Wut in den geballten Fäusten, tief in seine Taschen geschoben. »Der Vertrag mit Whitaker wurde mit der Prokura von Ingham abgeschlossen, der sein Schwager und außerdem sein Agent in Palermo ist. Wollt Ihr sein Wort in Zweifel ziehen?«

»Mir persönlich liegt das fern.« Pajno schaut auf seine Schuhspitzen hinab. »Doch Ingham ist Ausländer, und selbst wohlhabenden Ausländern bringen viele hier kein besonderes Vertrauen entgegen.«

»Carmelo Saguto ist nur eine hustende Laus, der es durch Beißen und Kneifen gelungen ist, sich Gehör zu verschaffen. Und Ihr, Pajno? Glaubt Ihr das Gerede?«

Der Kaufmann verschränkt die Hände auf dem Rücken. »Ihr seid mir immer noch die Bezahlung für eine Lieferung schuldig, die ihr vor zwei Monaten bekommen und nicht beglichen habt.«

Ignazio antwortet nicht sofort.

»Verstehe«, sagt er schließlich. »Wenn ich mich aber recht erinnere, gilt der Wechsel, den ich unterschrieben habe, für drei Monate.«

»Das stimmt, ja. Dann sagen wir es einmal so: Unsere kleine Unterhaltung hier diente dazu, Euch mitzuteilen, dass Ihr auf der Hut sein sollt. Ihr seid ein vertrauenswürdiger Geschäftsmann, Don Florio, und ein seriöser Mensch.«

»Und warum seid Ihr dann gekommen? *U' niuro s'un tingi, mascaría.*« Selbst wenn Schwarz keine Flecken macht – es hinterlässt hässliche Spuren.

Jetzt mischt sich Vincenzo erneut ein und findet harte Worte. »Wenn Ihr so viel Achtung für uns empfindet, dann konntet Ihr ebenso gut auch direkt fragen, ob wir das Geld haben, um die Summe zu begleichen. Diese kleine Scharade wäre nicht nötig gewesen.«

»Vincenzo! Wo sind deine Manieren?«

Pajno lächelt, doch in diesem kurzen Heiterkeitsausbruch liegt auch ein Hauch Schuldbekenntnis. »Ach, glückselige Jugend!« Nachdem er damit sein Misstrauen leichthin gestanden hat, schlägt er einen anderen, vertraulicheren Ton an. »Aber auch Ihr wärt auf der Hut, wenn Ihr Angst hättet, Geld zu verlieren.«

Genau in diesem Moment bleibt der Leichenzug stehen, um den Segen zu empfangen. Wieder wird geweint, wieder wird gebetet.

Ignazio bleibt hinter Pajno zurück. »Ihr werdet Eure *picciuli,* Eure Penunzen wie vereinbart bekommen, Pajno, Krise hin oder her. Die Florios zahlen immer ihre Schulden. Und wenn Euch meine Unterschrift nicht genügt, so habt Ihr hiermit mein Wort.«

Ignazio streckt die Hand aus. Der andere drückt sie. »Und darauf verlasse ich mich. Ich warte auf Euch.«

Bei ihrer Heimkehr sieht Vincenzo seinen Onkel von der Seite an. Ignazio geht mit gesenktem Kopf, und Vincenzo spürt deutlich seine Verärgerung, seine Wut.

»Warum?«, fragt er ihn plötzlich, ehrlich erstaunt. »Warum hassen uns manche Leute so? Und ich spreche nicht nur über Canzoneri und diesen erbärmlichen Wicht von Schwiegersohn, Onkel. Früher oder später gebe ich diesen Kerlen eins in die Fresse, das sag ich dir.«

Ignazio verlangsamt seine Schritte. »Ich weiß nicht. Aber ich frage mich das auch schon seit einer Weile. Am Anfang dachte ich, es sei, weil wir fremd in der Stadt sind: Damals lautete der Vorwurf, wir würden die Preise verderben und ihnen die Arbeit wegnehmen. Dann haben wir auch noch begonnen, gut zu verdienen, und das haben sie uns nicht verziehen. Wir haben versucht, die Dinge auf unsere Art zu machen, ohne jemanden um Hilfe zu bitten. Es gibt Leute, die würden unseren Laden am liebsten in Brand stecken, wenn sie könnten.«

»Aber wir sind hier doch alle Fremde, auch Ingham. Trotzdem, zu ihm hat noch niemand so etwas gesagt.«

»Weil er mit den Engländern gekommen ist, und das verschafft ihm ein Privileg: Zu den Verbündeten des Königs hat noch nie jemand Nein gesagt. Jetzt hingegen, nach dem Krieg gegen Napoleon, hat er die gleichen Schwierigkeiten wie wir, ja, es ist erstaunlich, dass er beschlossen hat zu bleiben, nachdem seine Landsleute weg waren.«

Der Piano San Giacomo heißt sie mit einer Umarmung aus Sonne und frischer Luft willkommen. Vincenzo atmet tief durch. »Vielleicht ist das hier auch einfach zu seinem Zuhause geworden.«

Diese Worte lassen in Ignazio die Erinnerung an seine Ankunft in Palermo aufleben, an die Zeit, in der er so sehr gehofft hat, hier einen Ort zu finden, wo er dazugehörte. Er erinnert sich an den Moment ihrer Abreise aus Bagnara, als die Schifazzo, mit seinem Bruder Paolo am Steuer, von der Mole ablegte. Fast hatte es damals den Anschein, als zögerte die *San Francesco di Paola.* Lange Zeit, bis zur Mündung des Hafens, hatte das Lateinersegel nur müde am Mast geflattert und darauf gewartet, endlich von einem Windstoß erfasst zu werden.

Damals war Ignazio der Gedanke durch den Kopf gegangen, dass Bagnara sie vielleicht gar nicht fortlassen wollte. Doch kaum hatten sie die Landzunge umrundet, fuhr ein kräftiger Wind ins Rigg und brachte es zum Knirschen. Das Lateinersegel blähte sich, und das Segel am Bugspriet öffnete sich wie die Schwinge eines Vogels. Unmittelbar danach nahmen sie deutlich an Fahrt auf.

Er sieht immer noch Paolo vor sich, wie er das Steuerrad packte und das Schiff aufs offene Meer hinausbrachte. Er denkt daran zurück, wie verheißungsvoll Palermo bei ihrer Ankunft damals auf ihn gewirkt hatte, diese Stadt mit all ihren Menschen, ihren vielen Schattierungen, strotzend vor Leben. Auch wenn der Anfang damals hart war und sie alle schuften mussten, auch wenn er als Allererster seine eigenen Interessen hintanstellen musste, um Vincenzo, Giuseppina und Vittoria einen gewissen Wohlstand zu garantieren, war Ignazio damals glücklich. Er arbeitete viel, doch er tat es gern.

Dennoch hat sich Palermo als treulos erwiesen. Diese Stadt hat ihm viel gegeben, und sie hat ihm viel genommen. Mit ihr wird er niemals quitt werden.

Giuseppina steht auf der Schwelle zum Zimmer ihres Sohnes. Sie beobachtet Vincenzo, der auf die Straße hinausschaut. Er scheint auf jemanden zu warten.

Sie ist mittlerweile fast vierzig. Und sie hat niemals jemanden mehr geliebt als diesen Sohn.

Er ist Fleisch von ihrem Fleische. Und deshalb weiß sie es auch.

Er ist verliebt.

Zum ersten Mal in ihrem Leben spürt Giuseppina, wie ihr die Zeit zwischen den Fingern zerrinnt. Sie hat die ersten Fältchen hingenommen und nur mit den Achseln gezuckt, als sie das erste weiße Haar entdeckt hat. Doch das hier – nein. Eine Frau, die ihr den Sohn wegnimmt? Sie wagt es sich kaum vorzustellen. Es würde bedeuten, dass dieses Stückchen Seele, das sie ihm geschenkt hat, nicht mehr ihr gehören würde. Sie wäre auf einmal ganz allein.

Doch es muss irgendwann geschehen, und es wird geschehen, das weiß sie, das ist der Lauf der Welt. Aber nicht jetzt, es ist noch zu früh.

Sie geht wieder hinein, der Teppich dämpft ihre Schritte. Sie nimmt Zuflucht zur Küche, wo Marianna, die Köchin, das Abendessen zubereitet.

Giuseppina seufzt. Sie hat niemanden, dem sie ihr Herz ausschütten kann. Ihr fehlt Vittoria, die beschlossen hat, einen entfernten Verwandten zu heiraten, und jetzt in

Mistretta wohnt. Er heißt Pietro Spoliti; ein Kaufmann, der wie die Florios früher ein Boot hatte, mit dem er zwischen den Häfen des Tyrrhenischen Meeres verkehrt hat. Er kam immer zu ihnen, um ihnen Neuigkeiten aus Bagnara zu überbringen, wer geheiratet habe oder gestorben sei, wer ein Kind zur Welt gebracht habe; und Giuseppina, der es wichtig war, eine Bindung zu ihrem Heimatort und der Welt ihrer Erinnerungen zu behalten, lud ihn zum Essen ein, um noch mehr von seinen Geschichten zu hören, erzählt in diesem Akzent, der ihr so vertraut war.

Eines Tages jedoch hatte Pietro Vittoria beiseitegenommen und um ihre Hand angehalten; er wisse, dass er ihr nicht den gleichen Wohlstand bieten könne wie ihre Verwandten, aber er würde ihr ein würdevolles, freies Leben zusichern. Sie wäre nicht länger die »arme Verwandte« im Hause anderer, sondern ihre eigene Herrin.

Pietros Antrag machte Vittoria ratlos und verwirrt. Doch sie war auch ein Mädchen, das den praktischen Dingen des Lebens zugewandt war: Mit ihren mittlerweile fast fünfundzwanzig Jahren verbrachte sie ihre Tage in Palermo mit Hausarbeit bei ihrer Tante und mit Sticken. Sie fühlte sich wie eine Nonne, oder wie eine dieser alten Jungfern, die sich bei anderen verdingen, um sich ihren Lebensunterhalt zu sichern, Frauen, die sich für die Welt unsichtbar machen, um niemandem zur Last zu fallen, während ihre Lebenszeit verrinnt.

Als Pietro wiederkam, nahm sie seinen Antrag an, und gemeinsam teilten sie es Ignazio und Giuseppina mit. Der Onkel zeigte sich großzügig; er würde ihr eine gute Mitgift geben, sagte er, umarmte sie lange und sagte ihr, sie habe die richtige Wahl getroffen. Giuseppina hingegen schaute sie scheel an, als hätte sie sie verraten. »Warum willst du gehen? Was hat dir denn bei uns gefehlt?«, fragte sie betrübt.

»Nichts, Tante. Ihr wart mir immer wie eine Mutter, auch wenn Ihr es nicht seid.« Vittoria sagte es mit gesenktem Kopf. »Doch ich wünsche mir ein eigenes Zuhause und möchte selbst entscheiden, was ich mit meinem Leben mache. Hier kann ich das nicht, hier bin ich nur Eure Nichte, und ich habe weder meine eigenen vier Wände noch ein Auskommen. Ich möchte nicht für den Rest meines Lebens die arme Verwandte bleiben und zur alten Jungfer werden. Und mit Pietro habe ich Glück: Er ist ein aufrichtiger Mensch, und ich glaube, er wird mich respektieren.«

Auf diese Worte blieb Giuseppina nichts mehr zu erwidern. Es war ganz einfach: Vittoria hatte ihre Möglichkeiten wesentlich klarer gesehen als sie, und mit mehr Mut. Sie traf die bewusste Wahl, fernab von Palermo ein wesentlich bescheideneres Leben zu führen, doch immerhin würde sie die Herrin ihres eigenen Geschicks sein.

Giuseppina schaut sich um, versucht, ihre trüben Gedanken zu verscheuchen. Ihr Heim lässt sich nicht gerade als luxuriös bezeichnen, doch sie haben eine Bedienstete, die täglich kommt, sowie eine, die stundenweise die schwereren Arbeiten verrichtet. Von den Möbeln, die sie aus Bagnara mitgebracht haben, ist nur die *corriola*, ihre Aussteuertruhe, geblieben. Alles ist im Laufe der Zeit ausgetauscht worden, sogar die Wäsche.

Sie leben in einem Wohlstand, den sie sich vor zwanzig Jahren nicht mal erträumt hätte. Und doch fehlt ihr Bagnara immer noch.

Giuseppina fühlt sich wie eine Insel auf der Insel, weit weg von dem Land, dem sie angehört.

Sie würde gern auf alles verzichten, wenn sie dafür wieder zurückkönnte. Nach Bagnara. Zu dem kleinen Vincenzo, wie er als Kind war.

Und vielleicht könnte sie sogar Paolo lieben. Wer weiß.

Sie erinnert sich nicht mehr an die Stimme ihres Ehemanns. Sie hat nur noch sein gestrenges Gesicht vor Augen, die brüske Art, mit der er sie immer zurechtwies und tadelte. Von ihm hat Vincenzo die Farbe der Haut, des Haares, den schneidenden Blick und die Entschlossenheit, die manchmal jedoch fast an Dickköpfigkeit grenzt.

Doch wenn Giuseppina an Wärme denkt, an Gesten der Zuneigung, an stumme Ermunterung, dann ist es ein anderes Gesicht, das ihr in den Sinn kommt: ein Mensch, für den sie immer – immer noch und für immer – ein scheues Gefühl hegt, wie die Bindung, die ein wildes Tier ganz allmählich entwickelt, wenn jemand gut zu ihm ist.

Giuseppe Pajno ist nicht der Einzige, der die Gerüchte über die Florios gehört hat. Am Nachmittag nach dem Begräbnis wird Guglielmo Li Vigni, der Sekretär eines anderen Grossisten namens Nicolò Raffo, bei den Florios vorstellig. Er erkundigt sich, ob sie Sumachrinde vorrätig haben, und fragt dann beinahe beiläufig, ob sie denn die Zuckerlieferung des vergangenen Monats pünktlich begleichen können. Auf diese Weise erfahren sie, dass Saguto im Büro Raffos versucht hat, ihre gesamten Wechsel aufzukaufen. Dabei habe Saguto auf seine bekannt hinterhältige Art mithilfe von Andeutungen und unterschwelligen Behauptungen seiner Überzeugung Ausdruck verliehen, die Florios würden ihre Schulden nicht bezahlen, und deshalb versucht, Raffo zu überzeugen, ihm besagte Wechsel zu überlassen. »Mir wäre es gerade recht gekommen, Don Ignazio«, schließt Guglielmo mit einem Seufzer, »und er hatte das Geld bereits in der Hand … aber ein solches Unglück wollte ich Euch einfach nicht antun. Außerdem habe ich nie begriffen, warum er Euch eigentlich so hasst … Ihr seid doch ein Ehrenmann.«

»Ich danke Euch sehr für Eure Wertschätzung, Don Li Vigni. Carmelo Saguto lebt von *'mmiria e raggia,* und diesen Neid und diese Wut haben gewiss nicht wir, mein Neffe oder ich, hervorgerufen. Sie kommen aus ihm selbst, denn er wäre gerne etwas ganz Besonderes, hat es aber nur zum Sekretär von Don Canzoneri gebracht. Es ist eine schwierige Zeit für uns alle, aber ich schwöre Euch bei meiner Ehre, dass Ihr alle Euer Geld bekommen werdet, bis auf den letzten Centesimo.«

Als der Mann ihr Kontor verlassen hat, fragt Vincenzo, mit einem Hauch von Furcht: »Aber Onkel, stecken wir denn wirklich in Schwierigkeiten?«

Sein Onkel schließt die Tür und geht in Richtung Tresor. »Wir haben wenig Geld in der Kasse, das ist etwas ganz anderes.«

»Aber wir haben doch diese Kreditscheine …«

Ignazio lehnt sich an den Schreibtisch. »Vice', es gibt keine Heiligen: Die Leute bezahlen nicht, und wenn sie nicht bezahlen, haben wir auch kein Geld. Von Papier allein kann man nicht leben.« Sein Mund fühlt sich trocken an. »Wir müssen uns etwas leihen. Wir brauchen Bargeld.«

Vincenzo spürt, wie ihm eng in der Brust wird. Bisher hat sein Onkel jede Sorge von ihm ferngehalten, doch jetzt …

»Aber das werden alle erfahren! Dieser Schurke von Saguto wird das doch sofort verbreiten!«

»Verflucht und zugenäht, das weiß ich auch!« Ignazio versetzt dem Schreibtisch einen solchen Schlag, dass das Tintenfass hüpft. »Wenn einer keine Wahl hat, muss er seinen Stolz eben herunterschlucken. *Calati junco ca passa la china.* Und auch unser Schilfrohr wird der Wind nicht umreißen, nur weil es sich eine Weile beugt.« Er massiert sich die Nasenwurzel. »Geh du nach Hause. Ich spreche mit ein paar Leuten, und bitte sag deiner Mutter nichts.«

Vincenzo spürt die Hitze, die ihm in die Wangen steigt. Er murmelt ein: »Ja, Onkel«, greift nach seiner Jacke und schlüpft aus dem Zimmer. All seine Gedanken werden von dieser Sorge ausgelöscht. Auch das Bild zweier schwarzer Augen, das ihn seit einigen Wochen erröten und ins Stottern geraten lässt wie einen Schuljungen.

Aber es ist nicht leicht.

Und das hat nicht nur mit Stolz zu tun. Es ist nicht leicht, einen Menschen zu finden, dem man vertrauen kann, wenn es ums Geschäft geht. Und es wird nicht leicht sein, jemanden zu finden, der ihnen Geld geben wird, ohne zuerst staunend mit offenem Munde dazustehen und es dann überall herumzuerzählen.

Doch erst wenn Vincenzo so alt sein wird wie sein Onkel, wird er *wirklich* begreifen, wie viel ihn diese Entscheidung gekostet hat.

Der Abend ist weit fortgeschritten, als endlich Schlüssel an der Haustür klappern.

Ignazio.

Giuseppina hilft ihm dabei, den Übermantel abzulegen. Auch ihm sieht man sein Alter an: Er hat graue Schläfen bekommen, seine Lider sind schwer.

»Sag mal, schläfst du eigentlich genug?«, fragt sie ihn unvermittelt.

Ignazio ist überrascht. »Ich habe noch die ganze Ewigkeit, um mich auszuruhen. Bloß jetzt habe ich keine Zeit, erst recht nicht nach dem Krieg gegen die Franzosen.« Er streicht ihr mit der Hand übers Gesicht. »Aber danke, dass du dir Sorgen machst.«

Die Frau entzieht sich der Liebkosung.

Mit einem Kloß im Hals lässt Ignazio die Hand sinken. »Vincenzo?«

»Ist auf seinem Zimmer. Über ihn wollte ich auch mit dir reden.«

Die Stille ist voller Fragen.

Er folgt ihr in die Küche. Marianna bereitet den Thunfisch vor; um ihn zu entsalzen, wechselt sie das Wasser und bedeckt ihn erneut komplett mit Flüssigkeit. Ein intensiver Duft nach Tomatensoße und Kartoffeln macht Ignazio den Mund wässrig.

Giuseppina nickt der Köchin zu, die hinausgeht und die Tür hinter sich zumacht. »Er ist sonderbar. Ist dir das auch aufgefallen?«

Ignazio stippt eine Brotkante in den Topf mit der Soße und kostet. »Ha! Und ob! Heute stand er den ganzen Tag am Fenster und hat hinausgeschaut. Wenn du mich fragst, hat er auf jemanden gewartet.« Er leckt sich die Finger. »Mmh, die Soße ist richtig gut.«

Seine Schwägerin erbleicht. »Und auf wen?«

»Ich habe einen Verdacht. Mach kein Drama daraus, er ist nur ein Junge mit Flausen im Kopf.« Ignazio zögert, er möchte seinen Neffen nicht verraten.

Doch Giuseppina ist Vincenzos Mutter und lässt nicht locker. »*Cu è?* Wer ist es?«

»Die Tochter des Barons Pillitteri. Mir ist aufgefallen, dass er sich in der Kirche immer hinter sie setzt und einem unserer Angestellten verboten hat, sie zu bedienen, damit er sich selber um sie kümmern kann. Vincenzo hasst es, an der Ladentheke zu stehen, hat den Verkäufer aber buchstäblich beiseitegeschubst, um mit ihr zu reden.«

»Isabella Pillitteri? Dieses Ding, das nur aus Haut und Knochen besteht? Die Tochter von Adligen, die am Spieltisch ihr ganzes Vermögen verloren haben?«

»Aber sie scheint mir ein vernünftiges Mädchen zu sein. Sie spricht leise, ist immer bescheiden…«

»Natürlich ist sie das! Nach all dem, was sich ihr Vater und ihr Bruder geleistet haben, die wegen ihrer Schulden selbst das letzte Hemd verkaufen mussten, dürfte sie eigentlich überhaupt nicht das Haus verlassen. In ein Kloster müsste sie gehen, denn wer will die denn noch, ganz ohne Mitgift?« Giuseppina läuft nervös in der Küche auf und ab, bleibt schließlich vor ihm stehen. »Bist du dir sicher, dass sie es ist?«

»Nein, aber es ist sehr wahrscheinlich. Übrigens wohnt sie gleich dahinten, an dem kleinen Platz vor Sant'Eligio.« Ignazio verschweigt die Tatsache, dass Vincenzo schon des Öfteren angeboten hat, Botengänge in dieses Viertel zu übernehmen.

Giuseppina stürmt durch die Küche, die Hände an die Stirn gelegt. »Wäre es nicht besser, ihm sogleich ein Mädchen aus Bagnara zu suchen, damit er so schnell wie möglich heiratet?«

»Lass doch gut sein mit Bagnara und diesen arrangierten Ehen, ich bitte dich!«, gibt Ignazio zurück. »Vincenzo ist praktisch erwachsen und ein Mann. Du kannst ihn nicht immer und ewig an deinem Rockzipfel behalten, er ist kein kleiner Junge mehr. Bald wird er achtzehn, ist dir das bewusst? Und weil wir gerade dabei sind: Ich möchte dir etwas sagen, über das ich schon eine ganze Weile nachdenke. In ein paar Monaten wird Vincenzo mit Ingham und seinem Sekretär nach England aufbrechen. Er hat mich schon ein paarmal darum gebeten, und Ingham hat sich bereit erklärt, ihn mitzunehmen und bei sich zu beherbergen. Ein Tapetenwechsel wird ihm guttun; und bestimmt vergisst er dann auch die Flausen, die er jetzt im Kopf hat.«

»Wie? Aufbrechen? Nach England?« Giuseppina lässt sich sichtlich erschüttert auf einen Stuhl sinken und legt die Hand vor die Brust. »Mein Sohn sticht in See, und du sagst mir nichts davon? Deshalb lernt er bei dem Sekretär dieses Kaufmanns Englisch, stimmt's?«

»Ja. Vincenzo muss die Welt sehen, so viel kennenlernen und in sich aufnehmen, wie es nur geht. Und du wirst sehen, wenn er erst einmal in England war, hat er diese kleine Baronesse längst vergessen.«

Giuseppina schüttelt den Kopf. Die Tatsache, dass ihr Sohn, *ihr* Vincenzo, einem Mädchen dieser Art schöne Augen macht, erschüttert sie noch mehr als die erwähnte Reise, die ihrer Vorstellung nach voller Gefahren ist. »Die muss er sich aus dem Kopf schlagen!«

Ignazio hebt die Stimme. »Und jetzt genug! Wir wissen ja nicht mal, ob es so ist, und selbst wenn, werden wir ihn schon zur Vernunft bringen. Die Reise wird ihm jedenfalls nicht schaden. Und jetzt an den Tisch, ich muss später noch arbeiten.«

Das Abendessen wird in Stille verzehrt.

Vincenzo weiß nicht, wie ihm widerfährt. Er schielt beim Essen immer wieder zur Mutter hinüber, die finster dreinschaut, doch er weiß nicht, warum.

Als der Tisch abgedeckt ist, setzt er sich mit seinem Onkel hin, um die Geschäftsbücher zu überprüfen.

Ignazio trennt Rechnungen von Schuldscheinen; Vincenzo macht die Abrechnung.

»Es gibt zu viele Leute, die nicht zahlen«, bemerkt er an einem bestimmten Punkt. »Gut, dass wir wenigstens die Einkünfte aus dem Gewürzladen haben, denn als Lieferanten könnten wir die Ware momentan ebenso gut verschenken. Krieg, Schulden und Kälte ruinieren eben alles.«

Wie als Antwort auf diese letzte Bemerkung betritt das Hausmädchen den Raum und legt noch etwas Kohle auf den Kaminrost, mit dem der Raum beheizt wird. Es ist ein Jahr ohne Wärme, dieses Jahr 1817.

Ignazio wartet, bis die Bedienstete wieder draußen ist, zieht dann erschaudernd eine Grimasse. »Nach der Anleihe wird es schon ein Wunder sein, wenn wir nicht im Minus abschließen.«

»Wir werden nicht die Einzigen sein. Die Aussichten sind bei allen nicht gerade rosig«, gibt Vincenzo zu bedenken. »Selbst Saguto hat für seinen Schwiegervater um Zahlungsaufschub gebeten … sofern der Alte überhaupt noch im

Rennen ist. Nachdem er diesen Schlaganfall hatte, führt ja praktisch der ältere Sohn die Geschäfte.«

»Saguto ist nur ein Handlanger. Den halten sie sich bloß warm, weil er der Familie durch die Heirat mit der Tochter des Alten Geld eingebracht hat, aber im Grunde ist er nur ein kleines Licht. Er ist wie ein Hund, der nach den Hungerleidern schnappt und den Reichen die Stiefel leckt.«

»Ein Hund ja, aber einer, der das Maul nicht mehr groß aufreißen kann. Auch die Canzoneris haben mittlerweile Schulden. Und sie haben aufgehört, schlecht zu reden.«

»Halb Palermo hat Schulden, Vice'. Und die andere Hälfte hat Kredite aufgenommen, die sie nicht abzahlen kann.«

Der Neffe gibt ihm keine Antwort. Er macht weiter seine Abrechnung und grübelt. An diesem Morgen ist er zur Cala gegangen. Die Straßen waren wie ausgestorben. Dort, wo früher die Läden der Engländer waren, sieht man jetzt nur noch verrammelte Schaufenster und zugenagelte Türen. An der Via San Sebastiano, an dem Ausschank, wo die Kaufleute früher ihren Wein tranken, hat er den Wirt gesehen, wie er vor einer gähnend leeren Schänke den Boden fegte.

Nach Napoleons Niederlage ist das Mittelmeer von der französischen Plage befreit worden, und für die Engländer hat sich der Hauptgrund ihrer Anwesenheit in Sizilien erledigt: Nun können sie Handel treiben wo, wie und mit wem sie wollen. Die Insel hat ihre strategische Bedeutung verloren. Die Häfen leeren sich.

Palermo ist wie tot.

Bei seiner Rückkehr kam er am Gewürzladen von Gulì vorbei. Er wollte einfach seine Neugier befriedigen.

Die *putìa* mit ihren Fensterläden aus Walnussholz und den Apothekergefäßen aus Alabaster war leer. Gulì höchstpersönlich lehnte an der Theke und schaute mit betrübter Miene aus dem Laden. Als er den jungen Mann sah, spuckte er auf den Boden.

Der hat wenig zu spucken, denkt sich Vincenzo jetzt. Er sucht in dem Stapel mit den Wechseln und lächelt, als er das findet, was er gesucht hat: die Unterschrift von Gulì, schwarz auf weiß.

Ignazio öffnet das Fenster einen Spalt, um den Rauch von der Feuerstelle hinauszulassen. »Das habe ich wirklich noch nie erlebt, dass so viele Läden in so kurzer Zeit schließen mussten. Selbst Ingham hat mir gesagt, er hätte wesentlich weniger Ordern als sonst…«

»Was hat er sich denn erwartet? Jetzt, wo seine Landsleute weg sind, ist der Handel wie tot. Die haben sich einfach empfohlen und uns den Ärger mit den Neapolitanern überlassen.«

Vincenzo schüttelt den Kopf. Die Veränderungen im Lauf der vergangenen Jahre waren einfach zu viele, und sie kamen zu schnell.

Niemand hat sich der Rückkehr der Bourbonen entgegenstellen können, denn die Sizilianer sind uneins. Palermo hasst Messina; in Trapani, das sich mit Messina verbündet hat, ist man nicht gut auf Palermo zu sprechen; und in Catania wiederum bleibt man am liebsten für sich. Zwar kann man mit Fug und Recht behaupten, das älteste Parlament der Welt zu haben, doch man weiß nichts damit anzufangen und hat dies ausgiebig unter Beweis gestellt. Nur in einer Sache ist man sich auf der Insel einig: in der Abneigung dem gegenüber, was »jenseits des Leuchtturms«, also auf der anderen Seite der Meerenge von Messina liegt.

Und dann das Desaster. Die Rückkehr der Bourbonen nach Neapel.

Seit Dezember 1816 haben die Neapolitaner wieder das Sagen in den Kontoren und beim Zoll, sie befehligen die Armee. Palermo hat sowohl seine Macht als auch seine Unabhängigkeit verloren, und schwerere Steuerbelastungen, Beschränkungen und Fußfesseln für den Handel haben der Stadt den Todesstoß versetzt.

Die Wirtschaft, die ohnehin schon stockte, ist endgültig zum Erliegen gekommen.

Vincenzo klappt das Kassenbuch mit einem leisen Knall zu. »Diesen Monat haben wir mehr ausgegeben als eingenommen, aber es sind einige Kreditbriefe zur Rückzahlung fällig.« Er legt den Kopf auf die ausgestreckten Arme und gähnt laut.

Als Ignazio ihm einen missbilligenden Blick zuwirft, murmelt Vincenzo eine Entschuldigung und richtet sich wieder auf. Dann zeigt der Onkel auf die Abrechnung. »Wir sind keine Wohltätigkeitseinrichtung.« Er greift nach den Schuldscheinen. »Schluss mit den Fristverlängerungen.«

Seite an Seite arbeiten sie schweigend weiter. Manchmal, wenn er gedankenverloren ist, glaubt Ignazio einen Moment lang, wieder seinen Bruder neben sich zu haben, und wendet sich auf Kalabresisch an ihn. Dann hebt sein Neffe den Kopf, und Ignazio wird sich seines Fehlers bewusst.

In solchen Momenten liegt ihm die Erinnerung auf einmal schwer im Magen und verwandelt sich in Wehmut.

Als Vincenzo am Morgen danach aufwacht, ist sein Onkel schon zum Ausgehen bereit.

Ignazio spielt mit dem Ring seiner Mutter, betrachtet ihn,

wie er in der Morgensonne glitzert. Dann schaut er sich seinen Neffen genauer an.

Was wohl Rosa Bellantoni von diesem Enkel gehalten hätte?

Er hört, wie Vincenzo leise flucht. Als er nach ihm sieht, trifft er ihn vor dem Spiegel an, vor sich eine Schüssel, das Rasiermesser in der Hand. Er hat sich geschnitten und versucht mit einer Serviette, die Blutung unterhalb der Lippe zu stillen.

»Was ist denn, bist du schon morgens nervös? Komm, ich helfe dir.«

Vincenzo setzt sich, schnaubt ungehalten.

Ignazios Hand ist ruhig und flink. Er spricht leise zu ihm, damit Giuseppina ihn nicht hört. »Was ist denn mit dir los, Vicenzi'?« Er spült die Rasierklinge ab. Das Metall stößt klirrend an die Keramikschale. »Du bist irgendwie seltsam in letzter Zeit. Auch deine Mutter hat das bemerkt.«

Der Junge zieht sich sichtlich zurück. »Ich mache mir Gedanken, Onkel.«

»Halt still, sonst schneide ich dich«, fordert sein Onkel ihn auf. Er hebt das Kinn des Jungen an. »Etwas Ernstes? Finanzielle Schwierigkeiten, von denen du mir nichts gesagt hast?«

»Nein. Absolut nicht.«

Ein weiterer Strich mit dem Rasiermesser. Die Haut unter der Seife wird freigelegt.

»Hat es was mit einem Mädchen zu tun?«

Ein Moment des Zögerns. Dann, kaum wahrnehmbar, ein Nicken.

»Aha.«

Vincenzo errötet.

»Überleg dir gut, wen du ins Auge fasst, Vice'.« Die Klinge

fährt behutsam über sein Kinn. »Und pass auch auf, was du tust, und mit wem. Mach keine Dummheiten, erst recht nicht, wenn es um Herzensdinge geht.«

Aus dem Blick des Jungen sprechen Verlegenheit und Aufbegehren zugleich. »Du weißt, dass ich kein *picciriddo*, kein kleiner Knirps, mehr bin, Onkel.«

»Das weiß ich. Aber die Frauen schaffen es manchmal, dass man sich zum Idioten macht. Und ein Idiot bist du nicht.« Ignazio ist mit dem Rasieren fertig. Er drückt ihm das Rasiermesser in die Hand. »Ich erwarte dich im Laden. Beeil dich.«

Isabella Pillitteri ist sechzehn Jahre alt. Sie hat schwarzes Haar, glänzende Augen und einen Schwanenhals. Ihre Bewegungen sind grazil und von einer Anmut, in der sich die Sprödigkeit einer Novizin mit einer schier überschäumenden Sinnlichkeit mischt.

Schön ist sie. Und wie.

In Palermo hat sie mehr als einem jungen Mann den Kopf verdreht. Doch sie ist arm wie eine Kirchenmaus, denn ihr Vater – *recamatierna*, er ruhe sanft – war dem Kartenspiel verfallen. Von dem Palazzo in Bagheria bis zum Schmuck ihrer Mutter ist alles an die Gläubiger gegangen. Und dann, eines Tages, lag er tot im Bett.

Isabella weiß, dass er Gift genommen hat, aber so etwas sagt man nicht. Selbstmördern wird der kirchliche Segen verweigert.

Was ihren Bruder betrifft, so haben ihn die *fimmine*, die Frauenzimmer, mit denen er verkehrt, in den Ruin getrieben. Und mit ihrer Mutter gibt es ständig Streit.

Mittlerweile bekommen sie nirgendwo mehr Kredit. Nur bei diesem jungen Mann aus der Drogerie können sie noch anschreiben.

Isabella weiß, dass er sie anschmachtet. Es erstaunt sie nicht mehr, ihn jeden Morgen und jeden Abend unter ihrem Fenster an der Piazzetta Sant'Eligio zu sehen, wo sie in einem Haus wohnt, das ein Onkel mütterlicherseits seiner Schwester mehr aus Mitleid denn aus Zuneigung überlassen hat.

Er ist nur wenig größer als sie, freundlich und sanftmütig, und seine Familie hat ein wenig Geld, zumindest soweit man hört. Doch Isabella ist an einer Partie dieser Art nicht interessiert. Sie stammt von Baronen ab. Zwar haben sie kein Land mehr und sind bis in die nächste Generation verschuldet, aber sie besitzen immer noch ein Porzellanservice, von dem sie essen, auch wenn meistens nur Brokkoli und Zwiebeln auf dem Teller liegen. Jener Jüngling hingegen ist nur ein Emporkömmling, ein Neureicher.

Trotzdem.

Und da ist er, wie jeden Morgen.

Isabella tritt hinter den Vorhang zurück. »Mama, da ist er wieder, dieser Junge«, verkündet sie.

Baronin Pillitteri eilt herbei. »Ach je, der lässt wirklich nicht locker!« Sie entfernt sich wieder vom Fenster. »Lass dich bloß nicht auf den ein! So einen können wir nicht brauchen. Du bist die Einzige, die dafür sorgen kann, dass es uns wieder besser geht. Du musst dir eine gute Partie suchen, heiraten, und zwar bald.«

Doch Isabella scheint zu zögern, wirft noch einen Blick auf Vincenzo, nickt ihm zu. Er grüßt zurück.

Die Mutter zerrt sie weg. »Was machst du denn da, untersteh dich!« Sie zieht den Vorhang zu, schüttelt ihre Tochter. »Willst du uns alle ruinieren? Du kannst dich doch nicht so aufführen, mit einem Bauerntrampel, der sich die Hände mit Arbeit schmutzig macht. Das sind primitive Leute, die keine Manieren haben.«

Isabella gibt sich damit zufrieden zu gehorchen. Sie weiß, dass Leute vom Adel sich nur mit ihresgleichen abgeben und dass eine Schönheit wie sie gefragt ist. Und sie weiß auch, dass Schönheit vergänglich ist.

Trotzdem kann sie Vincenzo Florios Blicke nicht ignorieren. Sie sind nicht wie die anderer junger Männer, die ihr den Hof machen: Sie treffen sie ins Herz, sie lassen sie lachen vor Verlegenheit, sie ziehen sie in ihren Bann, sie bringen ihr Lächeln zum Erlöschen, und sie tun ihr weh.

Am darauffolgenden Sonntag, bei der Abendmesse in San Domenico, ergattert Vincenzo erneut einen Platz hinter Isabella Pillitteri.

Er hat sich davor gedrückt, seine Mutter zur Morgenmesse in Santa Maria La Nova zu begleiten. Giuseppina hängt in letzter Zeit wie eine Klette an ihm, fragt ihn ständig, was er macht oder wo er hingeht. Vincenzo ist lieber mit Ignazio zusammen, der sich darauf beschränkt, mit seinen ernsten Augen über ihn zu wachen.

Doch was soll's: Für einen Blick aus Isabellas Katzenaugen erträgt er gern sowohl die bohrenden Fragen seiner Mutter als auch die stumme Missbilligung seines Onkels.

Isabellas Haut ist weiß wie Marmor, ein Kontrast zu dem tiefen Schwarz ihrer Haare, und fast glaubt er, ihre Wärme zu spüren und ihren Puderduft zu erschnuppern. Ihre Anziehungskraft ist so stark, dass er sich vorstellt, wie es wäre, den Finger auf jene blaue Ader ihres Halses zu legen, die dort, verborgen unter dem Kragen, pulsiert.

Er träumt davon, sie in Seide gekleidet zu sehen: ein prachtvolles Kleid mit einem Ausschnitt, unter dem man ihre milchweiße Brust erahnt. Er stellt sich vor, diese Seide zu berühren und diesen Körper neben sich zu spüren. Und wie es wäre, dann weiter nach unten zu wandern, und …

Er schlägt die Hände vors Gesicht.

Diese Frau, das hat er begriffen, könnte ihn leicht in den Wahnsinn treiben.

Am Ende der Messe beeilt Vincenzo sich und schafft es, sich direkt vor sie zu stellen.

Isabella ist zierlich und folglich gezwungen, den Kopf zu heben. Ganz leicht hebt sie die Augenbrauen zu einer stummen Frage.

Nur ein Augenblick, doch er währt eine Ewigkeit.

Mit einem Hüsteln tritt Vincenzo zur Seite und macht ihr Platz. »Bitte«, murmelt er mit einer Stimme, die so tief ist, dass er gar nicht weiß, woher sie kommt. Da bricht das Mädchen in ein Lachen aus, das für ihn der schönste Klang der Welt ist.

Isabella will ihm gerade danken, als ihre Mutter sie weiterschubst. »Was machst du denn? Gehen wir!«

Immer noch auf das Mädchen konzentriert, das sich wieder und wieder umschaut, hat Vincenzo den zutiefst verächtlichen Blick der Frau gar nicht bemerkt.

Doch Ignazio, der neben seinem Neffen steht, ist er nicht entgangen.

Und er beantwortet ihn mit der gleichen Eiseskälte.

»Ist er immer noch hinter der her?«, faucht Giuseppina, und die Worte purzeln mit einer solchen Heftigkeit aus ihr heraus, dass sie wie Murmeln auf den Tisch und dann zu Boden zu rollen scheinen.

Ignazio beschließt, nicht weiter auf sie zu achten, sondern greift zum Besteck und beginnt zu essen. Nachdem er einen ganzen Vormittag damit zugebracht hat, neapolitanischen Staatsdienern Rede und Antwort zu stehen, die ihm selbst die Schuhe besteuern wollten, ist er müde und ausgehungert.

Giuseppina tritt ans Fenster, setzt sich wieder, steht erneut auf. Der Teller mit Nudeln und Tomatensoße, der vor ihr auf dem Tisch steht, bleibt unberührt. »Und du sagst nichts dazu?«

Ignazio isst weiter. »Er muss begreifen, dass das nicht die passende Person ist, und …«

»Und wenn er Dummheiten macht? Was, wenn am Ende wir, die Florios, für das alles bluten müssen – für sie, ihre Schulden und den kleinen Bastard?«

»Jetzt beruhig dich doch mal.« Ignazio hebt die Augenbrauen und zeigt auf ihren Platz am Tisch. »Dann, und nur dann, werden wir ein Gespräch darüber führen. Nicht vorher. Und *ich* werde es tun. Du bist seine Mutter, aber ich bin ein Mann und weiß, wie er denkt. Außerdem – wenn sie sich wie ein leichtes Mädchen verhält, ist das sicher nicht Vincenzos Schuld. Er ist ein ausgewachsener Mann, und da ist es normal, wenn er …« Er räuspert sich. »Wenn er das sucht, was alle Männer wollen.«

Giuseppina errötet unter dem Gewicht seines Blickes.

Manchmal vergisst sie, dass auch ihr Schwager ein Mann ist; dabei muss doch auch er seine Bedürfnisse als Mann haben.

Ein Schlüssel dreht sich im Schloss. Vincenzo ist außer Atem, als er das Speisezimmer betritt. »Entschuldigt die Verspätung, aber ich …«

»Nein, das entschuldige ich nicht. Wo warst du?«

»Mama, aber was …«

»Du bist jetzt still und hörst mir zu. Ich will von dieser Pillitteri nichts hören, hast du verstanden? Die hat einen Bruder, der sein Geld in Bordellen verjubelt, während seine Mutter darauf hofft, dass irgendein Reicher so dumm ist, ihre Tochter zu heiraten. Und allem Anschein nach bist du der beste Kandidat dafür, wenn man sich anschaut, wie du dich benimmst.«

»Ach, beim heiligen Franz von Paola!« Ignazio schlägt die Hand vor die Augen. »Du konntest es einfach nicht abwarten, dass ich mit ihm rede, oder?«

Der junge Mann entfernt sich vom Tisch. »So könnt Ihr nicht mit mir reden. Isabella ist …«

»Isabella? Jetzt nennst du sie schon beim Vornamen?«

»Sie heißt nun mal Isabella, verdammt noch mal! Ja, ich war vor ihrem Haus, und?« Jetzt hat auch Vincenzo seine Stimme erhoben. »Was bringt Euch denn auf die Idee, dass sie keine … keine anständige Frau ist?«

»Man braucht die doch bloß anzuschauen, um zu wissen, was für eine Art von Frauenzimmer das ist!« Wenn Giuseppina so wütend ist wie jetzt, dann kann sie nichts zur Vernunft bringen, weder menschliche noch göttliche Macht.

In dem Moment sieht Ignazio sie, diese dunkle Seite Vincenzos, deren Vorhandensein er immer geahnt hat. Sie ist zerstörerisch und wird von Entschlossenheit genährt und von Zorn aufgepäppelt. Da ist sie, pulsierend, strahlend und finster.

»Vincenzo, so beruhige dich doch.« Er geht zu ihm, versucht, ihn zu besänftigen, doch der junge Mann hört ihm nicht einmal zu. Er schiebt ihn von sich. Es ist, als würde er seine Mutter nicht wiedererkennen; er weiß nicht, wer diese Hexe ist, die ihm Beleidigungen ins Gesicht schreit. Und die Verachtung, die er aus ihrer Miene herausliest, kränkt und verletzt ihn zutiefst.

»Wer gibt Euch eigentlich das Recht, Euch als was Besseres zu fühlen als sie? Ihr wart immer schnell mit einem Urteil bei der Hand, lebt in Eurer eigenen Welt und habt nie gesehen, was da draußen vorgeht. Und deshalb macht es Euch Freude, andere zu quälen.«

»Ich bin deine Mutter!«

»Nein …« Fast droht Vincenzo an seiner Wut zu ersticken, sie hindert ihn daran zu sprechen. Er geht rückwärts in Richtung Tür. »Schaut Euch doch im Spiegel an und fragt Euch erst mal, wer Ihr wirklich seid, bevor Ihr andere Menschen beleidigt.« Mit diesen Worten verlässt er das Zimmer und schlägt die Tür hinter sich zu.

Meter um Meter bringt er die kurze Distanz hinter sich, die das Haus vom Gewürzladen trennt. Zum Glück ist der Laden leer; es ist Mittagspause.

Er versucht, sich zu beruhigen, indem er Gewürze und ihr Anwendungsgebiet aufzählt.

Hamamelis als Schmerzmittel.
Gewürznelken bei Übelkeit und Verstopfung.
Blutwurz bei entzündlichen Erkrankungen des Verdauungstrakts.

Rosskastanienwurzel bei Krampfadern.
Chinarinde bei Fieber …

Ignazio hat die kalt gewordenen Nudeln aufgegessen, während Giuseppina weiter herumschrie und -polterte.

Er wird es niemals laut aussprechen, doch er weiß, dass die Befürchtungen seiner Schwägerin nicht ganz unbegründet sind: Ein uneheliches Kind ist wahrlich das Letzte, was sie gebrauchen können. Und so verlässt er ohne Gruß das Haus und geht zum Gewürzladen.

Er trifft seinen Neffen allein an, über seine Register gebeugt. Er legt ihm eine Hand auf den Rücken. »Vertraust du mir?«

Der Junge nickt.

»Was läuft denn nun zwischen dir und der kleinen Baronesse, Vice'?«

»Nichts, Onkel. Ich schwöre es dir.«

In Vincenzos Blick erkennt Ignazio erneut jene dunkle Seite, deren Existenz er immer gefürchtet hat. Sie ist an die Oberfläche gelangt, und es gibt keinen Weg mehr, sie zurückzudrängen.

»Es ist nicht so, wie meine Mutter sagt; sie redet nur so, weil …« Er fährt sich mit der Hand durch das dichte, wellige Haar. »Ich weiß nicht, warum.«

»Du bist ihr Sohn. Sie hat Angst, dich zu verlieren.« *Und sie ist eifersüchtig,* denkt er. *Denn deine Mutter liebt dich nicht wie einen Sohn, sondern wie einen Teil ihrer selbst, eine Liebe, die keinen Raum für anderes lässt.*

Vincenzo stützt die Arme auf den Tisch. »Trotzdem

glaube ich, dass sie mich auch gern mag. Isabella, meine ich.«

»Wie kommst du darauf?«

»Letztens stand sie hinter dem Vorhang. Als ich an ihrem Haus vorbeiging, hat sie mir gewinkt. Mittlerweile lächelt sie mir offen zu, auch wenn ihre Mutter dabei ist, die sie dann dafür tadelt. Diese alte Vettel schaut auf mich herab, als hätte ich die Pest.«

»Auch ihre Mutter will nur das Beste für sie.«

»Dann bin ich also nicht gut genug?«

Ignazio gibt darauf keine Antwort. Die Florios sind wohlhabend, das stimmt. Aber Vincenzo stammt nicht aus einer adligen Familie, und für Leute wie die Pillitteris bedeutet die Abstammung alles. Er fährt ihm mit der Hand durchs Haar. »Hör mir zu. Nächsten Monat fährst du nach Großbritannien und bleibst mehrere Monate weg. Wenn du zurückkommst und sie immer noch willst, dann versuche ich, mit deiner Mutter zu sprechen und sie umzustimmen. Doch vorher nicht. Wenn deine Mutter in diesem Moment der Baronesse gegenüberstehen würde, würde sie ihr an die Gurgel gehen.«

Bei der Vorstellung muss Vincenzo lachen, doch sein Blick verfinstert sich sogleich wieder. »Weißt du, Onkel, ich habe auch über diese Reise nachgedacht. Ich weiß nicht, ob es wirklich so eine gute Idee ist, dass ich fahre.«

Der Onkel erstarrt. »Wie bitte?«

»Ich bin mir nicht sicher, ob ich fortwill.«

»Du musst fahren, Vincenzo.« Wie immer hat Ignazio voller Ruhe gesprochen, doch in ihm drinnen wütet die Hölle.

Der Junge lässt die Feder fallen. Ein Tintentropfen breitet sich auf dem Papier aus. »Aber wenn Isabella …«

»Sie ist ein Frauenzimmer, und momentan ist sie schön und bringt dein Blut in Wallung, aber manche Dinge dauern nicht bis in alle Ewigkeit an, Vincenzo. Was andauert und bleibt, das ist diese Arbeit hier.«

»Wenn ihre Mutter sie mit einem anderen verheiratet, dann werde ich…«

»Nein.« Der Onkel hebt die Stimme, schüttelt ihn. »So etwas kannst du mir nicht antun. Du kannst nicht so undankbar sein, nach all den Opfern, die ich dir und diesem Unternehmen gebracht habe. Auch du musst dich um diese *putìa* kümmern, und um die Leute, die für uns arbeiten. Du darfst nicht nur an dich allein denken, Vincenzo.«

Du darfst nicht nur an dich allein denken.

Es sind diese Worte, die Vincenzo im Kopf herumgehen, während er mit gesenktem Kopf und den Fäusten in den Taschen durch das Viertel marschiert.

Worte, schwer wie Steine.

Er versucht, seine Schuldgefühle abzuschütteln. Es stimmt: Sein Onkel hat sich für die Arbeit aufgeopfert, und er hat es für ihn und seine Mutter getan. Auf einmal hat er das Gefühl zu ersticken, wie ein Tier im Käfig.

Noch nie ist ihm die Zugehörigkeit zu seiner Familie so deutlich bewusst gewesen wie in diesem Moment.

Am Ende steht er an der Cala.

Bis vor einem Jahr lagen die Schiffe dicht an dicht hier im Hafen, und an der Mole stapelten sich die Kisten mit Stempeln aus England oder den Kolonien. Doch jetzt wirkt das Gelände wie verlassen, eingehüllt in eine Stille, in der man sogar das Schwappen des Wassers im Hafenbecken hören kann.

Auf einmal taucht wieder der Gedanke an seine bevorstehende Reise nach England in ihm auf, drängender denn je. *Bei Gott, es stimmt: Ich will endlich in See stechen,* denkt der junge Mann. Seit er Ingham kennengelernt hat, wünscht er sich nichts sehnlicher. Andererseits ist da Isabella, der Wunsch eines trügerischen Herzens, entflammt von ein paar verheißungsvollen Blicken hinter einem Vorhang hervor.

Seine Schritte werden immer schneller auf dem Pflaster. Sie tragen ihn zur Piazzetta Sant'Eligio.

Zur Hölle mit den Konventionen. Er muss es einfach wissen.

Der Nachmittag ist weit fortgeschritten, als Isabella endlich aus dem Haus tritt. Das Erste, was sie sieht, ist Vincenzo, der an der Mauer gegenüber ihres Hauseingangs lehnt.

Er tritt auf sie zu, nimmt ihre Hand. »Und?«, fragt er sie hastig. »Sag es mir, jetzt sofort.«

Sie hält den Atem an, möchte antworten, doch es gelingt ihr nicht. »Ich …«, hebt sie an.

Ein Fächer klappt auf, unterbricht sie. Lesta, die Baronin, tritt zwischen die beiden. »Was … Was willst du?«

»Ich möchte mit Isabella sprechen, nicht mit Euch.«

»Wie kannst du es wagen, sie mit ihrem Vornamen anzusprechen? Für dich ist sie die Baronessina Pillitteri. Und jetzt hau ab, sonst hole ich meinen Sohn, und der gibt dir Saures, wie es ein *portarrobbe,* ein Hungerleider wie du verdient hat.«

Das Mädchen hinter seiner Mutter ist kreidebleich geworden und sagt kein Wort. Es hat die Fäuste vor den Mund geschlagen.

Vincenzo spürt, wie sich die Wut unter seinem Brustbein sammelt. »Euer Sohn, *Signora*« – niemals würde er ihr die Genugtuung geben, sie mit ihrem Adelstitel anzusprechen –, »liegt vermutlich besoffen in irgendeinem Bordell und gibt das letzte Geld aus, das Ihr ihm gegeben habt.«

Die Wangen der Frau wirken auf einmal welk und schlaff. Als junge Frau mag sie vielleicht einmal so anziehend gewesen sein wie Isabella. Doch das Leben hat ihr Gesicht gezeichnet und ihr längst auch den letzten Funken Anmut genommen. »*Cani di bancata*, du dahergelaufener Hund, wie kannst du es wagen, so mit mir zu reden?«

»Ich lasse es Euch gegenüber nicht an Respekt mangeln. Ihr hingegen schon.«

Die Leute bleiben stehen, schauen sie an. Köpfe werden aus den Fenstern gestreckt. »Meine Vorfahren haben Leute wie dich ausgepeitscht, wenn sie es wagten, den Blick zu heben oder ein Wort zu viel zu sagen, und du wagst es, so mit mir zu reden? Geh doch in den Stall zurück, wo ihr herkommt, du und deine Familie von Hungerleidern.«

Vincenzo mustert die Frau von oben bis unten. Der Spitzenkragen ihres Kleides ist geflickt, der Saum so zerschlissen, dass er sich langsam auflöst. »Habt Ihr selbst die Kleidung ausgesucht, in der Ihr unterwegs seid? Oder war es vielleicht Eure Zofe? Ach, nein, das kann nicht sein, ein persönliches Dienstmädchen könnt Ihr Euch ja gar nicht mehr leisten, stimmt's? Dann hättet Ihr Eure Wahl allerdings sorgfältiger treffen müssen, denn die Seide des Rocks ist zerrissen, *Signora.*«

Das laute Knallen einer Ohrfeige hallt durch die Straße.

Vincenzo ist zur Salzsäule erstarrt.

Er kann sich nicht einmal erinnern, wann seine eigene Mutter ihn zum letzten Mal geohrfeigt hat.

Mittlerweile kreidebleich vor Verlegenheit, weicht Isabella in Richtung Tor zurück. Als Vincenzo das bemerkt, schlüpft er blitzschnell an der Baronin vorbei. Das Brennen seiner Wange ist vergessen. »Isabella!«, ruft er.

Doch sie schüttelt nur den Kopf, und dann sagt sie es mehrfach laut und deutlich, bevor sie im Dunkel des Hofes verschwindet.

»Nein.«

Die Baronin tritt auf Vincenzo zu, geht auf die Zehenspitzen und hebt den Mund an sein Ohr. Die Worte, die sie sagt, sind messerscharf. »Bevor ich es zulasse, dass einer wie du sie berührt, soll meine Tochter eher tot oder entehrt sein«, zischt sie. »Oder sie geht gleich als Hure ins Bordell.« Sie entfernt sich, doch dann fügt sie noch hinzu, so laut, dass jeder es hören kann: »Du kannst alles Geld der Welt haben, aber es wird immer nach Schweiß stinken. Du bist und bleibst ein Hungerleider. Nur auf die Abstammung kommt es an.«

Vincenzo bleibt reglos auf der Straße stehen, während sich um ihn herum Palermo wieder in Bewegung setzt. Fenster werden geschlossen, Gelächter schwebt über dem Gerumpel der Karren. Manche schauen ihn wohlwollend an, voller Mitleid. Andere versuchen gar nicht erst, ihre Verachtung zu verbergen.

Nur auf die Abstammung kommt es an.

Er verlässt die Piazzetta. Mit erhobenem Haupt und durchgedrücktem Kreuz. Doch seine Füße sind wie aus Blei.

Alles in ihm geht in Stücke. Nur die Demütigung hält ihn zusammen.

Nie wieder, sagt er sich.

Nie wieder.

»Und? Was haltet Ihr nun von Yorkshire?«

Benjamin Ingham sitzt ihm in der Kutsche gegenüber. Sie sprechen Englisch miteinander.

Vincenzo drückt die Nase gegen die Scheibe und betrachtet die Landschaft, die an ihnen vorbeizieht. »Es ist schön, aber England ist so ganz anders, als ich es mir vorgestellt habe«, antwortet er schließlich. »Ich dachte, es sei voller Städte und Häuser.« Er schaut Ingham an. »Und ich habe in meinem ganzen Leben noch nie so viel Regen gesehen. Erst recht nicht im August.«

»Es sind die Winde vom Meer, die ihn mit sich bringen«, erklärt Ingham ihm. »Hier gibt es keine Berge, die die Wolken bremsen, wie in Sizilien.« Mit einem Blick auf den Anzug des Jungen nickt er zufrieden. »Mein Schneider hat beste Arbeit geleistet. Der Anzug, den Ihr aus Palermo mitgebracht hattet, war für dieses Klima nicht geeignet.«

Vincenzo befühlt den Stoff der Jacke: Er ist warm, robust und lässt keine Feuchtigkeit durch. Doch was ihn wirklich überrascht hat, ist die Baumwolle, aus der man hier die Hemden macht. Seine eigene Wäsche ist mit einem groben Schussfaden gewebt; hier hingegen sind die Stoffe butterweich, was an den dampfbetriebenen Webstühlen liegt, die Ingham ihm mit großer Begeisterung beschrieben hat.

In diesen wenigen Wochen lernt Vincenzo mehr als in einem ganzen Jahr des Studierens. Die gesamte Reise ist eine Entdeckung, angefangen bei der Überquerung des Ozeans, der ihm ein so gewaltiges Gefühl der Weite vermittelte, dass ihm fast angst und bange wurde; dann der Anblick der französischen Küste, die Sonne, die zu einer immer flüchtigeren Erscheinung wurde. Und die Fabriken! Wie viele Fabriken!

»Bevor wir nach Leeds zu mir nach Hause fahren, besuchen wir eine Textilmanufaktur, deren Besitzer ich bin«, hat ihm Ben gleich bei ihrer Ankunft versprochen. »Eine Stoff-Fabrik mit dampfbetriebenen Webstühlen. Ein Wunder der Technik, Ihr werdet sehen.«

Und genau dorthin sind sie jetzt unterwegs.

Kaum steigt er aus der Kutsche, ist Vincenzo schier überwältigt von dem Geruch nach verbrannter Kohle: eine bittere, herbe Note, die der kräftige Nordwind heranträgt.

Die Arbeiter machen sich an Güterwagen und großen Kisten zu schaffen, die mit Tuch abgedeckt sind.

Er staunt über die unverputzten Mauern des Fabrikhofs. Kein Anstrich. Keine Dekoration. In der Mitte steht ein Gebäude mit breitem Eingang und einem Schornstein auf einem Schieferdach.

Ein Mann tritt auf sie zu und begrüßt Ingham. Es ist der Fabrikvorsteher, ein beleibter Mann, dessen dicker Bauch schier die Knöpfe seiner Jacke sprengt. Während er sie zum Eingang begleitet, deutet er an, es gebe Probleme mit einem der Motoren.

Benjamin beruhigt ihn und sagt, darüber würden sie

später sprechen. Dann bedeutet er dem jungen Mann, ihnen zu folgen.

Sie betreten die Fabrik.

Ein gewaltiges Pfeifen, Zischen und Quietschen, das vom Dach zu kommen scheint, empfängt sie. Der Lärm ist ohrenbetäubend. Vincenzo fasst sich ein Herz und geht der Dunkelheit und Hitze entgegen.

Er nimmt Bewegungen wahr. Menschliche Körper. Ihm kommt eine Stelle aus dem *Inferno* von Dantes *Göttlicher Komödie* in den Sinn, die er mit Don Salpietra durchgenommen hat; darin begegnet der Dichter den lauen Seelen, die rastlos durcheinanderlaufen und einer Fahne hinterherjagen, ohne Sinn und Zweck.

Erst nach einigen Sekunden entdeckt er Menschen – Männer, Frauen und Kinder jeden Alters, die sich an den Maschinen zu schaffen machen. Viele von ihnen sind schweißgebadet und haben sich Tücher um den Kopf gebunden.

Benjamin zieht ihn am Arm weg. »Hier arbeiten mehr als dreißig Menschen. Die Arbeit folgt einer sehr genauen Ordnung: Da drüben wird das Garn gesponnen, das dann in jenem Teil der Fabrik zu Stoff verwoben wird.« Er zeigt auf eine Werkshalle, in der es offenbar heller ist. Vincenzo erkennt Kinder, die die Wolle kämmen. »Früher waren diese Leute Schäfer oder Heimweber; jetzt haben sie ein sicheres Einkommen und ein Dach über dem Kopf.«

Rechts von ihm ein Zischen. Vincenzo beugt sich über die mechanische Spule, Schützen genannt, die hin- und hersaust und den Schussfaden durch das Webfach der Kettfäden treibt oder auch »schießt«, als hätte er ein eigenes Leben. Sein erster Impuls ist, die Fäden zu berühren, doch er verkneift es sich, als er die Finger der Frau sieht, die den Webstuhl bedient. Ihr fehlen zwei Fingerglieder.

Er spürt, wie sich Schweiß zwischen seinen Schulterblättern sammelt und ihm den Rücken herunterläuft. Er zieht seinen Überzieher aus. Man bekommt kaum Luft hier. Wie schaffen diese Leute es nur, hier zu arbeiten?

Ingham zeigt ihm mehrere schwarze Zylinder, die durch eine Wand vom restlichen Raum abgetrennt sind. Von hier kommt das laute Zischen und Knallen. Je mehr sie sich nähern, desto stickiger wird es. Die Arbeiter wirken fiebrig, einige arbeiten mit nackter Brust. Sie scheinen ihre Ankunft kaum zu bemerken; doch Vincenzo liest in ihren Mienen eine Mischung aus Bitterkeit und Resignation.

Und da ist es nun, das Herz der Fabrik. Die Dampfmaschine ist ein Monstrum mit schwarzem Panzer, glänzend vor Schmierfett. Eine Platte verbirgt die Kolben, die durch Hitze in Bewegung gesetzt werden. Ganz vorsichtig, fast ehrfürchtig, streckt Vincenzo die Hand nach einem der Rohre aus. Es ist heiß, und er spürt die Vibration der Maschine unter seiner Hand, als wäre sie lebendig.

Ingham hat recht, als er sagt, so etwas würde in Sizilien nicht funktionieren. In England verrichten die Arbeiter ihre Tätigkeit ohne Klagen und Murren, und an Wasser für die Dampfherstellung besteht ebenso wenig Mangel wie an Unternehmern.

»Die Leute haben eine andere Denkweise«, erklärt Ingham ihm am Ende der Besichtigung im Büro. Eine Bedienstete serviert ihnen Tee, eine Mischung, die Vincenzo noch nie gekostet hat und die nach Blüten riecht. Er hebt formvollendet, ganz nach guter englischer Art, die Tasse und denkt, wie sehr sich doch dieses Ritual von den schlichten Gewohnheiten seiner eigenen Familie unterscheidet.

»Es genügt nicht, nur das Geld für ein solches Unternehmen zu haben. Man muss Ideen und Mut haben, um es voranzutreiben. Ich gebe Euch ein Beispiel. Von all den anderen Aromateuren in Palermo – welche sind so gut im Geschäft wie Ihr?«

»Nicht viele«, gibt Vincenzo zu. »Vielleicht ein paar. Canzoneri, Gulì.«

»Und warum so wenige? Ich bin mir sicher, Ihr habt Euch das auch schon gefragt.«

»Die meisten kennen diese Art zu arbeiten schon seit Generationen und machen eben einfach immer weiter.« Auf einmal kommt Ordnung in die Gedanken, mit denen er sich schon so oft beschäftigt hat, und auf einmal ergeben sie einen Sinn. »Sie haben nie darüber nachgedacht, einen Schritt weiterzugehen. Deshalb …«

»Sie sind bei dem stehen geblieben, was sie haben. Einer *putiedda.*« Es klingt seltsam, wie er das Wort mit englischem Akzent ausspricht.

Während Ingham seinen Tee genießt, senkt Vincenzo den Blick und sinniert über das Gesagte nach. Einen Augenblick lang mischt sich die Erinnerung an Isabella in seine Gedanken, droht sie zu verderben, doch er verscheucht sie, zusammen mit den gefauchten Worten der Baronin. »Aber wenn wir solche Maschinen in Sizilien aufstellen würden? Könnten wir dann nicht doch Kosten sparen?«, beharrt er.

»Ja und nein.« Ingham stellt seine Tasse ab. Es wird langsam Zeit, sich wieder auf den Weg zu machen. »Glaubt mir, darüber habe ich auch schon nachgedacht. Ich müsste nicht nur die Webstühle importieren, sondern auch Ersatzteile und Mechaniker … Ganz zu schweigen davon, dass man hier leichter an Kohle herankommt. Der Idealfall wäre, wenn man eine Fabrik in Palermo hätte, die diese Maschinen herstellt.«

»Aber die gibt es nicht«, schließt Vincenzo bekümmert. »Das wäre verlorene Liebesmüh.«

Als sie schließlich wieder in die Kutsche steigen, legt ihm Ingham eine Hand auf den Arm. »Jedenfalls finde ich, wir sollten endlich aufhören, so formell zu sein. Nenn mich Ben.«

Der Schirokko liegt wie eine nasse Decke über Palermo.

Der Adel hat sich nach San Lorenzo oder Bagheria zurückgezogen, um den Sommer in kühleren, von Gärten umgebenen Villen zu verbringen. Wer von den Daheimgebliebenen Glück hat, kann die heißen Tage in geschlossenen Räumen verbringen, hängt zur Lufterfrischung feuchte Vorhänge vor die Fenster oder nimmt Zuflucht in unterirdischen Räumlichkeiten.

Nicht einmal die Kinder haben Lust zu spielen. Am liebsten sind sie am Meer, jenseits der Cala, um ins Wasser zu springen oder an den Klippen Fangen zu spielen.

Diejenigen, die arbeiten müssen, überqueren die Straße mit gesenktem Kopf, um die Augen vor der mörderisch sengenden Sonne zu schützen. Ignazio hasst die Hitze, sie macht alles doppelt mühsam, man bekommt kaum Luft. Er ist bereits bei Morgengrauen im Gewürzladen und verlässt ihn erst wieder, wenn in Palermo der Abend dämmert.

Das ist die Zeit, in der sich die Bewohner Palermos ihre Stadt zurückholen. In den engen Straßen, den Gassen aus Tuff und Stein hinter den prachtvollen Adelspalästen, deren Läden geschlossen sind, weil ihre Besitzer in ihren Villen auf dem Land weilen, nimmt das Leben wieder seinen Lauf. Aus dem Hafen weht ein warmer, feuchter Hauch, und wer es sich erlauben kann, nimmt eine Kutsche oder Kalesche und fährt ans Meer, um einen Spaziergang an der frischen Luft zu machen. Man sieht glänzende Gefährte und mit Paladinen bemalte Karren, oder auch einfache Gespanne, vollbepackt mit Leuten, die ein wenig Erfrischung suchen. Die Zeit des Festino, des großen Volksfestes zu Ehren der Schutzpatronin Santa Rosalia, ist gerade vorbei und hat eine erschöpfte und vom Feiern und den Farben trunkene Stadt zurückgelassen.

Stühle und Schemel werden vor die Türen gerückt, die Frauen plaudern und haben dabei ein Auge auf ihre Kinder, und die Arbeiter schlafen auf Strohsäcken, die sie auf dem Balkon ausgelegt haben.

Giuseppina wartet meistens am Fenster auf ihren Schwager, eine Flickarbeit in den Händen. Dann essen sie, eingehüllt in eine ruhige und vertraute Stille.

Der Abend endet auf dem Balkon, wo sie noch eine Weile sitzen und den Leuten auf der Straße zusehen, Giuseppina mit einem Palmfächer und einem Glas *acqua e zammù,* Aniswasser, Ignazio mit einer Schale *semenza,* gerösteten Kürbiskernen.

Eines Abends verfinstert sich Giuseppinas Miene.

»Was ist denn?«, fragt er sie, mehr aus Gewohnheit denn aus echter Sorge.

»Nichts.«

»Was hast du?«, hakt er nach.

Sie zuckt mit den Achseln. Irgendwie wirkt sie traurig. Dann fragt sie leise: »Sag, denkst du manchmal noch an das Haus in Pietraliscia?«

Ignazio stellt die Schüssel auf den Boden. »Ab und zu. Wieso?«

»Ich hingegen denke immer daran. Ich würde so gern dorthin zurückkehren, und sei es auch nur zum Sterben.« Sie legt den Kopf in den Nacken, sucht nach Sternen am Himmel, findet aber keine. »Ich möchte nach Hause zurück.«

»Aber … was redest du denn da?« Ignazio ist sprachlos.

Giuseppina hört ihm kaum zu. »Du hast dich hier mit deiner Arbeit gut eingerichtet«, fährt sie fort, scheint jedoch fast mehr zu sich selbst zu reden als zu ihm. »Ich hingegen weiß nicht, was ich hier soll. Abgesehen von Mariuccia, die mittlerweile schon ziemlich betagt ist, kenne ich kaum jemanden hier. Ich könnte ja Vincenzo fragen, ob er mitkommt, dann würde er dir von dort aus helfen, Handel zu treiben, würde alles für dich organisieren …«

Ignazio kann es nicht glauben, was Giuseppina da gerade vorgeschlagen hat. An das Balkongeländer geklammert ringt er um Worte. »Aber was redest du da? Wir schicken Schiffe bis nach Marseille, und du sprichst mir von Kalabrien? Vincenzo, der mittlerweile fließend Englisch und Französisch spricht, soll in Bagnara leben? Er ist ein Stadtmensch, nein, eigentlich ist er längst ein waschechter Palermitaner, und du willst ihn in so ein winziges Kaff verpflanzen?« Ignazios Ton ist heftig geworden, so ungläubig und wütend ist er. »Wir sind jetzt seit fast achtzehn Jahren hier in Palermo. Sogar das Grab deines Mannes befindet sich hier.«

»Ja, genau, dein Bruder! Der hat mir doch alles genommen

und mir nur so wenig dafür zurückgegeben, *manco un poco d'amure mi rese*. Der wollte bloß das Geld von meiner Mitgift, und dann hat er mich im Stich gelassen.«

»Denkst du immer noch so? Die Mitgift gehörte ihm, und du bleibst jetzt hier. Wo willst du denn hin, so ganz allein? Wer würde sich denn um mich und um deinen Sohn kümmern?«

Die Fältchen in Giuseppinas Gesicht verziehen sich zu einer Grimasse des Ärgers. »Was für eine Familie ist das denn? Soll ich also bis ans Ende meiner Tage eure Dienstbotin sein? Wie blöd bin ich eigentlich, dich auch nur danach zu fragen und zu hoffen, dass du anders bist? Du bist auch nur wie die anderen, egoistisch und *malarazza,* ein schlechter Mensch.« Sie steht auf. »Und weißt du, was mich am allerunglücklichsten macht? Dass mein Sohn aufwächst wie ihr, mit einem Herzen aus Stein, das ...«

»Aber was hast du denn nur heute Abend? Was sagst du da über deinen Sohn?«

»Nichts habe ich, und es geht dich auch nichts an. Sinnlos, noch darüber zu reden. Du hast ja auch schon längst vergessen, wo du herkommst. Für dich zählen nur die *picciuli,* das Geld, und die Firma.« Mit diesen Worten verschwindet sie hinter dem Vorhang.

Ignazio bleibt auf dem Balkon sitzen, die Faust fest um das Geländer geschlossen.

Undankbar, das ist sie, denkt er. *Es ist nicht meine Schuld.*

Am liebsten würde er es laut hinausschreien, wie ein Verrückter. Giuseppina hat gemeine und ungerechte Vorwürfe gegen ihn vorgebracht, ohne auch nur irgendetwas der tausend Dinge anzuerkennen, die er für sie getan hat.

Auf einmal drängt sich ihm die Frage auf, ob es richtig

war, sich so für die Arbeit aufzuopfern, wie er es immer getan hat, ohne auch nur ein Fünkchen Zuneigung dafür zu bekommen. Und dabei denkt er nicht an die Zuneigung, die sich darin gezeigt hat, dass sie sich um ihn gekümmert hat, denn an Fürsorge hat es Giuseppina ihm gegenüber nie mangeln lassen.

Er denkt an etwas anderes, etwas, das sich in sein Fleisch frisst und ihn des Nachts nicht schlafen lässt, auch nach so vielen, zu vielen, Jahren.

Es reicht.

Er geht ins Zimmer seiner Schwägerin. Sie hat sich umgezogen, trägt jetzt ein Nachthemd, glatt und schnörkellos, ein Stück aus ihrer Aussteuer. Sie sitzt vor ihrer Spiegelkommode und ist gerade dabei, die Nadeln aus ihrem Haar zu ziehen.

»Warum?« Ignazio kann sich nicht mehr beherrschen. »Weißt du eigentlich gar nicht, was du für mich bist? Warum lebst du nur so in der Vergangenheit?«

Giuseppina lässt die Arme sinken. »Ich habe es dir doch gesagt. Es ist nichts, das ich mir ausgesucht habe. Für mich war es eine Strafe, hierbleiben zu müssen.«

»Schieb dafür nicht mir die Schuld in die Schuhe. Die Leute haben sich weiterentwickelt, haben ihr Leben gelebt, und viele sind wie wir nach Sizilien gekommen … Sogar Vittoria und Pietro Spoliti leben in Mistretta. Was glaubst du denn, wer noch in Bagnara geblieben ist?«

Darauf sagt Giuseppina nichts. Sie weiß, dass Ignazio recht hat. Und doch hat sie diesen Groll so lange in sich getragen und genährt, dass sie nicht mehr darauf verzichten kann. Diese Wut ist wie ein Dorn in ihrem Fleisch. Sie wirft die Haarnadeln beiseite, beginnt, sich zu kämmen. »Geh bitte.« Sie versetzt der Kommode einen Schlag mit der Bürste. »*Vattinni!*«, schreit sie.

Sie hört Schritte, die sich entfernen.

Doch die Wut, der Groll, sie wollen nicht weichen.

Die Worte schlüpfen ihr unbemerkt aus dem Mund, denn diese Wut ist zu groß, und zu lange hat sie sie schon für sich behalten. »Das seid ihr: Leute, die sich das nehmen, was sie wollen«, schreit sie. »Zuerst dein Bruder, und jetzt du: Ihr habt mir mein Leben genommen. Ihr habt mich zu etwas gemacht, das weniger ist als nichts, und meinen Sohn habt ihr zu einem gefügigen Hund abgerichtet, einem *cani di mannara!*«

Weitere Schritte.

Plötzlich reißt jemand sie hoch, Arme schlingen sich von hinten um sie, eine Umarmung, die ihr wehtut. Ihr Nachthemd klafft auf, ihre Brust liegt frei.

Ignazio drückt sie an sich, Rücken an Brust. Er zittert.

Sie schauen sich im Spiegel an.

Giuseppina sieht einen Fremden, und sie hat Angst vor ihm. Denn der Mann, der sie an sich gerissen hat, kann nicht der sanfte, geduldige Ignazio sein. Der da ist ein verzweifelter Mann, ein Mensch, der zu allem bereit ist.

»Wäre ich ein solcher Mann, der sich alles nimmt, was er will, dann hätte ich mir längst das genommen, was ich mir schon seit Jahren wünsche«, murmelt er. Er sagt es ihr ins Ohr, und seine Hände bestätigen seine Worte.

Giuseppina hat Angst. So hat sie ihren Schwager noch nie erlebt, und von dem, was sie in seinem Gesicht liest, werden ihr die Beine schwach.

Doch sie sieht auch ihr eigenes Verlangen, dort im Spiegel, und das lässt sie erröten, nimmt ihr den Atem.

Es fehlt nicht viel. Das wissen sie beide.

Und es ist sie, die jene Grenze überschreitet. Die sich umdreht, die Ignazios Lippen sucht. Es ist nicht wichtig, ob sie es am Morgen bereuen wird. Es ist nicht wichtig, ob sie es beide bereuen werden und sich tagelang nicht mehr ins Gesicht schauen können. Es ist nicht wichtig, dass ihre Hände den Weg kennen werden, den ihre Augen und ihr Verlangen schon so oft erkundet haben und den sie sich für den Rest ihres Lebens wieder versagen werden.

Sie werden jene Nacht in ihrer Erinnerung begraben, denn zu stark wird das Bedauern sein, das Bewusstsein, jemanden betrogen zu haben, der nicht mehr da ist. Es wird etwas sein, über das man unmöglich sprechen kann, selbst wenn es nur ein Traum wäre.

Eine Schande, die sie für immer in ihrer Erinnerung verschließen werden.

Neunzehn Jahre.

An jenem sonnigen 3. April 1818 ist Vincenzo genau neunzehn Jahre auf dieser Welt, und seit neunzehn Jahren ist Ignazio wie ein Vater für ihn. Neunzehn Jahre sind sie, zusammen mit Giuseppina, eine Familie, geprägt von Menschen, die fehlen, und von Dingen, über die nicht gesprochen wird.

Als der Gewürzladen an diesem Abend zugemacht hat, standen Liköre und Gebäck auf der Theke: Ignazio hatte die Angestellten eingeladen, mit ihnen anzustoßen. Danach sind sie nach Hause gegangen, wo Giuseppina zur Feier des Tages einen Braten in den Ofen geschoben hat.

Bei seiner Rückkehr aus England im Oktober des vergangenen Jahres haben Ignazio und Giuseppina ihn an der Mole abgeholt. Als er von Bord ging, umarmte sie ihn mit der stürmisch-überschwänglichen Art einer Mutter. Vincenzo blieb vor Verlegenheit stocksteif stehen; er suchte den Blick seines Onkels, der ein paar Meter entfernt stand und ihm zunickte. Dann trat er auf ihn zu, sie gaben sich die Hand.

Nicht mehr.

Doch sein Onkel begriff sofort, dass die drei Monate in England ihm gutgetan hatten; der Junge mit dem gebrochenen Herzen war verschwunden, und an seine Stelle war ein junger, stolzer Mann getreten, ein Mann mit ausgeprägter Kinnpartie, breiten Schultern und entschlossener Miene.

Zu Hause, während die Lastenträger seine Koffer nach oben brachten, hatten sie sich ins Wohnzimmer gesetzt, um zu reden.

»Du kannst dir nicht vorstellen, was ich alles gesehen habe, Onkel. Die Maschinen dort machen die Arbeit in weniger als der Hälfte der Zeit.« Und so erzählte er von Dampfmaschinen, Spinnmaschinen, von Lokomotiven. Ab und zu ließ sogar Giuseppina die Küche Küche sein, trat auf ihren Sohn zu, küsste ihn aufs Haar und lauschte voller Stolz.

Ignazio musterte ihn mit größter Aufmerksamkeit. »Aus diesem Grunde können es sich die Engländer auch erlauben, zu so günstigen Preisen Handel zu treiben«, war seine Schlussfolgerung.

»Genau. Und hier könnten wir ins Spiel kommen, indem wir ihnen das anbieten, was sie brauchen.« Vincenzo zog einen Umschlag aus der Jackentasche und reichte ihn dem Onkel wortlos.

»Namen und Adressen von Fabriken und Zwischenhändlern«, kommentierte Ignazio, während er den Inhalt des Blattes überflog. »Ich bin sehr zufrieden. Ingham ist dir ein guter Lehrer gewesen.«

Vincenzo stützte das Kinn auf die Hände, eine Geste, die von einem Anflug von Lächeln begleitet wurde. »Während der letzten Tage der Reise bin ich mit ihm in London gewesen. Ich habe Handelsvertreter getroffen, Grundbesitzer, auch mehrere Fabrikbesitzer. Die dachten, sie hätten ein unbedarftes Jüngelchen vor sich und plauderten deshalb, ohne lange nachzudenken, mit Ingham. Ich habe gut zugehört und auf dieses Weise begriffen, dass sie es lästig finden, verschiedene Lieferanten zu haben.«

Ignazio erkannte in seinem Neffen genau die Leidenschaft, die ihn selbst so lange beseelt hatte. »Gut. Und?«

»Wir könnten ihre Vermittler in Sizilien sein. Nimm zum Beispiel das Tannin: Sie benutzen es zum Gerben von Leder und zum Fixieren von Farben. Und wir hier auf Sizilien haben doch den Sumach, oder? Wir kaufen ihn, lassen ihn mahlen, machen ihn zu Tannin und verkaufen ihn direkt an die Gerbereien.«

Ignazio blickte auf die Namensliste, dann zu seinem Neffen. Vincenzo hatte sich einen leichten Bart stehen lassen, was ihn erwachsener wirken ließ. Doch was sich vor allem grundlegend geändert hatte, war sein Gebaren: Es war ernst, fast streng geworden. »Das macht doch Ingham schon«, murmelte Ignazio.

»Ja. Aber er ist Engländer. Wir hingegen sind Palermitaner, und wir könnten bessere Preise machen …«

Giuseppina unterbrach sie und rief sie zu Tisch.

Vincenzo bedeutete ihr mit einer Geste zu warten, ging

zu einem seiner Schiffskoffer und holte zwei Päckchen heraus. »Das hier ist für dich, Onkel. Und das hier für meine Mutter.«

Giuseppina nahm das Geschenk mit kindlicher Freude entgegen. In dem Papier war ein großes Stück Stoff mit orientalischem Muster eingewickelt. Sie nahm einen Zipfel davon in die Hand und strich sich damit übers Gesicht. »Das ist ja Seide!«, rief sie aus. »Wie viel hast du denn dafür ausgegeben?«

»Chinesische Seide, um genau zu sein. Nichts, was ich mir nicht leisten könnte.« Dann blickte er zu seinem Onkel und nickte ihm zu. »Mach du deins auf.«

Es handelte sich um dunkles Tuch für einen Anzug und eine Krawatte. Ignazio bewunderte die Qualität des Stoffes, seine Weichheit.

»Der hier stammt aus einer von Bens Fabriken. Ich erzähle dir bei Tisch davon.«

Sie sprachen darüber. Und wie sie darüber sprachen.

Mit dem Thema waren sie noch lange nicht fertig.

Der Mann sitzt am Schreibtisch, während sein Neffe die Kassenbücher der vergangenen Jahre bis zum laufenden durchgeht, die Zahlen überträgt und die Menge der Waren im Eingang miteinander vergleicht. Die Chinarinde ist immer noch ihr wichtigstes Handelsgut. Doch es gibt auch andere.

»Im Vergleich zum vergangenen Jahr haben wir einen Anstieg der Verkäufe von Sumach zu verzeichnen.« Vincenzo fährt mit dem Finger eine Spalte entlang. »Und fast alles war für den englischen Markt bestimmt. Und dann sind da die Schiffsladungen mit chinesischer Seide. Die haben sie uns buchstäblich aus den Händen gerissen, kaum waren sie durch den Zoll.«

»Aber auch der französische Markt ist nicht zu unterschätzen. Kürzlich ist Gulì eine große Ladung Sumach in Marseille losgeworden.« Ignazio beißt sich auf die Lippe, denkt ein paar Sekunden nach. »Weißt du, Vicenzi', ich habe darüber nachgedacht, nicht nur Tannin auf den Markt zu bringen, sondern auch vorgegerbtes Leder. Die Engländer benutzen Lamm- und Ziegenleder, woran hier kein Mangel besteht. Was meinst du?«

Der Junge nickt. »Ich würde sagen, wir sollten es probieren. Du und mein Vater, ihr habt in einer kleinen Kaschemme angefangen, das hast du mir so oft erzählt, und jetzt treffen Schiffsladungen aus halb Europa bei uns ein. Sollen wir es direkt einmal anbieten? Und weißt du, so wie dir gleich das Leder in den Sinn gekommen ist, wollte ich mit dir über die Franzosen reden, die Schwefel kaufen. Hast du gehört? Wir könnten …«

Ohne ein Wort deutet der Onkel auf eine Aktenmappe auf dem Schreibtisch, die Notizen aus der Feder Maurizio Reggios enthält. »Daran habe ich schon früher gedacht als du. Ich habe mich ein bisschen umgehört, bei Kaufleuten und Minenbetreibern, welche Verkaufsbedingungen es für Schwefel gibt.« Er schaut Vincenzo von der Seite an, ein Blick voller Ironie. »Oder meinst du etwa, du kannst mir das Geschäft beibringen?«

Der junge Mann lacht schallend, und Ignazio wird warm ums Herz.

Es ist Januar 1820 und eiskalt. Seit einiger Zeit leidet Ignazio an rheumatischen Beschwerden und hat darum gebeten, im hinteren Bereich des Gewürzladens den Kamin zu schüren.

Vincenzo schält etwas Obst und wirft die Schalen zwischen die Kohle. Ein herrlicher Geruch nach Orangenschale verbreitet sich im Raum.

In den vergangenen zwei Jahren ist Vincenzo ein gutes Stück gewachsen. Ignazio beobachtet ihn und wird sich dessen bewusst, dass es nicht nur sein Körper ist, der sich verändert hat, sondern auch sein Geist, sein Verstand. Und der ist immer kälter, immer berechnender geworden.

Zum Beispiel, als er sich in den Kopf gesetzt hatte, pulverisierte englische Chinarinde zu importieren und zu verkaufen, obwohl ihm durchaus bewusst war, dass die Apotheker Palermos diese Nachricht alles andere als wohlwollend aufnehmen würden. Und erst vor ein paar Tagen hat sein Vorhaben deutliche Gestalt angenommen: Der Protomedicus, diejenige Instanz also, die sich mit dem Verkauf neuer Heilmittel auf Sizilien beschäftigt, hat ihm die Autorisierung gewährt und ihn damit vor jeglichen Beschwerden in Schutz genommen. An Käufern für diese verfeinerte Rinde bester Qualität wird es mit Sicherheit nicht mangeln.

Und die Proteste werden nicht lange auf sich warten lassen, dachte Ignazio.

Und so haben Onkel und Neffe gerade noch Zeit, sich einen einvernehmlichen Blick zuzuwerfen, als ein Geselle mit verlegener Miene an ihre Tür klopft und verkündet, eine Delegation von Apothekern sei gekommen und »wünsche Erklärungen«. Tatsächlich steht das Grüppchen von Männern, in schwarze Umhänge gehüllt, bereits vor der Tür – ganz vorne Carmelo Saguto und sein Schwager, Venanzio Canzoneri.

Ignazio erhebt sich, heißt die Ankömmlinge willkommen, bittet sie in sein Büro und nimmt hinter dem Schreibtisch Platz. Vincenzo hingegen bleibt stehen und betrachtet die Gäste mit finsterer Miene.

»Also, Florio, klärt uns auf«, beginnt Venanzio Canzoneri. Er trägt einen dichten rötlichen Backenbart, sein Ton ist der eines Mannes, der das Befehlen gewöhnt ist. »Was ist das nun für eine Geschichte, dass Ihr jetzt auch Heilmittel verkaufen dürft? Diese Nachricht ist uns zu Ohren gekommen, doch sie ist so kurios, dass wir sie kaum glauben konnten.«

»Auch Euch einen guten Tag, Don Canzoneri«, erwidert Ignazio und hebt den Blick zur Decke. »Es scheint Euch ebenfalls gut zu gehen.«

»Ich kann mir schon vorstellen, wer Euch das gesagt hat.« Vincenzo geht um den Mann herum und bleibt hinter Saguto stehen, beugt sich von hinten zu ihm herab, sodass er ihm ins Ohr spricht, als er sagt: »Ihr seid ja mal wieder herausgeputzt wie eine *fimmina di curtigghio*, eine Hofdame.«

»Wer spricht? Mit so einem *picciriddo*, einem Jüngelchen, rede ich doch gar nicht.« Saguto dreht sich blitzartig um, versucht, ihn am Arm zu packen, doch Vincenzo ist schneller und entwischt ihm lachend.

Ignazio bedeutet seinem Neffen, zu ihm hinter den Schreibtisch zu treten, und dieser gehorcht, sichtlich widerwillig. Ignazio will vermeiden, dass es in seinem Büro zu einer handgreiflichen Auseinandersetzung kommt. Doch er ist auch nicht bereit, sich einschüchtern zu lassen.

»Es ist nicht mehr und nicht weniger als das, was Euch

Euer … Euer taktvoller Schwager gesagt hat, Don Venanzio. Übrigens, wie geht es Eurem Vater? Ich weiß, dass er vor wenigen Wochen erneut krank darniederlag und immer noch nicht auf den Beinen ist.«

»Er wird es überleben, so Gott will.« Canzoneri verschränkt die Hände über seinem Bauch. Über den Vater zu reden, der nur noch dahinvegetiert, ist ihm lästig, denn so empfindet er seine eigene Person als nicht gebührend gewürdigt, obwohl er mittlerweile alleiniger Inhaber der Apotheke ist. »Doch zurück zum Thema. Die Autorisierung. Weder Ihr noch Euer Neffe seid Apotheker, und mir wäre auch nicht bekannt, dass Ihr einen Pharmazeuten habt, der für Euch arbeitet.«

»Wir werden nichts tun, das nicht vom Gesetz vorgesehen ist. Der Protomedicus hat uns diese Möglichkeit gewährt, wofür wir ihm sehr dankbar sind. Wir haben einen Titel, der es uns erlaubt, eine Autorisierung, die genau zu diesem Behufe erlassen wurde. Und so stelle ich Euch die Gegenfrage: Was wollt Ihr hier?«

Canzoneri schnaubt verächtlich, rutscht auf seinem Stuhl hin und her. Hinter ihm wischt sich Pietro Gulì, der Paolo und Ignazio damals, als sie neu in Palermo waren, so verhöhnt hat, den Mund ab und ergreift das Wort. »Es gibt ein Kolleg für Aromateure mit genauen Regeln. Ihm gehört Ihr nicht an. Und was noch schlimmer ist: Ihr habt weder um Erlaubnis gebeten noch respektiert Ihr die Regeln unserer Zunft bezüglich des Handels mit Heilkräutern.«

»Weil nicht nur Eure Regeln existieren«, widerspricht Vincenzo prompt. »Wisst Ihr, was Euer Problem ist, Don Gulì? Ihr denkt, die Gesetze seien einzig und allein für Euch gemacht und Ihr könnt sie auslegen, wie es Euch beliebt.«

»Aber so ist es nun mal, mein Junge«, erwidert Venanzio Canzoneri mit gesenkter Stimme, um einer hitzigen Erwiderung Gulìs zuvorzukommen. »Diese Zusammenkunft hier dient einer vorbeugenden Klärung. Betrachtet sie einfach als solche.«

Vincenzos Augen werden schmal. Jetzt spürt auch er, wie Wut in ihm aufsteigt, glitschig und böse wie eine Schlange. »Das heißt?«

»Wollt Ihr mir erzählen, dass Ihr immer noch denkt wie Fremde, obwohl Ihr doch schon seit – wie lange, zwanzig? – Jahren hier in Palermo lebt? Ihr habt hier Euer Glück gemacht, und das mit Eurer Hände Arbeit, das will ich Euch zugutehalten. Doch was Ihr immer noch nicht begreift, ist, dass sich hier gewisse Dinge nicht ändern, bloß weil einer das will oder man es ihm gestattet hat. Sie ändern sich nur, wenn die Bedingungen dafür vorhanden sind.«

»Und das sind sie. Mehr als die Hälfte der Gewürzhändler Palermos sind unsere Exklusivkunden.«

Saguto breitet die Arme aus; eine der theatralischen Gesten, die er so liebt. »Ja, ja. Und das alles habt Ihr, weil die Karten neu gemischt wurden. Aber wenn auf einmal kein Geld mehr im Umlauf wäre, was dann?«

»Saguto, die Art und Weise, wie Ihr redet, gefällt mir nicht. Manchmal …«

»Vice'. Nein.« Ignazio legt seinem Neffen die Hand auf den Arm. Das ist nicht die Art, wie die Florios reagieren.

Vincenzo tritt einen Schritt zurück, lässt Saguto jedoch nicht aus den Augen, der zufrieden grinst.

Ignazios Aufmerksamkeit richtet sich zunächst auf Gulì, dann auf einen anderen der Besucher, der sich bis zu diesem Moment abseits gehalten hat. Er kennt ihn gut: Es ist Gaspare Pizzimenti, ein Apotheker aus dem Gerichtsviertel. Es handelt sich um einen Mann im gesetzten Alter; er hat ein vornehmes Auftreten, doch sein Gesicht ist von Pockennarben verunziert. »Sagt Ihr mir, Gulì, und Ihr, Pizzimenti: Bei wem habt Ihr in den vergangenen zwei Jahren Eure Vorräte an Chinarinde gekauft?«

Pizzimenti räuspert sich. »Bei Euch, aber …«

»Ihr habt immer gesagt, unsere Waren seien die besten auf dem Markt, und unsere englische Rinde könntet Ihr direkt in Flaschen abfüllen, ohne sie zu verfeinern. Ihr braucht Euch dessen nicht zu schämen; in diesem Kreise könnt Ihr es ruhig zugeben. Wir sind doch hier unter Ehrenmännern, oder?«, fragt Ignazio und lässt die letzten Worte für ein paar Sekunden im Raum schweben. »Nur Mut, niemand wird Euch deshalb einen Vorwurf machen. Ihr seid nicht die Einzigen, die das tun. Und doch könnte es laut Euren Kollegen sein, dass Ihr kein Interesse mehr daran habt, mit uns Handel zu treiben, und mit Euch viele andere auch. Aber ich glaube, so einfach wäre es nicht, diese Geschäftsverbindungen abzubrechen. Genauer gesagt wäre es nicht nur schwierig, sondern auch schmerzlich. Für Euch, meine ich.«

Vincenzo begreift sofort, worauf sein Onkel hinauswill.

Er öffnet die Schreibtischschublade des Buchhalters, nimmt ein paar Blätter heraus und reicht sie seinem Onkel. Auf einmal liegt ein ganzer Stapel von Wechseln vor Ignazio, die nach Namen und Schuldbetrag sortiert sind.

Und ihre Namen sind alle dabei.

Er verschränkt die Arme vor der Brust und schaut ihnen ins Gesicht. Wartet darauf, dass ihnen ein Licht aufgeht. »Es ist richtig, dass es Regeln gibt, die beachtet werden müssen«, sagt er schließlich. »Und es gibt auch die Regel, dass es eine Ehrensache ist, immer die Schulden zu begleichen, die man gemacht hat. Richtig?«

Sagutos Grinsen erlischt und wird zu einer Grimasse. Pizzimenti lehnt sich zurück und verschwindet im Schatten. Gulì senkt den Kopf, betrachtet seine Schuhe.

Venanzio Canzoneri stößt einen tiefen, gleichsam befreienden Seufzer aus. »Richtig«, gibt er zu.

Nur wenige Augenblicke später sind sie draußen. Canzoneri geht immer noch erhobenen Hauptes, er schreitet von dannen, ohne ein Wort mit jemandem zu wechseln. Saguto hingegen dreht sich um, sieht Ignazio und Vincenzo in der Tür stehen und beißt sich auf den Zeigefinger der zur Faust geschlossenen Hand. Was gerade geschehen ist, wird er niemals vergessen.

CHINARINDE

Juli 1820 – Mai 1828

'U pisu di l'anni è lu pisu chhiù granni.
Das Gewicht der Jahre ist das größte Gewicht.
Sizilianische Redensart

Angeheizt von der palermitanischen Aristokratie und durch ein dichtes Netz von Geheimgesellschaften propagiert wächst die Aversion gegenüber den Bourbonen, denen man vorwirft, »schuld« daran zu sein, dass auf Sizilien jegliche Unabhängigkeitsbestrebungen im Keim erstickt wurden, nachdem das Königreich Neapel mit dem Siziliens vereint und die Verfassung von 1812 außer Kraft gesetzt worden war. Am 15. Juni 1820 bricht in Palermo ein Aufstand aus, der Kronprinz Franz zur Flucht nach Neapel zwingt und zur Zusammenkunft des sizilianischen Parlaments führt, welches die Verfassung wieder einsetzt. Doch auch auf dem Kontinent weht ein revolutionäres Lüftchen: Am 7. Juli zwingt der Aufstand General Guglielmo Pepes Ferdinand I. dazu, die gleiche Verfassung anzuerkennen, die Ferdinand VII. von Spanien bereits im März ausgerufen hatte.

Der Unabhängigkeitswille der sizilianischen Regierung – der darauf abzielt, das Königreich Sizilien wiederherzustellen – kollidiert mit den Interessen der Bourbonen, die von der Uneinigkeit der sizilianischen Städte (vor allem zwischen Palermo, Messina und Catania) profitieren und leichtes Spiel dabei haben, den Aufstand blutig niederzuschlagen. Im November wird die Monarchie wiederhergestellt, und Sizilien fällt erneut unter neapolitanische Herrschaft. Im März 1821 schlagen die Mächte der Heiligen Allianz – Preußen, Russland und Österreich –, die König Ferdinand I. um Unterstützung gebeten hatte, den Aufstand endgültig nieder. Am 24. März besetzen die Österreicher

Neapel und setzen den König wieder ein. Sie werden bis 1827 bleiben, als es Franz I., der 1825 seinem Vater Ferdinand als König der beiden Sizilien auf den Thron gefolgt ist, endlich gelingt, sie zu vertreiben.

Ein verwundeter Löwe trinkt an einem Bach. Nur wenige Meter davon entfernt streckt ein Baum seine Wurzeln ins Wasser und setzt seine heilenden Kräfte frei.

Das ist das Bild, das die Leistungen der Florios darstellt: Man sieht es ebenso als Schild über der Tür des Gewürzladens als auch als Statue am Grab der Familie auf dem Friedhof Santa Maria del Gesù in Palermo.

Der Baum, der seine Wurzeln in die rauschenden Fluten des Baches streckt, ist der Chinabaum, und seine Rinde hat wahrscheinlich Millionen Menschen das Leben gerettet. Seine fiebersenkenden Eigenschaften waren zunächst vor allem den Indios in Peru und Bolivien bekannt, blieben jedoch auch den Jesuiten nicht verborgen, die im siebzehnten Jahrhundert jene Rinde nach Spanien brachten: getrocknet und in Säcken verschlossen wurde sie danach in den bedeutendsten Häfen Europas verkauft.

Man nennt sie Chinarinde.

Doch als man sich in Europa ihrer heilenden Wirkung bewusst wird, wird auch schnell klar, dass es sich um eine Medizin handelt, die nur wenigen Auserwählten zur Verfügung steht: weil sie teuer ist, weil sie von weither kommt, und weil die Rinde von Hand zermahlen werden muss. Außerdem befreit dieses Pulver zwar die Kranken vom Fieber, raubt ihnen jedoch auch alle Kräfte, etwas, das für die einfachen Leute manchmal noch schlimmer ist als das Fieber selbst.

Im neunzehnten Jahrhundert dann die Wende: Dank mechanisch betriebener Schleifsteine wird es möglich, in kurzer Zeit gewaltige Mengen des Chinarindenpulvers herzustellen. Der Preis sinkt. Im Jahre 1817 gewinnen Pierre Joseph Pelletier und Joseph Bienaimé Caventou das Chinin aus der Rinde. Erst Ende des Jahrhunderts wird man unwiderlegbar die Verbindung zwischen Malaria, auch Wechselfieber genannt, und bestimmten Parasiten herstellen; dann, zu Beginn des zwanzigsten Jahrhunderts, als immer noch zigtausend Menschen pro Jahr an Malaria sterben, wird der Staat den Verkauf von Chinin in den *Sali e Tabacchi* genannten Tabakläden erlauben.

»Schnell, rennt! Es heißt, die Schiffe der Spanier laufen im Hafen ein!«

»Ach was! Das sind die Neapolitaner, und sie bringen uns den König Ferdinand, weil in Neapel der Teufel los ist!«

»Der König? *Si veni ccà, l'affucamu!* Wenn der herkommt, bringen wir ihn um!«

»Aber es waren die Soldaten! In Neapel haben die Soldaten die Verfassung verlangt, und der König hat sie ihnen gegeben!«

»Ach, die kriegen sie und wir nicht? *Figghi e figghiastri!* Ungerecht!«

»König Ferdinand muss sie uns zurückgeben, die Verfassung, nachdem er sie uns 1816 weggenommen hat. Es ist unser gutes Recht. Lang lebe das Königreich Sizilien!«

»Die Revolution! Die Revolution ist ausgebrochen!«

Menschen, Karren, Pferde. Seit dem vorigen Tag, an dem das Fest der Stadtpatronin Santa Rosalia gefeiert wurde, ist Palermo in Aufruhr. Straßen und Plätze hallen von Stimmen wider.

Ignazio versucht, aus den Rufen der Leute, die am Piano San Giacomo ausschwärmen, schlau zu werden.

»Vorsicht!« Der Onkel schubst Vincenzo von der Straße, bevor eine Kutsche, die in voller Geschwindigkeit an ihnen vorbeifährt, ihn überrollt.

Wer kann, verlässt Palermo. Andere hingegen nutzen die Gelegenheit für ihren großen Auftritt und versuchen, sich den Zorn des Volkes zunutze zu machen. Jetzt, wo die Revolte in vollem Gang ist, weiß niemand, was geschehen wird.

Der Neffe streicht sich das Haar aus der Stirn. »Wir müssen die Türen unserer Lagerräume verstärken! Wenn es jemandem in den Sinn käme, uns auszuplündern, dann …«

»Wenn die Lust bekommen, die Stadt in Schutt und Asche zu legen, dann werden auch zwei Holzbalken mehr sie davon nicht abhalten! Gehen wir …«

Gegen den Menschenstrom gehen sie die Via dei Materassai hoch. Ignazio betritt den Gewürzladen. Die dunklen Blenden an der Tür sind geschlossen, doch die Tür selbst steht offen, von einem Lehrjungen bewacht.

Ignazio schaut sich um und fühlt sich auf einmal an etwas erinnert, was lange zurückliegt. Als vor vielen Jahren die Unruhen gegen die Bourbonen ausbrachen, hatte er noch in Bagnara gelebt; daraus war später die Geburt der Republik Neapel erfolgt. Damals gab es im gesamten Königreich Aufruhr und Tote. Doch es war vor allem die perfekte Gelegenheit, private Zwiste auszutragen und familiäre Rache zu üben. Morde und Plünderungen hatten oft gar nichts mit politischen Beweggründen zu tun; vielmehr entsprangen sie dem Wunsch, es einem persönlichen Feind heimzuzahlen, vielleicht einem verhassten Verwandten, einem Bauern, der lange Finger machte, einem allzu gerissenen Züchter oder einem Priester, der es mit seinen Forderungen nach dem Zehnt übertrieben hatte.

Nein, diesmal ist es anders, sagt er sich.

In Neapel haben einige Abteilungen des Heeres revoltiert. So ist ans Tageslicht gekommen, dass zahlreiche Offiziere der Bewegung der Carbonari angehören, und auch ein großer Anteil der Soldaten sind ihren Vorgesetzten gefolgt und auf die Seite der Aufständischen übergewechselt. Nicht lange hat es gedauert, und König Ferdinand steckte in ernsthaften Schwierigkeiten. Erst vor wenigen Tagen sah er sich gezwungen, ein Verfassungspapier zu erlassen, das sowohl dem Adel als auch dem Volk Rechte zugesteht und sogar den Weg für die Einberufung eines Parlaments freimacht.

Die Sizilianer haben nicht lange tatenlos zugeschaut, ganz im Gegenteil. Die Schmach des Jahres 1816, als der König das Königreich Sizilien aufgelöst und die Verfassung von 1812 außer Kraft gesetzt hatte, war unmöglich zu vergessen. Am 14. Juli 1820, als die Stadt wegen der Feierlichkeiten zu Ehren der Stadtpatronin Santa Rosalia voller Menschen war, brach ein Aufstand aus. Niemand wollte mehr als Gefangener im eigenen Haus leben, und so machten sich Adlige, Intellektuelle und das Volk die Krise in Neapel zunutze und proklamierten die Unabhängigkeit Siziliens.

Doch der Funke, der die Lunte in Brand setzte, ging von den Aristokraten aus. Noch im Jahre 1799 waren die Bourbonen auf der Flucht von ihnen aufgenommen und beschützt worden, und wie hatten diese es ihnen gedankt? Sie hatten dem Adel seine Macht, seine Privilegien und die Ämter genommen, die sie seit alters innegehabt hatten. Dabei war es immer so gewesen und sollte es auch weiterhin sein: Sizilianer regierten über Sizilianer und die Adligen über ihre Bauern.

Es war schon seltsam, dieses Sizilien. Der König hatte unter den Adligen keine Verbündeten, ganz im Gegenteil: Die Adligen Siziliens standen eher in Widerstreit mit der Krone, denn der König war für sie ein Fremder, gekommen, um sich bei ihnen einzunisten. Sie hingegen lebten seit Generationen auf Sizilien, manche schon seit der Zeit der Araber und Normannen. Diese Insel hatten sie geschaffen, mit ihrer Macht, ihren Gebräuchen, ihrem Blut, ihren Eheschließungen, sie hatten sie geformt wie einen Teig und gewürzt mit dem Salz, der Erde, dem Meerwasser. Und sie hatten Übung darin, die Massen an Landarbeitern, Tagelöhnern und anderen armen Teufeln zu bewegen, wie es ihnen beliebte. Der Adel hatte das Feuer entzündet und die armen Leute dazu gebracht, damit zu hantieren, und diese hatten sich unweigerlich die Finger verbrannt.

»*Amuninni, gehen wir*«, sagt Ignazio zu Vincenzo.

»Wohin?«

»Die wollen die Waren der Zollbehörde beschlagnahmen, auch wenn niemand versteht, warum. Man begreift überhaupt nichts mehr, verflixt und zugenäht!«

»Aber dann ist unsere Lieferung …«

»Es steht alles still. Sie haben die Schiffe am Auslaufen gehindert, verdammt noch mal!« Ignazio ist wütend. »Es heißt, sie wollen eine provisorische Regierung bilden, doch bis dahin herrscht beim Zoll das reinste Chaos, das hat mir Ben Ingham gerade mitgeteilt. Los, komm schon, er erwartet uns dort.«

Ignazios Schritte sind entschlossen. Während die Menge sich in den Gassen drängt, gelangen sie zum quadratischen Innenhof der Zollbehörde, in dem es vor Händlern und Seeleuten nur so wimmelt.

Der Eingang wird von Soldaten bewacht, denen man ansieht, dass sie überall lieber wären als hier, und ganz gewiss nicht in diesem Moment. Sie halten die Menge in Schach, indem sie mit Gewehren herumfuchteln und schreien, sie würden schießen, doch niemand scheint ihnen zuzuhören.

»Ich bestehe darauf. Ihr lasst uns passieren, denn das ist unser gutes Recht.«

Die Stimme von Benjamin Ingham würde Vincenzo überall auf der Welt erkennen.

Ignazio tritt an die Seite des Engländers. »Signor Ingham hat recht. Wir haben ein Schiff zum Auslaufen bereit. Unsere Dokumente sind dort drin.« Er zeigt auf die weiße Mole hinter dem Rücken des Soldaten. »Wenn unsere Ware nicht in See stechen kann, verursacht ihr einen Schaden von Millionen Unzen.«

»Wir können nicht, Signore.« Es ist ein Soldat, der spricht. »Und es würde Euch auch nichts nützen. Eine militärische Depesche hat alle Fahrten untersagt.«

Stimmen werden laut.

»Aber wieso denn? Und wer hat sie euch überhaupt geschickt, diese Depesche?«

»Wir wollen mit einem Staatsdiener sprechen!«

»Wir wollen es schwarz auf weiß sehen!«

»Und wer genau hat das eigentlich beschlossen?«

Die Soldaten wechseln einen beunruhigten Blick.

Das ist der Moment, in dem einige der Angestellten versuchen, aus dem Kontor zu fliehen. Sie werden von lautem Geschrei empfangen, jemand wirft sogar mit Unrat nach ihnen. Die Zöllner suchen in den Nischen entlang des Mauerwerks aus dem siebzehnten Jahrhundert Zuflucht, doch vergebens. Die Menge will Antworten.

Am Ende tritt einer der Angestellten nach vorne; er riecht nach Schweiß und Angst. »Es ist sinnlos, dass ihr hierbleibt«, schreit er. »Alles ist blockiert, kein Schiff kann aus dem Hafen auslaufen. Da draußen auf dem Meer würde man euch unter Kanonenbeschuss nehmen.«

»Warum denn, um Himmels willen?«

Vincenzo schaut Ingham mit aufrichtigem Staunen an. Es ist unglaublich, wie der Engländer sich in dem Tohuwabohu Gehör verschafft, ohne die Stimme zu erheben. »*Accussì ci dissiro!* So hat man es uns gesagt«, schreit der Zöllner zur Antwort. »Und jetzt geht nach Hause, alle miteinander.« Er entfernt sich.

»Habt ihr gehört? Haut ab!«, ruft ein Wachsoldat hinterher und hebt das Gewehr.

Einige der Kaufleute weichen zurück.

Vincenzo hingegen will sich noch nicht geschlagen geben. Stattdessen folgt er dem Zöllner und packt ihn am Arm. »*A mia 'un mi ni cuntate minchiate.* Mir könnt Ihr nichts vormachen. Es hat gar keine Depesche gegeben«, zischt er ihn an und packt den Mann am Kragen. Jetzt sind sie nur noch Zentimeter voneinander entfernt, jeder riecht die Anstrengung und den Zorn des anderen. »Die da drüben könnt Ihr an der Nase herumführen, aber mich nicht. Hier ist überhaupt nichts beschlossen worden.«

Der Zöllner versucht, sich aus seinem Griff herauszuwinden. »Lasst mich los, sonst rufe ich die Wachen.«

»Wie viel?«

Die Augen des Mannes weiten sich. »Wie bitte? Was?«

Jetzt legt sich auch noch Vincenzos andere Hand um die Gurgel des Mannes, er drückt zu. »Wie viel wollt Ihr dafür, dass das Schiff fahren kann?«

Ingham ist ihm zusammen mit Ignazio gefolgt. Er tritt neben den jungen Mann, die Augen zu Boden gerichtet. »Ich schließe mich der Frage der Florios an«, murmelt er. »Wie viel?«

Der Mann zaudert. »Ich …«

»Na los jetzt, beeilt Euch, bei Gott«, flüstert ihm Ignazio drängend zu, denn der Kommandant eines Schiffes kommt auf sie zu.

Der Zöllner weist mit dem Kinn in Richtung Lagerräume. In seinen Augen steht eine Mischung aus Angst und Gier. »Kommt gleich da rüber. Dorthin, zur Hintertür.« Er schaut Vincenzo an, dann Ingham. »Nur Ihr drei.«

In der Gasse hinter dem Zollamt ist es gleißend hell, der Schatten nur noch eine schmale Linie. Die Minuten vergehen, ziehen sich in die Länge, werden zu Stunden. Die Porta Doganella ist verrammelt, bewacht von einer Schar Soldaten.

Die Julisonne ist wie eine mörderische Bestie. Inghams Gesicht ist feuerrot verbrannt und von Sommersprossen übersät. Ignazio wischt sich das Gesicht mit einem Taschentuch ab.

Plötzlich öffnet sich eines der Tore. Das Gesicht des Zöllners ist ein weißer Fleck im Dunkeln. »*Trasite.* Kommt rein.«

Die drei wechseln einen Blick und schlüpfen dann hinein, machen ein paar Schritte. Der Schatten umschließt sie wie kühles Wasser, doch es riecht muffig, feucht.

»Wie viel?«, fragt der Zöllner.

Vincenzo verspürt einen Hauch von Mitgefühl. Dieser Mann ist auch nichts anderes als ein armer Teufel, der sich fürchtet.

Und die Bestätigung folgt sofort. »Ich habe drei kleine Kinder durchzufüttern, und für Euch setze ich meine Stellung aufs Spiel«, flüstert er.

Vincenzo geht zur Tür, um sich zu vergewissern, dass niemand kommt. Ingham setzt den Preis fest. Der Mann versucht zu handeln. Ein Beutel mit Münzen wechselt den Besitzer, der Zöllner zählt rasch nach.

Kurz darauf halten sie die Genehmigungen in Händen.

»Die Dokumente sind auf drei Tage vordatiert, so dürfte es keine Probleme geben. Das Schiff muss mit der Nachttide auslaufen, ohne Beleuchtung und mit gerefften Segeln. Der Hafen bleibt offen, zumindest für den Moment, und ich werde dafür sorgen, dass an dem betreffenden Teil der Mole keine Soldaten unterwegs sind ... Vorausgesetzt, bis dahin ist noch nicht die Welt untergegangen.«

Inghams Lächeln ist schmal und scharf wie eine Messerklinge. »Ich bin mir sicher, Ihr könnt das regeln.«

Ignazio ruft Vincenzo zu sich. »Jetzt haben wir die Genehmigungen für uns und für Ingham. Lauf zum Schiff, gib sie dem Kommandanten und erklär ihm alles. Wohlgemerkt, nur ihm.«

Vincenzo schlüpft hinaus, gefolgt von dem Zöllner.

Ingham und Ignazio durchqueren die Flure, bis sie in dem menschenleeren Innenhof stehen, von wo aus die privat vermieteten Lagerräume abzweigen. Die Türen sind fest verschlossen und verriegelt.

Alles scheint in bester Ordnung zu sein. Sie stoßen einen Seufzer der Erleichterung aus.

Draußen liegt Palermo wie benommen da. Die Hitze und die Ereignisse des Tages haben die Stadt erschöpft zurückgelassen, entkräftet dämmert sie in der spätnachmittäglichen Schwüle vor sich hin. Die beiden folgen dem Verlauf der Stadtmauern, bis sie vor der Porta Felice, dem einzigen noch offenen Tor, stehen.

»Vincenzo hat heute sehr großen Eindruck auf mich gemacht.« Ingham schlendert dahin, die Hände in den Hosentaschen. »Er hat eine geistige Präsenz gezeigt, wie sie für einen jungen Mann seines Alters bemerkenswert ist. Zwar war er sehr direkt, aber die Situation ließ auch keinen Raum für Sottisen.«

»Ja, schon.«

Der Engländer betrachtet Florio aus dem Augenwinkel. »Seid Ihr denn nicht zufrieden mit ihm?«

»Oh, doch. Ich bin stolz auf ihn, er hat Durchsetzungsvermögen gezeigt. Es ist bloß, dass er manchmal …« Ignazio bleibt stehen. Er weiß nicht, wie er es sagen soll. Vincenzo handelt manchmal mit einer distanzierten Kälte, die er nicht zur Gänze begreifen kann.

Sie haben die Cala erreicht. Vom Meer kommt eine frische Brise, die die Masten der Schiffe zum Singen bringt. In der Nähe der Porta Doganella sind noch Spuren der morgendlichen Tumulte zu erkennen.

Der Engländer betrachtet einen umgestürzten Karren.

»Vincenzo hat einen sehr … ruppigen Charakter. Außergewöhnlich entschlossen.«

Ignazio erkennt in der Ferne das Schiff, das sie angemietet haben. Sein Neffe steht am Kai, spricht mit einigen Seeleuten. »Findet Ihr?«

»Ja.« Ingham richtet den Blick auf Vincenzo. »Wisst Ihr, ich habe in England viele Neffen, Söhne meiner Schwester, allesamt tüchtige und unerschrockene junge Männer. Doch keiner von ihnen hat diese Wut in sich wie Euer Neffe. Es ist eine gesunde Wut, versteht mich recht, eine Wut, die ihn noch weit kommen lassen wird.«

Ignazio hört Bewunderung in der Stimme des englischen Kaufmanns, vielleicht sogar auch einen Hauch von Neid. Und trotzdem kann er sich nicht recht darüber freuen.

Vincenzo ist ein zweites Mal nach England gefahren. Er war den ganzen Sommer weg und ist erst seit Kurzem wieder da. Mitgebracht hat er eine große Holztruhe und einen englischen Schmied, mit dem nur er sich verständigen kann. Mehrere Tage haben sie sich in den Lagerräumen am Piano San Giacomo eingeschlossen. Und es ist genau am Ende eines dieser Tage, als es bereits dunkel geworden ist, dass sich Vincenzo wieder einmal vor Isabella Pillitteris Haus einfindet. Er sagt sich, es sei ein Zufall und dass seine Füße ihn fast gegen seinen Willen dorthin getragen haben. Doch er weiß, dass das nicht stimmt.

Das Haus steht leer, die Fenster sind verriegelt. Ihm ist zu Ohren gekommen, dass die beiden Frauen gezwungen waren wegzuziehen, außerhalb von Palermo; der Verwandte, der es ihnen gestattet hatte, in diesem Palazzo zu wohnen, hat offenbar beschlossen, dass er nicht länger für ihren Unterhalt sorgen kann, und sie vor die Tür gesetzt, mitsamt ihren wenigen Habseligkeiten, die auf einem Karren Platz hatten. Was den Bruder anging, so heißt es, er habe sich dem neapolitanischen Heer angeschlossen, um wenigstens ein bisschen Geld nach Hause zu bringen und sich von den Freudenhäusern fernzuhalten.

Die Augen fest auf jene vernachlässigten Balkone gerichtet, die dem witterungsbedingten Verfall anheimgegeben sind, kommt es Vincenzo in den Sinn, dass es ja vielleicht doch eine Art von göttlicher Gerechtigkeit gibt, die auf langsamen und verschlungenen Wegen wirksam wird. Ein Gesetz, das nicht im Buch der Vorsehung verzeichnet ist: Wenn dich jemand verletzt, dann wird er früher oder später den gleichen Schmerz verspüren.

Doch dieser Gedanke führt ihn auch zu einer bitteren Erkenntnis: Wie sehr hat er sich doch verändert gegenüber dem Jungen, der vor einigen Jahren zum ersten Mal und mit gebrochenem Herzen nach England gefahren ist! Damals war er noch ein dummer Junge, ein *pinnulune*, der es zugelassen hatte, dass eine alte Vettel ihn in aller Öffentlichkeit beleidigte. Jetzt ist er ein Mann. Und doch verspürt er noch immer einen Hauch Wut und Bedauern. Wut darüber, dass Isabella ihn damals nicht anhören wollte, dass sie einfach geflohen ist und die adlige Herkunft ihr wichtiger war; und Bedauern darüber, dass die Möglichkeit, mit ihr eine eigene Familie zu gründen, gestorben ist, kaum war sie geboren.

Vergessen und vorbei, sagt er sich. Er ist fünfundzwanzig Jahre alt, und früher oder später wird er schon eine *picciotta* finden, mit der er Kinder in die Welt setzen kann. In diesem

Moment kann er die Komplikationen eines Lebens mit Frau und Kindern sowieso nicht brauchen, aber er wird reich werden, oh ja, reich genug, um Leuten wie der Baronin Pillitteri diesen Ausdruck des Überdrusses und des Hochmuts aus dem Gesicht zu wischen. So reich, dass es ihm auch keinerlei Schwierigkeiten mehr bereiten würde, ein Mädchen aus einer Familie zu finden, die ebenso viele Hypotheken besitzt wie Adelstitel.

Eine Adlige, die sich dazu herablassen würde, einen Bürgerlichen wie ihn zum Mann zu nehmen.

Geld lügt nicht, heißt es; das, was man besitzt, zeigt kein falsches Gesicht. Es sind die Menschen, die sich verstellen und mehrere Gesichter haben. Und das, was ihm den größten Genuss verschafft, mehr als der Körper einer Frau – den er in England zu schätzen gelernt hat – oder eine Flasche Wein und gutes Essen, das ist seine Arbeit. Das, was er damit verdient. Und was die gesellschaftliche Anerkennung betrifft, so ist es nicht wichtig, wie lange es dauern wird, bis er sie bekommt: Früher oder später wird er sie haben.

Am darauffolgenden Abend ist Vincenzo verschwitzt und mit Schmierfett beschmutzt, aber auch höchst zufrieden nach Hause gekommen. Er hat den Onkel gebeten, gleich am nächsten Morgen mit ihm zu gehen und auch Reggio mitzubringen, sowie einen Arbeiter mit einem Sack Chinarinde.

Auf die Bitte nach Erklärungen sagte er einfach nur: »Du wirst schon sehen.«

Und jetzt traut Ignazio seinen Augen kaum.

Die Maschine hat ein Gehäuse aus Eisen und macht einen ohrenbetäubenden Lärm. Das Mahlwerk in ihrem Inneren besteht aus zwei Schleifsteinen, die mit einem hermetisch schließenden Deckel versehen sind.

Ignazio streckt die Hand nach dem Deckel aus und schaut zu Vincenzo, der seine Reaktion mit verschränkten Armen beobachtet. Etwas weiter entfernt steht Maurizio Reggio, staunend und fasziniert.

Vincenzo bedeutet dem englischen Schmied, die Maschine zu blockieren. Ignazio und Maurizio treten näher. Ganz behutsam wird der Deckel gelüftet. Beide werden sofort von einer dunklen, flirrenden Wolke eingehüllt, und das Aroma der Rinde breitet sich im Raum aus. Unter der Metallabdeckung hat sich ein Pulver angesammelt, das die hauchfeine Beschaffenheit von Asche hat.

»Du hattest mir davon geschrieben, aber ich hätte nie gedacht, dass es so schnell geht«, murmelt Ignazio beeindruckt. »In einer halben Stunde mahlt sie mehr Rinde, als es fünf Arbeiter in einer Stunde schaffen.« Er blickt seinen Neffen an. »Und in England arbeiten sie so?«

»Ja, nur mit diesen Maschinen; dann exportieren sie in die Kolonien. Sieh nur: Das Pulver ist viel reiner, weil der Bodensatz hier unten hängen bleibt, und so ist die Rinde bereits verkaufsfertig. Man muss sie nicht einmal mehr sieben, sondern kann sie direkt in Glasgefäße abfüllen.«

Maurizio Reggio taucht einen Finger in das Pulver. »Hauchfein ... Das ist wirklich unglaublich!«

Vincenzo lässt sich zu einem kurzen Lachen hinreißen. Dann schließt er den Deckel, damit nichts von der kostbaren Substanz verfliegt, und befiehlt dem Arbeiter, den Ignazio mitgebracht hat, mehrere Tiegel zu holen. »Versiegele die

Gefäße und versieh sie mit unserem Markenzeichen in Siegellack.« Schließlich dankt er auf Englisch dem Schmied und erklärt dem Onkel: »Ich werde ihm sagen, er soll unsere Arbeiter in der Bedienung der Maschine anleiten; dann kann er mit der nächsten Schiffsladung nach Leeds zurück.«

Die drei gehen nach draußen. Es ist einer dieser Tage, an denen die Sonne noch warm ist, doch das Licht nicht mehr so gleißend, und im Wind liegt eine würzige Frische, die nach Meer riecht.

»England tut dir gut. Und uns auch.« Ignazio hängt sich bei seinem Neffen ein. Dieser ist ein Mann geworden, mit dem gleichen wilden Haarschopf wie Paolo und den schmalen Mandelaugen der Mutter.

Giuseppina.

Seine Schwägerin altert so wie er, doch diesen ungezähmten Blick, der ihn schon von Beginn an verzaubert hat, den hat sie immer noch. Seit Jahren ist er an ihrer Seite und sorgt für sie.

Er kann sonst nichts tun.

Er streicht über den Ring seiner Mutter. Paolo – *recamatierna,* er ruhe in Frieden – ist schon seit vielen Jahren tot. Vincenzo und er führen die Firma gemeinsam.

Er könnte sich eine Frau suchen; eine, die ihn gernhat, mit der er endlich eine eigene Familie gründen könnte. Und ein bisschen Glück finden. Ja, sogar Zärtlichkeit.

Und doch bleibt er immer noch bei Giuseppina und Vincenzo.

Es war seine eigene Entscheidung, so zu leben. Das kann er sich selbst eingestehen, mit der Ruhe und Gelassenheit dessen, der mit der Vergangenheit abgeschlossen hat.

So mancher könnte sagen, er mache sich Illusionen. Doch

Ignazio tut nicht so als ob, er handelt nicht aus Pflichtgefühl.

Was er für Giuseppina empfindet, hat nicht mehr den Geschmack der Leidenschaft. Es ist etwas, das an die süße, frische Luft eines Herbstabends erinnert, an die Gewissheit, dass der Sommer hinter dir liegt und der Winter vor der Tür steht.

Erst zur Mittagszeit kehren sie in den Gewürzladen zurück.

»Als du mir aus London geschrieben hast, du hättest die Absicht, diese Maschine zu kaufen, wusste ich nicht, was ich davon halten soll, doch jetzt, wo ich sie in Betrieb gesehen habe, hege ich keinerlei Zweifel mehr.« Ignazio überlegt laut: »Wenn wir die Rinde in versiegelten Tiegeln verkaufen, ist unser Markt nicht mehr nur auf Palermo beschränkt, sondern wir können ganz Sizilien beliefern.«

»Genau das ist meine Absicht, Onkel.«

Maurizio geht ihnen voraus und schließt die Tür des Ladens auf. Der Geruch der Gewürze mischt sich mit der frisch duftenden Brise, die von der Cala heraufweht. »Na ja … Aber wenn du mich fragst, ist die Zeit noch nicht reif, Vice'«, gibt er zu bedenken. »Im Kopf sind die Menschen noch nicht bereit dazu. Und die Apotheker werden gar nicht glücklich darüber sein, du wirst sehen.«

Vincenzo zuckt mit den Achseln. »Die werden ihre Meinung schon noch ändern. Ist nur eine Frage der Zeit.« Er sagt es mit großer Gewissheit, während er die Klappe öffnet, die die Theke vom hinteren Teil des Ladens trennt. »Und wir machen es ihnen vor.«

Die Kunden grüßen sie, Ignazio drückt einige Hände und bleibt stehen, um mit einem der Angestellten zu sprechen, doch die Erinnerung, die er auf einmal wieder vor Augen hat, kann er nicht verscheuchen. Vier Jahre ist es her. Seine Idee, den Protomedicus um die Erlaubnis zu bitten, Arzneien zu verkaufen. Wie sie die Konzession tatsächlich erhielten. Und wie die Apotheker wütend im Laden einfielen und sich nur mit den Wechseln beschwichtigen ließen, die er ihnen vor die Nase hielt … *Haben sich die Zeiten wirklich geändert? Werden sie sich jemals ändern?*, fragt er sich und geht in Richtung Büro.

Hier brütet Vincenzo bereits über den Büchern und rechnet mögliche Verkäufe hoch. »Onkel, die Konzession für pulverisierte Heilmittel haben wir bereits. Weder Apotheker noch Aromateure können dagegen etwas einwenden. Bislang haben wir sie noch gar nicht genutzt, aber jetzt …«

Ignazio fährt sich mit den Händen durch das grau melierte Haar. »Du weißt, wie viel Chinarinde die Apotheker bei uns kaufen, und zu welchem Preis. Kannst du dir vorstellen, welchen Gewinn die damit machen, wenn sie sie dann in ihren Läden weiterverkaufen? Mit dem direkten Verkauf der Rinde treffen wir ihren Geldbeutel empfindlich. Du kannst dir doch vorstellen, was passieren wird, oder?«

Der Neffe hebt die Arme, stößt einen leisen Fluch aus.

Ignazio bleibt einen Moment lang reglos stehen. »Aber … Es gibt da eine Lösung, um uns abzusichern und ihnen den Wind aus den Segeln zu nehmen.« Er trommelt mit den Fingern auf den Tisch. »Ruf Maurizio. Wir müssen einen Brief an den Vizekönig aufsetzen.«

Die Tage vergehen. Die Anfrage wird sorgfältig vorbereitet und das Terrain durch informelle Gespräche sondiert.

Dann endlich erhalten Ignazio und Vincenzo eine persönliche Audienz bei Pietro Ugo, dem Herzog der Favare und Vizekönig von Sizilien.

Lange sitzen sie auf zwei brokatbezogenen Diwanen in einem Raum mit hoher Decke und warten, zusammen mit anderen Bittstellern. Die Angestellten des Palastes beäugen sie in einer Mischung aus ebenso viel Neugier wie Herablassung. *Was wollen diese beiden Hungerleider im Samtanzug? Was fällt ihnen ein, mit dem Vizekönig persönlich sprechen zu wollen?*

Ignazio bleibt ungerührt. Er ist nicht zu einem der bedeutendsten Kaufleute Siziliens geworden, um sich um die Meinung von Lakaien zu scheren, die in ihrem Leben nicht mehr zu verbuchen haben, als dass sie von einem Vater in die Welt gesetzt wurden, der Palastbediensteter war.

Vincenzo hingegen geht in dem Zimmer auf und ab, die Hände in die Hüften gestützt, und regt sich jedes Mal wieder auf, wenn jemand Neues den Salon betritt.

Als ein Priester im Samtumhang vorbeikommt, gibt er ein heftiges Schnauben von sich.

»Vice' …« Ignazio hebt nur kurz den Blick. »Beruhige dich.«

»Aber Onkel …«

Ignazio hebt die Hand. »Es reicht.«

Vincenzo beißt sich in die Unterlippe und kehrt zu seinem Platz neben ihm zurück.

Sie warten. Draußen in Palermo vergeht der Tag.

Der Nachmittag ist schon weit fortgeschritten, als Pietro Ugo sie endlich empfängt.

Ein livrierter Page bittet sie einzutreten und macht sich dann erneut vor der Tapete des Warteraums unsichtbar.

Zwei gewaltige Backenbärte, lebhafte Äuglein unter einer Stirn mit deutlichen Geheimratsecken. Der Mann sitzt hinter einem Schreibtisch mit Intarsien aus Schildpatt und Horn und mustert sie von Kopf bis Fuß, doch sein Hauptaugenmerk gilt Ignazio. Noch ein paar Sekunden betrachtet er ihn, dann fordert er die beiden dazu auf, Platz zu nehmen.

Ignazio ergreift das Wort. Er spricht leise, mit durchgedrücktem Kreuz, zeigt auf die Dokumente, die dem Vizekönig vorliegen. Er beschreibt die Maschine, erklärt, dass sie bereits die Genehmigung haben, pharmazeutische Erzeugnisse zu verkaufen.

Pietro Ugo hört ihm aufmerksam zu. »Aber was wollt Ihr dann? Wenn Ihr die offizielle Erlaubnis bereits schriftlich habt … Ich meine, Chinarinde ist doch eindeutig ein Heilmittel. Fällt sie dann nicht unter die Genehmigung des Protomedicus?«

»Ja und nein. Bislang war ihr Verkauf ausschließlich Apothekern vorbehalten.« Ignazio verschränkt die Hände auf seinem Schoß. »Es ist eine etwas haarige Angelegenheit, Exzellenz. Wir erheben keineswegs Anspruch auf medizinische Kenntnisse, von denen wir wissen, dass wir sie nicht haben: Unsere Investition ist rein wirtschaftlicher Natur. Aber wir würden uns nur ungerne in der Lage befinden, Maschinen zu besitzen, die wir dann aus bürokratischen Hinderungsgründen nicht nutzen können.«

»Das verstehe ich. Ihr wollt folglich eine Ad-hoc-Genehmigung.« Der Mann reibt sich nachdenklich das Kinn, an dem ein kleines Ziegenbärtchen sprießt, doch es hat den Anschein, als wäre das Thema damit für ihn erledigt. »Ich werde meinem Sekretär sagen, er soll sich in die Angelegenheit vertiefen, und dann …«

Vincenzo stützt die Hände auf dem Schreibtisch ab und ergreift voller Leidenschaft das Wort. »Wir bitten Euch nur, Eure schützende Hand über unsere Rechte zu halten, Exzellenz. Wir möchten in Frieden unserem Kaufmannsberuf nachgehen, und diese Maschine ermöglicht es uns, dies auf innovative Weise zu tun. Wir sind niemandem Rechenschaft schuldig, und wir wollen keine Vergünstigungen. Wir wollen nur, dass uns das Recht zu arbeiten zugebilligt wird.«

Der Vizekönig wirkt überrascht, als hätte er den jungen Mann erst in diesem Moment bemerkt. »Und wer wäret Ihr, junger Mann?«

»Vincenzo Florio, Exzellenz.«

»Der Neffe.«

Die beiden Florios haben es wie im Chor gesagt: Vincenzo mit Stolz, sein Onkel voller Verlegenheit.

Der Vizekönig schaut sie an, ein amüsiertes Lächeln umspielt seine Lippen wie hauchfeiner Staub. »Feuer und Wasser«, murmelt er. Ganz langsam lehnt er sich in seinem Stuhl zurück. Sein Blick richtet sich auf den reich verzierten Rand des Schreibtisches. »Wisst Ihr, heute habe ich Bittsteller jeglicher Art hier gehabt: Leute, die Geld wollten, Unterstützung, Protektion, sogar einen Priester, der eine ganz bestimmte Gemeinde haben wollte.« Er hebt den Blick und schlägt einen anderen Ton an. »Niemand hat mich jedoch um die Anerkennung des Rechts gebeten zu arbeiten, so wie Ihr es getan habt.«

Er erhebt sich.

Ignazio und Vincenzo tun es ihm nach. Die Unterredung ist beendet.

Seltsam jedoch, dass der Vizekönig ihnen die Hand entgegenstreckt. Als die beiden begreifen, dass er sie nicht geküsst haben, sondern die beiden mit Handschlag verabschieden will, sind sie mehr überrascht als zögerlich. Der Page bringt sie zur Tür. Noch auf der Schwelle hören sie die Stimme des Vizekönigs, der ihnen hinterherruft: »Ihr bekommt bald Nachricht.«

Und die Nachricht kommt Ende 1824.

Kurz vor Weihnachten wird der Direktion von *Rami e Diritti* – der Behörde, die sich mit den Verkaufsrechten befasst – ein Schreiben mit dem königlichen Siegel vorgelegt.

Die Neuigkeit verbreitet sich wie ein Lauffeuer in Palermo, sie macht Furore in den Kontoren, wird heiß diskutiert in den Drogerien und landet schließlich auch in der Via dei Materassai.

Im Büro wird gefeiert: Ab jetzt kann die Chinarinde der Firma Florio nicht nur in Palermo, sondern auch in Licata, in Canicattì, in Marsala, in Alcamo und in Agrigento verkauft werden.

Weingläser gehen von Hand zu Hand. Maurizio Reggio hebt gleich die ganze Flasche und prostet damit allen zu. »Auf die Florios und alle, die für sie arbeiten!«

Ignazio lacht, trinkt. Es ist ein gutes Jahr gewesen: Nicht nur, dass sie das Verkaufspatent erhalten haben; erst vor ein paar Monaten haben sie Anteile an einem Schoner namens *Assunta* erworben. »Wir werden die *Assunta* für Lieferungen in ganz Sizilien verwenden«, verkündet er, in der einen Hand das Glas, die andere auf die Karte der Insel gelegt, die auf dem Schreibtisch ausgebreitet ist. »Pulverisierte Chinarinde in versiegelten Fläschchen, mit unserem Stempel und unter Siegelwachs verschlossen. Lieferung jeden Monat.«

Vincenzo bringt einen weiteren Trinkspruch aus.

In diesem Moment kommt aus dem Laden das Klirren von zersprungenem Glas.

Kurz darauf hört man Schreie.

»Was geht da vor?« Ignazio stürzt in den Gewürzladen, gefolgt von Maurizio und seinem Neffen. Zwei Kundinnen suchen verängstigt das Weite und lassen auf der Theke ihre bereits verpackten Bestellungen zurück.

»Räuber und Diebe seid Ihr! Schurken! Wen habt Ihr bestochen, um diese Genehmigung zu bekommen, hm?«

Carmelo Saguto scheint fest entschlossen zu sein, das Geschäft zu verwüsten. Francesco, der oberste Verkäufer, versucht, ihn davon abzuhalten, indem er ihm die Hände auf die Brust legt und versucht, ihn hinauszukomplimentieren.

Ignazio hört das Knirschen von Glasscherben unter seinen Füßen, das Glas ist mit einem bräunlichen Pulver bestäubt. Die Scherben eines Apothekergefäßes mit Zimt sind im ganzen Laden verteilt.

»*Ora ccà vinisti, ranni pezzi di curnuto! Imbrugghiuni site!*«, schreit Saguto. »Wird Zeit, dass Ihr kommt, Ihr Drecksäcke! Betrüger seid Ihr! Wann habt Ihr denn angefangen zu studieren? Ihr wisst doch ganz genau, dass einer studiert haben muss, wenn er Heilmittel verkaufen will, und Ihr habt nichts dergleichen vorzuweisen. Ihr wollt pulverisierte Rinde verkaufen? *A' virità*, seid ehrlich, Ihr habt Euch die Erlaubnis erkauft, stimmt's?«

Vorsichtig geht Ignazio auf ihn zu. »Wir haben schon vor vier Jahren eine Verkaufsgenehmigung für medizinische

Pulver bekommen«, sagt er mit gesenkter Stimme. »Ihr erinnert Euch doch, oder? Wir haben eine Lizenz. Was ist so neu daran?«

»Pulverisierte Chinarinde! Und dann, was ist das für eine Geschichte mit der Maschine, die Ihr angeblich habt? Was soll das für eine Neuheit sein? Hat die etwa Euer halbenglischer Neffe mitgebracht, hm?«

»Und wenn schon!« Vincenzo tritt auf ihn zu, doch der Onkel hält ihn am Ärmel fest.

»*U' canuzzo si misi a abbaniàri.* Schau, das Hündchen bellt.« Saguto lacht, wischt sich die Spucke mit dem Ärmel ab. Er wirft den beiden einen bitterbösen Blick zu. »*Caciettu*, und wie ich mich erinnere! Dann habt Ihr also immer noch die Schuldscheine, oder?«

Ignazio antwortet nicht. Doch er spürt, wie Vincenzo hinter ihm vor Wut schäumt, und sagt, immer noch gelassen und ruhig: »Es handelt sich um eine Mühle, Don Saguto. Sie macht das, was die Arbeiter mit einem Mörser machen, aber eben viel schneller und besser.« Er will nur, dass der Mann endlich geht.

»Das könnt Ihr den Idioten erzählen, denen Ihr das Zeug verkauft. Eine Maschine hat keine Augen, die mahlt alles auf die gleiche Weise. Und wisst Ihr, was ich Euch sage? Macht nur weiter so. Verkauft es ruhig, dieses Pulver! Es wird Euch als Allererste ruinieren, denn wenn die Leute erst mal begriffen haben, was Ihr für Gauner seid, wird niemand den Dreck mehr haben wollen.« Saguto spuckt auf den Boden. »*Facitivi u' travagghio vostro, che chisto u' sapiti fare bbonu.* Schuster, bleib bei deinem Leisten, was anderes könnt Ihr gar nicht.«

Ignazio lässt die Arme sinken. »Jetzt habt Ihr den Bogen

überspannt«, sagt er in eisigem Ton. Er zeigt auf die Tür. »*Itivinni.* Raus hier!«

Saguto lacht, und es ist ein höhnisches, verächtliches Lachen.

Francesco drängt ihn zum Ausgang. »Raus jetzt …«

»*'Un mi tuccari, portarrobbe!* Fass mich nicht an, Hungerleider!«, schreit Saguto. Er streicht sich die Krawatte glatt, bei der sich der Knoten gelöst hat, schützt eine Eleganz vor, die er gar nicht besitzt.

Carmelo Sagutos Blick wandert über Ignazio hinweg und bleibt bei Vincenzo hängen, bohrt sich in sein Gesicht. »Klar gehe ich. *Tutti i picciuli di lu munnu putiti aviri,* da könnt Ihr noch so viel Geld haben, aber Ihr bleibt doch das, was Ihr wart, und Euer Benehmen ist der beste Beweis dafür.«

»Raus jetzt, habe ich gesagt!«

Vincenzo tritt an die Seite seines Onkels, die Hände in die Hüften gestützt. »Nein, nein, warte. Lass mich mal hören. Was sagt Ihr, sind wir?«

»*Pirocchi arrinisciuti. Facchini nascistivu e facchini arristastivu.* Neureiches Ungeziefer. Handlanger wart Ihr, und Handlanger bleibt Ihr.«

In dem Raum ist es auf einmal eiskalt.

Vincenzos Faust landet so schnell und unerwartet in Sagutos Gesicht, dass dieser nicht mehr ausweichen kann. Sie trifft ihn mit voller Wucht an der Nasenwurzel und schleudert ihn zu Boden.

Vincenzo packt den Mann am Kragen und zerrt ihn aus dem Laden, auf die Via dei Materassai hinaus. Dort schlägt er weiter heftig auf ihn ein, die Zähne zusammengebissen, ohne einen Schrei.

Francesco, Ignazio und Maurizio Reggio schaffen es selbst

mit vereinten Kräften nicht, die beiden zu trennen. Noch einen Schlag landet Vincenzo, dann schafft es Saguto immerhin, den Jüngeren mit der Faust am Auge zu treffen und zum Wanken zu bringen.

Doch Vincenzo ist jung und wendig. Mit einem kräftigen Kopfstoß in die Magengrube schickt er ihn endgültig zu Boden, Saguto landet in der Gosse.

»Jetzt reicht's!«, schreit Ignazio. Er geht zwischen die beiden, und Maurizio und Francesco gelingt es endlich, Vincenzo zurück zur Tür zu drängen. »Rein mit dir!«, befiehlt Ignazio seinem Neffen, der sich im Griff der anderen wehrt. Dann wendet er sich an Saguto, der immer noch am Boden liegt. Seine Hose ist schmutzig, an seiner Jacke ist ein Riss, durch den das Futter hervorquillt.

Vincenzo hat ihn übel zugerichtet.

»Ich werde das Werk meines Neffen nicht vollenden, aber nur aus Respekt vor mir selbst. Ihr seid ein Feigling, Saguto. Euer ganzes Leben lang habt Ihr und Canzoneri Gift auf uns Florios versprüht, Ihr habt uns beleidigt und uns mit Eurer Arroganz lächerlich gemacht. Aber jetzt reicht's. Habt Ihr mich gehört? Es reicht. Diese Zeit ist jetzt vorbei. Ihr seid eine Null. Wenn wir Handlanger sind, dann seid Ihr es auch. Aber meine Familie und ich, wir haben uns mit Fleiß emporgearbeitet, wir haben hart geschuftet für das hier …« Er zeigt auf den Laden. »Ihr hingegen, was habt Ihr gemacht? Was Ihr wart, seid Ihr geblieben – der Bürodiener von Canzoneri. Und das werdet Ihr immer bleiben. Jetzt verschwindet und lasst Euch nicht mehr hier blicken, es sei denn, um Euch zu entschuldigen.«

Er kehrt in den Gewürzladen zurück, ohne Saguto eines weiteren Blickes zu würdigen, ebenso wenig wie die kleine

Schar Neugieriger, die sich versammelt hat. Er atmet tief durch. Sein Puls hat sich beschleunigt, seine Hände zittern leicht.

Als er den Kopf hebt, begegnet er den befremdeten Blicken Francescos und der Verkäufer. »Geht wieder an eure Arbeit«, sagt er leise. Aus dem Büro dringt eine Reihe von Flüchen, und er geht hinein. Maurizio hat Vincenzo auf einen Stuhl gesetzt und drückt ihm ein feuchtes Tuch aufs Jochbein.

»Ich habe einen Jungen losgeschickt, damit er in der Via dell'Alloro Eis holt«, erklärt Maurizio. Er hebt die Stoffkompresse an und ersetzt sie durch eine frische, kältere. »Was für ein Schurke, kommt hierher und beleidigt die Leute, die nur ihre ehrliche Arbeit tun. Was erlaubt der sich eigentlich?«

Ignazio bleibt stehen. Er mustert seinen Neffen, der auf dem Stuhl neben dem Schreibtisch sitzt. »Lass mich mal sehen«, befiehlt er. Zwischen Auge und Kinnlade erblüht ein großes Veilchen.

Vincenzo jammert nicht, er sagt gar nichts. Schaut nur ins Leere. Seine Miene ist finster, doch da ist weder Wut noch Zorn. Es ist etwas, das viel düsterer ist, undefinierbar.

»Geh rüber, Maurizio. Ich bleibe hier«, sagt Ignazio.

Reggio zuckt zusammen, als er den eisigen Ton hört, klirrend wie Metall.

Niemals hat er Ignazio so reden hören.

Er lässt Onkel und Neffen allein.

Ignazio tritt auf Vincenzo zu. Seine Hand öffnet und schließt sich. Am liebsten würde er ihm eine Ohrfeige verpassen, was er noch nie zuvor getan hat. Stattdessen spricht er, mit leiser, wütender Stimme. »Mach das nie wieder, hast du verstanden? Du darfst ihnen niemals zeigen, dass sie dich mit ihren Beleidigungen treffen. Niemals.«

Das Finstere in Vincenzos Blick breitet sich aus wie Tinte in Wasser; kurz sieht es so aus, als würde die Wut in ihm nach außen drängen, doch dann verschwindet sie und macht Bitterkeit Platz. »Ich konnte ihn nicht ertragen«, sagt er. »Der hat mich so wütend gemacht, dass ich die Fassung verloren habe.«

»Glaubst du denn, ich weiß nicht, wie die uns nennen? Dass wir für die immer nur Handlanger waren und es auch bleiben?« Ignazio schüttelt ihn, erhebt die Stimme. Er, der sich immer unter Kontrolle hatte, der nie die Stimme oder gar die Hand erhoben hat. »Seit zwanzig Jahren lachen die mich hinter meinem Rücken aus und machen mir das Leben schwer. Was weißt du schon von Waren, die in letzter Minute umgetauscht wurden, von Zollbeamten, die dich in der Schlange an die letzte Stelle setzen und alle anderen vorlassen? Zuerst haben sie es gemacht, weil dein Vater und ich tatsächlich zwei verzweifelte Hungerleider waren, und dann, weil wir anfingen, unser Geschäft auszuweiten und mit dem Adel Handel zu treiben. Die dachten, sie hätten es mit Leuten zu tun, die einfach nur Glück hatten, nicht mit solchen, die bis zum Umfallen schuften. Glaubst du denn, ich weiß nicht, dass wir für die der letzte Dreck sind? Aber ich bin nicht wie die, und du bist es auch nicht. Mittlerweile ist alles anders. Sie haben angefangen, schlecht über uns zu reden, weil … Und jetzt sperr die Ohren auf, Vice': *weil sie uns beneiden.* Wir machen sie wütend, wir machen ihnen Angst, und diese Wut brennt. Deshalb ist es auch das Geld, das du ihnen um die Ohren schlagen musst, denn das Geld ist das Maß ihres Scheiterns. Nicht die Fäuste: Wenn du die benutzt, dann benimmst du dich tatsächlich so wie die, für die sie uns halten: Lastenträger am Hafen. Die Fakten müssen für dich sprechen. Vergiss das nie.«

Vincenzo springt auf. Es wird ihm schwindelig, er muss sich wieder setzen. Sein Onkel hat noch nie so offen mit ihm geredet. »Aber dann ... Du ...«

»Ruhe bewahren, Vice'. Du musst die Kontrolle über dich behalten. Ich habe jahrelang ignoriert, was über mich geredet wurde, aber vergessen habe ich es nie.« Er tippt sich mit dem Finger an die Stirn. »Es steht alles hier drin. Ich vergesse nichts von dem, was sie mir angetan haben. Aber zeig ihnen niemals deine Wut, denn sonst wird nur noch mehr schlecht geredet. Das sind Leute, die mit dem Bauch nachdenken. Im Gegensatz zu uns. Du musst dir *cuorna ruri* wachsen lassen, harte Hörner wie die der Stiere, und einfach deinen Weg weitergehen, ohne nach rechts und links zu schauen.«

Sie sehen sich an.

»Hast du mich verstanden?«

Vincenzo nickt.

»Dann machen wir uns jetzt wieder an die Arbeit.«

Ignazio kehrt an den Schreibtisch zurück und achtet nicht weiter auf die Beklemmung, die sich seiner bemächtigt hat, diesen Druck, der auf seiner Brust lastet. Er nimmt Papiere zur Hand, eine Schreibfeder, legt sie dann wieder ab. Stattdessen schaut er seinen Neffen an, der am Tisch sitzt, den Kopf auf die verschränkten Arme gelegt.

Vincenzo ist nur deshalb nicht sein Sohn, weil er nicht mit seinem Samen gezeugt wurde. Doch er hat ihm seine Seele gegeben. Und einem Sohn will man eigentlich Leid und Enttäuschungen ersparen, auch wenn man weiß, dass sie ihm helfen zu wachsen, immer stärker und schlauer zu werden, »sich Reißzähne wachsen zu lassen«, *farisi crisciri i' scagghiuni*, wie die alten Leute in Palermo sagen.

Er sieht ihn an, und ihm wird weh ums Herz. Er würde Vincenzo so gern seinen Schmerz abnehmen, aber das ist nicht möglich. Es ist ein Gesetz unseres Lebens, ebenso wie das, das den Kreislauf der Tage und Jahreszeiten regelt: Jeder trägt das Brandzeichen seines eigenen Leidens.

Ausgestreckt auf seinem Bett blickt Vincenzo nach oben zur Decke, die vom Mondschein erhellt wird. Sein Jochbein schmerzt und pulsiert.

Draußen weht der Wind, er hört, wie die aufgehängte Wäsche gegen das Balkongeländer schlägt.

Er wälzt sich im Bett hin und her.

Handlanger haben sie ihn genannt.

Es ist nur ein Augenblick. Da ist es wieder, das letzte Bild von Isabella Pillitteri. Er sieht ihre Mutter vor sich, die alte Vettel, die ihn ebenso betitelt hat: Handlanger und Hungerleider. Genau deshalb ist er bei Saguto ausgerastet. Er muss seinem Onkel dankbar sein, dass er ihn weggezerrt hat, sonst hätte er ihn umgebracht.

Isabella.

Längst tut ihm die Erinnerung an sie nicht mehr weh. Die Scham ist noch da, die schon, und der Wunsch, sich zu rächen. Doch sie selbst nicht mehr. Sie ist nur noch ein Schatten, ein Hirngespinst, Ausgeburt einer Jugendzeit, in der er viel zu behütet aufgewachsen ist. Erst vor Kurzem hat er in der Zeitung von Isabellas Hochzeit mit einem Herzog gelesen, der zwanzig Jahre älter ist als sie.

Es ist nicht geschehen, weil es nicht geschehen konnte und nicht geschehen durfte.

Ignazios Stimme hallt in seinen Ohren wider. Er zieht eine Grimasse, und die Schatten der Wäsche, die vom Wind bewegt wird, sind wie eine Antwort.

Mit der Wut ist Vincenzo sehr vertraut.

Er trägt sie schon seit Jahren in seiner Brust. Er hätschelt sie, wie eine Tochter.

Ein Blitz durchschneidet die Nacht. Gleich wird es regnen.

Er ist nicht wie sein Onkel, der Geduld hat, Selbstbeherrschung, Mut.

Mut ja, den glaubt er auch zu haben. Aber Ruhe? Selbstbeherrschung? Vincenzo berührt den Bluterguss in seinem Gesicht. Daran muss er noch arbeiten.

Er ist fünfundzwanzig Jahre alt. Er ist ein Mann. Er schläft immer noch in seinem Kinderzimmer, in einem Bett mit einem Kopfteil aus bemaltem Kupfer.

Er ist zur Schule gegangen, ist auf Reisen gewesen. Seine Anzüge sind gut geschnitten. Was seine Familie betrifft, so dachte er immer, sie sei angesehen und werde respektiert, und vielleicht ist es auch so, doch nicht von allen und nicht, wie es angemessen wäre.

Und das ist es, was ihn ärgert. Zu entdecken, dass es nie genug ist, nie ausreichend. Dass man, ganz gleich, was man tut, immer einen angeborenen Makel hat, für den man nichts kann.

An der Via dei Materassai, in den Gassen des Viertels von Castellammare, da sind sie die Florios: Zwischenhändler, Kaufleute, Großhändler für Kolonialwaren, geachtete Personen, an die man sich gern wendet, wenn man einen Rat bezüglich eines Warenpostens oder eines Garantieschreibens braucht.

Doch da drüben ist eine Stadt innerhalb der Stadt, das Palermo des Meeres, das nur wenig mit der Stadt jenseits der Cassaro zu tun hat, jener großen Straße, die sich gleich bei dem barocken Schatzkästlein der Quattro Canti mit der Via Maqueda kreuzt – jener großen, eleganten, steinernen Straße, von den spanischen Vizekönigen gewollt – und die Stadt in vier *mandamenti,* also Bezirke teilt: das antike Kalsa, heute Sitz der Gerichtsbarkeit; die Albergheria, wo der Königspalast steht; Monte di Pietà mit seinem Capo-Markt; und schließlich Castellammare, wo er wohnt, das alte Viertel der Loggia.

Er schlägt mit der Hand aufs Bett. Draußen geht ein Wolkenbruch nieder und prasselt an die Fensterscheiben.

Und er sieht sie, die hochmütigen Gesichter, die ihn verächtlich anschauen und ihn dazu auffordern, den Blick zu senken, anderen den Vortritt zu lassen.

Er dreht sich in solchen Situationen meist in eine andere Richtung. Doch das wird er jetzt nicht mehr tun. Er wird erhobenen Hauptes durch die Welt gehen, so wie sein Onkel, der zu Stein erstarrt ist und niemandem mehr ins Gesicht schaut.

Sollen sie doch an ihrer Arroganz ersticken: primitive Menschen wie Saguto, und vermeintlich edle wie die Pillitteris. Alle.

Er schwört es sich, und dieses Versprechen besiegelt er mit seiner Wut.

Geduld muss er haben. Geduld und Groll.

In dem anderen Zimmer, nur eine Tür entfernt, ist Ignazio noch wach. Er steht am Fenster und schaut auf das Gewitter hinaus.

Er hört es klopfen. Als er sich umdreht, steht Giuseppina auf der Schwelle, mit gelöstem Haar und verweinten Augen. »Wenn du nicht gewesen wärst, hätte er sich, wer weiß wie oft schon, in Schwierigkeiten gebracht.« Giuseppina spricht leise, und ihre Stimme verliert sich fast in dem Getöse des Wolkenbruchs. »Du hast ihn für mich großgezogen, als wäre er dein Sohn.« Sie schluckt ihren Stolz und ihre Tränen hinunter. »Paolo hätte ihn nicht so behandelt wie du.«

Ignazio ist überrascht. Ein Beben geht durch seine kummergeplagte Brust. Er will aus ihren Worten nichts herauslesen, was nicht existiert: Giuseppina ist noch immer wütend über all das, was ihr Mann – und das Schicksal – ihr auferlegt haben, und vielleicht wird sie das auch immer sein.

Und doch.

»Ich habe Vincenzo gern.« *Und dich auch,* sagen ihr seine Augen. *Ich bin da, nur einen Schritt entfernt.*

Die Frau nickt. Sie würde ihm so gern mehr sagen, vieles mehr, doch sie tut es nicht. Denn der Groll ist wie ein steinerner Damm, der die Worte in ihr verschließt. Er ist ihre Sicherheit, ihr Alibi, mit dem sich das Unglück rechtfertigen lässt.

Die Frühlingsluft ist mild und warm. Sie riecht nach Meer und nach Blut.

Ignazio schaut sich die Thunfische an, die einer nach dem

anderen ausgeladen werden, Opfer dieses großen Schlachtens namens Mattanza, das in diesem Mai 1828 anlässlich des Fests zu Ehren des Santissimo Crocifisso stattfindet. Er sieht ihre großen, glänzenden Augen, ihren fast staunenden Blick. Die silbrige Haut ist von Harpunen zerfetzt.

Am Boden des schwarzen Bootes warten noch mehr der Meerestiere darauf, entladen zu werden. Man zerrt sie ins Innere der sogenannten Tonnara, wo man sie an der Schwanzflosse aufhängt, um sie mindestens zwei Tage ausbluten und andere Körpersäfte abfließen zu lassen, bevor die Fische ausgenommen werden.

Er dreht sich um, sucht nach Ignazio Messina. Er sieht ihn mit dem Rais, dem Vorsteher der Tonnara.

Ignazio ist ihr Sekretär, seit Maurizio Reggio diese Aufgabe abgegeben hat. Nach so vielen Jahren treuer Dienste hatte Reggio seinem Vorgesetzten gestanden, sich nicht mehr der Fülle der Aufgaben gewachsen zu fühlen; und auch Ignazio hatte gewusst, dass Maurizio nicht mehr auf der Höhe war, ihn jedoch nach so vielen Jahren aufopferungsvoller Arbeit nicht vor die Tür setzen wollen. Seine Kündigung war für alle eine Erleichterung gewesen; die Casa Florio hat mittlerweile so große Dimensionen erreicht, dass es Angestellte braucht die mit voller Kraft und Begeisterung bei der Sache sind, beides Dinge, über die Maurizio nicht mehr verfügte.

Ignazio Messina hingegen ist ein schlauer Fuchs. Er hat ihm sogleich gefallen, dieser schon ältere Mann, der voller Energie ist. Und noch wichtiger: Nach außen hin zeigt er ein friedliebendes, fast unbedarftes Gebaren, doch er ist ein Mensch, dem man nichts vormachen kann und der den Dingen immer auf den Grund geht.

Der Sekretär tritt zu ihm, auf dem Gesicht eine höchst zufriedene Miene. »Auch das zweite Werfen der Netze ist gut gegangen. Ich habe Don Alessio gesagt, er soll morgen in der Firma vorbeikommen und das Geld für ihn und die Bootsmannschaften abholen.«

Ignazio murmelt: »Gut.« Er hebt eine Hand ans Gesicht, um sich vor der Sonne zu schützen. Die Thunfischfänger sind fast mit dem Entladen fertig. Manche holen Wassereimer, um das Blut wegzuwischen, andere rollen die Schiffstaue auf.

Von der Rutsche für die Boote aus kann er weit die Küste entlangschauen, fast bis zur Gebirgskette der Madonie.

Darunter liegen die Cala und Palermo mit seinen Majolikakuppeln und den ockerfarbenen Mauern. Er denkt daran zurück, wie er damals hier ankam, an seine Aufregung, als er die Stadt so daliegen sah, lärmend und voller Verheißungen.

Und dann das Leben, das sich veränderte, die Geschäfte, die wuchsen und wuchsen, und mit ihnen Vincenzo. Nach so vielen Jahren ist auch der Schmerz um den Verlust Paolos nicht mehr sengend, sondern hat sich in eine Art Sehnsucht nach früher verwandelt, eine Traurigkeit, die ihm manchmal so sehr die Kehle zuschnürt, dass sich ihr ein Seufzer entringt.

Manchmal fehlt ihm sein Bruder, das stimmt; doch vor allem verspürt er mit aller Macht eine Sehnsucht nach dem, was war und nie wieder sein wird, und er erinnert sich an seinen kraftvollen Körper, an seine Hoffnungen, seine Begeisterung, ja sogar an eine Liebe ohne Hoffnung, die ihm doch das Gefühl gegeben hat, am Leben zu sein.

Es fehlt ihm, das zu sein, was er einmal war.

Und es fehlt ihm das Meer.

Ihm wird eng in der Brust, als ihm diese Erkenntnis kommt. Ein tiefes Gefühl des Verlusts durchströmt ihn, als er sich an das Schwanken des Schiffes unter seinen Füßen erinnert, oder an die Freiheit, die er dort auf der Schifazzo empfand. Dreißig Jahre ist das her.

Er, der ein Wesen des Windes war, wurde gezwungen, zu einer Landratte zu werden, einem Menschen des Geldes.

Plötzlich nimmt ihm der Schmerz, der zuvor nur ein Seufzen der Seele war, den Atem. Sein Puls rast. Er schließt die Augen, stützt sich auf Messinas Arm.

Es ist nicht das erste Mal, dass das passiert.

»Was ist denn, Don Ignazio?«

Die Enge lässt nach, die Benommenheit in seinem Kopf verfliegt. »Müdigkeit«, sagt er und winkt ab.

»Ihr arbeitet zu viel. Ihr steckt Eure ganze Leidenschaft in die Geschäfte und ruht Euch nie aus.« Der Sekretär wirkt aufrichtig besorgt. »Euer Neffe weiß mit den Kunden umzugehen. Ihr könntet doch …«

»Das ist meine Sache, verstanden?«, unterbricht Ignazio ihn, brüsker als nötig.

Der andere verstummt.

Mit langsamen Schritten nähern sich die beiden Männer dem Gebäude.

»Dieser Ort hier hat mir immer gefallen.« Ignazio sagt es so leise, dass der Wind seine Worte davonträgt. »Vor einigen Jahren, als ich die Leitung übernahm, war es kein gutes Geschäft. Es wurde wenig gefangen, die Engländer waren weg, und Geld gab es auch keins mehr. Dann, im Verlaufe nur weniger Jahre …« Er schnalzt mit den Fingern. »Alles hat sich verändert.«

Der Sekretär schaut sich um. »Es war nicht die richtige Zeit. Doch in diesem Jahr war das Meer großzügig.« Er weist mit dem Kopf auf das Innere des Gebäudes, aus dem Stimmen, dumpfe Schläge, Kettenklirren dringen. »Wir können ihn pökeln und auf dem Kontinent verkaufen, jenseits des Leuchtturms.«

»Sicher.«

Ignazio lehnt sich an die Wand. Unter ihm schwarzes Wasser, Klippen; vor ihm spiegelt sich die Sonne.

So ist es in seinem Leben immer gewesen: ein Auf und Ab von richtigen Zeiten und falschen Zeiten, an die er sich anpassen musste. Und vielleicht ist er auch deshalb so tüchtig geworden: weil er sich stets bemüht hat, das zu sein, was er nicht war.

Er stößt sich von der Wand ab. »Na los, kehren wir in die Via dei Materassai zurück. Ich muss noch einiges erledigen.«

»Aber Don Ignazio, es ist bereits Nachmittag. Bis wir in der Stadt sind, ist schon bald Abendmesse.«

Ignazio geht ihm voran. »Wer rastet, der rostet. Außerdem wartet Vincenzo mit ein paar Geschäftsabschlüssen auf mich.«

Er steigt in die Kalesche. Einen Augenblick lang schaut er auf das Meer der Tonnara von Arenella zurück, und das Herz wird ihm schwer vor Sehnsucht und Bedauern.

Am 18. Mai 1828 schlägt Ignazio die Augen auf. Ein Lichtstrahl dringt durch die Läden des Balkons, der auf die Via dei Materassai hinausgeht: eine klare Helligkeit, die zusammen mit den Schwalben, die unter den Dachgauben zwitschern, den Sommer ankündigt.

Er ist müde. Er hat eine schlechte Nacht hinter sich. Schon seit geraumer Zeit hat er so große Verdauungsprobleme, dass er manchmal nur Brot und Obst isst.

Am liebsten würde er gar nicht aufstehen, aber er muss. Er stützt sich auf der Matratze auf, doch ihm wird schwindelig, und er lässt sich in die Kissen zurücksinken. Sein linker Arm tut ihm weh, doch das ist normal, weil er oft auf dieser Seite schläft. Er holt mehrmals tief Luft, wartet.

Schließlich nickt er wieder ein, fast ohne es zu bemerken.

Als er wieder aufwacht, ist fast eine Stunde vergangen. Er ruft nach dem Hausmädchen Olimpia, und kurze Zeit darauf steht die Frau in Pantoffeln an der Tür. »Da bin ich. *Ccà sugnu.*«

Die Bedienstete klappt die Läden auf. Die Sonne ergießt sich ins Zimmer, beleuchtet die zerwühlten Laken. »Don Ignazio, was ist mit Euch? Heilige Mutter Gottes, Ihr seid ja weiß wie eine Wand.«

Ignazio unterdrückt einen Hustenanfall, setzt sich mühsam auf. »Nichts, ich habe Probleme mit der Verdauung. Bereite mir doch bitte Wasser, Lorbeer und Zitrone vor, ja?« Er massiert sich die Brust. Sein Magen scheint in Aufruhr zu sein.

Olimpia sammelt die Kleidungsstücke ein, die er am Abend zuvor kreuz und quer auf dem Boden zurückgelassen hat, weil er zu müde war, um alles ordentlich aufzuhängen. Sie faltet die Hose und plaudert dabei vor sich hin. »Euer Neffe war vorhin da, um nach Euch zu sehen. Er machte sich Sorgen, *mischino,* der Arme. Dann hat er gesehen, dass Ihr schlieft, und Euch ruhen lassen. Jetzt ist er im Laden.

Gebt mir eine Minute Zeit, dann mache ich Euch Wasser mit Lorbeer.«

Die Frau geht hinaus. Er stützt sich auf der Spiegelkommode ab, um aufzustehen.

Im Stehen kann er besser atmen.

Er trinkt den Aufguss, rasiert sich, zieht sich an. Ihm zittern die Hände.

Non sono più un picciriddo, ich bin eben kein junger Hüpfer mehr, versucht er, sich selbst zu beschwichtigen. Seine Lider sind geschwollen, die Haare von Grau durchzogen, seine Hände zittrig. Die Zeit ist ein Gläubiger, der keine Wechsel annimmt.

Aus der Küche hört er Giuseppinas Stimme. Sie muss schon früh das Haus verlassen haben, um auf den Markt zu gehen. Das ist etwas, das sie gern tut, sagt sie. Aber Ignazio weiß, dass sie den Dienstmädchen nicht traut.

Er hat sich gerade die Krawatte gebunden, als sie an der Tür erscheint, eine Hand am Türstock, die andere auf dem Knauf. »Olimpia hat mir gesagt, dass es dir nicht gut geht. Als Vincenzo und ich das Haus verließen, haben wir uns schon gedacht, dass …«

»Mir geht's gut«, unterbricht er sie brüsk. Er zieht seine Jacke an, doch allein die Bewegung lässt ihn leise aufschreien. Die Krämpfe in seinem Arm sind schlimmer geworden. Er spürt, wie ihm übel wird. Er taumelt.

Sie stützt ihn im letzten Moment, bevor er fällt. Zum ersten Mal seit vielen Jahren sind sich Ignazio und Giuseppina nahe. Er atmet ihren Duft ein; und sie begreift, wie schlecht es ihm geht.

Auf einmal bricht Ignazio zusammen und stürzt wie ein gefällter Baum zu Boden. Giuseppina kann ihn nicht daran hindern; er ist zu schwer, und er zieht sie mitsamt der Waschschüssel hinab, die in die Brüche geht. Wasser und Scherben verteilen sich auf dem Boden.

»Olimpia!«, schreit Giuseppina. »*Olimpia!*«

Das Dienstmädchen eilt herbei, schlägt die Hände über dem Kopf zusammen. »Don Ignazio, *matrimia*, heilige Mutter Gottes! Was ist passiert?«

»Hilf mir, wir legen ihn aufs Bett zurück.«

Doch Ignazio ist fast nicht mehr bei Bewusstsein und wird von schweren Zuckungen geschüttelt.

»Ruf Vincenzo! Lauf in den Laden und sag ihm, er soll sofort kommen.«

»*Chi focu ranni!*«, ruft Olimpia beim Hinauslaufen. Und tatsächlich klingt ihre Stimme so, als wäre ein Feuer ausgebrochen und sie riefe um Hilfe.

Giuseppina droht jeden Moment in Tränen auszubrechen. Ignazio ist bleich wie Wachs und schweißüberströmt. Sie drückt ihn an ihre Brust, streicht ihm die Haare aus der Stirn. Sie öffnet ihm den Kragen, reißt ihm die Krawatte vom Hals.

Was passiert mit ihm? Er kann doch nicht sterben, er, der immer da war, der… »Ignazio«, ruft sie weinend. »Mein Ignazio!«

Jetzt schluchzt sie.

Sie spürt, wie ein Beben durch die Hand ihres Schwagers geht.

Ignazio schlägt die Augen auf, begegnet ihrem Blick. Er streckt die Hand aus, sanft streichen seine Finger über ihre Wange.

Einen Moment lang sieht Giuseppina alles. Was genau, und wie sehr, und wie lange schon. Und sie begreift, wie arm sie ab diesem Moment sein wird, und wie reich sie vorher war, auch wenn ihr das nicht bewusst war.

»Onkel!« Vincenzo stürzt ins Zimmer und wirft sich neben Ignazio auf den Boden. »Onkel, was hast du denn …« Er legt ihm die Hände auf die Brust, während seine Mutter ihn immer noch an sich drückt und sich hin- und herwiegt. Fast reißt er ihn aus ihren Armen. »Onkel! *Nein!*«

Nein, schreit er immer noch, wieder und wieder. Er kann nicht einfach so sterben, er doch nicht. Was soll er nur ohne ihn machen?

Ignazio scheint Vincenzo noch einen Moment lang anzuschauen. Er deutet sogar ein Lächeln an.

Dann bleibt sein Herz stehen.

Es ist Ignazio Messina, der das Ableben von Ignazio Florio auf dem Standesamt bekanntgibt. Und er ist es auch, der den Notar Serretta am Tage nach dem Begräbnis in die Via dei Materassai ruft, damit das Testament eröffnet wird.

Vincenzo wartet in schwarzer Trauerkrawatte im Salon auf ihn, umgeben von Leuten aus Bagnara, Hausbediensteten und Angestellten. In einer Ecke steht, von Kopf bis Fuß in Schwarz, Giuseppina. Sie ist auf einen Schlag gealtert, vom Kummer schier überwältigt, wie erloschen – sie, die doch immer eine zähe Kämpfernatur war. Seit zwei Tagen geht sie immer wieder in das Zimmer ihres Schwagers, legt die Hand aufs Bett, dann entfährt ihr ein tiefer Seufzer, und sie geht wieder hinaus. Wieder und wieder, hinein, hinaus.

Nach Serrettas Eintreffen nehmen Verwandte und Angestellte am Tisch Platz. Alle außer Vincenzo, der am Fenster stehen bleibt und hinausschaut. Er hat die Arme vor der Brust verschränkt, wirkt undurchdringlich.

Mailicht überflutet die Wände, spielt auf den flämischen Wandteppichen, die sie schon vor Jahren erworben haben, auf den Teppichen, den Schiffskapitänen abgekauft, die mit dem Orient Handel trieben, auf den Möbeln aus Ebenholz und Walnuss. Alles hier ist von Ignazio ausgesucht worden, das wird Vincenzo erst jetzt bewusst.

In dreißig Jahren hat sich dank ihm alles verändert: Er hat ihre kleine *putìa* zu einem angesehenen Unternehmen gemacht, hat sie alle zu dem gemacht, was sie sind.

Die Florios aus Palermo.

Und was ihn selbst angeht, so hat er ihn zum Mann gemacht.

Der Notar betet Zahlen herunter, die Größe von Grundstücken, Vermächtnisse und Nachlässe für Neffen und Nichten in Bagnara, eine Summe für Mattia und ihre Kinder.

Vincenzo hat sich immer noch nicht gerührt.

»Habt Ihr gehört, was ich gesagt habe, Don Vincenzo?«

Don Vincenzo. Alle Blicke richten sich auf ihn. Er ist jetzt das Familienoberhaupt.

Notar Serretta wartet.

»Ja«, antwortet Vincenzo.

Er kennt das Testament seines Onkels. Vor Jahren schon haben sie zwei gleiche Dokumente aufgesetzt, in denen sie jeweils den anderen zum Erben gemacht haben. Doch es gibt eine Klausel, die Ignazio erst vor Kurzem hinzugefügt hat. Sie ist ein Zeichen, eine Botschaft. Als der Notar diese Zusatzregelung verliest, spürt Vincenzo sie fast körperlich, die willensstarke und doch sanfte Anwesenheit Ignazios, genau hier, neben ihm.

»Dass die Firma weiterhin unter dem Namen Ignazio und Vincenzo Florio geführt werden soll.«

Wortlos unterzeichnet er, dass er das Vermächtnis akzeptiert. Er drückt dem Notar die Hand, küsst seine weinende Mutter auf die Stirn. Dann geht er auf Ignazio Messina zu. »Kümmert Ihr Euch um den Papierkram. Wir sehen uns gleich im Laden.«

Er geht hinaus.

Seine Füße kennen den Weg.

Mit gesenktem Kopf schreitet er einher, weicht anderen aus. So gelangt er schließlich zur Cala, geht weiter bis zum Ende der Mole.

Hier setzt er sich auf den Boden, wie so viele Jahre zuvor, als sein Vater gestorben war.

Damals hatte er zu seinem Onkel Ignazio gesagt: »Jetzt sind *wir* allein.«

Jetzt bin *ich* allein, denkt er.

Eine einzelne Träne läuft über seine Wange.

SCHWEFEL

April 1830 – Februar 1837

Addisiari e 'un aviri è pena di muriri.
Sich etwas zu wünschen und es nicht
zu bekommen tut höllisch weh.
Sizilianische Redensart

Im Jahre 1830 besteigt der zwanzigjährige Ferdinand II. den Thron des Königreichs beider Sizilien, ein Mann, der der wirtschaftlichen und sozialen Erneuerung nicht abgeneigt ist, wie sich zeigt.

Unter ihm wird eine kluge Steuerpolitik auf den Weg gebracht, vor allem jedoch gibt es bemerkenswerte Impulse, was die Erneuerung der Infrastrukturen angeht. Das bourbonische Reich verwandelt sich in einen Ort, an dem Technologie und Wissenschaft gleichermaßen wohl geschätzt sind; besondere Anreize bekommen die Metall- und Maschinenbauindustrie, der Bau von Eisenbahnen, aber auch die Konstruktion von Militärschiffen mit metallischem Rumpf.

Es entsteht das erste Rentensystem Italiens und ein Stromnetz für öffentliche Beleuchtung. Außerdem wird versucht, den Abbau von Schwefel zu verbessern, was zu einem offenen Konflikt mit den Engländern und Franzosen führt, welche sich in den Kopf gesetzt haben, Schwefel zu niedrigeren Preisen als auf dem Markt zu kaufen.

Zwischen 1830 und 1831 kommt es zu revolutionären Erhebungen in Frankreich (mit der Thronbesteigung von Louis-Philippe Orléans, einem Vertreter der konstitutionellen Monarchie) sowie in Belgien, das dadurch die Unabhängigkeit erlangt. Im Juli 1831 gründet Giuseppe Mazzini in Marseille die Bewegung Giovine Italia, »Junges Italien«, die sich das Selbstbestimmungsrecht Italiens auf die Fahnen geschrieben hat, die Einheit des Landes sowie die Gründung einer Republik. Allerdings werden alle revolutionären Aufstände, die zwischen 1833 und 1834 von Mazzinis Anhängern angezettelt werden, blutig niedergeschlagen.

Schwefel. *U' sùrfaru* auf Sizilianisch.
Das Gold des Teufels.
Steine, die Feuer machen.
Der verfluchte Reichtum der Kaufleute.

Ein Schatz, den die Grundbesitzer immer unter ihren Füßen hatten und den sie jahrhundertelang vermaledeiten, denn er machte die Böden unfruchtbar; durch die austretenden Gase waren sie nicht einmal als Weideland geeignet.

Heute jedoch ziehen sich gewundene Gräben durch den Boden. Kinder und Männer, in Reih und Glied wie die Ameisen, kriechen heraus, mit großen Körben voller gelber Steine auf den gekrümmten Rücken.

Die Steine werden gewogen, in Säcke gepackt, und schon sind sie für den Verkauf bereit.

Kaum ist er auf Schiffen verstaut, kann der Schwefel Sizilien verlassen und in den Rest Europas gebracht werden: nach Frankreich und vor allem nach England, das sich den größten Teil der Produktion gesichert hat; aber es gibt auch andere Abnehmer, zu denen Norditalien gehört.

Der Schwefel wird in einer Bleikammer verbrannt und verwandelt sich mithilfe von Hitze und Wasserdampf in Vitriolöl, die kostbare Schwefelsäure, die für die Produktion von Tinkturen, aber auch für Umwandlungsprozesse in den chemischen Fabriken benutzt wird, welche in ganz Europa wie Pilze aus dem Boden schießen.

Das Teufelsgold macht reich. Es schafft Wohlstand und Arbeitsplätze.

Überall. Nur in Sizilien nicht.

Aber das merken sie nicht, die Sizilianer.

Zumindest nicht alle.

Vor Kurzem ist die Sonne aufgegangen. Sie bringt ein mildes, ruhiges Licht mit sich, wie es typisch für einen Frühlingsmorgen ist, und so ist es auch an diesem Apriltag des Jahres 1830.

In der Via dei Materassai ist schon alles auf den Beinen.

Giuseppina nimmt ein *tricotto* und taucht den gelblichen Keks in eine Tasse mit Milch. In der Flüssigkeit schwimmen Krümel. »Bist du zum Mittagessen zurück, Sohn?«

Vincenzo antwortet ihr nicht. Bereits in schwarzem tailliertem Mantel und glänzenden Stiefeln liest er mit gestrenger Miene eine Nachricht, die ihm ein Diener gebracht hat.

»Hast du gehört, was ich gesagt habe?«

Er bedeutet ihr zu schweigen. Dann zerknüllt er auf einmal das Papier und wirft es weg. »Verdammt noch mal!«

»Was ist denn?« Giuseppina tritt zu ihm. »Was hast du?«

»Nichts. Lasst gut sein.«

Genau diesen Moment wählt Olimpia, um das Esszimmer zu betreten. »Wie ist es, darf ich die Tassen schon abdecken?«, fragt sie in fröhlichem Singsang. Doch als sie erkennt, wie angespannt ihr Herr aussieht und dass auch ihre Herrin nervös wirkt, erstirbt ihr das Lächeln auf den Lippen. Rasch räumt sie das Geschirr ab und verschwindet lautlos.

Giuseppina will sich nicht abspeisen lassen. »Was ist denn

nun?«, fragt sie. Ihre besorgte Stimme folgt Vincenzo bis nach draußen. Das Rascheln ihres schwarzen Kleids klingt wie rieselnder Sand.

»Nichts, habe ich Euch gesagt.« Er greift nach seinem Umhang und gibt ihr einen Kuss.

»Aber …«

»Seid ganz beruhigt und kümmert Euch um Eure Angelegenheiten.«

Die Frau bleibt stocksteif stehen, die Hände an die Brust gedrückt. Vincenzo, Fleisch von ihrem Fleische, ist ihr schon seit geraumer Zeit entglitten. Nichts und niemanden lässt er in seine Welt hinein, die nur aus Geld, Männern und Waren besteht.

Der einzige Mensch, der sich je um Giuseppina gekümmert hat, ist seit fast zwei Jahren tot. Und sie ist alt geworden.

Langsam und schweren Herzens nimmt sie wieder Platz.

Vincenzo schließt den Laden auf, genau wie sein Onkel es immer getan hat. Nur ein paar Minuten später treffen seine Angestellten ein, und danach Ignazio Messina, der bereits an der Cala war, um in Erfahrung zu bringen, was es Neues gibt.

Vincenzo heißt sie alle mit einem Gruß willkommen, der mehr ein grimmiges Brummen ist. Er ruft nach dem Sekretär. Der Mann braucht ihn nur einen Moment lang anzuschauen, um zu wissen, dass etwas nicht in Ordnung ist. »Was ist passiert, Don Vincenzo?«

Vincenzo nimmt an dem Schreibtisch Platz, der einst seinem Onkel Ignazio gehört hat. »Die *Anna* ist verloren!«

»Heilige Mutter Gottes!« Der Sekretär schlägt sich mit der Hand an die Stirn. »*Chi successi?* Wie das?«

»Piraten. Sie war schon vor mindestens drei Tagen in Brasilien in See gestochen. Wahrscheinlich sind sie ihr von der Küste aus gefolgt und haben sie gekapert, als sie auf Kurs nach Europa ging.«

»Beim Blute Christi!«, ruft Messina aus. »Dann werden sie Lösegeld fordern, diese Schurken! Hat es Tote gegeben, haben sie jemandem etwas angetan?«

»Anscheinend nicht, zumindest wenn man nach der Depesche von heute Morgen geht.« Vincenzo lässt sich auf seinen Stuhl zurücksinken. »Verbrecher, das sind sie. Es war ein europäisches Schiff ohne Eskorte, das noch nie so weit gefahren war, und das haben sie sofort gemerkt.«

»Klar, genau so muss es gewesen sein. Diese Entführung hat uns gerade noch gefehlt, das wird einiges an Geld kosten. Aber wir müssen auch die guten Seiten daran sehen. Ihr hattet recht damit, den Kommandanten Miloro unter Vertrag zu nehmen: Das ist einer, der weiß, was er tut, und den man sich warmhalten sollte.« Der Sekretär stützt die Arme auf den Schreibtisch. »Wir haben es bis nach Brasilien geschafft, ohne den Kurs der amerikanischen Klipper zu kennen oder die Engländer um Vermittlung zu bitten. Das ist von ziemlich großer Bedeutung, und so könnt Ihr es mit einem lachenden und einem weinenden Auge sehen, Don Vincenzo.«

»Miloro ist einer, der Wind und Strömungen kennt und dafür sogar die Schulbank gedrückt hat. Kein dahergelaufener Schiffsjunge.« Vincenzo trommelt mit den Fingern auf den Tisch, auf dem eine geografische Karte des Atlantiks ausgebreitet ist. »Um die Ladung mache ich mir keine Sorgen; es ist ein großer Verlust, aber sie war versichert. Wichtiger ist zu wissen, dass wir dort Kaffee und Zucker einkaufen können, ohne auf die Vermittlung der Engländer und Franzosen angewiesen zu sein. Und das heißt auch, dass Waren von uns, wie Öl und Wein, es bis nach Amerika schaffen können.« Vincenzos Lächeln ist bitter, fast eine Grimasse. Auch wenn es diesmal schlecht ausgegangen ist, wissen sie nun, dass der Weg frei ist. Er wird wirtschaftliche Verbindungen mit den Amerikanern knüpfen können, und nicht nur das. Er kann Amerika mit seinen Schiffen und seinen Waren erreichen, so wie das Ben Ingham schon eine ganze Weile tut; sein alter englischer Freund besitzt bereits Anteile an den Eisenbahnen, die von der Ostküste der Vereinigten Staaten bis an deren Westküste fahren.

Einem Instinkt folgend schaut Messina zum Flur, hinter dem Palermo nur auf Neuigkeiten wartet, über die es sprechen und lästern kann. »Aber wenn das die Runde macht …«

Vincenzo steht auf. Er streichelt den Ring, der früher einmal Ignazios Mutter gehört hat und den er seinem Onkel vom Finger genommen hat, als er bereits im Sarg lag. Er stellt sich vor, wie zufrieden Ignazio über das Ergebnis gewesen wäre, ohne sich seine Begeisterung jedoch unter einer Maske der Unerschütterlichkeit anmerken zu lassen. »Wenn die Leute hier das erfahren, dann werden die Dummen jubilieren, weil wir eine Schiffsladung verloren haben. Und die Schlauen werden versuchen, es uns nachzutun.« Er geht in Richtung Ausgang. »Später geht Ihr zu der Versicherungsgesellschaft, um den Schaden zu melden. Doch vorher kommt Ihr mit mir.«

»Wohin?« Der Sekretär schafft es gerade noch rechtzeitig, die nötigen Akten und Dokumente mitzunehmen, und läuft ihm auf dem Flur hinterher. Manchmal ist dieser Mann einfach zu schnell für ihn.

»Zur Tonnara.«

Das Handelsunternehmen Ignazio und Vincenzo Florio ist, verglichen mit anderen Firmen Palermos, sehr reich. Da ist nach wie vor der Handel mit Gewürzen und Kolonialwaren, die Beteiligung an einer Versicherungsgesellschaft, der sowohl Kaufleute aus Palermo wie auch Auswärtige angehören; außerdem besitzt die Casa Florio Anteile an mehreren Dampf- und Frachtschiffen. Und die Firma leitet die Tonnare, die Thunfischverarbeitungshallen, von San Nicolò l'Arena, von Vergine Maria und seit Kurzem auch die der Isola delle Femmine: alles Investitionen, die sich nach einigen mageren Jahren als überaus ertragreich erwiesen haben.

Doch für Vincenzo ist die wichtigste Tonnara das Gebäude in Arenella. Ignazios einzige wahre große Leidenschaft, eine Einrichtung, die er auch in den Zeiten, als der Thunfischfang eine tiefe Krise erlebte, immer erhalten wollte.

»Das ist eine Herzensangelegenheit«, hat sein Onkel immer gesagt.

Und in diesen Ort hat auch Vincenzo sich verliebt, ohne sich dessen bewusst zu sein, und er will diese Tonnara mit der gleichen Inbrunst, mit der er sich nach dem Körper einer Frau verzehrt. So wie das eben manchmal mit der Liebe ist, die in dir wächst und wächst, bis du sie nicht mehr unterdrücken kannst, und die ein Leben lang anhält.

Ignazio Messina steigt aus der Kutsche, gefolgt von Vincenzo. Der Sekretär stützt sich auf einen Stock, Vincenzo überholt ihn, geht ihm mit flinken Schritten voraus. Er durchschreitet die Tür des *marfaraggio,* des Gebäudes, die wie die Bäuche der Thunfischfänger schwarz gestrichen ist.

Schließlich erreicht er die *trizzana,* die Werft, in der die Schiffe gewartet werden, und wo emsig gearbeitet wird. Drinnen Männerstimmen, der trockene Geruch von Meer und Algen. Seeleute bereiten sich darauf vor, für den Thunfischfang auszulaufen.

»Don Florio!« Ein Thunfischjäger läuft ihm auf bloßen Füßen entgegen. »Ich bringe Euch eine Nachricht von Seiner Durchlaucht. Er erwartet Euch an der Rampe, dort, wo das Zelt steht.«

»Danke.« Vincenzo bedeutet Ignazio Messina, ihm zu folgen.

»Der Baron?«, fragt der Mann ihn perplex.

»Genau. Mercurio Nasca di Montemaggiore.« Vincenzo geht an einer Gruppe von Männern vorbei, die für den bevorstehenden Fang Netze flicken. Die Mattanza macht sich den Zug der Thunfische zunutze, die ins Mittelmeer kommen, um sich zu paaren. »Er ist einer der Besitzer des Fangunternehmens *pro quota*, zusammen mit dem Kloster San Martino delle Scale.«

»Ja, das weiß ich, dass ihm ein Anteil gehört … Aber wie kommt er dazu, Euch ausgerechnet hierherzuzitieren? Ich meine, es ist doch seltsam, dass sich ein Aristokrat dazu herablässt, um eine Unterredung in einer Tonnara zu bitten.«

Sie kommen an einigen Thunfischfängern vorbei, die mit dem Kalfatern der Boote beschäftigt sind. Vincenzo, der eine Handspanne größer ist als Messina, kann seinem Sekretär beim Sprechen über die Schulter schauen. Ein Geruch nach Pech und Teer liegt in der Luft. »Könnt Ihr es Euch nicht denken? Was könnte denn ein Baron von einem Kaufmann wie mir wollen?«

»Nur eine Sache.«

»Genau.« Vincenzo neigt den Kopf seinem Sekretär zu. »Vor einigen Tagen hat Nasca di Montemaggiore mir eine Nachricht zukommen lassen; er bat mich, ihn zu treffen. Und es diskret zu behandeln.«

»Aha. Dann sind die Gerüchte über ihn also …«

»Sie stimmen, ja. Das Wasser steht ihm bis zum Hals. Ich habe mehrere seiner Wechsel diskontiert, und er hat davon erfahren. Genau deshalb will er mit mir sprechen: Ich glaube, er will herausfinden, wer von uns armen Sterblichen ihm Geld leihen kann.«

An der Rampe, die einen Belag aus in Mörtel gegossenen Kieselsteinen hat, ist ein weißes Zelt aufgebaut, das sich gegen das Blau des Meeres abhebt.

Dort sitzt an einem schlichten aufgebockten Tisch der Baron. Er ist ein Mann mittlerer Größe und trägt leicht abgenutzte und aus der Mode gekommene Kleidung: ein spitzenbesetztes Hemd und einen Frack mit bestickten Borten. Hinter ihm steht ein livrierter Diener und neben ihm ein weiterer, elegant gekleideter Mann, vielleicht sein Faktotum, sein »Mädchen für alles«.

Das Grüppchen ist dekorativ umrahmt von zerfetzten Netzen und rostigen Ankern.

»Signor Florio.« Der Ton, den der Mann anschlägt, ist der eines Herrschers, der eine Audienz gewährt. Und tatsächlich hält er Vincenzo die Hand hin, damit dieser sie ihm ehrerbietig küsst, doch Vincenzo ergreift sie, um sie kraftvoll zu schütteln. Der Adlige zieht sie prompt zurück, ballt sie zur Faust und legt sie auf seinem Bauch ab.

Ohne auf eine Aufforderung zu warten, nimmt Vincenzo Platz. An den Diener gewandt sagt er: »Darf ich höflichst um einen Stuhl für meinen Sekretär bitten?«

Der Mann gehorcht.

Schweiß steht in kleinen Perlen auf der Stirn des Barons. Eindeutig zu viel für diesen bestenfalls milden Apriltag. »Also…« Er unterbricht sich.

Vincenzo verzieht keine Miene. »Also.«

Das Faktotum murmelt dem Baron etwas ins Ohr, der mit sichtlicher Erleichterung nickt und ihm mit einem Nicken bedeutet, an seiner Stelle zu sprechen. »Seine Durchlaucht möchte Euch um Eure Mitarbeit bitten.« Der Mann haucht die Vokale, wie es typisch für Menschen aus dem Inneren der Insel ist. »Der Baron sieht sich aufgrund der ungünstigen wirtschaftlichen Konjunktur unvorhersehbaren Ausgaben gegenüber, zu denen auch noch notwendige Renovierungsarbeiten an seinem Palast in Montemaggiore kommen. Da zusätzlich die Situation seiner Faktoreien momentan besonders angespannt ist, befindet er sich in einer vorübergehenden Krise, was seine Liquidität angeht…«

»Mit anderen Worten, er hat kein Geld mehr.« Vincenzo wendet sich direkt an den Baron, der angestrengt aufs Meer hinausblickt. »Das verstehe ich sehr gut. Auch meine unternehmerischen Aktivitäten sind ernsten Risiken ausgeliefert. Ihr habt folglich mein allergrößtes Verständnis, *Signore.*«

Der Baron räuspert sich und verkneift sich offenbar eine barsche Erwiderung auf den Affront. »Ich spreche mit Euch in aller Offenheit, Signor Florio: Ich benötige eine Anleihe, ja. Deshalb habe ich Euch auch um ein Treffen an diesem Ort ersucht. Eine geschäftliche Vereinbarung dieser Art wollte ich lieber nicht in meinem Palast erörtern.«

Vincenzo sagt nichts darauf.

Das Schweigen wird zu Salz. Trocken und bitter.

»Wie viel?«, fragt Messina.

Das Faktotum zögert. »Mindestens achthundert Unzen. Seine Durchlaucht ist bereit, als Garantie dafür seinen Besitzanteil an dieser Tonnara anzubieten.« Er zieht einige Dokumente aus einer Ledermappe und reicht sie Ignazio Messina, der beginnt, sie zu lesen.

»Ihr müsst uns ein paar Tage Zeit geben, damit wir die zu leihende Summe sowie die angebotene Garantie prüfen können«, kommentiert Messina schließlich.

Angst und Scham sprechen aus der Stimme des Barons, als er antwortet. »Ich … Wir haben momentan immense Ausgaben und … Ich sehe mich gezwungen, Euch zu bitten, bis morgen zu einer Entscheidung zu gelangen.«

»Bis morgen? Ich hätte nicht gedacht, dass Ihr derart in Bedrängnis seid.« Vincenzos Erstaunen scheint nicht gespielt zu sein. Er wendet sich Messina zu, der nur mit den Achseln zuckt und auf die Papiere zeigt.

Zu wenig Zeit.

»Seht Ihr? Auch mein Sekretär sagt, dass es nicht möglich ist. Eine Woche ist absolut unverzichtbar, um Eure Garantien einzuschätzen.« Ohne eine Geste des Abschieds steht er auf. »Ihr erhaltet unsere Antwort innerhalb einer Woche. Meine Herrn, guten Tag!«

Der Baron streckt die Hand nach ihm aus. »Wartet!« Er packt das Faktotum am Ärmel, rüttelt daran. »Nein! Um Himmels willen, nein!« Jetzt schreit er fast. »Dann wird es zu spät sein, sagt ihm das!«

Das Faktotum versucht, ihn zu beschwichtigen, während Messina konsterniert die Dokumente einsammelt, eine Verbeugung andeutet und sich, ohne auch nur ein Wort zu sagen, entfernt.

Vincenzo ist bereits an der Kutsche, als Messina ihn einholt. Er beschließt, diesem Hauch von Erregung, den er in den Augen des anderen wahrnimmt, keine Beachtung zu schenken. »Aber Don Vincenzo, meint Ihr nicht, dass Ihr … wart Ihr nicht doch etwas zu …« Er atmet tief durch.

»Nein. Er will Geld und wird alles tun, um es zu kriegen. Und er wird es kriegen, aber zu meinen Bedingungen.«

»Als Garantie für diese Summe werden gewährt: das Werkzeug für Meer und Land, die Zugangsrampen, die Anker, die gesamte Flotte der Boote, Fässer und andere Gefäße, das davorliegende Meer sowie die Lagerräume der Tonnara …«

Notar Michele Tamajo liest mit monotoner Stimme; fast klingt es so, als würde er bei einem Begräbnis psalmodieren.

Vincenzo, der einen schwarzen Anzug trägt, hängt seinen eigenen Gedanken nach. Er achtet weder auf das Surren der Fliege, die im Zimmer eingesperrt ist, noch auf das Rascheln der Seiten, das Knirschen der Stühle.

In gebührendem Abstand sitzt Baron Mercurio Nasca di Montemaggiore und betrachtet ihn voller Hass. Seine Wangen sind gerötet, die Lider schwer. Wenn Blicke töten könnten, so wäre Vincenzo Florio schon längst von ihm ins Jenseits befördert worden, und zwar unter den allerschrecklichsten Umständen.

»Das ist alles«, sagt der Notar, an den Baron gewandt. »Seid Ihr sicher, dass Ihr unterzeichnen wollt?«

Der Mann zeigt auf Vincenzo. »Der da hat mir ja keine

Wahl gelassen, dieser … dieser Halsabschneider!« Seine Stimme trieft vor Groll.

Vincenzo scheint erst in diesem Moment seiner gewahr zu werden. »Ich, ein Halsabschneider? Baron, ich bin nur kein Wohlfahrtsverein.«

»Ihr nutzt meine Notsituation aus!«, ruft der Baron mit verzerrtem Mund. »Ihr zwingt mich dazu, unter Wert zu verkaufen.«

»Nein, Signore, mitnichten. Lügt nicht. Ich habe Euch um eine Woche Zeit gebeten, um Eure Garantien einer Prüfung zu unterziehen, und ich habe gut daran getan, weil ich feststellen musste, dass Werkzeug und Ausrüstung der Tonnara in einem erbärmlichen Zustand sind. Dann habe ich mich angeboten, Euren Anteil an der Tonnara zu übernehmen, um Euch entgegenzukommen. Eure ganze Antwort darauf war, dass Ihr die gesamte Summe in bar haben wolltet, um Euren Gläubigern das Maul zu stopfen. Auch das bekamt Ihr. Und jetzt wagt Ihr es zu sagen, dass ich Euch keine Wahl gelassen habe?«

»Ihr habt kein vornehmes Blut, das merkt man! Ihr seid armselig und respektlos.« Jetzt ist es nur noch ein Zischen, was aus dem Mund des Barons kommt. »*Vous êtes un parvenu insolent!* Ein Emporkömmling und Hungerleider seid Ihr, und unverschämt noch dazu!«

Vincenzo, der zum Gänsekiel gegriffen hat, um den Kontrakt zu unterschreiben, hält inne. Es ist nicht wichtig, dass Jahre vergangen sind oder an die Stelle des Dialekts das Französische getreten ist. Die Beleidigung brennt immer noch auf seiner Haut, und das wird immer so bleiben. »Ihr könnt Euch immer noch zurückziehen, wenn Ihr das glaubt«, murmelt er eisig.

Die Stille in dem Raum wird schwer, durchbrochen nur vom Surren der Fliege. Ein Tintentropfen fällt auf das Papier.

Alle wissen es, und der Notar Tamajo ist da keine Ausnahme: Der Baron ist bankrott. Aber er weiß auch, dass dieser Mann so stolz ist wie kaum jemand. »Nun ist es an Euch, Baron«, mischt sich Tamajo ein, um den äußeren Schein zu wahren. »Was wählt Ihr?«

Die Versuchung ist groß. Wahrscheinlich geht es dem Baron durch den Kopf, wie lang er wohl noch durchhalten kann, indem er zum Beispiel den letzten Schmuck seiner Gemahlin versetzt oder seinen Anteil an der Tonnara an die Mönche von San Martino delle Scale verkauft, denen bereits ein Teil des Gebäudes gehört. Doch er weiß sehr wohl, dass auch die Mönche ihre Geldbörse gut verschnürt halten und der Schmuck seiner Frau kaum mehr ist als ein wenig Tand. Er unterdrückt nur mit Mühe einen Seufzer der Demütigung. »Unterschreibt, in Gottes Namen«, faucht er. »Unterschreibt und verschwindet aus meinem Leben.«

Vincenzo unterzeichnet mit einem schwungvollen Schnörkel direkt unter dem Tintenklecks. Dann überlässt er seinen Platz Ignazio Messina und dem Faktotum des Barons, damit sie den bürokratischen Kleinkram erledigen, und zieht sich in den hinteren Teil des Raumes zurück, wo er schweigend dasteht, die Hände über der Brust verschränkt, die Brauen zusammengezogen, was ihm das Aussehen eines grimmigen Raubvogels verleiht.

Am Ende tritt Messina auf ihn zu. »Ihr hättet auch im Büro bleiben können; schließlich habe ich Prokura. Es wäre nicht nötig gewesen, dass Ihr dieser hässlichen Szene beiwohnt.«

Doch Vincenzo lässt Nasca di Montemaggiore nicht aus

den Augen. »In Zukunft vielleicht. Heute nicht.« Er streckt ihm die Hand hin. »Gebt mir die Börse.«

»Aber …«

Vincenzo nähert sich dem Baron, der auf seinem Stuhl zusammengesunken ist, und lässt den Beutel in seinen Schoß fallen, doch der Mann schafft es nicht, rechtzeitig danach zu greifen, sodass die Münzen zu Boden fallen und sich auf dem Teppich verteilen.

Vincenzo Florio verlässt das Zimmer, während Baron Nasca di Montemaggiore am Boden entlangkriecht und das Geld einsammelt.

»Langsam, langsam … *Madonna santa*, was macht Ihr denn? Könnt Ihr nicht besser auf die Sachen von anderen Leuten aufpassen?«

Aufgeregt versucht Giuseppina, den Lastenträger den Flur ihrer neuen Wohnung entlangzulotsen.

Eine große Wohnung, in einem höheren Stockwerk, auf zwei Ebenen. Immer noch an der Via dei Materassai, aber im Haus Nummer 53.

Vincenzo hat sie von einem benachbarten Kaufmann, von Giuseppe Calabrese, erworben. Genauer gesagt handelt es sich um eine *datio in solutum*, eine Leistung an Erfüllungs statt, für eine Schuld, die Calabrese nicht fristgemäß begleichen konnte. Geschäft ist nun mal Geschäft, und die Ehre hat damit nichts zu tun.

In Wirklichkeit handelte es sich um zwei Wohnungen, die Vincenzo zusammengelegt hat, indem er mehrere Mauern einreißen ließ. Wenn man aufs Dach steigt und herunterschaut, sieht man die Cala bis zum Horizont und von der anderen Seite die Stadt und die Berge. Und weil ihm die Aussicht gefällt, will er hier oben auch noch eine kleine Terrasse anlegen lassen, auf der man angenehm die Sommernachmittage verbringen kann.

Giuseppina lässt sich auf einen Stuhl fallen und begnügt sich damit, dem Lastenträger das Zimmer zu zeigen, in das er die Möbel bringen soll. Die Dienstboten sind emsig dabei, zu fegen und alles in Ordnung zu bringen.

Vincenzo erscheint auf der Schwelle. »Und, Mama? Gefällt es Euch?«

»Und wie. Die Wohnung ist groß … und so viel Licht!«

Die Gedanken sind wie Diebe, die zu jener allerersten armseligen Hütte am Piano San Giacomo laufen; von dort zu der anderen Wohnung an der Via dei Materassai, wo Ignazio gestorben ist. Angemietete Wohnungen, wie es sich für Menschen, die arbeiten, gehört.

»Schön ist sie auf jeden Fall«, sagt Giuseppina nickend und schaut sich um. Ihr Sohn hat alle Räumlichkeiten renovieren lassen, Türen und Fensterrahmen ausgetauscht und die Wände mit Bildern von Blumen und blauen Himmelsszenen bemalen lassen. Hier gibt es sogar fließendes Wasser und einen Schuppen für ihre Kutschen und Karren. »Zwar fehlt auch hier die frische Luft, die ich in Bagnara hatte, aber …«

»Immer noch?« Ihr Sohn hebt die Augen zum Himmel. »Langweilt es Euch nicht langsam, immer noch von diesem Dorf zu reden? Das hier ist unser Zuhause. Jetzt müssen wir endlich nicht mehr an Mieten und an diese armseligen Hütten in Kalabrien denken. Von jetzt an leben wir hier.«

Und Giuseppina ist wieder einmal gezwungen, resigniert

den Kopf zu senken. Sie hat nie ein Mitspracherecht gehabt, wenn es darum ging, wo sie wohnen.

Als sie ihn gefragt hat, ob sie sich eine so luxuriöse Wohnung überhaupt leisten können, hob Vincenzo nur den Kopf über seinen Papieren und schaute sie mit einer Ruhe an, die ebenso gelassen wie irritierend war. »Natürlich können wir das. Wir sind keine *putiàri* mehr. Erst gestern haben wir die Ladung der *Santa Rosalia* durch den Zoll gebracht, und wir waren noch nicht mal mit dem Löschen fertig, als die Auktion für den Verkauf der Baumwolle begann.« Mit den Jahren ist Vincenzos Lachen rau geworden. Immerhin ist er mittlerweile dreiunddreißig Jahre alt. »Wir müssen einfach eine Wohnung haben, die unseres Namens würdig ist. Solange ich da bin, wird es uns an nichts mangeln, niemals.«

Ein Arbeiter ruft nach Vincenzo, der sich entfernt.

Die Frau steht wieder auf, schaut aus einem der Fenster: Von hier aus kann sie einen guten Teil der Via dei Materassai und einen Teil des Piano San Giacomo sehen.

Ja, sie sind weit gekommen.

Auch ihr Groll hat sich mit den Jahren verwässert und ist mit Ignazios Tod ganz verschwunden.

Nichts ist ihr mehr geblieben, nur sie selbst und ihre Erinnerungen.

Ihr Sohn – ihr Geschöpf und ihre Daseinsberechtigung – ist wie eine Insel, genau wie sie es lange gewesen ist. Giuseppina weiß, es wird sie Überwindung kosten, doch da ist etwas, das ihr Sorgen bereitet und sie bei Nacht nicht schlafen lässt. Mit vierundfünfzig Jahren fühlt sie sich alt, und sie weiß, dass Vincenzo nicht allein bleiben kann. Jeder Mann braucht eine Frau an seiner Seite, die ihm Gesellschaft leistet, die ihm das Bett wärmt und sich um ihn kümmert, die ihn erträgt, wenn er schlechte Laune hat. Und die ihm Kinder schenkt. Erben – das ist es, was die Casa Florio jetzt braucht.

Was Ignazio und Vincenzo aufgebaut haben, darf nicht leichtfertig den Gezeiten überlassen und aufs Spiel gesetzt werden. Es ist ein Vermächtnis, das weitergegeben und gehütet werden muss, und es braucht gutes Blut, um dies zu tun. Es braucht ein Frauenzimmer, das vornehm erzogen ist. Ihr Sohn muss eine Familie gründen. Sie sagt es sich zähneknirschend. Sie muss mit ihm darüber reden.

Und sie selbst muss Platz machen. Bald.

Was Giuseppina bleibt, ist die Gewissheit, allein zu sein, und noch eine andere, die bitterer, subtiler und schmerzlicher ist: die Gewissheit, dass sie auf die Liebe ihres Lebens verzichtet hat.

An diesem Abend, beim Essen, sitzen sich Mutter und Sohn allein gegenüber, so wie es auch in ihrer alten Wohnung war. Das Licht einer Lampe ergießt sich über den Tisch, das Geschirr, ihre Hände. Olimpia, die zu alt – und zu ungehobelt – war, um die Florios bei Tisch zu bedienen, ist durch ein sommersprossiges junges Mädchen und ihre Mutter ersetzt worden, die sich um die Küche kümmert und die schwereren Arbeiten verrichtet.

Giuseppina beginnt ihr Vorhaben behutsam. »Ich wollte mit dir reden, Vice'.«

Er hebt den Blick vom Teller. Die Furche zwischen seinen Brauen vertieft sich. »Probleme?«

»Nein, gar nicht. Aber sie können daraus entstehen, und deshalb muss man rechtzeitig darüber nachdenken.« Sie spürt, wie der Kummer an ihr zu nagen beginnt, doch sie muss stark sein. Es ist etwas, das über ihr eigenes Leben hinausreicht, und deshalb muss sie es jetzt angehen. »Du bist nun über dreißig.« Sie macht eine Pause. »Du musst an die Zukunft denken, und nicht nur an deine eigene.«

Vincenzo legt seinen Löffel auf dem Teller ab. »Ihr meint, eine Frau?«, fragt er, ohne den Blick zu heben.

»Ja.« Giuseppina holt tief Luft. Eine Frau, die mit ihr in diesem Haus leben wird, die hier an diesem Tisch sitzen wird, die das Bett ihres Sohnes teilen wird.

Es wird nicht einfach sein.

Vincenzo greift zu seinem Weinkelch, nimmt einen Schluck. Einen flüchtigen Moment lang sieht er Isabella Pillitteris Schwanenhals vor sich. »Wisst Ihr, es gab einen Moment, in dem ich gehofft habe, Euch diesen Satz sagen zu hören. Doch diese Zeit ist vorüber.« Seine onyxschwarzen Augen versenken sich in den kastanienbraunen seiner Mutter. Doch es ist nur ein Augenblick. Er steht auf, gibt ihr einen Kuss. »Kümmert Ihr Euch darum. Sucht mir eine Braut, die zu mir passt und die meinen Gefallen findet, die aus guter Familie ist und über eine angemessene Mitgift verfügt. Dann lasst es mich wissen.« An der Tür fügt er noch hinzu: »Wartet heute Abend nicht auf mich. Ich habe eine Verabredung.«

»Mit wem?«

»Ihr werdet sehen. Eine Überraschung.«

Auf der großen Freitreppe vor San Giovanni dei Napoletani stehen mehrere Männer. Es sind Kaufleute, die meisten von ihnen kalabrischen oder neapolitanischen Ursprungs, zusammen mit ihren Söhnen. Sie haben die gleiche Herkunft, den gleichen Beruf, sie wohnen am selben Ort. Das Gebet in der Kirche ist nur ein Vorwand, in erster Linie wollen sie sich treffen, über Geschäfte reden, Klatsch und Tratsch austauschen.

Die Blicke, mit denen sie einander mustern, sind unverstellt, Höflichkeit und christliche Nächstenliebe scheinen hier keine Rolle zu spielen. Die Predigt der Abendmesse hat offenbar ihre Wirkung verfehlt.

Der Küster geht an ihnen vorbei. »*'Un hannu tiempu di perdiri, chisti!* – Die verlieren wirklich keine Zeit«, brummt er mürrisch, bevor er das große Portal der Kirche schließt. Als es ins Schloss fällt, hallt der Platz einen Moment lang wider.

Vincenzo ist in ein intensives Gespräch mit einem Mann versunken, der eine eckige Kinnlade hat und starken kalabrischen Dialekt spricht. Sie wirken sehr vertraut miteinander, was die Neugier der anderen Kaufleute weckt. Im Gegensatz zu seinem Onkel Ignazio – *recamatierna,* er ruhe in Frieden –, der immer freundlich und zugänglich war, hat Vincenzo Florio einen widerspenstigen Charakter. Stets hält er sich die Welt auf Armeslänge vom Leib.

Doch, verflucht noch mal, denken alle, *ein schlauer Fuchs ist er schon.*

Vincenzo hört ihre Stimmen wie eine Art Hintergrundgeräusch – eine gehörige Portion Neid, der sich mit Bewunderung mischt –, doch seine ganze Konzentration gehört dem Mann, der vor ihm steht. »Wie du siehst, gibt es hier jede Menge Leute aus Bagnara und Neapel, die die Küste rauf- und runterfahren. Aber die interessieren mich nicht. Mein Blick geht woandershin.«

Der andere, der etwas kleiner und muskulös ist, schaut sich um. »Das hattest du mir in einem deiner Briefe angedeutet. Worüber wolltest du also …«

Ein aufmerksames Auge würde durchaus feststellen, dass es zwischen ihnen gewisse Ähnlichkeiten gibt. Die hohe Stirn, die großen, kräftigen Hände, die dunklen Augen. Allerdings zeigt der aus der Mode gekommene Schnitt des Anzugs und die geringere Selbstsicherheit, die aus den Gesten des Mannes spricht, dass der Neuankömmling nicht den gleichen Wohlstand genießt wie Florio.

Vincenzo nimmt ihn am Ellbogen und führt ihn in Richtung Palazzo Steri. »Das dort ist die Dogana, das Zollamt«, erklärt er. »Aber das war nicht immer so. Ursprünglich war es der Palast eines Adligen, und danach ein Kerker für Ketzer, Mörder und Diebe.« Er bleibt stehen. Der Palast, ein riesiger schwarzer Schatten aus Stein, ragt vor ihnen auf. »Ich will keinen Kain in meinem Haus. Bist du mir in irgendeiner Weise noch gram für das, was geschehen ist, als wir noch klein waren?«

»Vielleicht früher einmal«, sagt der andere in aufrichtigem Ton. »Ich erinnere mich noch an die Verzweiflung meiner Mutter in jener Zeit, an den Hunger und die Demütigung, Verwandte um Geld anbetteln zu müssen. Wir mussten das Haus verkaufen und nach Marsala ziehen … Ja, ich war wütend auf deinen Vater und deinen Onkel, zumal alle uns sagten, bei euch laufe alles bestens.«

»Aber es sind doch immer wieder kleinere Summen bei euch eingetroffen, oder?« Vincenzo spricht leise. »Onkel

Ignazio hat sie in Auftrag gegeben, ohne großes Aufhebens darum zu machen. Ich habe die Zahlungsanweisungen in den Kassenbüchern der vergangenen Jahre gefunden. Ich erinnere mich noch, wie Tante Mattia und du damals nach Palermo gekommen seid. Mein Vater lag im Sterben. Für mich war es seltsam zu wissen, dass ich noch eine Familie habe. Später habe ich oft daran gedacht, wie es wohl gewesen wäre, wenn wir näher beieinander gelebt hätten. Aber nun ist es eben so gekommen.«

Der andere nickt. Er hat verstanden. »Meine Mutter hatte euch gern. Sie hat immer an euch gedacht, hat immer ein Gebet für deinen Vater und für den Onkel gesprochen.«

Vincenzo spürt, wie ihm eng in der Brust wird, eine Rührung, die er sich jedoch nicht anmerken lassen will, und so verscheucht er sie. »Ich bin nicht Onkel Ignazio, denk daran. Ich bin jemand, der nicht bei dem stehen bleiben will, was er hat.«

»Ich auch nicht.«

Und genau in diesem Satz, der Entschlossenheit, mit der er gesprochen wurde, findet Vincenzo die Gewissheit, nach der er gesucht hat.

»Morgen kommst du zu mir in die Via dei Materassai. Ich stelle dir Ignazio Messina vor; er wird dir alles erklären. Er ist schon älter und sehr erfahren; du wirst an seiner Seite arbeiten.« Er gibt ihm die Hand. »Und dann kommst du zu mir nach Hause. Meine Mutter weiß noch nichts, aber sie wird glücklich sein, Mattias Sohn wieder bei sich zu haben.«

Da endlich lächelt er: Raffaele Barbaro, der Sohn von Paolo Barbaro und Mattia Florio.

In dem Sträßchen ist es still und menschenleer, obwohl es doch in nur geringer Entfernung von der Stadt und der Dogana liegt. Die Via della Zecca Regia besteht aus vielen schmalen Häusern, die zum Teil auch auf die Via dell'Alloro hinausgehen: ruhige Häuser für bescheidene Kaufleute, nichts im Vergleich zu den noblen Palazzi, die sie umgeben.

Im Arbeitszimmer der Wohnung im ersten Stock weicht das Licht des Sonnenuntergangs allmählich der Dunkelheit. Der Herbst des Jahres 1832 geht mit großen Schritten ins Land und lässt die Tage kürzer werden; ein kräftiger Wind weht aus den Bergen.

Vier Männer.

»Stellt Euch die Wüste Schwarzafrikas vor. Trocken, menschenleer, ohne Hoffnung. Nur ab und zu taucht eine Oase auf, mit einem Tümpel voller Wasser und zwei zueinander geneigten Palmen. Nun, und hier ist es genau das Gleiche: Wenn Ihr auf ein lohnenswertes Unternehmen stoßt, kommt es Euch vor wie ein Wunder.« Vincenzo spreizt die linke Hand und beginnt an den Fingern abzuzählen: »Es gibt ein paar Baumwollwebereien, einige Schmieden für Arkebusen, eine für Messing und eine für Eisen. Alles andere sind *putìe*, kleine Läden mit einem Inhaber und ein paar Angestellten, wenn es gut läuft. Was uns angeht, so hat die Casa Florio keine Fabriken; sie treibt Handel. Wir bringen Produzenten und Käufer in Kontakt zueinander, in unserem Namen oder für Dritte.«

Von der anderen Seite des Schreibtischs hört Tommaso Portalupi, ein Kaufmann aus Mailand, der seit einigen Monaten in Palermo ist, aufmerksam zu. Er hat Geheimratsecken, haselnussbraune Augen und eine imposante Nase, die von dunklen Venen durchzogen ist. Neben ihm sein

Sohn Giovanni, der ihm wie aus dem Gesicht geschnitten ist, nur um viele Jahre jünger.

Portalupi stützt die Ellbogen auf den Schreibtisch. »Signor Florio, auch ich bin Zwischenhändler und habe mich deshalb an Euch gewandt, weil ich mich nach dem besten Lieferanten auf dem Markt Palermos erkundigt habe. Meine Aufgabe ist es, Rohstoffe zu finden, die dann in der Lombardei verarbeitet werden können. Ich interessiere mich für Wein, Öl, gepökelten Thunfisch, Sumach und Schwefel. An englische Händler will ich mich nicht wenden, weil sie ihre eigene Produktion an den Mann bringen wollen; außerdem interessieren mich die Produkte minderer Qualität nicht, die einige von ihnen versucht haben, mir unterzuschieben. Welche dieser Waren könntet Ihr denn besorgen, und zu welchen Bedingungen?«

Vincenzo wechselt einen Blick mit Raffaele, der neben ihm sitzt, und lehnt sich in seinem Stuhl zurück. »Fragt ruhig. Ich kann Euch alles besorgen, was in Palermo produziert wird. Alles.«

Ein Klirren von Glas auf Metall unterbricht die Unterredung. Die Tür geht auf. »Darf ich?«

Ein Mädchen in braunem Kostüm tritt ein, in der Hand einen Teller mit Keksen. Ein köstliches Mandelaroma breitet sich im Raum aus. »Mama hat gesagt, ich soll Euch die hier bringen. Sie kommen frisch aus dem Ofen.« Die junge Frau macht einen Schritt zurück und betrachtet die Gäste. Ihr Blick bleibt bei Vincenzo hängen.

Vincenzo, der gerade ein Glas Likör von Giovanni entgegengenommen hat, dreht sich um. Und sieht sie.

Das muss eine Verwandte von Portalupi sein, denkt er, vielleicht eine Nichte oder die Tochter. Ja, die Ähnlichkeit ist da, in Haarfarbe und Hautton, im Tonfall, sogar in der dominanten Nase. Die junge Frau bewegt sich mit Anmut, aber auch großer Zurückhaltung. Vincenzo lässt sich nicht oft von weiblichen Reizen verführen, doch dieses Mädchen hier beeindruckt ihn: ihr gerader Rücken, ihr hübsches Gesicht.

Auch diesen reinen, furchtlosen Blick haben die anderen Frauen in Palermo nicht.

Tommaso Portalupi streicht ihr zärtlich über den Arm. »Danke, mein Kind. Du kannst jetzt gehen.«

Er wartet, bis sich die Tür geschlossen hat, und ergreift dann wieder das Wort. »Schwefel, Signor Florio. Wein und Schwefel.«

Vincenzo verschränkt die Hände auf den übereinandergeschlagenen Beinen. »Gewiss. Was den Schwefel angeht: wie viel und wie schnell?«

An diesem Abend fällt Vincenzo auf, dass seine Mutter besonders beflissen ist. Sie bedient ihn höchstpersönlich bei Tisch, streicht ihm über die Wange, fragt ihn, was es auf der Arbeit Neues gibt.

Er schaut sie voller Argwohn an.

Vincenzo ist müde. Er hat Jacke und Krawatte abgelegt; seine Weste ist aufgeknöpft, das Haar in Unordnung. Nach einem hektischen Tag kann er endlich wieder er selbst sein.

Am Ende des Essens schiebt Giuseppina ihren Teller von sich. »Mein Sohn, hör mir zu. Ich habe ein Mädchen gefunden, das zu uns passen würde.«

Vincenzo entgeht dieses »uns« nicht. Als müsste auch die Mutter heiraten. Doch er braucht weder eine Gefährtin noch eine Hausherrin; er will nur eine Frau, die ihm gesunden und starken Nachwuchs schenkt. Ansonsten wird Giuseppina für alles sorgen, wie immer. »Sagt an, Mama.«

»Es handelt sich um eine junge Frau aus gutem Hause, die im Kloster aufgewachsen ist; sie ist siebzehn, ein ernsthaftes, respektvolles Wesen. Die Schwestern aus ihrem Kloster haben mich auf sie aufmerksam gemacht.«

Vincenzo stützt das Kinn auf den zusammengelegten Fäusten ab. »Was beunruhigt Euch dann? Ich sehe doch, dass Euch etwas bekümmert.«

Ruhelose Finger streichen über das Tischtuch. »Ihre Familie ist entfernt mit dem Fürsten von Torrebruna verwandt. Es wäre also eine sehr vorteilhafte Heirat. Man hat mir gesagt, die Familie würde sie sehr gerne mit dir verheiraten. Sicher, da ist das Problem der Mitgift; außer dem Titel besitzen sie nicht viel, nur eine Faktorei in der Nähe von Enna und ein Haus hier in der Stadt.« Giuseppina wählt ihre Worte mit Bedacht.

In Vincenzo wächst die Beunruhigung. »Nichts Unlösbares. Aber?« Denn die Sache hat einen Haken, das weiß er.

»Sie stellen eine Bedingung. Sie wollen, dass du die Casa Florio nicht mehr selbst führst, sondern dir einen Geschäftsführer suchst und dich nicht mehr persönlich um den Gewürzladen kümmerst. Sie halten das angesichts ihres Titels für unschicklich.« Giuseppina verstummt, wartet darauf, wie er reagiert.

Doch Vincenzo zuckt nicht einmal mit der Wimper. Stattdessen schlägt er die Hände vors Gesicht. Als er dann antwortet, tut er es ganz leise, als könnte er selbst nicht glauben, was er da gehört hat. »Ihr wollt, dass ich mit meiner Arbeit aufhöre … wegen eines Frauenzimmers?«

»Frauenzimmer? Das ist ein junges Mädchen«, versucht sie, ihn zu beschwichtigen. »Jetzt heirate sie doch erst mal, dann wird man sehen. Wenn du erst einen Fuß in der Tür hast, können sie dir gar nichts mehr vorschreiben. Du wirst derjenige sein, der die Hand auf dem Geldsäckel hat.«

Doch Vincenzo legt einfach nur den Kopf in den Nacken und lacht, schlägt vor Belustigung mit der Faust auf den Tisch. »Jetzt! Jetzt sagt Ihr mir das!« In seiner Stimme ist eine so unverhohlene Verbitterung, dass Giuseppina aufhorcht. »Erinnert Ihr Euch noch, was passiert ist, als ich noch nicht einmal zwanzig Jahre alt war?« Er hebt den Kopf. Seine Augen glühen wie Lavasteine. »Erinnert Ihr Euch noch an Isabella Pillitteri? Wie Ihr mir sagtet, ich müsste sie vergessen, weil sie arm war wie eine Kirchenmaus? Das wisst Ihr doch noch, oder?«

Giuseppina hat mit allem gerechnet, nur nicht damit. Sie springt auf. »Was hat das denn damit zu tun? Das damals war die Tochter beziehungsweise Schwester von Bankrotteuren, die nur an unser Geld wollten.«

»Und was wollen die jetzt?« Er folgt der Mutter, die begonnen hat abzudecken. »Die wollen nicht nur meinen Reichtum, sondern auch darüber bestimmen, was ich zu tun habe!«

»Wer soll dir denn schon etwas sagen? Das ist eine fromme Seele, eine *picciridda,* die eben noch am Rockzipfel der Nonnen hing. Sie wird dir in allem gehorchen, was du beschließt: Du bist der Mann im Haus und hast das Sagen, sonst niemand. Du hast das Geld!«

Vincenzo zeigt mit dem Finger auf sie. »Meine Antwort lautet Nein, sowohl an die als auch an Euch. Ich hatte Euch gebeten, mir eine Frau zu suchen, nicht mich mit Hungerleidern zu verschwägern, die meinen, sie sind reich, nur weil sie einen Titel haben, und sich deshalb auch noch erdreisten, die Bedingungen zu diktieren.«

Giuseppina ist wütend. Sie hatte gedacht, die Sache sei unter Dach und Fach, doch weit gefehlt ... Sie lässt die Teller auf dem Tisch stehen und stützt die Hände in die Hüften. »Du kannst mir nicht verzeihen, was vor fünfzehn Jahren passiert ist, stimmt's? Dabei habe ich dir damals die Augen geöffnet, und du müsstest mir sogar noch dankbar sein ... Doch nein, ich bin schuld an allem. Aber woran eigentlich? Hast du nicht gesehen, wie ihre Mutter dich behandelt hat? Oh ja, mein Sohn, ich weiß alles. Man hat mir davon erzählt, diese peinliche Szene damals mitten auf der Straße! Die Wahrheit ist, dass du rachsüchtig und herzlos bist, genau wie dein Vater. Es ist sinnlos, manche Dinge habt ihr einfach im Blut, ihr Florios.« Ihr Mund verzieht sich zu einer Grimasse. »So wird es immer weitergehen, und du wirst mutterseelenallein bleiben.«

Vincenzo muss sehr an sich halten, um nicht irgendetwas zu zertrümmern. Giuseppina sieht es ihm an und weicht zurück, doch er packt sie an beiden Armen und zieht sie zu sich heran. »Immer noch besser, mutterseelenallein zu sein, als sein ganzes Leben hinter einer Frau herzulaufen, die dich nicht will.«

Damit lässt er sie stehen. Seine Mutter taumelt, hält sich am Stuhl fest.

Sie schaut Vincenzo an und erkennt ihn nicht wieder. Blinzelnd versucht sie, gegen die Tränen anzukämpfen. So verharrt sie, auch nachdem er das Zimmer verlassen hat. Niemals zuvor hat sie sich mehr gewünscht, Ignazio an ihrer Seite zu haben, als jetzt.

Das Wissen, ihm gegenüber grausam gewesen zu sein, trifft sie wie eine Faust in die Magengrube.

Sie hatte gedacht, dass sie ihrem Mann das Leben unerträglich gemacht hatte, hatte geglaubt, der Groll, den sie den Florios gegenüber gehegt hatte, würde sie immer von ihnen fernhalten. Und sie hatte geglaubt, in ihrem Sohn einen Verbündeten zu haben. Doch an diesem Abend hat sie festgestellt, dass die mit Hass vermischte Muttermilch, mit der sie Vincenzo aufgezogen hat, Gift war. Der Hass hat sich in ihm eingenistet wie ein Geschwür.

Hände werden geschüttelt.

Es wird angestoßen.

Das Dienstmädchen serviert Likör und Kekse.

»Euer Schwefel hat im Verhältnis zur Qualität den besten Preis, den man auf dem Markt finden kann.« Giovanni Portalupi spricht angeregt mit Vincenzo. Er trommelt mit den Fingern auf den Vertrag. »Ich habe gehört, dass Ihr eine Grube besitzt.«

»Ich habe die Leitung einer Mine von Baron Morillo übernommen.« Vincenzo nimmt einen Schluck Portwein. Ihm gefällt es, so unverblümt mit dem Mann reden zu können. »Der feine Herr Baron will sich die Hände nicht mit Arbeit schmutzig machen, aber das Geld für die Pacht kommt ihm gerade recht, deshalb …«

Giovanni zuckt mit den Achseln. »*Pecunia non olet*, Geld stinkt nicht, sagten die alten Römer. Ein Satz, der besonders passend ist, wenn es um Schwefel geht.«

Sie lachen.

Er will gerade weiterreden, als eine Frau mittleren Alters hereinkommt, sich Portalupi nähert und ihm etwas ins Ohr flüstert. Sie hat ausgeprägte Gesichtszüge und einen herzlichen Blick, eine seltsame Kombination aus Kraft und Feinheit.

»Mama!«, ruft Giovanni sie zu sich. »Ich möchte Euch Don Vincenzo Florio vorstellen. Wir haben gerade einen Liefervertrag für Schwefel unterschrieben. Das ist meine Mutter Antonia.«

»Signora.« Vincenzo verbeugt sich formvollendet. Dann wandern seine Augen ein wenig zur Seite, wo er einen Schatten hat auftauchen sehen. Er zeigt unauffällig in die Richtung. »Und wer ist das?«

Giovanni scheint nicht sofort zu begreifen, wen er meint. Dann sieht er seine Schwester, die in der Tür steht. Sie wird normalerweise von niemandem beachtet. »Ah. Giulia.«

Als sie ihren Namen hört, dreht sich das Mädchen um. Sie ist offenbar daran gewöhnt, dass das Haus voller Geschäftsleute ist, nur von Waren und Berechnungen die Rede ist, und hat schnell gelernt, wo ihr Platz ist.

»Ja, du. Komm.« Er streckt ihr eine Hand hin. Sie tritt zu ihm, stellt sich neben ihn. »Meine große Schwester Giulia.« Giovanni neigt den Kopf. »Das ist Don Vincenzo Florio.«

Vincenzo lässt seinen Blick zwischen den beiden hin- und herwandern. »Wirklich? Ich hätte nicht gedacht, dass Ihr die Ältere seid.«

»Nur zwei Jahre. Zu wenig, um für ihn die Mutter zu spielen, aber genug, um ihn dafür zu verabscheuen, dass er männlich und jünger ist.«

Giovanni lacht. »Ich bin eben einfach Mamas Liebling.«

»Nein, ich ziehe niemanden vor.« Antonia hängt sich bei

ihrer Tochter ein und geleitet sie weg von den beiden Männern. »Giulia ist immer schon ein Dickkopf gewesen und ihr Bruder ein Draufgänger. Zwei solche Kinder großzuziehen war nicht einfach.«

Vincenzos Blick ruht auf Giulia. »Aber bestimmt war es unterhaltsam.«

Das Mädchen mustert einen Moment lang seine Fingerspitzen. »Wir waren glücklich, und das genügt mir.« Sie hebt den Kopf, schaut ihn mit seidig schimmernden Augen an. »Die Erinnerungen an eine unbeschwerte Kindheit sind das schönste Geschenk, das Eltern einem Kind machen können.«

Als sie das Zimmer verlassen haben, verspürt Giulia eine Erleichterung, die sich bittersüß anfühlt. Sie wirft noch einen Blick zurück, während ihre Mutter ihr in die Küche vorausgeht.

»Ein seltsamer Mann, dieser Florio, findest du nicht?«, fragt Antonia. »So jung und schon so reich. Dein Vater hat mir gegenüber angedeutet, ihm eile der Ruf eines Rebellen voraus. Es heißt, er habe in nur wenigen Jahren ein Vermögen angehäuft, indem er zu Schleuderpreisen Grundstücke von Adligen aufkaufte, die in Schwierigkeiten steckten. Es geht sogar das Gerücht, er verleihe Geld zu Wucherpreisen.«

»*Mon père* würde doch keine Geschäfte mit einem Lump machen, meint Ihr nicht?«

»Geschäfte sind etwas für Männer, meine Tochter. Für sie gelten Regeln, die wir Frauenzimmer nicht verstehen können …« Ein heftiger Hustenanfall unterbricht sie, und sie muss sich setzen. Der Winter – auch wenn er auf Sizilien weniger gestreng ist als in Mailand – ist die schwierigste Jahreszeit für jemanden, der wie Antonia brustkrank ist.

Giulia ist sofort an ihrer Seite. »Alles in Ordnung mit Euch?«

Aus dem Salon kommt auch der Vater angelaufen, selbst außer Atem. »Antonia …«

Die Frau massiert sich die Brust und versucht, ihn zu beruhigen. »Alles gut.« Sie streichelt ihrem Mann das Gesicht. »Seit wir hier in Palermo sind, geht es mir besser. Der Arzt hatte recht, das milde Klima hat mir gutgetan.«

Tommaso Portalupi seufzt. »Ich habe Don Vincenzo gebeten, zum Essen zu bleiben.« Fast flüsternd fährt er fort: »Er hat viele Kontakte im Handel, er ist reich und wohlbekannt hier in der Stadt. Es hilft uns, wenn er uns wohlgesinnt ist. Aber wenn du dich nicht danach fühlst, dann …«

Giulia legt ihm eine Hand auf den Arm. »Ich kümmere mich darum, Antonietta hilft mir. Sie ist ja noch nicht weg, oder?«

Ihr Vater schaut betrübt drein. »Ich fürchte doch, leider. Du wirst alles allein zubereiten müssen.« Er gibt ihr einen Kuss auf die Stirn. »Aber ich weiß, dass du immer was Wunderbares zauberst. Mach einfach eine deiner Spezialitäten.«

Giulia seufzt. Wann wird sie endlich lernen, den Mund zu halten? Sie versucht immer, es allen recht zu machen. Nur dass sie sich damit meist eine Menge Ärger aufhalst …

Ihre Mutter hat aufgehört zu husten und steht auf, Giulia stützt sie. Die beiden Frauen gehen in Richtung Küche. Hier lässt sich Antonia seufzend auf einen Stuhl fallen.

Giulia bindet sich die Schürze um, öffnet die Speisekammer. Was soll sie kochen, das ihres Gastes würdig wäre?

Was könnte ihm schmecken? Etwas Deftiges, das er vielleicht noch nicht kennt?

Aber was?

Mit flinken Bewegungen sucht sie zwischen den Tiegeln und Schüsseln der Speisekammer. Ihr Blick fällt auf die Pfanne mit dem gekochten Fleisch vom Vortag.

Genau. Gekochtes Fleisch, Semmelbrösel, Eier: Alles da. Die Gewürze … ja. Weißkohlblätter anstelle von Wirsing … auch gut. Jetzt fehlt nur noch die Lebermortadella, aber die gibt es hier in Palermo nicht, die wissen nicht mal, was das ist. Dann nehme ich eben hauchdünn aufgeschnittene Salami …

Antonia schaut ihr dabei zu, wie sie die *mondeghili*, die typischen Mailänder Krautwickel, zubereitet. Sie ist ein gutes Mädchen, ihre Giulia. Sie verspürt einen Hauch von schlechtem Gewissen dieser Tochter gegenüber, die bereits über zwanzig ist und immer noch keine eigene Familie gründen konnte. Doch im vergangenen Jahr hat sie selbst durch ihre Probleme mit der Lunge aufwändige Pflege und Aufmerksamkeit benötigt.

Es ist für sie alle nicht einfach gewesen, Mailand zu verlassen und ihre wirtschaftliche Unabhängigkeit sowie ihr schönes Haus in der Nähe der Navigli aufzugeben. Und das alles nur ihretwegen. Ihre Schwindsucht hatte einen Punkt erreicht, an dem sie einfach nicht mehr länger der Kälte und dem Nebel ausgesetzt sein konnte. Sie brauchte Licht und Sonne, um zu leben.

Ja, Antonia hat Schuldgefühle, weil sie die gesamte Familie dazu gezwungen hat, ihr Leben auf den Kopf zu stellen und in diese Stadt hier umzuziehen, die zwar schön ist, aber auch so schwierig, in der das Elend Seite an Seite mit dem Prunk der Adligen lebt, wie er eines europäischen Königshofes würdig wäre. Und auch ihr fehlt Mailand, seine Gelassenheit, die Straßen voller Geschäfte, die würdevolle Anmut der großen Palazzi in der Altstadt. Ihr fehlen seine Gerüche und Geschmäcker, ja, ihr fehlt sogar der morgendliche Nebel, der Häuser und Landschaft verschwimmen lässt und die Geräusche verschluckt, als wäre alles in Watte gepackt. Es ist eine schlichte Schönheit mit weichen Kanten, nicht so opulent, so übertrieben, ja manchmal vulgär wie die von Palermo.

Doch so ist es nun mal gekommen, und ihre Kinder haben sich anpassen müssen. Gewiss, während Giovanni mit seinem Vater zusammenarbeitet, ist Giulia gezwungen, mit ihr zu Hause zu bleiben, und hat nur wenig Gelegenheit zur Zerstreuung. Doch andererseits – passiert das etwa nicht vielen Mädchen, dass sie in der Familie bleiben? Und ist es nicht ihre Pflicht, sich um ihre betagten Eltern zu kümmern?

Doch so recht will es in Palermo noch nicht laufen mit den Geschäften; wenige Kontakte, viel Misstrauen. Es ist eine geschlossene Gesellschaft und der Markt fest in den Händen derer, die sich hier auskennen. Genau deshalb hat ihr Mann diesen Vincenzo Florio zum Essen eingeladen.

Bei Tisch entpuppt sich Florio als liebenswürdiger, wenngleich nicht allzu beredter Gast. Er spricht vor allem über Geschäfte, mit Tommaso und Giovanni. Dann jedoch wendet er sich auf einmal an Giulia. »Dann habt Ihr also heute Abend gekocht?«

Das Mädchen ist erstaunt über diese so direkte Frage. »Ja. Ich hoffe, es war zu Eurer Zufriedenheit.«

»Es ist alles sehr gut. Es war bestimmt nicht einfach, in derart kurzer Zeit etwas so Schmackhaftes auf den Tisch zu bringen. Andere Frauen wären bestimmt daran verzweifelt …« Er lacht leise. »Meine Mutter, zum Beispiel. Doch dem Himmel sei Dank, dass wir eine Köchin haben, die sich um derlei kümmert.«

Giulia neigt den Kopf, dankt ihm mit einem Lächeln.

Und Giulia lächelt immer noch. Doch jetzt ist es ein anderes Lächeln, eins, das von Unruhe durchtränkt ist.

Dieser Florio hat sie den ganzen Abend beobachtet. Schnelle, verstohlene Blicke, die nie die Grenzen der Schicklichkeit überschritten, aber immer knapp davor waren.

Sie hat immer in einer Welt von Männern gelebt und schon in ihrer Kindheit gelernt, sich die Bekannten ihres Vaters oder die Freunde ihres Bruders vom Leibe zu halten.

Doch jetzt ist sie verwirrt, denn auf diese Weise hat sie noch nie jemand angeschaut.

Sie wälzt sich unruhig im Bett.

Auf der anderen Seite der Wand, jenseits von Giovannis Zimmer, findet auch Antonia Portalupi keinen Schlaf.

Sie denkt an ihren Gast zurück: Er war vornehm in seinem Gebaren, höflich, und doch ist da etwas an ihm, das ihr Unbehagen verursacht. Selbst jetzt, in diesem Zustand zwischen Schlafen und Wachen, will es ihr nicht gelingen herauszufinden, wieso sie aus diesem Mann nicht recht schlau wird. Sie hat ihre Beunruhigung auch ihrem Mann mitgeteilt, doch Tommaso hatte nur ein Achselzucken dafür übrig.

»Nichts ist daran seltsam. Giulia ist ein hübsches Mädchen, und es ist normal, dass ein Mann bei ihr zweimal hinschaut. Wenn er ihr den Hof macht, umso besser für uns, dann kriegen wir noch bessere Lieferbedingungen. Außerdem weiß Giulia ja, dass sie sich um dich kümmern muss.«

Der Atem des Meeres ist wie ein warmer Hauch, der in trägen Wellen durch die Gassen wogt und durch die Ritzen in den Türstöcken kriecht.

Es ist früher Morgen, doch Vincenzo ist bereits in der Via dei Materassai und arbeitet. Er ist in seinem Büro. Allmählich wird es hier zu eng: Er wird eine Wohnung anmieten und sie zum Hauptsitz der Firma machen müssen, so wie es Ben Ingham getan hat.

Der Gedanke, diese Räumlichkeiten zu verlassen, bringt andere Überlegungen mit sich, während er auf die Karte der Schwefelmine des Barons Morillo hinabblickt, die vor ihm auf dem Tisch liegt.

Er sieht sich wieder neben ebendiesem Schreibtisch stehen, hinter dem damals sein Onkel Ignazio saß, und erinnert sich an den Mann, der davorsaß, mit dem Hut auf den Knien und niedergeschlagener Miene.

»Don Florio, es hat keinen Sinn, um den heißen Brei herumzureden. Ich kann den Wechsel nicht bezahlen, den ich unterschrieben habe.«

Ignazio seufzte. »Don Saverio, was sollen wir denn machen? Ich habe Euch bereits einen Aufschub gewährt. So geht es nicht weiter, und das wisst Ihr.«

Der andere nickte. *»Pi' chisto vinni apposta di Girgenti*, deshalb bin ich ja extra aus Agrigento gekommen. Ich habe eine große Menge Schwefel, den ich nicht verkaufen kann, weil ich keine Möglichkeit habe, ihn zum Meer zu bringen, und niemanden kenne, der bereit wäre, ihn zu übernehmen.«

»Und wieso?«

»Sanno c'un hajo picciuli pì pagari. Weil alle wissen, dass ich kein Geld habe, um zu bezahlen.«

»Und wie seid Ihr an diesen Schwefel gekommen? Ich meine, Schwefel findet man doch nicht einfach so.«

Der andere breitete die Arme aus. »Ein Grundstück meiner Frau: Man muss manchmal nur mit der Schuhspitze über den Boden streichen, und schon findet man Schwefel. Nicht einmal Ziegen kann man dort weiden lassen; die fallen tot um von den Dämpfen.«

»Und der Schwefel, ist er von guter Qualität?«

»Ganz rein und sauber. *A virità,* um ehrlich zu sein, sieht er so aus, als hätte ihn die Hölle ausgespuckt.« Händeringend flehte er die beiden an: »Wenn der Wechsel gerichtlich bekannt wird, muss ich ins Gefängnis. Ich flehe Euch an.«

Onkel und Neffe wechselten einen Blick. Beiden waren sofort ihre französischen Handelspartner eingefallen.

»Ich werde mir diesen Schwefel höchstpersönlich anschauen«, sagte Vincenzo. »Wenn er so gut ist, wie Ihr sagt, dann nehme ich ihn und zerreiße diesen Wechsel vor Euren Augen.«

Und genau so ist es gekommen.

Sie verkauften den Schwefel in Marseille für den dreifachen Wert des Wechsels, und nach dem Tod des Onkels hat Vincenzo besagtes Grundstück erworben.

Von diesem Moment an ist der Schwefel zu einem wichtigen Posten in den Bilanzen der Casa Florio geworden.

Vincenzos Gedanken schweifen ab, geraten durcheinander.

Er denkt nach, dreht dabei an dem Ring seines Onkels Ignazio.

Sein Onkel. Seine Mutter. Wer weiß, was er wohl zu dem besessenen Wunsch Giuseppinas gesagt hätte, ihm unter all diesen vornehmen Mädchen eine Frau zu suchen – Mädchen, die fast noch Kinder sind und in Familien hineingeboren wurden, in denen der Vetter seine Base heiratete und der Onkel seine Nichte, Mädchen, die niemals mit ihrer Intelligenz glänzen und oft nicht einmal mit ihrer Schönheit. *Ihre erblichen Anlagen sind so morsch wie das Holz der Stühle, auf denen sie sitzen …*

»Vincenzo?«

In diesen Überlegungen versunken hat er gar nicht bemerkt, dass die Angestellten eingetroffen sind und Raffaele nicht nur das Büro betreten hat, sondern direkt neben ihm am Schreibtisch steht.

Ein Ruck geht durch Vincenzos Körper, und er schaut seinen Vetter abwartend an. Er weiß, dass er ihn über den Kauf eines Grundstücks auf dem Laufenden halten will, auf dem er eine Kellerei errichten will.

Ohne ein Wort zu sagen, breitet Raffaele auf dem Schreibtisch, direkt über der Karte der Schwefelmine, eine von der Küste Marsalas aus. Vincenzo schaut sie sich lange an. »Mir ist wichtig, dass sie einen direkten Zugang zum Meer hat, denn die Straßen dort sind nur bessere Feldwege und können von großen Karren nicht befahren werden«, sagt er schließlich. »Wir können ja wohl nicht auch noch Geld in die Anschaffung von Transportmitteln wie *carrietti* und *carritteddi* stecken. Stattdessen möchte ich, dass die Fässer von der Kellerei direkt in die Laderäume der Schiffe verbracht werden können.« Er zeigt mit dem Finger auf eine

Stelle der Karte. »Hier, zwischen den Fabriken von Ingham und Woodhouse … das ist der geeignetste Ort.«

Raffaele schaut in seinen Aufzeichnungen nach. »Contrada Inferno also. Zwei *tummini*, also etwa viertausend Quadratmeter, und Zugang zu einer natürlichen Anlegestelle. Sie verkaufen uns das Grundstück für sechzig Unzen, aber es muss eine Gebühr an einen gewissen Baron Spanò abgeführt werden …«

»Kleinkram! Mach sofort unseren Anspruch geltend und bezahl im Voraus, wenn nötig. Das Interesse am Marsala ist derzeit viel zu groß, um sich die Gelegenheit der Errichtung einer Kellerei entgehen zu lassen. Du wirst sehen, es wird nicht lange dauern, bis die Preise für Grundstücke dort in astronomische Höhen gehen.«

In diesem Moment kündigt einer der Verkäufer an, dass sie Besuch haben.

Giovanni Portalupi.

Raffaele begrüßt den jungen Mann mit einem herzlichen Händeschütteln. Vincenzo hingegen begnügt sich jenseits des Schreibtischs mit einem Nicken und zeigt auf einen Stuhl. »Portalupi. Und?«

Giovanni legt seinen Hut auf den Knien ab. »Euer Schwefel findet bei unseren Käufern reißenden Absatz. Mein Vater und ich möchten noch mehr davon kaufen.«

Vincenzo stützt das Kinn in die Hand. »Sagt mir Menge und Preis, dann können wir reden.«

Giovanni nennt seine Bedingungen und lässt Raffaele darauf antworten. Die beiden sind sich schnell einig.

»Dann lasst Ihr mich also heute in einer Woche wissen, ob Ihr diese Menge auftreiben könnt?«, fragt Giovanni am Ende und schaut Vincenzo gebannt an.

»Ja, gewiss.« Vincenzo erhebt sich. »Ach, und da Ihr neu in der Stadt seid … Ich wollte Euch einen Vorschlag machen. Seid Ihr schon im Teatro Carolino gewesen? Das liegt nicht weit entfernt von San Cataldo und Santa Caterina entfernt, gleich in der Nähe der Quattro Canti …«

Portalupi ist seine Verwirrung anzusehen. »Äh … noch nicht, um ehrlich zu sein.«

»In ein paar Tagen gibt es dort eine Aufführung. Ich habe eine Loge und würde mich sehr freuen, Euch als meinen Gast begrüßen zu dürfen. Euch und Eure Schwester natürlich.«

Giovanni ist überrascht, aber nicht dumm. Er hat sofort verstanden. »Ich glaube, Giulia wird sich sehr über Eure Einladung freuen. Ich lasse Euch schnellstmöglich eine Antwort zukommen.«

Als der Mann hinausgeht, ruft Raffaele: »Mensch, mich hast du noch nie ins Theater eingeladen!« Doch er sagt es mit einem Augenzwinkern und grinst vor sich hin.

»Tja, du hast eben keinen Busen, Raffae'. Aber wenn du willst, leihe ich sie dir, meine Loge! Und jetzt gehen wir zur Handelskammer.«

Giulia Portalupi ist wie ein ruhiges, glattes Meer, in dem sich eine ruhelose Seele verbirgt.

Nach der Aufführung im Teatro Carolino hat Vincenzo immer wieder den Versuch unternommen, sie zu treffen. Das war nicht schwer: Giovanni, ihr Bruder, ist ein Mensch, der zwar in der Arbeit gern anpackt, doch auch weltlichen Zerstreuungen alles andere als abgeneigt ist. Vincenzo hat ihn mehreren Mitgliedern der Handelskammer von Palermo vorgestellt und ihm einen Kommandanten für das Schiff vorgeschlagen, das ihre Waren transportieren soll, ein Schiff, das ihm im Übrigen anteilmäßig selbst gehört.

Giovanni hat Giulia auch mehrmals zu Abendesseneinladungen bei anderen Kaufleuten mitgenommen, indem er anführte, leider selbst nicht verheiratet zu sein; außerdem habe seine Schwester, wie er betonte, weder Freunde in Palermo noch sonst die Gelegenheit, sich außerhalb der Familie mit jemandem zu treffen. Dabei hat er sie – nicht uncharmant, jedoch auch unmissverständlich – als alte Jungfer umschrieben.

Auf Vincenzo macht Giulia ganz und gar nicht diesen Eindruck.

Manchmal scheint es ihm, als treibe Giovanni ihm seine Schwester buchstäblich in die Arme, denn auf die eine oder andere Weise schafft es dieser junge Mann mit dem seltsamen Akzent fast immer, dass sie nebeneinandersitzen. Und Kuppelei ist etwas, das Giulia ganz offensichtlich nicht ausstehen kann.

Bei diesem Gedanken muss Vincenzo den Kopf schütteln, und ein zynisches Lächeln spielt um seine Lippen. Ja, er hält sich für besonders schlau, dieser Giovanni; dabei ist er nur ein altkluger Junge, der die Erwachsenen nachäfft. Seine Schwester zu benutzen, um ihn in den Dunstkreis der Portalupis hineinzuziehen, ist eine törichte Strategie, denn er hat keinerlei Interesse daran, Giulia den Hof zu machen oder sie anzuschmachten.

Doch sie ist ein Frauenzimmer, das immer für eine Überraschung gut ist.

Sie senkt nicht den Blick, wenn sie mit jemandem spricht,

noch murmelt sie bei jeder Gelegenheit irgendwelche Gebete; sie zieht sich nicht zurück, wenn die Männer anfangen, über Geschäfte zu reden, so wie seine Mutter das immer gemacht hat. Stattdessen folgt sie voller Aufmerksamkeit den Gesprächen, und das ist es, was ihn neugierig macht. Sie ist eine Frau, die den Wert von Geld schätzen gelernt hat und wissen will, wie denn nun dieses Geld verdient wird. Vincenzo weiß mittlerweile, dass Giulia jedes Mal die Stirn runzelt, wenn sie sich gern einmischen würde, jedoch gezwungen ist zu schweigen.

Und noch etwas anderes hat er begriffen: dass sie ihn in Verlegenheit bringt.

Umso besser, sagt er sich.

Nach Isabella hat es in seinem Leben keine bedeutenden Frauen mehr gegeben, nur Frauenzimmer, die ihn aus Leidenschaft oder des Geldes wegen an sich herangelassen haben. Körper ohne Gesicht, Bilder ohne Erinnerung. Und auch jetzt, wo seine Mutter es so eilig hat, ihm eine Frau zu suchen, fragt sich Vincenzo nie, wie sie denn wohl sein wird, die Frau, auf die seine Wahl fallen wird. Er sieht immer nur sich selbst, wie er erhobenen Hauptes ein vornehmes Haus betritt. Dabei ist ihm nicht wichtig, ob es dank eines Titels sein wird, den er sich zusammen mit einer Frau erkauft hat, die diesen Titel als Mitgift in die Ehe bringt.

Und doch.

Und doch reizt ihn diese Giulia Portalupi, und es ist nicht eine Frage der Schönheit. Im Gegenteil. Giulia ist nicht schön. Sie reizt ihn mit diesen schmalen, immer ein wenig verlegen verzogenen Lippen, mit ihren kleinen geballten Fäusten und mit diesen Augen, die niemals leer und erloschen sind, wenn sie dich anschauen, sondern immer etwas ausdrücken – ob es nun Empörung, Unglauben, Tadel, Überraschung oder einfach nur Interesse ist. Sie ist wie ein offenes Buch, ganz im Gegensatz zu ihrem Dummkopf von Bruder, der sich so sehr bemüht, den Schlauen zu spielen.

Diese Gedanken gehen Vincenzo durch den Kopf, während er nach Hause geht, die Hände in den Hosentaschen und den Blick zum Himmel gerichtet, auf der Suche nach den ersten Sternen des Abends.

Kaum hat er die Wohnung betreten, nimmt ihm das Hausmädchen Jacke und Hut ab und teilt ihm mit, in Kürze werde das Abendessen serviert. Im Salon sitzt seine Mutter über einer Flickarbeit. »Was näht Ihr denn, Mutter?«, fragt er, nachdem er ihr einen Kuss gegeben hat.

»Ich kann dich doch nicht mit Löchern im Hemd herumlaufen lassen, oder? Außerdem – diese *picciuttedde,* diese jungen Dinger, die du ins Haus geholt hast, können alle nicht richtig flicken.« Giuseppina hält sich den Stoff vom Gesicht weg. Allmählich spielen die Augen ihr Streiche, und sie sieht nicht mehr so gut wie früher.

»Das sind Hausmädchen, die in adligen Familien zu Diensten waren. Sie flicken meisterlich. Nur Ihr habt immer etwas auszusetzen.«

»Ja, natürlich! Diese jungen Dinger von heute beherrschen doch gar nichts mehr richtig. Und für eine Familie sorgen können sie erst recht nicht. Als ich fünfzehn war, habe ich den Messingrahmen meines Bettes mit Sand poliert und mich ganz bestimmt nicht darüber beschwert, dass meine Hände rissig und rau werden, so wie die es tun.«

Vincenzo lässt sie das letzte Wort haben. Er sinkt in seinen Sessel, erlaubt es seinem Körper, sich zu entspannen, und schließt die Augen.

Und er sieht kleine flinke Hände vor sich, die Mailänder Fleischklöße rollen, Klößchen mit einem seltsamen Namen und einem köstlichen Geschmack.

Giovanni Portalupi steht im Teatro Carolino am Eingang des Zuschauerraums. Neben ihm fächelt sich seine Schwester Luft zu.

Das Theater ist voll, und alle, ob die Adligen in ihren Logen oder das Volk auf der Galerie, plaudern lautstark. Es gibt Leute, die essen, und eine Zigeunerin, die ihre Dienste als Wahrsagerin anbietet; sogar ein Wasserverkäufer macht die Runde.

»Du hättest die Einladung nicht annehmen sollen, ohne mich vorher zu fragen. Das machst du ständig, und ich kann es nicht ausstehen.« Giulia hält sich ein Taschentuch vor die Nase. »Es ist immer noch viel zu heiß, und hier drin stinkt es schrecklich. In einem geschlossenen Raum zu sein ist eine Qual.«

»Meine Güte, geht dir heute eigentlich alles auf die Nerven? Als du zum ersten Mal mit Don Florio und mir hier warst, warst du wesentlich versöhnlicher.« Giovanni späht immer noch suchend in die Menge. »Apropos, ich frage mich, wo er eigentlich bleibt. Die Vorstellung fängt gleich an.«

Die junge Frau umklammert fest den Stiel ihres Fächers. Es sind nicht nur die Hitze und der Schweißgeruch, die sie stören. »Du hast recht. Es ist die Art und Weise, wie Florio mich anschaut.«

»Du solltest dich darüber freuen. Er ist reich, und du bist

kein junges Mädchen mehr. Du bist vierundzwanzig, und es ist nicht selbstverständlich für eine Frau deines Alters, die Aufmerksamkeit eines solchen Mannes zu erregen. Du müsstest ihm dafür dankbar sein und ein bisschen auf ihn zugehen, wenn wir schon mal dabei sind. Natürlich nicht zu sehr … immer im Rahmen von Sitte und Anstand, versteht sich. Er ist ein ausgezeichneter Vermittler, und Papa ist sehr froh, mit ihm Geschäfte machen zu können.«

Eine Mischung aus Wut und Demütigung steigt in Giulia auf, und so fällt ihre Antwort deutlich gereizt aus. »Ich schäme mich für dich. Ich bin keine Schiffsladung Schwefel, Giovanni, und ich habe nicht vor, dir in dieser Angelegenheit Schützenhilfe zu geben. Wenn Papa von diesem Gespräch erfahren würde, wäre er mit Sicherheit sehr wütend. Und was mich angeht, bin ich an der Seite unserer Mutter geblieben, um sie zu pflegen, oder hast du das vergessen? Außerdem gefällt mir dieser neue Freund von dir gar nicht. Er ist käuflich und … geldgierig. Er schaut alle Menschen an, als hätten sie einen Preis, aber wir sind doch keine Waren.«

»Bist du dir da sicher?« Giovanni weist sie auf eine Frau in einem Kleid aus chinesischer Seide hin, die in einer Loge sitzt. Sie trägt ein Trauermedaillon um den Hals. »Schau dir die da an. Das ist die Herzogin Alessandra Spadafora. Witwe, von der Familie des Ehemannes im Stich gelassen, hatte sie von heute auf morgen kein Geld mehr. Ingham hat ihren Familienschmuck in Zahlung genommen, und sie war im Gegenzug damit einverstanden, seine Geliebte zu werden, um den Schmuck zurückzubekommen.«

»Aber … wie?«

Giovanni amüsiert sich sichtlich über ihre Entrüstung.

»Alle haben einen Preis, mein liebes Schwesterherz. Auch du, die du am liebsten für immer zu Hause wärst, um deine französischen Romane zu lesen … auch du hast einen Preis.«

»Ich bitte vielmals um Entschuldigung für meine Verspätung.«

Sie drehen sich um.

Vincenzo hat lange genug hinter ihnen gestanden, um ihr Gespräch mitanzuhören.

»Oh, na endlich!« Giovannis Grinsen wird durch die schummrige Beleuchtung des Raumes verdeckt. »Ich hatte schon befürchtet, du hättest es dir anders überlegt. Das wäre eher peinlich gewesen, zumal du uns ja in deine Loge eingeladen hattest.«

»Ein Problem im Laden hat mich länger aufgehalten als nötig. Kommt.« Vincenzo geht ihnen die Treppe entlang voraus bis zu der Loge, die er ebenso wie vieles andere *aliud pro alio*, als Gegenleistung für Schulden, erhalten hat – auch wenn er dies nicht offen zugeben würde –, und zeigt ihnen ihre Plätze. Dann tritt er an die Balustrade. »Heute ist ja wirklich ganz Palermo da.«

»Durchaus. Trotzdem sind die da unten spät dran. In den Garderoben hat es eine Prügelei gegeben, und einer der Sänger wird wohl für den Rest seines Lebens Frauenrollen übernehmen müssen.«

Sie lachen. Giulia hingegen lässt sich auf ihren Sitz fallen und versinkt in ein betontes Schweigen. Ja, darin hat Giovanni recht: Sie wäre wirklich lieber zu Hause und würde lesen, anstatt hier zu sein, an diesem Ort, der ihr mehr wie ein Viehmarkt vorkommt als wie ein Theater.

Während Giovanni links von seiner Schwester Platz nimmt, setzt sich Vincenzo zu ihrer Rechten und berührt kurz die Knöchel ihrer behandschuhten Hand, die auf der Stuhllehne liegt. Sie zieht sie zurück.

Von der Bühne ertönt eine Stimme, die Kulissen beben. Die Vorstellung beginnt.

Die Oper findet keinen sonderlichen Gefallen beim Publikum, ja, der Lärmpegel ist sogar so hoch, dass er die Stimmen der Sänger übertönt.

»Zu heiß und zu viel Weingenuss bei zu vielen Zuschauern.« Giovanni zeigt in Richtung Flur. »Gehen wir?«

Vincenzo scheint einverstanden zu sein. »Wir könnten eine Spazierfahrt machen, vorausgesetzt, deine Schwester ist nicht zu müde. Ich habe eine Kutsche, die auf der Piazza unterhalb der Martorana wartet.«

Gerade will Giulia ablehnen: »Ehrlich gesagt würde ich lieber …«

Doch Giovanni hat ihren Einwand nicht gehört oder will ihn gar nicht hören. »Großartig! Ja, gehen wir. Hier kann man ja kaum atmen.« Und er verlässt die Loge.

Sie hat den Blick nicht gesehen, den sich die beiden Männer zugeworfen haben.

Ein einvernehmlicher Blick, unter Männern.

»Giovanni, warte doch …« Giulia versucht, ihn aufzuhalten, doch der Bruder ist bereits draußen.

Vincenzo hält ihr galant den Arm hin. »Ich werde Euch begleiten, wenn Ihr erlaubt.«

Giulia ist wütend. Weil Giovanni sie allein gelassen hat und weil sie nicht mit einem Mann zusammen sein will, den sie kaum kennt, besonders nicht mit einem wie diesem

Florio. »Ich verstehe nicht, wieso mein Bruder mich einfach hier sitzen lässt. Die Kutsche gehört Euch, und folglich wäre es auch Eure Aufgabe zu fragen, ob sie bereit ist.«

»Ich bin kein Lakai, auch wenn manche das immer noch denken.«

»Aber mein Bruder ist auch keiner.«

Giulia umrundet den Sessel, um ihm zuvorzukommen. Sie will nur von hier weg, und das könnte sie auch, wenn da nicht Vincenzos Hände wären, die sie auf der Schwelle festhalten. Seine rauen Finger legen sich auf Giulias nackte Schultern.

Sie versucht, sie abzuschütteln, bekommt aber keinen Ton heraus. Eigentlich müsste sie sich umdrehen, ihm eine Ohrfeige verpassen, schreien. Das müsste sie, doch sie kann es nicht, und das nicht nur aus Angst vor ihm.

Vincenzo zieht sie in den Halbschatten, wo sie vor neugierigen Blicken sicher sind.

Was empfindet Giulia, als Vincenzos Lippen ihren Hals berühren? Als sie sich auf ihren Mund legen, ihn verschließen, als seine Zähne zärtlich an ihr knabbern?

»Nicht«, sagt sie. »Nein«, fleht sie.

Sie legt ihre Hände auf seine, um ihn zu bremsen. Doch es ist ein zerbrechliches »Nein«, das sie da sagt. Giulia will ihn gar nicht aufhalten, das ist ihr bewusst, ohne dass sie wüsste, warum. Oder vielleicht weiß sie es doch – und schämt sich dafür –, denn jetzt erwidert sie diesen Kuss, erwidert sie diese Zärtlichkeiten.

Vincenzo gibt den Ton an, er ist es, der beschließt, wann er sie gehen lässt. Auf einmal öffnet er die Arme, und sie schlüpft hinaus auf den Flur.

»Ihr erlaubt?« Vincenzo überholt sie auf der Treppe, während Giulia erhitzt die Stufen hinabsteigt und sich dabei am Geländer festhält. Gemeinsam erreichen sie die Kutsche, wo Giovanni bereits auf sie wartet.

Sie geht mit gesenktem Kopf. Sie fühlt sich nackt, vor der Welt entblößt.

Und auch diesmal entgeht ihr das verschwörerische Lächeln ihres Bruders.

Der Tramontana-Wind fegt über die Küstenstraße hinweg. Vor der Küste Marsalas heben sich die Ägadischen Inseln wie Eisenklumpen vom Himmel ab. Salzwasserspritzer verunzieren die Glasscheiben der Kutsche.

Vor Vincenzos Augen errichten Arbeiter Mauern. Die Gerüste, auf denen sie stehen, zittern bei jedem Windstoß.

Er weiß, was er will, er sieht es bereits vor sich: kein *baglio,* also eines der typischen Landgüter, wie man sie überall auf Sizilien sieht, sondern eine Hazienda nach südamerikanischem Vorbild, mit einem großen Innenhof sowie Bewirtschaftungsräumen ringsum.

»Haben sie die Lager schon fertig?«

Raffaele geht ihm in den Innenhof voraus. »Komm, sieh es dir selbst an.«

Überall liegen Backsteine, Dachziegel und Holz herum, Maurer rühren Mörtel an; mehrere Male müssen sie sich einen Weg um Holzbalken und Steinhaufen herum suchen. Vor ihnen erhebt sich das Herrenhaus, in dem der Verwalter der Kellerei seinen Sitz haben wird.

Mit selbstsicheren Schritten betritt Vincenzo das erste der beiden seitlichen Gebäude. Zimmerleute stellen gerade die

Gerüste für die Fässer auf, in denen der Wein reifen soll. Als sie vorbeikommen, stehen die Arbeiter auf, ziehen den Hut. Vincenzo bedeutet ihnen mit einem Nicken weiterzumachen und geht auf die Mitte des Raumes zu.

Licht flutet durch die großen Tore und Dachfenster herein. Über ihm eine schwindelerregend hohe Decke, von Bögen aus Tuffgestein durchbrochen. Die Luft riecht intensiv nach Meer und Salz.

Das hier wird das Herz der Kellerei sein.

Raffaele holt ihn ein; wie alle anderen muss er sich anstrengen, mit Vincenzo mitzuhalten. »Der Kauf der Weinlese ist besser gelaufen, als wir es zu träumen gewagt hätten. Gewiss, Woodhouse und Ingham hatten sich bereits einen größeren Teil der Ernte gesichert, aber es ist mir gelungen, in Alcamo Most aus Insolia, Grillo und Damaschino aufzutreiben. Ach, und auch eine Partie Catarratto. Der vergorene Wein wird bereits in der kommenden Woche hierhergebracht.«

»Dann läuft also alles wie vorgesehen.«

»Wir haben gut geplant, ja. Und du hattest recht: Die Grundstückspreise ringsum sind auf erschreckende Weise gestiegen, und nicht nur das. Die Bauern reißen das Getreide aus dem Boden, um Weinberge anzulegen. Sie haben begriffen, dass aus diesen steinigen Böden einiges an Geld herauszuholen ist.«

»Raffaele, *i picciuli* können wir alle gebrauchen. Jedenfalls treffen nächste Woche auch die Sherryfässer ein, damit wir mit der Verfeinerung beginnen können. Ach, und ich habe dir eine Aktennotiz mit den Namen von einigen Küfern aus Palermo vorbereiten lassen. Einer von ihnen ist dazu bereit, seine Fassmacherei hierherzuverlegen.«

Vincenzo berührt die Wand, die frisch geweißelt ist. Ja, alles läuft bestens. Er klopft sich den feinen weißen Staub von den Händen und bedeutet dann Raffaele, ihm zu folgen. Wieder im Laufschritt. »Dein Einsatz ist bemerkenswert gewesen. Für September können wir dann unsere Absprache unter Dach und Fach bringen.«

»Absprache?« Raffaeles überraschte Frage verliert sich in einem heftigen Windstoß aus den Bergen.

»Wir gründen eine Gesellschaft. Zwischen Raffaele Barbaro und Vincenzo Florio.«

Der andere bleibt stehen. Zu groß ist seine Überraschung.

Nun muss auch Vincenzo gezwungenermaßen stehen bleiben und ein paar Schritte zurückgehen. »Ich kann niemanden brauchen, der sich um meine Geschäfte kümmert, dem der Rest jedoch egal ist. Ich brauche einen Menschen, der mit seinem eigenen Kapital dabei ist. Außerdem hast du ja sowieso schon einen Teil der Summe zum Erwerb dieses Grundstücks gezahlt. Auf diesem Wege werden wir weitermachen: ein Drittel du, zwei Drittel die Casa Florio. Was hältst du davon?«

Raffaele zwirbelt das Kinnbärtchen, das er sich seit einigen Monaten stehen lässt. Er hat diesen schroffen Mann gut kennengelernt und genau deshalb Skrupel, das Angebot anzunehmen; allerdings ist diese Offerte ebenso wertvoll wie selten und würde in der kleinen Welt von Marsala aus ihm einen bedeutenden Mann machen. In Palermo ist er nur der Vetter von Don Florio, einer seiner Mitarbeiter. »Einverstanden.«

»Ich wusste, dass du Ja sagen würdest.« Vincenzo klopft ihm auf die Schulter. »Es wird nicht leicht sein, diese Kellerei zu leiten. Das weißt du, oder?«

»Du meinst, mit den Engländern hier in Marsala, die sich aufführen, als wären sie die Herren der Welt? Nein, leicht wird es nicht.« Raffaele streicht sich das Haar aus den Augen. »Ich hatte nicht damit gerechnet, dass du mir diese Chance bietest, Vice'.«

»Wenn ich es getan habe, dann, weil ich daran glaube.«

Sie gehen auf das Herrenhaus zu.

Vincenzo ist hier, doch mit den Gedanken ist er bereits bei der Zukunft: der Innenhof voller Karren, die zu Pyramiden aufgetürmten Fässer, die Flaschen mit dem Etikett FLORIO. All das sieht er vor sich, er weiß, all diese Dinge werden da sein, und zwar weil er sie gewollt hat. »Wir werden uns durch unsere Qualität von anderen abheben«, erklärt er. »Die produzieren einen einfachen Wein, der bei der Armee ausgeschenkt wird. Nur wenige Fässer sind von hoher Güte. Wir hingegen zielen auf Qualität ab und widmen uns anderen Märkten: Frankreich, das Piemont ...« Bevor er hineingeht, bleibt er bei einem Stapel Schiffsplanken stehen. »Noch eine letzte Sache, Raffaele: die Arbeiter. Red mit ihnen, schau ihnen ins Gesicht. Das hier ist nicht einfach nur eine Kellerei wie alle anderen: Hier zu arbeiten ist eine Ehre, und das müssen sie wissen.«

Am Tag darauf kehrt Vincenzo nach Palermo zurück.

In der Einsamkeit seiner Kutsche zieht er einen Brief aus seiner Tasche. Bevor er in die Kellergewölbe Marsalas aufgebrochen ist, hat er ihn durch Giovanni erhalten. Er erkennt die zarte Handschrift, die kaum mehr als angedeutete Unterschrift. Er liest den Brief in aller Ruhe.

Briefe wie den, den Ihr mir geschrieben habt, kann ich nicht akzeptieren, beginnt sie, und fast glaubt er ihre Stimme zu hören: entrüstet, mit einem Hauch von Scham durchsetzt. *Ich kann es nicht, weil zwischen uns keinerlei Bindung besteht. Ihr seid ein Geschäftspartner meines Vaters, und Ihr habt keinerlei Rechte an mir. Ich dürfte nicht einmal das lesen, was Ihr mir schreibt, und doch tue ich es. Auch Euer Benehmen mir gegenüber und die Aufmerksamkeiten, die mir durch Euch allzu oft zuteilwerden, überschreiten das Maß der Schicklichkeit. Allerdings trage auch ich meinen Teil Schuld daran, weil es mir nicht gelingt, mich Euren Avancen zu entziehen, welche mich, das muss ich wider Willen zugeben, nicht gleichgültig lassen. Denn auch wenn ich kein leichtes Mädchen bin – und ich versichere Euch, das bin ich nicht! –, ist Eure Anwesenheit für mich ein Quell der Beunruhigung.*

Ich bitte Euch, ich flehe Euch an: Wenn Ihr wirklich etwas für mich empfindet, dann schreibt mir keine solchen Worte mehr, wie sie in Eurem letzten Brief vorkamen. Und sucht nicht mehr meine Nähe, wenn Eure Absichten nicht ehrenhaft sind. Nutzt meine Freundlichkeit nicht aus, oder ich werde gezwungen sein, mit meinem Vater darüber zu reden, und das möchte ich lieber nicht. Solltet Ihr eine aufrichtige und ergebene Freundschaft mit mir pflegen wollen, dann ist das gut so – und hier lacht Vincenzo laut auf –, *doch überschreitet nicht die Grenze dessen, was sich geziemt, sonst bin ich gezwungen, auf unsere Korrespondenz zu verzichten.* Dann die Unterschrift: *Giulia.*

Den Ellbogen auf dem Türrahmen der Kutsche abgelegt denkt Vincenzo nach. Er hat schon vor einer Weile begriffen, dass Giulia verwirrt ist, dass sie ihn zugleich begehrt und ihn fürchtet, und dieser Brief bestätigt dies. Andererseits: Wie viele Männer haben sie in der Vergangenheit eines zweiten

Blickes gewürdigt?, fragt er sich. Hat jemals einer versucht zu begreifen, was sich hinter ihrem gestrengen Gebaren verbirgt, hinter diesen so oft zur Faust geballten Händen?

Giulia hat niemals Begierde erlebt. Weder die eigene noch die eines Mannes. Deshalb wird er ihr – das beschließt Vincenzo – in seiner Antwort nichts ersparen. Er wird ihr von der Sehnsucht sprechen, die sie in ihm weckt; von der Tatsache, dass er des Nachts oft wach liegt und an sie denkt; von dem Wunsch, sie zu berühren und mit offenem Haar und nackten Schultern zu sehen. Er wird es tun, weil er weiß, dass sie niemandem verraten wird, was er geschrieben hat, erst recht nicht ihrem Vater. Er wird es tun, weil Giulia dem Schwindel, der sie ergriffen hat – da ist er sich sicher –, nichts entgegenzusetzen haben wird. Er kennt es gut, dieses Gefühl; es überkommt ihn jedes Mal, wenn es ihm gelingt, die Hände auf eine kostbare Fracht zu legen, oder wenn ein kompliziertes Geschäft zu einem guten Ende kommt. Doch sie ist weder eine Schiffsladung Sumach noch eine Kellerei … Eine Fracht verkauft man und widmet sich der nächsten; ein Geschäft schließt man ab, und dann kommt ein weiteres. Bei diesem Frauenzimmer jedoch ist das anders; Giulia hat ihm den Kopf verdreht, sie macht ihn trunken.

Die Lust, sie endlich ins Bett zu kriegen, bringt ihn noch um, bei Gott!

Sie haben sich noch mehrere Male wiedergesehen, bei den Portalupis oder auf der Straße, der Cassaro; und sie, die entweder mit der Mutter oder dem Bruder unterwegs war, hat ihm Blicke zugeworfen, die ebenso verlegen wie schmachtend waren. Ansonsten sind in diesem Winter des Jahres 1833 nur wenige echte Treffen auf dasjenige im Theater gefolgt.

Und doch: Eines Nachmittags, als es schon fast dunkel

wurde, hat Vincenzo unter dem Vorwand, ein Dokument abholen zu wollen, bei den Portalupis vorgesprochen. Ihn dort an seiner Tür vor sich stehen zu sehen überraschte Tommaso gelinde gesagt, doch er bat ihn sogleich in den Salon und begab sich direkt in sein Arbeitszimmer, um die Zahlungsquittungen für die Schwefellieferungen zu holen. Da Antonietta bereits Feierabend hatte, wurde Giulia geschickt, damit sie ihm Limonade servierte.

Als sie ihn dort auf dem Diwan sitzen sah, in dem halbdunklen Zimmer, begann das Tablett mit dem Glas und der Karaffe zu klirren. Giulia blieb stocksteif in der Tür stehen, reglos in ihrem strengen braunen Kostüm, die Augenbrauen finster zusammengezogen, eine unausgesprochene Frage auf den halb geöffneten Lippen. Vincenzo nahm ihr das Tablett aus der Hand, lehnte die Tür an und legte ihr die Hände auf die Schultern, ließ sie langsam ihre Arme hinabgleiten. Dann näherte er sein Gesicht dem ihren.

»Ich wollte zu Euch.«

Diesmal senkte Giulia nicht den Blick. Er las Begehren in diesen Augen, ja, aber auch eine gewisse Aufmüpfigkeit, vielleicht, weil sie ihn zurückweisen wollte, es aber nicht konnte. Vincenzo hob die Hand. Mit dem Daumen strich er zärtlich über ihre Lippen, berührte ganz zart ihr Kinn, fuhr bis hinab an die Kehle. Dann nahm er den ersten Knopf ihres Kragens zwischen die Finger. Öffnete ihn.

Und wanderte zum zweiten hinab.

An diesem Punkt gebot Giulia ihm Einhalt. Sie packte ihn am Handgelenk, schob ihn von sich, schluckte trocken.

»Nein.« Und sie sagte es mit Nachdruck, mit Entschlossenheit.

Nur wenige Augenblicke später kam Tommaso Portalupi

und schickte seine Tochter hinaus. Sie entfernte sich mit einem langen Blick, die Hand an ihren Hals gelegt, um den Kragen zuzuhalten.

Wenn er an diese Szene zurückdenkt, steht Vincenzos Körper in Flammen. Er schüttelt den Kopf und sagt sich – in dem Bemühen, einen Grund für dieses Verlangen zu finden – wohl zum hundertsten Male, dass diese Frau ein weibliches Wesen ist, das sich seiner verführerischen Kraft gar nicht bewusst ist, mit einer Sinnlichkeit begabt, die nur wenige in ihr sehen. Und deshalb ist sie gefährlich, diese Giulia, denn sie weiß nicht um das, was sie einem Manne antun kann. Und ganz sicher ist ihr nicht bewusst, was sie ihm gerade antut.

Jetzt, wo der Frühling vor der Tür steht, wird Giulia mehr Möglichkeiten haben, allein in Palermo auszugehen, die Tage werden länger, und ein warmer Windhauch weht durch die Gässchen des Castellammare-Viertels.

Giulia fürchtet ihn, sie leistet ihm Widerstand, doch zugleich ergibt sie sich ihm jedes Mal, wenn er ihre Nähe sucht, ihren Blick, ihre Lippen. Seine leidenschaftlichen Briefe weist sie nicht zurück; andererseits sind die Schreiben, die sie ihm zurückschickt, voller Worte, die die eine Sache sagen und eine ganz andere meinen. Die Giulia in diesen Briefen ist ein Mädchen aus gutem Hause, das mit gesenktem Blick herumläuft und ihm sagt, es schätze es nicht, wenn seine Avancen zu drängend würden, doch dahinter scheint auch eine andere Giulia durch, die ihm direkt in die Augen schaut und seufzt, eine Frau, die sein Blut in Wallung bringt. Vincenzo spürt, dass sie ihn will, er spürt ihre Schuldgefühle, er erschnuppert ihre Angst ebenso wie ihr Begehren, wenn sie einander nahe sind.

Und bei alldem ist sich Giovanni Portalupi nicht bewusst, dass seine Schwester viel mehr geworden ist als der Köder am Haken der Portalupis. Vincenzo schnaubt verächtlich. Auf einmal ist er ihm lästig, dieser junge Mann, der gemeint hat, er könne seine Schwester benutzen, um ihn zu ködern und an Land zu ziehen wie einen dicken Fisch. Denn weder er noch Giulia sind Menschen, die sich benutzen lassen. Ganz im Gegenteil. Er, Vincenzo, nutzt die Situation, um sich Vorteile in einem Spiel zu verschaffen, bei dem es zum ersten Mal das Fleisch ist, das ihn bewegt, nicht die Wut oder das Hirn. Und genauso ist es auch für Giulia. Das weiß er.

Sie wollen es beide.

Am Tage nach seiner Rückkehr aus Marsala empfängt Tommaso Portalupi ihn mit großer Herzlichkeit. Er serviert ihm höchstpersönlich ein Glas Madeira und bittet ihn, Platz zu nehmen, während er sich hinter seinem Schreibtisch niederlässt.

»Und, wie lautet es nun, Euer Angebot für die neue Ladung Schwefel?«

»Ein Viertel der Produktion ist für Euch allein reserviert.« Vincenzo schlägt die Beine übereinander. »Für den Verkauf in Neapel und Marseille habe ich bereits meine Leute, doch ich wünsche mir auch ein Standbein für den Markt in Norditalien. Im Piemont. Und in der Lombardei.«

»Es gibt bereits viele Konkurrenten auf dem Markt, nicht nur für Schwefel. Eure Firma ist sehr … sehr breit gefächert. Mir ist zu Ohren gekommen, dass Ihr auch die Absicht habt, in die Produktion von Wein einzusteigen.«

»So ist es.« Vincenzo verzieht keine Miene.

Portalupi streicht über den Lederbezug der Armlehne, sucht nach den richtigen Worten. »Bitte erlaubt mir, ganz offen zu Euch zu sein, Don Florio. Diese Eure Entscheidung erstaunt mich; zu diesem Zeitpunkt auf den Markt für Marsala zu gehen scheint mir sehr gewagt. Die Engländer haben hier praktisch das Monopol, sowohl in der Produktion als auch im Verkauf.«

»Ihr seid nicht der Einzige, der so denkt.« Vincenzo steht auf, geht im Raum auf und ab. »Aber ich ziele auf einen anderen Markt ab als den meiner verehrten Kollegen Ingham und Woodhouse. Ich denke an Weine für den Tisch von Adligen, ja sogar Fürsten und Königen.« Vincenzo ist am Fenster angekommen und blickt hinaus auf die Stadtmauern und das Blau der Cala dahinter. »Der Schwefel, den ich Euch geliefert habe, hat Eure Kunden im höchsten Maße zufriedengestellt; einige der wichtigsten Gerbereien Englands kaufen ihren Sumach ausschließlich bei uns. Und genau so wird es auch beim Wein sein.«

»Das werden wir sehen«, erwidert Portalupi, etwas betrübt. »Es ist Euer Geld und folglich auch Eure Entscheidung.«

Sie verabschieden sich. Sie sind bereits an der Tür, als Giulia und ihre Mutter auftauchen.

Vincenzo begrüßt beide mit ausgesuchter Höflichkeit. Antonia ist blass und immer noch im Hauskleid; Giulia hingegen trägt Schuhe und Handschuhe, ein Zeichen dafür, dass sie vorhat auszugehen.

Vincenzo verlässt das Haus der Portalupis, doch er geht nicht weit weg. Er hat noch einige Waren zu verzollen, und der Palazzo Steri liegt ganz in der Nähe. Eigentlich könnte er ebenso gut den Verantwortlichen im Laden damit beauftragen, da es sich um Gewürze handelt, oder seinen Sekretär, doch nein: Heute geht er selbst.

Er gestattet sich ein Lachen. Er weiß, was der Grund für diese Ausnahme ist. Und es ist nicht einmal das erste Mal, dass er das tut.

Im Gegensatz zu vielen Mädchen aus Palermo geht Giulia allein aus; ihre Mutter bleibt wegen ihres Brustleidens zu Hause, und ihre Tochter nimmt ihre Stelle ein, wenn es um häusliche Erledigungen geht. Darüber hat schon manch einer entrüstet die Augenbraue gehoben: Ohne Begleitung durch eine Bedienstete außer Haus zu gehen … das machen auch nur Leute von auswärts.

Doch so wird sie ihm, mit ein wenig Glück, über den Weg laufen.

Auf dem Zollamt verliert Vincenzo nur wenige Minuten.

Ein kurzes Nicken genügt, schon tritt ein Angestellter nach vorne, um ihn zu bedienen. Er geht an der Schlange vorbei, ohne auf das Murren derjenigen zu achten, die schon eine Weile warten – unter ihnen auch Sagutos Sohn –, und zeigt auf die Säcke mit Tabak, die zum Piano San Giacomo gebracht werden müssen.

Dann geht es weiter in Richtung Cassaro, wo er fast sicher ist, auf Giulia mit ihrem blauen Hut und dem flinken Schritt zu treffen.

Giulia sieht ihn als Erste. Sie ist nach Hause unterwegs und trägt einen Korb in der Hand. Sie versucht, ihm aus dem Weg zu gehen, doch zugleich werden ihre Schritte langsamer.

»Guten Tag«, ruft Vincenzo.

»Signore …« Sie hält den Blick gesenkt und versucht, ihm seitlich auszuweichen.

Er greift nach dem Korb. »Ihr gestattet?«

Jetzt ist die junge Frau gezwungen aufzublicken. »Ob ich gestatte? Ihr reißt ihn mir ja buchstäblich aus der Hand!«, ruft sie empört, lässt aber den Griff nicht los.

Dieses ungewöhnliche Tauziehen bleibt nicht unbemerkt, Leute schauen.

Mit einem Schnauben lässt Giulia los.

»Braves Mädchen«, murmelt er.

Sie gehen weiter, Seite an Seite.

»Ihr nehmt Euch eindeutig zu viele Freiheiten heraus. Dabei habe ich Euch bereits gesagt, die Tatsache, dass Ihr mit meinem Vater Geschäfte macht, rechtfertigt nicht die Art und Weise, wie Ihr Euch mir gegenüber betragt.«

»Was habe ich Euch denn getan? Habe ich Euch gezwungen, etwas zu tun, was Ihr nicht wolltet?« Er nickt einem Bekannten zu, der vorübergeht. »Ich bin nicht derjenige, der Briefe schreibt und sie mir über Euren Bruder zukommen lässt.«

Giulia läuft feuerrot an. Er hat recht; dieser Mann raubt ihr die Unbeschwertheit und bringt ihr Blut zum Klingen. Sie ist schwach gewesen. »Ihr seid … gefährlich. Gefährlich und ungerecht, Don Vincenzo. Wenn Ihr keine ehrenhaften Absichten habt, dann dürft Ihr nicht das tun, was Ihr vergangene Woche getan habt, als …«

»Als wir durch die Ankunft Eures Vaters unterbrochen wurden?«

Gedemütigt beschleunigt Giulia ihren Schritt. Die Via della Zecca Regia ist nicht mehr fern; nur noch wenige Minuten, und sie ist in Sicherheit. Er wird es nicht wagen, ihr durch den Hauseingang zu folgen. »Es ist nicht recht, dass Ihr mich nach Hause begleitet, ohne dass es Euch gestattet wurde.« Sie versucht, ihn auf Distanz zu halten.

»Niemand wird merken, was Ihr tut. Und außerdem seid Ihr mit mir zusammen.«

»Das ist es ja – mit Euch zusammen zu sein, das macht mir Angst.«

Hinter ihnen gibt es auf einmal einen Tumult, Leute schreien. Eine Kutsche saust in hohem Tempo und in Haaresbreite an ihnen vorbei. Vincenzo drückt Giulia gegen den Zaun eines Gartens.

Doch er lässt ihren Arm auch nicht los, als das Gefährt schon längst vorbei ist. »Komm mit mir«, flüstert er ihr ins Ohr.

»Don Florio, Ihr tut mir weh«, protestiert sie. Sie sind auf der Höhe der Via dei Chiavettieri. »Bitte«, fleht sie ihn an.

»Nein.« Er zieht sie weiter, fast zerrt er sie.

Giulia schämt sich, und sie hat Angst. Sie legt ihre Hand auf die seine. »Vincenzo. Ich bitte dich.«

An diesem Punkt hält er inne. Er betrachtet sie, als würde er sie zum allerersten Mal sehen. Es ist ein nackter, unverstellter Blick, und als er spricht, ist seine Stimme so leise und voller Wut, dass Giulia erschüttert aufblickt. »Ich halte das nicht aus. Du kannst mir nicht sagen, was ich tun und was ich lassen soll. Du kannst mich nicht bitten. Ich bin kein Heiliger aus Marmor, sondern ein Mensch aus Fleisch und Blut«, sagt er zu ihr. »Diese Geschichte … diese Sache zwischen uns muss aufhören.«

Eilige Schritte bringen sie bis zum Haus der Portalupis. Er drückt gegen die angelehnte Haustür. Das Halbdunkel des Eingangs hüllt sie ein.

Vincenzo lässt den Korb fallen und reißt ihr den Hut vom Kopf. Er nimmt ihr Gesicht zwischen beide Hände, küsst sie; sie versucht, ihn von sich zu schieben, kann ihm jedoch nicht mehr widerstehen. Es ist ein fordernder, ein heißblütiger Kuss.

Schließlich ist er es, der sich löst, der sie anschaut, als wäre sie seine Feindin.

Taumelnd macht Giulia einen Schritt auf die Treppe zu, doch er drückt sie gegen die Mauer. »Wo willst du hin?«

Wieder lehnen sie sich an die Wand.

Er spricht ihr ins Ohr. »Ich will verdammt sein, aber du hast dich in mein Herz und mein Denken geschlichen. Das war nicht vorgesehen, und ich kann nichts dagegen tun: Es ist eine Frage der Begierde, genau das ist es. Etwas zu begehren und es nicht haben zu können ist wie sterben, so weh tut es.« Er schaut ihr in die Augen, weil er will, dass sie ihn wirklich begreift, dass es keine Missverständnisse gibt. »Ich brauche dich nicht als Ehefrau. Für mich wäre es keine günstige Heirat: Du bist zu alt, du bist nicht von Adel, und ich glaube, das ist dir auch bewusst. Aber ich will dich, und Schluss.«

Giulia stockt der Atem. »Was meinst du damit? Was sagst du denn da?«

Es ist doch nicht möglich, dass er *das* meint.

»Du willst, dass ich mich …« Ihr Bruder hat ihr gesagt, es gebe Frauen, die mit Männern zusammenleben, ohne mit ihnen verheiratet zu sein, Frauen, die man nicht anders bewertet als Prostituierte, aber … »Du schlägst mir vor, dass ich deine …«, fragt sie und sucht in seiner Miene nach einer Antwort. Und was sie dort liest, nimmt ihr jeden Zweifel.

»Besser das, als eine alte Jungfer zu werden, oder? Was

hast du denn bisher schon für ein Leben gehabt? Du machst nichts anderes, als deine Mutter zu umsorgen, etwas anderes hattest du nie. Nichts. Selbst dein Bruder benutzt dich, und wenn er könnte, würde er dich höchstpersönlich in mein Bett legen, nur um einen weiteren Vertrag mit mir unterzeichnen zu können. Du bist eine seriöse Frau, das sehe ich, das brauchst du mir nicht zu sagen. Aber du willst mich, streite das nicht ab, und du hast Angst, es zuzugeben. Ich spüre es, denn das Fleisch …« Er legt ihr eine Hand auf die Brust. »Das Fleisch lügt nicht.«

»Aber dann …« Giulias Finger kratzen über die Mauer. »Dann willst du also wirklich, dass ich …« Wut, Enttäuschung, Schmerz, Verlangen. »Aber wie kannst du nur denken, ich könnte …«

»Nun spiel schon nicht die beleidigte *santuzza,* denn eine Heilige bist du wahrlich nicht. Ich weiß, dass du mich willst.«

Sie hebt die Hand, um ihn zu ohrfeigen, doch Vincenzo ist schneller. Er packt sie am Handgelenk.

»Lass mich«, keucht Giulia und versucht, ihn von sich wegzuschieben. Doch er ist zu schwer, es gelingt ihr nicht, und wenn sie ehrlich ist, will sie auch gar nicht, dass er aufhört. Ein Gedanke, der allein schon Sünde ist, und doch klammert sie sich an ihn, während sie ihn denkt.

Wieder küsst er sie, dieses Mal auf den Hals, er reißt ihr den Spitzenkragen vom Kleid. Es ist mehr ein Biss als ein Kuss. Giulia kann sich nicht mehr wehren, denn es stimmt, Vincenzo hat recht: Das Fleisch verrät alles.

Sie will es, und sie will es mit Leib und Seele.

Vincenzo ist weggegangen, doch Giulia ist im Flur des Palazzos zurückgeblieben, immer noch an die Mauer gelehnt, um wieder zu Atem zu kommen.

Sie müsste zu ihrem Vater gehen, müsste ihm sagen, dass Vincenzo Florio es an Respekt mangeln lässt.

Nein. Sie kann sich nicht einmal vorstellen, das zu tun. Sie würde vor Scham sterben. Und außerdem will sie es nicht. Denn seine Worte sind ihr im Kopf geblieben.

Giovanni nutzt sie aus. Ihre Eltern haben immer ganz selbstverständlich über sie verfügt, ohne sie jemals nach ihren eigenen Wünschen zu fragen. Sie ist einfach nur da, stumm wie ein Möbelstück.

Im Haus ist es still. Aus dem Flur ertönt die Stimme der Mutter. »Bist du das, Giulia? Ich liege im Bett. Dein Vater und dein Bruder sind vor Kurzem weggegangen, kommst du und leistest mir Gesellschaft?«

»Bin schon da.« Sie begegnet ihrem Spiegelbild. Gerötete Augen, die Haut wie Feuer. An ihrem Schlüsselbein erblüht ein kleiner blauer Fleck von seinen Küssen.

Schnell.

Rasch einen Schal übergeworfen, damit man das Liebesmal nicht mehr sieht, und dann zur Mutter, um sie zu trösten, und vielleicht später noch zu Antonietta in die Küche, um ihr bei der Zubereitung des Abendessens zu helfen, bevor sie Feierabend hat. Als Giulia sich später an den Tisch setzt, kann sie fast nichts essen.

Am Abend, in ihrem Zimmer, berührt sie ihren Hals. Das Mal, das er ihr hinterlassen hat, ist immer noch da. Ein Zeichen des Besitzes, dunkelrot, wie ein Brandzeichen.

Eine Woche später durchquert eine Gestalt, in einen dunklen Umhang gehüllt, mit raschen Schritten Palermo. Immer wieder schaut sie sich um. Die Geschäfte sind geschlossen, die *putiàri* schieben die Riegel vor.

Von der Cassaro aus bewegt sich der Schatten durch das Viertel von Castellammare, durchquert Gassen, die so eng sind wie Adern. Er wird langsamer, als er beim Piano San Giacomo ankommt. Er bleibt stehen.

Dann schließlich legt der Schatten die letzten Meter bis zur Via dei Materassai zurück. Durch die Scheiben des Gewürzladens der Florios sickert etwas Licht.

Eine behandschuhte Hand klopft fordernd an die Tür.

Vincenzo ist allein. Er hebt den Kopf von den Empfangsquittungen, die er im spärlichen Licht einer Lampe überprüft.

Wer kann das sein?, fragt er sich. Das Geschäft ist geschlossen, es ist spät. Und doch – wer auch immer es ist, sein Klopfen ist entschlossen und hartnäckig.

Er geht zum Eingang, erblickt die Gestalt im Umhang und macht die Tür auf. »Du?«, fragt er nach ein paar Augenblicken.

»Ich, ja.«

Er tritt beiseite, schließt die Tür mit dem Schlüssel ab. Dann kehrt er in sein Arbeitszimmer zurück, gefolgt von raschelnden Röcken. Die Kapuze des Umhangs wird zurückgeschoben, und das blasse Gesicht von Giulia Portalupi schimmert in der Dunkelheit.

»Warum bist du hier?«

»Meine Mutter braucht ein bestimmtes Präparat. Wegen der Kälte erlitt sie einen heftigen Hustenanfall und hat Blut gespuckt.« Sie reicht ihm ein Blatt. »Hier. Diese Kräuter.«

»Du solltest um diese Uhrzeit nicht mehr unterwegs sein. Dein Bruder hätte kommen sollen.«

Sie hält den Kopf gesenkt. »*Ich* wollte kommen. Giovanni wusste es und hat mich nicht davon abgehalten.«

Ein sarkastisches Lachen hallt in dem leeren Büro wider. »Ach ja, der gute alte Giovanni. Ich habe es dir ja gesagt, erinnerst du dich?«

»Ja.« Sie hält ihm immer noch die Hand hin, eine Frage, die auf Antwort wartet.

Vincenzo nimmt das Blatt entgegen. Ohne darauf zu schauen, legt er es auf dem Tisch ab. »Aber eigentlich willst du es selbst.« Er bringt sie dazu, das Gesicht zu heben.

»Ja«, antwortet sie. »Ja«, wiederholt sie mit kräftigerer Stimme.

Sie hasst sich, während sie das sagt.

Er nimmt sie in die Arme, während sie die Augen schließt und sich an ihn drückt.

Es ist Angst, was Giulia empfindet. Angst und Scham. »Was wird nur aus mir werden? Ich werde ruiniert sein«, murmelt sie. Sie möchte weinen, doch sie kann nicht, denn ihr Körper hat das Ruder übernommen und bringt ihr das bei, was sie gerade tut. »Ich werde meine Ehre verlieren. Und wer wird mich hinterher noch wollen?«

»Niemand.« Vincenzo nimmt ihr den Umhang ab. »Niemand wird dich mehr wollen. Du gehörst mir.« Er sagt es ihr ins Ohr und knöpft dabei bereits ihr Kleid auf. Dann öffnet er ihr Korsett, lässt ihre Unterröcke hinabgleiten.

Sie lieben sich auf dem Boden.

Denn es stimmt, Vincenzo hat recht: Das Fleisch lügt nicht. Und man kann ihm nicht Einhalt gebieten.

Es vergehen Wochen. Monate.

Dann, eines Abends Ende Oktober, überstürzen sich die Dinge.

Giulia und Giovanni machen mit Vincenzo eine Spazierfahrt unterhalb der Stadtmauern, zu Füßen des Palazzo Butera. In der Kutsche sprechen die Männer über Geschäfte, über gemeinsame Freunde. Giulia, die neben Giovanni sitzt, schaut Vincenzo nicht an; dennoch spürt sie unter ihren Röcken seinen Stiefel direkt neben ihrer Wade, eine Liebkosung, bei der ihr Schauder über den Rücken laufen.

Auf einmal dreht sich Giovanni um und blickt zu einer offenen Kalesche hinüber. »Oh, verdammt!«, ruft er aus. »Da ist Spitaleri, der Wollgroßhändler von der Piazza Magione. Ich habe noch eine Angelegenheit mit ihm zu regeln.« Er lehnt sich aus dem Kutschenfenster, um den Mann auf sich aufmerksam zu machen. Der wird langsamer, winkt ihn zu sich heran.

»Geh nur mit ihm reden, wir warten hier auf dich.« Vincenzos Aufforderung klingt fast wie ein Befehl. Giulia rutscht voller Unbehagen auf ihrem Sitz herum, während der junge Mann aus der Karosse steigt und zu dem anderen Kaufmann hinübergeht.

Als er aus ihrem Blickfeld verschwunden ist, beugt sich Vincenzo vor und drückt sie an sich. »Beim Blute Jesu, komm her zu mir …«

Sie schließt die Augen, presst sich an ihn. Sie sind wie Stroh und Feuer. Und es besteht kein Zweifel daran, wer was ist.

So trifft Giovanni sie an, der unerwartet schnell wieder

zurück ist: Giulia mit aufgeschnürtem Korsett, den Rock bis zu den Oberschenkeln hochgerollt, Vincenzo keuchend davor.

Giovanni schaut seine Schwester an, die sich zu bedecken versucht, bemerkt die Haare, die sich aus dem Chignon gelöst haben, sieht die Schamesröte auf ihren Wangen. Und mit noch größerem Entsetzen registriert er Vincenzos Miene, bar jeglicher Verlegenheit.

Er schlägt die Hände vors Gesicht, so unerträglich ist dieser Anblick für ihn. Er möchte schreien, sie beschimpfen, sie schlagen. »Du …«, stammelt er und zeigt auf die Schwester. »Du hast ihm erlaubt … Was habt ihr getan?«

Sie bedeckt ihr Gesicht mit den Händen. »Nicht schreien, ich bitte dich«, flüstert sie. »Bitte, hör auf«, fleht sie ihn an.

Es ist Vincenzo, der die Situation in die Hand nimmt. »Halt die Klappe, Junge, und steig ein. Morgen Nachmittag komme ich zu deinem Vater, um mit ihm zu sprechen.«

Zu Hause wird der ganze Kübel der Schande auf einmal über Giulia ausgekippt. Sie gesteht die Beziehung zu Vincenzo, gibt zu, sich ihm hingegeben zu haben. Der Bruder schreit sie an, sagt mehrmals, er habe sie immer für ein reines und ehrbares Mädchen gehalten, und sie habe sich gleich dem Erstbesten an den Hals geworfen.

Giulia findet die Kraft, trotz Tränen zu kontern, und wirft ihm vor, es sei auch seine Schuld, doch Giovanni bringt sie mit einer Hand auf ihrem Mund zum Schweigen. »Red keinen Unsinn. Er hat sich das genommen, was du ihm gegeben hast.«

»Du schamloses Frauenzimmer! Eine Schande bist du!«, zischt die Mutter, nähert sich, versetzt ihr mit einer Kraft, deren sie niemand für fähig gehalten hätte, eine Ohrfeige und lässt sich dann keuchend und hustend auf das Sofa fallen. Tommaso geht auf und ab, ohne auf die Tränen seiner Tochter und das schwere Atmen seiner Frau zu achten. Schließlich bleibt er vor Giulia stehen und sagt mit leiser und bedrohlicher Stimme, er würde bald die Entscheidung treffen, ob er sie nach Mailand zurückschicke oder in einem Kloster unterbringe.

Sie läuft in ihr Zimmer und wirft sich aufs Bett, steckt den Kopf unter das Kissen, damit niemand ihr Schluchzen hört.

Alles. Alles wird sie akzeptieren, solange man sie nicht von Vincenzo wegbringt.

Am darauffolgenden Nachmittag trifft Vincenzo im Hause Portalupi ein, um mit den beiden Männern der Familie zu reden. Sie ziehen sich ins Arbeitszimmer zurück.

Giulia und Antonia warten im Salon und starren sich schweigend an.

Doch die junge Frau hält es nicht lange aus: Diese drei Männer sind dabei, über ihre Zukunft zu entscheiden, ohne sich darum zu scheren, was sie selbst möglicherweise will oder sich wünscht, und sie *muss* es einfach wissen. Also steht sie auf, tritt an die Tür des Arbeitszimmers und starrt so lange das Holz an, bis sie sich jede einzelne Maserung unter der abblätternden Bemalung eingeprägt hat.

Sie lauscht.

Vincenzo schildert die Sachlage ebenso ruhig wie unverfroren und erklärt, er habe nicht vor, sie zu heiraten, weil er bereits andere Pläne in dieser Hinsicht habe. Allerdings wolle er Giulia unter seinem *Schutz* behalten und zähle auf ihre *Diskretion*. »So ist es eben. Eure Tochter gefällt mir, und ja, ich habe sie verführt. Dafür übernehme ich die Verantwortung, wenn es das ist, was Ihr hören wollt. Angesichts der

Tatsache, dass der Schaden nun mal angerichtet ist« – dies sagt er mit einer gewissen Selbstgefälligkeit –, »habe ich um diese Unterredung gebeten, um Euch meine Bedingungen mitzuteilen. Ich werde Giulia nicht auf halbem Wege zurücklassen, wünsche aber auch nicht, dass Ihr ihr die Tür weist.«

Aus Tommaso Portalupis anfänglicher Bestürzung wird Wut, die sich in einem zornigen Schrei entlädt. »Ihr seid ehrlos! Erst bringt Ihr sie dazu, dass sie sich Euch hingibt, und dann wollt Ihr sie zu Eurer Hure machen?«

Jetzt meldet sich Giovanni zu Wort und droht, Vincenzo zur Wiedergutmachung und zur Herstellung der Ehre seiner Schwester zu zwingen.

Vincenzo bringt ihn mit einer trockenen Antwort zum Schweigen. »Du bist ein Heuchler. Du hast doch alles gewusst.«

»Ich dachte, du seist freundlich zu ihr, weil sie meine Schwester und eine alte Jungfer ist …«

Vincenzos Lachen ist wie eine Ohrfeige. »Ich glaube vielmehr, du hast sie mir absichtlich in die Arme getrieben. Du dachtest, wenn ich mich für sie interessiere, würde ich euch als Käufer meiner Waren bevorzugen, ist das nicht so? Was für ein *picciriddo,* was für ein Kind du doch bist! Wie oft hast du uns miteinander allein gelassen? Wie oft hast du einfach nicht hingeschaut? Giulia konnte deine Manöver nicht durchschauen, aber ich schon. Und wenn ich sie zu meiner Geliebten gemacht habe, dann, weil ich *sie* wollte, nicht eure *picciuli*! Euer Geld könnt ihr behalten.«

Tommaso Portalupi ist entsetzt. »Was? Du hast zugelassen, dass Giulia …«, schreit er seinen Sohn an.

Der erschütterte und kummervolle Ton des Vaters ist für Giulia wie ein Schlag in die Magengrube.

Wieder antwortet Vincenzo seelenruhig. »Überlegt doch nur, Signor Portalupi: Ich weiß nicht, ob Ihr damit einverstanden gewesen wärt, und es ist mir auch nicht wichtig. Doch Euer Sohn hat mich oft mit Giulia allein gelassen, er fand immer einen Weg, dass sie neben mir saß, ohne dass ich ihn jemals darum gebeten hätte. Wisst Ihr, wie man hier dazu sagt: *A' pagghia vicino u' foco appigghia*: Stroh, das zu nah ans Feuer kommt, brennt schnell. Und genau das ist passiert.«

Ein Stuhl kippt um.

Giulia macht einen Schritt rückwärts.

Giovanni schreit: »Jetzt reicht's! Es ist vollkommen egal, was passiert ist. Du musst aus ihr eine ehrbare Frau machen, und zwar sofort!«

Giulia glaubt nicht, dass ihr Bruder wirklich so entrüstet ist, sie kann es sich nicht vorstellen. Wahrscheinlich ist es Giovanni nur unangenehm, dass Vincenzo seinem Vater verraten hat, welche Rolle er als Bruder bei diesem Spiel gespielt hat, und ihn damit bloßgestellt hat.

»Nein.« Ausdruckslos.

»Dann wirst du dich bei allen blamieren. Aus der Sache kommst du nicht mehr heraus: Wir werden dafür sorgen, dass es zu einer Schlammschlacht kommt und dein Name besudelt wird. Jeder hier soll wissen, dass du unschuldige Mädchen ausnutzt und von der Ehe nichts wissen willst! Alle sollen wissen, was für ein Schurke du bist.«

Vincenzos Antwort fällt so leise aus, dass Giulia die Ohren spitzen muss, um sie zu hören. »Du drohst mir? Mir?«

»Ja. Benimm dich wie ein Mann, meine Güte!«

Eine lange, sonderbare Pause tritt ein.

Giulia stellt sich vor, wie Vincenzo Giovanni so lange anschaut, bis dieser den Blick senkt. »Die Hälfte der Kaufleute in Palermo hat Schulden bei mir, und bei allen anderen bürge ich für ihre Wechsel«, sagt er am Ende. »Ich bin Insolvenzverwalter und Mitglied der Handelskammer. Ich besitze Anteile an den wichtigsten Schiffen, die Palermo anlaufen. Mir genügt ein Wort bei den richtigen Personen, um euch in die Knie zu zwingen.«

»Blödsinn. So viel Macht hast du doch gar nicht«, widerspricht Giovanni. Doch seine Stimme zittert.

»Die habe ich sehr wohl, und wie – das Geld gibt sie mir. Dein Vater wird nichts dergleichen tun, ebenso wenig wie du. Ihr seid Fremde hier. Ein falsches Wort, und mit euch wird keiner mehr Geschäfte machen, weder hier in Palermo noch im restlichen Sizilien.«

Stille senkt sich über den Raum.

Hinter der Tür weiß Giulia nicht mehr, was sie denken soll.

Am Ende ist es Tommaso Portalupi, der das Wort ergreift, und er tut es mit steter, aber auch eisiger Stimme. »Ich habe sehr wohl begriffen, was Ihr im Sinn habt, Signore. Dann stimmt es also, was ich über Euch gehört habe: Um das zu bekommen, was Ihr wollt, geht Ihr über Leichen, selbst wenn es sich um Eure Verbündeten handelt. Ihr habt nicht einen Funken Moral am Leib, und auch keinen Respekt vor nichts und niemandem. Eure Entscheidung stellt uns mit dem Rücken zur Wand. Doch jetzt lasst mich sagen, was ich zu sagen habe: Ihr habt Euch in mein Haus geschlichen wie eine Schlange. Ihr habt meine Giulia für immer ruiniert, denn kein Mann setzt sich an einen Tisch, von dem ein anderer bereits gegessen hat. Seid wenigstens so ehrlich und sagt mir: Werdet Ihr für sie sorgen? Denn ich kann den

Gedanken nicht ertragen, dass Ihr sie eines Tages verlasst und ihr ein Schicksal in Armut blüht. Ihre Ehre, den einzigen Reichtum, über den eine Frau verfügt, hat sie ja bereits verloren.«

»Ich kann mir vorstellen, dass mein Ehrenwort in Euren Augen keinen Wert mehr hat«, erwidert Vincenzo in einem Ton, der in Giulias Ohren von Mitleid gefärbt ist. »Doch, wie auch immer: Ja, ich werde für sie sorgen.«

Kurz darauf wird die Tür aufgerissen. Er steht direkt vor ihr.

Er nimmt ihr Gesicht zwischen seine Hände. »Pack deine Sachen zusammen«, sagt er ihr ganz leise. »Gib mir eine Woche Zeit, und du wirst dieses Haus verlassen können.«

Es wird die schlimmste Woche ihres Lebens. Ihre Mutter richtet kaum das Wort an sie; der Vater ignoriert sie komplett, wirft ihr nur ab und zu einen zutiefst enttäuschten Blick zu. Giovanni behandelt sie ganz offen wie eine gefallene Frau.

Sie isst allein in ihrem Zimmer, schluckt die Tränen mit dem Essen hinunter.

Als Vincenzo sie abholt, ist es eine Befreiung.

Er hat für sie ein kleines Halbgeschoss gefunden, das auf denselben Innenhof hinausgeht wie die Wohnung der Portalupis. Er hat die Räume leeren und weißeln lassen und sie eingerichtet.

Nach sieben Tagen betritt Giulia diese Wohnung als Herrin, gefolgt von einem Dienstmädchen, das Vincenzo für sie angestellt hat.

In diesem Haus fühlt sie sich fremd. Sie fühlt sich schuldig, doch auf eine schmerzliche Weise auch glücklich.

Vincenzo hat es klipp und klar gesagt: Er wird sie nie

heiraten. Und doch liebt sie ihn. Sie liebt ihn voller Anhänglichkeit und Zärtlichkeit, mit der Verrücktheit der ersten Liebe, die töricht und blind ist, und in dem Wissen, dass es keine Hoffnung für sie gibt. Und doch empfindet sie für diese Liebe, die sie zu einem Menschen gemacht hat, den man verstecken und zu einer Tochter, deren man sich schämen muss, Dankbarkeit. Es ist ein Gefühl, das sie glücklich macht.

Zuvor war sie eine ehrbare junge Frau, ein Schatten, der lebte, um der Mutter und der Familie zu dienen. Nun wird sie von einem der reichsten Kaufleute der Stadt ausgehalten. Nicht etwa von einem Adligen, in dessen Kreisen es üblich und gesellschaftlich abgesegnet ist, sich eine Geliebte zu halten. Nein, nur von einem Kaufmann, einem *putiàro.*

Für viele ist sie kaum mehr als eine Kurtisane, und Vincenzo ein Emporkömmling, der sein Geld mit einem Gewürzladen gemacht hat. Auch wenn die Menschen ihn – und die Macht seines Geldes – fürchten, wird nichts sie vor der Verachtung schützen können, die ihnen entgegenschlägt.

Doch all das ist nichts im Vergleich zu dem, was ihr noch bevorsteht.

Es ist ein Frühlingsmorgen des Jahres 1835, als sich Giulias Leben noch einmal in ein Vorher und ein Nachher scheidet.

Die junge Frau ist allein. Sie schaut sich im Spiegel an, zu Hause in ihrer Wohnung. Der Wohnung einer ausgehaltenen Frau. Der Geliebten von Don Florio.

Ihr Gesicht ist von Anspannung gezeichnet, sie hat tiefe

dunkle Ringe unter den Augen, das Ergebnis einer von vielen, vielen schlaflosen Nächten.

Sie zieht ihr Nachthemd aus, steht nackt vor dem Spiegel und zittert. Doch es ist nicht wegen der Kälte.

Die Konturen ihres Körpers haben sich verändert.

An diesem Morgen öffnen die Dienstmädchen die Fenster in der Via dei Materassai 53. Frische Luft und Tageslicht strömen in das Speisezimmer.

In Hemdsärmeln und Hose nimmt Vincenzo ein frugales Frühstück zu sich und geht dabei ein paar Dokumente des Rates der Handelskammer durch, deren Mitglied er ist. Seine Stirn, sonst meist finster zusammengezogen, ist glatt und entspannt.

Er hat immer noch Giulias Duft an sich.

Giuseppina betritt das Zimmer in dem Moment, als er sich vom Tisch erhebt. »Wir müssen reden.«

Er greift nach einem Frühstückskeks und kaut daran, während er in Richtung Tür geht. »Ich habe keine Zeit.«

»Doch, die hast du. Du weißt, dass ich mich heute mit den Schwestern von Santa Caterina treffe, oder? Sie wollen mir ein weiteres Mädchen vorstellen, die Schwester einer ihrer Novizinnen. Eine sehr anmutige *picciridda*, sagen sie. Und was soll ich jetzt tun? Etwa hingehen und ihnen sagen, dass mein Sohn eine Frau aushält?«

»Findet heraus, was ihre Verwandtschaft will, und berichtet mir dann.«

Seine Mutter baut sich vor ihm auf. »Du hast schon wieder die Nacht bei dieser Frau verbracht.«

Vincenzo fährt sich mit der Hand durchs Haar und schickt ein stilles Stoßgebet an alle Heiligen, sie mögen ihm beim tausendsten Disput mit seiner Mutter beistehen. »Das geht Euch nichts an.«

»Oh doch. Solange du unter diesem Dach lebst, geht es mich durchaus etwas an. Ich habe dir gesagt, du sollst sie vergessen. Und wenn sie nun, was Gott verhüten möge, einen Bastard von dir zur Welt bringt? Ja, dann könntest du dich von einer Ehe jeglicher Art verabschieden, von der mit einer Adligen oder Prinzessin ganz zu schweigen.«

»Mama.« Ein Seufzer. *Bleib ganz ruhig*, redet er sich gut zu. »Ich bin ein Mann, kein Mönch. Und das hier ist zuallererst mal mein Haus.«

»Bringst du das schon wieder aufs Tapet? Erinnere dich daran, was du getan hast!« Nein, kein Gott auf der Welt wird ihm den Streit ersparen, den Giuseppina ganz offenbar vom Zaun brechen will.

»Immer noch diese Geschichte mit Bagnara? Wann hört Ihr endlich damit auf?«

»Niemals! Du durftest das nicht tun: Es war mein Haus, und du hast es verkauft, ohne mir ein Wort davon zu sagen.« Mit einer Stimme, die voller uraltem Groll ist, folgt ihm Giuseppina den Flur entlang bis ins Schlafzimmer. »Du und dein Vater, ihr habt mir alles genommen. Und jetzt muss ich auch noch ertragen, dass du bei deiner Mailänder Schlampe die Nächte verbringst!«

Bei diesem letzten Satz bleibt Vincenzo abrupt stehen. »Jetzt ist Schluss«, zischt er. Seine Augen sind nur noch zwei Schlitze. Er nimmt ein paar Kleidungsstücke und wirft sie aufs Bett.

»Nein, ich rede, wie es mir passt. Weißt du, wie schlimm

es ist, in die Kirche zu gehen, am Piano San Giacomo, und die Blicke der anderen Frauen zu sehen?«

Der Mann zieht sich aus, bis er nackt vor ihr steht. »Es ist nicht mein Problem, was die Leute denken.«

»Was machst du denn jetzt? Ziehst dich nackt aus vor mir? Hat dir das dieses schamlose Wesen beigebracht?« Giuseppina wendet sich mit hochroter Miene ab.

»Ihr habt mich zur Welt gebracht; Ihr wisst, wie ich aussehe.«

Die Mutter lauscht dem Plätschern des Wassers in der Schüssel, derselben, die auch Ignazio schon benutzt hat. »Wenn dein Onkel noch da wäre, hättest du das nicht getan: Vor den Augen aller eine Frau auszuhalten … Ihr lebt in Todsünde.«

Das Plätschern wird unterbrochen. Vincenzo zieht sich wieder an; er lässt Perlmuttknöpfe durch seine Manschetten gleiten und spricht weiter mit ihr, ohne sie eines Blickes zu würdigen. »Das wird die letzte der Sünden sein, mit denen ich dereinst vor meinen Schöpfer trete. Wie auch immer: Wenn es Euch so sehr stört, dann findet endlich eine Frau für mich, dann verbringe ich die Nacht bei ihr zu Hause.« Er greift nach seiner Jacke, schlüpft mit raschen Bewegungen hinein. »Doch eines solltet Ihr wissen: Ob verheiratet oder nicht – auf Giulia werde ich nie verzichten. Niemals.«

Es ist fast Nacht, als Vincenzo den Innenhof an der Via della Zecca Regia betritt. Er wirft einen Blick zu den Fenstern der Wohnung der Portalupis hoch und geht dann in Richtung des Halbgeschosses weiter – der Räumlichkeiten, die Giulia und er sich teilen und in denen sie »in Todsünde leben«, wie seine Mutter sagt.

Minchiate di fimmine e preti. Dummes Geschwätz von Frauen und Pfaffen.

Mindestens die Hälfte der Männer, die er kennt, haben eine Geliebte, wenn nicht gar eine zweite Familie neben der offiziellen, angefangen bei Ben Ingham, der die Kinder der Herzogin Spadafora wie seine eigenen behandelt. Viel seltener kommt es vor, dass eine Zweckbeziehung sich zu einer Liebesgeschichte entwickelt.

Mit diesem Gedanken beschäftigt er sich nicht weiter. Das will er nicht.

Er klingelt. Niemand öffnet. Also schließt er die Tür selbst auf, zieht die Jacke aus, geht ins Wohnzimmer.

Giulia ist nicht da. Vielleicht macht sie eine Besorgung, oder sie ist bei ihren Eltern.

Nach dem Streit, der auf die Entscheidung gefolgt war, unter den Augen der Öffentlichkeit als seine Geliebte zu leben, hat Giulia eine Zeit der Reue verbracht. Erst seit Kurzem hat sie wieder den Kontakt mit ihrer Familie aufgenommen. Ihr Vater, ein im Grunde pragmatischer Mensch, hat ihr rasch verziehen. Die Mutter nicht; sie macht ihr immer noch Vorwürfe und lässt sich ihre Enttäuschung deutlich anmerken.

Vincenzo gießt sich aus einer Karaffe Limonade ein. Dann wird er eben noch ein wenig arbeiten, während er auf sie wartet.

Er bemerkt erst, wie spät es geworden ist, als die Flamme der Lampe im Abendwind zu zittern beginnt.

Er steht auf und späht durch das Fenster, das auf die Wohnung der Portalupis geht. Er sieht einen Schatten, dann noch einen: Es scheinen Giovanni und Giulia zu sein, die streiten.

Kurze Zeit darauf steigt die junge Frau die Treppe hinab, durchquert den Hof mit gesenktem Blick. Er öffnet ihr die Tür, besorgter, als er es sich eingestehen würde.

Da steht Giulia vor ihm. So bleich wie Alabaster. Sie legt ihm eine Hand ans Gesicht, ohne ein Wort zu sagen. Irgendein Kummer scheint sie zu quälen.

Sie küsst ihn.

»Aber was …«, murmelt er.

Sie legt ihm zwei Finger auf die Lippen, damit er nicht weiterfragt. »Komm mit.«

Sie nimmt ihn an der Hand, und er folgt ihr, wie verzaubert von ihrer Bitte, ins Schlafzimmer.

Es ist das erste Licht des Morgens, das ihn weckt.

Um sie herum die weiße Zimmerdecke, die Vorhänge, die das Schlafzimmer vor neugierigen Blicken schützen, der Schrank aus Mahagoni.

Draußen die Geräusche der Stadt, die gerade zu sich kommt.

Er spürt Giulias Atem, der ihn an der Schläfe kitzelt. Es ist ein Moment seltenen und deshalb kostbaren Friedens. Die warme Weichheit ihres Körpers ist wie eine Zuflucht und schenkt ihm Frieden. Bei ihr muss er nicht auf der Hut sein, muss sich nicht verstellen und so tun, als wäre er besser als die anderen.

Sie ist Giulia, und er ist Vincenzo. Nichts sonst.

Als er sich auf die Seite dreht, sieht er jedoch, dass sie

bereits wach ist. Sie betrachtet ihn mit diesen großen, dunklen Augen, ernst, aber ruhig. Eine Hand hat sie unter das Kissen gelegt. »Ich erwarte ein Kind von dir.«

Einen kurzen Moment lang begreift Vincenzo nicht.

Ein Kind.

Das bedeutet, dass dort in ihr drin, unter ihrem Fleisch, etwas wächst.

Ein Kind. Mein Kind.

Er reißt ihr das Laken vom Leib, betrachtet sie mit wilder Miene. Die pralleren Brüste, die vollen Hüften. Den runden Bauch.

Verflucht, wie hat er das nicht bemerken können!

Der Satz ist heraus, noch bevor er ihm Einhalt gebieten kann. »Und ist es wirklich von mir?«

Giulia rollt sich auf den Rücken. Fast lächelt sie. Vielleicht war sie auf die Frage vorbereitet. »Du warst der Erste, und du bist der Einzige.«

Das stimmt, und er weiß es.

Plötzlich wird sich Vincenzo dessen bewusst, dass er nackt ist. Er packt das Laken, bedeckt seine Lenden damit. Giulia hingegen bleibt, wo sie ist, mit Gänsehaut am Körper und bangem Herzen.

»Seit wann?«

»Meine Regel ist seit drei Monaten ausgeblieben.« Sie legt eine Hand auf ihren Unterleib. »Bald wird man es sehen.«

Vincenzo fährt sich mit der Hand durchs Haar. Wann haben sie das Kind gezeugt? Er hat versucht, auf der Hut zu sein, doch es ist ihm nicht immer gelungen. Schon ein ganzes Jahr sind sie zusammen und schlafen miteinander.

Dann ist am Ende also doch ein Kind dabei herausgekommen, so wie seine Mutter es prophezeit hat.

»Ich heirate dich nicht. Ich kann nicht. Das weißt du doch, oder?« Er spricht impulsiv, hastig, und dabei ist er überwältigt, wütend, verwirrt. »Du bist nicht die, die ... Meine Mutter sucht immer noch eine Frau für mich«, fügt er hinzu. Nur damit sie auf keine dummen Gedanken kommt, denkt er, und sogleich begreift, dass sie ihn mit diesem Bauch und diesem *picciriddu* nicht an sich binden kann. »Sag es gleich deinem Bruder oder deinem Vater. Wenn das ein Versuch ist, mich ...«

»Das weiß ich.« Giulia setzt sich mitten im Bett auf.

Nackt, stolz. Fast scheint sie zu leuchten, dort im Morgenlicht. »Bevor du es sagst – denn ich rechne damit, dass du mir auch das antun könntest: Ich werde nirgendwo hingehen, um es mir wegmachen zu lassen. Dieses Kind will ich.«

Vincenzo weicht vor ihr zurück, bis er fast an der Bettkante anlangt.

Sie packt ihn mit unerwarteter Kraft am Handgelenk. »Hör mir zu. Der Tag wird kommen, an dem du diese Frau gefunden hast, die du und deine Mutter so angestrengt sucht, und du wirst sie heiraten. Oder du wirst meiner einfach überdrüssig und kommst nicht wieder. Doch dann werde ich wenigstens etwas von dir haben, das mich an dich erinnert, an uns.«

Vincenzo windet sich aus ihrem Griff heraus. »Genügt dir denn nicht das Haus und das Geld, das ich dir gebe? Warum willst du einen Bastard großziehen? Glaubst du, dann gebe ich dir mehr? Ich habe dir doch bereits gesagt, dass ich für dich sorgen werde, auch wenn ich dich irgendwann verlassen sollte.«

Und tatsächlich würde er am liebsten davonlaufen und

alles vergessen: dieses Aufwachen, diese Verwirrung, die ihm den Atem raubt, und dieses kleine Ding, das im Bauch seiner Frau heranwächst und sie ihm wegnimmt.

Er kann sich nicht einmal ansatzweise vorstellen, wie es ist, ein Kind zu haben. Er hat nie daran gedacht, Vater zu werden oder zu sein.

Jetzt weint Giulia doch. Sie sucht nach dem Laken, bedeckt sich. Rollt sich in der Mitte des Bettes zusammen.

Vincenzo bleibt nichts anderes übrig, als sich anzuziehen und wegzugehen. Giulias Schluchzen verfolgt ihn bis zur Tür.

»Diese Schande bringst du auch noch über uns?«, schreit Antonia zwischen zwei Hustenanfällen. Sie wiegt sich auf ihrem Sessel vor und zurück, die Augen weit aufgerissen, doch der Trost von Tränen will sich nicht einstellen. »Auch noch ein Bankert! Was machen wir denn jetzt? Hat es nicht genügt, was bisher passiert ist?«

Giulia steht vor ihr, das dunkle Kleid bis zum Hals zugeknöpft, und knetet ihr Taschentuch so heftig, dass die Naht aufgeht. Sie ist allein, oder zumindest fühlt sie sich so. Sie hat ihre Mutter aufgesucht, weil sie sich nach einem Wort des Trostes gesehnt hat, nach einer Umarmung. Doch jetzt, wo sie Hilfe braucht, ist niemand für sie da, nirgendwo.

Eine Mutter sollte jemand sein, der dich auch vor dir selbst beschützt. Doch ihre Mutter ist nicht so: Sie ist eine zerbrechliche Frau, die sich nur auf ihre eigene Krankheit konzentriert.

Jetzt weint Antonia doch, und ihre Tränen scheinen unversiegbar zu sein.

Am Abend hingegen weint Antonia nicht mehr. Sie sitzt neben Giulia auf dem Sofa, starrt Tommaso und Giovanni an, die gerade erst nach Hause gekommen sind, und weiß, dass es an ihr, der Mutter, ist, das auszusprechen, was die beiden gedacht haben, als sie die Neuigkeit erfuhren. Deshalb wartet sie, bis ihr Mann aufgehört hat, auf dem Teppich im Salon auf und ab zu gehen, die Hände auf den Rücken gelegt und mit gesenktem Kopf, und die Flüche ihres Sohnes, der seiner Wut auf Vincenzo freien Lauf lässt, verstummt sind.

Als sich endlich Stille über den Raum senkt, hustet Antonia und gibt bekannt, dass es durchaus eine Lösung gäbe. Ein wenig Geld, eine Engelmacherin, die schweigen kann, ein Nachmittag voller Schmerzen, dann gäbe es von der Schande keine Spur mehr.

Sie schaut Giulia an. »Bist du dir sicher, dass du nicht …«

»Nein.« Die junge Frau sagt es bestimmt, mit gesenktem Blick.

»Dann musst du weg von hier.« Antonia steht auf, hustet, lässt sich zurück aufs Sofa sinken. »Du wirst nach Mailand zurückkehren. Du gehst zu Tante Lorena, der Schwester meiner Mutter, die außerhalb der Stadt wohnt. Dort bringst du das Kind zur Welt, und danach wird man weitersehen.«

Doch Giulia schüttelt den Kopf. »Ich will nicht weg.«

Wie kann sie ihnen verständlich machen, dass es ihr nichts ausmacht, wenn die Leute sie beleidigen und sie als leichtes Frauenzimmer beschimpfen? Sie weiß sehr wohl, was ihr bevorsteht. Sie will bei Vincenzo bleiben, und wenn sie irgendwann gezwungen sein wird, von ihm die Brosamen zu nehmen, die er ihr geben will, dann ist das eben so. Sie wird sich damit begnügen. Denn das ist es, was sie immer getan hat: sich an das zu klammern, was andere bereit sind, ihr zu geben. Doch wie soll sie das ihrer Mutter oder Giovanni begreiflich machen?

Sie will in Palermo bleiben, egal, wie schmerzlich das sein wird.

»Du gehst fort.« Die Mutter. Entschieden.

»Nein!«

Giulia beginnt zu weinen. Seit sie schwanger ist, bricht sie oft in Tränen aus, es ist ihr fast zur Gewohnheit geworden.

Antonia und Giovanni wechseln einen Blick.

»Giulia … hör mir zu.« Giovanni kniet vor ihr, nimmt ihre Hände. »Wenn Florio heiratet, was glaubst du denn, was aus dir wird? Nicht einmal eine Erinnerung, denn seine Frau wird darauf bestehen, dass du aus seinem Leben verschwindest. Es wird kein Raum mehr für dich sein …«

Giulia fällt wieder ein, was Vincenzo gesagt hat. Sie weiß, dass seine Mutter immer noch auf der Suche nach einer Frau für ihn ist. »Ich will nicht«, beharrt sie. »Nein.«

In den darauffolgenden Tagen sagt sie diesen Satz immer wieder, während ihre Mutter sie dazu zwingt, unter großer Geheimhaltung zu packen. Antonia murmelt ihr zu, Vincenzo würde sie sowieso nicht mehr begehren, denn jetzt, wo sie schwanger sei, würde ihr Körper unförmig, und er wolle doch nichts anderes als eine schöne Frau, mit der er sich vergnügen kann. »Ich habe es dir ja gesagt, er ist ein Haderlump. Und du bist ein dummes, naives Gör, wenn du ihm Glauben schenkst, das bist du.«

Sie sagt es noch einmal, als Giovanni ihr erklärt, was er plant. Giulia ist zwar im Zimmer, doch er redet, als wäre sie gar nicht da. Er werde eine Schiffspassage nach Genua suchen, sie begleiten und dafür sorgen, dass alles gut gehe, bis sie in Mailand eintreffe. Dann kehre er nach Palermo zurück.

Was Vincenzo angeht, so ist er verschwunden. Keine Nachricht, kein einziger Besuch. Er, der zuvor jede Nacht in ihren Armen verbracht hat.

Es ist diese Leere, die Giulia nicht ertragen kann, die sie am Boden zerstört.

Sie hört auf, Widerstand zu leisten. Sie lässt sich gehen, erträgt das, was man mit ihr macht. Sie lässt andere für sich entscheiden.

Es wird so sein, als hätte sie nie existiert, und vielleicht hat sie das ja auch nie.

Andererseits …

Seltsamerweise stellt es sich als schwierig heraus, eine Schiffspassage zu finden. Unter den Kommandanten und den Reedern, die die Portalupis kennen, hat keiner Platz auf seinem Schiff. Einige behaupten fälschlicherweise, sie hätten noch nie Passagiere transportiert. Andere sagen, sie hätten erst am Tag zuvor alle Plätze vergeben. Doch sie sagen es leise und mit abgewandtem Blick, oder sie grinsen spöttisch.

Eine Ablehnung ist ein Zufall, zwei sind Pech … doch drei sind zu viele, um eine Fügung des Schicksals zu sein. Tommaso hat begriffen.

Dann, eines Abends, klopft es an der Tür.

Die Portalupis sehen sich erstaunt an. Sie erwarten niemanden.

Giulia sitzt am Tisch. Sie ist bleich; sie wirkt abwesend,

Opfer einer Benommenheit, die sie seit ein paar Tagen befallen hat und die bewirkt, dass sie sich von ihrer Umgebung seltsam losgelöst fühlt.

Ihre Mutter sagt, das sei die Schwangerschaft. Doch Giulia weiß, dass das nicht der Fall ist.

Das Hausmädchen macht auf.

Und es ist diese Stimme – *seine* Stimme –, die Giulia aus der Leere reißt, in die sie gestürzt war.

»Guten Abend.«

Vincenzo Florio schaut in die Runde. Giulias Blick weicht er aus.

»Was machst du hier?« Giovanni hat sich als Erster von der Überraschung erholt und geht ihn sofort an. »Du bist hier nicht willkommen. Geh!«

»Nur ein paar Worte, und ich störe Euch nicht mehr.« Vincenzo nimmt sich einen Stuhl, setzt sich zwischen Antonia und Giulia, schlägt die Beine übereinander. »Vor ein paar Tagen hat mich mein guter Freund Ingham wissen lassen, dass Ihr, Signor Portalupi, eine Schiffspassage nach Genua sucht. Allzu sehr hat mich das nicht erstaunt; ich dachte, es handele sich um eine Geschäftsreise.« Er blickt Tommaso direkt ins Gesicht. »Bis ich erfuhr, dass Ihr zwei Plätze buchen wolltet.«

Portalupi zieht sich die Serviette aus dem Kragen und schiebt den Teller von sich. »Wir sind Euch keine Rechenschaft schuldig, Signore.«

»Oh doch, durchaus. Ich habe Euch versprochen, dass Giulia unter meinem Schutz steht, und das bedeutet, dass sie hier in Palermo bleiben muss. Bei mir.«

Sie hebt den Kopf. Fast sieht es so aus, als käme wieder etwas mehr Farbe in ihr Gesicht.

»Wir müssen unsere Tochter schützen. Giulia begreift nicht, was besser für sie ist, vor allem nicht in der Situation, in der sie sich befindet«, mischt sich Antonia ein. »Sie kann hier nicht leben, mit einem Kind ohne Vater.«

»Hier befindet Ihr Euch im Irrtum, Signora. Eure Tochter ist eine äußerst schlaue und intelligente Person. Weder ein Ring noch ein Priester werden die Beziehung zwischen uns ändern.« Vincenzo lächelt nicht. Kein Triumph, keine Freude. »Vielmehr ist es so: Ihr seid töricht gewesen zu glauben, ich würde es zulassen, dass Ihr sie mir wegnehmt. Es sei denn …«

Erst jetzt wendet er sich an die junge Frau.

»Es sei denn, es wäre sie, die von hier wegwill, denn in diesem Fall werde ich ihre Wahl respektieren. Nicht Eure, Signori. Die von Giulia.« Er streckt ihr die Hand hin, die Handfläche nach oben.

Bleib, würde er ihr gern sagen. Aber er weiß nicht, wie.

Giulia jedoch liest es in seinem Gesicht. Sie empfindet Wut und Groll für das, was sie durchgemacht hat: die Einsamkeit und Verlassenheit der letzten Tage, die Isolierung, die Nächte in dem kalten Bett. Für das, was er nicht weiß und sie ihm nicht sagen kann. Aber dann spricht sie.

Es ist nach Mitternacht.

Giulia schläft. Vincenzo ist an ihrer Seite.

Wieder. Endlich.

Ihr Körper ist butterweich geworden, rund. Und auch ihr Geruch ist anders: wild und entschlossen, eine Mischung aus Milch und Zitrone.

Vincenzo hingegen ist wach. Er lauscht den Gedanken eines Palermos, das sich von seinen eigenen Eingeweiden ernährt, das sich zerstört und wiederaufbaut. Er denkt an die Geschäfte, an die Weinlese, an die Angelegenheiten der Handelskammer. An die Probleme, die er mit der Tonnara Vergine Maria hat, deren Besitzer er noch nicht ist, nach der er sich jedoch so sehr sehnt, dass der Gedanke, sie in seinen Besitz zu bringen, allmählich Form annimmt. Denn er liebt diesen Ort und möchte ihn zu seinem Reich machen.

Er denkt an das Geschrei seiner Mutter zurück, die gedroht hat, ihn des Hauses zu verweisen, wenn er zu Giulia zurückkehrt, erst recht jetzt, wo alle, wirklich alle, wissen, dass er sie geschwängert hat.

Und dann wieder hier zu sein. Diese Ruhe.

Er lauscht auf die Atemzüge der Frau an seiner Seite. Und er glaubt noch einen weiteren Atem zu hören, der sich mit dem ihren vermischt.

Den des Kindes.

Von ihrer Brust wandert seine Hand zu ihrem Unterleib. Jetzt spürt er ihn auch, den Spross seiner Lenden. Das hat sie ihm beigebracht.

Neben der Zuneigung – er wird Vater! – verspürt er jedoch auch andere Gefühle. Dabei herrscht vor allem ein Misstrauen vor, von dem er sich nur schwerlich befreien kann. Dieses Ding da, das Kind, das noch nicht geboren ist, wird ihm Giulia wegnehmen. Sie wird ihm nicht mehr allein gehören.

Es ist eine Eifersucht, wie er sie noch nie verspürt hat und die ihn verzweifeln lässt.

Und zugleich keimt da auch eine Hoffnung in ihm.

Ein Junge. Ein Stammhalter.

Er dreht sich zur Seite. Giulia schließt die Arme um ihn, Brust an Schultern, ihr Bauch presst sich von hinten an seine Lenden. Ja, das ist sein Zuhause, sagt er sich in diesem Grenzbereich zwischen Schlafen und Wachen. Vincenzo schläft ein und bemerkt sie fast nicht, diese kleinen Tritte eines Kindes, das an die Tür des Lebens klopft.

Der Januar kann mild sein in Palermo, und manchmal schenkt er den Menschen ein Licht, das bereits die Sprache des Frühlings spricht. Doch wenn dann der Nordwind zurückkehrt, erinnert er alle daran, dass der Winter seine Regentschaft noch nicht beendet hat und nur ungern abdankt.

Der Grund dafür ist das Meer. Dort, an der Arenella, ist das Wasser im Frühjahr glasklar und tief. Im Winter hingegen wird es trüb, wie eine Brühe, die aufkocht. In diesem Januar des Jahres 1837, lichtdurchflutet und trügerisch, gehen zwei Männer unter den Mauern der Tonnara entlang und weichen den Gischtspritzern aus.

»Dann hat das Gericht also noch nicht entschieden?«

»Der Prinz von Castelforte hat sich erneut dagegen ausgesprochen. Er gibt einfach nicht nach, *u' cornutu,* dieser Hurensohn.« Vincenzo steckt die Hände in die Hosentaschen und erschaudert, als ein Windstoß ihm unter den Mantel fährt. »Mir fehlt nur noch sein Anteil an dem Besitz, damit die Tonnara endlich mir gehört. Selbst der Abt von San Martino delle Scale hat mir versichert, dass er mir auch die Lagerräume verkaufen wird. Es ist nur dieser verfluchte Paternò, der nicht nachgeben will.«

Neben ihm steht der vielleicht einzige Mensch, dem er vertraut und der für ihn mehr ist als nur ein Geschäftspartner. Gelocktes Haar, buschiger Schnurrbart. Carlo Giachery breitet die Arme aus. »Er erzählt also immer noch das Ammenmärchen vom Vermächtnis seiner Frau.«

»Einer Frau, die ihm nie etwas bedeutet hat. Die Wahrheit ist, dass er sich von einem Kaufmann wie mir nicht erniedrigen lassen will.«

»Von einem Handlanger, um genau zu sein.« Giachery kann sich diese offenen Worte erlauben.

»Pah!«

Sie haben sich vor etwa zwei Jahren kennengelernt, kurz vor der Geburt von Vincenzos Tochter Angelina. Vorgestellt wurden sie einander bei einem Abendessen im Hause des Herzogs von Serradifalco, einer Zusammenkunft, bei der – wenige – Adlige und – viele – Bürgerliche an einer Tafel mit Künstlern und Wissenschaftlern saßen.

An Giachery hat ihn dessen Eloquenz und sein römischer Akzent beeindruckt. »In Rom ist die Grabarchitektur zu einer ausbaufähigen Branche geworden. Letztendlich müssen wir Bonaparte für die Idee danken, Friedhöfe außerhalb der Stadtmauern zu verlegen.«

»Bonaparte muss man für viele Dinge dankbar sein, angefangen bei der Tatsache, dass er uns mit der Größe des alten Ägyptens und Griechenlands bekannt machte«, fügte der Herzog, ein leidenschaftlicher Historiker, hinzu. »Sicher, er hat ganzen Heerscharen den Garaus gemacht, aber mit wie viel Kultur hat er uns bereichert!«

Vincenzo beobachtete diesen jungen Architekten, wie er sich über Themen wie Handel und die Kunst ereiferte, darüber sprach, dass Letztere sich den Bedürfnissen des Alltags anpassen könne und müsse, wofür er die industriellen Erfahrungen in England und Frankreich als Beleg anführte. »Dann seid Ihr also auch über die jüngsten Tendenzen in der englischen und französischen Architektur im Bilde?«, fragte Vincenzo. »Dort heißt es, eine Fabrik solle nicht nur produktiv sein, sondern gemäß rationalen Überlegungen organisiert werden.«

Carlo nickte eifrig. »Ja. Ich habe meine Jugend zwischen Paris und Venetien verbracht. Ich bin viel gereist und weiß, wovon ich spreche. Eine effiziente Fabrik zu bauen hört nicht damit auf, Mauern hochzuziehen und Maschinen hineinzustellen, so wie es manche Fabrikbesitzer meinen. Wenn jemand auf dem Land eine Spinnerei errichtet, mag das gut gehen, doch hier in der Stadt muss man sich gut überlegen, wo und wie man eine Fabrik baut und wer dort arbeitet. Fabriken sind dabei, Teil unserer Städte zu werden, und damit müssen wir uns auseinandersetzen. Mein Bruder Luigi und ich arbeiten an genau diesem Thema: wie man eine Fabrik zu einem Ort macht, der schön und effizient zugleich ist und sich harmonisch in die Umgebung einfügt, in der er errichtet wird.«

Schon beim darauffolgenden Treffen waren sie vom formellen »Ihr« zum Du übergewechselt. Seither haben sie sich oft getroffen, um sich auszutauschen, zu diskutieren. Mittlerweile ist Carlo seit einem Monat Professor für Stadtplanung an der Universität von Palermo und arbeitet direkt mit Vincenzo zusammen. Im geschäftlichen Bereich ist er der Mensch, dem Vincenzo mehr vertraut als jedem anderen, vielleicht weil er, genau wie Vincenzo selbst, nicht ganz nach Palermo gehört. Giachery hat Prokura von ihm bekommen und kann eigenständig für ihn Grundstücke erwerben und einige andere geschäftliche Dinge für ihn erledigen. Vor allem jedoch ist er ein guter Freund für ihn geworden.

Vincenzo legt den Kopf in den Nacken und betrachtet die Gebäude mit sehnsuchtsvollem Blick. Wie sehr er diese Tonnara liebt! »Willst du wissen, warum ich dich hierher mitgenommen habe?«, fragt er und setzt seinen Weg fort.

»Wenn ich ehrlich bin, habe ich mich das auch gefragt. Wir laufen jetzt schon eine halbe Stunde hier herum.«

»Was ich möchte, ist eine Villa.« Er dreht sich um, zeigt auf die Mauern. »Hier.«

Wände, von der salzigen Meeresluft verkrustet, in das Tuffgestein eingelassene Lagerräume, wenige Tamarinden, vom Wind gebeugt, Steinmauern.

Carlo schaut ihn an, dann das Gebäude. »Ich glaube, das habe ich nicht verstanden.«

Der andere bedeutet ihm, ihm zu folgen. Langsam umrunden sie das Gebäude, während Vincenzo seinem Freund erklärt, was er im Sinn hat.

»Vincenzo, verzeih mir, aber ich begreife es immer noch nicht. Warum hier? Das ist eine Fischfabrik! Du kannst es dir doch leisten, überall eine Villa zu bauen. Ich meine … die besten Grundstücke liegen in Bagheria oder San Lorenzo. Und erst vor gerade mal einem Monat hast du gesagt, du wolltest das Haus von Notar Avellone kaufen. Hast du es dir anders überlegt?«

»Aber nein, das ist nur eine Investition.« Er packt seinen Freund an beiden Armen, als könnte er ihn auf diese Weise dazu bringen, die Sache mit seinen Augen zu sehen. »Ich will nicht die übliche Villa mit Säulen davor, mit Balkonen und Statuen. Ich möchte etwas in die Tat umsetzen, das sich niemand je auch nur vorgestellt hat, und ich will diese Villa hier, damit sie von der Art und Weise spricht, wie ich aufgewachsen bin: Sie soll *anders* sein. Ich will keine Villa, sondern ein Haus, das *mein Haus* sein soll.«

Erst da sieht Giachery plötzlich vor sich, was sein Freund meint.

Und es tut sich ein Horizont auf, bildlich und real.

»Das Meer…«

»Das Meer. Genau. Und die Welt, die dahinter liegt, der Reichtum, der aus ihr kommt. Ich will, dass alle das sehen und begreifen.« Vincenzo bleibt stehen. »Genau wie ich bist du nicht hier geboren. Du bist in Europa herumgereist, hast in Rom gelebt, doch dann hast du beschlossen hierherzukommen, weil du weißt, dass Palermo dein Platz ist. Du hast begriffen, was ich will. Gib es mir.«

Und in diesem einen Satz liegt eine ganze Welt.

In der Kutsche sprechen sie über anderes: über Baumwollspinnereien in Marsala – »Nichts, ich habe immer noch nicht das richtige Grundstück gefunden« –, über Raffaele Barbaros Leistungen als Geschäftsführer der Kellerei – »Er könnte mehr herausholen, aber ihm fehlt der Antrieb« – und über den Rat der Handelskammer.

»Ich glaube, das ist der einzige Ort, an dem manche Leute es akzeptieren können, sich mit einem Kaufmann wie mir abzugeben.« Vincenzo sagt dies mit einer Mischung aus Nüchternheit und Stolz. »Nicht viele, aber einige, wie der Fürst von Torrebruna oder der Baron Battifora, haben begriffen, dass sie sich die Hände schmutzig machen müssen, wenn sie nicht ihren gesamten Besitz einschließlich ihrer Titel verkaufen wollen. Am Ende gibt es in Palermo nur wenige Kaufleute und Handeltreibende, die Geld in Umlauf bringen, und noch weniger Adlige, die bereit sind, mit uns Geschäfte zu machen.«

»Intelligenz ist eine seltene Ware«, seufzt Carlo. »Es will ihnen einfach nicht in den Kopf, dass die Welt sich verändert.« Er zieht ein Notizbuch aus der Tasche, liest, was er sich aufgeschrieben hat. »Also, dann soll ich die Verhandlungen mit dem Herzog von Cumia wegen der Villa in San Lorenzo vorantreiben? Es ist ein gutes Grundstück und wird einiges abwerfen.«

Vincenzo hat den Blick fest auf die Straße gerichtet. Seine Stirn ist in tiefe Falten gezogen, was ihn älter wirken lässt. Er zuckt zusammen, als Giachery seinen Namen sagt. »Was meintest du?«

Carlo legt ihm die Hand auf den Arm. »Es ist heute Abend, stimmt's?« Er sagt es, obwohl er weiß, dass Vincenzo eine Einmischung in sein Privatleben nicht zulässt. Vielleicht tut er es auch gerade deshalb. »Warum gehst du nicht hin? Es ist immerhin deine Tochter.«

»Ich weiß nicht.« Die Sache quält Vincenzo mehr, als er sich anmerken lässt. »Ich werde ihr nicht meinen Namen geben.« Er sagt es voller Überdruss; man spürt, wie sehr es ihn bekümmert. »Ein Mädchen. Schon wieder. Wer den Schaden hat, braucht für den Spott nicht zu sorgen.«

Er zeigt auf das Blatt Papier in Giacherys Händen. »Komm, machen wir mit Cumia weiter. Avellone will das Anwesen nicht direkt an mich verkaufen, aber ihm wird er nicht Nein sagen.«

Carlo pflichtet ihm bei. »Zumal er Polizeipräsident ist«,

bekräftigt er. »Und dem obersten Ordnungshüter sagt niemand Nein.«

Warum gehst du nicht hin?

Carlos Frage klopft immer noch an die Pforte seines Bewusstseins. Das tut sie den ganzen Nachmittag, sei es im Gewürzladen, wo er vorbeigeht, um einige Ordern zu unterschreiben, sei es im Büro der Casa Florio.

Mittlerweile teilen er und Ingham sich die Via dei Materassai. Vincenzo hat mehr Geld und Macht, als er es sich beim Tod seines Onkels vorstellen konnte.

Doch was nützen sie ihm, wenn er nicht mehr über sein eigenes Leben entscheiden kann?

Die Nachricht, dass Giulia wieder ein Kind von ihm erwartet, hat er mit einer Mischung aus Freude und Resignation entgegengenommen. Nach ihrer ersten Tochter Angela – die alle Angelina nennen – hat das Gerede über sie aufgehört; andere Skandale, die Klatsch und Tratsch mehr Nahrung bieten, haben die Salons der Stadt belebt. Ihr Zusammenleben erregt mittlerweile bestenfalls entrüstete, doch ins Leere gehende Missbilligung.

Schwieriger war es, die Nachricht seiner Mutter beizubringen. Es ist nicht leicht, ihr begreiflich zu machen, dass sie ihn nicht daran hindern kann zu heiraten, auch wenn sie dem Gesetz nach ihrem Sohn die Erlaubnis für eine Eheschließung geben muss. Mittlerweile geht er auf die vierzig zu, doch bei Giuseppina stoßen rationale Argumente auf taube Ohren.

Eines Nachmittags stand sie plötzlich vor ihm im Büro. Sie war ganz offensichtlich gerannt, das Gesicht bläulich angelaufen wie das Grau des Kleides, das sie trug.

»Dann hast du sie also wirklich wieder geschwängert?«

Sein Sekretär stand in der Tür, warf bekümmert die Hände in die Luft, als wollte er sagen: *Wie hätte ich sie aufhalten sollen?*, und schloss dann die Tür.

»Einen schönen Nachmittag auch Euch, Mutter. Ja. Giulia ist wieder schwanger.«

Sie schlug die Hände vors Gesicht. »Was für eine Schande! Verliert die eigentlich nie ein Kind? Musste das nur mir passieren?« Sie ließ sich auf einen Stuhl fallen, wiegte sich vor und zurück. »Hat sie denn immer noch nicht kapiert, dass du sie nicht heiraten wirst? Und weißt du eigentlich nicht, wie man das verhin ...«

»Mama! Sprecht den Satz bloß nicht zu Ende aus! Habt Ihr mich verstanden?« Er stützte die Hände in die Hüften. »Wie auch immer: Wenn es diesmal ein Junge wird, heirate ich sie. Damit das klar ist.«

»*Cucuzze!*«, fluchte sie und rang die Hände. »Du willst dieses gemeine Weibsbild zur Frau nehmen? Bist du denn von allen guten Geistern verlassen?«

»Ich bin nur vernünftig. Ich bin siebenunddreißig Jahre alt, mir bleibt nichts anderes übrig. Und wenn ich ehrlich bin, will ich lieber gar keine Frau als diese alte Witwe mit dem Hundegesicht, die Ihr mir vor drei Monaten vorgestellt habt.«

Jetzt setzte Giuseppina die Miene der empörten Mutter auf. »*Tu, a' chista, 'un ta mariti.* Du wirst die da nicht heiraten. Ich muss dir die Erlaubnis dazu geben, und die kriegst du nicht von mir, da kannst du Gift drauf nehmen. Dieses Frauenzimmer ist nie zu mir gekommen, hat mir nie Respekt erwiesen, und jetzt willst du sie zu mir nach Hause holen, damit sie sich als Herrin aufspielt?«

»Wieso, hättet Ihr sie denn überhaupt empfangen?«

»*N'za mai Dio!* Nie im Leben!«

»Seht Ihr, dann seid Ihr quitt.« Auf einmal fühlte sich Vincenzo schrecklich müde, eine Resignation, die ihn immer nur dann erfasste, wenn er mit seiner Mutter über Giulia diskutierte oder umgekehrt. Es gab kein beunruhigenderes Gefühl als dieses Unbehagen, wenn er sich zwischen diesen Frauen hin- und hergerissen fühlte, ohne wirklich eine Wahl zu haben.

Nun jedoch eilen Vincenzos Gedanken weiter. Zu dem Moment, als er die Nachricht bekam, die Wehen hätten eingesetzt. Zu dem Nachmittag des Wartens. Zu der Verkündung, dass er erneut Vater geworden war.

Eines Mädchens.

Kurz nach der Geburt hat Giulia ihn gebeten, sie zu heiraten. Zunächst voller Zärtlichkeit, dann mit Entschlossenheit. Und er hat abgelehnt.

Und wurde der Tür verwiesen.

Was soll er tun? Die Frage wird immer drängender. Vincenzo weiß, wie hart und unbeugsam Giulia ist.

Sie will ihre Ehre zurück, ihre Würde. Und Vincenzo ist sich dessen bewusst, dass er sich das selbst eingebrockt hat: Er hat sich eine Lebensgefährtin gesucht, die noch stolzer und dickköpfiger ist als er.

Er spielt mit dem Ring seines Onkels. Niemals zuvor hat er sich so sehr danach gesehnt, ihn um Rat zu fragen.

Er zieht seine Taschenuhr hervor, greift zu Jacke und Mantel, geht auf die Straße.

Giulias Wohnung ist nicht weit entfernt.

Giulia Portalupi steht in dem kleinen Salon der Wohnung, in der sie lebt, mit einem Neugeborenen im Arm vor dem Priester, der gekommen ist, um das Kind zu taufen. Neben ihr wartet ihr Bruder Giovanni, wenige Schritte dahinter das Dienstmädchen mit einem weiteren Kind. Seit der Geburt ist eine Woche vergangen, und es geziemt sich nicht, noch länger mit der Taufe zu warten.

Eine Woche ist es auch her, dass Vincenzo und sie sich gestritten haben.

Der Priester geht im Raum auf und ab. Er fühlt sich sichtlich unwohl, als wüsste er nicht, was er tun soll. Er stellt die Flasche mit Salböl auf den Tisch, zündet die Kerzen an und spricht murmelnd Gebete.

Giulia ist gedankenverloren und nimmt kaum wahr, was er tut.

Genau so ist es schon bei Angelina abgelaufen, und bei ihrer zweiten Tochter wird es nicht anders sein. Denn es ist allein ihr Kind; Vincenzo hat sich geweigert, die Vaterschaft anzuerkennen. Giulia macht dieser Zustand immer mehr zu schaffen: Ihre Einsamkeit und die schleichende Verachtung ihrer Umwelt sind eine schwere Bürde.

Und schon wieder gibt es eine Taufe im Verborgenen, mit einem eilig herbeieilenden Priester, der sogar auf die Begleitung eines Ministranten verzichtet. Ein klammheimlicher Ritus, zu Hause vollzogen, wie es sich eben für uneheliche

Kinder geziemt. Nicht einmal Giulias Eltern wollten zu der Taufe kommen.

»Mama!«, ruft die ältere Tochter aufgeregt.

Giovanni nimmt die Kleine auf den Arm, um sie zum Schweigen zu bringen. »Komm, sei lieb. Die Mama muss dein kleines Schwesterchen taufen lassen. Die Großmutter hat etwas Süßes vorbereitet.«

Bei diesen Worten seufzt Giulia auf. Ihr wäre es lieber, ihre Mutter wäre hier bei ihr, statt sich in der heimischen Küche einzuschließen und Kekse für ein Ereignis zu backen, das anscheinend niemand als einen Grund zum Feiern betrachtet.

Der Priester setzt zu einer Litanei auf Lateinisch an. Seine spröde Stimme hallt zwischen den Möbeln und der Zimmerdecke wider. »Welchen Namen gebt Ihr dem Kind?«

Giulia bedeckt das Köpfchen der Kleinen. »Giuseppina. Wie ihre Großmutter.«

Der Priester wirft ihr einen scheelen Blick zu. Er weiß, dass Giulias Mutter Antonia heißt, ebenso wie jeder hier weiß, wer der Vater der beiden Mädchen ist. Es ist das zweite uneheliche Kind, das sie diesem gottlosen Vincenzo Florio schenkt, und das in einem Abstand von nicht einmal zwei Jahren. Ein schamloses Verhalten, als wäre sie seine angetraute Ehefrau, und der Vater will nicht einmal einen Hauch von Verantwortung übernehmen.

In diesem Moment Schlüsselklirren. Die Haustür quietscht, fällt mit einem dumpfen Geräusch ins Schloss. Eine schattenhafte Gestalt im Umhang erscheint auf der Schwelle des Salons.

Vincenzo.

Stille senkt sich über den Raum. Giulia hält inne. Sie möchte ihn an ihre Seite rufen.

Dann wendet sich ihr Blick wieder dem Priester zu. Sie bedeutet ihm, er möge fortfahren.

Auch Giovanni hat den Neuankömmling erblickt. »Soll ich ihm sagen, dass er gehen soll?«, murmelt er.

»Nein.« Vincenzo ist gekommen. Das ist mehr, als sie erwartet hat.

Der Pfarrer bestreicht den Brustkorb des kleinen Mädchens mit Salböl, benetzt ihm die Stirn mit Weihwasser. Die Kleine weint, zappelt. Am Ende des Ritus notiert der Priester den Namen des Kindes auf der Taufurkunde.

Giuseppina Portalupi, geboren von Giulia Portalupi. Pate: Giovanni Portalupi. Die Dienerin Lucia fungiert als Patin.

Niemand sonst hätte dafür zur Verfügung gestanden.

Während der Priester die Kerzen löscht und seine Sachen zusammenpackt, betritt Vincenzo das Zimmer.

Giovanni stellt sich ihm in den Weg. »Wo willst du hin?«

»Ich will meine Tochter sehen.«

»Sie trägt nicht deinen Namen, ebenso wenig wie Angelina ihn trägt. Du hast dich geweigert, die beiden anzuerkennen, erinnerst du dich?«

»Dir bin ich keine Erklärung schuldig.« Vincenzo drängt sich grob an ihm vorbei.

Giulia sitzt auf dem Sofa und zieht Giuseppina um. Das Neugeborene windet sich, quengelt vor Kälte.

Die Frau heißt ihn mit dem Anflug eines Lächelns willkommen.

Er geht neben ihr auf die Knie. »Ich habe gehört, welchen Namen du gewählt hast. Danke.« Er streckt die Hand aus, um die Kleine zu berühren, die immer noch zappelt und nach der Mutterbrust sucht. Dann zieht er sie wieder zurück.

»Ich wünschte, es wäre zu etwas gut.« Giulia wickelt die Kleine in ein Tuch. »Aber das ist es nicht, oder?«

»Nein.« Er seufzt ungehalten. Hinter ihm stehen Giovanni und Angelina. Er spürt ihre Blicke in seinem Rücken. »Ich möchte mit dir reden. Allein.«

In diesem Moment windet sich Angelina aus dem Arm ihres Onkels und läuft zur Mutter. Sie versteckt sich unter ihrem Arm und betrachtet Vincenzo trotzig aus ihrem Zufluchtsort heraus. Für sie ist der Vater eine Gestalt mit verschwommenen Umrissen.

»In Ordnung.« Giulia erhebt sich, drückt Giuseppina an ihre Brust. »Auch wenn ich schon jetzt weiß, dass ich es bereuen werde.«

Die Frau begleitet den Priester zur Tür. Neben ihr reicht Giovanni dem Gottesmann eine Spende »für die Waisenkinder der Gemeinde«.

Der Mann nickt mit ernster Miene, schließt die Finger um die Münzen und eilt davon.

Mit der Hand am Türstock wendet sich Giulia an ihren Bruder. »Ich muss mit Vincenzo reden. Allein.«

»Du bist verrückt. Verrückt oder dumm, ich weiß es nicht. Was glaubst du denn, was er dir sagen wird?« Giovanni zeigt in Richtung Wohnzimmer. »Warum willst du dich noch mehr erniedrigen lassen? Von einem Mann dieser Art kann für dich nichts Gutes kommen, weder eine Familie noch Respekt. Du wirst immer das bleiben … was du bist.«

Giulia weiß, dass das so ist. Dass der Bruder recht hat. Dass sie schon damals, als sie mit Angelina schwanger war, nach Mailand hätte zurückkehren sollen. Trotzdem öffnet sie die Tür, zeigt auf die Treppe. »Bitte«, insistiert sie, und es ist eine Bitte, die keine Widerworte zulässt.

Giovanni breitet die Arme aus. »Schlechter als jetzt kann es in deinem Leben nicht mehr werden.« Er ruft nach Angelina. »Ich möchte nicht, dass sie euch streiten hört, das arme Kind«, murmelt er.

Giulia presst die Lippen aufeinander.

Das Mädchen, das seinen Vater die ganze Zeit schief beäugt hat, läuft zum Onkel und lacht, als er die Kleine im Flug auf den Arm nimmt. Vincenzo folgt ihr, schaut ihr hinterher, wie sie jenseits der Schwelle verschwindet. Einen Augenblick später hört er, wie die Tür sich schließt, und dahinter das Lachen Giovannis und der Kleinen.

Mit ihm hat Angelina noch nie gelacht.

Giulia kehrt im Morgenrock ins Wohnzimmer zurück, das Kind an der Brust. Es nuckelt gierig.

»Deine andere Tochter hat mich kaum beachtet.«

»Ich schätze, du hast dich nicht gefragt, warum. Aber das solltest du«, erwidert sie beißend und bedeutet Vincenzo, ihr zu folgen. Sie geht ins Schlafzimmer und setzt sich auf die Matratze, um die Kleine zu stillen. Vincenzo schaut ihr schüchtern dabei zu. Lange sitzt er schweigend da und betrachtet sie. Ihm war noch gar nicht aufgefallen, wie weich und weiblich die Schwangerschaft ihre Züge gemacht hat.

»Bist du sicher, dass du keine Amme willst? Deine Brust wird nicht mehr so sein wie früher«, murmelt er.

Sie schüttelt den Kopf. »Warum bist du zurückgekehrt? Ich hatte dir doch gesagt, du sollst erst wiederkommen, wenn du mit deiner Mutter geredet hast.«

Vincenzo schlüpft aus seinem Mantel und setzt sich auf die Bettkante. »Sie will nicht. Sie will einfach nicht.«

»Und du willst dich nicht zwischen mir und ihr entscheiden. Nein, du brauchst nicht mehr dazu sagen.« Ihre Stimme ist bitter geworden. »Seltsam, dass Don Florio, dieser mit allen Wassern gewaschene Kaufmann, bekannt für seine Härte, bei seiner Mutter zu einem verängstigten Jüngelchen wird.«

»Sie ist meine Mutter. Und sie ist alt und allein.«

»Während ich die böse Hexe bin, die dich bezirzt hat. Hast du ihr jemals gesagt, wie es wirklich gewesen ist? Dass du mir so lange nachgestiegen bist, bis du mich schließlich rumgekriegt hattest?«

»Du warst einverstanden.«

Sie schlägt die Hand vor den Mund, als könnte sie sich nur mit Mühe zurückhalten. »Klar. Jetzt ist es meine Schuld«, sagt sie voller Groll. Fast klingt es wie eine Verwünschung. »Ich konnte gar nicht anders, verflucht sei mein Herz!«

Sichtlich aufgewühlt erhebt sich Vincenzo, setzt sich wieder. »So einfach ist das nicht.«

»Das ist es für mich auch nicht.« Giulia nimmt das Kind von ihrer Brust, legt es sich über die Schulter. »Das Gerede konnte ich hinnehmen, und auch die Verachtung, die mir allerorten entgegenschlägt, habe ich aus Liebe zu dir ertragen. Doch wir haben jetzt zwei Kinder, Vincenzo. Zwei menschliche Wesen, die einen Vater brauchen. Deine Mutter muss das endlich akzeptieren, genauso wie du auch, und der Wirklichkeit ins Gesicht sehen.«

»Über all das wird noch zu reden sein. Wenn den Menschen etwas in den Kram passt, können sie über alles hinwegsehen.« Er schnaubt verächtlich. Er hasst es, dass Giulia ihn so sehr in die Enge treiben kann. »Jedenfalls wird meine Mutter niemals ihre Zustimmung zu der Ehe geben, und ohne ihren Segen kann ich nicht heiraten: So will es das Gesetz.«

»Das Gesetz sagt einzig und allein, dass du ihr deinen *Willen* bekunden musst, da du über dreißig bist.« Giulia spürt, wie Tränen ihr unter den Lidern brennen. Sie will nicht weinen, und sie wird es auch nicht.

Sie legt Giuseppina in ihr Körbchen, und die Kleine gluckst zufrieden, bevor sie einschläft. »Wenn du mich schon nicht heiraten willst, dann erkenne wenigstens die Vaterschaft für die beiden Mädchen an. Sei ihnen ein rechtmäßiger Vater, statt sie zu einem Leben als uneheliche Kinder zu verdammen.«

Vincenzo beißt sich auf die Lippen. Giulia begreift, dass er ihr nicht einmal das zugestehen wird.

»Du bist ein Feigling.« Giulia steht auf, weist auf die Tür. »Ich will dich nicht mehr sehen.«

Er bleibt sitzen. Packt sie am Handgelenk. »Verlang nicht von mir, dass ich mich zwischen dir und meiner Mutter entscheide.«

Auf einmal geht ihr ein Gedanke durch den Kopf, der ebenso erhellend wie bitter ist. Sie kann sich nicht mehr beherrschen. »Jetzt ist mir alles klar. Weil es Mädchen sind! Deshalb willst du sie nicht anerkennen, gib's doch zu! Weil sie nicht deine Erben sein können.« Sie schlägt sich mit den Händen gegen die Stirn. »Ich bin so blind gewesen. Jetzt weiß ich, warum deine Mutter dagegen ist und du ihr nicht Paroli bietest!« Sie nimmt den Umhang, schleudert ihn in seine Richtung. »Hau ab!«

Vincenzo greift nach dem Mantel, er ist puterrot im

Gesicht. »Seit du entdeckt hast, dass du mit der da schwanger bist, hörst du mit dem Gejammer nicht mehr auf. Habe ich mich vor zwei Jahren etwa nicht klar und deutlich ausgedrückt?«

Er hatte gehofft, Giulia in versöhnlicherer Stimmung anzutreffen, doch weit gefehlt …

»Auch *die da* ist deine Tochter, und sie hat einen Namen: Giuseppina.« Giulia reißt die Wohnungstür auf. »Nachdem du ganz offenbar deine Mutter vorziehst, geh und lass dich hier nie wieder blicken!«, schreit sie. Ihre Fäuste sind geballt.

Vincenzo schaut sie an, und auf einmal regt sich Begehren in seinen Lenden. Es stimmt, man sieht Giulia an, wie müde sie von der Geburt ist, und ihr Bauch ist noch dick, doch auf einmal weiß er, dass an ihr etwas ist, das über das rein Fleischliche hinausgeht und es ihm unmöglich macht, sie zu verlassen. Er möchte bleiben, möchte sich in ihr versenken, doch das kann er nicht, denn seit der Geburt ist noch nicht genügend Zeit vergangen, und eine Wöchnerin darf man nicht berühren.

Er ballt die Hand zur Faust, schlägt gegen die Tür. Das Holz bekommt einen Riss, Blut besudelt seine Fingerknöchel.

Giulia zuckt erschrocken zusammen, weicht zurück. Vincenzo hat ein hitziges Gemüt, doch ihr gegenüber ist er nie gewalttätig geworden. Sie hat Angst.

»Das hier ist nicht zu Ende.« Vincenzos Stimme ist rau, angespannt, wütend. »Du gehörst mir«, sagt er.

Und ist fort.

Giulia bleibt allein zurück. Sie geht hinter der geschlossenen Tür in die Hocke, nimmt den Kopf zwischen die Hände. Sie weint. Alles kommt zusammen: ihre körperliche Schwäche, die Einsamkeit, die Mühe, zwei Kinder großzuziehen, ohne einen Vater, ohne den Schutz eines Namens. Da mag Vincenzo noch so viel Geld in der Truhe im Schlafzimmer zurücklassen – es könnte nie und nimmer die Unterstützung und den Halt ersetzen, den ein Mann seiner eigenen Familie geben kann.

Als sie damals ihre Wahl getroffen hat – genauer gesagt, als sie wusste, dass sie bei ihm bleiben wird –, konnte sie sich nicht vorstellen, was passieren würde. Sie hatte nicht an Kinder gedacht. Damals gab es für sie nur Vincenzo.

Jetzt hingegen sind da ihre beiden kleinen Mädchen.

Und er, was wird er jetzt tun?, fragt sie sich. Wird er sich eine andere Frau suchen? Eine, die ihm die Nächte wärmen wird, die er sich einfach nimmt und die nicht den Respekt von ihm verlangen wird, den sie hingegen von ihm will? Oder wird seine Mutter doch noch ein Mädchen finden, das er heiraten kann?

Auf einmal wird die Angst, ihn zu verlieren, zu einer Welle, die über sie hinwegschwappt.

Es vergehen Tage, daraus werden Wochen. Giulia erholt sich nur schwer von der Geburt, weshalb Angelina viel Zeit bei Großmutter Antonia verbringt. Giovanni hingegen leistet ihr oft abends Gesellschaft und erzählt ihr, um sie abzulenken, was in der Stadt vorgeht. Eines Abends jedoch bleibt er verlegen auf der Schwelle stehen. Er sieht sie an, reicht ihr eine Börse. »Das hier schickt er dir. Ich habe ihm gesagt, deine Familie kümmere sich schon um dich, aber da hat er so ein Gesicht gemacht … Du kennst ihn ja.«

Giulia seufzt. In diesem Beutel befindet sich das einzige

Mittel, das Vincenzo kennt, um auszudrücken, was er für sie empfindet. Sie nimmt das Geld. »Sag ihm, er soll wenigstens einmal vorbeikommen, um die Mädchen zu besuchen«, murmelt sie, bevor sie die Tür hinter ihm zumacht.

Am Abend danach, als die Kleinen bereits im Bett sind und sie sich gerade hinlegen will, klopft es an der Tür. Es ist ein schüchternes Klopfen, so leise, dass sie fast denkt, sie habe es sich nur eingebildet.

Sie schließt ihren Morgenrock und geht zur Tür.

Vincenzo steht auf der Schwelle.

»Du hättest den Schlüssel benutzen können«, sagt sie.

»Du hast mich weggejagt.«

Sie schnaubt, macht die Tür auf. »Das hier ist deine Wohnung. Du bezahlst die Rechnungen.«

Er achtet nicht auf die Provokation. Stattdessen geht er in Richtung Schlafzimmer, bleibt vor der Holzwiege stehen, in der Giuseppina liegt, und betrachtet sie. »Und, stillst du sie noch immer?«

»Ja.« Giulia steht mit vor der Brust verschränkten Armen in der Tür und sieht ihn an. »Angelina schläft im anderen Zimmer, bei Lucia. Du kannst sie nicht sehen.«

Er entfernt sich von der Neugeborenen. »Geht es ihnen gut?«

Ein Nicken.

Vincenzo geht zu ihr, streicht ihr eine Haarlocke aus dem Gesicht. Zunächst zögert er zu sprechen. »Aber du bist weiß wie eine Wand. Bekommst du denn genug Schlaf? Isst du ausreichend Fleisch?«

Giulia schiebt seine Hand weg, geht in Richtung Wohnzimmer. »Es ist keine Frage des Essens, das weißt du. Es gibt Dinge, die mir keine Ruhe lassen und mir den Schlaf rauben«, sagt sie und ballt die Hände zu Fäusten. »Eine einzige Sache würde mir helfen, damit es mir besser geht: zu wissen, dass du für mich und die Mädchen sorgen wirst. Stattdessen …«

»Ich habe dir doch Geld geschickt, über deinen Trottel von Bruder«, erwidert er mit wachsendem Unmut.

»Weil für dich mit dem Geld alles steht und fällt, stimmt's? Du hast aber jetzt eine Familie.«

»Ich habe eine Geliebte, die mir zwei Bastarde geboren hat. Das ist etwas anderes.«

Auf diese rüden Worte reagiert Giulia nicht. Sie ist wie aus Eis. Ihr Atem stockt.

Das ist sie also für ihn. So sieht er sie.

»Du könntest alles verändern, wenn du wolltest.« Es ist nur noch ein Flüstern, doch es klingt wie eine Wehklage.

Er hat die Arme vor der Brust verschränkt. »Ich kann dir nur das geben, mehr nicht.«

»Du *willst* mir nicht mehr geben, weil du ein Feigling bist.« Sie bedeckt ihr Gesicht mit den geballten Fäusten. »Du willst nicht, weil du diese verfluchten Ideen im Kopf hast und weil es bedeuten würde, dich gegen deine Mutter zu stellen, die dich behandelt wie einen Fünfzehnjährigen. Und trotzdem ist es eine Entscheidung, die du früher oder später treffen musst.«

Er geht auf sie zu. Legt ihr die Hand an die Kehle, ohne zuzudrücken, doch so fest, dass sie kaum mehr Luft bekommt. »Es gibt keine Entscheidung zu treffen.«

Es ist nur ein Augenblick, doch er genügt.

Von ihrer Kehle wandert seine Hand in ihren Nacken, und der feste Griff wird zärtlich. Sie küssen sich, sie begehren einander. Zu viel Zeit ist vergangen, seit sie zum letzten

Mal beisammen waren. Lange schaffen sie es nicht mehr, sich voneinander fernzuhalten.

Giulia hasst sich selbst, während sie sich an ihn presst. Denn sie verzeiht ihm immer, weil sie ihn liebt, und sie lässt ihn nach jedem Streit wieder an sich heran, empfängt ihn mit offenen Armen, denn ohne Vincenzo fühlt sie sich wie zerrissen. Seit sie ihm zum ersten Mal begegnet ist, ist sie sich selbst nicht mehr genug.

Vincenzo schließt die Augen, und er bleibt. Denn das ist sein Zuhause. Wenn der Rest der Welt tückisches Land ist, dann ist Giulia sein Meer.

Vincenzo schlüpft aus dem Bett, als sie müde eingeschlafen ist. Er geht ohne ein Wort, weil er nicht weiß, was er ihr sagen soll.

Vielleicht hat sie ja recht, wenn sie ihn als Feigling bezeichnet.

Doch Giulia ist wach. Das Letzte, was sie hört, ist die Tür, die ins Schloss fällt.

Sie verbringt den Rest der Nacht mit Giuseppina an ihrer Seite. Nachdem sie sich geliebt haben, kommt ihr das Bett immer riesig vor, riesig und kalt, viel mehr als in den anderen Nächten, die sie allein verbracht hat.

Tränen der Wut vergießt sie mehr als Tränen der Sehnsucht nach früher, und ihr Zorn ist größer als das Bedauern.

Am nächsten Tag ist Sonntag.

Sie richtet sich sorgfältig her, zieht eines ihrer besten Kleider an. Es ist immer noch ein wenig eng, aber es wird schon gehen.

Sie zieht Giuseppina an, bittet ihre Mutter, sich um Angelina zu kümmern, und sagt, sie sei bald wieder zurück.

Zur Morgenmesse in San Giacomo gehen vor allem Frauen und Männer des Volkes, denen die Zeit fehlt, den Gottesdienst am Nachmittag zu besuchen. Unter ihnen, allerdings mehr aus Gewohnheit als aus Notwendigkeit, ist auch Giuseppina Saffiotti Florio.

Giulia sieht sie die Kirche betreten. Die alte Frau hat ein strenges Gesicht; das graue Haar ist unter einer Haube verborgen. Am Ende des Gottesdienstes folgt sie ihr und wartet, bis sie fast am Eingang der Via dei Materassai angelangt ist.

Sie ruft nach ihr. »Donna Florio! Donna Florio!«

Giuseppina dreht sich um, einem Instinkt folgend. Sie kneift die Augen zusammen, erkennt Giulia nicht sofort. Doch als sie das Kind sieht, wird sie glühend rot, kehrt ihr den Rücken zu, geht mit entschlossenem Schritt auf das Haus zu. »Schau sich einer dieses schamlose Weib an …«, schreit sie.

»Bleibt stehen!« Giulia folgt ihr.

Leute zeigen sich am Fenster. Ein Fuhrmann beobachtet sie; mehrere Frauen, die auf dem Heimweg von der Kirche sind, verlangsamen ihren Schritt.

Giulia überholt sie, tritt ihr in den Weg.

Giuseppina bleibt keine Wahl, sie muss stehen bleiben.

Giulias Stimme ist laut, damit alle es hören, alle es wissen. »Donna Florio, wollt Ihr Eure Enkelin nicht sehen?«

Und die Leute schauen, lauschen.

Die Antwort ist wie ein raues Kratzen auf Holz. »Ich habe keine Enkel.«

»Seid Ihr sicher? Dieses Mädchen trägt Euren Namen.«

»Und was heißt das schon. Giuseppinas gibt es viele.«

»Aber die hier hat die Augen Eures Sohnes.«

Ohne es zu wollen, wirft Giuseppina einen Blick auf das Kind. Und tatsächlich: Die Kleine sieht Vincenzo mehr als ähnlich. Sie hat von ihm die Nase, den hohen Bogen der Brauen. Giuseppina weicht zurück.

Das ist nicht hinzunehmen, es ist nicht richtig.

»Eine Hündin kann niemals sagen, von wem die Welpen sind, die sie zur Welt bringt. Sie hat sich mit zu vielen Rüden gepaart, um es genau zu wissen.«

Giulia drückt das Kind an ihre Brust, als wollte sie die Kleine beschützen. »Hündinnen, die keinen Herrn haben, tun das, ja. Nur schade, dass meiner die Kette recht kurz hält. Und ich habe ihn mir nicht ausgesucht: Er hat mich dazu gebracht, mein Zuhause zu verlassen.«

»An manchen Leinen kann man auch ersticken.« Giuseppinas Stimme trieft vor Hass. »Wenn Ihr geglaubt habt, Ihr könnt ihn Euch angeln, so habt Ihr Euch getäuscht. Hier ist kein Platz für Euch.«

Darauf weiß Giulia nichts zu sagen.

Giuseppina geht an ihr vorbei. *Der habe ich die Meinung gesagt,* denkt sie zufrieden. *Was hat die denn gemeint, hier zu erreichen, indem sie mir hinterherruft wie ein billiges Dienstmädchen? Jetzt hat sie endlich ihr wahres Gesicht gezeigt.*

Giulias Antwort erreicht sie, als sie auf der Schwelle ihres Hauses steht. »Diese Kette habe ich mir nicht wegen des Geldes ausgesucht. Aber was wisst Ihr schon davon, die Ihr noch nie im Leben jemanden geliebt habt?«

Vom Fenster des Esszimmers aus, in Morgenrock und mit bloßen Füßen, hat Vincenzo alles mitangesehen. Er schaut Giulia hinterher, die sich entfernt und schließlich hinter einer Straßenecke verschwindet.

Jetzt kommen Giuseppinas wütende Schritte auf ihn zu. »Hast du das gesehen? Was für ein unverschämtes Frauenzimmer ist das eigentlich? Diese Schlampe! Aber der habe ich's gegeben! Was will sie denn, einen Skandal hier machen? Auf offener Straße?«

Vincenzo dreht sich nicht um.

Schon lange, lange Zeit, seit er einen Narren an Giulia gefressen hat, fragt er sich, warum er sie eigentlich immer noch so anziehend findet. Warum er immer noch zu ihr geht, nach jeder Diskussion, jedem Streit.

Jetzt endlich hat er begriffen.

Die Mutter fragt ihn, warum er ihr nicht antwortet. Sie sieht ihm hinterher, wie er in sein Schlafzimmer geht, sich eilig anzieht. »Was ist denn? Was machst du jetzt?«

»Mama, facitivi a quasetta.«

Das sagt er zu ihr? Sie soll gehen und ihre Strümpfe stopfen, als wäre sie eine alte Vettel, die sich raushalten soll? Ihre Gesichtszüge entgleiten ihr, und sie ist nur noch verletzter Stolz und Wut. »Gehst du zu ihr? *Chista è velenu niuru,* das reinste Gift ist sie. Sie ist ein Teufel in Menschengestalt, der nach Schwefel stinkt. Und ich? Mich lässt du allein?«

Das schreit sie aus dem Fenster, während Vincenzo auf der Via dei Materassai davongeht, unter den Augen der Nachbarinnen, die sich keinen Augenblick dieses Spektakels entgehen lassen.

Vincenzo läuft durch die Gassen, vorbei an den geschlossenen Läden.

Auf der Cassaro sieht er Giulia. Sie geht langsamen Schrittes inmitten der sonntäglich herausgeputzten Leute, den Kopf über die Kleine gebeugt. Vincenzo kennt sie so gut, dass er weiß, sie tut gerade alles, um nicht in Tränen auszubrechen. Sich auf diese Weise zu erniedrigen muss sie sehr viel gekostet haben.

Vincenzo schließt neben ihr auf, hängt sich vor aller Augen bei ihr ein.

Giulia zuckt zusammen. »Aber …«

»Gehen wir heim. Gehen wir zu uns nach Hause.«

SPITZE

Juli 1837 – Mai 1849

Unn'è u' piso và a balanza.
Wo das Gewicht ist, senkt sich die Waagschale.
Sizilianische Redensart

Im Juni 1837 erreicht die Cholera-Epidemie, die schon seit einigen Jahren in ganz Europa wütet, Sizilien. Die miserablen hygienischen Verhältnisse, in denen ein Großteil der Bevölkerung lebt, begünstigen eine Ansteckung, und erst Anfang Oktober kann die Krankheit bezwungen werden. Zeitzeugen sprechen von dreiundzwanzigtausend Toten allein in Palermo.

Die Jahre 1838 bis 1847 verlaufen relativ ruhig, allerdings kommt es ab September 1847 zu mehreren kleineren Erhebungen, bedingt durch Armut, die immer noch währenden Unabhängigkeitsbestrebungen sowie verschiedene soziale Konflikte. Die repressive Haltung König Ferdinands II. erhitzt die Gemüter, und am 12. Januar 1848 zetteln Giuseppe La Masa und Rosolino Pilo in Palermo einen Aufstand gegen die Bourbonen an. Als Erste unter den großen italienischen Städten erklärt Palermo seine Unabhängigkeit von der Zentralherrschaft. Kopf der revolutionären Regierung ist Admiral Ruggero Settimo, der mit Unterstützung von Adel und Bürgerschaft versucht, das Volk in Entscheidungsprozesse einzubinden. Ferdinand bewilligt eine Verfassung, und fast alle italienischen Staaten tun es ihm nach: Am 4. März 1848 verabschiedet Karl Albert von Piemont-Sardinien als Verfassung das sogenannte Albertinische Statut, am 17. März folgt ein Aufstand in Venedig und am Tag danach in Mailand. Schon bald wird ganz Europa von revolutionären Erhebungen erschüttert, einschließlich des Kirchenstaates: Am 24. November 1848 sieht sich Papst Pius IX. gezwungen, nach Gaeta zu fliehen. Am 9. Februar 1849 entsteht die Römische Republik, die von einem Triumvirat aus Carlo Armellini, Giuseppe Mazzini und Aurelio Saffi geführt wird.

Dennoch werden weiterhin alle revolutionären Regungen unterdrückt. In Sizilien stellt sich schon bald heraus, wie politisch zersplittert die Insel ist (Messina und Palermo zum Beispiel sind erbitterte Feinde) und dass die der Revolte zugrunde liegenden Forderungen miteinander unvereinbar sind: Während Adel und Bürgertum sich vor allem bereichern wollen (indem sie sich zum Beispiel der Kirchengüter bemächtigen), hofft das Volk auf eine Neuverteilung von Grund und Boden. Im Mai 1849 zieht es die revolutionäre Verwaltung, geschwächt von den Angriffen der bourbonischen Truppen, vor, sich zu ergeben. Ferdinand II. zeigt sich milde: Er verurteilt die Anführer der Revolte nicht zum Tode, sondern schickt sie in die Verbannung und gewährt den zahlreichen Unterstützern der Rebellion seine königliche Vergebung.

Baumwollgarn, Nadeln, Klöppel, Klöppelkissen.
Die Herstellung von Spitze ist eine Kunst.
Um wenige Zentimeter des kostbaren Textils herzustellen – indem man Fäden miteinander verdreht, verkreuzt, verknüpft, verschlingt und dabei einem Muster aus feinen Linien folgt –, braucht man eine ruhige Hand, Geduld und scharfe Augen.

Das wissen sie gut, die Klöpplerinnen von Burano, die schon seit Jahrhunderten die kleine Insel mit ihrer Arbeit ernähren. Dank Katharina von Medici haben sie ihr Wissen nach außen getragen, denn diese hatte einige Frauen dazu gebracht, nach Frankreich überzusiedeln und in Klöstern ihre geheime Kunst den Ordensfrauen beizubringen. Im Herzen Europas wird Spitze zu *dentelle* oder Nadelspitze, einem wichtigen Schmuckelement für die Kleider von Frauen und die der wohlhabendsten Männer des Königreichs. Die berühmtesten Schulen des Handwerks werden von Italien nach Norden verlegt: nach Valenciennes, Calais, dann auch nach Brüssel und Brügge.

Die Spitze, die von Napoleon geliebt und von ihm zum unverzichtbaren Bestandteil der Kleidung bei Hofe gemacht wurde.

Die Spitze, die bei Anbruch der industriellen Revolution in England zunehmend maschinell gefertigt und auf hauchdünnen Stoffen weiterverarbeitet wird. Selbst Königin Victoria heiratet unter einem maschinell angefertigten Tüllschleier. Auf einmal scheint es keine Zukunft mehr für die handgeklöppelte Spitze früherer Jahrhunderte zu geben.

Und doch stirbt das Handwerk nicht aus. Man benutzt Klöppel, die es ermöglichen, die Fäden schneller miteinander zu verflechten, wagt sich an die Verwendung von farbigem Seidenfaden und ermuntert gerade Mädchen aus armen Familien, das Handwerk zu erlernen.

Doch es wird noch Jahre dauern, bis diese alte Kunst in Venedig plötzlich wieder angesagt ist und sich erneut in ganz Italien ausbreitet.

Handgeklöppelte Spitze wird zu einem Luxusgut für wenige, sehr reiche Familien. Sie ist ein rares Gut, so kostbar wie Juwelen.

Ein Schatz.

Es herrscht mörderische Hitze, die Sonne brennt gnadenlos vom Himmel.

Palermo liegt im Sterben. Entlang der Cassaro fahren Karren, von ausgemergelten Tieren gezogen. Darin: Leichen. Die Fuhrleute schreien: »*Cu' avi morti?*« – »Wer hat Tote zu begraben?« Jemand winkt sie zu sich heran. Kurz darauf wird eine Leiche aus dem Fenster geworfen.

Jeden Tag zahlt die Stadt mittlerweile ihren Tribut an Cholera-Opfern. Die Krankheit ist im Juni 1837 vom Kontinent auf die Insel gekommen, und was sie nicht geschafft hat, vollendet der Mensch. Nach Ausbreitung der Epidemie ist es zu einem Volksaufstand gekommen, angezettelt von Menschen, die dem König die Schuld an der Krankheit geben – dieser, so schreit und zetert man, habe Wasser und Nahrungsmittel absichtlich mit den Keimen versetzt, um die Bevölkerung zu dezimieren.

Die Tufffassaden der barocken Palazzi, die verschlossen und verrammelt sind, sehen aus wie Totenschädel, an der Sonne gebleicht. Nachdem die Adligen sie verlassen haben, suchen Plünderer darin nach Essbarem und nach Geld. Läden und *putìe* sind in Flammen aufgegangen. Menschen sterben auf den Straßen und betteln um ein Stück Brot; von den Feldern kommt kein Getreide mehr. Selbst das Ausräuchern mit Chlor, das als stinkende Wolke durch die Gassen wabert, hilft nicht gegen die Ansteckung; der Gestank vermischt sich mit dem der Feuer, die auf den Plätzen aufgeschichtet wurden, um verseuchtes Bettzeug und Möbel zu verbrennen. Nur wenige Ärzte sind in der Stadt geblieben, zusammen mit einigen Mönchen, die von Haus zu Haus gehen, um Sterbenden die letzte Ölung zu verabreichen. Oder um die Toten zu segnen.

Auch das Meer, das hinter der Porta Felice schimmert, wirkt unwirklich, fast unerreichbar. In der Cala liegen nur wenige Schiffe vor Anker, und auf vielen weht die Fahne der Quarantäne.

Vincenzo ist zu Fuß hinter der Mauer der Via degli Argentieri unterwegs. Noch hat er die Stadt nicht verlassen, doch er wird es bald tun. Mit einem Tritt hält er sich einen streunenden Hund vom Leib, der im Abfall nach Essbarem schnuppert, und hält sich ein Taschentuch vor die Nase, um sich vor den Dämpfen zu schützen, die aus den Rinnen der Kloaken aufsteigen. Über allem liegt ein Odem des Todes, vor dem es kein Entrinnen gibt.

An der Mündung zur Via della Zecca Regia steht eine

Kutsche mit verhängten Fenstern, die von bewaffneten Männern eskortiert wird. Vor dem Gefährt steht Giulia, die ein Hütchen mit Schleier trägt. Sie sucht nach ihm, späht die Straße entlang. Als sie ihn kommen sieht, legt sie ihre Hände an die Brust und läuft ihm entgegen.

»Komm mit uns«, sagt sie, ohne auch nur eine Begrüßung.

Er schüttelt den Kopf, sagt ihr, noch könne er nicht weg. »Das Haus ist nicht weit von Monreale entfernt, und es ist gut geschützt. Giovanni und deine Eltern werden dir heute Abend folgen. Geh bitte nicht aus und halte dich von Menschen fern, die du nicht kennst«, befiehlt er ihr.

Aus der Kutsche ist das Wimmern von Giuseppina zu hören; Angelina quengelt. Giulia packt ihn voller Angst an den Händen. »Kommst du bald nach?«

»Ja, ja. Seid bitte vorsichtig, kocht die Wäsche gut aus …«

Sie küsst ihn, als rechne sie damit, ihn nie wiederzusehen. »Ich will nicht gehen«, sagt sie und packt ihn am Handgelenk. »Komm, wir lassen die Mädchen fahren. Ich bleibe hier bei dir … Wenn du krank wirst, wer pflegt dich dann?« Flehend sieht sie ihn an.

Doch er schüttelt den Kopf; das wolle er nicht, denn auch sie müsse sich in Sicherheit bringen. Fast schubst er sie in die Kutsche, und so steigt Giulia eben ein. Angelina klettert auf ihren Schoß.

Komm bald, scheinen ihre Augen unter dem Schleier zu sagen. *Lass mich nicht allein.*

Vincenzo muss den Blick abwenden. Er erträgt es nicht, sie gehen zu sehen, denn er weiß, die Krankheit kann sie innerhalb eines Tages und einer Nacht dahinraffen. Es könnte das letzte Mal sein, dass sie sich sehen. Vor allem die Mädchen sind eine allzu leichte Beute für diese Seuche.

Am Tag zuvor hat er seine Mutter und ihre Bediensteten in eine ebensolche Kutsche steigen lassen und sie bis an die Stadtgrenze begleitet. Er hat sie auf das Gut nach Marsala geschickt, wo sie in Sicherheit sein werden.

Doch Vincenzo selbst kann noch nicht gehen. Er muss zuerst noch für die Sicherheit der Lagerräume sorgen, sich um die Vorräte kümmern, muss die französischen Lieferanten von der Situation in Kenntnis setzen, damit sie keine Ware schicken, die nicht gelöscht werden kann, da die Stadt in Auflösung begriffen ist und im Zollamt niemand mehr tätig ist.

Plötzlich tritt aus einer Gasse vor dem Palazzo Steri ein Mann, der laut nach ihm ruft: Es ist Francesco di Giorgio, der für den Handel mit den anderen Landesteilen Siziliens verantwortlich ist. »Don Florio! Endlich habe ich Euch gefunden! Kommt! Was für ein Unglück!«

Vincenzos ungutes Gefühl scheint sich zu bestätigen, es wird zu Angst. »Was ist? Die Vorräte?«

»Baldriantinktur, Pfeffer, Kardamom und ätherisches Pfefferminzöl … Alles aus! Und das wenige, was noch da war, wurde konfisziert! Als ich gegangen bin, stand eine Menschenmenge vor dem Laden, und das hat mir ganz und gar nicht gefallen … *Sunnu tutti dispirati*, alle sind verzweifelt. Es heißt, eine Apotheke im Gerichtsviertel sei in Flammen aufgegangen. Auf dem Land ermorden sie sogar die Priester, weil behauptet wird, sie würden die Seuche übertragen … Die Christenmenschen spielen alle verrückt!«

»Verdammt!«

Sie laufen zum Gewürzladen. An der Piazza del Garraffello sind die Brunnen zerstört worden; auf einigen anderen prangt ein schwarz gemaltes X. In Schüben weht der Geruch von Chlorkalk zu ihnen herüber, der als Desinfektionsmittel verwendet wird und sich mit dem Gestank der Latrinen mischt.

In der Via dei Materassai sehen sie sich einer Menschenmauer gegenüber. Carmelo Caterozzolo, der für den Gewürzladen verantwortlich ist, steht mit erhobenen Armen vor der Tür des Geschäfts. »Wir sind ausverkauft, ich schwöre es euch! Alles weg! Es kommen keine Schiffe mehr, deshalb gibt es auch keine Lieferungen. Wir haben nichts mehr!«

»Was soll das heißen? Nicht einmal mehr Laudanum? Wie soll ich denn die Schmerzen meiner Frau lindern? Sie krümmt sich im Bett …« Ein Mann steht direkt vor ihm und ringt flehend die Hände.

Ein anderer, kaum mehr als ein Junge, ist nicht minder verzweifelt. »Was, nicht einmal ein Fläschchen Baldrian? Es ist für meine *picciridda*, meine Tochter!«

Hinter ihnen fluchende Männer und Frauen, die bitten und betteln und in den Laden wollen.

Vincenzo drängt sich zwischen ihnen hindurch, nimmt auch die Ellbogen zu Hilfe. Die nackte Angst, die die Gesichter dieser Menschen verzerrt, ist schädlicher als die Cholera. Er spürt sie körperlich und kann sich ihr nicht entziehen; sie ist wie eine giftige Tinktur, die sich auf seinen Armen und Beinen ausbreitet und ihn lähmt.

»Ich glaube euch nicht!«, schreit ein alter Mann. Er nimmt einen Stein, wirft ihn gegen das Schaufenster. »Ihr habt doch die Gewürze nur gehortet, um sie euren Freunden zu geben!«

Als der Stein fliegt, kommt Bewegung in Vincenzo, und er eilt nach vorne. Sie dürfen den Laden nicht zerstören.

Alles, was ihn ausmacht, beginnt und endet zwischen diesen Mauern, diesen Paneelen. Mit gerade mal elf Jahren hat er diesen Laden zum ersten Mal betreten, an der Hand seines Onkels, der ihm das Schild mit dem verwundeten Löwen zeigte, und in gewisser Weise hat er den Gewürzladen nie verlassen. In diesem Moment wünscht er sich mehr als alles auf der Welt, sein Onkel Ignazio wäre immer noch an seiner Seite, und er könnte seine beruhigende Stimme hören.

»Nein!«, schreit er, doch seine Stimme kann den Tumult der Menge nicht übertönen.

»*Pigghiamuni tutti cosi!*«, ruft eine andere Stimme. »Wir holen uns alles selbst.«

Vincenzo stellt sich zwischen die menschliche Masse und Caratozzolo. »Halt!«, schreit er atemlos.

Die Leute bleiben stehen, schauen ihn mit einer Mischung aus Groll und Hoffnung an.

»Don Florio, *p'amuri di vostra matri*, bei der Liebe Eurer Mutter!«, sagt der junge Mann und wirft sich zu seinen Füßen auf den Boden. »Helft uns! Wenigstens Ihr!«

Vincenzo wendet sich Caratozzolo zu, doch der schüttelt weiter den Kopf. Er hat Tränen in den Augen, denn er würde diesen armen Leuten wirklich gern helfen. »Don Florio ist mein Zeuge. Wir haben nichts mehr, alles ist verkauft. Glaubt mir!«

Vincenzo zeigt ihnen seine leeren Handflächen. »Es stimmt, das schwöre ich euch! Ich kenne so viele von euch: Du bist Vito, der auf dem Fischmarkt arbeitet, Sohn von Biagio, dem Axtschmied, und du hast eine hübsche *picciridda*, etwa in dem gleichen Alter wie meine Tochter«, sagt er zu dem jungen Mann. »Und du bist Bettina, die Frau von Giovanni, dem Waschbrettbauer. Und da hinten, das ist

Pietro, der mit Marmor arbeitet. Ich kenne euch und eure Familien, denn auch ich lebe hier. Und wenn ich euch schwöre, dass nichts mehr da ist, dann müsst ihr mir glauben!«

»*Minzogne sunnu!* Alles erstunken und erlogen! Die Gewürze habt ihr gehortet! Und jetzt geht da weg und lasst uns durch, sonst müssen wir Gewalt anwenden!«, schreit eine Stimme ganz hinten auf der Piazza.

In der Menge wird gemurmelt und geschubst, man schiebt und drängt.

Vincenzo öffnet seine Jacke, knöpft die Weste auf. Unter seinem Hemd zeigt er die nackte Brust, auf der die ersten weißen Haare sprießen. »Wollt ihr mich umbringen? Nur zu, da bin ich, ich stelle mich. Aber wenn ich euch sage, es ist nichts mehr da, *m'aviti a cririri*, dann müsst ihr mir glauben. Es ist alles ausverkauft, ich habe nicht einmal mehr was für meine eigene Familie.«

Wütend bricht es aus dem Marmorsteinmetz heraus: »Uns verjagt ihr, und eure Freunde kriegen noch was bei euch!«

Vincenzo lacht aus Wut und Verzweiflung. »*Chi dici*? Was für Freunde denn? Seht ihr hier irgendwelche Kutschen? Soldaten? Nein!« Er packt Caratozzolo am Arm. »Im Gewürzladen sind nur noch wir beide, ich und dieser arme Christenmensch. Ich bin hier, genau wie ihr, und wenn ich diese Krankheit kriege, dann sterbe ich wie ein Hund, genau wie ihr. Wenn ich euch sage, alles ist weg, dann ist es so. Auch im Palazzo Steri sind die Vorräte erschöpft. Solange die Hygieneblockade nicht aufgehoben wird, kommt nichts mehr durch.«

Jetzt tritt die Frau, Bettina, nach vorn und packt ihn am Ärmel. Auf ihrem Gesicht steht eine so schmerzliche Ungläubigkeit, dass sie für Vincenzo kaum auszuhalten ist. »Es kann doch nicht sein, dass Ihr als der größte Verkäufer in Palermo nichts mehr habt. Wenn das wirklich so ist, dann …«

Vincenzo zeigt auf den Gewürzladen. »Wollt Ihr nachschauen? Nur zu, *trasite!*«

Schweigen senkt sich über die Piazza. Einige Augenblicke lang rührt sich keiner. Dann, ganz langsam, unter Schluchzen und Schreien der Verzweiflung, öffnet sich die Menge, teilt sich, löst sich auf.

Am Ende ist nur noch der junge Mann da, der immer noch am Boden liegt. Vincenzo beugt sich über ihn, legt ihm eine Hand in den Nacken, spricht ihm ins Ohr: »*Itivinni a casa, figghiu meo, e priati u' Signuri.* Geh nach Hause, mein Junge, und bete zu Gott. Nur er kann Palermo noch helfen.«

Vito bricht in Tränen aus. Vincenzo geht dieses Weinen durch und durch, denn es ist das Weinen eines Vaters, und das hat für ihn jetzt einen anderen Klang. Denn er stellt sich vor, wie er selbst da am Boden läge, mit den Knien im Dreck, arm und verzweifelt, auf der Suche nach Medizin für Angelina oder Giuseppina, oder, schlimmer noch, für Giulia.

Dieses Weinen lässt ihn nicht mehr los, auch nicht, als er am darauffolgenden Tag nach Monreale fährt, wo Giulia und die Mädchen auf ihn warten. Er versinkt in einem finsteren Schweigen; er will nicht erzählen, was er gesehen und gehört hat. In der Nacht jedoch, als er nicht zur Ruhe kommt, geht er in das Zimmer der Mädchen, die mit halb geöffneten Mündern schlafen, die Haare auf dem Kissen ausgebreitet. Er setzt sich an ihre Betten, lauscht ihrem Atem. Es geht ihnen gut, sie sind am Leben.

Er weiß nicht, ob man das auch von Vitos Tochter behaupten kann.

Vincenzo Florio, Kaufmann und Industrieller aus Palermo, Besitzer von Schonern, Schwefelminen, Kellereien und Fischfabriken, Mitglied der Handelskammer der Stadt, Versicherer ebenso wie Finanzvermittler, steht in Pantoffeln und Hemdsärmeln in der bescheidenen Küche des Halbgeschosses an der Via della Zecca Regia.

Wir schreiben Oktober 1837, und endlich ist die Cholera in der Stadt besiegt. In Palermo und Umgebung hat sie mehr als zwanzigtausend Menschen in den Tod gerissen.

Die Florios können sich glücklich schätzen, denn sie sind alle noch am Leben. Andere Familien wurden komplett ausgelöscht.

Vincenzo hat mit seiner unehelichen Familie, mit Giulia und den Töchtern, zu Abend gegessen. Morgen wird er in die Via dei Materassai gehen, zu seiner Mutter. Endlich kehrt wieder Ruhe und Ordnung in ihr Leben ein.

Ihre Töchter schlafen schon, unter dem aufmerksamen Blick des Kindermädchens. Es sind anmutige und wohlerzogene Mädchen. Giulia spricht mit ihnen Französisch, die Sprache, die sie in Mailand gelernt hat, als sie noch klein war. Vor dem Schlafengehen liest sie ihnen Märchen vor.

Sie ist immer noch der einfache, bodenständige Mensch von damals, als er sie kennengelernt hat.

Vincenzo sieht ihr dabei zu, wie sie die Küche in Ordnung bringt, im Ofen Kohle nachlegt. Sie wäscht Gemüse und versucht dann, eine Thunfischkonserve aufzumachen, schafft es aber nicht. Sie ruft nach ihm. »Hilfst du mir?« Sie zeigt auf die Glaskonserve: Es ist Thunfisch in Salzlake. Er kommt aus der Tonnara in Arenella, deren Teilhaber Vincenzo zusammen mit einem Halbfranzosen namens Augusto Merle ist; dieser ist mittlerweile nach Paris umgezogen.

Vincenzo greift nach dem Glas, hebt den Metalldeckel an, indem er eine Messerspitze darunterschiebt. Ein metallisches Klicken, dann ist das Behältnis geöffnet, und der Duft nach Salzlake erfüllt die Küche, ein Aroma, das ihn sofort an seine Kindheit erinnert.

Bilder tauchen vor seinem inneren Auge auf. Er erkennt die Küche am Piano San Giacomo und eine Gestalt von hinten, die Fischstücke aus einem mit Wachs versiegelten Tonkrug holt.

Ist das Paolo, sein Vater, oder Onkel Ignazio?

Die Gestalt dreht sich um.

Sein Vater.

Vincenzo sieht den dichten Schnauzer, den Bart, den gestrengen Blick. Er sieht, wie Paolo den Thunfisch wässert, um ihn vom Salz zu befreien, wie er zur Mutter sagt, danach könnten sie ihn mehrere Wochen lang in Olivenöl konservieren.

Etwas macht *Klick* in seinem Kopf, wie ein tickendes Uhrwerk.

Öl. Thunfisch.

Jetzt holt ihn die Gegenwart zurück, wie ein Sog, und die Erinnerungen treten wieder in den Hintergrund. Giulia dankt ihm. Er sieht sie an und reibt sich mit einer Zitronenscheibe über die Hände, um den Fischgeruch zu entfernen.

»Ich könnte dir eine Köchin besorgen«, sagt er auf einmal zu ihr.

Sie schüttelt den Kopf. »Dann würde doch bloß deine Mutter wieder sagen, ich werfe das Geld zum Fenster hinaus. Außerdem habe ich bereits ein Hausmädchen und das

Kindermädchen für Angela und Giuseppina. Und ich koche gern.«

Doch er beharrt: »Da gäbe es die Tochter meiner Haushälterin. Ein tüchtiges Mädchen, das auch schwerere Arbeiten verrichten kann. Ich schicke sie dir mal vorbei.«

Die Antwort ist ein ungeduldiges Seufzen. »Manchmal kommt es mir so vor, als wäre ich tatsächlich mit dir verheiratet. Ich rede, und du hörst mir nicht zu.«

Vincenzo legt die Hände um ihre Taille, und sie zieht ihn an sich, geht auf die Zehenspitzen und überwindet das Hindernis des auf englische Art gezwirbelten Bartes, um ihn zu küssen. Sie bedeutet ihm, ihr zu folgen. »Bring die Lampe mit«, flüstert sie ihm zu, mit der ganzen Vertrautheit von zwei Liebenden, die einander begehren, weil sie sind, wie sie sind.

Sie schlafen zusammen, als wären sie Mann und Frau. Jenseits dieser Mauern, jenseits des Hofes der Via della Zecca Regia, liegt Palermo. Und auch diese Stadt ist eine besitzergreifende Liebhaberin, das weiß Vincenzo: eifersüchtig, sprunghaft, kapriziös, durchaus dazu in der Lage, im Laufe einer einzigen Nacht wiederaufzublühen oder sich selbst zu zerstören.

Doch jenseits des äußeren Scheins verbirgt sie auch eine Schattenseite.

Vincenzo kennt sie, diese Düsternis, und er spiegelt sich darin. Er kann es sich nicht erlauben, sich in die Karten schauen zu lassen, denn das, was seine menschliche Geliebte ihm verzeiht, das lässt ihm die Stadt nicht durchgehen. Palermo wird ihn lieben, und es wird die Florios lieben, solange sie der Stadt Geld und Wohlstand bringen. In dieser Zeit lebt die Stadt in einem mysteriösen Zustand der Gnade:

Überall leuchtende Farben, es entstehen Werften, neue Gebäude. Und dafür braucht Palermo Vincenzos Geld, das Geld der Florios.

Carlo Giachery, in gewienerten Schuhen und Leinenjackett, betrachtet den nachdenklichen Vincenzo, denn er weiß, dass sein alter Freund über etwas grübelt und ihm schon seit mehreren Minuten nicht mehr zuhört.

»Vice'?«

»Hm?«

»Ich rede schon eine ganze Weile mit dir. Und ich würde gerne wissen, ob es an meiner Stimme liegt, die so einschläfernd ist, oder ob du mir vielleicht etwas sagen möchtest.«

Vincenzo macht eine Geste mit der Hand, als wollte er sich entschuldigen. »Eigentlich beides, ehrlich gesagt. Wovon war gerade die Rede?«

»Von der Tatsache, dass die Nonnen von Badia Nuova sich über den Lärm der Webstühle in der Baumwollspinnerei beklagen. Dabei müssten sich die Mönche beklagen, die direkt nebenan leben, nicht sie. Die soll einer verstehen.«

Vincenzo stützt das Kinn auf die gefalteten Hände. »Aber genau so ist Sizilien. Kaum versuchst du, mal was anderes zu machen, stößt du auf jemanden, der zu jammern anfängt, weil es ihn stört oder er es nicht will. Er sagt dir, wie man es besser machen könnte oder dass du lieber damit aufhören solltest …«

»Schon verstanden.« Carlo lacht unter seinem Schnurrbart. »Jedenfalls habe ich darüber nachgedacht, Korkplatten an die Wände zu nageln, um den Schall zu dämpfen, aber ich weiß nicht, ob das hilft. Die frommen Frauen beklagen sich ja auch über den Dampf aus den Maschinen.«

»Es sind Webstühle, die mit Dampf betrieben werden, mit heißem Wasser! In England nutzen sie die schon seit zwanzig Jahren, und nie hat es jemand gewagt, etwas dagegen zu sagen. Dann sollen sie eben ein paar Rosenkränze mehr beten und ihre Fenster geschlossen halten. Aber mal was anderes, hör zu …« Vincenzo sucht nach einem Zettel, liest ihn noch einmal durch. Die Falte zwischen seinen Brauen vertieft sich. »Lies.«

Giachery setzt seine Brille auf, konzentriert sich. »Die Thunfisch-Verkäufe sind zurückgegangen.«

»Und zwar in allen *tonnare*, nicht nur hier auf Sizilien. Auch die Nachfrage für Sardinen und Makrelen ist stark gesunken.«

»Mhm.« Vincenzo bedeutet ihm weiterzulesen. »Und wie kommt das, deiner Meinung nach? Liegt es daran, dass immer noch behauptet wird, Fisch verursache Skorbut?«

»Ja. Die Engländer ziehen andere Reeder mit sich. Aber ich weiß, dass das nicht so ist. Meine Familie handelt schon seit Jahren mit Pökelfisch, hat ihn auch selbst verzehrt, und niemandem von uns sind die Zähne ausgefallen.«

»Das soll einer verstehen. Sicher, ein Rückgang dieses Ausmaßes … Noch ist es nicht so schlimm, aber das könnte es werden.«

Vincenzo zeigt seinen Unmut. »Frischfleisch konserviert man mit Eis aus den Madonie. Thunfisch hingegen wurde immer in Salzlake eingelegt.«

»Man bräuchte eine andere Methode …« Carlo denkt angestrengt nach. »So etwas wie Räuchern, aber ich weiß nicht, ob Thunfisch sich dafür eignet. Oder …«

Klick.

Vincenzo hebt den Kopf.

Klick.

Sein Vater, der den Fisch in Öl einlegt, nachdem er ihn gewässert hat …

Er kramt in seinen Papieren, sucht nach seinem Kalender. »Die nächste Mattanza der Arenella ist in zehn Tagen. Das heißt …«

Giachery mustert ihn. Vincenzo ist von einem solchen Eifer beseelt, dass er auf einmal viel jünger wirkt.

»Warum zersetzt sich das Fleisch denn, Carlo?«, fragt er und springt auf. Doch er wartet gar nicht auf eine Antwort, sondern fährt fort: »Weil die Würmer es fressen. Aber wenn man Fleisch kocht, wird es haltbarer. Und wie kann man es für längere Zeit konservieren, um zu verhindern, dass es sich zersetzt?« Er tritt auf ihn zu, beugt sich über ihn. »Wenn ich Fisch haltbar machen will, sagen wir für sechs Monate oder ein Jahr, sagen wir für eine Reise über den Ozean oder sogar noch länger, was kann ich tun?«

Und er flüstert sie dem Freund ins Ohr, seine Idee.

Im Mai, als der Frühling milde Wärme bringt, beginnen die ersten Fischzüge auf Thunfisch. Der Fang ist üppig, die Seeleute danken dem heiligen Petrus und dem heiligen Franz von Paola, weil sie sie so reichlich beschenkt haben.

Im Mai füllen sich die Behälter mit Thunfisch in Öl, manche aus Blech, andere aus Glas, und ruhen in der Sicherheit der Speisekammer im Hause Giachery, unter den überraschten und wachsamen Augen von Carolina, Carlos Frau.

Dort warten sie darauf, dass die notwendige Zeit verstrichen ist.

Ein Jahr.

Ein Jahr, erst dann wird das Experiment erfolgreich sein. Um zu wissen, ob gekochter und in Öl eingelegter Thunfisch, dicht verschlossen in einem Behältnis, eine lange Ozeanreise oder auch eine ausgedehnte Lagerzeit in einer Speisekammer überstehen kann. Vincenzo versucht es tatsächlich. Mit seiner Dickköpfigkeit und der Überzeugung, wenn man nicht einfach mal etwas Neues ausprobiert, dann gibt es auch keine Veränderung.

Und er will sein Leben fest in der Hand halten.

Im Juni, als die Sonne gleißend hell auf die Wäsche scheint, die in der ersten Brise des Schirokko auf der Leine trocknet, nimmt Giulia Vincenzo an der Hand und sagt ihm, sie sei wieder schwanger.

Am frühen Morgen des 18. Dezember 1838 klopft es an der Wohnungstür der Florios in der Via dei Materassai. Aus einem leisen Pochen werden laute Schläge mit der Faust.

Giuseppina hört den Lärm, steht auf, tritt der Bediensteten, die an die Tür gelaufen ist, um zu öffnen, in den Weg. »Wer ist da?«

Sie steht vor einem atemlosen Dienstmädchen, das rasch ins Haus gelaufen kommt. »Ich suche Don Vincenzo«, sagt das Mädchen und deutet einen Knicks an. »Meine Herrin … *c'arrivaruno i dulura.* Die Wehen haben eingesetzt.«

Giuseppina drängt sie nach draußen. »Na und? *Vattinni tu e idda puru.* Hau ab, und sie auch.«

In diesem Moment erscheint Vincenzo. Er sieht verschlafen aus, doch kaum erblickt er das Dienstmädchen, ist er hellwach. »Was ist denn, Ninetta?«

»Mich schickt Signora Giulia. Die Stunde ist gekommen, Don Florio.«

»Ausgerechnet heute, meine Güte!« Er fährt sich mit der Hand durchs Haar. »Ich habe eine Verabredung wegen der Kellerei, bei der ich nicht fehlen kann, das weiß sie. Sag ihr, ich komme später. Jetzt kann ich nicht.«

Das Mädchen eilt die Treppe hinab und ist fort.

Giuseppina schließt die Tür mit einem wütenden Knall. »Jetzt schickt sie also sogar hier nach dir?«

»Ich habe es so angeordnet.«

»Das ist doch nicht mal deine Ehefrau! Was will die eigentlich, noch mehr Geld?«

Vincenzo zieht sich hastig an, in Gedanken ganz in dem Zimmer an der Via Zecca Regia, wo, da ist er sich sicher, Giulia bereits schreiend in den Wehen liegt.

Zur gleichen Zeit fragt er sich, wann seine Mutter eigentlich so engherzig geworden ist. In den vergangenen Jahren ist sie abgemagert, hat sich gehen lassen. Ihr Gesicht, das im Alter doch weicher und freundlicher hätte werden können, ist nur noch eine starre Maske, voller Groll auf die ganze Welt.

Auch Vincenzo wird älter: Erste graue Strähnen tauchen in seinem dichten Haarschopf auf. Seine Augenlider sind schwer geworden, das Gesicht von Falten gezeichnet.

Vincenzo hat schon seit geraumer Zeit den Gedanken begraben, eine hochrangige Ehe zu schließen. Es ist schon schwierig genug, eine junge Rosenknospe zu finden, die bereit wäre, mit einem Vierzigjährigen vor den Traualtar zu treten – geschweige denn mit einem Mann, der für drei uneheliche Kinder sorgen muss.

Und so ungern er das zugibt: Giulia ist für ihn viel mehr als nur eine Ehefrau. Sie ist eine Gefährtin, eine Stütze. Nur sie hat die Kraft gehabt, jenen dunklen Teil, den er in sich trägt, zu ertragen. Giulia wird immer nach der Casa Florio kommen; das weiß sie, und sie liebt ihn dennoch. Sie hat seinen Ehrgeiz akzeptiert, hat ihre Wut und die gesellschaftliche Verachtung, die ihr entgegenschlägt, hingenommen.

Sie hat ihm alles gegeben.

Alles, bis auf…

Er wagt es nicht, den Gedanken zu Ende zu denken.

Ein Lichtstrahl fällt auf Ignazios Ring. Seine Finger verharren auf der Falte der Krawatte.

Bevor er ins Büro geht, begibt er sich zur Kirche Sant'-Agostino und tritt vor die Madonna del Parto. Zum ersten Mal seit langer, langer Zeit spricht er ein stilles Gebet.

Er betet um ein Wunder.

Dann geht er beim Gewürzladen vorbei, hinterlässt eine Nachricht für Lorenzo Lugaro, den Buchhalter, und stimmt in den Lagerräumen am Piano San Giacomo mit Francesco di Giorgio die vertraglichen Bedingungen für eine Ladung Sumach ab.

Anschließend trifft er den Besitzer von mehreren Weingütern zwischen Trapani und Paceco, der bereit ist, ihm schon jetzt, im Voraus, seine Ernte an Insolia-, Catarratto- und Damaschinotrauben abzutreten. Es handelt sich um große Mengen von ausgezeichneter Qualität, zumindest laut den Befragungen durch Raffaele, der sich immer noch um die Kellerei kümmert.

»Man hat uns gesagt, Ihr seid ein bedeutender Herr, und

das können wir jetzt bestätigen. Euer Vetter ist ein tüchtiger Christenmensch, doch Ihr seid der Herr und habt klare Vorstellungen. Ihr wisst, was Ihr wollt, und deshalb wollte ich *cu' vossia*, mit Euch persönlich, sprechen.«

Der große, bärtige Mann hat schwielige Hände, trägt jedoch prachtvolle Kleidung, was auf einen erst kürzlich erlangten Reichtum schließen lässt. Vincenzo dankt ihm, begleitet ihn noch zur Bürotür und denkt dabei über das nach, was der Mann da gerade gesagt hat.

Denn – und das ist ein Kummer, den er schon eine Weile mit sich herumschleppt – die Marsala-Kellerei gibt ihm zu denken. Sie kommt nur schwer in die Gänge, und auch mit Raffaele laufen die Dinge nicht so gut, wie sie sollten. Seinem Vetter fehlt der unternehmerische Geist. Vincenzo muss so bald wie möglich mit ihm reden.

Es ist schon Mittag, als er es endlich schafft, sich zur Via della Zecca Regia auf den Weg zu machen. Selbst jetzt verfolgt Lugaro ihn noch, um ihm von Gerüchten zu erzählen, die auf verschlungenen Wegen zwischen der Handelskammer und der Cala unterwegs sind. »Die Franzosen und Engländer haben die Exklusivrechte für den Transport von vielen Waren und werden diese nie und nimmer der Dampfschifffahrtsgesellschaft von Neapel überlassen. Und niemand will sich mit ihnen anlegen.«

»Das wird man schon sehen.«

Vincenzo hat im Moment keinen Sinn für Schiffe. Hinter seiner steinernen Miene hat er den ganzen Morgen nur an Giulia gedacht, wie sie vor Schmerz schreit, das Gesicht schweißüberströmt, der Körper malträtiert von den Qualen einer Geburt.

Er hat gehofft, ein Wunder – *dieses Wunder* – würde geschehen: das einzige Wunder, für das ihn seine Füße in die Kirche getragen haben, um an allerhöchster Stelle um Gnade zu bitten.

Vincenzo schlüpft durch den Hauseingang. Lugaro, dem sichtlich unbehaglich ist, folgt ihm.

Oben auf der Treppe herrscht Tumult. Als er bei der Wohnung im Halbgeschoss anlangt, sieht er Giovanni und Tommaso mit mehreren Bekannten auf der Schwelle stehen.

Die Stimmen verstummen. Alle schauen ihn an, und ihm scheint, dass diese Blicke ein besonders großes Gewicht haben, als könnten sie ihm jederzeit wehtun.

»Was ist?«, fragt er. »Geht es Giulia gut?«

Keiner antwortet.

Panik.

Vincenzo reißt die Tür auf, durchquert mehrere Zimmer, bis er in Giulias Schlafgemach steht. Sie ist blass und liegt halb ausgestreckt auf dem Bett, die Mädchen umringen sie plappernd.

Giulias Mutter und die Hebamme sind dabei, Wäsche und mehrere Eimer mit rötlich verfärbtem Wasser einzusammeln.

Er klammert sich an das Fußende des Bettes. »Geht es dir gut?«

Antonia rügt ihn: »Was macht Ihr denn hier? Geht runter zu den anderen Männern. Giulia ist noch nicht bereit.«

Giulia hingegen setzt sich auf. »Ich schaff das schon, Mama. Könnt Ihr jetzt bitte gehen? Ich muss mit Vincenzo reden.«

Die Hebamme und Antonia wechseln einen erstaunten Blick. Die Geburt ist noch nicht lange her, und eine Wöchnerin muss sich ausruhen. Doch schließlich zuckt die

Hebamme nur mit den Schultern, als wollte sie sagen: *Wenn sie meint…* Sie sammelt ihre Sachen ein und geht hinaus. Antonia zögert, greift sich dann einen Armvoll besudelter Handtücher und schiebt Angela und Giuseppina hinaus. »Kommt mit eurer Großmutter, na los. Wir müssen die Sachen hier waschen.«

Lugaro verlässt mit ihnen den Raum und schließt die Tür hinter sich.

Jetzt sind sie allein.

Vincenzos Zunge sträubt sich dagegen, diese eine Frage zu stellen. Er bringt es nicht über sich. In diesem Zimmer hier nutzen ihm seine ganze Macht, das Geld, die Gewürze, die Schiffe, der Wein, der Schwefel, die Fischfabriken nichts. Seine Stimme ist kaum mehr als ein Hauch. »Geht es dir gut? Ist es …«

»Ja.«

Sie sprechen gleichzeitig. Halten inne.

Auf einmal ein leises Wimmern.

Giulia zeigt auf die Wiege aus Weidengeflecht. »Schau nur.«

Vincenzo nähert sich dem Bettchen. Er sieht ein runzliges Gesicht, einen winzigen Mund, zu allerlei seltsamen Grimassen verzogen. Er beugt sich über den kleinen, fest eingewickelten Körper und betrachtet ihn mit banger Neugier.

Giulia sagt nichts. Sie beschränkt sich darauf, diesen Moment zu genießen und ihn für immer in ihrer Erinnerung zu verschließen wie einen kostbaren Schatz.

Wie gebannt streicht Vincenzo mit dem Finger über das kleine Wesen im Bettchen. »Ein Junge?«

Dann endlich: Giulia nickt.

Vincenzo schlägt die Hand vor den Mund, unterdrückt

ein Schluchzen. »Lieber Gott, ich danke dir«, sagt er. Und er sagt es wieder und wieder, aber so leise, dass niemand es hören kann. »Danke. Danke.«

All sein Bestreben, sein ganzes Leben hat jetzt ein Ziel bekommen, so wie es für seinen Onkel Ignazio war, sogar für seinen Vater, der mittlerweile nur noch eine verblichene Erinnerung ist. Die Zukunft ist nicht länger eine Nebelbank in weiter, weiter Ferne. Sie hat Arme und Beine und einen Kopf.

Er würde seinen Sohn so gern in den Arm nehmen, doch er hat Angst davor. Noch nie hat er ein Neugeborenes in den Armen gehalten. Doch dann, einem Impuls folgend, hebt er ihn doch aus dem Bettchen, stützt den Kopf mit einer Hand, hält mit der anderen den Körper. »*Sangu meo*«, sagt er, »Blut von meinem Blute. Mein Atem, Herz von meinem Herzen.«

Er ist ganz leicht. Dort im Dezemberlicht wirkt die Haut des Neugeborenen durchscheinend. Er riecht nach Eisen, ganz süß, nach Milch, nach gestärkter Wäsche, nach Lavendel.

Giulia verdrängt die Zärtlichkeit, die sie beim Anblick von Vater und Sohn erfüllt, auch wenn ihr das Herz bis zum Hals klopft und sie am liebsten aufspringen und die beiden umarmen würde. Doch sie muss sich jetzt zwingen, muss sprechen, muss fragen. Fordern. Jetzt oder nie, sie weiß, dass das so ist. »Ich habe dir einen Sohn geschenkt. Jetzt will ich meine Ehre zurück. Du musst nicht nur ihn anerkennen, sondern auch die Mädchen. Das bist du mir schuldig.«

Vincenzo betrachtet das Gesicht des Neugeborenen: die ausgeprägten Züge, die hohe Stirn, das kräftige Kinn. Es ist ein Florio.

Doch die schmalen mandelförmigen Augen sind die von Giulia.

Er setzt sich auf die Bettkante, den Kleinen immer noch in den Armen. Er sucht nach Giulias Hand. »Sie werden meinen Namen tragen. Du wirst meinen Namen tragen. Ich schwöre es vor Gott.«

Giulias Seufzen ist getragen von Erleichterung und Erschöpfung. Sie lässt sich in die Kissen zurücksinken, ohne auch nur einen Moment Vater und Sohn aus den Augen zu lassen, vereint in dieser Umarmung, die wie ein Wunder ist.

Sie spürt, wie ihr Tränen der Befreiung über die Wangen laufen. Und der Freude – über Vincenzos Worte, über dieses Leben, das sie jetzt endlich nicht mehr im Verborgenen führen muss, gezeichnet von Scham und Schande.

Es hat vier Jahre gedauert, bis sie Vincenzo endlich dieses Versprechen abgerungen hat. Jahre der Einsamkeit, der Verachtung, der Vorwürfe vonseiten ihrer Familie, die jedoch – immerhin – an ihrer Seite geblieben ist.

Giulia drückt ihm immer noch die Hand. »Wirst du ihn Paolo nennen, nach deinem Vater?«

Nach meinem Vater?, fragt er sich. *Dem, der mich gezeugt hat oder der mich aufgezogen hat? Dem, der mir in Wirklichkeit erlaubt hat, der zu werden, der ich jetzt bin?*

Vincenzo lässt Giulias Finger los. »Nein.« Er streichelt das Gesichtchen seines Sohnes. Mit Melancholie im Blick sagt er: »Nein. Sein Name wird Ignazio sein.«

Sie nickt. »Ignazio«, wiederholt sie.

Die Erinnerung an das, was sie sich in diesem Moment ohne Worte sagen, werden sie für immer in ihrem Herzen bewahren. Bis zu dem Tag, an dem Giulia Vincenzos Hand hält und er endlich den Mut haben wird, ihr zu sagen, wie sehr er sie geliebt hat – auch wenn er dafür keine Worte brauchen wird.

Licht sickert durch die Fenster, überflutet die Treppen, schwappt bis zur Decke und ergießt sich auf den festlich gedeckten Tisch. Es bringt die Fensterscheiben aus Muranoglas zum Leuchten, schimmert weich auf dem Capodimonte-Porzellan. Das ganze Haus scheint vor Licht zu platzen.

Giulia wartet im Abendkleid auf das Eintreffen der Gäste. Sie überwacht, dass es an nichts fehlt, dass die Dienstboten wie aus dem Ei gepellt sind und Champagner im Überfluss da ist. Sie sorgt dafür, dass die Tischwäsche blütenweiß ist, das Silberbesteck auf Hochglanz poliert und die auf Tabletts angerichteten Speisen warm gehalten werden. Zigarren und Liköre warten auf einer Etagere.

Es ist ein Abend von ganz besonderer Bedeutung, denn zum allerersten Mal gibt Giulia ein Abendessen: Gefeiert wird die Gründung einer Gesellschaft, und Vincenzo – es ist immer noch seltsam für sie, »mein Mann« zu sagen – war dafür die treibende Kraft.

Gewiss, es handelt sich um ein Essen unter Partnern, ein rein geschäftliches Ereignis. Doch die Gäste gehören zu den wichtigsten Geschäftsleuten Palermos, und nicht nur das: Es sind auch Angehörige des Adels geladen, Menschen mit einem ellenlangen Titel, und auch deshalb darf kein Fehler passieren.

Das ist ihr Teil der Verantwortung: Sie ist jetzt eine Florio.

Es fällt ihr immer noch schwer, sich an den Gedanken zu gewöhnen. Für sie ist ihr »Zuhause« immer noch das kleine Zwischengeschoss an der Via della Zecca Regia. Das hier ist die Wohnung von Vincenzo und seiner Mutter, die Giulia selbst erst mit ihrer Heirat im Januar 1840 bezogen hat, mehr als ein Jahr nachdem Ignazio auf die Welt gekommen war.

Zuerst hatte Vincenzo Ignazio, Angelina und Giuseppina als seine Kinder anerkannt; nur wenige Wochen später, am 15. Januar 1840, hat er Giulia dann standesamtlich geheiratet. Noch am selben Tag haben sie den Bund der Ehe auch vor Gott geschlossen, spätabends, wie es auch bei Hochzeiten üblich ist, die schnell und diskret stattfinden müssen, weil die Braut schwanger ist.

Bis auf die Familie und die Trauzeugen – Angestellte des Hauses Florio – hat niemand an der Zeremonie teilgenommen, vollzogen durch den Priester von Santa Maria della Pietà alla Kalsa, der auch schon die Kinder getauft hatte.

Als Vincenzo das Trauungsdokument unterzeichnete, hat sich der mittlerweile alte und gebrechliche Mann zu einem Seufzer der Erleichterung hinreißen lassen. Und sogar noch ein vielsagendes »*E chi ci vulìa?*« hinzugefügt – »War das alles nötig?«

Wenn sie daran zurückdenkt, kann sich Giulia ein Lächeln nicht verkneifen. Ja, es war nötig, dass sie Vincenzo einen Sohn schenkte, um Donna Giulia Florio zu werden.

Sie spielt mit ihrem mit Perlen und Brillanten besetzten Armband, kann ihre Nervosität kaum zügeln.

Der Anblick der Kinder wird sie beruhigen, beschließt sie, und geht zum Kinderzimmer. Sie späht hinein: Ignazio schläft, und Giuseppina auch. Angelina hingegen sitzt noch neben ihrem französischen Kindermädchen, Mademoiselle Brigitte, das ihr eine Geschichte vorliest. Giulia gibt dem Mädchen einen Gutenachtkuss und macht lautlos die Tür zu. Auch dieser Aspekt ihres Lebens hat sich verändert. Sie bringt ihre Kinder nicht mehr selbst ins Bett.

Plötzlich tritt die Haushälterin auf sie zu, so leise, dass Giulia zusammenzuckt. »Bitte verzeiht. Ich wollte Euch nicht erschrecken«, entschuldigt sich die Bedienstete.

»Keine Sorge. Sprecht nur.«

Bei der Haushälterin handelt es sich um eine Frau mittleren Alters namens Luisa, die vorher bei einer adligen neapolitanischen Familie ihren Dienst versehen hat. »Eure Schwiegermutter, Signora«, sagt sie mit zögerlichem Ton. »Sie macht Anstalten, sagt, es gehe ihr schlecht, und sie könne heute keine Gäste empfangen. Außerdem könne sie das Abendessen, das Ihr bestellt habt, nicht verdauen.«

Giulia massiert sich die Stirn. »Ich rede mit ihr.«

Offenbar kann Donna Giuseppina sie nicht in Frieden lassen, erst recht nicht an diesem Abend.

Giulia geht die Treppe hoch, die Giuseppinas Bereich von dem trennt, welchen der Rest der Familie bewohnt. Kurz vor der Hochzeit hatte Vincenzo in dem Bemühen, das Zusammenleben seiner Mutter und Ehefrau angenehmer zu machen, die Wohnung in zwei Teile aufgeteilt, damit es zu keinen Streitigkeiten zwischen den beiden Frauen bezüglich der Vorherrschaft in der Haushaltsführung käme.

Das hat nicht viel genutzt.

Giulia trifft ihre Schwiegermutter an ihrem Sekretär an. Sie ist im Hauskleid, trägt eine Spitzenhaube und ein graues, etwas fadenscheiniges Baumwollkleid.

»Donna Giuseppina …«, sagt sie und neigt den Kopf. Niemand soll sagen können, sie lasse es an Respekt mangeln. »Signora Luisa hat mir gesagt, Ihr fühlt Euch nicht wohl.«

»In der Tat. Ich kriege keine Luft, und mir ist nicht danach runterzukommen. Außerdem bist ja du da, oder?« Giuseppina mustert mit akribischer Besessenheit das Kleid ihrer Schwiegertochter, bleibt schließlich bei ihrem Ausschnitt hängen. »Diese ganze Spitze… die muss ja ein Vermögen gekostet haben. Und dann dieser Ausschnitt… viel zu tief. Und zu elegant. Du siehst aus, als wolltest du ins Theater gehen.«

»Mein Mann hat mir das Kleid vorgeschlagen.«

Giuseppina winkt gereizt ab. »Er denkt als Mann. Männer wollen eben bestimmte Dinge.« *Und du hast es ihm diesbezüglich ja an nichts fehlen lassen*, scheint sie hinzufügen zu wollen. »Jedenfalls…«

Giulia räuspert sich, versucht, den Affront zu überspielen. Für ihre Schwiegermutter ist sie der Eindringling, den sie ertragen muss. Mein Gott, wie sehr sie diese Frau verabscheut… »Ihr wollt nicht runterkommen? Vielleicht nur, um die Gäste willkommen zu heißen, dann könnt Ihr Euch ja zurückziehen. Es kommen die Fürsten Trigona und Trabia, Baron Chiaramonte Bordonaro. Auch die Inghams sind da, und Signor Giachery. Wenn Ihr Euch nicht blicken lasst, könnte Euer Sohn es Euch wirklich übelnehmen.« Sie tritt auf Giuseppina zu, setzt eine versöhnliche Miene auf. Doch tief in ihr wüten Ärger und Demütigung. »Ihr wisst doch, wie sehr Vincenzo geschuftet hat, um diese Übereinkunft zu erzielen, und wie lange er auf seine Geschäftspartner einreden musste, bis er sie davon überzeugt hatte, gemeinsam ein Dampfschiff zu kaufen. Nun kommt schon, bringt doch wenigstens seinetwegen dieses Opfer.« Sie zeigt in Richtung Schrank. »Wenn ich Euch helfe, könntet Ihr in ein paar Minuten umgezogen sein…«

»Lass gut sein, bedräng mich nicht. Ich fühle mich nicht gut. Bring mir lieber einen Teller Hühnerbrühe.« Giuseppinas Gemütsruhe ist nur vorgetäuscht, das hört man deutlich. »Aber du … Bist du bereit, oder musst du dich noch kämmen? Hast du alles richtig gemacht? Es ist nämlich nicht leicht, ein solches Fest zu organisieren, wenn man keine Erfahrung hat.«

Giulia, die instinktiv an ihren Chignon gefasst hat, schaut ihre Schwiegermutter verstimmt an. »Mir hat es nicht den Anschein, als hättet Ihr für Euren Sohn viele Feste veranstaltet oder Essen gegeben.«

»Ein paar schon, jedenfalls mehr als du. Es ist nicht leicht, eine Florio zu sein, davon kann ich ein Liedchen singen.« Giuseppina blickt auf ihre Finger hinab, die vom Alter gezeichnet sind. »Das da draußen sind anspruchsvolle Leute. Sie sind nichts und niemandem Rechenschaft schuldig; wenn sie etwas wollen, kriegen sie es auch. Ein Scheitern nehmen sie nicht hin.«

Darauf weiß Giulia keine rechte Antwort, und sie senkt den Kopf. Sie hasst es, manchmal nicht schlagfertig zu sein. *Ich werde nicht scheitern,* sagt sie sich. *Ich werde meinen Mann nicht blamieren, sondern ihn stolz machen.* Doch diese Zuversicht ist nur ein zartes Pflänzchen, Rauch, der verweht, noch ehe der Gedanke zu Ende gedacht ist.

»Hast du den Falsomagro gemacht, unseren berühmten Rinderrollbraten?« Giuseppinas Befragung wird immer härter. »Hoffentlich hast du das gute Tafelsilber genommen. Dasjenige, das Vincenzo aus England bestellt hat …«

»Ja, habe ich. Und es gibt auch die passenden Fruchtgelees und kalten Soßen zum Braten. Außerdem haben wir noch Thunfisch in Auberginen-Tomaten-Sugo auf Trapaneser Art.«

Giuseppina dreht sich auf ihrem Stuhl um und nimmt

ihre Haube vom Kopf. »Und der französische Wein? Diese Manie mit den ausländischen Sachen, die ihr habt, habe ich nie begriffen. Na ja … so seid ihr eben, ihr Leute aus dem Norden. Ich habe damit nichts zu schaffen und will es auch nicht.« Dichte graue Locken fallen ihr bis über die Schultern. »Und jetzt geh und sieh nach, ob alles in Ordnung ist. Das Personal macht, was es will, wenn niemand da ist, der das Kommando führt. Sag unten, sie sollen mir diese Brühe bringen; und dann schick mir das Hausmädchen, damit es mir hilft, mich für die Nacht umzukleiden.«

Als Giulia in die Hauptwohnung zurückkehrt, sind ihre Wangen gerötet. Ihr zittern die Hände.

Sie bittet eines der Hausmädchen, einen Teller Brühe nach oben zu bringen. *Soll sie doch selbst damit klarkommen, dieses alte Weib*, denkt sie und bebt vor Demütigung. Giuseppina hat die Entscheidung getroffen, nicht an dem Essen teilzunehmen, und es ist klar, warum. Sie will nicht, dass ein etwaiges Scheitern auf sie zurückfällt.

Giulia öffnet ein Fenster, sucht Trost in der frischen Luft. Es ist ein heißer Julitag, schwül und stickig. Langsam löst sich ihre Beklemmung. Sie betrachtet sich im Spiegel: blaues Seidenkleid, Perlenkette. Über dem Dekolleté ein kleiner Überwurf: ein Schleier aus französischer Spitze, den ihr Vincenzo in Marseille gekauft hat, wohin er vor einiger Zeit zusammen mit Augusto Merle gefahren war. Ein Geschenk, würdig einer Prinzessin.

Doch selbst die schönste Spitze kann nicht verbergen, dass Giulia nach drei Schwangerschaften nicht mehr die Figur von früher hat. Immerhin hat sie eine schöne Körperhaltung, bewegt sich anmutig. *Und wenn ich doch nicht gut genug für Vincenzo bin?*, fragt sie sich. *Wenn Donna Giusep-*

pina recht hat und ich den Erwartungen nicht gerecht werde, mich vielleicht sogar blamiere?

Denn es stimmt: Es ist nicht leicht, Vincenzos Frau zu sein. Auf einmal lebt sie an der Seite eines Mannes, der ein intensives öffentliches Leben führt, der auf Du und Du mit den wichtigsten Männern des Königreichs steht. Und sie, die bisher immer im Schatten geblieben ist, hat Angst, Fehler zu machen.

Von der Straße kommt das Knirschen von Kutschrädern auf dem Kopfsteinpflaster. Türen werden geöffnet, Männerstimmen. Jetzt bleibt keine Zeit mehr für Lampenfieber.

Ben Ingham kommt mit Vincenzo die Treppe hoch. Sie wirken beide erhitzt, doch die Zufriedenheit steht ihnen dennoch ins Gesicht geschrieben. »Das heute ist ein historischer Tag, mein lieber Freund! Endlich ist der Fortschritt auch in Sizilien angekommen. Es hat ein paar Jahre gedauert, aber jetzt …«

Giulia steht in der Tür. »Willkommen. Ich hoffe, eure Verhandlungen haben zu einem guten Ende geführt.«

Ingham ist von ihrer Unverblümtheit, die für eine Frau eher ungewohnt ist, nicht erstaunt. »Alles unter Dach und Fach. Die Anteile wurden gezahlt. Die Sizilianische Dampfschifffahrtsgesellschaft ist Wirklichkeit.« Voller Begeisterung küsst Ingham ihr die Hand. »Meine Liebe, Ihr seid eine Augenweide.« Hinter ihm betritt eine stattliche Frau mit langem schwarzem, von grauen Strähnen durchzogenem Haar und einer Brillantkette den Raum: Das ist Alessandra Spadafora, die Herzogin von Santa Rosalia, die Giulia zum ersten Mal vor Jahren im Teatro Carolino gesehen hat. Mittlerweile ist sie Inghams Frau geworden: Durch die 1837 geschlossene Heirat gehört dieser nun mit allen Würden dem Adel an.

Die Herzogin begrüßt Giulia, ohne einen Hauch von Zuneigung für sie zu zeigen; Vincenzo gegenüber ist sie herzlich, bei Giulia lediglich höflich. Beide hatten bis vor Kurzem den Status einer Geliebten gemeinsam, was durchaus eine gewisse Bindung schaffen könnte, doch hier ist es mit den Gemeinsamkeiten bereits vorbei: Giulia ist einfach nur eine Kaufmannstochter, während die Herzogin kraft Geburt dem Adel angehört. Ihr erster Ehemann, dem sie zwei Kinder geboren hatte, bevor er sie zur Witwe machte und in schwierigen Verhältnissen zurückließ, gehörte dem Landadel der Insel an.

Während Giulia den Gästen für ihr Kommen dankt, tritt Vincenzo an ihre Seite. »Meine Mutter, wo ist sie?«, fragt er sie leise. »Sie müsste doch hier sein.«

»Sie hat sich in ihrem Zimmer verschanzt. Sie sagt, sie fühle sich nicht gut genug, um runterzukommen; sie wollte nur etwas Brühe zu sich nehmen.« Beide lächeln ohne Unterlass, heißen ihre Gäste willkommen, die alle direkt aus den Räumlichkeiten des Notars Caldara kommen, wo sie den Gründungsvertrag der neuen Gesellschaft unterzeichnet haben.

»Hast du versucht, sie umzustimmen?«

Giulia hebt statt einer Antwort nur die Augenbraue.

Noch ein paar Schritte, weitere laute Stimmen.

»Florio, dieses Haus ist wirklich wunderschön. Ich hätte schon früher einmal kommen sollen.« Kaum hat Gabriele Chiaramonte Bordonaro den Salon betreten, wird seine

Aufmerksamkeit von einem Möbelstück aus geschnitztem Ebenholz geweckt. »Ein herrliches Stück! Das ist aus China, oder? Antik?«

»Es stammt aus Ceylon. Darf ich Euch meine Frau vorstellen, Baron?«

Chiaramonte Bordonaro dreht sich um, er hatte Giulia noch nicht bemerkt. »Ach, guten Abend, Donna Florio.« Dann verschwindet er im Salon.

Giulia und Vincenzo bleiben an der Tür stehen und warten auf Nachzügler. »Und das ist ein Baron?«, staunt Giulia.

»Er hat sich seine Ländereien mitsamt dem Titel gekauft. Vorher war er nur der Verwalter des Landes und hat durch Verleihen von Geld ein Vermögen gemacht, *si fici a' sacchetta*.« Vincenzo hüstelt hinter vorgehaltener Hand. »Wenn die Leute mich als alten Wucherer bezeichnen, dann möchte ich lieber nicht wissen, was sie über ihn sagen. Denn der ist es wirklich von Haus aus, und …«

Das Eintreffen weiterer Gäste hindert ihn daran weiterzusprechen.

Giulia spürt, wie ihr bang ums Herz wird, denn nun kommen die hochrangigsten Gäste.

»Don Florio … Und Ihr müsst Donna Florio sein.« Eine Verbeugung, ein Handkuss. Giuseppe Lanza di Trabia, gefolgt von Romualdo Trigona, Fürst von Sant'Elia.

Die beiden Ehefrauen, genau einen Schritt dahinter, begrüßen sie mit einem wohlerzogenen Neigen des Kopfes. Vincenzo küsst ihnen die Hand, stellt Giulia vor.

»Donna Giulia, nochmals herzlichen Dank für die Einladung. Es ist ja ein ganz außergewöhnlicher Abend.« Lanza di Trabia, ein gebildeter Fürst mit modernen Ansichten, besitzt eines der elegantesten Anwesen von Palermo und scheint mit einem einzigen Blick den Wert der Örtlichkeit abschätzen zu können, in der er sich befindet. Doch das ist nicht verwunderlich – seine Gemahlin ist eine Branciforte. Alter Adel; ihre Vorfahren haben zu den Gründern Palermos gezählt. Giulia spürt den Blick der Frau auf sich ruhen, versucht sich an einem Lächeln, um die Strenge ihres Urteils ein wenig abzumildern.

Stefania Branciforte ist eine Matrone im amaranthfarbenen Gewand, sie trägt alten Schmuck, der in ihrer Familie vermutlich von Generation zu Generation weitergegeben wird. Ihre Augen blicken unter schweren Lidern hervor, die Hände sind über dem Bauch verschränkt. Sie schaut sich vorsichtig um, als hätte sie Angst, die Wände oder Möbel zu berühren, eine Hochnäsigkeit, gegen die auch die tadelnden Blicke ihres Ehemannes nichts ausrichten können.

Auf einmal kommt sich Giulia armselig und erbärmlich vor. Die Spitze an ihrem Hals scheint plötzlich jeglichen Wert und ihr Kleid jegliche Eleganz verloren zu haben. Instinktiv wendet sie sich der Gemahlin des Fürsten Trigona zu, Laura Naselli. Sie ist jünger als die Fürstin di Trabia und trägt ihr langes Haar in einer komplizierten Flechtfrisur. Doch die Ablehnung in ihren Augen ist die gleiche.

Die beiden Frauen schauen Giulia an, ohne sie zu sehen, als wäre sie durchsichtig.

Ach, da ist die ausgehaltene Geliebte, die geheiratet wurde, sagen sie, ohne es auszusprechen. *Die Bürgerliche, die die Beine breit gemacht hat, um reich zu werden … aber eine Bürgerliche bleibt sie trotzdem.*

Giulia verbeugt sich, denn so will es das Protokoll. Die beiden sind Fürstinnen, sie nur die Tochter eines Niemand, mit einer Vergangenheit, die alles andere als tadellos ist. Die beiden Frauen weichen ihrem Blick aus und nicken gnädig angesichts Giulias ehrerbietigen Grußes, dann begeben sie sich in den Salon, schauen sich um.

»Man bemüht sich um Eleganz, findet Ihr nicht? Kleidung, Einrichtung…«, stellt Fürstin Laura fest.

Die andere Dame öffnet ihren Fächer mit einem Klacken. »Man bemüht sich, das habt Ihr gut gesagt.«

Giulia wird es eng in der Kehle. Ihr Gesicht glüht, und sie spürt ein Rinnsal Schweiß zwischen ihren Brüsten. Dann wäre also all das, was sie getan hat, umsonst gewesen? Ganz gewiss jedoch reicht es nicht, das weiß sie jetzt, ebenso wie all das Geld von Vincenzo nicht reichen wird, damit diese Menschen ihn akzeptieren.

Sie tritt auf ihren Mann zu, schluckt ihre Wut und die Kränkung herunter.

Trigona wiederum begrüßt sie mit einem verhaltenen »*Enchanté, Madame*« und richtet dann einen trägen Blick in Richtung Zimmerdecke. »Ein in jeder Hinsicht außergewöhnlicher Wohnsitz ist das, Don Florio.« Er wechselt einen Blick mit dem Fürsten von Trabia, der ein kleines Lächeln nur knapp unterdrücken kann. »Die Zeiten ändern sich, mein Freund. Die Zeiten und die Menschen.«

Vincenzo zeigt auf die anderen Gäste. »Im Salon sind schon die anderen Teilhaber versammelt. Kommt.«

Die Ehefrauen treten, eifrig ins Gespräch vertieft, an die Seite ihrer Gatten. Sie geben Giulia nicht einmal die Chance, das Wort an sie zu richten.

Vincenzo hat alles gesehen und gehört.

Nur Giulia hat bemerkt, wie sein Rücken plötzlich starr wurde. Dann hat also auch er begriffen.

Unter der Stuckdecke des Salons brennen Kristalllüster. Porzellan aus Capodimonte schimmert auf der Tischdecke aus feinstem Leinen und flandrischer Spitze. Kelche aus Muranoglas warten darauf, mit französischem Wein gefüllt zu werden, der in großen eisgefüllten Schalen kühl gehalten wird.

Giulia bleibt an Vincenzos Seite, unterhält sich mit anderen Gästen, doch die Unsicherheit bleibt und jagt ihr einen Schauder nach dem anderen über den Rücken. Wird sie einen Fehler machen? Findet sie den richtigen Zeitpunkt, die einzelnen Gänge abzurufen? Sie zögert, bittet ihren Ehemann mit einem Blick um Hilfe, der ins Gespräch mit Ingham vertieft ist.

Doch dann ist es gerade der Gedanke an diese ebenso edlen wie eingebildeten Damen, der ihr die Kraft gibt zu reagieren. Sie drückt das Kreuz durch, schaut ihr Personal an. Einer der Kellner schiebt ihr den Stuhl zu, sie nimmt Platz. Am anderen Ende der Tafel tut Vincenzo es ihr nach. Das ist das Zeichen dafür, dass das Diner beginnen kann.

Die Tischrunde nimmt ihre Plätze ein. Mit einem Nicken gibt Giulia dem Personal das Zeichen, den Gästen die Platten zu präsentieren, denn man kann bei jedem Gang aus verschiedenen Gerichten wählen. Als Vorspeise gibt es Fleisch in Aspik und verschiedene Suppen, dann den ersten und zweiten Gang, sowohl Fleisch als auch Fisch.

Ein livrierter Diener serviert den Wein, ein anderer schenkt Wasser aus einer Kristallkaraffe ein. Das Servierpersonal tritt auf den Tisch zu, und die Silberplatten werden, eine nach der anderen, hereingebracht: der berühmte Rollbraten, der Thunfisch in Tomatensoße auf Trapaneser Art, Kartoffeln, Gemüse, Lamm.

Der Blick der Fürstin von Trabia verweilt bei Giulia; sie hält ihre Gabel mit einem Bissen Lamm fest umklammert und wirkt erstaunt, möglicherweise auch verärgert. Alessandra Spadafora hingegen hat Giulias Blick gekreuzt und prostet ihr unauffällig zu.

Giulia dankt ihr mit einem hinter der Serviette verborgenen Lächeln.

Im Eingang zum Speisesaal überwacht die Haushälterin mit aufmerksamem Blick die Abläufe. In der Küche stehen zwei Mägde, die Arme bis zu den Ellbogen in Seifenwasser und bereit, die Teller und das Besteck abzuwaschen, damit die Gäste sogleich wieder von sauberem Geschirr essen können.

Giulia ist so angespannt, dass sie kaum einen Bissen anrührt und nur ab und zu einen Schluck Wasser trinkt. Was sie jedoch probieren kann, ist gelungen, kommt in der richtigen Temperatur auf den Tisch und ist spürbar mit den allerbesten Zutaten zubereitet.

Sie ist so nervös, dass ihr die flüchtigen Blicke ihres Mannes, der am anderen Tischende sitzt, gar nicht auffallen.

Erst als der Nachtisch aufgetragen wird, ein opulenter, herrlich angerichteter letzter Gang aus frischem und kandiertem Obst sowie mehreren Semifreddi, kann sie durchatmen. Niemand hat etwas gesagt, doch alle haben mit Appetit gespeist, einschließlich der beiden adligen Damen, die den gesamten Abend stocksteif am Tisch gesessen haben.

Nun gibt Giulia die Anweisung, Liköre und Zigarren zu bringen, wie es alte englische Sitte ist, und will sich gerade mit den anderen Frauen in den angrenzenden Salon zurückziehen, als unter den Damen Unruhe aufkommt. Alles geschieht ganz schnell: Die Haushälterin nähert sich, flüstert ihr etwas ins Ohr, sie steht auf, tritt an Vincenzos Seite, teilt ihm leise etwas mit. Er fasst sie am Handgelenk. Giulia nickt und geht hinaus, schließt die Tür des Speisesaals hinter sich.

Aus der Ferne, ohne sich zu rühren, beobachtet sie die Szene: Die beiden Fürstinnen machen Anstalten zu gehen. Seufzend haben sie verkündet, müde zu sein, zumal das Diner lang und anstrengend gewesen sei. Nun müssten sie nach Hause, auch damit die Kutscher später ihre Ehemänner abholen könnten.

Doch Giulia glaubt nicht einen Moment an diese Scharade. Die beiden haben ihre Ehemänner begleitet, weil es sich um ein Geschäftsessen handelte. Nun jedoch müssten sie den zweiten Teil des Abends, wie es sich für Damen geziemt, mit ihr verbringen. Und allein die Vorstellung ist ihnen offenbar ein Gräuel.

Na klar, haut doch ab, denkt sie. *Und redet nur. Das wird nichts an der Tatsache ändern, dass Vincenzo stolz auf mich ist. Wer heute Abend hierhergekommen ist, der kann nur eins sagen: Dass man bei den Florios an einer Tafel sitzt, die Fürsten oder gar Königen würdig wäre.*

Alessandra Spadafora legt ihr eine Hand auf den Arm. »Ich gehe jetzt auch, meine Liebe. Es ist spät geworden, und ich habe nicht mehr die Energie wie mit zwanzig, als ich mich eine ganze Nacht mit anderen Gästen amüsieren konnte. Aber ich muss Euch mein allergrößtes Kompliment für heute Abend machen.« Sie nähert sich Giulias Ohr. »Ihr kommt mich doch mal besuchen, oder? Schließlich sind wir Nachbarinnen und haben viel gemeinsam.«

Giulia legt ihre Hand auf die der anderen. »Ich komme sehr gern«, erwidert sie und meint es auch so.

Die Fürstin von Trabia verabschiedet sich mit einem königlichen Neigen des Kopfes. Trigonas Frau hingegen drückt Giulia die Hand. »Ein wirklich angenehmer Abend«, sagt sie fast flüsternd, als wäre sie außerstande, dieses Kompliment laut über die Lippen zu bringen.

Giulias Augen leuchten. Sie spürt, dass sie die Prüfung bestanden hat, und was noch wichtiger ist: Sie hat ihren Mann nicht enttäuscht. Sie hat ihren Teil zum Erfolg beigetragen. Jetzt kann sie sich erleichtert auf ihr Zimmer zurückziehen und die Männer ihrem Geplauder und ihren Likören überlassen.

Die Frauen sind kaum gegangen, als endlich Notar Caldara und Carlo Giachery eintreffen. »Habe ich was verpasst?«, fragt Letzterer Vincenzo, der die beiden an der Tür willkommen heißt.

»Abgesehen vom Essen, meinst du? Nein, nichts außer dem Gewäsch von Chiaramonte Bordonaro. Er spricht nur über seine Antiquitätensammlung und stellt damit die Geduld des Fürsten Trabia und seine vornehme Zurückhaltung auf eine harte Probe.« Vincenzo begleitet seinen Freund zu dem Tischchen mit den Schnäpsen und nimmt sich einen Weinbrand.

»Da kann man nichts machen, er kommt einfach nicht dagegen an.« Carlo lässt sich ein Glas Madeira reichen. »Aber schade, dass Baron Riso nicht mitmacht. Es wäre interessant gewesen, ihn dabeizuhaben.«

»Ich glaube, der alte Freibeuter zählt gerade alle Sünden, die er begangen hat, um sie seinem Schöpfer minutiös auflisten zu können. Es heißt, er sei schon mehr im Jenseits als hier.«

Ingham tritt auf sie zu, macht einem der Diener ein Zeichen und deutet auf die Flasche mit dem Portwein. Auf der Stelle wird ihm ein Kelch davon gereicht. »Der Ärmste. Ich kann mir gar nicht vorstellen, wie das ist, wenn man das Bett nicht mehr verlassen kann. Wahrscheinlich waren das die Verwünschungen der Türken aus der Zeit, als er noch als Korsar die Meere unsicher gemacht hat. Wäre er zehn Jahre jünger, hätte er sich höchstpersönlich ans Ruder des Schiffes gestellt, in aller Gemütsruhe, mit dem Titel eines Barons im Hintergrund, den er sich gekauft hat. Ich werde für ihn ein paar Messen lesen lassen.«

»Es ist kein Schiff, sondern ein Dampfer. Die *Palermo.*«

»Worüber redet Ihr? Über das Dampfschiff?« Gabriele Chiaramonte Bordonaro bahnt sich einen Weg durch die Gruppe, in der Hand eine Flasche Marsala, aus der er sich selbst einschenkt. »Das Problem ist, wie ich gerade eben zu unserem erlauchtesten Fürsten von Trabia gesagt habe, dass wir nicht wissen, wie wir das Schiff reparieren sollen, wenn es havariert. Das sage ich Euch weniger als Teilhaber, sondern als Schatzmeister. Habt Ihr, Ingham, denn englische Mechaniker an der Hand, die etwas von diesen Motoren verstehen? Schicken sie die zusammen mit dem Dampfer? Denn hier findet Ihr bestenfalls Schiffsbauer.«

»Natürlich habe ich solche Mechaniker.« Ingham lässt sich nicht aus der Ruhe bringen. »Sie kommen hierher, um Leuten, die hier leben, beizubringen, wie man diese Motoren repariert, ja sogar, wie man sie baut. Wenn man sich nicht ein Herz fasst und etwas wagt, wird sich in Sizilien niemals etwas ändern. Und außerdem: Wenn Don Florio und ich als Hauptanteilseigner nicht beunruhigt sind, warum solltet Ihr es dann sein?«

»Es sind doch immer wir Kaufleute, die sich dafür interessieren. Wir haben schließlich keinen Namen oder eine bedeutende Familie im Hintergrund.« Chiaramonte nimmt einen großen Schluck Marsala.

Vincenzo, der den Kopf gesenkt hat, schaut auf sein eigenes Glas und nickt.

In diesem Moment tritt Fürst Trigona zu ihnen. »Na, na, Chiaramonte. Seid nicht ungerecht.« Er schlägt einen heiteren Ton an, doch seine Miene ist verdrießlich. »Wenn auch wir uns in dieser Sache engagieren, so deshalb, weil wir wissen, dass die Zukunft nicht wartet. Es ist gut, auf die Traditionen zu achten, und es ist gut, vorsichtig zu sein, doch wir müssen uns auch der Gegenwart stellen.«

»Und der Zukunft.« Vincenzo hebt das Glas. »Stoßen wir an, Signori! Auf unser Unternehmen!«

Die Gläser klingen, die Männer drücken sich die Hand.

Doch ein paar der Worte, die da gerade gefallen sind, bleiben in Vincenzos Erinnerung haften. *Motoren. Werkstatt. Mechaniker.*

Ja, sie sind ein Keim, der Wurzeln schlagen wird.

Am Ende, als die Stimmen leiser und die Gäste langsam müde werden, tauchen mehrere schwarze Flaschen auf dem Tisch auf, einige davon mit einem feinen Staubfilm überzogen. Voller Stolz greift Vincenzo nach einer der Flaschen und entkorkt sie. Es ist ein Marsala aus einer seiner Kellereien, ein Riserva Superiore, den er eigens für eine Gelegenheit wie diese aufgehoben habe, erklärt er. Die Gäste treten näher, um ihn zu probieren. Die kleinen tulpenförmigen Gläser werden gefüllt.

Er ist gut, dieser Wein: Er hat einen weichen, runden Geschmack, ohne klebrig zu sein. Man schmeckt das Meer, man schmeckt einen Hauch Honig und die Trauben, die lange genug Zeit hatten zu vergären. Sogar eine herbe Note ist spürbar, bedingt durch die salzige Luft.

Ben Ingham, der eine Zigarre zwischen den Lippen hat, wartet, bis einige der Gäste sich plaudernd wieder entfernt haben. »Kann ich dir etwas in aller Offenheit sagen?«

Vincenzo schließt ganz kurz die Augen. Es klingt nicht nach Ingham, dass er ihn fragt, ob er frei sprechen darf. Und auch diese sonderbar verschwörerische Art, die er an den Tag legt, passt nicht zu ihm. Er bedeutet ihm fortzufahren.

»Als ich erfahren habe, dass du Giulia heiraten würdest, fiel ich aus allen Wolken. Ich meine, nachdem sie so lange deine …«

»Du meinst, nachdem sie so lange das war, was für dich die Herzogin Spadafora war?«

Der andere lacht. »*Touché.* Jedenfalls hat deine Frau im Gegensatz zur Herzogin nicht viel Erfahrung im Gesellschaftsleben. Da bist du doch sicher mit mir einer Meinung.«

»Das bin ich, ja.« Trocken, abgehackt sagt Vincenzo das.

Ben neigt den Kopf. Auf seinem gestrengen Antlitz, das von den Jahren gezeichnet ist, erblüht ein nachsichtiges Lächeln. »Nun, ich glaube, du hast die allerbeste Wahl getroffen. Ich erinnere mich an deine wilde Entschlossenheit, eine Frau mit einem Adelstitel zu finden … und dabei hattest du längst einen Schatz an deiner Seite. Diese Frau ist eine Perle, Vincenzo.«

Der so Gelobte nickt, die Augen auf den Marsala gerichtet, den er schlürft.

Dann hat sich eine Wahl aus Pflichtgefühl also als die allerbeste Wahl herausgestellt.

»Ach, und noch etwas.« Der Engländer bricht in ein herzliches Lachen aus, auch das ungewöhnlich für ihn, der sich immer so sehr unter Kontrolle hat. Vielleicht liegt es am Alkohol oder an der Freude über den gerade unterzeichneten Vertrag. »Weißt du, als du mit dem Bau der Kellerei in Marsala begonnen hast, dachte ich, du könntest niemals meine Produktion oder die von Woodhouse überflügeln.« Er nimmt einen Schluck. Wieder ein Lachen. »Auch hier habe ich mich getäuscht. Gott ist mein Zeuge, du bist wirklich meine allergrößte Fehleinschätzung.«

Schulter an Schulter stehen sie da, und Vincenzo antwortet ihm mit gesenkter Stimme: »Als wir damals angefangen haben, ich, du, mein Onkel … da gab es nichts hier. Keine Fabrik, keine Handelsgesellschaft, keine Versicherung. Für uns gab es keine Hindernisse, keine Konkurrenz, und alles, was wir taten, schien die Grille eines Verrückten zu sein.« Er zeigt auf den gut gefüllten Salon vor ihnen. »Und jetzt …«

»Jetzt ist alles anders.«

»Einiges. Nicht alles.«

Auch Ingham betrachtet die Männer in dem Raum: Adlige aus den ältesten Familien Siziliens und solche, die sich Ländereien und Titel von Gescheiterten gekauft oder ersteigert haben. »Das Alte und das Neue«, sagt Ben, fast zu sich selbst. »Ach, da gibt es etwas, das ich dir nie erzählt habe. Vor Jahren, als ich die Ländereien von Scala gekauft habe, hat man mir gesagt, ich könnte mich mit dem Titel eines Barons schmücken. Ein Baron! Ich!« Er lacht, doch es ist ein raues, bitteres Lachen. »Damals war dein Onkel Ignazio noch am Leben. Eines Tages traf ich ihn, und er sprach mich mit diesem Titel an. Und ich sagte ihm, wenn ich ein Baron sei, dann sei er ein Fürst, denn von uns zweien war er mit Sicherheit der feinere Edelmann.«

»Mein Onkel war ein Gentleman, wie ihr Engländer sagt.« Die Trauer versetzt Vincenzo einen Stich.

»Mehr als gewisse andere hier in diesem Raum.« Inghams Ton wird einen Augenblick lang milde. »Was mich angeht, so vergesse ich nie, wie ich hierhergekommen bin. Ich war ein junger Spund, der hinter den englischen Truppen herlief, von einer Familie hierhergeschickt, die mit Tuch handelte und bei einem Schiffbruch alles verloren hatte. Ich habe alles auf diese Insel gesetzt und bin auch dann geblieben, als meine Landsleute wieder abzogen. Es gab Momente, in denen mich einzig und allein der Gedanke aufrecht hielt, dass ich auch am nächsten Tag noch Arbeit hätte. Dafür kann ich Gott danken, und auch dafür, dass ich immer noch am Leben bin … Und tatsächlich danke ich ihm jeden Abend, bevor ich mein Haupt aufs Kissen bette. Ich kenne dieses Land, kenne die Menschen hier, ich habe gelernt, sie gleichermaßen zu lieben und zu verachten. Ich brauche keine Ländereien, um Ben Ingham zu sein, der bis nach Amerika fährt und in die Eisenbahnen der Neuen Welt investiert.«

Vincenzo antwortet nicht. Denn er weiß, worauf es ankommt – es ist nicht das Geld, nicht die Macht, sondern etwas Subtileres: manchmal einen Schritt zurückzutreten und in Ehrerbietung den Kopf zu neigen.

Vincenzo denkt es, doch er sagt es nicht: dass diese Ideen

tief in den Menschen hier verwurzelt sind. Reichtum genügt nicht, und auch Erfahrung nicht.

Es genügt nicht, wenn du keinen Titel hast.

Keinen Palast.

Keine Abstammung.

»Das hier. Das ist perfekt.«

Carlo Giachery schaut Vincenzo dabei zu, wie er sich über die Zeichnungen für die Villa beugt, die er in seinem Auftrag baut. Ein ungewöhnliches, lichtdurchflutetes Projekt mit viel Grün.

Der Architekt seufzt erleichtert. Es ist nicht leicht, den illustren Herrn Florio zufriedenzustellen. Er zündet sich eine Zigarre an, bietet auch Vincenzo eine an, doch der lehnt ab. Schließlich lässt sich Giachery in aller Ruhe in einen Sessel neben dem Arbeitstisch sinken. »Dann bist du also zufrieden?«

Vincenzo nimmt vor ihm Platz. »Sehr. Auch wenn ich nicht nur hierhergekommen bin, um über dieses Projekt mit dir zu reden.«

Giachery streckt die Beine aus. »Es geht um die Tonnara von Favignana, stimmt's? Als du sie letztes Jahr von den Pallavicinis aus Genua gepachtet hast, habe ich mich gefragt, ob das alles nicht eigentlich eine Nummer zu groß für dich ist. Ich meine, schließlich hast du doch schon die Arenella, Sant'Elia und Solanto …«

»Favignana und Formica bringen Fangmengen ein, die die anderen drei zusammen nicht schaffen. Deshalb ist meine Wahl auf sie gefallen.«

Sie schauen sich an. Vincenzo nickt. »Ich habe Olivenöl und Fässer bestellt. Sie sind bereits unterwegs, auf der Höhe der Ägadischen Inseln. Dort fahre ich auch hin. Und ich will, dass du mitkommst.«

Am darauffolgenden Tag sind sie bereits in See gestochen. Wohin sie unterwegs sind, weiß niemand. Sie fahren am Golf von Castellammare vorbei, passieren Capo San Vito. Kurz darauf tauchen die Ägadischen Inseln am Horizont auf.

Bei ihrer Ankunft läuft sogleich eine Schar von Fischern am Hafen zusammen, um das Dampfschiff mit dem metallenen Rumpf zu bewundern, das da eingelaufen ist. Die Männer haben sonnenverbrannte und vom Salzwasser gegerbte Gesichter, die Kleidung schlottert an ihren mageren Körpern. Weiter hinten stehen Frauen, gefolgt von halb nackten Kindern mit bloßen Füßen. Die Insel ist kahl und öde, die Häuser kaum mehr als elende Hütten. Hier hat die Armut ein Gesicht und einen Leib.

Ein Mann löst sich von der Gruppe: Sein Körper sieht aus wie der Stamm einer Eiche; er hat gelocktes Haar und einen Bart, der ihm bis zur Brust reicht. »*Sugnu Vito Cordova, u' rais.* Ich bin Vito Cordova, der Rais, der Vorsteher der Tonnara.« Er neigt den Kopf. »*Assabbinirica.* Willkommen.«

Vincenzo mustert ihn. Streckt ihm die Hand hin. »Don Vincenzo Florio. Ich bin der neue Pächter der Tonnara.«

»*Vossia?* Ihr?«

»Ja.«

Der Fischer kneift die sowieso schon schmalen Augen zusammen, die von einem Netz aus geplatzten Adern und Falten umgeben sind. Er reibt sich die schwielige und von Narben übersäte Hand an der Hose ab und reicht den Besuchern unsicher die Hand. »Die aus Genua sind nie hierhergekommen. Wo seid Ihr her?«

»Ich bin aus Palermo. Die Pallavicinis haben mir die Tonnara für neun Jahre verpachtet.«

Auf dem verwitterten Gesicht Cordovas steht Überraschung. Die Genueser Herren haben immer einen Untergebenen geschickt, selbst waren sie nie da. »*E che voli viriri?* Was wollt Ihr sehen? Die *marfaraggi*, die Verarbeitungshallen? Die Boote?«

»Genau. Zeigt sie uns.«

Cordova weist auf ein paar Gebäude und setzt sich in Bewegung, geht Vincenzo und Carlo ein paar Schritte voraus. Dahinter folgt, wie bei einer Prozession, das gesamte Dorf. Mit ihren Schritten wirbeln sie Sand und Staub auf, Windböen wehen trockenes Neptungras vor sich her.

Die Tonnara erhebt sich an der entlegensten Stelle der Bucht. Die Dächer aus Reet, die bröckeligen Wände und der Zustand des zum Trocknen ausgelegten Tauwerks zeugen von Vernachlässigung.

Vincenzo presst die Lippen zusammen, redet leise mit Carlo. »Pallavicini lässt sich mehr als dreitausend Unzen Pacht zahlen, für eine Tonnara, die zu den ertragreichsten von ganz Sizilien zählt ... und schau nur, wie sie aussieht.«

»*'Un ci ni futti nenti.* Der hat sich einen Dreck darum geschert.«

Der das gesagt hat, ist ein alter Mann, der am Eingang des Gebäudes auf einem Schemel sitzt. »*A chisti c'interessa sulu a' munita.* Den interessiert nur das Geld.«

Die beiden wechseln einen Blick – resigniert und verbittert der des alten Mannes, neugierig der von Vincenzo.

Gefolgt von Carlo betritt er das Gebäude. Überall liegt Sand und Staub; das Tuffgestein ist in Auflösung begriffen, die salzhaltige Luft frisst die Ziegelsteine auf. Der Geruch nach Meer und Algen vermischt sich mit dem noch hartnäckigeren nach verkrustetem Salz. Hunde streunen zwischen dem Hof und den Rutschen für die Boote, Kinder wuseln zwischen ihnen umher und laufen dann zu ihren Müttern, um Schutz zu suchen.

Kaum haben sie jedoch den Innenhof betreten, weht ihnen ein schier unerträglicher Gestank entgegen, der Vincenzo an den Höllenodem erinnert, der während der Choleraepidemie durch Palermo waberte. »Wo kommt das her? Von einem Friedhof?«

»In gewisser Weise ja.« Es folgt ein langer Schlagabtausch auf Sizilianisch.

Carlo schaut die beiden perplex an. Er hat nichts verstanden. »Was sagt ihr da?«

»Er hat mir erklärt, woher dieser schreckliche Geruch kommt. Von dort drüben – diesen Teil nennen sie *bosco,* den Wald. Dorthin werden die Thunfische zum Ausbluten gebracht, und nach dem Ausweiden bringt man die Karkassen wieder dorthin, damit sie verwesen, während hier vorne die Fischerboote liegen, die *muciari*…«

Auf einmal taucht aus dem Gebäude ein Mann auf. Er trägt einen zerschlissenen Anzug und einen Strohhut, den er tief in sein gerötetes Gesicht gezogen hat. »Was macht ihr hier? Weg hier, verschwindet!«, ruft er den Fischern zu.

Die kleine Menschenmenge weicht zurück, löst sich jedoch nicht auf. Der Mann drängt sie beiseite, bis er vor

Cordova steht. »Don Vito, warum habt Ihr mich nicht rufen lassen?«, raunzt er ihn an. »Ich hätte unseren Gast empfangen.«

Der Blick des Fischers wird dumpf. *»Arrivò senza chi nuddu ni sapìa nenti. S'apprisintao accussì.* Keiner hat gewusst, dass er kommt. Auf einmal stand er da.«

Vincenzo dreht sich ganz langsam um. Diesen Gesichtsausdruck an ihm kennt Carlo. Er verschränkt erwartungsvoll die Arme auf der Brust. »Er hat recht, niemand wusste von unserer Ankunft. Und wer seid Ihr bitte?«

»Saro Ernandez, zu Euren Diensten. Ich bin hier der Buchhalter. Und Ihr müsst Don Florio sein. Meine Hochachtung.« Der Mann verbeugt sich ehrerbietig. »Und Ihr seid einfach so gekommen? Ich meine … habt Ihr niemanden dabei, außer Eurem Sekretär?«

»Warum, ist das ein Problem? Übrigens ist das nicht mein Sekretär. Das ist Signor Carlo Giachery, und er ist Architekt.«

Der Mann ist verdattert. »Nein … Um ehrlich zu sein, habe ich nicht so bald mit Eurem Besuch gerechnet. Man hatte uns gesagt, dass … Na ja, ich erwartete Euch erst in ein paar Tagen, das meine ich. Außerdem dachte ich, Ihr würdet nicht allein kommen.«

»Aber jetzt bin ich gekommen. Gehen wir, ich muss mit Euch reden.«

Bei dem Büro handelt es sich um einen lichtdurchfluteten Raum, der offenbar im Windschatten des Übelkeit erregenden Gestanks liegt. Ernandez zeigt ihnen die Kassenbücher.

»Dann haben wir also bei der letzten Mattanza dreitausend Thunfische gefangen«, kommentiert Vincenzo. »Es ist

Mai, die Boote der Tonnara sind wieder bereit, dann wird es also noch mehr geben …«

»Ja, es wird noch wesentlich mehr erwartet. Es ist mit mehreren großen Schwärmen zu rechnen, und …«

Vincenzo lässt ihn nicht ausreden; er kehrt ihm den Rücken zu und wendet sich an den Rais, der auf der Schwelle stehen geblieben ist. »Ihr, Meister Cordova, was denkt Ihr darüber?«

Der Mann nickt. »Noch viele, ja. Und auch reichlich Sardinen.«

Der Buchhalter kramt auf dem Tisch herum, hält mehrere Quittungen hoch. »Wir haben auch das Salz von Eurem Kompagnon D'Alì. Es kommt aus den Salzstöcken von Trapani, wisst Ihr, ist von allerbester Qualität, und …«

»Das interessiert mich nicht«, erwidert Vincenzo kurz angebunden. »Von diesem Moment an wird sich alles ändern.« Er geht auf den Rais zu und bleibt vor ihm stehen. Sie sind etwa gleich groß und vermutlich auch gleich alt, obwohl der Fischer viel älter aussieht. »*Canciamu sunata.*«

Saro Ernandez packt die Papiere in seiner Hand fester. »Was soll das heißen, es spielt eine andere Musik? Ich verstehe nicht.«

»Es bedeutet, dass es nicht mehr nur Thunfisch in Salzlake geben wird«, erklärt Vincenzo, ohne den Buchhalter eines Blickes zu würdigen. »Ihr wisst doch, dass behauptet wird, er sei die Ursache für Skorbut, oder? Daher bleibt viel davon unverkauft, weil Reedereien und Seeleute kein Vertrauen mehr in ihn haben. Und genau deshalb machen wir etwas anderes.« Er blickt dem Rais tief in die onyxschwarzen Augen und entdeckt darin endlich ein neugieriges Funkeln. »Aus dem Dampfschiff, das mich hierhergebracht hat, wird in genau diesem Moment eine große Menge Olivenöl abgeladen. Von nun an wird unser Thunfisch zerteilt und gekocht, und dann wird er in luftdicht verschlossenen Fässern in Öl konserviert.«

»Aber … dann vergammelt er! Oder wenn er nicht vergammelt, muss er zumindest sehr schnell verzehrt werden.«

»Ganz im Gegenteil. Ich erprobe diese Form der Konservierung bereits seit mehreren Jahren mit dem Thunfisch der Arenella und von San Nicola l'Arena, in Zusammenarbeit mit Signor Giachery.« Ernandez stammelt ein paar Einwände, doch Vincenzo bringt ihn mit einem Blick zum Schweigen. »Seit mehr als drei Jahren arbeiten wir an dieser Methode. Und sie funktioniert ausgezeichnet. Wir werden die Verarbeitungshallen umbauen, einen Bereich mit großen Kesseln für das Abkochen des Fisches einrichten und Unterkünfte für die Saisonarbeiter schaffen. Und wir werden ganze Familien einstellen, nicht nur die Fischer.«

»Aber das hat hier noch niemand gemacht!« Ein letztes Aufbäumen. »Hier gibt es keine Leute, die das tun können, was Ihr Euch vorstellt! Das sind alles arme Christenmenschen.«

»Na gut. Dann fangen wir eben jetzt damit an, und sie werden es lernen. Alle Familien. Zusammen.« Vincenzo dreht sich um, sieht den Rais an. »Und damit nicht genug: Wir machen es wie früher und gewinnen auch Lampenöl aus dem Tran des Thunfischs. Nur die Knochen werden übrig bleiben.«

Da endlich dämmert ein Lächeln auf den aufgesprungenen Lippen des Seemanns. »*Famigghie?*«

»Ja, Familien. Alle werden Arbeit haben.«

Möwen schreien, der Wind rauscht, die Sonne brennt heiß.

Als die Kutsche anhält, hört Vincenzo bereits die Brandung des Meeres der Arenella. Seine Tonnara. Eine Erinnerung wie aus uralten Zeiten, wie eine Verlockung, die sich in ihm regt und auf geheimnisvolle Weise zu ihm gehört.

Giulia sitzt neben ihm und kann es kaum erwarten. »Sind wir da?«

Er reicht ihr die Hand und hilft ihr beim Aussteigen. Hinter ihnen hält eine weitere Kalesche mit den Kindern, Giuseppina, die mittlerweile fünfundsechzig Jahre alt ist, und dem Kindermädchen.

Vincenzo dreht sich um. Genüsslich füllt er seine Lunge mit Seeluft und seine Seele mit Zufriedenheit. Vor ihm steht die Villa, die Giachery direkt neben der Tonnara von Arenella gebaut hat, diesem Ort, der sein Herz schon lange erobert hat.

Ich habe dich so sehr geliebt, denkt er. *Schon vom allerersten Moment an habe ich dich geliebt.*

Terrakottafarbene Mauern. Ein großes Holztor, das sich genau in diesem Moment vor seinen Augen öffnet. Carlo Giachery steht auf der Schwelle und überreicht ihm einen Schlüsselbund. »Willkommen zu Hause.«

Er tritt ein, gefolgt von Giulia und den Kindern.

Der Hof der Tonnara ist zu einem luftigen Innenhof mit Bäumen und einer Pergola geworden. Große Topfpflanzen leuchten auf dem grauen Steinpflaster. Das ursprünglich flache Gebäude wurde aufgestockt und zum Wohnhaus umgebaut, mit großen Fenstern und einer Terrasse, von der aus man auf die Bootsrutsche blickt.

Und dem Meer zugewandt steht ein Turm mit quadratischem Grundriss.

Er sieht aus wie mit Spitze besetzt.

Vier Ecken, vier Säulen, vier umlaufende Bänder aus gemeißelter Spitze – das ist die »Villa dei Quattro Pizzi«. Gotische Linien, wie sie einer englischen Burg würdig wären, Doppelbögen, die sich gen Himmel öffnen. Intarsien, aus Tuff gewonnen, eine Zierleiste mit sinnlichen Linien, in den Stein gemeißelt.

Vincenzo spürt, wie Giulia an seiner Seite zu beben beginnt. »Aber sie ist …«

»Sie ist wunderschön. Ich weiß. Deshalb wollte ich sie dir nicht schon früher zeigen«, sagt er und nimmt ihre Hand. »Komm.« Er wendet sich an das Kindermädchen und seine Mutter. »Ihr wartet hier.«

Carlo sieht sie eintreten. Er begleitet sie nicht, denn er weiß, dass dies ein Moment ist, der ihnen ganz allein gehört. Giulia kennt noch nicht das Geheimnis des Turmsaales, den sich Vincenzo schon von dem Moment an erträumt hat, als er begriffen hat, dass dieses Wunderwerk eines Tages ihm ganz allein gehören wird.

Schritte hallen in den leeren Räumen wider. Ein Dienstmädchen geht ihnen voraus und öffnet die Fenster. Die Sonne scheint herein, spielt auf den schachbrettartig angeordneten Majolikafliesen. Das Rauschen des Meeres übertönt das Rascheln der Kleider und ihre leise gesprochenen Worte.

Möbel aus Mahagoni und Walnussholz nehmen Gestalt an: Tische, Schränke, Sofas, Konsolen. Es fehlt noch die

Dekoration, doch darum wird sich Giulia kümmern. Als er ihr das sagt, leuchtet ihr Gesicht vor Freude.

Vincenzo durchquert einen Flur, der aufs Meer hinausgeht, und bleibt vor einer Tür stehen. Er legt die Hand auf den Türknauf. »Schau mal.«

Giulia tritt ein.

Über ihr ein Kreuzgewölbe, hoch, lang gezogen, wie in einer Kirche. Die Rippen sind rot und golden bemalt und kreuzen sich mehrfach, bevor sie in die Fensterrahmen übergehen.

Hinter all dem Gold und Gelb liegt die Bucht von Arenella, und dahinter erstreckt sich ganz Palermo.

Ihr stockt der Atem. Sie dreht sich um die eigene Achse, legt den Kopf in den Nacken und lacht wie ein kleines Mädchen.

»Gefällt es dir?«, fragt er und umarmt sie von hinten. »Niemand in Palermo hat so etwas.«

Sie ist so glücklich, dass sie kein Wort herausbringt.

Genau in diesem Augenblick kommen die Kinder hereingestürmt. Ausrufe des Staunens, nach oben gereckte Nasen, Lachen.

Giulia nimmt den vierjährigen Ignazio auf den Arm und zeigt ihm die Figuren. Selbst Giuseppina, die als Letzte den Raum betreten hat, schaut sich bewundernd und zufrieden um.

Vincenzo hält sich ein wenig abseits und beobachtet sie alle. Das war es, was er immer gewollt hat: ein Haus, das seinem Namen und seiner Familie würdig ist. Er verlässt den Raum, geht in den kleinen Salon hinüber. Hier ist Carlo Giachery gerade dabei, sich eine Zigarre anzuzünden. »Sie sind begeistert.«

»Na, und genau das wolltest du doch, oder? Dass alle sprachlos sind.« Carlo tritt ans Fenster. Er zeigt auf die Schuppen für die Boote. »Du bist verrückt, und ich war so verrückt, auf dich zu hören. Niemals hätte ich gedacht, dass man ein solches Gebäude hinter einer Tonnara errichten könnte. Es brauchte dich, um mich dazu zu bringen. Und dann auch noch in Palermo.«

»Mich hat es für viele Dinge gebraucht, und du wirst schon sehen – wenn es mir gelingt, diesen Handel mit Thunfisch in Öl in großem Umfang aufzuziehen … Es ist schon ein paar Jahre her, dass wir angefangen haben, ihn in Dosen zu packen und zu verkaufen, und die Nachfrage steigt ständig.« Vincenzo sagt das ohne Hochmut. Vielmehr ist es Selbstbewusstsein, das aus seinen Worten spricht. »Das ist die Antwort, die ich all denjenigen geben werde, die mich einmal einen Spinner und Visionär genannt haben. Fakten. Genauso wird es auch mit der Gießerei Oretea sein, die ich den Brüdern Sgroi abgekauft habe. Alle haben mir gesagt, es sei ausgeschlossen, eine solche Fabrik in Palermo aufzuziehen, weil hier nur die kleinen Betriebe, die *putìe*, überleben. Doch ich weiß, dass das nicht so ist, denn wenn nicht endlich jemand in größeren Dimensionen denkt, wird es auf dieser Insel immer nur Stillstand geben, während es in der übrigen Welt vorwärtsgeht. Weißt du, wie man in Palermo sagt? *Dunami tempo, dissi u' surci a' nuci, ca ti percio.*«

»Du mit deinen Sprichwörtern.« Carlo lacht. »Du bist mehr Palermitaner als so mancher, der schon in der siebten Generation hier lebt. Was heißt das denn?«

»›Gib mir Zeit, sagt die Maus zur Walnuss. Gib mir Zeit, damit ich dich annagen kann.‹ Ich bin jemand, der nicht aufgibt, Carlo. Im Gegenteil: Bezüglich der Gießerei möchte ich, dass du zu der Baustelle an der Porta San Giorgio gehst, weil die Arbeiten für den neuen Standort nur schleppend vorankommen. Jetzt nennen sie mich einen Verrückten, aber du wirst sehen, wenn erst einmal alle Schiffsrümpfe aus Metall sind und mit Dampf betrieben werden … dann wird es auch die Kosten für Ersatzteile deutlich sinken lassen, wenn man eine Gießerei hat, die nur für die eigenen Dampfer arbeitet.« Vincenzo denkt an die Mühle für die Chinarinde zurück, und an all die Beleidigungen, die sich die Florios anhören mussten, als sie beschlossen hatten, das Chinarindenpulver selbst zu vertreiben und damit die Regeln neu zu schreiben.

»Verrückt, ja. Aber vergiss auch nicht, wie sie dich als Hungerleider verhöhnt haben.«

»Darüber kann man doch nur lachen.« Doch Vincenzos Miene ist eher eine Grimasse als ein Lachen. Manche Dinge ändern sich einfach nicht. »Besonders, wenn ich daran denke, wer das war, der mich so verhöhnt hat, und was man mir sonst noch alles an den Kopf geworfen hat.«

»Ich glaube, so werden sie dich nennen bis ans Ende deiner Tage.« Carlo ist ernst geworden. »Du müsstest dich eigentlich daran gewöhnt haben.«

»Das habe ich auch.« Vincenzo geht im Zimmer auf und ab, die Hände hinter dem Rücken verschränkt. »Aber ich werde das nicht auf mir sitzen lassen, das kann ich einfach nicht. Das Verrückte ist, dass jemand wie Filangieri mich einen Handlanger schimpft und gleichzeitig einen Unterhändler schickt und mich bittet, ihm Geld zu leihen. Es ist diese Arroganz, dieser Mangel an Würde, der mich wütend macht.« Vincenzo sucht nach der Wut, die er immer schon in sich hatte, und wiegt sie in seinen Armen wie ein Neugeborenes.

Carlo Filangieri, der Fürst von Satriano, steckt in großen wirtschaftlichen Schwierigkeiten. Falsche Investitionen, sagen die einen; Luxus und teure Laster die anderen. Seit einiger Zeit fordern seine Gläubiger, er solle den Bankrott erklären. Das Wasser steht ihm bis zum Halse, und jetzt heißt es schwimmen oder untergehen.

Es ist Vincenzo, der die Rettungsleine in der Hand hält, die den Fürsten an Land ziehen könnte.

Der Abend kommt. Sie essen in ihrem neuen Zuhause zum ersten Mal zu Abend, wobei sie der Tradition folgen: Pasta mit Tomatensoße, danach frittierter Fisch. Gemüse und Kartoffeln werden den Hausgöttern gestiftet, damit sie den neuen Bewohnern wohlgesinnt sind und sie mit Freuden empfangen. Giulia verfolgt all diese Prozeduren mit gerunzelter Stirn: Dieser Versuch, sich bei den Geistern einzuschmeicheln, kommt ihr, der Frau aus dem Norden, ziemlich lächerlich vor, zumal sie von Natur aus ein kritischer Geist ist, doch sei's drum.

Zu später Stunde bringen sie ihre drei Kinder zu Bett. Die beiden Mädchen teilen sich ein Zimmer, Ignazio schläft nebenan. Kurz dahinter liegt Giuseppinas Zimmer, und ganz hinten, mit Blick auf den Golf, schlafen Giulia und Vincenzo.

Einzuschlafen fällt ihnen nicht leicht; alle sind aufgeregt. Selbst die Dienstboten sind immer noch auf Zehenspitzen im Haus unterwegs und schließen die Türen in dem Bemühen, keinen Lärm zu machen. Angelina und Giuseppina hüpfen auf dem Bett herum; sie sind acht und sechs Jahre alt, immer noch kleine Mädchen. Ignazio läuft herum, versteckt sich, und seine Kinderfrau Mademoiselle Brigitte kann nichts ausrichten, um ihn zu beruhigen. Erst als Vincenzo laut wird, schlüpfen alle endlich unter die Decken, doch es dringt noch eine ganze Weile gedämpftes Kichern darunter hervor.

Dann steht Vincenzo vor dem Zimmer seiner Mutter: Giuseppina sitzt mit geschlossenen Augen auf dem Bettrand, den Rosenkranz in der Hand, die Haube immer noch auf dem Kopf. »Wollt Ihr Euch nicht hinlegen, Mama?«

»Zuerst meine Gebete.«

Seit einiger Zeit ist Donna Giuseppina sehr fromm geworden. Ob dies eine echte Veränderung ist, ob es am Alter liegt oder an der Angst vor dem ungewissen Jenseits nach einem Leben, das mit Freuden gegeizt hat, ist ungewiss.

Vincenzo beugt sich über sie. »Gefällt Euch dieses Haus?«

Sie nickt und murmelt ein Gebet in einem lateinischen Kauderwelsch. Dann legt sie den Kopf auf die Seite. »Dieser Ort hier hatte schon Ignazios Herz geraubt, und jetzt gehört ihm auch deins.« Sie streicht mit der Hand über die Bettdecke. »Möchtest du für immer hierherziehen? Ich hätte nichts dagegen. Die Luft ist frischer hier. Es erinnert mich an Bagnara.«

Mittlerweile redet seine Mutter nur noch wenig über Kalabrien. Ihr Groll und Bedauern von früher sind verschwunden: Bagnara ist der Ort in ihrer Erinnerung, an dem sie ihre Träume und Wünsche für immer fest verschlossen hat.

»Nein. Wir werden nur im Frühjahr und Sommer hier leben, ansonsten bleiben wir in Palermo. Zumal ich selbst auch jetzt oft dorthin muss, weil unsere Kontore dort sind.

Auch wenn ich mir hier ein Arbeitszimmer eingerichtet habe – *u' travagghio là è.* Die Arbeit ist dort.«

»*U' saccio.* Das weiß ich.«

Vincenzo wünscht seiner Mutter eine gute Nacht und geht hinaus.

Giulia wartet auf ihn in ihrem Schlafzimmer. Sie ist allein, ihr Haar liegt offen auf dem Kissen, ein freudiges Lächeln spielt um ihre Lippen. Sie umarmt ihn.

Er küsst seine Frau auf den Mund, voller Wärme, voller Zärtlichkeit. »Ich bin noch nicht müde. Ich mache noch einen Spaziergang im Garten«, sagt er zu ihr.

»Ich warte auf dich«, erwidert sie und schlüpft unter die Decke.

Vincenzo geht den Korridor entlang, späht in die Zimmer der Kinder, die endlich eingeschlafen sind, durchquert den Salon und steigt die Treppe hinab.

Der Garten. Dann das große Tor. Er geht hinaus.

Alles ist ruhig. Über ihm der Sternenhimmel. Vor ihm der Golf. Dahinter die Lichter Palermos.

Er taucht einen Finger ins Wasser. Es ist unglaublich warm für April.

Langsam geht er auf und ab, die Hände in den Taschen, den Kopf voller Gedanken. Eine Welle leckt an seinem Schuh.

Wie lange hat er eigentlich schon nicht mehr im Meer gebadet?

Was sind das für Hirngespinste?, fragt er sich. *Als wärst du noch ein kleiner Junge!* Das Lachen bleibt ihm im Halse stecken.

Er denkt an das allererste Mal zurück, als er mit dem Kopf unter Wasser war: mit offenen Augen, das Salz brannte auf seinen Lidern, Stille in seinen Ohren. Das Gefühl des eiskalten Wassers auf der Haut. Das Verlangen nach Luft, das wie mit Fäusten gegen die Lust ankämpfte, noch weiter dort unten zu bleiben, ohne Schwerkraft, umschmeichelt von diesem unglaublichen Grün.

Die Freiheit. Mein Gott. Was für ein herrliches Gefühl.

Was würde er darum geben, sie jetzt wieder zu verspüren, diese Freiheit.

Der Wunsch wird zum Bedürfnis. Vincenzo will dieses Gefühl wieder haben, und wenn es nur für ein paar Momente ist.

Seine Hände gleiten über die Knöpfe. Weg mit der Weste, weg mit dem Hemd, weg auch mit den Schuhen. Der Wind ist frisch, man spürt ihn kaum. Er schaut auf seinen kräftigen Oberkörper hinab: er ist Anfang vierzig, hat ein bisschen Bauch angesetzt, und seine Arme haben nicht mehr die Kraft der Jugend, doch er besitzt noch all seine Zähne und kommt beim Treppensteigen nicht außer Atem.

Ein Fuß nach dem anderen. Das Meer schlingt seine Arme um ihn, heißt ihn willkommen. Als er mit dem Bauch eintaucht, zieht sich seine Haut zusammen.

Plötzlich taucht sein Onkel Ignazio vor ihm auf. Aus einer Erinnerung wird Wirklichkeit, fast glaubt er, seine Stimme zu hören und den ebenso kräftigen wie sanften Druck seiner Hände zu spüren. Er sieht ihn wieder als jungen Mann mit einem Bartflaum und dem traurigen Lächeln, das er hatte, nachdem Paolo gestorben war. Er hört seine Stimme, die sagt: »Immer langsam, Vice', eile mit Weile. Das Meer ist wie eine Mutter. Es schließt dich gern in seine Arme.«

Die Erinnerung wird lebhaft und bunt.

Malta. Das Jahr nach dem Tode seines Vaters. Ignazio hatte

ihn auf die Reise mitgenommen: Er hatte sich die Insel angeschaut, Kaufleute kennengelernt, an unbekannten Gewürzen geschnuppert.

Damals hatte sein Onkel gemerkt, dass sein Neffe nicht schwimmen konnte – was für eine Schmach, er als Nachkomme von Seeleuten! –, und beschlossen, es ihm beizubringen.

Sie hatten sich einen Strand gesucht und waren ins Wasser gesprungen: Vincenzo nackt, der Onkel mit einem Lendentuch. Und dann hatten sie in diesem Meer gebadet, das von einem blendenden Blau war. Er erinnert sich an das Lachen, an Ignazios Arme, stets bereit, ihm zu helfen, spürt immer noch das Salzwasser, das ihm in die Nase stieg, sodass er husten musste.

Und so hat er es gelernt, mit all dem Wasserschlucken und Husten und Lachen und der überschäumenden Freude, die dazugehören. Und am Ende konnte er es.

Doch nachts hat Vincenzo noch nie im Meer gebadet. Nie.

Gut. Dann ist es jetzt an der Zeit, auch das zu probieren.

Er stürzt sich hinein. Das Wasser strömt durch sein Haar, hüllt ihn ein. Ja, es stimmt: Das Meer schließt ihn in die Arme.

Er taucht wieder auf. Holt Luft. Draußen ist es kalt, aber was macht das schon? Er fühlt sich frei, leicht, würde am liebsten schreien, denn einen Moment lang ist das Dunkle in ihm, das er schon sein Lebtag mit sich herumträgt, verschwunden. Oder zumindest an die Ränder des Bewusstseins verbannt.

Das ist ein Moment der Leichtigkeit, der Augenblick einer ungekannten Freude, die in ihm zum Ausbruch drängt, die ihn zum Lachen und zum Weinen bringt.

Wenn das das Glück ist, dann ist es seltsam, denn er hätte nicht gedacht, dass etwas so schön sein und doch derart wehtun kann.

Er taucht unter, wieder auf, er schreit: vor Glück, vor Befreiung, vor Lebenslust. Er spürt, dass er dort angekommen ist, wo er hinwollte, und dass all das, was in seinem Leben geschehen ist, ihn genau hierhergebracht hat, und das ist richtig so. All die Beleidigungen und Anfeindungen und der Neid, sie zählen nicht mehr, denn er selbst hat die Wahl getroffen, so zu sein, wie er ist. Es ist sein Weg.

Er schwimmt ein paar Züge, legt sich dann auf den Rücken. Jetzt kann er die Tonnara vom Meer aus sehen, und die Lichter des Hauses, die sich im Wasser des Golfes spiegeln. Unter ihnen ein ganz besonderes.

Das Schlafzimmer, wo Giulia auf ihn wartet.

Casa Florio. Giulia. Sein Haus. Sein Leben.

Er streckt sich auf der Wasseroberfläche aus, spuckt eine kleine Fontäne Salzwasser aus, wie ein Wal. Er lacht.

Wie lange ist es her, dass er sich so frei gefühlt hat? Hat er sich überhaupt jemals frei gefühlt?

Das Licht in diesem Oktober ist mild. Es reflektiert wie Topas und ist dabei weich wie Kupfer. Es spielt auf den Tuffhäusern von Arenella, legt sich auf das Meer, das das scharfe Glitzern des Sommers verloren und die Weichheit des Herbstes angenommen hat. Auch der Sand wirkt wie erloschen, er hat nicht mehr das gleißende Schimmern, vor dem man im Sommer die Augen schließen muss.

Ignazio, der fast sechs Jahre alt ist, lehnt sich an den Türstock, unsicher, ob er an den Strand gehen oder in den Garten zurückkehren soll. Das Meer lockt ihn mit seinem Flüstern, eine Sprache, die er noch nicht ganz versteht. Er weiß nur, dass dieses Wispern viel mehr ist als das Geplapper von Giuseppina und Angelina, seinen Schwestern, die mit dem Kindermädchen und ihrer Mutter unter der Pergola sitzen und sticken.

Er macht einen Schritt vorwärts. Das Meer ruft nach ihm.

Giulia hebt suchend den Kopf. »Ignazio! Wo willst du denn hin?«, schreit sie in einer Mischung aus Tadel und Zärtlichkeit.

Und er, der dieser Stimme nicht widerstehen kann, kehrt zurück.

Giulia legt das Klöppelkissen auf ihren Knien ab und nimmt ihn in die Arme. »Hast du denn schon alle Hausaufgaben gemacht, die dir der Lehrer aufgegeben hat?«

Er nickt. »Ich habe auch was gemalt. Ein Schiff.«

Na klar. Was denn sonst? Giulia streicht ihm über die Haare, und der Junge schmiegt seine Wange in ihre Hand.

Ignazio findet, dass es keine schönere Frau gibt als seine Mutter. Nicht mal *Mademoiselle* Brigitte, mit ihrem seltsamen R und ihren blonden Haaren.

Giulia weiß, dass kein Mann sie jemals mit so viel Liebe angesehen hat wie ihr Sohn, und es wird sie auch niemand mehr so ansehen.

Ein Klirren, gefolgt vom Schnauben der Pferde, und sie dreht sich zum Eingang um. Der Wächter öffnet das Tor, und eine dunkle Karosse fährt herein und durch den Innenhof, bis zum anderen Ende der Pergola. Das Gefährt hat noch nicht einmal angehalten, als Vincenzo bereits ausgestiegen ist und mit nervösen Schritten zum Haus läuft.

Giulia geht ihm entgegen. »Vice'«, ruft sie, doch er winkt nur unwirsch ab. »So früh haben wir gar nicht mit dir gerechnet«, fährt sie fort, während die Mädchen und die Kinderfrau sich erheben und den Herrn des Hauses leise und mit gesenktem Kopf begrüßen.

»Jetzt fang du nicht auch noch an, Giulia.« Vincenzo verschwindet hinter der Tür, die zur Treppe führt, und hinterlässt nur das Klacken seiner Schritte auf den Steinstufen.

Ignazio beobachtet, wie seine Mutter die Hände ringt und zu Boden blickt.

Wie oft schon hat er ähnliche Szenen beobachtet? Wie oft hat er diese Wut gegenüber seinem Vater empfunden, die noch viel größer ist als die Angst, die er vor diesem Mann hat? Sein Vater hat stets diese finster zusammengezogenen Brauen, macht immer ein so ernstes Gesicht. Zur Mutter ist er oft brüsk, abweisend. Warum nur? Ignazio versteht es nicht.

Er geht leise zu seiner Mutter und betrachtet sie voller Zärtlichkeit. Giulia murmelt ihm zu: »Dein Vater ist ein bedeutender Mann, Ignazio. Er ist kein schlechter Mensch. Er ist einfach so. Es ist sein Charakter.«

»Aber er bringt dich zum Weinen.« Der Junge streckt seine Hand aus, als wollte er die Träne wegwischen, die zwischen den Wimpern seiner Mutter hängen geblieben ist.

Von oben ertönt zuerst Vincenzos erzürnte Stimme, dann Türenschlagen. Erstaunlicherweise lächelt Giulia. »Ich habe schon so viele Tränen seinetwegen vergossen, dass es auf ein paar mehr oder weniger nicht mehr ankommt. Ich weiß, wer dein Vater ist, ich weiß es wahrlich.« Sie schlingt ihren Schal fester um die Schultern, schaut zum Turm. »Ich gehe und schaue mal, was los ist. Du bleib mit deinen Schwestern im Garten.« Während von oben ein weiterer Wutausbruch von Vincenzo zu hören ist, verschwindet Giulia mit raschelnden Röcken und wird vom Dunkel des Flurs verschluckt.

Ignazio schaut sich um. Die Schwestern und die Kinderfrau haben sich wieder ihren Handarbeiten zugewandt. Er hört die Stimmen seiner Eltern, die sich entfernen.

Und da ist es wieder, das Meeresrauschen, das ein leichter Nordostwind herbeiträgt.

Der Junge schleicht sich in Richtung Eingang. Er geht durch das Tor. Vor ihm liegt das Meer der Arenella.

Niemand achtet auf ihn.

Er zögert. Seit einigen Tagen haben ihm seine Eltern verboten, zu den Felsen unterhalb des Turmes zu gehen und auf die Klippen zu klettern, die nicht weit entfernt sind. Es sei zu glitschig, haben sie gesagt. Dabei klettert er schon den ganzen Sommer darauf herum und ist noch nie ausgerutscht oder gestürzt. Ein paarmal hat er sogar gebadet. Den Mut, wie die Fischerjungen von der Balata, der großen Klippe am Ende der Bucht, ins Meer zu springen, hat er allerdings noch nicht aufgebracht. Doch sein Vater hat ihm versprochen, im nächsten Sommer würde er ihm beibringen, dort hinunterzuspringen, denn ein Florio muss schwimmen können, weil durch seine Adern nicht nur Blut, sondern auch Meerwasser fließt.

Ignazio lässt die ockerbraune Stützmauer hinter sich, geht quer über den Strand und zwängt sich zwischen den Felsen hindurch. Hinter einem schwarzen Felssporn, der mit getrockneten Algen bedeckt ist, lugt ein Krebs hervor. Er sieht ihn, streckt die Hand nach ihm aus, um ihn zu packen, doch das Tier ist schneller, macht sich ganz klein und verschwindet in einem Felsspalt.

»Halt!«, ruft Ignazio und beugt sich vor. Dabei gleitet er mit seiner Ledersohle auf dem trockenen Seegras aus, verliert das Gleichgewicht, taumelt und landet in einer flachen Gumpe voller Brackwasser.

Der Junge stöhnt leise und schaut auf seine Hände hinab: Die Handflächen sind aufgeschürft. Mühsam kommt er wieder auf die Beine.

Die Schürfwunden pochen und brennen wegen des Salzwassers, aber das ist es nicht, was ihm Sorgen bereitet. Seine Schuhe und die Kleider sind schmutzig geworden. Seine Mutter wird schimpfen.

Blöder Krebs, denkt er verärgert. Wie kommt er nur aus diesem Schlamassel wieder heraus?

Ganz vorsichtig nähert er sich dem Wasser. Er weiß, dass das Meer an diesem Punkt tief ist, denn im Sommer springen hier die Jungs aus Arenella hinein und kommen mit ganzen Säcken voller Seeigel wieder an Land, die sie dann am Strand verspeisen.

Er beugt sich nach vorn und schöpft mit der hohlen Hand etwas Wasser, um sich die Schuhe zu säubern. Das Salz scheint noch mehr zu brennen als vorher. Ignazio beißt sich auf die Lippen vor Schmerz, lehnt sich aber noch weiter vor, und vor Angst krampft sich sein Magen zusammen, Panik macht sich in ihm breit. Die Wellen sind hoch, spritzen ihn nass. Jetzt klammert er sich an den Fels, versucht, die Balance zu halten und noch einmal mit den Händen Wasser zu schöpfen. Er schwankt.

Das Herz klopft ihm bis zum Hals, als er aufs Meer hinausschaut, das plötzlich ganz schwarz geworden ist. Da sind auf einmal keine Fische mehr, die herausspringen, und die Seeanemonen, die man auch Meeresaugen nennt, sind ebenso wenig zu erkennen wie die Algen, die an den Felsen festgewachsen sind. Ringsum sind nur Wellen, die immer höher schlagen und ihn nass machen.

Mama wird mich ausschimpfen, denkt er. *Und Papa* …

Besser nicht daran denken.

Er muss zurück. Er spürt etwas in seinem Brustkorb, dem er keinen Namen geben kann.

Er hält sich an dem Felsen fest und versucht, sich umzudrehen, indem er die Füße aus der Gumpe hebt, doch sie sind wie festgewachsen.

Und dann kommt ein Windstoß, der ihn packt, der ihn das Gleichgewicht verlieren lässt und ihn hinabzieht.

Das Wasser ist eisig, als er auf der Oberfläche auftrifft, und es presst ihm die Luft aus der Lunge, als hätte sich plötzlich jemand auf seine Brust gesetzt. Er reißt die Augen auf, streckt die Arme nach oben aus, doch das Meer schließt sich über ihm, wie eine Umarmung aus Schaum und Glas. Er spürt, wie es ihn an den Beinen packt und nach unten zieht. Er beginnt zu strampeln, trifft zuerst nur ins Leere, dann auf einen unter Wasser liegenden Felsen, so hart, dass er dabei einen Schuh verliert.

Die Angst macht ihn blind. Er öffnet den Mund, um zu schreien, doch das Salzwasser dringt ihm in die Luftröhre.

»*Mama!*«, schreit er mit dem bisschen Luft, das er noch hat, genau in dem Moment, als eine Welle ihn nach oben trägt, um ihn dann wieder in die Tiefe zu ziehen. »*Mama!*«, ruft er und schluckt Wasser, hustet, schluckt wieder Wasser.

»*Mama!*«, ruft er verzweifelt, und dann wird alles um ihn herum schwarz.

»Und das ist passiert. Verstehst du? Wir haben bei der großen Ausstellung vergangenen Sommer eine Dampfpresse präsentiert – bei Gott die erste hydraulische Presse in Sizilien! Und dann wollen die eine geliefert haben, *di pignate e cucchiara*, mit allem Drum und Dran, doch wir können das innerhalb eines Monats nicht leisten. Und warum? Weil es an Kohle fehlt, wir bräuchten viel mehr, aber hier gibt es keine; ich muss sie aus Frankreich kommen lassen. Und die Schiffe, die sie transportieren sollten, kommen und kommen nicht, während die Gießerei Strafe zahlen muss.«

In Vincenzos Arbeitszimmer, im Herzen des Turms, werden Aktenbündel verschoben, Dokumente wandern von einer Hand in die andere. Er findet eine Mappe, schlägt sie auf, entnimmt ihr ein Blatt Papier, legt es wieder hinein.

Giulia beobachtet dieses hektische Gebaren. »Du wusstest doch, dass es nicht leicht sein wird, in Palermo eine Gießerei zu betreiben«, murmelt sie. »Selbst Ben Ingham hat einen Rückzieher gemacht und ist ausgestiegen.« Sie legt ihm eine Hand auf den Arm.

»Nichts ist in dieser Stadt je leicht gewesen, aber das bedeutet nicht, dass man es nicht machen kann.« Vincenzo hält inne. Giulias Berührung hat die Macht, ihn zu beruhigen. Er holt tief Luft. »Zusammen mit Giachery habe ich mir die Passagen im Vertrag bezüglich der Strafen im Falle von Nichtlieferung durchgelesen. Ich will sie nicht zahlen. Und hier hatte ich irgendwo noch Unterlagen, die …«

Doch Giulia hört ihm nicht mehr zu.

Sie runzelt die Stirn, dreht lauschend den Kopf in Richtung Fenster. Hat sie da nicht etwas gehört …? Im Laufschritt eilt sie ans Fenster. »Angela! Giuseppina! Wo ist euer Bruder?«

Die beiden Mädchen und das Kindermädchen blicken zu ihr empor. »Er war gerade noch hier bei uns…«, antwortet Mademoiselle Brigitte, die aufsteht und sich nach dem Jungen umschaut. »*Mais oui,* er war irgendwo hier unterwegs. Ist er denn nicht bei Euch?«

Giulia zuckt zusammen. Vielleicht täuscht sie sich ja… ganz bestimmt sogar. Trotzdem könnte sie schwören, gerade ihren Sohn gehört zu haben, der nach ihr rief.

Sie stürzt aus dem Zimmer, die Treppe hinunter. »Ignazio!«, ruft sie.

Keine Antwort.

Ob er sich versteckt hat?

»Ignazio!«, ruft sie noch einmal.

Sie läuft im Hof umher, immer noch rufend. Ihre Unruhe wächst.

Vincenzo, der im Arbeitszimmer zurückgeblieben ist, zuckt mit den Achseln. Giulia bemuttert den Jungen viel zu sehr. Als er selbst in Ignazios Alter war, ist er oft ausgebüxt und war in den Gassen des Hafens zur Cala unterwegs, und niemand hat sich Sorgen um ihn gemacht. Wahrscheinlich stromert Ignazio zwischen den Booten herum, dort, wo auch die Bootsrutsche und die Verarbeitungshallen sind; oder er ist am Strand und wirft Steine ins Wasser.

In späteren Jahren wird er oft an diesen Moment zurückdenken. Doch er wird nicht mehr sagen können, was ihn dazu veranlasst hat, aus dem Fenster zu schauen, das auf die Klippen hinausgeht. Instinkt? Zufall?

Wie auch immer: Er sieht dort unten, an der kleinsten Klippe, zuerst eine Hand, dann ein Bein. Einen Körper, der zappelt, der gegen die Felsen geschleudert wird, von Algen umwickelt, die ihn offenbar nach unten ziehen.

Und an noch etwas kann er sich nicht erinnern: ob er geschrien hat oder nicht.

Doch ein Gedanke hat sich fest in sein Hirn eingeprägt.

Das kann ihm nicht passieren. Nicht meinem Sohn.

Giulia sieht Vincenzo an sich vorbeilaufen, den Hof durchqueren, sich dabei bereits Jacke und Krawatte ausziehen. Als sie begreift, dass er zu den Klippen unterwegs ist, schlägt sie die Hände vor den Mund und folgt ihm. Kaum hat er das Tor erreicht, reißt sich Vincenzo die Schuhe von den Füßen, läuft zum Meer und springt hinein.

Die Augen nehmen diese Bilder auf, formen sie im Denken, als wären sie aus Bronze. »Ignazio! Ignazio!«, schreit sie. Sie klettert auf die Felsen, reißt dabei den Saum ihres Kleides auf, schlittert, streckt die Arme aus, ruft wieder und wieder den Namen ihres Sohnes. Sie sieht Vincenzo, der an die Oberfläche kommt, Luft holt und erneut in den dunklen Fluten verschwindet. Da ist eine menschliche Gestalt, die mitten unter den Algen im Wasser zappelt. Oder sind es nur die Wellen, die sie bewegen?

Er lebt noch, oder?

Hinter ihr stehen Angela, Giuseppina und Brigitte, die sich weinend aneinanderklammern. Die Kinderfrau schluchzt, stammelt und fleht, halb Französisch, halb Sizilianisch, sie schreit, dass sie nicht wisse, wie so etwas habe passieren können, doch Giulia schenkt ihr kein Gehör. »Vincenzo!«, schreit sie. »Ignazio!«

Ignazio kommt als Erster an die Oberfläche. Seine Augen sind geschlossen, er ist blau angelaufen, doch er schüttelt sich, hustet. Giulia bricht weinend zusammen. *Gott sei Dank, er hustet! Dann ist er am Leben!*

Kurz darauf taucht auch Vincenzo auf. Er zittert vor Kälte

und hat tiefe Kratzer an Armen und Beinen, doch das schert ihn nicht. Er legt den Kleinen am Strand ab und wimmelt Giulia ab, die ihn in die Arme nehmen will.

»Lass ihn! Wir müssen ihn auf die Seite legen! Er muss das Wasser ausspucken!« Und er schlägt dem Jungen kräftig auf den Rücken.

Ignazio bebt unter den Schlägen, ächzt, erbricht Meerwasser und Speisereste. Dann reißt er die Augen auf und sieht einen Moment lang nur das verängstigte Gesicht seiner Mutter. »Mama …«, murmelt er. Seine Stimme ist rau vom Salzwasser und vom Schreien. »Mama …«

Giulia bricht in haltloses Schluchzen aus. »Mein Sohn …« Sie reißt sich den Schal vom Leibe, schlingt ihn um den Jungen, der immer noch zittert und hustet. Vincenzo hebt ihn auf seine Arme, geht in Richtung Turm.

»He, ihr! Holt einen Arzt, bewegt euch!«, befiehlt er seinen Töchtern. Dann richtet er den Blick auf das Kindermädchen. Seine Stimme ist nur noch ein wütendes Knurren. »Und du, nutzloses Frauenzimmer, verschwinde! Bis heute Abend bist du hier weg, ich will dich nicht mehr sehen! Mein Sohn hätte sterben können. Du hast ihn einfach aus den Augen verloren, und schau, was passiert ist! Für mich gibt es nichts Kostbareres auf der Welt als diesen Jungen, *stu' picciriddo.* Hau ab!«

Erschüttert und noch immer unter Tränen weicht Brigitte vor ihm zurück und läuft auf ihr Zimmer davon.

Giulia ist immer noch über Ignazio gebeugt und hat kaum wahrgenommen, was Vincenzo da gesagt hat.

Doch Angelina hört es, und sie legt ihr Gesicht, das nicht mehr das eines Kindes, aber auch noch nicht das einer Frau ist, in Falten. »*Amuninni,* gehen wir«, sagt sie zu Giuseppina und gibt ihr einen Schubs. Dann flüstert sie ihr zu, sie solle nicht weinen, denn Ignazio gehe es gut, er habe Blödsinn gemacht, und das habe er nun davon, jetzt würde er bestimmt Fieber kriegen. Doch in ihrem Schimpfen ist eine Wut, von der sie selbst nicht weiß, woher sie kommt. Während sie unter ihren Schuhen den vom Salz gehärteten Sand knirschen hört, verschließt sie diesen Unmut in ihrem Herzen; verdrängt Gedanken, die nicht ans Tageslicht dürfen. Doch sie weiß, was jene Worte bedeuten, und wird sie in all den Jahren, die kommen, in Erinnerung behalten.

In dieser Nacht schläft Giulia in Ignazios Zimmer. Der Arzt hat ihr versichert, dem Jungen gehe es gut, im schlimmsten Fall bekäme er eine Erkältung und habe leichte Schmerzen wegen der blauen Flecken und Kratzer, jedoch nicht mehr. Er hat ihm für den Hals einen Saft aus Honig und Lakritz verabreicht und warme Umschläge für die Brust empfohlen.

Doch Giulia kann es nicht glauben, dass ihm nichts weiter passiert ist. Sie will ihn nicht allein lassen. Dass er hier bei ihr und am Leben ist und ihr Mann ihn dem Tode entrissen hat – all dies kommt Giulia wie ein Wunder vor.

Ihr Mann Vincenzo hat ihn gerettet.

In jenen Momenten hat sie in seiner Miene weder Angst noch Verzweiflung gesehen. Nur einen reinen, unverfälschten Willen, eine Entschlossenheit, die etwas Übermenschliches hat und die sie nur allzu gut kennt.

Seit er ihn auf sein Zimmer gebracht hat, wollte sich Vincenzo Ignazio allerdings nicht mehr nähern. Er ist in seinem Arbeitszimmer im Turm verschwunden. Es war Giulia, die bei dem Jungen blieb, die ihn mit heißer Brühe fütterte und seine Kleidung wechselte.

Irgendwann ist auch Großmutter Giuseppina gekommen, mit rot verweinten Augen und Händen, die ihr von dem erlittenen Schrecken immer noch zitterten. Sie drückte den Jungen an ihre Brust, küsste ihn auf das feuchte Haar und flüsterte ihm seltsame Worte auf Kalabresisch ins Ohr, die Giulia nicht verstand. Sie weiß, dass Ignazio der Einzige ihrer Enkel ist, dem ihre Schwiegermutter ein wenig Zuneigung zeigt.

Jetzt sind Mutter und Sohn endlich selig eingeschlafen. Ihre Köpfe liegen auf demselben Kissen, ihre Finger sind ineinander verschlungen. Ignazio wälzt sich herum, hustet. Giulia drückt ihn an sich. Am Ende gleiten beide in einen schweren und gesegneten Schlaf hinüber.

Es ist tief in der Nacht, als der Junge aus dem Schlaf hochschreckt. Ein Geräusch, das Quietschen einer Tür. Vielleicht hat jemand das Zimmer betreten. Der Junge klammert sich an den Arm der Mutter, schlägt die Augen auf, späht im Zimmer umher.

Sein Vater ist da.

Er sitzt auf dem Sessel, das Gesicht verzerrt vor Sorgen und Anspannung, die Haare in Unordnung. Er hat die Hände gefaltet und schaut ihn mit einer Miene an, die Ignazio in Staunen versetzt. Es ist ein Blick, in dem er Erleichterung liest, Angst, Müdigkeit. Und Liebe.

Einen solchen Blick hat sein Vater ihm noch nie geschenkt.

Sein Vater hat Angst gehabt, das wird ihm schlagartig klar, und allein der Gedanke wühlt ihn auf. Angst um ihn, weil er ihn – vielleicht doch – lieb hat.

Er möchte die Hand nach ihm ausstrecken, ihm sagen, er soll näher kommen, doch er kann es nicht. Der Schlaf und die Müdigkeit sind stärker. Er schläft wieder ein, begleitet von einem Gefühl der Wärme, der Zärtlichkeit.

Dort im Dunkeln sieht er nicht – er kann es nicht sehen –, dass Tränen in den Augen seines Vaters stehen.

In den darauffolgenden Tagen – den Tagen nach dem »Unfall«, wie Giulia das Geschehene hartnäckig nennt – bleibt Ignazio im Bett. Jetzt ist es da, das Fieber, das mehr den durchlittenen Ängsten als der Kälte geschuldet ist. Der Junge verbringt die Nachmittage allein in seinem Zimmer. Brigitte ist Hals über Kopf abgereist, und die Schwestern werden von der Mutter unterrichtet.

Die Beine an den Körper gezogen, eingemummelt in ein Nest aus Decken, liegt Ignazio im Bett und blättert in einem Buch, das er sich vom Regal des Vaters geholt hat. Es ist kein Buch für Kinder, doch das ist ihm egal. Wichtig ist, nicht zu grübeln, nicht mehr an die Angst zurückzudenken, ganz mutterseelenallein zu sterben, dort unten, unter all dem Wasser, das ihm in die Lunge strömte. Es war – das ist ihm bewusst – das allererste Mal in seinem Leben, dass er Angst hatte zu sterben. Und das ist ein Gefühl, das er sein ganzes Leben in sich tragen wird.

Und so stürzt er sich auf das Buch, das er vor sich hat, buchstabiert, schaut sich die Bilder an, lässt sich die fremdländischen Worte auf der Zunge zergehen.

Schiffe. Viele Schiffe.

Genau so trifft Vincenzo ihn an, als er aus der Gießerei

Oretea heimkommt, wo er den ganzen Tag zugebracht hat, um mit den Arbeitern zu reden und ihnen zu versprechen, dass die so dringend benötigten Rohstoffe Kohle, Eisen und Zinn rechtzeitig eintreffen werden.

Er öffnet die Tür, bleibt auf der Schwelle stehen. »Was machst du?«, fragt er. »*Soccu stai taliànnu?* Was schaust du dir an?«

Ignazio blickt auf, und Vincenzo kann nicht umhin zu bemerken, wie sehr der Junge Giulia ähnelt. Doch zugleich ist da auch etwas, das ihn an den Onkel erinnert, dessen Namen er trägt, diesen Ignazio, der Vincenzo großgezogen hat, der immer einen Schritt hinter ihm war. Eine Art Ruhe, eine Mischung aus Gelassenheit und Entschlossenheit.

Der Junge schlüpft unter den Decken hervor und deutet eine Verbeugung an. Wortlos hält er ihm das Buch hin.

»*Die orohydrografische Situation Siziliens auf Basis der Zollstatistik* von Francesco Arancio?« Vincenzo kann sich ein Lachen nicht verkneifen. »Du liest dieses Buch?« Doch aus seiner Frage spricht nur Überraschung; er macht sich nicht über ihn lustig, das spürt Ignazio.

»Ich schaue mir gerne Landkarten an, und Dampfschiffe«, erklärt der Junge und weist auf das Buch, in dem der Vater gerade blättert. »*Talìa*, schau nur«, fügt er hinzu und zeigt auf eine Seite. »Da ist die Cala. Hier wird erklärt, wie die Flüsse ins Meer münden, direkt hinter den Stadtmauern.«

Vincenzo nickt und schaut ihn verstohlen an, diesen Sohn, der ihm jetzt zaghaft erzählt, was er aus diesem Geflecht von Linien und eng geschriebenen Worten so alles herausliest.

Der Junge ist vor seinen Augen groß geworden, und er hat es nicht einmal gemerkt. Jetzt wird er sich persönlich seiner annehmen, denn Giulias Unterweisungen als Mutter genügen nicht mehr, und Ignazio kann nicht immer an ihrem Rockzipfel hängen.

»Übermorgen fahren wir nach Palermo zurück«, sagt er abrupt und klappt das Buch zu. Er gibt es Ignazio zurück. »Hier wird es allmählich kalt.«

Doch das ist nicht der einzige Grund. Wenn der Junge in der Lage dazu ist, einen Atlas zu lesen, dann kann er auch unterrichtet werden, und damit muss man sofort beginnen, um nicht noch mehr Zeit zu verlieren.

Um acht Uhr morgens des 12. Januar 1848 wird die Ruhe eines ganz gewöhnlichen Tages durch etwas durchbrochen, das sich anhört, als hätte jemand eine Kanone abgefeuert.

Es ist ein gewaltiges Donnern, das die Fensterscheiben zum Klirren bringt und den Dienstmädchen des Hauses Florio an der Via dei Materassai einen Angstschrei entringt.

Die zwölfjährige Angelina umarmt ihre kleine Schwester Giuseppina, die angefangen hat, laut zu schreien, während Ignazio verschlafen und mit entgeisterter Miene mitten im Bett sitzt.

Beim zweiten Donnergrollen springt Ignazio vom Bett und läuft zu seiner Mutter. »Mama, Mama! Was ist da los?«

Giulia kniet vor ihm nieder und nimmt sein Gesicht in die Hände. »Das hat bestimmt was mit dem Geburtstag des Königs zu tun, weißt du …«

Doch sie ist selbst nicht recht überzeugt, und Ignazio spürt ihre Angst, ihre Verwirrung. »Wirklich?«

In diesem Moment kommen die Schwestern herbeigelaufen. Sie reden wild durcheinander und erzählen, dass sie vom Fenster aus bewaffnete Männer gesehen hätten, die die Straße entlangliefen.

Wieder ein Donnern. Schreie.

Sie drücken sich ängstlich an die Mutter, während die Wände zittern und die Dienstmädchen vor Angst kreischen. Als das Donnern aufhört, hört man andere Geräusche: leiser, knapper.

Schüsse.

Nein, das sind keine Freudenböller. Auf einmal fallen Giulia wieder die Plakate ein, die in der Via Toledo hingen und von neapolitanischen Soldaten wütend abgerissen wurden. Die Plakate, in denen hymnisch von einem Aufstand die Rede war.

Sie hat mit ihrem Bruder Giovanni darüber geredet, der vor ein paar Tagen zu Besuch gekommen ist, um ihr vom Befinden der Mutter zu berichten: Nach mehreren Fieberschüben ist sie ans Bett gefesselt. Giulia hat ihn gefragt, was er von diesen Manifesten hielte, die über Nacht in der ganzen Stadt aufgetaucht waren. Gebe es denn Grund zur Sorge?

»Das ist ein Feuer, das schon seit Langem im Verborgenen schwelt. Erinnerst du dich noch an die Aufstände im Jahre 1837, dem Jahr der Cholera? Seither hat sich die Lage verschlimmert. Zuerst kam es zu Deportationen und Todesurteilen für die Anführer der Revolte. Dann hat König Ferdinand den Befehl gegeben, in der Verwaltung der Stadt dürften nur noch Neapolitaner tätig sein, und das wollten die Sizilianer nicht hinnehmen. Du kannst dir das nicht vorstellen, weil du hier so ein behütetes Leben führst« – bei diesen Worten breitete er die Arme aus, als wollte er auf den Luxus in diesem Haus an der Via dei Materassai hinweisen –,

»aber da draußen gibt es Frauen, die unter Übergriffen durch die neapolitanischen Soldaten zu leiden haben, und wenn sich ihre Ehemänner beschweren, landen sie im Zuchthaus, der Vicaria. Ganz zu schweigen von der doppelten Besteuerung des Getreides. Den Bourbonen liegt ihr eigenes Volk nicht am Herzen. Es ist folglich normal, dass man versucht, diese Situation zu ändern, auch mit Gewalt. Soweit ich weiß, läuft es in Mailand nicht viel anders; die Österreicher halten die Stadt an der Kandare, und die Leute hassen sie dafür.«

»Aber wir sind hier nicht in Mailand. In Palermo und Sizilien gibt es keine philosophischen Zirkel wie in Mailand. Ich meine, hier …« Giulia fuchtelte mit den Händen herum, als wollte sie diesen Gedanken verscheuchen, der ihr Angst macht. »Die Adligen denken nicht im Traum daran, ihre Privilegien zur Debatte zu stellen oder einen Teil ihrer Ländereien abzugeben. Hier versucht jeder, sich zu schützen, wo er nur kann, doch die Armen bleiben arm, weil es niemanden gibt, der den Bauern oder den Arbeitern die Augen öffnet …«

»Das glaubst du vielleicht.« Giovanni beugte sich nach vorn, ein Auge auf die Tür gerichtet. Er wusste, dass Vincenzo derartige Reden nicht mochte, weil er sie nutzlos fand. »Auch in Palermo gibt es Leute, die die Dinge ändern wollen. Es gibt Intellektuelle, unter Adligen wie auch Bürgern, die die Hoffnung haben, dereinst die Bewohner dieser Insel anzuführen, Leute, die ihr Schicksal in die eigene Hand nehmen wollen. Aber es sind nur wenige, zu wenige.«

»Aber dann …« Giulia riss die Augen auf, mehr überrascht als verängstigt.

Giovanni seufzte. »Glaub mir, Giulia. Ich weiß nicht, was

geschehen wird, aber es sind viele Gerüchte im Umlauf, und sie sind hartnäckig. Diese Proklamationen, die überall in der Stadt aufgehängt wurden, fordern das Volk dazu auf, sich zu bewaffnen, und sie sind nur das letzte Signal. Ja, die Soldaten der königlichen Garde reißen sie von den Wänden, trampeln sie in den Schmutz und machen sich darüber lustig. Sie sagen, wenn die Palermitaner sich erheben, dann werden sie darauf mit Gewehrsalven antworten, werden sie an den Masten der Marine-Fregatten aufknüpfen, wenn die Galgen nicht ausreichen. Aber diesmal ist es anders, es liegt etwas in der Luft. Die Leute schauen den Soldaten trotzig ins Gesicht, sie spucken auf den Boden, wenn sie vorbeigehen. Palermo ist all diese Steuern und die Übergriffe leid. Die Bourbonen haben den Bogen überspannt.«

Giulia schlägt erschrocken die Hand vor den Mund, denn jetzt begreift sie, dass Giovanni recht hatte und der Moment des Aufstands gekommen ist. Und es ist der 12. Januar 1848, der Tag des königlichen Geburtstages …

»Schließt die Fenster!«, schreit sie. Dann sieht sie ihre Kinder an, und ihre Angst bekommt Flügel. »Zieht euch an«, befiehlt sie ihnen mit bebender Stimme. »Zieht euch an und macht euch zur Abfahrt bereit.«

Vincenzo ist bereits seit dem Morgengrauen bei der Arbeit, in dem Büro am Piano San Giacomo. Diese Räumlichkeiten hat er vor Kurzem gekauft und darin den Hauptsitz der Casa Florio untergebracht. Bei der ersten Salve schaut er von seinen Papieren auf. Vor ihm steht Giovanni Caruso, sein Sekretär. »Was ist das?«

Wieder ein Knall.

»Ich weiß es nicht.« Caruso breitet die Arme aus. »Vielleicht die Feierlichkeiten anlässlich des königlichen Geburtstages? Ist der nicht heute?«

»Ja, aber …« Eine Detonation, an die sich diesmal eine schnelle Abfolge von Schüssen anschließt. »Mit Gewehrschüssen?«

Vincenzo tritt ans Fenster. Auf der Piazza zieht eine Menschenmenge in Richtung Porta Carbone, auf den Hafen zu. Einige Männer sind bewaffnet.

»Auf der Cassaro hingen vor einigen Tagen Plakate, in denen von einem Aufstand die Rede war. Die Leute wurden aufgefordert teilzunehmen …«, entgegnet Caruso. »Aber was soll's, das ist doch gar nicht möglich! Bestimmt sind das nur wieder die üblichen Verrückten, die versuchen …«

Wieder Kanonendonner. Diesmal klingt es nach Artillerie.

»Verrückte, was?« Vincenzo schlägt mit beiden Händen auf die Schreibtischplatte. Jetzt übertönen Schreie die Schüsse. »Das sind die Geschützstellungen des Castello a Mare. Die Stadt wird vom Meer aus beschossen!«

Caruso geht ans Fenster. Ja, dieses Getöse kommt von der Cala. Nehmen die etwa die Stadtmauern unter Beschuss? »Verflucht. Ihr habt recht.«

Vincenzo greift nach seiner Jacke. Es ist keine Zeit zu verlieren. Wenn es einen Aufstand gibt, dann kommt es mit Sicherheit auch zu Chaos und Plünderungen. Besser, man bringt alles in Sicherheit. »Lasst Türen und Fenster verriegeln und geht nach Hause, Ihr und die Angestellten. Ich gehe zum Gewürzladen. Ich schicke Euch einen Boten, um Euch mitzuteilen, was zu tun ist.«

»Aber Don Florio, wohin geht Ihr denn ganz alleine? Wartet!«

Doch Vincenzo ist bereits draußen. Er läuft zum Gewürzladen und betritt ihn mit eiligen Schritten. Die Angestellten und Verkäufer sind unter der Ladentheke in Deckung gegangen, wie Schnecken, die sich in ihre Häuser zurückziehen. Vincenzo leiht sich einen Umhang aus, um unerkannt zu bleiben, und geht dann hinaus, taucht im Gassengewirr unter. Er muss unbedingt zur Gießerei Oretea und den Arbeitern die Anweisung geben, die Gittertore zu verrammeln sowie die wichtigsten Gerätschaften wegzubringen. Wenn die Aufständischen oder auch die Soldaten die Gießerei unter Beschuss nähmen, wäre alles verloren. Doch als er in der Via Bambinai angekommen ist, kommt er nicht weiter; sein Weg ist verstellt. Und er ist nicht der Einzige, dem das so geht.

Eine Barrikade, darauf Männer, die auf die bourbonischen Truppen schießen. Gleich daneben und immer noch in Teilen lesbar, obwohl er von der Wand gerissen wurde, ein Aufruf.

SIZILIANER! DIE ZEIT DER GEBETE IST VERSTRICHEN, UND NICHTS IST GESCHEHEN!
AN DIE WAFFEN, SÖHNE SIZILIENS!
ZUSAMMEN SIND WIR UNBESIEGBAR!
AM 12. JANUAR 1848 BEI MORGENGRAUEN WERDEN ZEICHEN GESETZT, UND ES BEGINNT DIE GLORREICHE EPOCHE UNSERER WELTWEITEN WIEDERGEBURT!

»Kommt und helft uns, wenn ihr eine Waffe besitzt und euer Land verteidigen wollt!«, ruft ein Aufständischer und fuchtelt mit dem Gewehr herum. »Oder kehret um, flüchtet euch nach Hause und …« Seine Aufforderung wird zu einem Schmerzensschrei: Ein Schuss hat ihn am Arm getroffen.

Vincenzo ist gezwungen, mit gesenktem Kopf und bis zum Hals klopfendem Herzen umzukehren. Die Gießerei Oretea – *seine* Gießerei, *seine* Herausforderung, ursprünglich nur eine kleine Werkstatt, die jedoch mittlerweile zu einer richtigen Fabrik herangewachsen ist, in der Eisen bearbeitet wird – liegt nur wenige Minuten von der Stadtmauer entfernt in der Nähe der Porta San Giorgio, doch durch den Aufstand ist sie schier unerreichbar geworden und könnte sich ebenso gut auf Malta befinden. Erst vor vier Jahren hat er eine neue Anlage errichten lassen; dort werden Eisen und Kohle gelagert, und sie ist voll entflammbarer Materialien. Er wagt gar nicht daran zu denken …

»Sie greifen den Königspalast an!«

»Sie haben die Kaserne in Brand gesteckt! Unter den Soldaten gibt es Tote!«

Die Stimmen der Palermitaner prasseln auf ihn ein, und es fühlt sich an wie Ohrfeigen. Angefangen habe das alles auf der Piazza della Fieravecchia, heißt es, und dort habe es auch die ersten Toten gegeben. »Sie werden die Häuser der Adligen anzünden! Die Republik wollen sie!«

»An die Waffen, Palermo!«

Vincenzo folgt dem Fluss der Menge, lauscht dem, was die Leute rufen, versucht, aus alldem schlau zu werden. Schließlich biegt er in die Via Pantelleria ab und gelangt im Laufschritt zur Via della Tavola Tonda. Von dort aus ist es nicht mehr weit nach Hause, nur noch ein Katzensprung.

Zu Hause findet er seine Mutter mitten im Salon vor, auf einem Sessel sitzend, den unvermeidlichen Rosenkranz in der Hand. »Geht es dir gut, *figghiema*, mein Sohn?«, ruft Giuseppina aus, als sie ihn erblickt.

»Ja, ja. Wo sind die *picciriddi*, die Kleinen?«

»Bei ihr. Pass du auf sie auf, besonders auf Ignazio, meinen Augenstern.«

Giulia hat die Kinder dick eingemummelt; sie selbst trägt ein Reisekleid. Als sie Vincenzo erblickt, löst sich ihre angespannte Miene und weicht einem Ausdruck der Erleichterung. Sie geht ihm entgegen. »Heiliger Himmel, was geht da draußen vor? Ich habe mir Sorgen um dich gemacht.«

Vincenzo nimmt Ignazio in die Arme, der als Erster auf ihn zuläuft. Dann sind auch die beiden Mädchen an der Reihe, die sich ängstlich an ihn drücken.

»Die Stadt hat sich gegen die Bourbonen erhoben. Einige sagen, die Garnison habe die Waffen niedergelegt, andere behaupten, die Truppen von General de Majo hätten sich im Königspalast verbarrikadiert; wieder andere vermuten, der König sei bereit zur Kapitulation. Man begreift gar nichts mehr. Ganz sicher aber haben die Soldaten nicht mit einer so gut organisierten und kompakten Rebellion gerechnet. Nein, das hat diesmal nichts mit ein paar Jünglein zu tun, die das Maul aufreißen … Sogar vom Land sind Aufständische gekommen, wahrscheinlich eine ganze Kompanie aus Bagheria. Ich habe Akzente aus der Provinz herausgehört, und alle oder fast alle haben eine Waffe.« Vincenzo betrachtet seine Handflächen. Er selbst ist nicht bewaffnet, noch hatte er jemals den Wunsch, eine Waffe zu besitzen oder sie bedienen zu lernen. Er hat immer gedacht, die wichtigste Waffe zur Verfügung zu haben – Geld. Und genau die wird er auch einsetzen, wenn nötig. »Es gab bereits Tote. Die Soldaten ziehen sich in die Kasernen zurück, zum Finanzpalast oder der Piazza del Noviziato. Straßenzug um Straßenzug wird gekämpft, und die Palermitaner haben bereits einige Stadttore besetzt.«

»Das dachte ich mir. Als ich die Schüsse gehört habe, war mir klar, dass da was Schlimmes im Gange ist.« Giulia schlägt die Hand vor den Mund und murmelt: »Was machen wir nur?«

»Wir verlassen die Stadt. Pack alles Geld ein, den Schmuck, das Tafelsilber, die wertvollsten Dinge eben. Wir fahren zur Villa dei Quattro Pizzi. Sie liegt außerhalb der Stadtmauern und ist leichter zu verteidigen.«

Giulia gibt Anordnungen an das Personal, reißt Schränke auf, klappt Koffer zu. Die Bediensteten laufen im Haus umher. Die Töchter gehorchen ohne einen Mucks, besonders Angelina, die mehrere kostbare Spitzenschals zusammenträgt und tief in einer Tasche versteckt.

Ignazio läuft ihr hinterher. »Darf ich mein Schaukelpferd mitnehmen? Und die Bücher?«, fragt er unablässig, während die Haushälterin die Fenster schließt und verriegelt. In all dieser Hektik ist Giuseppina die Einzige, die immer noch reglos auf ihrem Sessel sitzt und vor sich hin murmelt: »Diese Gottlosen …«

Vincenzo schreibt rasch verschiedene Nachrichten und vertraut sie einem Laufburschen an, der sie seinen Geschäftskollegen bringen soll, allen voran Carlo Giachery. Aus dem Arbeitszimmer holt er einige Dokumente, außerdem einen Beutel mit Münzen. Die wird er, das weiß er, brauchen, um an den Barrikaden und Straßensperren vorbeizukommen.

»Die Kutschen sind bereit«, verkündet ein Dienstmädchen.

Treppauf, treppab werden Koffer, Truhen und wackelige

Körbe getragen. Giulia achtet darauf, dass nichts verloren geht. Dann, als Letztes, nimmt sie den kostbarsten Schmuck, den Vincenzo ihr geschenkt hat, und verstaut ihn in einer geheimen Innentasche in ihrem Unterrock.

Ihr Mann wartet am Haustor auf sie.

Er besteigt zusammen mit der Mutter und der Haushälterin die erste Kutsche, Giulia folgt zusammen mit den Kindern und dem Gepäck in der zweiten.

Das Vorwärtskommen ist eine Qual, denn die Straßen sind von Karren, Handwagen und Kutschen verstopft, die sie immer wieder dazu zwingen, langsamer zu fahren oder gleich ganz stehen zu bleiben. Leichen liegen auf der Straße. Jedes Mal, wenn sie anhalten, wird Giulia flau vor Angst, doch sie kann nichts anderes tun, als ihre Töchter zu umarmen, die sich fest an sie drücken.

Ignazio hingegen späht durch den Vorhang der Kutsche nach draußen, mit einem Blick, der auf einmal zu dem eines Erwachsenen geworden ist, obwohl er gerade einmal neun Jahre alt ist. In seinen Augen steht mehr Neugier als Furcht. Vor allem jedoch liest man darin den riesigen Wunsch zu begreifen, was da passiert, mit ihm, seiner Familie, seiner Stadt. Er lässt den Vorhang wieder sinken und schaut zu seiner Mutter: Gewiss, sie hat Angst, das sieht man, doch weder murmelt sie Gebete noch bricht sie in Tränen aus. Ja, sie tadelt sogar seine Schwestern für ihr Gejammer. Und auch sein Vater war ganz ruhig, als er zusammen mit der Großmutter die Kutsche bestieg, und in seinem Gesicht war nicht einmal die Spur von Erregung zu erkennen.

Wenn seine Eltern stark genug sind, sich ihre Angst nicht anmerken zu lassen – so sagt er sich –, dann wird auch er stark sein.

Vincenzo schweigt. Neben ihm murmelt seine Mutter ihre lateinischen Litaneien.

Plötzlich bleibt die Kutsche stehen. Ein Chor aus erregten Stimmen kommt auf sie zu.

Vincenzo legt ein Ohr an die Kutschenwand und lauscht.

»*Di ccà 'un passa nuddu, capisti*? Hier kommt keiner durch, ist das klar?«

Der Kutscher beginnt zu streiten, verlangt, dass die beiden Kutschen passieren dürfen. Kurz darauf scheint es zu Handgreiflichkeiten zu kommen.

Vincenzo öffnet den Wagenschlag. Und blickt in die Mündung einer Pistole.

»Don Florio. *Assabbinirica.* Seid gesegnet.« Ein junges Gesicht, mit einem zarten Bartflaum bedeckt. Kleidung, die auf eine anständige Herkunft hinweist. Das hier ist kein Bettler, oder zumindest sieht er nicht so aus.

Vincenzo lässt sich nichts anmerken, doch er hat Angst. »*Assabbinirica* auch Euch«, gelingt es ihm schließlich zu sagen. »Warum lasst Ihr uns nicht durch?«

»Weil das nicht geht. Adlige und Reiche wie Ihr werden in dieser Stadt gebraucht.«

Ganz langsam steigt Vincenzo aus der Kutsche und sieht sich auf der Stelle von einer Schar Männer aller Altersgruppen umringt, die die Straße in Richtung Monte Pellegrino blockiert hat. Auf dem staubigen Pflaster liegen Bündel und Gepäckstücke; offenbar hat jemand hier seine Habseligkeiten liegen lassen, um seine nackte Haut zu retten. »Warum können wir nicht durch? Wer hat das angeordnet?«

»In Palermo kommt niemand rein oder raus, bis die Stadt nicht vollkommen in unserer Hand ist.«

»Aha. Und ihr, mit Verlaub, seid wer?«

»Freie Sizilianer, die für die Unabhängigkeit unserer Insel kämpfen.«

Aus der Kutsche kommen verängstigte Stimmen. Eine Hand wird aus dem Wagen gestreckt, ein schrilles Stimmchen protestiert: »Mama, nicht!« Am Ende taucht Giulia auf, die mit gesetzten Bewegungen aus der Kutsche steigt und an Vincenzos Seite tritt.

»Was wollt ihr?« Sie sagt es entschlossen und in so kämpferischem Ton, dass der Aufständische den Impuls unterdrücken muss, die Waffe sinken zu lassen.

»Geh in die Kutsche zurück«, befiehlt ihr Vincenzo.

Doch sie beachtet ihn gar nicht. »Auf Palermos Straßen wird gekämpft. Wir wollen unsere Kinder in Sicherheit bringen. Lasst uns bitte durch.«

»Und die *picciriddi* der armen Leute? Die haben auch das Recht, in Sicherheit gebracht zu werden. Wir alle sind Kinder dieser Stadt und müssen vereint bleiben. Na los, Madame, *turnate a' vostra casa,* geht wieder heim.«

Empört will Giulia ihm in entsprechendem Ton antworten, doch Vincenzo legt ihr beschwichtigend eine Hand auf den Arm. »Könnte eine kleine Spende Eurer Sache möglicherweise dienlich sein?«

Der junge Mann lacht verächtlich. »*Caciettu.* Ihr Reichen denkt, ihr könnt überallhin und nach Herzenslust anderen Befehle erteilen, bloß weil ihr die *picciuli*, das nötige Kleingeld, habt.« Jetzt nähert sich die Mündung der Pistole Vincenzos Brust. »Und jetzt haut ab, habe ich gesagt.«

Pferdegetrappel. Alle drehen sich um. Mehrere Bewaffnete reiten auf sie zu. Ihre Gesichter sind müde und staubig. Sie bleiben stehen, und einer der Reiter löst sich von der Gruppe. »Michele! Was geht hier vor?«, fragt er. »Behandelt man etwa so seine Mitmenschen, wie Banditen?«

»Don La Masa …« Der junge Mann, der Vincenzo mit der Waffe bedroht hat, steckt die Pistole in seinen Gürtel zurück. »Der da will aus der Stadt abhauen.«

»Und du bedrohst den Herren der Casa Florio?« Der Mann trägt einen breiten Backenbart und hat schmale Augen unter einer Stirn mit ausgeprägten Geheimratsecken. Er streckt Vincenzo die Hand hin. »Don Florio. Signora … Ich bin Giuseppe La Masa, und ich bin Patriot. Freut mich, Euch kennenzulernen.«

Vincenzo zögert. Er hat schon von La Masa gehört, hat sein Konterfei in verschiedenen Zeitungen gesehen, die ihn als Rebell und Rädelsführer bezeichnen; er weiß, dass er folglich einen der berühmtesten – und meistgesuchten – Gegner der Bourbonenherrschaft vor sich hat.

Es ist Giulia, die als Erste den Gruß erwidert und dem Mann die Hand gibt. »Signor La Masa …«, sagt sie und neigt den Kopf. »Ich habe von Euch gehört. Und ich hatte vor einiger Zeit auch die Gelegenheit, Euer Buch zu lesen. Um ehrlich zu sein, ist es mehr ein Aufruf als ein Buch, doch es war sehr aufschlussreich.«

Vincenzo dreht sich zu ihr und betrachtet sie mit großen Augen. Doch er ist weniger erstaunt als wütend. Hat sie wirklich dieses Buch gelesen? Das Pamphlet eines Umstürzlers? Und wie ist dieses Machwerk in ihr Haus gelangt? Das kann nur dieser verantwortungslose Giovanni Portalupi gewesen sein. Giulia erwidert zornig seinen Blick. Darüber wird später noch zu reden sein.

Vincenzo tut es seiner Frau nach und reicht La Masa die Hand. »Wenn Ihr ein Patriot seid, dann könnt Ihr mir bestimmt erklären, warum es uns verwehrt wird, unser Haus in Arenella zu erreichen.«

»Er hat uns Geld angeboten!«, ruft Michele mit angewiderter Miene. »Er hat versucht, uns zu bestechen! Was kann denn schon Gutes von einem kommen, der versucht abzuhauen?«

La Masa kneift die Augen zusammen, bis es fast nur noch zwei Schlitze sind. Und nein, es ist nicht die Entrüstung, die sein Interesse erneut geweckt hat. »Wirklich?«

»Ich wollte nur eine Spende für Eure Sache leisten, Signore.«

»Aha.« Der Mann blickt in Richtung Palermo. Jenseits der Straße bringen Kanonenschläge die Küstenlinie zum Beben, Rauchwolken steigen auf. »Die machen die Stadtmauer dem Erdboden gleich. Das bringt doch nichts.« Dann wendet er sich wieder an Vincenzo. »Denn die Stadt ist auf unserer Seite. Die Leute haben die Schikanen der Neapolitaner satt, die hierherkommen, um Befehle zu erteilen, uns auszubeuten und sich als Herren aufzuspielen. Und auch wenn es Euch nicht interessiert, wie sehr sie uns unterdrücken und unsere Freiheit beschneiden, so glaube ich doch, Ihr wisst, wie sehr sie uns wirtschaftlich schikanieren, denn Ihr seid Kaufmann.« Er wendet sich an Giulia und schaut sie voller Ingrimm an. »Ihr, Signora, wisst Ihr eigentlich, wie viele Mädchen von Ferdinands Soldaten entehrt wurden? Viele, die kaum älter sind als Eure Töchter, mussten diesen erbarmungslosen Männern und ihren schändlichen Gelüsten zu Willen sein. Sie schicken uns diese Soldateska, der König behandelt uns, als wären wir eine Kolonie und nicht Untertanen, über die es zu regieren gilt.« Er spricht voller Leidenschaft, voller Mut. Wieder zeigt er auf die Stadt. »Wir Sizilianer haben das Recht auf ein besseres Leben. Denn es ist nicht nur Palermo, das aufsteht, sondern die ganze Insel.«

Was Vincenzo an dem Gesicht dieses Mannes ablesen kann, versetzt ihn in Unruhe. Und ein Blick genügt, um ihm zu bestätigen, dass keiner der Männer die Waffe gesenkt hat und die Berittenen jetzt auch die Kutsche mit seinen Kindern umstellt haben.

La Masa tritt auf ihn zu, flüstert ihm fast ins Ohr. »Ihr, Don Florio, seid ein aufgeklärter Geist, ein Unternehmer, wie es auf dieser Insel nur wenige gibt. Wollt Ihr unsere Sache unterstützen und mit uns kollaborieren? Werdet Ihr uns dabei helfen, unsere neue Welt aufzubauen? Mit Euren Fähigkeiten, Eurer Intelligenz könnten wir zusammen ein neues Sizilien erschaffen. Und? Seid Ihr dabei?«

Ein Sonnenuntergang im Mai, der bereits nach Sommer schmeckt. Trotzdem verweilt er nicht lange genug, um sich betrachten und bewundern zu lassen, so wie das im Sommer vorkommt: Noch ist die Sonne ein flüchtiger Ball, der es eilig hat, hinter den Bergen zu verschwinden und im Meer zu versinken. Kurz darauf ist es finstere Nacht.

In dieser kurzen Zeit liegt über Palermo ein weiches Licht, das das Gemetzel des Aufstandes noch deutlicher zutage treten lässt: Die Stadtmauern, die dem Meer zugewandt sind, wurden unter Kanonenbeschuss genommen und sind zerstört, und in den Gassen häuft sich noch immer der Unrat – Überreste der Barrikaden, die errichtet wurden, um die bourbonischen Soldaten am Vorrücken zu hindern. Die Kasernen, wie die an der Piazza del Noviziato, wurden dem Erdboden gleichgemacht. Die Porta Felice wurde mit einem großen Tuch verhängt, um den Blick auf das Meer von der Cassaro aus zu versperren und auf diese Weise zu verhindern, dass zwischen dem Königspalast und den bourbonischen Schiffen, die draußen vor Anker liegen, Signale ausgetauscht werden können.

Es ist allerhand passiert in diesen ersten vier Monaten des Jahres 1848.

Allein in seinem Arbeitszimmer, bei angezündetem Kamin und angelehntem Fenster, kann Vincenzo nach einem schrecklichen Tag ein wenig durchatmen.

Ein Geräusch.

Die Tür geht auf. Giulia steht vor ihm, in Morgenrock und Pantoffeln. »Vincenzo! Es ist fast Mitternacht!«

Er massiert sich die Schläfen. »Was ist denn?«

Sie tritt ein und macht die Tür hinter sich zu. »Du hast nichts gegessen. Du schläfst nur ganz wenig. Was ist los mit dir?«

Der Mann schüttelt den Kopf. Auf der Schwelle zu seinem fünfzigsten Lebensjahr spürt er das Gewicht der Verantwortung auf seinen Schultern und hat das Gefühl, irgendwann könnte es so schwer werden, dass es ihn in die Knie zwingt. »Geh ins Bett, Giulia. Lass nur, damit haben Frauenzimmer nichts zu schaffen.«

Doch sie weicht keinen Schritt. Stattdessen schaut sie ihn an, die Lippen schmal und zu einer Grimasse tiefer Missbilligung verzogen.

»Das hast du auch gedacht, als ich dir sagte, ich hätte La Masas Buch gelesen. Ein Frauenzimmer zu sein bedeutet noch lange nicht, dass man dumm ist, und dieses Buch hat mir geholfen, viele Dinge zu begreifen, vor allem, warum er und viele andere wie Rosolino Pilo oder Ruggero Settimo versuchen, in Sizilien einen unabhängigen Staat zu errichten. Sicher, ob ihnen das gelingt, ist eine andere Sache … Du magst mit ihren Ideen nicht einverstanden sein, Vice', aber du kannst nicht leugnen, dass sie sie mit Leidenschaft vorbringen. Und was mich angeht, so bin ich weder deine Mutter noch eine von deinen Töchtern, sondern deine Frau. Rede mit mir. Was bekümmert dich? Es hat mit der neuen Regierung zu tun, stimmt's?«

»Ja.« Vincenzo beginnt im Zimmer auf und ab zu gehen. »Heute habe ich etwas getan, was ich vielleicht noch bereuen werde. Ich habe in England auf Rechnung des Revolutionskomitees eine große Partie Gewehre gekauft. Was soll's … Da wurde das Königreich Sizilien ausgerufen, aber sie haben nicht einmal einen König gefunden, der die Krone will; weder der Sohn von Karl Albert, der Herzog von Genua, noch sonst irgendwer, weil die Engländer dagegen sind, dass sich Sizilien von den Bourbonen lossagt. Im März haben sie für die Parlamentswahlen ein Mordstheater gemacht, haben die üblichen paar Adligen und Anhänger zuhauf aufgetrieben. Es sollte erneut die Verfassung von 1812 zur Anwendung kommen … aber einen Bezugspunkt haben wir immer noch nicht. Keinen Herrscher, keinen Anführer, niemanden. Verstehst du? Es gibt deshalb keinen König von Sizilien, weil niemand einen Fuß auf diese Insel setzen will. Das ist doch verrückt!« Er lässt sich auf den Sessel fallen. »Als hätte die Konfiszierung der Schiffe nicht schon gereicht, oder die Anleihe, die sie mir praktisch aufgezwungen haben.«

»Es ist eine Revolution, Vice'. Überall herrscht Chaos, und

man muss vernünftig und vorsichtig sein.« Sie geht zu ihm, streichelt ihm das Gesicht, und Vincenzo greift nach ihrer Hand und küsst sie auf die Handfläche, er, der sich nur selten zu Bekundungen seiner Zuneigung hinreißen lässt. »Alle müssen Opfer bringen.«

»Das weiß ich. Aber ich kann es nicht ertragen, dass sie Krieg mit meinem Geld führen müssen: Ich habe ein ganzes Leben damit zugebracht, all das hier … auf die Beine zu stellen.« Er zeigt auf die Akten, die auf dem Tisch verstreut sind. »Seit die Revolte begonnen hat, haben sich unsere Geschäfte halbiert. Die Kreditbank, die Gießerei, die Schiffe … Der Dampfer unserer Dampfschifffahrtsgesellschaft, die *Palermo,* lief auf Hochtouren; dann kamen Ruggero Settimo und die Revolutionsregierung und haben sie sich einfach genommen, um damit ihre Truppen zu transportieren. Ja, du hast es ganz richtig gesagt, als du von Leidenschaft sprachst. Settimo zum Beispiel als Oberhaupt der sizilianischen Regierung glaubt fest an das, was er tut, aber er ist auch bereit, über die Dinge nachzudenken. Er begreift, dass Sizilien noch nicht so weit ist, eine republikanische Regierung zu haben, die der Adel nie und nimmer akzeptieren würde, und versucht deshalb zu vermitteln, eine Lösung zu finden … Aber auf der anderen Seite ist da auch dieser Klugscheißer Pasquale Calvi, der größte Dickkopf unter den Republikanern. Ich kann gar nicht sagen, wie sehr die mir geschadet haben mit ihren Aufrufen und der Forderung, wir Bürgerlichen müssten die Revolution unterstützen. Und jetzt …«

»Haben sie dich denn wenigstens bezahlt?«

Augen werden gen Himmel gerollt. »Oh ja. Mit Silber aus Kirchen.«

Ohne es zu wollen, kann Giulia ein Lachen nicht unterdrücken. »Du meinst, Kelche, Hostiengefäße und Weihrauchfässer?«

»Genau. Und da gibt es nichts zu lachen: Sofern ich sie nicht einschmelzen lasse, was ich natürlich nicht tun kann, habe ich keine Möglichkeit, sie zu Geld zu machen.«

»Wenn deine Mutter wüsste, dass du diese Sachen einschmelzen lassen willst, würde sie dich exkommunizieren.«

Vincenzo jedoch lächelt nicht. Er nimmt eines der Bänder am Morgenrock seiner Frau und schlingt es sich um die Finger. »Auch wenn die Revolutionsregierung in Palermo einen soliden Eindruck macht, gibt es immer noch zu viele, die zum König und den Neapolitanern halten. Wir befinden uns im Auge eines Sturms, Giulia. Es gibt viele Möglichkeiten, noch zu scheitern.«

»Aber die Leute sind zufrieden. Die neue Regierung tut ihr Bestes.«

Er schnaubt. »Den Leuten ist es egal, wer sie regiert, wenn ihr Teller leer bleibt. Willst du die Wahrheit wissen? Es sind die Adligen, die ein Interesse daran haben, dass die Neapolitaner keinen Fuß mehr nach Sizilien setzen. Auf diese Weise bleiben ihre Privilegien intakt, und sie können die wichtigsten Posten an sich reißen. In der Regierung sitzen viele Mitglieder reicher Familien, wusstest du das? Gewiss, es sind Leute, die studiert haben und in der Welt herumgekommen sind, Leute mit großen Idealen. Aber von großen Idealen können sich die armen Teufel hier nicht ernähren. An sie muss die Regierung denken, sonst … Und da sie eben keine *picciuli* haben, wenden sie sich an mich, oder an Chiaramonte Bordonaro, und wollen mich sogar in die Bürgerwehr aufnehmen.«

»Aber du wirst all diese Probleme nicht lösen, indem du

die ganze Nacht aufbleibst oder das Abendessen ausfallen lässt.« Giulia klappt die Akten auf dem Schreibtisch zu. »Die Messkelche können warten. Und die Darlehen sind morgen auch noch da.« Sie beugt sich über ihren Mann, küsst ihn auf die Stirn. »Komm schlafen«, flüstert sie ihm ins Ohr.

Er schaut auf die Papiere und richtet dann seine Aufmerksamkeit auf die üppige Brust seiner Frau, schneeweiß unter dem Musselinstoff. So viele Jahre sind vergangen, seit sie sich kennengelernt haben, und er begehrt sie noch immer.

Er löst die Bänder ihres Morgenmantels. »Ich komme.«

Ihre Stimmen verlieren sich, ganz leise und gedämpft, in der Stille der Villa.

Der Turm der Villa dei Quattro Pizzi steht direkt vor ihm, umschmeichelt von einer Morgenröte, die die Farbe von Honig hat. Die Fenster der Villa sind verrammelt, das Haustor verschlossen. Das Dorf Arenella wirkt wie tot; keiner ist auf der Straße oder auf den Booten.

Ignazio schiebt das Fernrohr zusammen, das ein Seemann ihm geliehen hat, und schluckt. Da ist eine neue Angst in ihm, die ganz anders als die ist, die er dort im Meer empfunden hat, als sein Leben auf dem Spiel stand. Er hat schnell erwachsen werden müssen. Die Ereignisse des vergangenen Jahres haben seine Familie gezwungen, zuerst aus dem Haus an der Via dei Materassai und dann sogar auch aus der Villa dei Quattro Pizzi zu fliehen. Mit seinen zehn Jahren hat Ignazio bereits begriffen, wie schnell das Schicksal einem all das nehmen kann, was man bislang für selbstverständlich gehalten hat: Gewissheiten, Annehmlichkeiten, Wohlstand.

Es ist ein überaus schwieriges Jahr gewesen, dieses 1848, das weiß er. Die Bourbonen sind vertrieben worden, es gab eine neue Regierung, an der auch sein Vater und einige ihrer Bekannten beteiligt waren. All diese Zeit ist sein Vater noch nervöser und reizbarer gewesen als sonst. Doch auch das Jahr 1849 scheint nicht viel ruhiger zu werden. Ignazio hat gehört, dass Taormina, Catania, Syrakus und Noto sich Anfang April ergeben haben, und jetzt ist die Reihe an Palermo. Diese Nachrichten haben ihn verwirrt, doch niemand hat sich die Mühe gemacht, gewisse Dinge einem Kind zu erklären.

Die ganze Familie ist auf die *Indépendant* umgezogen, das Dampfschiff, das Vincenzo vor ein paar Monaten für seine neue Schifffahrtsgesellschaft gekauft hat. Diese trägt den Namen »Ignazio und Vincenzo Florio« und unterstützt die bereits schon länger existierende Dampfschifffahrtsgesellschaft; ein neues Unternehmen, für das Vincenzo Florio allein die Verantwortung trägt, aber auch alle Gewinne einstreicht. Dorthin haben sie sich geflüchtet, weil es ein sicherer Ort ist.

Letzte Nacht hat Ignazio mitangehört, wie sein Vater dies zum wohl hundertsten Male seiner Mutter erklärt hat. Ihre Kabinen liegen nebeneinander, und die Wände sind dünn. »Ich hab dir doch gesagt, sei ganz beruhigt: Die *Indépendant* ist als französisches Schiff eingetragen; ich habe die Flagge nicht geändert, als ich sie gekauft habe, und das war gut so ... Niemand, weder die Aufständischen noch die Neapolitaner, wird sie angreifen, aus Angst, sich Frankreichs Zorn zuzuziehen ...«

In der Stille der Nacht hörte Ignazio das Kleid seiner Mutter rascheln. Bestimmt umarmten sie sich, denn auf einmal wurde es still. Eine beängstigende Stille, in der er hörte, wie sich das Schlagen seines eigenen Herzens mit dem Schwappen der Wellen am Schiffsrumpf vermischte.

Dann, ein Flüstern: »Pass auf morgen. Was auch immer geschieht, denk daran, dein Leben zu retten.«

Diese Art Gebet hat ihn zutiefst verstört, denn es offenbarte auf einen Schlag die Ängste, die seine Mutter bislang immer so gut hinter dem beruhigenden Blick ihrer Augen verborgen hat.

Nun ist dieses Morgen zum Heute geworden. In diesem Moment bringt ein Beiboot seinen Vater an Land, und während er sich entfernt, spürt Ignazio, wie Angst sich in seiner Magengrube breitmacht.

Die Matrosen der *Indépendant* bewegen sich in respektvollem Schweigen. Sie schielen zu ihm herüber, betrachten diesen schweigsamen Jungen, dessen Kleidung so viel gekostet hat, wie sie in einem ganzen Jahr verdienen. Sie schauen ihn an und sagen sich, dass er seinem Vater überhaupt nicht ähnelt. Weder hat er seinen harten Charakter noch sein Ungestüm.

Ignazio nimmt Neugier, Neid, Erstaunen wahr, doch er lässt sich nichts anmerken. Stattdessen wendet er sich der Mutter zu, die reglos wie eine Gipsstatue am Bug steht, in einen Umhang gehüllt. Erst in diesem Augenblick bemerkt er die dunklen Ringe unter ihren Augen, die Falten um ihren Mund, die zerfurchte Stirn. All das war ihm noch nie aufgefallen. Wie ist es nur möglich, dass sie so gealtert ist? Wann ist das passiert? Was macht das Leben nur mit den Menschen, und wie schafft es das, ihnen die Zeit, die vergeht, aufzudrücken wie einen Stempel?

Zu viele Fragen für einen Jungen wie ihn. Fragen, auf die

es nur eine Antwort gibt, die er sich jedoch noch nicht zu geben vermag: Das Gesicht seiner Mutter, in diesem Moment so wie schon seit geraumer Zeit, ist das Antlitz der Angst.

Nachdem das Schicksal der Revolution besiegelt war, hat sich eine Delegation von palermitanischen Honoratioren in Caltanissetta mit Carlo Filangieri, dem Fürsten von Satriano und Befehlshaber der bourbonischen Truppen, getroffen und ihm die Kapitulation der Stadt übermittelt.

Bloß, dass …

Bloß, dass das Volk sich nicht ergeben wollte. Es hat sich erhoben, hat Barrikaden gegen die städtischen Garden errichtet. »Keine Zugeständnisse an die Bourbonen, nie und nimmer!«, haben sie geschrien. Nicht einmal der Hunger konnte den Hass auf die Neapolitaner besiegen.

Doch das Volk blieb sich selbst überlassen. Die Köpfe der Regierung sind geflohen – auch Ruggero Settimo, auch Giuseppe La Masa –, und die Adligen haben sich in ihren Villen auf dem Land und auf ihren Gütern verbarrikadiert, als wäre ihnen das Schicksal ihrer Stadt gleichgültig. Einer Stadt, die im Niedergang begriffen ist – ausgehungert, erschöpft, zerstört und in Flammen.

Ignazio weiß nichts von diesen Dingen, doch seine Mutter schon. Und sie hat noch nie so viel Angst um ihren Vincenzo gehabt, der jetzt nach Palermo aufgebrochen ist, in der Hoffnung, dass der König – wie von Filangieri versprochen – eine Generalamnestie erlässt.

Er tritt an ihre Seite, nimmt ihre Hand. »Macht Euch keine Sorgen, Papa ist bald wieder da.«

Er sagt es mit dem reinen Mut eines Kindes.

Giulia steht an der Reling und beobachtet mit zusammengekniffenen Augen, wie das Boot sich dem kleinen Hafen von Arenella nähert, dort, wo auch ihr Haus steht. »Ich hoffe es, Ignazio«, flüstert sie. Sie drückt die Hand des Jungen, und dieser verspürt eine Kraft, die nach Hoffnung schmeckt. »Nein. So wird es sein.«

Er umarmt sie. »Ja, Mama.«

»Mein kleiner Prinz …« Lächelnd erwidert Giulia seine Umarmung.

Sie liebt diesen Jungen, der so reserviert ist. Während Vincenzo brüsk und ungestüm ist, zeigt sich Ignazio immer ruhig, gelassen. Er hat so viel von ihr. Ihre Geduld. Die sanften Augen. Die großzügige Art. Vom Vater hingegen hat er die Entschlossenheit, und diese unbezähmbare Intelligenz, die ihn zuerst dazu bringt, etwas zu begreifen, dann es zu wollen und es schließlich auch zu bekommen. Ohne Eile, ohne Umwege. Das hat er nicht nötig.

In diesem Moment taucht aus dem Unterdeck Giuseppinas Gesichtchen auf. Sie hat ihr Haar zu einem strengen Chignon zusammengefasst, der die Blässe ihres hageren Gesichts zur Geltung bringt; auch sie trägt zum Schutz gegen die Feuchtigkeit einen Umhang. Angelina schläft noch in der Kabine, zusammengerollt an der Wand.

»*U' papà partì?* Ist Papa fort?«, fragt sie.

Giulia nickt und bedeutet ihr, näher zu kommen. Sie schlingt die Arme um beide Kinder. »Nun müssen wir beten, dass der König deinem Vater und den anderen seine Gnade erweist.«

Giuseppina schaut ihre Mutter von unten an. »*Papà 'un fici nenti chi l'autri 'un ficiri puru*«, protestiert sie. Nein, ihr Vater hat nichts getan, was andere nicht auch getan hätten. Sie sagt es mit finsterer Miene, die durch ihre ausgeprägte Nase – ein Erbteil ihrer Mutter – noch verstärkt wird.

Giulia küsst das Mädchen auf die Stirn. »Mein Schatz, ich weiß. Doch dein Vater ist ebenso wie Baron Chiaramonte Bordonaro, Baron Riso und Baron Turrisi ein reicher Mann, und er war …« Sie zögert, sucht nach dem richtigen Wort, um das zu erklären, was gerade im Gange ist. »Er war gezwungen, die Revolutionsregierung zu finanzieren. Doch der König braucht Geld. Es würde mich nicht wundern, wenn er, um sie für ihre Kollaboration zu bestrafen, von ihnen eine Entschädigung fordern, oder, noch schlimmer, einen Teil ihres Besitzes enteignen würde, um seine Verluste damit auszugleichen.«

Während seine Schwester zu einem murrenden Protest ansetzt, überlegt Ignazio. Er hat seine Eltern oft über Geschäfte reden hören und begreift, dass dieser Staat, den alle hassen, sich ihm aber unterordnen, nicht ihr Freund ist. »*'Un ci po' dire di no, vieru?*«, fragt er.

»Nein, er kann nicht Nein sagen. Dein Vater würde sich eher umbringen lassen als zuzulassen, dass sein Name in den Schmutz gezogen wird. Niemals würde er zulassen, dass jemand behauptet, die Florios seien ohne Ehre. Er wird das tun, was nötig ist.«

Aber er wird es nicht kampflos tun, denkt Giulia, die Augen fest auf Palermo gerichtet, das sich genau in diesem Moment aus dem Nebelmeer erhebt. Die Ehre – das ist für ihn das Geld, das sind die Fabriken, die er besitzt, die Gewürze, der Wein, die Schiffe. Und er wird sich diesen Reichtum von niemandem wegnehmen lassen.

Als Ignazio unter Deck geht, findet er Angelina wach vor.

Sie flicht sich das Haar. Er setzt sich auf das Kabinenbett. »Papa ist weggefahren.«

Sie gibt keine Antwort, sondern steckt den Zopf, den sie geflochten hat, oben auf ihrem Kopf fest. Der Junge steht wieder auf, tritt neben sie, betrachtet die Dinge, die zur Reisetoilette gehören. Er nimmt die Bürste aus bemalter Keramik, packt sie am Messinggriff und lässt sie baumeln.

Die Schwester reißt sie ihm aus der Hand. »Die gehört mir!«, schreit sie voller Zorn und schlägt nach ihm. »Musst du dir immer alles nehmen?«

Ignazio wird kleinlaut. »*Picchì?* Warum haust du mich?« Er tritt einen Schritt rückwärts, die Arme schützend an den Körper gelegt.

»Das fragst du noch?« Angelina knallt die Bürste mit voller Wucht auf den Schminktisch. Der Rücken aus Keramik bekommt einen Riss.

Kopfschüttelnd weicht er noch weiter vor ihr zurück.

»Wenn du nicht wärst, hätten wir schon längst wieder nach Hause zurückkehren können. Stattdessen müssen wir hierbleiben, bloß weil Papa immer auf dich aufpassen muss«, schimpft sie in tiefstem Sizilianisch. Auf Angelinas Gesicht sind hektische rote Flecken erschienen, ein Zeichen dafür, wie wütend sie ist. »Hast du es eigentlich immer noch nicht kapiert? Wir alle sind hier, weil er Angst um dich hat – viel mehr als um uns oder unsere Mutter.« Sie zeigt mit dem Finger auf ihn.

Mehr als ihre Worte sind es Angelinas Fäuste, die Ignazio Angst machen. Er schaut sie an und spürt, dass aus diesen geballten Händen eine Wut spricht, die er nicht verdient hat, denn er hat um nichts dergleichen gebeten und würde wie sie alle liebend gern nach Palermo zurückkehren.

Er legt seine Hände an die Brust, schüttelt den Kopf. »Ich will doch auch nur nach Hause.« Während er das sagt, spürt er die ersten Tränen, die unter seinen Lidern brennen. »Es ist nicht meine Schuld. Da sind die Soldaten, ich …«

»Ach, halt doch den Mund!« Angelina springt auf, packt ihn an den Schultern, schüttelt ihn. »Kapierst du denn nicht, dass sich dein Vater umbringen lassen würde, nur um dich zu schützen? Wir interessieren ihn überhaupt nicht, nur du. Nur du zählst, weil du das Haus weiterführen und mit ihm arbeiten wirst. Du, weil du ein *masculo* bist, ein Junge.« Sie lässt ihn los, schubst ihn fast gegen die Wand.

Ignazio muss sich am Türstock festhalten, um nicht zu stürzen.

»Giuseppina und ich, *semu fimmine*, wir sind Mädchen. Und du bist ein Junge.« Jetzt weint auch sie. Kleine, wütende Tränen, die sie mit dem Handrücken wegwischt. »*Fino a quannu 'un nascisti tu, iddo 'un si maritò a nostra matri.* Bis du auf die Welt kamst, wollte er unsere Mutter nicht mal heiraten. So ist das. Erst als sie dich bekam, hat er sie zur Frau genommen.« Sie geht zur Tür. »*Pi' iddo 'un cuntamo nenti. Putissimo puru muoriri.* Für ihn zählen wir gar nichts. Für ihn könnten wir ebenso gut tot sein.« Sie läuft hinaus.

Ignazio ist allein. Er lässt sich auf den Boden sinken, zieht die Knie an die Brust. Jetzt ist ihm so manches klar geworden. Bemerkungen, die das Personal fallen lässt. Die bösen Blicke Angelinas und die traurigen von Giuseppina. Die Härte seines Vaters und die beschützende, fast eifersüchtige Art von Großmutter Giuseppina.

All das setzt sich langsam zu einem Bild zusammen, doch es währt nur einen Moment lang.

Er ist noch zu jung, um zu begreifen, was das alles wirklich bedeutet, doch da ist eine Ahnung, wie ein kalter Luftzug, der ihn zum Beben bringt, von dem ihm bange wird – doch er verschwindet sofort wieder, wie angesogen vom schlammigen Untergrund des Bewusstseins.

Sein Leben gehört nicht ihm.

Vincenzo Florio wartet in seinem Arbeitszimmer an der Via dei Materassai. Niemand weiß, dass er vor ein paar Stunden nach Hause gekommen ist.

Von Bord gegangen ist er an einem Punkt, der nicht weit von der Stadt entfernt ist. Giovanni Caruso, sein Sekretär, hat mit einer Karosse sowie einer kleinen Eskorte auf ihn gewartet. Sie sind über Land gefahren und haben die Wachposten bestochen.

In den Straßen und Gassen klaffen die Wunden der Zerstörung: beschädigte Palazzi, aus den Angeln gehobene Tore, Möbelstücke, die zerhackt wurden, um als Brennholz zu dienen, zurückgelassene Waffen, Blut. Die Palermitaner haben sich verraten gefühlt, überzeugt davon, dass Adlige und Kaufleute gleichermaßen die Unabhängigkeit der Insel an den König verkauft haben, nur um ihren Reichtum zu retten.

Und Tatsache ist: Sic hatten recht.

Vincenzo erschaudert. Vor ihm macht Giovanni Caruso ein Schläfchen auf einem kleinen Diwan. Er ist immer an seiner Seite geblieben, hat ihm eine Ergebenheit gezeigt, die weit über seine Pflichten als Sekretär hinausgeht.

Vincenzo ist mittlerweile fünfzig Jahre alt, und er spürt jedes einzelne davon. Er hat es redlich versucht, sich nicht mehr allzu sehr einnehmen zu lassen, doch im Verlauf der

Dinge ließ es sich nicht vermeiden, dass er eine Aufgabe in der Nationalgarde übernahm, als die Köpfe der Revolution sich aus dem Staub gemacht hatten und die Stadt im Niedergang war. Er wollte es nicht, doch es war unmöglich, sich aus der Affäre zu ziehen. Immerhin hat er sich aus der aktiven Arbeit der Revolutionsregierung herausgehalten, sobald es ihm möglich war. Immerhin hat er sich noch keinen einzigen Fehler geleistet, was die Leitung der Casa Florio betrifft.

Bis jetzt zumindest.

Er geht im Zimmer auf und ab, ohne Lärm zu machen, steigt ins obere Stockwerk hinauf, wo immer noch seine Mutter lebt. Giuseppina wollte nicht weg von hier. Er sieht sie im Salon sitzen, den Rosenkranz in der Hand; sie ist im Sessel eingenickt. Weißes Haar lugt unter der Haube hervor. Ihre Hände sind abgemagert und voller Altersflecken. Er hat diese Hände stark in Erinnerung, gerötet von der Seifenlauge oder vom eisigen Wasser, mit Mehl bedeckt. Oder mit Blut befleckt.

Es ist eine vage Erinnerung, die sich in ein Gefühl der Leere verwandelt. Ja, er hätte beinahe ein Brüderchen oder Schwesterchen bekommen …

Er macht einen Schritt zurück. Die Falten auf Giuseppinas Gesicht erzählen eine Geschichte der Verbitterung. Mehr als sein Vater, das weiß er, fehlt ihr Ignazio. Auf einmal erfüllt ihn ihr Anblick mit großem Bedauern, es tut ihm leid um sie, um die siebzig Jahre des Schmerzes, die sie auf dem Buckel hat.

Er geht wieder nach unten, durchquert die Zimmerflucht, kommt am Salon vorbei. In seinem eigenen Zimmer angekommen streckt er sich auf dem Bett aus, sucht schnuppernd nach Giulias Duft. Doch er kann ihn nicht finden. Das Bettzeug ist längst gewechselt, es duftet nach Seife.

Er schließt die Augen, während das Gefühl der Leere verblasst und Müdigkeit, aber auch Besorgnis an seine Stelle treten.

Und jetzt, was wird jetzt passieren?, fragt er sich. *Wie großzügig wird der König sein, und wie weit wird seine Vergebung reichen?*

Die Augen geschlossen wälzt er sich im Bett herum. Ein Gefühl der Frustration stößt ihm bitter auf.

Der Fürst von Satriano, denkt er. *Ja, er wird mich von den Vorwürfen reinwaschen. Das ist er mir schuldig.*

Sechs Jahre zuvor hat Vincenzo diesem Carlo Filangieri, dem Fürsten von Satriano, die Schande des Scheiterns durch ein Darlehen erspart. Er hat es getan, obwohl dieser Mann ihn einst als »Handlanger« verunglimpft hat. Nein, er hat ihm das Geld sogar aus genau diesem Grund geliehen – damit er sich für immer daran erinnern wird, dass ein Mensch, den er für minderwertig gehalten hat, ihn vor dem Offenbarungseid bewahrt hat.

Außerdem, hat sich Vincenzo damals gesagt, *ist es immer gut, Beziehungen zum Hof zu haben.*

Über einen Mittelsmann hat ihm der Fürst mitteilen lassen, weder Vincenzos »Nähe« zu den Rebellen noch diese bedauerliche Sache mit den Gewehren, die er im Auftrag der Revolutionsregierung gekauft hat, würden Konsequenzen haben. Natürlich müsse er der Kirche ihr Silberzeug zurückgeben, aber wahrscheinlich wäre es damit dann getan.

Von wegen.

Seit dieser Geschichte mit der Revolution hat sich Vincenzo vorgenommen, niemals zu vergessen, dass man Politikern kein Vertrauen schenken darf. Man kann sie benutzen, für eigene Zwecke einspannen, sie wenn nötig sogar kaufen, denn jeder Mensch hat seinen Preis. Doch nie und nimmer sollte man ihnen vertrauen.

Die Spannung löst sich. Das Sonnenlicht, das durch die Fenster hereinfällt, kündet vom neuen Tag. Er steht auf, zieht sich um. Dann bittet er einen der Diener, Caruso zu wecken, damit dieser sich frisch machen und frühstücken kann.

Als der Sekretär zu ihm kommt, zeigt Vincenzo auf den Tisch. »Da stehen Kaffee und Kekse. Bedient Euch.«

Der Mann kaut langsam und betrachtet verstohlen das Gesicht seines Herrn. Schließlich sagt er: »Jetzt müsste auch der königliche Bote eingetroffen sein. Er wurde eigentlich schon gestern Abend erwartet.«

»Ich denke, ja.« Eine Pause, eingezwängt zwischen den Worten und der Anspannung. »Und jetzt gehen wir zum Stadtpalast.«

Um unerkannt zu bleiben, hüllen sich die beiden Männer in alte Umhänge. Die Stille in den Gassen ist verschwunden, und an ihre Stelle ist ein Stimmengewirr getreten, das immer lauter wird, je mehr sie sich dem Stadtpalast nähern. Sie ahnen, dass etwas vorgefallen sein muss, als sie sehen, dass immer mehr Menschen die Straßen bevölkern. Jenseits der Quattro Canti, dort, wo der Galgen steht, wogt eine menschliche Flut, schreiend und rufend. Sie beschließen, einen anderen Weg durch eine Gasse einzuschlagen, an der Kirche und dem Kloster Santa Caterina vorbei. Am Ende jedoch sehen sie sich erneut gezwungen, sich zwischen den Menschen hindurchzudrängen, die nach Schweiß und Wut riechen. »Gehen wir hinein, schnell«, flüstert Vincenzo dem Sekretär zu. »Das hier wird noch böse enden.«

Durch die weit aufgerissenen Fenster des großen Atriums fällt Licht, Stimmen werden laut. In einem Kamin brennen Dokumente, von einem Amtsdiener in die Flammen geworfen. In einer Ecke, auf einem Stuhl zusammengesunken, sitzt keuchend Baron Turrisi und ringt die Hände.

Baron Pietro Riso geht Vincenzo entgegen, gefolgt von Gabriele Chiaramonte Bordonaro; er wirkt spürbar erleichtert. »Der König hat für uns alle eine Amnestie erlassen. Auf die anderen wartet die Verbannung. Die Leute sind wütend, begreifen aber nicht, dass es noch viel schlimmer hätte kommen können. Kein einziges Todesurteil … aber ich hege keinen Zweifel daran, dass der König schon noch eine Möglichkeit finden wird, uns zu bestrafen.«

Caruso murmelt: »Gott sei's gelobt.«

Vincenzo beschränkt sich auf ein Nicken und fragt dann: »Wer muss in die Verbannung?«

Riso breitet die Arme aus. »All diejenigen, die sich am weitesten aus dem Fenster gelehnt haben: Ruggero Settimo, Rosolino Pilo, Giuseppe La Masa, der Fürst von Butera … etwa vierzig Personen. Es ist glimpflich ausgegangen.«

Genau in diesem Moment verschafft sich ein Mann Zutritt zu dem Raum. Er wirkt aufgewühlt, die Stirn unter den Geheimratsecken ist gerötet. »Ihr da!« Er zeigt mit dem Finger auf die beiden Aristokraten und auf Florio. »Ihr habt unsere Insel für ein Linsengericht verkauft!«

»Don Pasquale, es ist vorbei. Wir müssen retten, was zu retten ist. Ich verstehe, dass Eure Ideale enttäuscht wurden, doch wir hatten keine andere Möglichkeit…«, versucht Baron Turrisi, ihn zu beschwichtigen.

»Für Euch bin ich immer noch *Signor* Pasquale Calvi. Meine politischen Überzeugungen lehnen Adelstitel ab. Und gewiss, mit Euch besteht in der Tat keine Hoffnung mehr, dass sich etwas ändern kann.« Er schaut sie an, in seinen Augen lodert Wut. »Meine Kampfgefährten und ich haben von einem freien Sizilien geträumt, einem unabhängigen Staat, der mit den anderen Staaten Italiens verbündet ist. Doch von euch hat keiner wirklich an dieses Ideal geglaubt, keiner! Wir haben diese Schlacht umsonst gekämpft. Und jetzt müssen wir, nur wegen eurer Feigheit, für alle bezahlen. Mein Name steht auf der Liste der Verbannten. Ich, gezwungen, meine Heimat zu verlassen! Mit eurer Feigheit habt ihr mich und meine Kinder von dieser Insel verbannt und uns zu einem Schicksal im Exil verdammt. Hättet ihr den Mumm gehabt und euch dazu durchgerungen, zu den Waffen zu greifen und zu kämpfen, stünden die Neapolitaner zu dieser Stunde nicht vor den Toren der Stadt.«

Vincenzo lässt ihn nicht weiterreden. »Calvi, Eure Aufrufe und Eure Rhetorik kommen zur Unzeit. Dankt dem Himmel, dass sich neben Eurem Namen kein Kreuz befand, oder Ihr wärt jetzt bereits in der Festung des Ucciardone, und ich hätte Euch höchstpersönlich dorthin bringen müssen. Das sollt Ihr wissen.«

Mors tua vita mea.

Pasquale Calvi macht einen Schritt auf ihn zu. Die Verzweiflung ist wie eine Säure, die ihn zerfrisst. »Ihr habt gut reden! Als Ruggero Settimo und ich Euch angefleht haben, Euren Teil zur Verteidigung der Stadt beizutragen, habt Ihr einen Rückzieher gemacht, genau wie alle anderen, angefangen bei diesem *cane di bancata,* diesem streunenden Hund an Eurer Seite, Chiaramonte Bordonaro. Und Ihr habt Euch Filangieri ergeben, Ihr Feiglinge!«

»Ihr wolltet von uns, dass wir uns umbringen lassen! Aber wir haben ein Leben, und wir wollen es weiterleben. Begreift Ihr nicht, dass ein Blutbad verhindert wurde, dadurch dass wir uns ergaben?«

Doch der andere will nicht begreifen. Seine Augen füllen sich mit Tränen. »Ihr, Florio, seid nicht nur ein *pirocchio arrinisciuto,* eine neureiche Laus – Ihr habt auch eine schwarze Seele. Ein Hund, der kuscht, das seid Ihr. Ihr hättet die Stadt verteidigen müssen, anstatt den Schwanz einzuziehen, sobald die kleinste Gefahr aufkam, nur um Eurer eigenen Interessen willen.«

»Aber Ihr wisst schon, wie vielen Leuten ich Arbeit gebe, oder?«, tönt Vincenzo und geht auf ihn zu. »Ihr wisst, was die Casa Florio ist?«

Der schubst ihn von sich. »Seid verflucht!«, schreit er. »Ihr sollt zugrunde gehen, Ihr und Eure *picciuli,* Ihr und Eure unseligen Kinder, bis ins allerletzte Glied, sollt ihnen nachweinen bis zum letzten Centesimo! So wie ich jetzt weine, werdet auch Ihr weinen!«

Finsternis legt sich wie ein Mantel um Vincenzos Herz. Er spürt, wie ihm das Blut zu Kopfe steigt und ihm die Sinne benebelt. »Was, jetzt verflucht Ihr mich auch noch?«, schreit er und ballt die Fäuste, öffnet sie wieder. »Dann schicke ich Euch gerne auch Verwünschungen! Nur dass die gleich in Erfüllung gehen!«

»Genug, es reicht! Schluss jetzt, Calvi!« Baron Turrisi packt den Mann am Arm. »Wie hätten wir denn Widerstand leisten können, nachdem Messina und Catania gefallen waren? Mit welchen Waffen, mit welchen Truppen? Was hattet Ihr denn im Sinn, ein halbes Königreich? Eine Republik inmitten bröckelnder Stadtmauern? Es war nichts mehr zu machen. Wir können froh sein, dass uns der König begnadigt hat.«

Calvi schaut ihn an, als sähe er ihn zum allerersten Mal: mit Entsetzen, mit Verachtung. »Ihr vielleicht.« Durch die Fenster dringen Schreie, man hört das Klicken von Steinwürfen an den Palastmauern. »Hört Ihr sie, die Palermitaner? Sie wollen sie nicht, die Kapitulation!« Ein Stein fällt auf den Boden, zerbricht eine Kachel. Pasquale Calvi breitet die Arme aus, auf dem Gesicht einen Ausdruck tiefsten Schmerzes, der nur schwer zu ignorieren ist. Der Schmerz eines Menschen, der sein Land liebt, der an die Möglichkeit einer anderen Zukunft geglaubt hat und sich einem Ideal verschrieben hat, indem er ihm, ohne Rücksicht auf Verluste, sein Leben opferte. Der Schmerz dessen, der nun aus dieser Heimat verbannt wird. »Ihr habt unser Land zur Sklaverei verdammt. Ich hoffe, dieser Gedanke wird Euch des Nachts den Schlaf rauben und dass dereinst Eure Kinder dagegen aufbegehren werden und Euch Eure Feigheit zum Vorwurf machen.« Mit diesen Worten läuft er hinaus, während draußen die Stadt erbebt, von Schreien, von Schüssen.

Turrisi zögert, will hinter Calvi her, ihn zur Rede stellen, doch dann kehrt er um. »Wir gehen besser. Lasst uns zurückkehren, wenn sich die Gemüter beruhigt haben.«

Sie nicken einander zum Abschied zu und schlüpfen zusammen mit den Angestellten und den Amtsdienern hinaus. Die Türen fallen hinter ihnen ins Schloss.

THUNFISCH

Oktober 1852 – Frühjahr 1854

Nuddu si lassa e nuddu si
pigghia si 'un s'assumigghia.
Die Menschen erwählen einander,
weil sie sich ähneln.
Sizilianische Redensart

Während sich im übrigen Europa die Unabhängigkeitsbewegungen nach der Unterdrückung der Aufstände 1848 mühsam neu organisieren, versucht im Königreich beider Sizilien Ferdinand II., dem Land die Einheit zurückzubringen. Allerdings tut er es mit eher unpopulären Maßnahmen: Er legt Sizilien eine extrem hohe Staatsschuld auf und setzt auf unbegrenzte Zeit die Verfassung aus, die im März 1848 vom sizilianischen Parlament erlassen worden war. Das Volk und die örtliche Verwaltung, die der langen Periode der Instabilität überdrüssig sind, nehmen die Maßnahmen hin, und auch der Adel distanziert sich von den Aufstandsversuchen, die durchaus immer noch vorkommen – doch es handelt sich lediglich um vereinzelte Erhebungen, die meistens im ländlichen Umfeld stattfinden und keinen echten Rückhalt in den Städten haben.

Wenig dienlich ist der Druck durch die englische Regierung, der darauf abzielt, die Steuerlast zu senken und das Klima eines Polizeistaats abzumildern. Auf diese Weise wird die bourbonische Herrschaft zum Archetypus einer reaktionären Macht, gekennzeichnet durch ein tiefes Unbehagen sei es im Inneren, sei es in den internationalen Beziehungen. Ferdinands Sohn Franz II., der den Thron im Jahre 1859 besteigt, findet sich folglich umgeben von einer oft rückständigen Aristokratie, die eifersüchtig über ihre Privilegien wacht. Unfähig, sich von der politischen Ausrichtung seines Vaters freizumachen, steht Franz deutlich einer wirtschaftlichen und sozialen Fortentwicklung des italienischen Südens im Wege.

Doch die patriotischen Bestrebungen der Verbannten aus dem Jahre 1848 sind nicht erloschen und leben weiter in den Schriften und Reden von Männern wie Giuseppe La Masa, Ruggero Settimo und einem kämpferischen jungen Anwalt, der aus Ribera in der Provinz Agrigento stammt: Francesco Crispi.

S*chon ist geworfen das Garn und ausgebreitet die Netze. Und es stürzet hinein der Thunfisch im Dunkel der Mondnacht.«* So schreibt Herodot im fünften Jahrhundert vor Christus. So ist es seit Jahrhunderten. Und so ist es bis heute.

Thunfische sind friedfertige Tiere mit silbriger Haut, die in Schwärmen von Hunderten viele, viele Kilometer schwimmen können. Gewaltige Massen, die das Meer mit ihren Flossen durchpflügen, die es aufwühlen und zum Schäumen bringen. Vom Atlantik kehren sie ins Mittelmeer zurück, um sich zu vermehren, und das tun sie im Frühling, wenn das Wasser warm ist. Ihr Fleisch ist fett, und ihre Körper sind bereit für die Paarung.

Dann ist die Zeit für die Tonnara.

Denn die Tonnara ist nicht nur ein Gebäude, in dem Fisch verarbeitet wird und das man auch *marfaraggio* nennt.

Es ist ein System von Netzen mit verschiedenen Kammern, durch die der Thunfisch geschleust wird, bis er in der sogenannten Kammer des Todes anlangt: eine Methode, von den Arabern erfunden und von den Spaniern überliefert, die auf Sizilien ihre Apotheose findet.

Die Tonnara ist ein Ritual.

Die Tonnara ist ein Ort, an dem ganze Familien für Hunderte von Jahren gelebt haben: die Männer auf See, die Frauen in den Fabrikgebäuden. Im Winter werden dort die

Schiffe repariert und die Netze geflickt. Im Frühjahr und Sommer folgt die Mattanza, und die Fänge werden verarbeitet.

Man nennt es auch das Schwein des Meeres, dieses gewaltige Tier mit dem einfältigen Blick, denn von ihm wird nichts weggeworfen: weder das rote, weiche Fleisch, das zurechtgeschnitten, in Salz eingelegt und in großen Fässern verkauft wird, noch die Knochen und die Haut, welche getrocknet und zermahlen als Dünger verwendet werden. Auch nicht der Tran, der als Lampenöl dient, oder die Eier, aus denen man kostbare *bottarga,* Fischrogen, macht.

Die Tonnara lebt, weil es den Thunfisch gibt.

Salz und Thunfisch gehören seit jeher zusammen, so als könnte der Fisch, wenn auch in anderer Form, das Meer nie verlassen.

Der Statthalter des Königreichs Sizilien, Carlo Filangieri, Fürst von Satriano, für seine militärischen Verdienste bei der Rückeroberung Siziliens 1849 zum Herzog von Taormina ernannt, sitzt in seinem eleganten, mit Holz vertäfelten Büro, das mit dem Stadtwappen von Palermo geschmückt ist. Draußen vor dem Fenster scheint eine milde Sonne auf die Dächer Palermos und wirft wie Spitze durchbrochene Schatten auf die Zinnen der Kathedrale.

Vor ihm auf dem Tisch liegt eine Reihe von Briefen: flammende Worte, erzürnte Sätze, ein verbaler Schlagabtausch zwischen Vincenzo Florio und Pietro Rossi.

Vor zwei Jahren, 1850, war es Filangieri höchstpersönlich, der wollte, dass Vincenzo Florio zum kaufmännischen

Leiter des *Banco Regio dei Reali Dominii al di là del Faro*, der Staatsbank Siziliens, ernannt wurde. Er war überzeugt davon, Florio sei reif für eine Tätigkeit jenseits seiner vielfältigen Aktivitäten als Unternehmer. Ein Mann von seiner Schläue könne sich doch durchaus auch in der Verwaltung des Königreiches nützlich machen, dachte er.

Filangieri massiert sich den breiten Backenbart, streicht die Löckchen glatt, die fast die Hälfte seiner Kinnlade bedecken. Er ist schlimm, dieser Zwist.

Pietro Rossi ist der Direktor der Bank. Ein Mann, der der Krone nahesteht, mächtig, angesehen, gewissenhaft, unbeugsam. Er verlangt von jedem ein Höchstmaß an Korrektheit. Doch ein solcher Mann, der streng nach seinen Prinzipien lebt, kann mit einem wie Florio nicht warm werden, einem Mann, der ständig aufbaut und wieder zerstört, der eine Sache beginnt und sie für eine andere wieder ad acta legt, der nur seine eigene Bereicherung im Kopf hat.

»Dieser neureiche Emporkömmling soll lieber Händler bleiben«, hatte Rossi eines Tages zu Filangieri gesagt. »Der soll weiter mit seinen Schiffen herumgondeln und die Politik Leuten überlassen, die der öffentlichen Sache wirklich dienen wollen.«

Und so hat er, nach nicht einmal einer Woche, bereits die Beweise dafür geliefert, dass Vincenzo seine Aufgabe als kaufmännischer Leiter der Bank nicht auf vorbildliche Weise erfüllt hat: Er habe bei den Sitzungen unentschuldigt gefehlt und auch den Eintragungen in die Bank nicht beigewohnt. Am Ende des Sendschreibens hat Rossi den Vorschlag gemacht, Florio solle von selbst seine Amtsenthebung beantragen, um seiner – nach Rossis Dafürhalten unvermeidlichen – Entlassung zuvorzukommen.

Filangieri hingegen hätte etwas Derartiges niemals getan, ohne Vincenzo vorher davon zu unterrichten, und so hat er ihn zu sich gebeten und ihm erklärt, wie der Stand der Dinge sei. Und damit hat er den Verdacht bestätigt, den der andere bereits seit einiger Zeit hegte.

»Den Nichtsnutz werde ich ruinieren«, zischte Vincenzo. »Der diffamiert mich, vor dem Minister und dem Finanzdirektor hier auf Sizilien und vor Euch.«

»Nun kommt schon, Don Florio … Ihr könntet Euch aber auch wirklich mehr in die Angelegenheiten der Bank einbringen. Zum Beispiel an den Zusammenkünften teilnehmen. Schließlich habt Ihr doch eine große Anzahl von Mitarbeitern, Menschen, auf die Verlass ist und die Euch, denke ich, auch vertreten könnten. Oder Ihr verzichtet tatsächlich auf dieses Amt, das Euch weder Ansehen noch Geld bringt. Warum wollt Ihr Euch das Leben schwer machen?«

»Ich danke Euch für Eure Zuvorkommenheit, aber ich weiß, wie ich mein Haus zu führen habe, und die Geschäfte kommen nur voran, wenn es einen Chef gibt, der sich selbst darum kümmert«, erwiderte Vincenzo mit finsterer Miene. »Dass einer wie Rossi mir sagt, wie ich mich zu verhalten habe, ist nichts anderes als ein Affront. Da lege ich mich ins Zeug und sorge dafür, dass Dutzende von Familien ihren Lebensunterhalt verdienen, und er meint, ich hätte Zeit, mich hinzusetzen, Däumchen zu drehen und darauf zu warten, dass die Kommandanten mir ihre Zahlungsbescheinigungen oder die Ladungsverzeichnisse bringen, als wäre ich ein kleiner Buchhalter. Warum ich das Amt überhaupt übernommen habe, kann ich Euch sagen: Bestimmte Dinge werden eben … von innen geregelt. Nur wer hier arbeitet, oder wer Freunde hier hat« – und er breitete die Arme aus, um zu zeigen, dass er diesen ganzen Palazzo meinte, in dem sie gerade saßen –, »der sieht das große Ganze. Ihr seid mein Freund, und dafür danke ich Euch, aber mich interessiert an diesem Amt nicht das Geld, sondern die Tätigkeit.« Vincenzo musterte sein Gegenüber von Kopf bis Fuß. Seine Augen waren müde, aber entschlossen. »Ihr *müsst* mir helfen, Fürst.«

Filangieri benetzte seine Lippen und wischte sich die verschwitzten Hände an den Oberschenkeln ab. Vincenzo bat ihn nicht um einen Gefallen; er hatte ihm soeben einen Befehl erteilt. »So einfach ist das nicht, Don Florio, und das wisst Ihr. Er beschwert sich über Euch und hat auch den Direktor involviert. Ich muss die Beschwerde weiterleiten, und …«

»Dann leitet sie eben weiter«, unterbrach der andere ihn. »Klar, schickt sie dem Direktor nur. Ich möchte Euch nicht in Schwierigkeiten bringen, Gott bewahre. Aber ich möchte Euch daran erinnern, dass ich dankbar gegenüber meinen Freunden sein kann und erbarmungslos, was meine Feinde betrifft. Und Ihr wisst sehr gut, wie groß meine Dankbarkeit sein kann.«

Filangieri erwiderte nichts und beschränkte sich darauf, ihn anzusehen. Vincenzo Florio war immer schon sein Rettungsanker gewesen. Wann immer er in seinem Leben über die Stränge geschlagen hatte, seine Schulden drohten, ihn in den Abgrund zu reißen, oder der Schatten des Bankrotts länger und länger wurde – Florio war immer für ihn da, bereit, ihm zu helfen. Sicher, auch er hat ihm einmal, direkt nach der Revolution, aus der Patsche geholfen, aber das war nichts im Vergleich zu all den Malen, die er …

Filangieri hatte keine Wahl. Und so leitete er Rossis

Antrag an den Direktor der Finanzabteilung der Statthalterschaft Siziliens weiter, fügte jedoch hinzu, ein solches Anliegen stünde vollkommen außer Frage, und es sei besser, eine andere Lösung zu finden. Und dass es nicht angebracht sei, derart kleinlich zu sein.

Der Antrag auf Entlassung wurde abgelehnt.

Doch Rossi hat sich nicht ergeben. Und Vincenzo auch nicht.

Wie auch immer diese Geschichte ausgeht, es wird nichts Gutes dabei herauskommen, seufzt Filangieri jetzt. Er steht auf, schiebt die Dokumente zusammen, setzt sich wieder. Er wird persönlich mit dem Finanzdirektor reden. Dieser Konflikt schwelt schon viel zu lange; es besteht das Risiko, dass er die Handlungsfähigkeit der Bank beeinträchtigt. Und er wird hinzufügen, dass man einem Mann wie Florio besser keine Knüppel zwischen die Beine wirft.

An der Küstenstraße nach Marsala gerät eine Kutsche, die von zwei berittenen Männern eskortiert wird, immer wieder durch den starken Wind ins Schlingern. Schließlich erreicht sie den Hof der Florios, fährt durch das Tor hinein und bleibt mit einem lauten Quietschen stehen. Die Pferde wiehern vor Erschöpfung.

Der Novemberhimmel ist wie eine farblose Decke. Auch das Meer – grau, aufgewühlt – scheint mit seinem Tosen aufzubegehren. Die Ägadischen Inseln sind nur unbestimmte Flecken am Horizont. Der Herbst des Jahres 1852 ist gekommen, ohne um Erlaubnis zu bitten, und hat eine scharfe Kälte mit sich gebracht, die die Erde austrocknet.

»Willkommen.« Giovanni Portalupi heißt seinen Schwager mit einem Händedruck willkommen.

»Danke.« Vincenzos Begrüßung ist rau. »Was für ein blöder Tag. Nur Wolken und Wind. Wenn es wenigstens regnen würde!« Ohne etwas hinzuzufügen, geht er an Giovanni vorbei in Richtung Herrenhaus.

Aus der Kutsche steigt ein junger Mann. Er ist groß, leicht übergewichtig und in einen Umhang gehüllt, der den ganzen Körper bedeckt. »Signore …« Er tritt auf Portalupi zu und drückt ihm die Hand. »Wie geht es Euch?«

»Gut, danke. Und Eurem Vater?«

»Er schlägt sich wacker, dem Himmel sei Dank. Er ist in Palermo geblieben, im Geschäftssitz des Hauses.« Vincenzo Caruso, der Sohn des alten Sekretärs, kramt in seiner Tasche und zieht ein paar Briefe hervor. »Von Eurer Schwester. Sie lässt Euch grüßen.«

»Danke. Wie geht es ihr?«

»Tüchtig und liebenswürdig wie immer. Die Mädchen halten sie auf Trab, und der junge Ignazio tut ein Übriges.«

Vincenzo, der in der Zwischenzeit stehen geblieben ist, ruft sie voller Ungeduld.

Sie wechseln einen Blick. »Schlechte Nachrichten?«, fragt Portalupi leise.

Der andere nickt. »Lassen wir ihn nicht warten, später erzähle ich es Euch.«

Dieses *Später* kommt am Nachmittag, als sie mit der Durchsicht der Kassenbücher, der effektiven Bezifferung der Vorschüsse und den Verkaufsordern fertig sind.

Über dem Herrenhaus liegt ein süßlicher Geruch nach Holz und Wein. Ein Aroma wie von Honig und Wärme, nur ganz leicht säuerlich, das an Herbsttage erinnert, wenn der erste Most in die Gärung geht und die Fässer zur Hälfte geleert werden, damit der neue Wein eingefüllt werden kann.

Die drei Männer ziehen in den kleinen Salon um, wo das Abendessen auf sie wartet.

»Wir haben keinen so großen Marktanteil wie Ingham, das stimmt, aber mit Woodhouse ziehen wir fast gleich. Und die Produktion wächst, trotz der englischen Zölle.« Caruso nimmt am Tisch Platz, legt sich die Serviette auf die Knie.

»Gott sei Dank gibt es auch noch den französischen Markt.« Giovanni Portalupi schenkt Wein ein. »Probiert mal diesen Catarratto. Er stammt aus unseren letzten Käufen. Ich habe uns ein Fässchen zum Essen aufgehoben.«

Vincenzo schnalzt anerkennend mit der Zunge. »Lieblich. Sehr schöner Duft.«

»Er wird auf dem Gut in Alcamo gekeltert. Das ist eine ausgezeichnete Gegend für Weißweine.« Giovanni stützt das Gesicht auf die Fäuste. »Ich hatte dir ja versprochen, dass ich nur das Allerbeste für dich finde, und so war es auch.« Er sagt es mit Stolz, doch ohne Überheblichkeit.

Sein Schwager schaut ihn anerkennend von der Seite an. »Und du leistest sehr gute Arbeit, das muss ich dir lassen. Nach der Erfahrung mit Raffaele war ich eigentlich eher abgeneigt, Familienangehörige in die Firma aufzunehmen, aber endlich schreiben wir auch hier schwarze Zahlen.«

Über Giulia reden die beiden nicht. Nicht nach dem, was vorgefallen ist.

Denn es war Giulia, die die beiden miteinander ausgesöhnt hat. Sie hat ihren Mann gedrängt, den Bruder einzustellen und Giovanni vorzuschlagen, sich in der Leitung der Marsala-Kellerei zu engagieren.

»Und nicht zu knapp. Vorbestellungen haben wir für circa

1300 Fässer im kommenden Jahr.« Caruso rechnet immer noch. »Wie viele fest angestellte Arbeiter sind es?«

»Immer noch siebzig, und die jungen Helfer. Dank der Dampfpressen können wir uns Arbeitskräfte sparen. Woodhouse, der nur wenige Fässer mehr produziert als wir, beschäftigt deutlich mehr Leute.«

Ein Servierkellner bringt den ersten Gang, eine reichhaltige Fischsuppe, deren intensives Aroma den Raum erfüllt. Die Männer legen Dokumente und Notizen beiseite und beginnen zu essen.

»Ihre Produktion ist antiquierter. Es ist Ingham, mit dem du dich vergleichen musst, mit dem Produktionssystem des Gutes der Casa Bianca mit ihren dampfbetriebenen Drehbänken.« Vincenzo tupft sich die Lippen mit der Serviette ab. »Ingham ist ein Freund und Geschäftspartner, aber das hat ihn nicht davon abgehalten, ausfällig zu werden und Gerüchte über unseren Wein in Umlauf zu bringen, Zeichen dafür, dass er die Konkurrenz fürchtet. Das weiß ich ganz sicher von unserem Agenten in Messina.«

Giovanni Portalupi stößt einen tiefen Seufzer aus. »Ingham ist in unserer Branche eine Fregatte, Vincenzo, und wir nur eine kleine Brigg.«

»Ja, aber Briggs sind schneller und wendiger. Unsere Produktion mag geringer sein, aber qualitativ steht sie der seinen in nichts nach.«

Sein Schwager deutet ein Lächeln an, das erste des ganzen Tages.

Am Ende des Essens, als sie entspannt und satt sind, wagt Giovanni Portalupi, eine Frage zu stellen. »Und? Wie läuft es mit Pietro Rossi?«

»Schlecht.« Vincenzo wirft die zerknüllte Serviette auf

den Tisch. »Ein Haderlump ist das. Im vergangenen Monat hat er mich am Tag nach meiner Abreise nach Marsala zu einer Sitzung einberufen. Er will mich unter allen Umständen dazu bringen, dass ich von selbst den Hut nehme.«

Giovanni legt die Fingerspitzen zu einer Pyramide auf. »Aber du hast doch deine Anwesenheitspflichten erfüllt, oder?«

Caruso räuspert sich, lässt den Blick im Raum schweifen.

Vincenzo spielt mit einer Kugel aus Brotkrumen und antwortet dann: »Sie haben die Termine für den Dienst an der Kasse genau auf die Tage gelegt, an denen Dampfer oder andere Schiffe in See stechen. Ich konnte nicht hin.« Es ist eine Rechtfertigung, die fast beiläufig wie ein Zugeständnis klingt.

»Aber du hast doch verlässliche Mitarbeiter.« Giovanni hebt das Glas in Richtung Caruso. Sein Gegenüber dankt ihm mit einer Art Trinkspruch.

»Das ist nicht das Problem. Hätte ich kein Vertrauen in dich, hätte ich dich nicht ausgesucht.«

»Du kannst es einfach nicht lassen, was? Alles unter Kontrolle zu halten und dich immer selbst um alles zu kümmern, stimmt's? Es ist stärker als du.« Giovanni hebt eine Augenbraue. Mit dem Gesagten hat er sich auf die Geschäfte bezogen, doch er meint auch Vincenzos Leben, die Familie, und das weiß sein Schwager.

Er hebt die Schultern. »So bin ich eben«, sagt Vincenzo schlicht, als könnte er nichts dagegen tun.

Giovanni Portalupi schenkt sich Wein nach. Er schüttelt den Kopf und lacht. »Du bist verrückt.«

»Ganz und gar nicht. Du musst den Leuten nur begreiflich machen, dass sie es dir gegenüber nicht an Respekt mangeln lassen dürfen, und damit dir das gelingt, darfst du dir niemals eine Blöße geben. Rossi meint, mit diesen Verleumdungen könnte er mich einschüchtern. Wenn sie wittern, dass du Angst hast, haben sie schon gewonnen.« Er hält inne. »Und Angst habe ich nicht, das habe ich ihm heute gezeigt.«

Caruso grinst. »Euer Schwager hat dem Fürsten von Satriano geschrieben und gefordert, dass Rossi ihn für die Ausübung seines Amts bezahlt, was der sich weigert zu tun.«

»Ich habe ihn auch darauf hingewiesen, es sei kein Zufall, dass die Sitzungen des Rates immer auf die Tage gelegt werden, an denen meine Dampfer einlaufen«, fügt Vincenzo hinzu. »Nichts, was nicht der Wahrheit entspräche.«

»Ja, aber ich kann mir gut vorstellen, *wie* du ihn darauf hingewiesen hast«, kichert Giovanni.

Alle lachen. Giovanni ruft den Servierkellner, damit er das Geschirr abträgt, und kurz darauf verabschiedet sich Caruso. Er sei müde, sagt er, und müsse sich ausruhen. Giovanni folgt ihm. Er weiß, dass er am nächsten Tag bei Morgengrauen wieder auf den Beinen sein muss, so wie es Vincenzos Angewohnheit entspricht.

Im Speisezimmer des Gutshofes bleibt Vincenzo allein zurück, in eine Stille versunken, die nur durch den Wind durchbrochen wird, der an die Fenster klopft.

Vincenzo denkt nach.

Darüber, wie er damals zum allerersten Mal nach Marsala kam und dieses jungfräuliche Stück Land direkt am Meer erblickte. Er erinnert sich an den ersten Jahrgang, den sie hier gekeltert haben, an das Bangen, mit dem er das Schiff mit der allerersten Ladung Marsala gen Frankreich in See stechen sah.

Damals war seine Bindung an Raffaele stark. Sie waren

nicht nur Vettern, sondern konnten sich auch als Freunde bezeichnen. Mittlerweile weiß Vincenzo gerade noch, wo er wohnt.

In seinen Stolz auf das Erreichte mischt sich Bitterkeit, ein Gefühl der Einsamkeit und des Grolls. Vor fünfzehn Jahren war alles anders.

Sie waren hier, in genau diesem Zimmer. Die Einrichtung war schlicht – nur ein paar Sessel, ein Sofa und ein Tischchen –, und es war Tag.

Raffaele stand vor ihm. »Ich … warum wirfst du mir vor, die Kellerei liege mir nicht am Herzen? Ich habe meine ganze Seele hineingesteckt, wie du und noch mehr, habe mich nicht geschont. Wie kommst du darauf, dass ich nicht genug tue?« Er breitete die Arme aus. Auf seinem Gesicht, das nur kurz zuvor noch heiter gewesen war, stand ein Ausdruck verletzter Ungläubigkeit. Seine Haut, die straff auf den Wangenknochen lag, war blass. »Wo habe ich einen Fehler gemacht, Vincenzo? Sag es mir, denn ich glaube wirklich, alles getan zu haben, und das hier … das ist der Dank?«

Vincenzo schenkte seinen Protesten nicht allzu viel Aufmerksamkeit. »Es geht nicht um Ernsthaftigkeit, Raffaele. Die will ich bei dir nicht in Zweifel ziehen; ich weiß, dass du dich engagiert hast, aber das genügt nicht. Das ist nicht das, was die Casa Florio braucht.« Er versuchte, freundlich zu bleiben, obwohl er spürte, wie der Ärger über seinen Vetter ihm sauer aufstieß. Warum beschränkte sich Raffaele nicht darauf, seine Entscheidung zu akzeptieren und damit genug? Warum musste er sich aufführen wie ein Bittsteller?

Doch sein Vetter machte hartnäckig weiter. Er tat es mit fast dumpfer Betrübtheit, als würde Vincenzo ihm etwas wegnehmen; dabei war dies gar nicht möglich, denn für Vincenzo war die Kellerei schlicht und ergreifend etwas, das ihm gehörte, und damit basta. Er hatte keinerlei Interesse daran, sie zu teilen, und wenn er Raffaele in ihre Leitung eingebunden hatte, so nur, um ihn zu mehr Leistung anzuspornen, etwas, wozu Raffaele eben nicht imstande war.

All das steigerte Vincenzos Unbehagen noch. Er bemühte sich um Geduld, zwang sich, ruhig zu bleiben, doch vergeblich. Am Ende brach es dann doch aus ihm heraus. »Jetzt reicht's, ich habe dem nichts mehr hinzuzufügen. Ich habe eine Entscheidung getroffen, Raffaele. Ich hatte gehofft, du würdest eine andere Haltung an den Tag legen, eine … genau, eine aktivere; ich habe dich ermuntert, angespornt, das habe ich dir mehrfach geschrieben, aber von dir kam … nichts, du hast dich benommen wie ein Landpfarrer inmitten seiner Schäfchen. Und jetzt habe ich eben meine Entscheidung getroffen, deshalb genug mit den Diskussionen.«

Auf einmal zeigte sich auf Raffaeles Gesicht eine ganz neue Regung. »Was willst du damit sagen?«, fragte er, und es war deutlich zu sehen, dass auch ihm allmählich der Kragen platzte.

»Ich hatte dich doch gebeten, du sollst mehr Unternehmergeist zeigen, erinnerst du dich? Es ist sinnlos, es zu leugnen: Manchmal habe ich dich sogar getadelt, weil ich hoffte, das öffnet dir die Augen und es wachsen dir endlich Krallen. Das hier ist eine Welt, in der es nicht immer nur einen Schritt nach dem anderen geht, doch du warst immer vorsichtig, fragtest immer um Erlaubnis …« Seine Stimme wurde deutlich lauter, sein Ton war hitzig, ungehalten. »Gejammer ertrage ich nicht. Ich zahle dir dein Drittel am Besitz aus, und mit dieser Summe kannst du machen, was du willst.«

Doch Raffaele schien damit nicht einverstanden zu sein. Er schüttelte den Kopf, sein Gesicht lief rot an, und sein Ton wurde scharf. »Nein, die Wahrheit ist eine andere.« Er packte die Lehne seines Sessels. »Du willst keine Verwandten, denen du vertrauen kannst, denn ich« – er schlug sich auf die Brust –, »ich habe dich nie hintergangen. Du willst Untergebene. Sklaven.« Vincenzo sah ihn prüfend an, und auf einmal fiel ihm auf, wie schlaff Raffaeles Wangen geworden waren, als würde er sich schon länger gehen lassen. »Ich glaube an diese Kellerei. Sie ist mein Leben, ich habe mein ganzes Herzblut reingesteckt, und jetzt nimmst du sie mir weg. So behandelt zu werden habe ich nicht verdient«, schloss er und wischte sich die Augen, in denen Tränen glänzten.

Und genau diese Geste brachte bei Vincenzo das Fass zum Überlaufen. »Jetzt fang nicht an, zu jammern wie ein kleines Kind, *com'un picciriddo.* Wir sind zwei erwachsene Männer, die über Geschäfte reden. Du hast dieses Weingut für mich geführt, und es hat mir nicht gefallen, wie du das gemacht hast. Jetzt zahle ich dir deinen Anteil aus und *Amen,* alles wie vorher.«

Einige Augenblicke lang waren in dem Zimmer nur Raffaeles tiefe Seufzer zu hören. Dann hob der Mann den Kopf. »Zahl mir meinen Anteil aus, gib mir meine Provision auf die Verkäufe, aber lass mich wenigstens hier als Verwalter. Ich arbeite gerne hier, und ich kenne die Arbeiter.« Seine Stimme wurde bitter, leise. »Aber die Leute hatten recht, die mir sagten, ich solle dir nicht vertrauen. Du bist wie dein Vater, nicht mehr und nicht weniger.«

»Wer dir das gesagt hat, der versteht nichts vom Geschäft,

vom Handel. Ich kann es mir nicht erlauben, immer nur auf Nummer sicher zu gehen, so wie du das getan hast: Ingham und Woodhouse sind mir immer noch voraus, sie sind wie Haie, und es fehlt nicht viel, bis sie sich das bisschen wieder zurückholen, das ich ihnen abgerungen habe. Und du bleibst immer nur artig und sagst *bitte* und *danke* … Aber so funktioniert das nicht, die Dinge müssen in die Hand genommen werden, man muss mit Zähnen und Klauen das verteidigen, was man hat, ohne Rücksicht auf Verluste. Mal gibt es Momente, in denen man vorsichtig sein muss, und dann wieder andere, in denen man alles auf eine Karte setzt, aber eine solche unternehmerische Denkweise ist dir fremd. Dir musste ich immer den Rücken stärken.«

»Dann bin ich jetzt also ein Duckmäuser, nur weil ich darauf geachtet habe, die Risiken gering zu halten? Du machst es mir zum Vorwurf, dass ich zu vertrauenswürdig war? Statt mir dafür dankbar zu sein, dass du durch mich keinen Riesenberg Schulden machen musstest? Das ist also jetzt der Lohn?«

»Du hast nicht den Mumm für diesen Beruf, Raffaele, verstehst du?«, schrie Vincenzo ihm ins Gesicht. »Du bist ein Sekretär, nicht mehr und nicht weniger, aber ich brauche einen Geschäftspartner. Du bist nicht dazu in der Lage, das zu tun, was ich will, du schaffst es einfach nicht. Finde dich damit ab.«

Der andere wich vor ihm zurück, als hätte er ihn geohrfeigt. »Man steckt sein Herzblut in eine Sache, nicht bloß das Geld. Man macht seine Arbeit mit Liebe, mit Leidenschaft. Aber was verstehst du schon davon, Vincenzo? Du bist wie ein Hund, der nichts anderes kennt, als zu beißen.« Raffaele lockerte seine Krawatte, schüttelte langsam den

Kopf. »Gib mir meinen Anteil, alles. Sofort. Ich will nichts mehr mit dir zu tun haben.«

Raffaele ist aus seinem Leben verschwunden, und er hat nur das verlangt, was ihm zustand; selbst hier hat ihm der Mut gefehlt. Von einigen Bekannten hat Vincenzo dann erfahren, dass sein Vetter wieder begonnen hat, als Mittelsmann zu arbeiten und Weinberge zu verwalten. Er hat beschlossen, in Marsala zu bleiben. Gut für ihn.

Dann, nach einigen Monaten, hat Vincenzo auf einmal eine Leere wahrgenommen, die nur schwer zu definieren war. Es war ein Gefühl der Einsamkeit, wie er es bisher nie gekannt hatte. Denn in einer Hinsicht hatte Raffaele recht gehabt: Man muss den Menschen vertrauen können, und auf seine Weise hatte er seinem Vetter vertraut. Sicher fehlte ihm der Unternehmergeist, aber er war vertrauenswürdig. Und Freunde hat Vincenzo bis auf Carlo Giachery und, auf seltsame Weise, auch Ben Ingham, keine.

Ihm wurde bewusst, dass er immer einsamer wurde.

Tante Mattia und Onkel Paolo Barbaro sind schon so viele Jahre tot. Seine Mutter hat ihn mehrfach gebeten, einmal mit ihr ans Grab der Schwägerin zu fahren, doch er hat es immer aufgeschoben. Er mag keine Friedhöfe. Seine Familie, diejenige, die aus Bagnara stammte, ist verschwunden. Er hat keine Wurzeln mehr.

Bis auf…

Er hebt das Glas, prostet sich selbst zu. Die Menschen werden ihn am Ende immer enttäuschen. Immer.

Seine Wurzeln – das ist für ihn sein Unternehmen. Der Stamm des Baumes ist die Casa Florio. Sein Ansehen und sein Vermögen haben sich gewaltig vermehrt, doch das genügt ihm noch nicht, es ist nicht ausreichend für ihn.

Aber …

Eine einzige Person gibt es, die immer an seiner Seite geblieben ist. Die einzige, der er wirklich vertraut. In guten wie in schlechten Zeiten, als sie nur im Schatten der Welt leben konnte und in den Augen ihrer eigenen Familie zur Hure geworden war. Wenn er sie zurückwies, hielt sie zäh an ihm fest. Und sie hat ihn immer aufgenommen, auch wenn er keine Vergebung verdiente. Sie hat ihn nie im Stich gelassen. Nie.

Giulia.

Vincenzo kehrt gegen Abend gerade rechtzeitig in die Via dei Materassai zurück, um mit der Familie die Messe zu besuchen und einige Kaufleute zu treffen, mit denen er Geschäfte macht.

Am Abend, als die Kassen geschlossen und die Räume des Kontors verlassen sind, steigt er in die Wohnung hoch. Seine Mutter sitzt vor dem *cufune*, der Kohlenpfanne, und betet den Rosenkranz; durch das Fenster, das halb geöffnet ist, damit der Rauch vom Kamin abziehen kann, dringt das Prasseln des Regens herein, der die Abflusskanäle mit Schlamm füllt.

»Geht es Euch gut?« Er küsst sie auf die Stirn.

Sie nickt. »Und dir?« Sie fährt ihm mit der Hand übers Gesicht, eine Geste, die seit seiner Kindheit, wenn sie ihm am Waschlavoir das Gesicht gesäubert hat, unverändert ist. »Müde siehst du aus. Gibt dir deine Frau nicht genug zu essen?«

»Doch, natürlich. Ich habe nur viel gearbeitet. Außerdem

kocht sie nicht selbst: Wir haben Dienstmädchen und eine Köchin. Erinnert Ihr Euch?«

Giuseppina winkt gereizt ab. »Eine Ehefrau muss immer überprüfen, was ihr Personal macht, sonst wird sie übers Ohr gehauen. Und sie sollte ihre Zeit nicht mit dem Lesen von Büchern vertändeln, vor allem nicht solchen in all diesen Fremdsprachen, die sie spricht. Komm, begleite mich auf mein Zimmer.«

Vincenzo ignoriert die Spitze gegen Giulia und hilft seiner Mutter beim Aufstehen. Ihre vom Alter gezeichnete Gestalt lässt nicht mehr erahnen, wie ansehnlich Giuseppina einmal war. Doch Vincenzo sieht in ihr immer noch die gestrenge junge Frau, die ihm durch die Gassen folgte, als er noch ein Junge war, und spürt in ihrem Blick die abgöttische Liebe und Sanftheit, die sie ihm in seiner Kindheit zuteilwerden ließ.

Im Zimmer der alten Dame hat sich nicht viel verändert. Die Truhe mit der Aussteuer ist immer noch ihre *corriola*, die sie damals aus Bagnara mitgebracht hat, und auch das Waschlavoir stammt noch aus der Zeit ihrer Ehe mit Paolo. An der Wand hängt ein korallenbesetztes Kruzifix. Auf der Bettkante ein Schal: auch dieser eine Erinnerung an Vincenzos Kindheit.

»Den habt Ihr immer noch?«, ruft er aus und nimmt das Kleidungsstück zur Hand. Es ist kleiner und fadenscheiniger, als er es in Erinnerung hat.

»Von manchen Dingen kann ich mich einfach nicht trennen, trotz all des Geldes, das du und … dein Onkel in dieses Haus gebracht habt. Wenn man alt wird, möchte man, dass die Zeit langsamer verläuft, doch das tut sie nicht, sie bleibt nicht stehen. Deshalb behält man seine Dinge bei sich.

Wenn sie da sind, dann ist man selber auch noch da. Man sieht es nicht und will es nicht sehen – das Leben, das einem zwischen den Fingern zerrinnt.« Giuseppina setzt sich auf die Bettkante, drückt den Schal an ihre Brust. Auf einmal ist eine Wehmut in ihr, von der ihr bange wird. »Wir bezeichnen sie als Erinnerungen, aber das ist eine Lüge«, fügt sie, kaum hörbar, hinzu. »Dinge wie dieser Schal oder dein Ring«, sie zeigt auf den Ehering aus geschmiedetem Gold, der einmal Ignazio gehört hat, »sind die Anker eines Lebens, das dahinschwindet.«

Als Vincenzo ins Eheschlafzimmer kommt, findet er Giulia schlafend vor. Im Gegensatz zu Giuseppina ist das Leben großzügig mit ihr umgegangen. Sie ist immer noch schön, auch wenn ihr in letzter Zeit der Rücken wehtut und sie Probleme mit der Verdauung hat. Er wirft seine Kleider auf den Stuhl, schlüpft unter die Decke und kuschelt sich an den Rücken seiner Frau. Im Schlaf nimmt sie seine Hand, legt sie an ihre Brust.

Der Dampfer schaukelt träge auf den Wellen des Hafens von Favignana. Von der Sonne beschienen sehen die Häuser des Dorfes – Häuschen, kaum mehr als Hütten, mit Trockenmauern und unverputztem Tuff – aus wie von Kinderhand gezeichnet.

Ein Beiboot löst sich vom Schiff und erreicht bald die Mole vor der Festung San Leonardo, einer alten Bastion, die über den Hafen wacht. Mehrere Männer und ein Junge steigen aus. Sie streifen das Dorf nur und halten sich rechts, dort wo mehrere große Hallen direkt am Meer liegen. Ihre

Tore sind wie aufgesperrte Münder, die halb im Wasser liegenden Gatter ähneln Zähnen.

Vincenzo geht mit eiligen Schritten und genießt die Wärme der Sonne. Neben ihm Ignazio. Sein vierzehnjähriger Sohn.

Es ist das allererste Mal, dass er ihn zur Tonnara von Favignana mitnimmt. Mittlerweile ist es mehr als zehn Jahre her, dass Vincenzo die Fischfabrik übernommen hat, und er hat sie zu seinem Meisterwerk gemacht. Es ist nicht leicht gewesen: Der Pachtzins war und ist extrem hoch, und zunächst galt es, eine Seilschaft von Unternehmern zu bilden und die Last der Risiken auf sich zu nehmen, die eine neue Methode der Konservierung mit sich bringt. Mittlerweile jedoch ist der Thunfisch in Öl überall im Mittelmeerraum verbreitet.

Er lächelt vor sich hin. Ignazio schaut ihn fragend an.

»Mir ist was eingefallen«, erklärt sein Vater. »Du wirst gleich sehen.«

Der Junge begleitet ihn oft ins Büro, manchmal auch in die Kellerei in Marsala. Doch noch nie zuvor hat sein Vater ihn auf die Insel mitgenommen.

Wenn Ignazio aufgeregt ist, lässt er sich nichts anmerken. Er geht neben seinem Vater, mit langen und schwungvollen Schritten, die Augen wegen der gleißenden Sonne zusammengekniffen. »Es ist schön hier«, sagt er. »Die Luft ist sauber, es herrscht Stille. Kein Vergleich mit Palermo.«

»Weil der Wind günstig steht. Du wirst sehen, was in der Fabrik passiert.«

Und tatsächlich: Kaum haben sie die Festung San Lorenzo passiert und sind um die Ecke gebogen, dort, wo das Dorf aufhört und die Tonnara beginnt, steigt ihnen ein Übelkeit erregender Gestank in die Nase. Es riecht faulig, nach Verwesung. Nach Tod. Mehrere, darunter auch Caruso, halten sich ein Taschentuch vors Gesicht. Vincenzo nicht.

Ignazio wirft ihm einen Blick zu und kämpft gegen die Übelkeit an, indem er mit offenem Mund atmet und den Gestank ignoriert. Wenn sein Vater das schafft, dann schafft er es auch. Von Vincenzo hat Ignazio die Statur und die Gesichtszüge: Jetzt, wo er herangewachsen ist, tritt die Ähnlichkeit deutlich zutage. Nur die freundlichen, sanften Augen sind und bleiben die von Giulia.

»Die Überreste der Verarbeitung bleiben an der Sonne liegen, wo sie verrotten und diesen Geruch abgeben.« Vincenzo zeigt auf ein großes Gelände jenseits der Hallen. »Dort, siehst du? Das ist der *bosco,* der Wald, der Friedhof der Thunfische. Dorthin bringen die Arbeiter die Karkassen der Fische, damit sie trocknen.«

Der Junge nickt. »Und die Boote? Wo sind die?«

»Auf dem Meer.« Caruso tritt näher. »Es ist Mai. Die Zeit der Mattanza.«

Sie betreten das Gebäude. Im Innenhof, jenseits der Bäume, die ein wenig Schatten spenden, öffnet sich ein gemauerter Durchgang. Die planierte Fläche direkt am Meer hängt voller Netze und Tauwerk, Männer flicken die beschädigten Maschen.

Während sich Caruso, gefolgt von einem Buchhalter, zu den Büros begibt, hängt sich Vincenzo bei seinem Sohn ein. Sie durchqueren den Innenhof und betreten die *trizzana,* die Halle, in der die *muciari,* die großen Fangboote, liegen.

Ignazio begegnet dieser Geste seines Vaters mit einer Mischung aus Überraschung und Ehrfurcht. Solange er sich erinnern kann, ist sein Vater ihm noch nie so nahe gekommen.

Unter ihnen schwappen die Wellen an den Kai, ein hohles Klatschen, wie in einer Höhle.

»Als ich zum allerersten Mal herkam«, beginnt Vincenzo und lächelt vor sich hin, »war Carlo Giachery dabei. Ich erinnere mich noch, wie schmutzig und heruntergekommen hier alles war, ein elender Ort. Am Abend sind wir nicht einmal zum Schlafen auf der Insel geblieben; es gab einfach keine halbwegs anständige Übernachtungsmöglichkeit. Und dann, am Tag danach ...« Wieder ein Lächeln. Er dreht sich um, betrachtet das Gebäude hinter ihnen. »Ich habe einen Boten nach Palermo gesandt, damit sie ein paar Zimmerleute und Maurer schicken, die die Gebäude wieder in Ordnung bringen. In der Zwischenzeit begann ich mit den Anweisungen, wie wir den Thunfisch in Öl einlegen und konservieren würden. Ich habe mir die Jacke ausgezogen, die Ärmel hochgekrempelt ...« Ignazio schaut ihm dabei zu, wie er genau das jetzt auch tut und schließlich in Hemdsärmeln dasteht. »Und ich habe die Familienoberhäupter mitsamt ihren Frauen versammelt, damit sie sehen, dass ich keine Angst davor habe, mir die Hände schmutzig zu machen.« Er legt den Arm um seine Schulter, drückt sie voller Zuneigung. »Wer für dich arbeitet, muss das Gefühl haben, Teil von etwas zu sein.« Er bleibt stehen. Ignazios Ring funkelt in der Sonne. »Das habe ich dir schon so oft erzählt: Mein Onkel, der, dessen Namen du trägst, zwang mich dazu, hinter der Theke des Gewürzladens zu stehen. Es war mir zuwider. Heute jedoch weiß ich, wie wichtig es war.«

»Um die Menschen zu verstehen.«

»Ja. Um sie kennenzulernen. Damit du, wenn dich jemand um etwas bittet, genau weißt, was er wirklich will: Will er ein bestimmtes Kraut, einfach damit es ihm besser geht, oder will er damit einen echten Schmerz kurieren? Wenn er Wein will, geht es ihm dann um die Qualität oder um das Prestige, das dahintersteckt? Und wenn er Geld von dir will, geht es nur um Macht, oder steckt er wirklich in Schwierigkeiten?«

Ignazio versteht, was sein Vater meint. Und er denkt nach. Er ist immer noch in Gedanken versunken, als er ins Dorf zurückkehrt, während sein Vater eine Zusammenkunft mit mehreren Auftragnehmern aus Genua hat. Die kleinen, schmalen Straßen sind sonnendurchflutet und gleißend hell; das Tuffgestein bröckelt nicht mehr, seit es mit Thunfischöl getränkt wird; und die Piazza vor der Kirche Matrice ist gepflastert. Sein Vater hat einen Lehrer angestellt, damit alle, die wollen, lesen und schreiben lernen, so wie man das in England macht. Rund um das Dorf wird in tiefen Gruben Tuffgestein abgebaut.

Favignana ist wie eine Klippe aus Tuff, denkt Ignazio. Man muss nur ein bisschen kratzen, schon stößt man auf diese gelbe dichte Schicht, von Muschelsplittern durchsetzt. Der Boden ist steinig, und die wenigen Obst- und Gemüsegärten wurden mit Mühe dem Boden der Tuffsteinbrüche abgetrotzt, aus denen salzhaltiges und trübes Wasser tritt.

Doch erst wenn man sich an den Geruch der Fischfabrik gewöhnt hat, nimmt man wirklich dieses Meer wahr – dieses geradezu unbändig blaue Meer, voller Leben, voller Wildheit.

Und aus diesem Meer kommt der Reichtum.

Es ist eine Insel der Stille und des Windes. Ignazio kommt der Gedanke, dass es ihm gefallen könnte, an einem solchen Ort zu leben: Ihm anzugehören, ihn in sich zu haben wie sein eigen Fleisch und Blut. Und ebenso der Herr dieser Insel zu sein wie ihr Sohn.

Noch ahnt er nicht, dass das eines Tages wirklich so sein wird.

Die Tür fällt mit einem lauten Knall ins Schloss, dann das Klacken von erregten Schritten, Schreie. Giulia hebt den Kopf von ihrer Stickarbeit, runzelt die Stirn. »Was ist das denn …?«

Giuseppina zuckt mit den Achseln. »Ich würde sagen, das ist *mon père.*« Sie wechseln einen Blick. »Und wütend ist er auch noch.«

Sie legen ihre Handarbeit zur Seite und machen sich zu den Zimmern auf den Weg, aus denen der Lärm kommt.

Giuseppina ist sechzehn und gertenschlank, mit großen, dunklen Augen. Diese sind das einzig wirklich Schöne an einem ansonsten eher unscheinbaren Gesicht. Doch sie hat einen liebenswerten, geduldigen Charakter.

Je näher sie kommen, desto deutlicher hört Giulia Vincenzos Stimme. Dann betritt sie das Esszimmer und findet ihn zusammen mit Angelina vor, die mit verschränkten Armen und wütend verzogener Stirn auf einem Sessel sitzt. Ihr Vater ragt vor ihr auf wie ein Turm.

»Was ist denn hier los?«

Ein Blick ihres Ehemanns lässt sie an der Tür Wurzeln schlagen.

»Was geht hier vor?«, fragt sie noch einmal. »Was ist los?«

»Mein Herr Vater wirft mir vor, dass ich seine Heiratspläne nicht unterstütze. Er sagt, ich müsse mich fügen, und macht es mir zum Vorwurf, dass ich nicht schön genug bin. Als hättet Ihr mich nicht gemacht!« Angelas Stimme trieft vor Gift.

Giulia wendet sich an ihre Tochter. »Untersteh dich, in diesem Ton zu reden!«, tadelt sie sie. Doch Angelina ist so: streitbar, hitzig. Sie ist kein Mädchen, das sich gut bändigen lässt, und Giuseppina ebenso wenig. Doch diesmal, das muss Giulia schweren Herzens zugeben, hat sie nicht unrecht. Was Gaben wie Schönheit und Anmut angeht, ist das Schicksal wirklich nicht großzügig mit ihren Töchtern gewesen.

Giuseppina tritt zu ihrer Schwester und nimmt sie in die Arme, um ihr Kraft und Trost zu spenden.

»Heute im Klub habe ich Chiaramonte Bordonaro auf die Möglichkeit angesprochen, unsere Familien durch eine Heirat zu verbinden. Angela ist ja mittlerweile achtzehn, und …« Die dicke Ader auf Vincenzos Stirn pulsiert schnell. »Doch das wird wohl nichts. Wie es scheint, sind unsere Töchter nicht … von Interesse. Und offenbar wollen sie selbst daran auch nichts ändern.«

Angela mustert ihn hinter halb geschlossenen Lidern hervor. Die Ähnlichkeit mit ihrer Großmutter väterlicherseits ist beeindruckend. »Weder ich noch meine Schwester werden zu Feierlichkeiten eingeladen. Warum? Warum haben wir niemals die Gelegenheit, jemanden von außerhalb dieser vier Wände kennenzulernen? Warum kennen wir nur so wenige Mädchen in unserem Alter, die uns dann auch noch anschauen, als wären wir Dienstboten, die die Kleider ihrer Herrschaft tragen? Im Grunde kann man sagen, dass wir keinerlei Freunde haben. Unseren Bruder hingegen reicht man wie auf dem Silbertablett herum, er wird zu allen Festen und Ereignissen eingeladen, geht im Favoria-Park mit den Söhnen von Adligen zum Reiten. Ihr nehmt ihn überallhin mit, geht mit ihm zu Treffen mit anderen Kaufleuten, präsentiert ihn fast so, als wäre er Euer einziges Kind. Und jetzt sagt Ihr mir, Ihr seid außerstande, einen Mann für mich zu finden? Habt Ihr Euch denn jemals gefragt, warum das so ist?«

»Jetzt beruhig dich doch, Schwesterherz, *surruzza mia* …« Giuseppina streichelt ihr übers Gesicht, versucht sie abzulenken. »So kannst du doch nicht mit unserem Vater reden …«

»Ach, ja, richtig, *iddu è u' patrune*, er ist ja der Chef hier! Und wir, was sind wir, Peppina? Was sind wir? Gehören wir überhaupt dazu? Sind wir denn nicht auch seine Kinder? Stattdessen – für ihn existiert immer nur Ignazio! Ignazio hier, Ignazio da!« Mehr und mehr steigert sich das Mädchen in seine Wut, seine Eifersucht, seine Traurigkeit hinein, und jetzt sieht Giulia Tränen in den Augen ihrer Tochter schimmern.

Vincenzo schließt die Hand zur Faust, öffnet sie wieder. Er macht ein paar Schritte auf sie zu. »Was willst du damit sagen?«

»Genug jetzt!« Giulia erhebt nie die Stimme, und wenn sie es doch tut, verstummen alle sofort. Sie zeigt mit dem Finger auf ihre Töchter. »Ihr beiden. Auf eure Zimmer, und zwar sofort.« Dann wendet sie sich ihrem Mann zu, die Hände auf die Hüften gestützt. »Gehen wir. In dein Arbeitszimmer.«

Mit diesen Worten rauscht sie hinaus, ohne darauf zu warten, dass er ihr folgt.

Giulia ist nicht nur wütend. Es steckt wesentlich mehr in diesen resoluten Schritten, diesem beschleunigten Atem. Als die Tür sich hinter ihnen geschlossen hat, dreht sich Giulia um. Sie schreit: »Wie konntest du nur so etwas tun, ohne mir etwas davon zu sagen?« Ihre Wut ist kaum mehr zu zügeln, sie ist puterrot im Gesicht. »Du hast also unsere Töchter deinen Geschäftspartnern zum Höchstpreis angeboten?«, geht sie ihn an. »Sind sie etwa Säcke mit Chinarinde?«

Vincenzo ist verwirrt. »Sie sind im heiratsfähigen Alter. Warum sollte man nicht über eine arrangierte Heirat nachdenken?«

Es ist nicht das erste Mal, dass sie diese Diskussion führen; allerdings empfindet Giulia sie heute anders. Heftiger. Schärfer. Es ist ein Gefühl, als würde man eine Wunde aufreißen, die, das weiß sie, nicht ohne Schmerz heilen wird. »Es sind zwei anständige Mädchen; keine von beiden ist eine Schönheit, aber sie sind liebevoll und freundlich. Und ganz gewiss liegt es nicht an ihrer Erziehung, dass sie nicht eingeladen werden. Ganz im Gegenteil.«

»Fängst du jetzt auch damit an? Jetzt mach doch nicht einen solchen Aufruhr. Es sind Mädchen, sie werden eine ausgezeichnete Mitgift haben, das steht außer Zweifel, und das ist es, worauf die jungen Männer heute achten.« Jetzt ist auch Vincenzo aufgebracht. »Sie können nicht einfach den Erstbesten nehmen, nicht mit dem Namen, den sie tragen.«

»Doch du weißt, dass Name und Geld nicht genügen. Auch jetzt nicht.«

Es ist kein Zweifel in Giulias Worten, sondern Gewissheit. Und Vincenzo schweigt, denn er weiß, dass seine Frau recht hat.

Er geht zum Schreibtisch, nimmt Platz, legt das Gesicht zwischen die zur Faust geballten Hände.

Zuerst ist es nur ein Verdacht gewesen. Er hat ihn bereits seit ein paar Monaten, seit er angefangen hat, die Tatsache in Umlauf zu bringen, dass er zwei Töchter im heiratsfähigen Alter hat.

Dann kam die Gewissheit, und es ist ausgerechnet Gabriele Chiaramonte Bordonaro gewesen, der sie ihm bei jener Unterredung im Klub ins Gesicht gesagt hat, genau mit der unverblümten Ehrlichkeit, die ihn von anderen unterscheidet. »Don Vincenzo, Ihr wisst, dass ich kein Blatt vor den Mund nehme, und so sage ich Euch jetzt etwas. *A' virità*, um ehrlich zu sein, kommt es für mich nicht infrage, einen von meinen Jungen mit einer Tochter von Euch zu verheiraten. Das liegt nicht daran, dass es nicht zwei anmutige Mädchen sind oder ich Euch nicht achte ... sonst würde ich keine Geschäfte mit Euch machen. Im Gegenteil: Mit all dem Geld, das Ihr habt, wäre es sehr angenehm, Euch zum Schwiegervater eines meiner Söhne zu haben. Aber Ihr wisst es doch, das brauche ich Euch eigentlich nicht zu sagen. Geschäfte sind eine Sache, die Familie eine andere. Und Eure *picciridde*, Eure Mädchen, sind ... unter besonderen Umständen geboren.«

Vincenzo stieg die Galle hoch.

So geschämt hat er sich schon seit Jahren nicht mehr. Er steht auf. Vielleicht, so denkt er, während er im Zimmer umhergeht und seiner Frau von dem Gespräch berichtet, muss er bis zu seiner Kindheit und Jugend zurückkehren, um noch einmal jene Demütigung mit ihrer ganzen Wucht nachzuerleben. »Ja, sie sind nicht gut genug«, schließt er, und seine Stimme trieft vor Groll und Bitterkeit. »Unsere Töchter sind nicht gut genug. Ich, das, was ich erreicht habe, die Casa Florio ... wir sind nicht gut genug.« Und während er auf Palermo hinabblickt, das sich in der Oktobersonne aalt, bemerkt er nicht, dass Giulias Augen feucht geworden sind.

»Eine Ehe mit einem Mann von adliger Herkunft. Das

willst du für dich, nicht für sie.« Sie spricht leise, weil sie Angst hat, ihr könnte ein Schluchzer entfahren. Spuren eines alten Schmerzes kommen wieder an die Oberfläche. »Das, was du nicht erreicht hast. Stimmt's?«

Sie sieht ihren Mann zögern. Auch er denkt jetzt an das, was einmal war, das zeigt sich an der Art und Weise, wie er die Finger langsam auf der anderen Handfläche zur Faust ballt.

Beklommen erinnert sie sich: Angelina und Giuseppina, wie man auf sie zeigt, weil sie unehelich sind, wie sie heimlich getauft wurden, ohne eine Feier, ohne jemanden, der auf sie anstößt, zwei Mädchen, die erst nach der Geburt Ignazios, des Stammhalters, anerkannt werden.

Es ist nicht wichtig, dass sie eine Mitgift haben, die jeden Spross einer adligen Familie zum Erblassen bringen könnte, dass sie Französisch sprechen, dass sie kostbaren Schmuck besitzen oder der Schleier, den sie bei der Messe tragen, aus feinster Spitze ist: Sie sind und bleiben uneheliche Kinder. Und Giulia ist und bleibt eine ausgehaltene Frau. Es gibt Erinnerungen, die sich in einem Menschen festsetzen und niemals wirklich ganz verschwinden, die immer wieder einen Weg an die Oberfläche finden, um wehzutun.

Denn mancher Schmerz kann nie ein Ende haben.

Doch all das kann sich Vincenzo nicht vorstellen; der Gedanke, dass ihm etwas verweigert wird, ist ihm völlig fremd. Die Wut dominiert seine Sicht auf die Welt, und sie hindert ihn daran, die Bitterkeit zu sehen, die Giulia empfindet. »Versuche doch zu verstehen. Damals war ich …« Er hält inne, scheint sie um Hilfe zu bitten.

Eine Hilfe, die sie nicht gewillt ist, ihm zu geben. Nicht mehr. »Du hast geschaffen und wieder zerstört, Vincenzo, ohne jemals jemanden um etwas zu bitten. Jahrelang habe ich ohne eine rechtliche Grundlage mit unseren Kindern zusammengelebt, immer in der Angst, du könntest mich von einem Tag auf den anderen vor die Tür setzen, um eine Frau vornehmen Geblüts zu heiraten, die deine Mutter dir ausgesucht hat.«

Giulia spürt, wie ihre Stimme rau wird und zu brechen droht, doch sie macht sich Mut. Vielleicht muss sie endlich das sagen, was gesagt werden muss und was sie schon seit Jahren mit sich herumträgt. »Du hattest dein Leben, gingst unbeirrbar deinen Weg …« Sie macht eine schneidende Bewegung mit der Hand, ihre Stimme zittert. »Nein, jetzt musst du mich mal anhören. Ich werde es nicht hinnehmen, dass Angela und Giuseppina das widerfährt, was mir widerfahren ist, ich will nicht, dass sie so gedemütigt werden wie ich. Sie werden keinen Mann heiraten, der sie verachtet, nur weil du deine Interessen verfolgen willst, die Interessen der Casa Florio.«

Vincenzo lässt sich auf einen Stuhl fallen. »Aber ich habe dich doch geheiratet, Giulia.« Er schaut zu ihr hoch, eine stumme Bitte um Nachsicht, um Waffenstillstand.

»Weil du einen Stammhalter bekommen hattest und diesen zu deinem rechtmäßigen Erben machen musstest. Wäre es wieder nur ein Mädchen gewesen, würde ich immer noch an der Via della Zecca Regia wohnen, und du hättest vermutlich eine zehn Jahre jüngere Frau, die dir endlich einen Stammhalter für die Casa Florio geschenkt hätte.«

In diese letzten Sätze hat Giulia ihre ganze Angst gelegt, ihm niemals genug zu sein. Das zu sein, was er in seinem ganzen Leben am meisten bedauert hat. Ein Scheitern.

Vincenzo steht auf, legt ihr die Hände auf die Schultern.

»Nein«, sagt er. Sein Gesicht kommt näher, sie spürt seinen Atem auf ihrer Haut. Er nimmt sie in die Arme, flüstert ihr ins Ohr. »Und selbst wenn ich sie gefunden hätte – ich hätte ihr niemals erlaubt, dass sie so mit mir spricht wie du.«

Er drückt sie fest an sich. Giulia ist überrascht, fast ein wenig verängstigt. Sie versteift sich, doch dann, nach einem Moment, legt sie den Kopf an seine Brust, sucht mit den Fingern nach dem Herzschlag unter seiner Weste. Sie spürt, wie aufgewühlt er ist, wie nervös.

»Ich will das Beste für meine Familie«, murmelt er.

Sie hebt den Kopf. »Du willst das Beste für die Casa Florio, Vincenzo.« Sie verbirgt nicht, wie verzweifelt sie ist. »Und das Beste für dich ist ein Schwiegersohn mit Titel, der dem Namen Florio Prestige verschafft. Aber die Mädchen sind unehelich geboren, und es sind deine Töchter. Kein Adliger wird sie wollen.« Giulia will ihm mit ihren Worten wehtun. Will ihren Ehemann daran erinnern, dass er für viele immer noch ein *facchino*, ein Handlanger, ist. Einer aus Bagnara. Sie nimmt seine linke Hand: An seinem Ringfinger steckt der Ehering und der Ring von Onkel Ignazio. »Was Angelina sagt, stimmt. Unsere Töchter werden nicht zu Festen eingeladen, zu denen andere Mädchen ihres Alters kommen, und bei Bällen werden sie meistens nicht beachtet. Sie haben eine gute Ausbildung, aber das reicht nicht.«

»Sie werden eine üppige Aussteuer bekommen«, entgegnet er dickköpfig und entzieht ihr seine Hand. »Das Geld wird ihr Adelstitel sein.«

»Nein. Wenn du eine Zukunft für dein Haus haben willst, dann musst du an Ignazio denken, nicht an sie. Er muss eine vorteilhafte Ehe eingehen. Auf ihn musst du dein Augenmerk richten.«

Vincenzo denkt lange über diese Worte nach, als er anschließend allein im Arbeitszimmer zurückbleibt.

Giulia hat recht.

Er schaut sich in der Bibliothek um: reihenweise ledergebundene Bücher mit Goldschrift, Regale, Vitrinen. Aus allem spricht sein Leben: von den Englischlektüren über wissenschaftliche Texte bis zu Büchern über Maschinenbau. Denn für ihn bedeutet Produzieren auch Konstruieren.

Dann waren also all meine Mühen umsonst?, fragt er sich. *War das alles folglich zu nichts gut? War es nicht genug, zu schuften und mit dem wenigen, was mir zur Verfügung stand, ein wirtschaftliches Imperium zu erschaffen, zu experimentieren und immer wieder Dinge zu tun, die bis dato noch nie jemand auf Sizilien getan hatte?*

Nein, es hat nicht genügt.

»Ein Wappen wollen sie. Edles Geblüt. Ehrbarkeit.« Dieses letzte Wort spricht er Silbe für Silbe aus und lacht vor sich hin. Es ist ein böses Lachen, das in ein Knurren übergeht.

Vincenzo hatte vergessen, dass Demütigung einen solch bitteren Beigeschmack hat.

Die Wut schwappt über ihn hinweg wie eine Welle. Er unterdrückt einen Schrei und fegt mit einer einzigen Handbewegung Dokumente, Kassenbücher, sogar das Tintenfass vom Schreibtisch. Seine flache Hand schlägt mit voller Kraft auf die Tischplatte aus Walnussholz.

Die Tinte ergießt sich auf den Entwurf eines Briefes an Carlo Filangieri, den Fürsten von Satriano. Nur ein Name ist noch lesbar: Pietro Rossi.

Wut steigert sich zu noch mehr Wut. Fast hat Vincenzo das Gefühl, dass ihm das Schicksal ins Gesicht lacht. »Dieser *fangu d'a tierra!* Dieser Drecksack!«, ruft er aus und zerknüllt das Schreiben. Die Tinte befleckt seine Finger, rinnt wie schwarzes Blut an seiner Hand hinab, während er langsam wieder zu Atem kommt.

Pietro Rossi, der Präsident des Banco Regio. Der ihn mit seinen sinnlosen Forderungen piesackt. Der ihn auf jede nur erdenkliche Weise zu diskreditieren versucht. Der ihn zur Kündigung treiben will. Der ihn für seine Tätigkeit als kaufmännischer Leiter nicht einmal entlohnt. Vincenzo hat versucht, ihn zu ignorieren, doch allmählich ist er mit seiner Geduld am Ende.

Einige Tage zuvor hat sich Vincenzo zum Banco Regio begeben. Er war an der Reihe, die Geldsummen, die von den Dampfschiffen kommen, anzunehmen, zu registrieren, die Wechsel einzulösen und geschuldete Summen auszuzahlen.

Es verging eine Stunde. Und noch eine. Niemand kam.

Kurz vor Mittag gab er seiner Unruhe nach. Er griff zu Mantel und Hut und machte sich in Richtung Treppe auf den Weg.

Und genau dort traf er auf Pietro Rossi. »Wo geht Ihr hin?«, fragte der ihn, ohne einen Gruß.

»Zur Via dei Materassai. Ich habe schon drei Stunden hier meine Zeit verplempert, und jetzt reicht's.«

Rossi – groß, schmal, steifer Schnurrbart – baute sich vor ihm auf. »Kommt nicht infrage. Ihr habt zu tun und Eure Pflicht zu erfüllen. Ihr bleibt hier bis drei, dass das klar ist.«

»Ich habe bereits einen ganzen Morgen mit Euren fixen Ideen vertändelt, Rossi. Es ist kein einziger Gläubiger erschienen. Ihr hingegen schuldet mir schon seit März vergangenen Jahres meine Dienstbescheinigung. Ohne sie kann ich nicht bezahlt werden.«

Rossi riss die Augen auf und lachte ihm ins Gesicht. »Ihr wollt bezahlt werden? Wofür denn?«

Ein Angestellter der Bank, der gerade die Treppe hochstieg, verlangsamte seine Schritte, um jedes Wort mitzubekommen und ganz gewiss Futter für die Gerüchteküche daraus zu machen. Erst als Vincenzo ihm einen vernichtenden Blick zuwarf, suchte er das Weite. »Als kaufmännischem Leiter des Banco Regio steht mir ein Gehalt von sechs Unzen pro Monat zu, sowohl für geleistete Dienste als auch für meinen Beitrag zur Registrierung von Neukunden«, sagte er im Ton eines Menschen, der sich bemüht, einem Idioten etwas begreiflich zu machen. »Dieses Geld kann ich nur erhalten, wenn Ihr die Güte habt, die betreffenden Dokumente zu unterzeichnen. Ist Euch das klar, oder soll ich es aufmalen?«

Rossi, der zwei Stufen unter ihm stand, stieg zu ihm hoch und stand jetzt direkt vor ihm. »*Scordatillo.* Vergiss es«, zischte er.

Ein Affront, der so überraschend kam, dass sogar Vincenzo um eine Antwort verlegen war.

»Du weißt doch überhaupt nicht, was ein kaufmännischer Leiter zu tun hat«, fuhr Rossi zischend fort. »Da kannst du alles Geld der Welt haben, aber wie es ist, für den Staat, für eine Institution zu arbeiten, davon hast du keine Ahnung. Dich interessieren nur deine Geschäfte, und der Staat ist dir nur nützlich, solange er dich in dem, was du tust, nicht behindert … Ich mache dir das nicht zum Vorwurf, aber du solltest dich auch nicht mit Tätigkeiten abgeben, von denen du keine Ahnung hast.« Er stach ihm mit dem Finger in die Brust. »Und jetzt erzähl ich dir mal was: Die Welt dreht sich nicht um die Via dei Materassai, um deine Dampfschiffe und deine Kredite.«

»Wenn ich das hier tue, dann tue ich es, weil ich es kann.« Vincenzo schob den Finger beiseite. »Und du? Seit wann hast du mir zu sagen, was ich zu tun habe, hm? Glaubst du denn, ich weiß nicht, dass du diese Termine absichtlich auf die Tage legst, an denen Schiffe von mir einlaufen und ich in meinem Büro sein muss? Oder dass du Konferenzen gezielt dann einberufst, wenn ich in Marsala bin?«

»Mit dieser Ausrede versuchst du, dich schon seit Jahren aus der Affäre zu ziehen. Aber wir beide kennen sehr wohl die Wahrheit.« Rossi stieg eine weitere Stufe hoch, als wollte er jeden Moment weitergehen. »Du hast deine Leute, die dich wegen deiner *picciuli* protegieren, aber ich tue das, was ich tue, mit Stolz und Gewissenhaftigkeit. Dinge, von denen du noch nie auch nur gehört hast.«

»Ich verrichte meinen Dienst, und du wirst mich dafür bezahlen.«

Rossi sah ihn selbstgefällig an. »Nein.« Und dann ging er einfach.

Zum ersten Mal seit Jahren wusste Vincenzo nicht, was er sagen sollte. Er hat diesen Brief zu schreiben begonnen, der jetzt zerknüllt in seinen Händen liegt, doch es fehlten ihm die Worte, ihn auch zu beenden.

Denn all diese Worte drückten entweder zu viel aus oder zu wenig, sie sprachen von Entrüstung und baten um Anerkennung, obwohl doch das einzig richtige Wort … Hass gewesen wäre. Ja, er empfindet Hass: auf all diejenigen, in deren Augen er immer noch ein Neureicher und primitiver Emporkömmling ist. Fast genießt er es, in deren Augen Abschaum zu sein und nur ihre Vorurteile zu bestätigen. Sie werden sich sowieso nicht ändern.

Und wie kann er auch einem Außenstehenden, und das ist Filangieri im Grunde ja, beschreiben, was ihm heute so wehtut? Warum dieses Unbehagen zurückgekehrt ist? Wie kann er ihm erklären, dass irgendwo da drinnen in ihm eine dunkle Seite ist, die ihn antreibt, mehr und mehr Reichtum anzuhäufen, sich weiterzuentwickeln, immer neue Unternehmungen zu finden? Filangieri, reich von Geburt an, hätte das nie und nimmer verstanden.

Sosehr er Palermo auch lieben und sich als den Sohn dieser Stadt betrachten mag – sie behandelt ihn immer noch wie einen Fremden. Er hat vieles versucht, um akzeptiert zu werden, er hat ihr mit seinem Reichtum den Hof gemacht, hat ihr Arbeit gegeben, hat ihr Wohlstand gebracht.

Vielleicht ist es ja das, was man ihm nicht verzeiht: die Arbeit. Die Macht. Die Art und Weise, wie er mit offenen Augen auf die Welt schaut, während Palermo die Augen am liebsten vor ihr verschließt.

Und so trifft ihn Ignazio an, die Faust an den Mund gedrückt, das Gesicht angespannt und wütend. Der Junge klopft vorsichtig, bleibt auf der Schwelle stehen.

»Darf ich?«

Sein Vater nickt. Langsam tritt der Junge ein. Er schaut auf den mit Tinte verschmierten Boden, sieht die im Zimmer verstreuten Dokumente. Er bückt sich, um sie aufzuheben, doch der Vater hebt nicht einmal den Blick und bedeutet ihm nur mit einer stummen Geste, es zu lassen. »*Lassa iri.* Das soll das Personal machen.«

Ignazio ordnet die Papiere, die er in der Hand hat, und legt sie auf den Tisch. Er geht zu dem Stuhl vor dem Schreibtisch, setzt sich. Stumm betrachtet er seinen Vater und lässt sich lange Zeit, bis er das Wort ergreift. »Mama will wissen, ob Ihr zum Essen kommt.«

Vincenzo zuckt mit den Achseln. Dann blickt er auf und schaut Ignazio an, als hätte er ihn gerade erst bemerkt. Er denkt an Giulias Worte zurück. »*A te non te ne fanno mali parti*«, sagt er zu ihm. »Obwohl du mein Sohn bist, reden sie nicht schlecht über dich.« Vincenzos Ton hat seinen wütenden Klang verloren; seine Stimme ist ruhig, fast sanft geworden.

Ignazio hat den Streit gehört, weiß, dass seine Mutter wütend geworden ist. Doch es ist ihm selbst schon vor langer Zeit aufgefallen, dass Gleichaltrige ihm in einem Maße Respekt und Ehrerbietung entgegenbringen, wie sie seinen Schwestern niemals widerfahren, vor allem Giuseppina nicht. »*Io sugnu masculo*, ich bin ein Junge, Papa«, entgegnet er behutsam. »Mir sagt keiner was.«

Und in diesem Satz liegt die Wahrheit, die einzige Wahrheit. Ignazio ist ein Mann, und er ist der Erbe der Casa Florio.

Vincenzo verzieht den Mund zu einem Lächeln, das halb Trotz und halb Genugtuung ist. Er steht auf, nimmt vor ihm Platz. »Einmal, als du noch ein *picciriddo* warst, habe ich dich mit einem geografischen Atlas erwischt, der größer war als du. Du saßest auf dem Bett und schautest dir alles an – die Häfen und die Schiffe, die dort anlegten …«

Ignazio nickt. Das war kurz nach dem Zwischenfall in Arenella, als er fast ertrunken wäre.

»Seither habe ich alles darangesetzt, dass du studierst, und zwar nicht nur Latein und diesen anderen Priesterkram, sondern auch Englisch und Französisch. Und dass du lernst, wie du dich in Gesellschaft zu benehmen hast. Wie den Sohn eines Adligen habe ich dich ausbilden lassen, nicht wie den Sohn eines Kaufmanns.«

Ignazio kann sich ein Lächeln nicht verkneifen. Er erinnert sich an den Reitunterricht, an die Benimmstunden zusammen mit seinen Schwestern, vor allem aber denkt er an die Unterweisungen im Tanzen durch seinen Musiklehrer zurück, sieht sich im Walzerschritt zusammen mit seiner Mutter, die glücklich lachte. Giulia hat nie gut tanzen gelernt.

Doch sein Vater reißt ihn aus diesen Erinnerungen, drückt seine Schulter. »Ich habe all diese Sachen, die dir zuteilwurden, nie gehabt. Nichts davon. Natürlich habe ich die Schulbank gedrückt; mein Onkel ließ mich jeden Tag büffeln, deine Großmutter kann bis heute ein Lied davon singen. Aber reiten oder tanzen, das habe ich nie gelernt, denn das brauchte man nicht, um in einem Gewürzladen zu arbeiten.« Er blickt auf seine mit Tinte befleckten Hände hinab, stützt sich mit den Ellbogen auf die Knie. Selbst mit seinen fast fünfundfünfzig Jahren hat Vincenzo immer noch kräftige Hände, auch wenn man ihnen ansieht, dass er sein Leben lang gearbeitet hat. *Und doch wird es nicht genug sein*, sagt er sich wieder. *Tagaus, tagein zu schuften, bis zum Umfallen, hat nicht genügt, um von denen akzeptiert zu werden, die die wahre Macht haben: nämlich die politische, die, die wirklich zählt.*

»Du kannst es dorthin schaffen, wohin ich es niemals geschafft habe.«

Er sagt diesen letzten Satz so leise, dass sich Ignazio nicht sicher ist, ob er richtig gehört hat. Der Junge beugt sich vor, und jetzt berühren sich die Köpfe von Vater und Sohn beinahe. »Du wirst es brauchen können, dass du reiten und tanzen kannst, ebenso, wie es dir nützen wird, dass du reisen kannst und die Welt sehen, denn Sizilien kann dir nicht genug sein. Das sind Dinge, die sonst nur Adlige tun, Leute, die ein Wappen über der Tür haben … und genau dort musst du hin, verstehst du? Sie werden dir die Türen öffnen, weil du dir das alles kaufen kannst, die Kleider, die Palazzi. Die nötigen *picciuli* hast du, du bist nicht wie ich, der mit dem angefangen hat, was mir mein Onkel hinterlassen hatte. Du kannst Palermo und den Palermitanern sagen, dass die Florios niemandem nachstehen.«

Ignazio ist verwirrt. »Aber auch Angelina und Giuseppina haben doch …«

»*Lassali ire, sunnu fimmine.* Lass die beiseite, das sind Mädchen«, poltert Vincenzo. Er steht auf, zwingt seinen Sohn damit, es ihm nachzutun. »Weißt du, wie sie mich genannt haben? *U' facchino!* Ich, ein Handlanger!« Er lacht, und in diesem Lachen voller Wut und Groll nimmt Ignazio sie deutlich wahr, die vielen, vielen Messerstiche, die sein Vater hinnehmen musste und die immer noch bluten, die Vincenzo dazu bringen, sich wie ein verwundetes Tier zu verhalten. Bei diesem Gedanken wird dem Jungen weh ums Herz.

»Alle, *alle,* die mich zuvor mit Verachtung gestraft hatten, sind früher oder später als Bittsteller zu mir gekommen, mit dem Hut in der Hand.« Er nimmt das Gesicht seines Sohnes in beide Hände, schaut ihm in die Augen. »Du musst dir das nehmen, was man mir nicht geben wollte. Sie müssen es dir geben, und wenn sie es dir nicht geben, dann nimm es dir einfach. Denn Macht ist nicht nur das, was man im Geldsäckel hat – man muss sie auch den anderen zeigen, die meinen, sie sind besser als man selbst. Die Leute müssen vor Angst zittern, wenn sie zu dir kommen. *Capisti*? Hast du verstanden?«

Ignazio ist perplex. Er ist erst fünfzehn Jahre alt, und das, was sein Vater da gesagt hat, ist ihm unangenehm, es verwirrt ihn. So hat sein Vater noch nie mit ihm gesprochen, doch heute hat er ihm zum allerersten Mal erlaubt, einen Blick hinter diese stets finster zusammengezogene Stirn zu werfen. *Warum sagt Ihr mir diese Dinge?*, möchte er am liebsten erwidern, doch stattdessen stellt er ihm stammelnd eine andere Frage. »Aber … ist es denn nicht besser, respektiert zu werden? Ein Mensch, der dich fürchtet, wird doch niemals treu sein …«

»Die Leute sind ehrlich zu dem, der die Macht hat, Igna', denn sie wissen, dass es ihnen sonst übel bekommt. Und Geld ist einer der Wege, um an die Macht zu kommen. Genau deshalb sage ich es dir: Halt an allem fest, was du hast, aber vertraue niemandem. Denke stets an dein eigenes Fortkommen, nur das zählt, und zwar mit allen Mitteln.«

Ignazio zögert, denn er weiß immer noch nicht, was er von dem Gesagten halten soll. Er will nicht, dass die Leute Angst vor ihm haben, so wie das bei seinem Vater ist. Wenn Vincenzo Florio einen Raum betritt, gibt es Leute, die ihn anschauen und ihn fürchten, und solche, die ihn anschauen und verachten.

Er hingegen will respektiert werden für das, was er ist, und nicht des Geldes oder der Ländereien wegen, die er besitzt. Doch als er versucht, seinem Vater das zu erklären, erntet er nur ein bitteres Lachen.

Vincenzo erhebt sich und geht in Richtung Tür. »Das sagst du doch nur deshalb, weil du noch nie etwas beweisen musstest, mein Sohn. Denn all das hier habe ich aufgebaut, und du kannst dir nicht vorstellen, wie viel mich das gekostet hat.« Er schüttelt den Kopf, schaut sich um. »Wenn diese Mauern sprechen könnten, würden sie dir Dinge erzählen … Doch nun ist es genug, lassen wir es gut sein. Gehen wir essen.«

Zum ersten Mal nimmt Ignazio wahr, dass die Haare seines Vaters weiß werden, und ihm wird bang ums Herz. Er schaut ihm hinterher, wie er hinausgeht und jenseits der Tür verschwindet. Er berührt die Tischplatte des Schreibtischs.

Du kannst dir nicht vorstellen, wie viel mich das gekostet hat.

Dieser Satz ist bei ihm hängen geblieben. Er wird noch eine Weile daran zu kauen haben, bis er ihn endlich verdaut hat.

Ignazio weiß nicht, wie sein Vater war, bevor es ihn gab. Wie ein Mann ist, bevor er einen Sohn hat, ist oft ein Geheimnis, das ein Vater lieber in seinem tiefsten Inneren verschließt, um es nie jemandem zu offenbaren. Zwischen dem Vorher und dem Nachher gibt es eine Grenze, scharf gezogen und unüberwindbar.

Ignazio kann noch nicht wissen, wie sehr ein Sohn einen Mann verändert.

»Exzellenz, was sollen wir tun?«, beginnt Vincenzo. Er sitzt vor einer Tasse Kaffee, die ihm ein livrierter Diener gebracht hat. »Ihr wisst, wie sehr Rossi mir zusetzt, aber Ihr unternehmt nichts dagegen.«

Minister Vincenzo Cassisi, ein Mann mit breitem Backenbart und kantigem Gesicht, blickt Carlo Filangieri von der Seite an, als wäre er für diesen Auftritt verantwortlich, und gestattet sich ein ironisches Lächeln.

Um den Streit mit Rossi beizulegen, hat Vincenzo beschlossen, nach Neapel zu fahren und Cavaliere Cassisi, der seit nunmehr zehn Jahren Minister für sizilianische Angelegenheiten ist, um eine Audienz zu bitten. Eine Audienz, die ihm dank Filangieri schnell gewährt wurde.

Der Minister zuckt mit den Achseln. »Und was tut *Ihr*, Don Florio? Wäret Ihr in der Ausübung Eurer Pflichten korrekter, dann …«

Vincenzos Lachen ist schrill und voller Sarkasmus. »Ich? Ich … wie bitte?«

»Exzellenz, wir sprechen von einem der bedeutendsten Geschäftsleute des Königreichs«, mischt sich Filangieri mit gedämpfter Stimme ein und studiert dabei eingehend die Spitzen seiner auf Hochglanz gebrachten Stiefel. »Wie kann Rossi von ihm verlangen, dass er jedes Mal, wenn er mit den Fingern schnipst, seine eigene Arbeit stehen und liegen lässt …«

Vincenzo fällt ihm ins Wort. »Genau das ist das Problem, Exzellenz. Ich habe ja nicht nur die Stellung als kaufmännischer Leiter der Bank; und ganz gewiss bin ich kein Taugenichts, der den ganzen Tag auf der faulen Haut liegt und eine Schar Untergebener hat, die die Kastanien für ihn aus dem Feuer holen. Das wisst Ihr doch, oder?« Vincenzo beugt sich vor, berührt den Minister beinahe am Arm. Cassisi ist es sichtlich unangenehm, er lehnt sich zurück. »Ich bin der Mensch, der im ganzen Staat die meisten Steuern zahlt, der dem Land mit seinen Importen Reichtum bringt, der das

Heer mit Medikamenten und Schwefel beliefert. Und was tut Ihr? Ihr treibt mich in die Enge. Ihr habt sogar das Silber beschlagnahmt, das mir die revolutionäre Regierung 1848 als Bezahlung zugesichert hatte …« Vincenzo hält inne, holt tief Luft, trinkt einen Schluck Kaffee.

Auf den Mienen der beiden anderen Männer macht sich tiefes Unbehagen breit. Doch keiner sagt etwas.

»Die Regierung verdankt mir *viel*«, schließt Vincenzo. »*Ihr beide* verdankt mir viel.«

Auf einmal erhebt sich der Minister, als wollte er sich von diesem so unverschämten Mann entfernen. »Jetzt auch noch das … Ihr habt nicht nur die Rebellen unterstützt, sondern wagt es auch noch, eine Bezahlung zu fordern – und das in diesem Ton! Rossi hat nicht unrecht, wenn er Eure Entlassung fordert.«

Vincenzo verzieht keine Miene. »Ich stelle meine Forderung, weil ich weiß, dass ich es kann.« Er lehnt sich auf seinem Stuhl zurück und verschränkt die Hände vor der Brust. »Was wäre die Herrschaft der Bourbonen ohne die Casa Florio? Denkt doch nur an meine Schiffsflotte, an die Dienste, die ich der Krone leiste, und an all die Gelegenheiten, bei denen ich als Mittelsmann zwischen Euch Staatsdienern und den großen Banken fungiert habe, weil der König in Schwierigkeiten steckte und einen Kredit brauchte. Na los, sagt Ihr es mir: Was hat Rossi für Euch getan?«

Minister Cassisi macht einen weiteren Schritt zurück.

Filangieri verzieht das Gesicht.

Cassisi kehrt an seinen Schreibtisch zurück, nimmt Platz. Er räuspert sich, sagt aber nichts.

Vincenzo nutzt dieses Schweigen als Türöffner, denn er weiß, jetzt beginnen sich in den Köpfen dieser beiden Männer die Rädchen zu drehen, und das wird sie genau dorthin bringen, wo er sie haben will.

Am Ende sagt der Minister: »Also?«

»Ich verlange drei Dinge.« Vincenzo hebt die Finger. »Erstens möchte ich, dass Rossi mich in Frieden lässt. Zweitens verlange ich seine Unterschrift unter meinen Dienstnachweisen, und drittens, dass er mich bezahlt. Nicht weil ich auf den Hungerlohn, den ich als kaufmännischer Leiter bekomme, angewiesen bin. Sondern weil ich ich bin und er nur ein kleiner Hilfsschreiberling. Er existiert für mich nicht, und ich soll für ihn nicht existieren.«

Und genau so kommt es.

»Auf die Brautleute! Sie leben hoch!«

»Alles Gute!«

Die kleine Kapelle spielt die ersten Töne eines Tanzes, das Klatschen übertönt die Musik.

Die frisch Vermählten gehen eng beieinander: Luigi De Pace, der Bräutigam, Sohn eines reichen palermitanischen Reeders und Geschäftspartners der Florios, grüßt in die Menge, erwidert Zurufe; die Braut, Angelina, zart, schüchtern, wirkt glücklich. Sie trägt ein Kleid aus Atlasseide und einen langen Spitzenschleier, den ihr Vater für sie in Valenciennes hat anfertigen lassen. Neben ihr richtet ihre Schwester Giuseppina ihr den Schleier und umarmt sie.

Giulia beobachtet ihre ältere Tochter. Sie freut sich für sie, ist stolz, aber auch ein wenig wehmütig. Angelina hat das, was sie selbst nie haben konnte: eine richtige Hochzeit. Ein Fest. Eine Mitgift. Für Vincenzo hat sie selbst auf all das verzichtet. Und auch nachdem sie geheiratet hatten, hat er ihr niemals etwas vermacht, nicht einmal eine Brosche. Aber das ist nicht wichtig. Was jetzt zählt, ist einzig und allein, dass ihre Tochter glücklich ist.

»Wie elegant sie ist!«

»Ein Brautschleier, der einer Königin würdig wäre!«

Voller Genugtuung denkt Giulia, dass es im Grunde sie war, die diese Ehe in die Wege geleitet hat.

Es war nicht leicht, Vincenzo von dieser Heirat zu überzeugen. Luigis Mutter hatte Giulia um ein Treffen gebeten. Nach einer Tasse Tee und etwas Geplauder schaute die Frau – eine stattliche Erscheinung mit dichten Augenbrauen und pummeligen Händen – sie an und sagte: »Donna Giulia, erlaubt Ihr mir eine aufrichtige Frage?«

»Nur zu.«

»Mein Mann hat gehört, dass Euer Gemahl, Don Vincenzo, Eure Töchter verheiraten will. Stimmt das?«

Giulia war ganz Ohr. »Ja.«

Ihr Gegenüber faltete die Hände über dem Bauch und sah sie mit leicht gerunzelter Stirn forschend an. »Wir hätten da einen Sohn, der perfekt passen würde: Luigi. Ein guter Junge, respektvoll und ernst, einer, der gern arbeitet. Er würde sie auf Händen tragen, wie eine Baronesse. Wollt Ihr mit Eurem Gatten darüber reden?«

Und sie hatte mit ihrem Gatten darüber geredet. Lange, aber nicht zu lange.

Vincenzo konnte dickköpfig sein, aber er war auch ein Mann der Tat: Die De Paces waren Reeder und besaßen ein dichtes Handelsnetz. Sie waren nicht so reich wie die Florios, noch waren sie adlig, aber sie besaßen jenen offenen Unternehmergeist, den er über alles schätzte. Und so war man sich nach nur kurzer Zeit einig geworden, was die Mitgift anging, und hatte einen Termin für die Hochzeit angesetzt.

Giulia nickt gedankenverloren. Angela, ihre Angelina, hat einen Mann gefunden, der für sie sorgen wird. Luigi ist Ende zwanzig, er scheint ein guter Mensch zu sein, geduldig. Zur Hochzeit hat er seiner jungen Braut ein Geschmeide mit passenden Ohrringen aus Gold und Smaragden geschenkt.

Diese Ehe hat in Giulias Augen nur einen einzigen Wermutstropfen.

Vor einigen Tagen hatte Angelina mithilfe ihres Hausmädchens gerade das Hochzeitskleid ausgezogen, das zu einer letzten Anprobe von der Schneiderin gekommen war. Giulia schaute sie im Spiegel an, verfolgte jede ihrer Bewegungen voller Liebe, als wollte sie sie in ihrem Gedächtnis aufbewahren. Es würden die allerletzten Tage sein, in denen diese so geliebte und gewollte Tochter bei ihr zu Hause leben würde.

Das Mädchen begegnete ihrem Blick. »Was habt Ihr denn, Mama?«, fragte sie, als sie Tränen in den Augen der Mutter glitzern sah.

Giulia machte eine Handbewegung, als wollte sie einen Gedanken verscheuchen. »Nichts. Du bist schön, du bist eine Frau und …« Sie schluckte. »Ich musste daran denken, wie du vor meinen Augen groß geworden bist und wie du warst, als du auf die Welt kamst, so ein kleines, zartes Ding, das niemals von meiner Seite wich. Und jetzt heiratest du.«

Angelina griff nach ihrem Morgenrock und zog sich rasch an, als schämte sie sich. »Ich erinnere mich noch gut an diese Zeit. Ich hing immer an Eurem Rockzipfel, weil mein Vater nicht da war, und wenn er kam, hielt ich mich von ihm fern.

Ich kannte ihn kaum.« Sie sprach, ohne ihre Mutter anzusehen. »Für ihn sind Peppina und ich immer ein Klotz am Bein gewesen.«

Giulia lief zu ihr, nahm sie in die Arme. »Aber nein, was redest du denn da? Du weißt, dass dein Vater einen schwierigen Charakter hat. Aber er hat euch lieb, er würde sein Leben für euch geben.«

Angelina legte ihr die Hand auf den Arm. »Mein Vater hat sein Geld lieb, Mama, und vielleicht Euch. Aber nicht mich und Giuseppina. Es gibt nur einen einzigen Menschen, der ihm wirklich am Herzen liegt, und das ist Ignazio.« In Angelinas Ton lag keinerlei Bedauern; aus ihm sprach einfach nur die simple Hinnahme einer Tatsache, die, so schmerzlich sie auch war, in keiner Weise geändert werden konnte. »Und um ganz ehrlich zu sein«, schloss sie mit einem Seufzer, »bin ich glücklich darüber zu heiraten, endlich selbst eine Familie zu gründen und Kinder zu haben, die mich für das lieben, was ich bin.«

Bei dieser Erinnerung wird Giulias Lächeln matt. Angelina hat in diese Ehe eingewilligt, um ihr Elternhaus verlassen zu können, das hat sie begriffen. Sie hat die Liebe gegen die Hoffnung auf ein besseres Leben eingetauscht.

Aber vielleicht … Giulia blickt zu den frisch Vermählten. Luigi bemüht sich eifrig um seine junge Braut, er reicht ihr ein Glas Champagner, lässt ihre Hand nicht los. Angelina lacht und wirkt fröhlich und unbeschwert. Giulia hofft, dass es zwischen den beiden ein zärtliches Gefühl gibt. Nicht Liebe – die kommt mit der Zeit, wenn sie denn kommt. *Sie werden einander gute Gefährten auf dem Weg durchs Leben sein*, sagt sie sich. Oder wenigstens hofft sie es.

Sie wendet sich um, sucht nach ihrem Mann. Er ist die

letzten Tage vor der Trauung so nervös gewesen. Da ist er, in einer Ecke des Gartens, und plaudert mit einigen anderen Männern. Über Geschäfte, was sonst.

Giulia bedeutet der Haushälterin, die Gäste nach drinnen in die Villa zu bitten, damit das Hochzeitsbankett beginnen kann.

Wie immer soll alles ohne Fehl und Tadel sein.

Auch Ignazio, sechzehn Jahre alt und mit einem dichten schwarzen Haarschopf gesegnet, beobachtet seine Schwester und den Schwager. Er prostet Angela mit seinem halb vollen Champagnerkelch zu, und diese antwortet mit einem Luftkuss auf sein Lächeln.

Er hofft, dass sie glücklich ist, und wünscht es ihr von ganzem Herzen. Angelina war immer eifersüchtig auf ihn, jahrelang haben sie sich gestritten und einander gepiesackt, und oft hat sie ihm vorgeworfen, der Liebling ihres Vaters zu sein. Und sie war lange, viel zu lange unglücklich und wütend.

Mögest du endlich glücklich werden, wünscht er ihr mit seinem Blick. *Und möge dein Mann der Casa Florio ein ebenso guter Geschäftspartner sein, wie sein Vater es immer war.*

Er nimmt noch einen Schluck. Französischer Champagner, in Kisten erworben durch die Vermittlung Monsieur Deonnes, des Vertrauensmannes seines Vaters in Frankreich. Im Speisesaal ebenso wie in der langen Zimmerflucht geben ganze Körbe mit Lilien, Rosen und Plumerien, der Blume, die eine Art Symbol für Palermo ist, einen betörenden Duft ab.

In dem Raum, in dem das Büfett aufgebaut ist, funkelt

und schimmert das Tafelsilber, als hätte es ein Eigenleben. Diener warten darauf, den Wein einzuschenken.

Die Florios haben viel Geld für diese Hochzeit ausgegeben. »Davon soll noch monatelang die Rede sein«, hat Vincenzo erklärt, während Giulia mit konzentrierter Miene die Gästeliste aufsetzte. »Die Feste der Florios müssen stets in die Geschichte eingehen.«

Und auch da hat Ignazio wieder den Ingrimm herausgehört, der in der triumphierenden Stimme seines Vaters mitschwang, als er das sagte.

Fast bemerkt er nicht, dass Carlo Giachery sich ihm nähert, um ihn zu begrüßen. »Ignazio! Kompliment für das Fest, wirklich! Dein Vater hat wieder mal keine Kosten und Mühen gescheut.«

Er drückt ihm die Hand. Dieser Mann mit der kräftigen Stimme und dem scharfen Blick ist schon immer eine konstante Größe in seinem Leben gewesen, und er ist vielleicht der einzige Mensch, der sich mit Fug und Recht als Freund seines Vaters bezeichnen könnte, denn eigentlich hat Vincenzo Florio nur Geschäftspartner, keine Freunde. Das hat Ignazio schnell begriffen. »Ihr wisst doch, wie er ist: entweder perfekt oder gar nicht.«

Sie schlendern durch die Räume, plaudern über die Gäste und über die neue Sumachmühle, die Vincenzo hinter der Tonnara hat bauen lassen. »Nur dein Vater konnte mich dazu bringen, eine Mühle neben eine Villa zu setzen«, sagt Giachery lachend. »Für ihn steht die Casa Florio immer an erster Stelle.«

Diese Mühle – das stimmt – ist durchaus ein gewisser Unruhefaktor im Golf. Ein Gebäude, das niemand wollte, angefangen bei den Bewohnern von Arenella bis hin zu

Giulia, die es hasst, dass das Sumachpulver durch alle Ritzen ins Haus hineingeweht wird.

Doch sein Vater hat die Mühle trotzdem bauen lassen, mit einer Hartnäckigkeit, die fast an Wut grenzte.

Sein Vater ist immer voller Wut. Auch jetzt.

Ignazio betrachtet ihn genauer. Nein, korrigiert er sich und zupft sich an der Lippe. Vincenzo ist verärgert, das kann man an seinem Gesicht ablesen: an der Furche zwischen seinen Augen, am Mund, der nur noch eine schmale, gerade Linie ist … Angela hat mit seinem Segen geheiratet, das stimmt, und Luigi ist eine gute Partie. Aber es ist nicht die beste.

Sein Vater hat immer bekommen, was er wollte, bis auf das, was er sich am allermeisten gewünscht hat: gesellschaftliche Anerkennung. Und es ist an ihm, Ignazio, das zu erreichen, was der große Vincenzo Florio niemals erreichen konnte, noch jemals erreichen wird.

Er entfernt sich von dem Fenster, an dem er bisher gestanden hat, nimmt sich ein frisches Glas Champagner und geht in Richtung Meer, zu den Klippen, sucht die Einsamkeit und die Stille, weit weg von den geladenen Gästen. Gewiss, er ist ein Florio, und er ist der Bruder der Braut, aber er will sich auch ein Krümelchen Freiheit bewahren.

Fast hört er nicht die Schritte seiner Schwester Giuseppina, die ihn sucht. »Igna' …«, ruft sie nach ihm und läuft auf ihn zu, wobei sie den Saum ihres Kleides aus bestickter Seide vorsichtig anhebt, damit es nicht schmutzig wird. »Mama sucht dich. Sie will wissen, was du hast, und sagt, gleich kommt der Brauttanz.«

Ihr Bruder dreht sich nicht um, und sie legt ihm eine Hand auf den Arm. »Was ist denn, geht es dir nicht gut?«

Er schüttelt den Kopf. Eine Haarlocke fällt ihm in die Stirn. »Aber nein, Peppina. Es ist nur …« Er winkt ab, eine Geste des Überdrusses. »Das ist mir alles zu viel, da drinnen.«

Doch diese Erklärung ist Giuseppina nicht genug. Sie schaut ihn forschend an. Die beiden sind fast gleich groß, ihre Augen ähneln sich sehr und scheinen bis an den Grund der Seele des anderen schauen zu können.

»Manchmal stelle ich mir vor, wie unser Leben sein könnte, wenn alles anders wäre«, murmelt er. »Wenn wir nicht all das gehabt hätten, sondern hätten wählen können. Stattdessen sind wir gezwungen, so zu leben, unter den Augen aller.« Er zeigt auf den Turm hinter seinem Rücken.

Giuseppina seufzt, lässt ihr Kleid los. Der rosa Stoff ist sogleich von Staub und von Salzwasserspritzern bedeckt. »Dann wären wir nicht die Florios gewesen«, entgegnet sie leise. Sie blickt auf ihre mit Ringen geschmückten Hände hinab. An den Ohren trägt sie die Korallenohrringe, die ihr vor einigen Wochen ihre Großmutter geschenkt hat; sie hat gesagt, Großvater Paolo habe sie ihr vor mehr als fünfzig Jahren zum Geschenk gemacht. Sie sind nicht kostbar, doch für Giuseppina dennoch von hohem Wert. »Wir wären ärmer gewesen. Vielleicht hätten sich unsere Eltern nie kennengelernt.«

»Wäre auch nicht so schlimm gewesen. Nicht für unsere Mutter und unseren Vater, versteh mich recht. Dann hätten wir heute auf diese Hochzeit mit einem guten Roten angestoßen und nicht mit französischem Champagner.« Ignazio dreht das Glas zwischen seinen Fingern. Dann kippt er die Flüssigkeit ganz langsam, als vollzöge er damit ein Ritual, ins Meer. »Unser Vater hat sich ausgesucht, was er machen wollte, wer er sein wollte. Er hat es auf seine Weise getan, mit einer Kraft, der niemand in seiner Umgebung sich entziehen konnte. Und wir sind gezwungen, dem Weg zu folgen, den er eingeschlagen hat. Das haben wir alle getan, angefangen bei unserer Mutter.«

Giuseppina sagt nichts. Sie schaut ihrem Bruder dabei zu, wie er das Glas leert, betrachtet sein schönes Gesicht und entdeckt darin eine seltsame … Traurigkeit, ja, als wäre Ignazios Blick auf etwas Schreckliches gefallen, an dem er nichts ändern kann. Dieses Licht der Ohnmacht hat den Geschmack von Dingen, die man nie erlebt hat. Es ist eine Melancholie, die ungesagte Worte in Seufzer verwandelt.

Vincenzo bleibt keinen Moment lang stehen und geht von Gast zu Gast. Es ist ein prunkvolles Hochzeitsfest, mit einer Sonne gesegnet, die diesen 1. April 1854 mit einem goldenen Schimmer übergießt.

Er begrüßt die Pojeros, seine neuen Geschäftspartner in Sachen maritime Transporte, Augusto Merle und seine Familie, Chiaramonte Bordonaro und Ingham, der seinen Neffen Joseph Whitaker mitgebracht hat. Mit allen wechselt er ein paar Worte, dankt ihnen für die Glückwünsche; mit Angelinas Schwiegervater Salvatore De Pace stößt er an. Sie sprechen über Schiffe, Geschäfte, über Aufträge, Steuern.

Doch es gibt ein kleines Grüppchen von Gästen, die sich abseits halten. Die Kellner wurden angewiesen, sie zuerst zu bedienen, und Vincenzo hat sie höchstpersönlich willkommen geheißen. Sie mischen sich nicht mit den anderen Eingeladenen und wirken verschlossen, distanziert. An den munteren Gesprächen, die am Tisch geführt werden, nehmen sie nur teil, wenn sie persönlich angesprochen werden.

Alles an ihnen, ihre Gesten und die ausweichenden Antworten, selbst die leichte Neigung des Kopfes verrät, dass sie sich unwohl fühlen. Sie betrachten das Deckengewölbe des Turmsaales der Quattro Pizzi, unterziehen die Möbel einer genauen Prüfung, versuchen, ihren Wert einzuschätzen, und können dabei kaum die Mischung aus Neid, Bewunderung und Irritation verbergen, die sie angesichts all dessen erfüllt, auch wenn sie sie mit Blasiertheit überspielen. Und Vincenzo, der schon immer gut darin war, die Mienen seiner Mitmenschen zu deuten, begreift nur allzu gut.

Heute haben die Wut und der Triumph denselben Geschmack.

Sie können es sich nicht erklären, sagt er sich, während er sie aus dem Augenwinkel heraus beobachtet. *Sie begreifen einfach nicht, wie ich so weit kommen konnte. Doch wie sollen sie auch? Es sind Adlige, die seit Jahrhunderten Privilegien genießen. Menschen von edlem Geblüt, die sich die Gelegenheit nicht entgehen lassen, sich mit denen zu mischen, die zu Geld gekommen sind wie ich, und versuchen, selbst ins Geschäft zu kommen. Doch ihren Blickwinkel auf mich ändert das nicht, das schaffen sie einfach nicht. Sie wissen nicht, dass es keinen einzigen Moment gibt, in dem ich aufgehört hätte, an meine Arbeit zu denken, an das Meer, die Schiffe, den Thunfisch, den Sumach, den Schwefel, die Seide, die Gewürze. An die Casa Florio.*

Er lässt eine weitere Runde Champagner kommen.

Sie mögen einen Adelstitel haben und ein Wappen über der Tür, doch was er besitzt, haben sie nicht.

Er hält sich nicht mit dem Gedanken auf, dass umgekehrt auch er nie das besitzen wird, was sie haben. Er will nicht.

Wenigstens an diesem einen Tag soll die Finsternis, die in den Tiefen seiner Seele lauert, reglos und weit weg bleiben.

Erst nach einer Weile tritt Fürst Giuseppe Lanza di Trabia auf ihn zu. Er ist alt geworden, bewegt sich mit gemessener Langsamkeit, als wollte er Kräfte sparen, und seine Stimme ist ruhig. »Wirklich ein prachtvolles Hochzeitsfest, Don Vincenzo. Ich muss Euch ein Kompliment machen.«

»Für meine Tochter und meinen Schwiegersohn ist das Beste gerade gut genug.« Vincenzo hebt das Glas und stößt mit dem Fürsten an, während in der Mitte des Saales das Brautpaar etwas linkisch zu tanzen beginnt, Zeichen einer Vertrautheit, die gerade erst begonnen hat, sich zu entwickeln. Kurz darauf drehen auch einige der Gäste ihre Runden auf der Tanzfläche.

»Ihr habt eine gute Ehe geschlossen.« Der Fürst von Trabia betrachtet die perlende Flüssigkeit in seinem Glas. »Angemessen. Es wird eine glückliche Verbindung sein.« Worte, die sich wie Gifttropfen anfühlen.

»Danke.«

Dann räuspert sich Vincenzos Gegenüber und wechselt das Thema. »Wie laufen denn die Geschäfte mit Eurer Schifffahrtsgesellschaft?«

»Gut.« Vincenzo wartet. Ein Mann wie der Fürst stellt solche Fragen nicht ohne Grund.

»Es war sehr weise und vorausschauend von Euch, eine eigene Transportgesellschaft zu gründen. Leider ist ja nach dem Pech mit der *Palermo* …«

»Pech hat damit wenig zu tun, Fürst. Gesunken ist sie

wegen der Zusammenstöße mit den Neapolitanern. Hätte die revolutionäre Regierung sie nicht beschlagnahmt … doch es ist passiert. Nun, was soll's, da kann man nichts machen.«

»Ja, aber faktisch seid Ihr der Einzige mit einer gemischten Flotte aus Segel- und Dampfschiffen.« Der Blick des Fürsten spricht Bände. »Ihr seid kein Mensch, der sich bei der erstbesten Schwierigkeit aus dem Konzept bringen lässt. Wie ich hörte, habt Ihr in Glasgow einen Dampfer gekauft, er heißt *Corriere Siciliano*, habe ich recht? Man hört nur Gutes darüber, und in Neapel behält man Euch deshalb im Auge. Ihr besitzt Schiffe, die das gesamte Mittelmeer befahren und immer pünktlich sind, was man von den neapolitanischen Dampfschiffen nicht gerade behaupten kann. Jedenfalls seid Ihr wahrscheinlich der Einzige, der die Genehmigung für das Betreiben eines Postschiffdienstes erhalten könnte.«

Vincenzo dreht sich zu ihm. Langsam. »Ihr meint die alleinige Berechtigung?« Auf einmal wäre er, statt in einem überfüllten und lärmenden Saal, lieber ganz woanders, um in aller Ruhe mit dem Fürsten sprechen zu können.

Der Fürst von Trabia nickt kaum merklich. »Als ich das letzte Mal in Neapel am Hof war, habe ich davon reden gehört. Und es ist nicht nur ein Gerücht: Der König kann den Postverkehr zwischen dem Festland und unserer Insel nicht mehr gewährleisten, und deshalb …« Er zieht seine Taschenuhr aus der Weste: ein kleines, feines Objekt, das Meisterwerk eines französischen Uhrmachers. Er betrachtet die Uhr, streichelt den emaillierten Deckel. »Wohlgemerkt, ich sage Euch das, weil ich, wie ich bereits andeutete, der Meinung bin, dass es hier in Sizilien nicht viele gibt, die für diese

Sache infrage kämen, und ein solcher Auftrag nicht in den Händen der Neapolitaner landen darf. Es wäre ein unermesslicher Verlust für Palermo und ganz Sizilien, wenn Gelder in Neapel bleiben würden, die stattdessen hier auf der Insel eingesetzt werden könnten, um Arbeit zu schaffen. Vor allem jedoch könnten wir verhindern, dass unsere Insel immer mehr in eine Randstellung gerät. Es hätte zu viele und zu schlimme Konsequenzen für uns Sizilianer. Versteht Ihr?«

»Sehr wohl, ja.«

»Gut.« Der Fürst von Trabia hebt den Kopf, bewundert das herrliche bemalte Gewölbe. »Am Ende habt Ihr Euch Euren eigenen Palast gebaut, Don Vincenzo. Ihr mögt kein Adliger sein, aber dieses Haus hier ist eines Königs würdig.« Er drückt ihm den Arm. »Denkt über das nach, was ich Euch gesagt habe. Und leitet die notwendigen Schritte ein.«

Der Fürst von Trabia entfernt sich inmitten der tanzenden Paare, geht an denen vorbei, die auf Stühlen an der Wand Platz genommen haben.

Vincenzo hingegen legt nachdenklich die Hand an seine Lippen und geht zum Fenster. Die Gerüchte über eine Alleingenehmigung für einen Postschiffdienst sind schon eine Weile im Umlauf. Aber er hat sie immer nur für Gerede gehalten.

Weit gefehlt.

Er beobachtet, wie der Fürst seine Kutsche besteigt und wegfährt, und denkt fieberhaft nach, während um ihn herum die Musik spielt und immer wieder die Gläser gehoben werden, um anzustoßen. Das bemalte Gewölbe des Salons der Villa dei Quattro Pizzi hallt von Stimmen und Stimmungen wider.

Wenn er die Exklusivrechte für einen Postschiffdienst durch seine Schiffe bekäme, würde das auch einen direkten Kontakt zur Krone in Sizilien bedeuten. Ganz zu schweigen von dem Geld, das man damit machen könnte. *Viel* Geld.

Diese Genehmigung würde nichts anderes bedeuten als … Macht.

SAND

Mai 1860 – April 1866

Cent'anni d'amuri, un minutu di sdigno.
Hundert Jahre Liebe, eine Minute Zorn.
Sizilianischer Glückwunsch

Die revolutionären Bestrebungen auf Sizilien sind wie ein Funke, der unter der Asche glimmt und durch eine lebhafte publizistische Aktivität im Untergrund sowie einige wenige – und gescheiterte – Versuche von Volksaufständen immer wieder entfacht wird. Die klügeren Mitglieder des Adels und die bürgerlichen Intellektuellen hingegen liebäugeln mit der Idee, den König von Sardinien, Vittorio Emanuele II., in den Plan, die Insel vom Joch der Bourbonenherrschaft zu befreien, miteinzubeziehen. Schließlich wird es der Entschlossenheit Francesco Crispis zu verdanken sein, dass diese Elemente miteinander vereint werden: So zeigt er Giuseppe Garibaldi die Möglichkeit eines Aufstandes sozusagen von außen auf, eine revolutionäre Erhebung, die als letztes Ziel eine Vereinigung ganz Italiens haben könnte. Um ihn zu überzeugen, weist er ihn darauf hin, dass in Palermo die Erhebung bereits begonnen hat (es handelt sich um die Revolte rund um die Kirche La Gancia, angezettelt durch Crispi selbst, die vom 4. bis zum 18. April 1860 andauerte). Ohne die explizite Unterstützung des Königs brechen Garibaldi und sein »Zug der Tausend«, freiwillige Kämpfer in roten Hemden, am 5. Mai 1860 von Quarto auf, gehen in Marsala an Land (am 11. Mai) und erreichen schließlich Salemi (14. Mai), wo Garibaldi sich im Namen Vittorio Emanueles II. zum Diktator Siziliens erklärt. Am 28. Mai marschieren Garibaldis Truppen in Palermo ein, wo sie von Freiheitskämpfern willkommen geheißen werden, und erreichen am 7. September Neapel. Das Treffen zwischen Garibaldi und

Vittorio Emanuele II. am 26. Oktober in Teano gilt als Geburtsstunde des Königreichs Italien.

Allerdings stülpen die Staatsdiener des Königreichs von Sardinien nach der Einigung dem Süden Italiens und der Insel ihr Rechts-, Wirtschafts-, Steuer- und Handelssystem ohne Anpassung einfach über und verweigern sich jeglichen Vermittlungsversuchen. Unter den Adligen macht sich Unzufriedenheit breit: Ihnen ist es nicht gelungen, ihre Privilegien beizubehalten, gleichzeitig wurden sie ihrer kulturellen Identität beraubt. Das Volk wiederum leidet weiter unter einer Wirtschaft, die in großen Schwierigkeiten steckt und für die augenscheinlich keine Aussicht auf Verbesserung besteht.

So wird aus Sizilien erneut ein erobertes Land.

An der Westküste Siziliens wechseln sich steile Klippen und sandige Strände ab. Ein vielfältiges Ökosystem mit wandelbarer Formenwelt und einer überaus reichen Landschaft.

Nur in der Gegend rund um Marsala werden die Strände zu einer festen Größe: feiner Sand von fast pudriger Konsistenz, herangetragen über die Meerenge zwischen San Teodoro und der Isola Grande, einem Ort von berückender Schönheit. Dort in der Gegend von Marsala befindet sich der sogenannte Stagnone, die größte und herrlichste Lagune der Insel. Hafen der Phönizier, Zufluchtsort der Griechen, Imperium der Römer.

Im Stagnone bleibt das Klima dank der Salinen – eines Systems von Becken, in denen durch Verdunstung von Wasser Meersalz gewonnen wird – fast immer konstant, und auch der Salzgehalt des Wassers unterliegt keinerlei Schwankungen.

Es ist kein Zufall, dass die Marsala-Kellereien nicht weit entfernt von diesen flachen und sandigen Stränden ihren Ursprung haben. Und ebenso wenig ist es ein Zufall, dass der Sand überall ist – in den Gärten, den Lagerräumen – und sich auf den Weinfässern ansammelt.

Das Meer, der Kalkgehalt des Sandes und die konstante Temperatur sind die Komponenten, die diesen likörähnlichen Wein zu dem gemacht haben, was er ist: einem Wein, der durch Zufall entstand und zum Geschmack einer ganzen Epoche wurde.

Denn der Sand, der sich auf den Terrakottaziegeln ablagert, mit denen das Salz bedeckt wird, ist der Gleiche, der zwischen den Flaschen umherwirbelt, in denen tief im Bauch der Kellerei der Wein lagert. Es ist ein Sand, der Salzkörner in sich trägt, und diese Körner schmecken nach Meer.

Genau dieser Sand schenkt dem Wein seinen ganz besonderen, trockenen Geschmack, diese Ungewissheit, die verwirrt, dieses kaum mehr als angedeutete Aroma von Meer in einem Wein, der ansonsten nur irgendein Süßwein wäre wie viele andere.

Ignazio und Vincenzo schauen sich stumm an. Der Vater sitzt am Schreibtisch, der Sohn steht vor ihm. Draußen ist es noch dunkel.

Neben ihnen Giulia.

»Das könnte eine gute Idee sein, Ignazio«, sagt sie versöhnlich. »Mal für ein paar Wochen wegzufahren … Deine Schwester Giuseppina würde dich mit Freuden bei sich aufnehmen. Und denk doch, wie begeistert du letztes Jahr aus Marseille zurückgekehrt bist!«

Doch Ignazio schüttelt den Kopf, blickt zu Boden. »Giuseppina und ihr Mann sind sehr großzügig gewesen, *maman*. Aber ich werde nicht reisen; ich bleibe bei Euch und meinem Vater in Palermo. Das ist meine Pflicht. Die Casa Florio braucht mich mehr denn je.«

Erst jetzt scheint Vincenzo aus seiner Reglosigkeit aufzuwachen. Er ist einundsechzig Jahre alt und mit den Jahren sehr schwer geworden. Die dicken Tränensäcke, Ergebnis vieler schlafloser Nächte, lassen ihn älter wirken. »Und so sei es. Wir bleiben hier.« Er streckt Giulia die Hand hin, die sie mit beiden Händen ergreift.

Sie kann gar nicht anders, als einzuwilligen. Eines hat sie schon lange begriffen: Wenn ein Florio eine Entscheidung trifft, dann kann nichts und niemand ihn davon abbringen. Zu groß ist der Stolz, und noch größer die Dickköpfigkeit.

Ignazio verabschiedet sich, lässt die beiden allein. Gedankenverloren streicht sich Vincenzo durch den grau melierten Bart.

Die Wahrheit? Er hat nicht den Mut zuzugeben, dass er Angst hat. Oh nein, nicht um sich selbst. Um seinen Sohn.

Die Zeit scheint zu etwas Neuem auszuholen, sich in eine Zukunft zu stürzen, die niemand begreifen kann. Eine seltsame Unruhe liegt in der Luft, verdichtet sich und macht die Menschen misstrauisch, unsicher, verängstigt.

Alles hat vor weniger als einem Monat begonnen, Anfang April 1860. Schon viel zu lange hatten die Bourbonen mit ihrer Politik den Bogen überspannt, einer Politik, die von Ungerechtigkeit, erhöhten Steuern, willkürlichen Festnahmen und Schauprozessen geprägt war. So viele Signale hatte es gegeben, viele kleine Erdstöße, die auf eine große Umwälzung hinzudeuten schienen. Zuerst der Aufstand von Boccadifalco; dann, zwei Tage später, die revolutionäre Erhebung an der Gancia, dem großen Franziskanerkloster im Herzen Palermos. Die Mönche hatten den Aufständischen sogar Unterschlupf gewährt, bis einer der Brüder es mit der Angst zu tun bekam und sie verpfiff; die Soldaten umstellten die Kirche und das Kloster und ließen den Rebellen keine Fluchtmöglichkeit. Dreizehn von ihnen wurden gefangen genommen, mehr als zwanzig waren tot. Die Glocken, die die Mönche geläutet hatten, um die Stadt zum Aufruhr aufzurufen, waren zu Totenglocken geworden. Nur zwei Männer konnten sich retten und versteckten sich tagelang zwischen den Leichen in der Krypta. Am Ende flohen sie durch einen Spalt in der Kirchenmauer, wobei ein paar Frauen aus dem Viertel ihnen halfen, indem sie zur Ablenkung der Soldaten einen Streit vorgaukelten.

War dies die letzte von vielen kleinen Erhebungen gewesen oder die Vorhut von etwas viel Größerem? Niemand konnte es sagen. In der Stadt gab es nicht wenige, die ihre Besitztümer in Sicherheit brachten und ihre Familien woandershin schickten. Andere wiederum beschränkten sich darauf zu warten.

Doch eines ist gewiss: Von den Bourbonen haben die Menschen die Nase voll.

Vincenzo steht auf, tritt an die Seite seiner Frau. Er braucht nicht zu sagen, was er empfindet, denn sie liest in seiner Seele wie in einem Buch.

»Mir wäre es lieber gewesen, er wäre gefahren«, sagt Giulia, tief besorgt.

»Ich weiß.« Vincenzo schüttelt langsam den Kopf. »Ich denke immer noch an diesen *picciotto*, den sie nach der Revolte getötet haben. Was für ein schreckliches Ende hat er genommen!«

Giulia drückt ihm den Arm. »Du meinst Sebastiano Camarrone? Der, der das Erschießungskommando überlebt hatte?«

Er nickt.

Dies war einige Tage nach der Niederschlagung des Aufstandes geschehen. Damit allen klar sei, was sie riskierten, wenn sie sich den Bourbonen widersetzten, wurden die Gefangenen – allesamt junge Männer – auf der Piazza standrechtlich und vor den Augen ihrer Eltern und Verwandten erschossen. Camarrone überlebte wie durch ein Wunder. Verletzt, gewiss, aber er war am Leben.

Man hat Vincenzo erzählt, die Mutter habe versucht, sich zu nähern und mit lauter Stimme um die Begnadigung ihres Sohnes durch den König gebeten. Denn so sagt es das Gesetz: Wer ein Erschießungskommando überlebt, dem wird Gnade gewährt.

Doch sie schossen ihm mitten ins Gesicht.

Am Ende stapelten die Soldaten die Leichen mit Mühe auf vier Bahren. Noch immer sind die Straßen der Stadt von dem Blut besudelt, das vom Karren getropft ist, als man die Leichen wegbrachte, um sie in einem Graben zu verscharren. Bislang hat niemand die grausige dunkle Spur wegwischen wollen.

»Ich darf gar nicht daran denken«, flüstert Vincenzo. »Er war einer wie unser Sohn; intelligent, er war sogar auf die Schule gegangen. Und diese Schurken haben ihn einfach erschossen, erbarmungslos.«

Es ist nicht leicht, Vincenzo aus der Fassung zu bringen. Diesmal jedoch spürt er, wie der Abscheu sich in ihm Bahn bricht und an die Stelle seines sonst so ausgeprägten Gleichmuts tritt.

»Hunde waren das.« Giulia schlägt die Hände vors Gesicht. »Ich stelle mir immer noch die Qualen dieser armen Mutter vor. Deshalb wäre es mir ja auch lieber, wenn Ignazio führe, denn man kann nicht wissen, was noch alles passieren wird.« Sie dreht sich um, schaut zur Tür. »Wir haben unser Leben gelebt, aber er …«

Ihr Mann legt ihr einen Arm um die Schulter, küsst sie auf die Stirn. »Ich weiß. Aber es ist seine Entscheidung.«

Sie schnaubt. »Die Tatsache, dass Ignazio genau so ein Dickkopf ist wie du, beruhigt mich nicht wirklich.«

Er löst sich aus Giulias Umarmung und geht in sein Zimmer, um sich fertig anzuziehen. Dann lässt er seinen Sohn rufen, damit er sich beeilt, und weist seinen Stallmeister an, ihre Kutsche solle von bewaffneten Bediensteten eskortiert werden.

Die Kutsche, die sie nach Palermo bringt, verlässt das Anwesen der Quattro Pizzi bei Morgengrauen. Wieder einmal hat Vincenzo es vorgezogen, hierher umzuziehen, statt in der Via dei Materassai zu bleiben. Die Villa mit ihren Mauern und dem direkten Zugang zum Meer ist leichter zu verteidigen.

Vom Meer steigt Kälte in Spiralen auf, kriecht unter die Paletots der beiden Männer und lässt sie erschaudern.

Vincenzo nimmt seinem Sohn gegenüber Platz und betrachtet ihn im Halbdunkel des Kutscheninneren. Hohe Stirn, fliehendes Kinn – Ignazio ähnelt sehr seinem Großvater Paolo. Doch er hat nicht seinen Charakter. Oh ja, er ist freundlich und charmant; man hat ihm den Zutritt zum *Casino delle dame e dei cavalieri* gewährt, als Einziger von allen Florios wurde er im exklusivsten aristokratischen Zirkel der Stadt angenommen. Er ist ein intelligenter junger Mann, äußerst gewandt, und hat von Giulia die natürliche Anmut geerbt. Doch was sein Vater an ihm am allermeisten bewundert, das ist seine entwaffnende Kälte.

»Deine Mutter macht sich Sorgen. Und das zu Recht.« Mit zwei Fingern schiebt Vincenzo den Vorhang vor dem Kutschenfenster beiseite. »Du warst noch klein, als damals vor zwölf Jahren der Aufstand ausbrach und ich plötzlich mittendrin war. Es wäre wirklich besser gewesen, wenn du nach Marseille gefahren wärst. Ich würde mich sicherer fühlen, wärest du weit weg von hier, wo gerade alles Mögliche passieren kann.«

»Ich bleibe lieber hier.« Ignazios Gesicht wirkt entschlossen. »Ihr braucht Hilfe bei der Leitung der Firma; außerdem kenne ich jede Menge Leute, die mich sofort aus erster Hand davon in Kenntnis setzen können, was in den nächsten Stunden geschieht.«

»Löblich.« Sein Vater lässt sich in seinen Sitz sinken und verschränkt die Hände auf den übereinandergeschlagenen Beinen. »Du bist einundzwanzig und weißt schon genau, wie du dich zu verhalten hast. Ich dachte, der Gedanke, eine Weile nach Frankreich zu fahren, würde dir gefallen, besonders in diesem Moment, doch … Und ich dachte auch, dass du dort vielleicht ein schönes französisches Mädchen finden könntest, um dir die Zeit zu vertreiben, bis der Sturm vorübergezogen ist. Im Übrigen kann ich mir vorstellen, dass *uno comu a' tia*, einer wie du, sich nicht damit aufhält, den Freundinnen seiner Schwestern schöne Augen zu machen.«

Ignazio wird rot. Sein Vater bemerkt weder das leichte Beben seiner Lippen, die sich aufeinanderpressen, noch die Tatsache, dass er einen Moment lang den Atem angehalten hat.

Denn nur Ignazio selbst weiß, wie viel es ihn gekostet hat, seinem Vater den Vorschlag, nach Frankreich zu fahren, abzuschlagen. Er würde so gern wieder dorthin zurückkehren.

Er wünscht es sich mehr als alles andere. Doch er kann nicht, und er darf nicht.

Einen Augenblick lässt er sich von jener schmerzlichen Erinnerung mitreißen, kostbar wie ein Stück Glas, bei dem man nicht umhinkann, seine Schönheit, seine Transparenz, sein Schimmern und Funkeln zu bewundern. Blonde Locken, eine behandschuhte Hand, ein Kopf, der sich nach vorne neigt, um die Tränen ob eines Abschiedes zu verbergen. Dann Briefe, viele Briefe.

Niemand darf wissen, was in Marseille vorgefallen ist. Am allerwenigsten sein Vater.

Jener Vater, der ihn jetzt, mehr denn je, braucht. Der Vater, der immer fülliger und immer müder wird, immer älter.

Niemals im Leben würde Ignazio seine Pflichten vernachlässigen, und erst recht will er seinen Vater nicht enttäuschen. Das ist nicht das, was man vom Erben des Hauses Florio erwartet.

Vincenzo bemerkt die Röte im Gesicht seines Sohnes, doch er hält sie für Verlegenheit. Ignazio ist immer sehr zurückhaltend gewesen, was seine Freundschaften mit Frauenzimmern angeht. Er gibt ihm einen Klaps aufs Knie. »Ach, *figghiu meo,* mein Sohn. Ich wusste doch, dass du ein echter Mann bist.« Er verzieht verschwörerisch die Augenbrauen.

Mit Mühe nickt Ignazio.

»Na gut, lassen wir das Thema Frauen sein und denken wir an uns selbst. Hör mir gut zu, ich sag dir, was wir tun müssen.«

Sein Sohn lässt seine Erinnerungen Erinnerungen sein, so wie er es mittlerweile gewohnt ist. Er schaut ihn an, lauscht.

»Im Jahre 1848 haben wir einen schwerwiegenden Stillstand der Geschäfte verzeichnen müssen; man konnte fast keinen Handel mehr treiben, und die Steuern, die uns die Neapolitaner auferlegt hatten, machten die Wirtschaft kaputt. Heute ist die Interessenslage noch viel komplizierter. Schon seit geraumer Zeit sind unter den adligen Familien ebenso wie bei den Kaufleuten Emissäre des Hauses Savoyen unterwegs. Man hat versucht, auch mit mir Kontakt aufzunehmen, aber ich wollte diese Leute nicht treffen, jedenfalls nicht sofort ... Zuerst will ich begreifen, was da eigentlich vor sich geht. Es herrscht zu viel Durcheinander, und nachdem die bourbonischen Truppen massiv an der Porta Carini stehen, ist auch nicht viel zu machen. Die Bourbonen rechnen damit, dass Garibaldis Leute von dort hereinkommen, aber das hat niemand gesagt. Die Stadt steht unter Belagerung. Wir müssen die Augen offen halten, begreifen, woher der Wind weht, und uns bereithalten, um Gelegenheiten zu ergreifen, die sich bieten. Das hängt mittlerweile nicht mehr nur von den Sizilianern ab. Die Savoyer sind mit von der Partie; sie wollen sich Sizilien und das ganze Reich aneignen, und diesmal werden sie auch die Möglichkeit dazu haben, weil sie Leute vor Ort haben, die ihnen helfen. Die Toskana und die Emilia haben sie bereits. Aber hier wissen sie nicht, was sie erwartet ... Zu viele Ungewissheiten, zu viele Interessen, die im Spiel sind.«

Ignazio schaut nach draußen. »Wir werden tun, was nötig ist, um unser Haus zu schützen.«

Und dieser eine Satz ist Vincenzo genug.

Giulia, die zusammen mit den Dienstboten und ihrer Schwiegermutter in der Villa zurückgeblieben ist, ist voller

Angst und Unruhe. Sie geht in den Zimmern auf und ab, ein Taschentuch in der einen Hand, die Schlüssel in der anderen, und steht schließlich vor Giuseppinas Zimmer. Vor der Tür sitzt eine Dienerin.

»Ist sie aufgestanden?«, fragt Giulia.

Die Hausangestellte, eine junge Frau von robuster Gestalt, blickt von ihrer Handarbeit auf. Ihrem Akzent hört man an, dass sie aus den Bergen, den Madonie, kommt, ihre rötliche Haut spricht Bände darüber, dass sie sich viel an der Sonne aufhält. »Ja, Signora. Sie hat ohne Murren gegessen und sitzt jetzt, wie üblich, in ihrem Sessel.«

Giulia betritt das Zimmer. Ein Duft nach frisch geschnittenen Rosen liegt in der Luft, kann aber den abgestandenen Geruch des Alters nicht überdecken.

Giuseppina sitzt in ihrem Sessel. Sie trällert leise ein Liedchen, unverständliche Worte in tiefstem Kalabresisch. Seit einigen Wochen wechseln sich bei ihr Momente der Klarheit mit Tagen ab, an denen ihre Welt Kopf steht und die Gespenster eines Lebens von mehr als achtzig Jahren für sie zur Wirklichkeit werden.

Ein Auge blickt ins Leere, von einem Schleier bedeckt, von dem kein Arzt sie befreien konnte. Für das Alter gibt es keine Heilung.

Giulia schluckt ihre Angst herunter. Das Gefühl einer Vorahnung wird stärker. Sie streckt eine Hand aus, um sie zu streicheln, zieht sie wieder zurück. Das Mitleid, das sie empfindet, ist einfach zu groß, es lähmt sie. »Donna Giuseppina … Wünscht Ihr auszugehen?«

Mühsam steht Giuseppina auf, ihr Körper ist von der Gicht gebeugt. Die Dienerin legt ihr den Schal um die Schultern, während Giulia sie bei sich einhängt.

Sie gehen die Flure der Villa entlang. Wie es seit einiger Zeit des Öfteren passiert, verweilt Giulia bei dem Gedanken, dass es nicht erst der Tod ist, der jegliche Schuld auslöscht und die Erinnerung reinigt, sondern bereits die Krankheit. Ihre Schwiegermutter altern zu sehen hat in gewisser Weise das Schlechte, was Giulia durch sie widerfahren ist, wiedergutgemacht. Sie hegt keinerlei Rachegedanken mehr ihr gegenüber. Stattdessen sagt sie sich, dass es eine geheimnisvolle Gerechtigkeit in der Ordnung der Dinge gibt, ein Gleichgewicht, das unbekannten Regeln folgt.

Zu dritt gehen die Frauen in den Garten hinaus, wo Vincenzo einige Sessel und einen Tisch hat aufstellen lassen. Im Hintergrund das Meer, ein sanftes, glattes Blau.

Giulia schreibt oft ihrer Tochter Giuseppina, die mit ihrem Mann Francesco, dem Sohn von Augusto Merle, einem langjährigen Geschäftspartner Vincenzos, in Marseille lebt. Auch diese Ehe ist, wie die von Angela, glücklich und mit Wohlstand gesegnet. Angelina hat bereits drei Kinder, Giuseppina hingegen hat vor wenigen Wochen das zweite bekommen. Auch wenn aus den Briefen ihrer Tochter Heimweh nach Palermo und ihrer Familie spricht, weiß Giulia, dass sie als Ehefrau dort ein ausgefülltes Leben führt.

Größer ist ihre Sorge um Ignazio, der immer so kontrolliert wirkt, und auch so hart. Sie fragt sich, wo er geblieben ist, ihr kleiner Prinz, dieser Junge, der so neugierig war und sich für alles begeistern konnte. Er ist zu einem jungen Mann mit unbeugsamem Charakter herangewachsen, vielleicht sogar noch mehr als sein Vater. Als müsste er einer Regel gehorchen, die er sich selbst auferlegt hat, ist Ignazio stets am allerstrengsten sich selbst gegenüber. Und das ist es, was Giulia fürchtet. Seine Unbeugsamkeit.

Die Dienerin widmet sich wieder ihrer Handarbeit, während Giuseppina ein Nickerchen macht und dabei ab und zu sonderbare Geräusche oder unzusammenhängende Sätze von sich gibt.

Dann, urplötzlich, greift sie nach Giulias Hand. Deren Schreibfeder kratzt über das Papier, hinterlässt einen Kringel. »Du musst Ignazio sagen, dass ich einen Fehler gemacht habe, dass ich nur ein Leben hatte. Das musst du ihm sagen, hast du verstanden?« Giulia versteht nicht, wovon die alte Frau redet, ob sie ihren Sohn meint oder jenen Onkel, den Giulia nie kennengelernt hat. Dann sieht sie die Tränen auf den Wimpernspitzen ihrer Schwiegermutter, wie kleine Perlen. »Ihn hatte ich gern. Er war es, den ich hätte heiraten sollen, das weiß ich jetzt. Ich hatte ihn gern, aber das habe ich ihm nie gesagt, denn er war der Bruder meines Mannes. Und jetzt will ich, dass er das begreift; er soll wissen, dass man nicht des Geldes wegen heiratet, sondern weil man …« Die alte Frau beginnt, laut zu schluchzen, wirft sich verzweifelt herum, lässt sich kaum beruhigen. Die Haube, die ihr Haar zusammenhält, fällt zu Boden, ihr Mund ist verzerrt.

Giulia nimmt sie in den Arm. »Er weiß es«, sagt sie Giuseppina beschwichtigend ins Ohr. »Er weiß es.« Jetzt spürt sie, wie auch ihr selbst die Tränen unter den Lidern brennen. Dann hat sich also die Geschichte, die Vincenzo ihr einmal angedeutet hat, diese seltsame Liebesgeschichte zwischen Schwägerin und Schwager, bestätigt. Ganz sanft hilft sie der alten Frau aufzustehen, trocknet ihr die Tränen und führt sie auf ihr Zimmer zurück. Dort bringt sie sie zu Bett und ordnet an, ihr ein Beruhigungsmittel zu geben.

Während sie leise die Tür hinter sich schließt, geht es ihr durch den Kopf, dass doch wenigstens sie mit Vincenzo die richtige Wahl getroffen hat. Auch wenn sie Jahre darauf warten musste.

Entlang der Stadtmauern und auf den Straßen, die am Meer entlang die Cassaro kreuzen, im Schatten der Plätze jenseits der Bastionen, die noch die Spuren der Kanonenkugeln tragen, steht die Zeit still. Vom Meer weht ein Geruch nach Seegras herüber und aus den Bergen der Duft von Orangenblüten.

Fast scheint es, als hätte Palermo beschlossen, die Dinge, die geschehen, über sich ergehen zu lassen und sich selbst dabei zuzuschauen. Doch so ist es nicht, denn Palermo schläft nur. Unter dieser Haut aus Sand und Stein lebt ein Körper, der pulsiert, und in seinen Adern fließen Blut und Geheimnisse. Gedanken wandern wie ein Beben durch diesen Körper.

Und diese Gedanken haben auf einmal einen Namen: Garibaldi. Garibaldi, der sich im Namen von Vittorio Emanuele II., dem italienischen König, zum Diktator Siziliens erklärt hat, der das Volk der Insel an die Waffen gerufen hat und bereits Alcamo und Partinico erobert hat …

Doch die Wunde von Gancia brennt noch immer. Und in der Stadt hat sich die Nachricht verbreitet, dass Rosolino Pilo, der Garibaldi zu Hilfe geeilt war, bei San Martino delle Scale, kaum zwanzig Kilometer von Palermo entfernt, im Kampf gefallen ist.

Vincenzo Florio kann nicht wissen, was geschehen wird, doch er betritt das Kontor des Banco Regio mit einer Tasche und einer Entscheidung, die gefallen ist. Ignazio hat er an der Via dei Materassai zurückgelassen. Er will ihn nicht in die Sache hineinziehen.

Eine Treppe.

In seiner Funktion als kaufmännischer Leiter kontrolliert er, vergleicht Daten miteinander, holt Informationen ein. Jetzt ordnet er an, das Bargeld – alles – im Tresor einzuschließen, ebenso wie die gesamten Wechsel. Sobald die Krise vorüber ist, wird das Geld wieder in Umlauf gebracht werden, oder man tauscht es in die neue Währung des Königreichs um. Bis dahin jedoch ist es gut, es in Sicherheit zu bringen.

Bezüglich der Goldbarren, die in den Truhen der Schatzkammer liegen, ist hingegen nichts zu machen: Schon bald – es ist nur noch eine Frage von Stunden – werden die Garibaldianer hier sein und den Goldbestand, der durchaus beträchtlich ist, konfiszieren.

Nur der Himmel weiß, was aus diesem Gold werden wird.

Es war eine kluge Entscheidung, nicht nachzugeben und nicht auf Pietro Rossi zu hören, als der alles darangesetzt hat, Vincenzo aus seinem Amt zu drängen.

Auch jetzt, wo es langsam eng wird, wo alles kurz vorm Zusammenbruch steht, weiß Vincenzo, dass er das tun kann, was er tut. Er rafft einige Papiere zusammen, schiebt sie in eine Tasche: Das wird in Zukunft der Passierschein für die Casa Florio sein.

Palermo verharrt im Windschatten des Schirokko.

Mittlerweile steht Garibaldi weniger als zehn Kilometer vor der Stadt. Die Stadt wartet auf ihn, und sie fürchtet ihn, unsicher, ob sie den Rothemden und den *picciotti*, den Bauern, die sich mit Garibaldi verbündet und ihm während der Schlacht von Calatafimi Beistand geleistet haben, entgegengehen oder sich in ihrer Stadt verschanzen sollen – eine Option, die mehr und mehr als sinnlos gilt.

Die Familien sind gespalten, tiefe Gräben verlaufen durch die Stadt. Manche haben sich in ihren Häusern eingeschlossen, haben Türen und Fenster verrammelt, und während die Frauen den Rosenkranz beten, warten die Männer zitternd hinter den geschlossenen Läden. Viele junge Männer hingegen haben zu den Gewehren gegriffen und bereiten sich auf den Angriff vor.

Es ist der 23. Mai, als die Garibaldianer vor den Toren der Stadt ankommen: nicht vom Meer aus, sondern aus den Bergen. Die Bewohner Palermos sehen den Staub, den die Scharmützel aufwirbeln, sie hören den Kanonendonner, die Schüsse. Nach vier Tagen ergibt sich Palermo: Die Porta Termini, der verletzlichste aller Zugänge zur Stadt, wird von einer Gruppe Mutiger erstürmt. An diesem Punkt beschließen die Bourbonen, die Stadt vom Meer aus zu beschießen, doch es ist zu spät: Nach einem Zusammenstoß an der Via Maqueda wird die Stadt endgültig eingenommen.

Die Männer im roten Hemd betreten die Stadt durch den Eingang der Porta Termini und schwärmen aus. Die Jungen – aber nicht nur sie – vereinen sich mit der Menge, in der ein Italienisch mit mannigfaltigen Nuancen gesprochen wird: lauter neue Klänge, ungekannte Akzente. Man fällt sich in die Arme, man beäugt sich argwöhnisch, Fahnen werden geschwenkt, während andere noch mit dem Verstecken des Familienschmucks beschäftigt sind. Die Straßen, in denen noch die Barrikaden aus aufgetürmtem Hausrat stehen, werden freigeräumt, endlich sind die Fassaden wieder zu sehen.

Männer aus dem Piemont, aus Venetien, aus Rom, aus der Emilia entdecken die laszive und sinnliche Schönheit einer Stadt, die sie bislang nur aus den Erzählungen von ausgewanderten Gefährten kannten. Hier erhebt sich die Kathedrale mit ihren arabisch anmutenden Zinnen, dort der Königspalast mit seinen Mosaiken aus normannischer Zeit, daneben prachtvolle barocke Paläste mit großen, geschwungenen Balkonen. Die Häuschen der Seeleute und Fischer wechseln sich ab mit eindrucksvollen Palazzi wie dem der Fürsten von Butera.

Was für eine seltsame Stadt, sagen sie sich, so elend, so schmutzig und zugleich so prunkvoll. Sie können den Blick kaum von all den Farben abwenden, von den ockergelben Wänden, die das Sonnenlicht zu reflektieren scheinen; sie können nicht begreifen, wie der Gestank der Abwassergräben neben dem Duft von Orangenbäumen und Jasmin, die die Gärten der Adelspaläste schmücken, Bestand haben kann.

Dennoch: Während die Soldaten sich umschauen, während Garibaldi erklärt, es sei nicht möglich innezuhalten, denn sie müssten weiter, um das gesamte Bourbonenreich zurückzuerobern, werden anderswo in der Stadt Pakte geschlossen und Vereinbarungen unterzeichnet. Die provisorische Regierung hat ihren Sitz in dem Gebäude, das neuerdings Palazzo Pretorio heißt, doch es ist der gleiche Stadtpalast, in dem sich auch schon 1848 die Aufständischen versammelt haben.

Zwölf Jahre sind seither vergangen, doch einige der Rebellen von damals sind wieder zurückgekehrt: älter, vielleicht auch zynischer geworden, doch nicht weniger entschlossen. Viele haben noch Rechnungen offen in der Stadt, es gilt neue Pakte zu schließen, doch dieser überfüllte Platz ist gewiss nicht ideal dafür. Besser wäre ein anderer, abgeschiedener Ort, weit weg von der Menge und von lauschenden Ohren.

Dort am Einschnitt der Porta Termini, jenseits des Palazzo Aiutamicristo und kurz vor dem Magione-Kloster, steht ein anderes Gebäude. Eindrucksvoll, streng.

Vor dem Tor und im Garten stehen Kutschen ohne Wappen, Menschen versammeln sich, Rufe werden laut.

Drinnen ein Zimmer, abgeschirmt durch Brokatvorhänge.

Hier sitzt einer der Anführer der Aufständischen mit Vincenzo und Ignazio Florio zusammen. Zwei Männer bewachen die Tür. Wer daran vorbeigeht, senkt die Stimme.

Vater und Sohn verharren still. Auf ihren Gesichtern keine Spur von Erregung.

Ignazio sieht seinen Vater an, beobachtet genau seine Gesten.

Der Mann scheint in ruhiger Erwartung zu sein.

»Es liegt auf der Hand, dass die Informationen, die ich Euch gebe, Euch genaueste Kenntnisse über das Kapital des Banco Regio verschaffen. Ich mache mich sehr angreifbar dadurch, dass ich Euch dieses Material anbiete«, sagt Vincenzo ohne den geringsten Nachdruck. Er schlägt mit der Hand auf die Mappe, die er dabeihatte, als er vor wenigen Tagen vom Banco Regio hierherkam.

Jedes Wort ist wie ein Tropfen, der die Stille durchbricht.

»Euer Angebot ist sehr interessant. General Garibaldi wird davon in Kenntnis gesetzt werden. Ebenso wie von Eurer Beteiligung bei der Herstellung von Kanonen für die Rothemden durch Eure Gießerei Oretea.«

»Das ist meine Pflicht als Sizilianer. Als meine Arbeiter erfuhren, dass es sich um Kanonen handelte, die sich gegen die Bourbonen richten würden, war es ihnen sogar gleichgültig, wie lange sie an ihrer Herstellung arbeiteten.«

»Immerhin hattet Ihr die Umsicht zu warten, aus welcher Richtung der Wind wehen würde.«

»Nämlich aus der richtigen Richtung.«

Der Mann macht eine Pause. Er trommelt mit den Fingern auf die Tischplatte. Sein palermitanischer Akzent ist stark, nur schwach ist auch eine fremde Färbung zu hören. »In jedem Fall habt ihr Euch mit Eurem Unternehmen in den Dienst der Revolution gestellt. Ich bin der Erste, der dies zur Kenntnis nehmen wird«, fährt der Mann fort. »Ich wurde dazu autorisiert, über die Übergabe des Banco Regio zu verhandeln, und durch die von Euch gelieferten Informationen haben wir ein wirkungsvolles Bild der Lage erhalten. Eure Verantwortlichkeiten enden an diesem Punkt.«

Vincenzos Augen werden schmal.

Der Mann zündet sich eine Zigarre an und wedelt langsam mit dem Wachsstreichholz, bis es erlischt. Der vom Tabak gelblich verfärbte Schnurrbart bebt vor Vorfreude auf die Wärme des Rauchs. Er nimmt einen tiefen Zug, tupft die Asche an einem Tellerchen ab. Direkt daneben liegt eine Pistole; dieselbe, mit der er vor wenigen Tagen die bourbonischen Wachen bedroht hat, als er eine Kolonne der garibaldianischen *picciotti* beim Eindringen in die Stadt anführte. Er schaut Vincenzo an und begreift sofort, was in ihm vorgeht. »*Do ut des.* Geben und Nehmen. Das habe ich mir gedacht«, sagt er am Ende.

»Genau.«

Eine Pause. Ignazio beobachtet voller Bewunderung die

perfekte Reglosigkeit der beiden Männer. Es ist wie ein Duell ohne sichtbare Waffen.

»Und – was wollt Ihr?«, fragt der Mann.

»Die offizielle Erlaubnis, ein Kreditinstitut zu gründen, das den Anforderungen des Handels auf Sizilien gerecht wird.« Vincenzo verschränkt die Arme vor seinem breiten Brustkorb. »Wenn die Savoyer sich den Banco Regio einverleiben, dann müssen wir Kaufleute uns anderweitig finanzieren.«

Die Rauchwolke wird zu einem Vorhang, hinter dem hervor man einander genau beobachten kann – ein Netz, in dem so manches unausgesprochene Wort hängen bleibt.

»Ihr, Don Florio, seid – gelinde gesagt – eine kuriose Gestalt. Zuerst habt Ihr Eure Schiffe an die Bourbonen vermietet, damit sie für sie die Küste entlangpatrouillieren, und jetzt seid Ihr hier, um den Savoyern Informationen über den Banco Regio zu verkaufen.« Als der Mann die Hände bewegt, fällt etwas von der Asche zu Boden und verteilt sich auf den Majolikafliesen. »An Opportunismus mangelt es Euch nicht.«

»Momentan sind meine Schiffe von Eurem Diktator Garibaldi konfisziert worden und stehen mir folglich nicht mehr zur Verfügung. Außerdem solltet Ihr wissen, dass meine Position es mir nicht erlaubte, dem Herrscher etwas zu verweigern. Abgesehen davon habt Ihr nicht vorher versucht, Verbindung mit mir aufzunehmen, so wie Ihr das im vergangenen Jahr mit anderen getan habt.«

Wieder Schweigen, doch diesmal ist es ein Schweigen der Überraschung und des Argwohns. »Ach, Palermo. Man denkt, ein paar Geheimnisse für sich behalten zu können, doch weit gefehlt ...«

»Man muss wissen, wonach man fragt, und wen«, erläutert Vincenzo.

Der große Schnurrbart des Mannes wackelt, und seine Lippen verziehen sich zu einem kaum wahrnehmbaren spöttischen Grinsen. »Ihr und Euer Haus, Signore, habt die Möglichkeit, jedem alles zu verweigern, wenn Ihr nur wollt. Ihr habt das Postmonopol erlangt, und man kann mit Fug und Recht behaupten, dass Ihr im Reich das Transportmonopol zu Wasser besitzt, und das dank der Nachlässe, die Euch die Krone gewährt hat, praktisch ohne Steuern zu zahlen. Ihr hättet die Revolte vor zwölf Jahren unterstützen können, habt Euch dann aber zurückgezogen, erinnert Ihr Euch? Ich war dabei, das wissen wir beide, macht Euch gar nicht erst die Mühe, es zu leugnen. Doch das ist Schnee von gestern. Jetzt redet Ihr mit mir über Geschäfte, und ich gebe Euch eine geschäftliche Antwort. Ich denke, das kann für beide Seiten von Interesse sein.«

Ignazio sieht, wie sich die Hand seines Vaters zur Faust ballt und sich wieder löst, für ihn ein bekanntes Zeichen dafür, dass Vincenzo zunehmend nervös wird. Der Ring seines Onkels Ignazio, von dem er sich niemals trennt, funkelt, doch in diesem Moment sieht es aus wie ein Alarmsignal. »Ich verliere nicht gerne Zeit. Ich will eine klare Antwort. Ja oder nein.«

Der Mann streicht eine nicht vorhandene Falte an seiner Hose glatt. »Ihr werdet Euer Institut bekommen, als Gegenleistung für die Informationen über den Banco Regio. Das einzige Problem könnte darin bestehen, dass Garibaldi etwas dagegen hat, aber davon gehe ich nicht aus. Ansonsten …« Er breitet die Arme aus. »Meine Tür steht Euch immer offen.«

Vincenzo erhebt sich, Ignazio tritt an seine Seite. »Dann werde ich Euch jetzt sagen, was uns interessiert. Helft uns, und Ihr werdet in uns immer einen Verbündeten haben. Garantiert mir, dass es keine Konsequenzen für mein Handelsunternehmen geben wird und mir meine Schiffe unbeschadet zurückgegeben werden. Das vorerst für heute. Irgendwann in der Zukunft werden wir über die Erneuerung der Regelungen für den Postverkehr sprechen, und zwar mit … denen in Turin. Könnt Ihr das machen?«

Der andere streckt ihm die Hand hin. »Ihr habt meine Unterstützung, auch über jene Angelegenheit hinaus«, sagt er und deutet mit dem Kopf auf die Mappe mit den Dokumenten. »Sizilien braucht breite Schultern wie die Euren auf dem Weg in die Zukunft, die es erwartet. Das sage ich Euch als Staatssekretär.«

Hier mischt sich zum ersten Mal Ignazio ein. »Ihr seid uns eine große Hilfe gewesen, Herr Anwalt. Ihr seid ein Mann der Tat.« Er sagt es leise, ruhig, und was er sagt, ist nicht einfach nur eine Bemerkung, sondern eine Gewissheit. Eine Wahrheit. Seine Stimme ist rau, wie die des Vaters, und ohne Nuancen. »Die Florios vergessen niemals, wer ihnen geholfen hat. Wir können hier in Palermo auf etwas zählen, was niemand hat, weder die Bourbonen noch die Savoyer. Und Ihr wisst sehr wohl, worauf ich mich beziehe.« Er streckt ihm die Hand hin.

Der Mann ergreift sie. Und dann drückt er Vincenzo die Hand.

Die beiden können noch nicht wissen, dass dieser Mann, Francesco Crispi, ein ehemaliger Aufständischer und Ex-Anhänger Mazzinis, den man eines politischen Mordes verdächtigt hat und der in Zukunft Präsident des Ministerrats sowie Außen- und Innenminister des Königreichs Italien wird, eines Tages auch Anwalt der Casa Florio sein wird.

Es scheint ein Tag zu sein wie jeder andere. Dampfschiffe gehen in der Cala vor Anker, es werden Gewürze, Stoff, Holz und Sumach gelöscht; Karren voller Schwefel und Zitrusfrüchte warten an der Mole darauf, in die Laderäume unter Deck gebracht zu werden. In der Ferne hört man Kirchenglocken läuten, die zur Messe rufen, während die ersten Schwalben zwitschernd durch die Luft sausen. Lautes Hämmern und das Zischen der Pressen dringt aus der Gießerei Oretea.

Überall auf den Straßen, zwischen Tuff- und Steinmauern, sind die Menschen Palermos unterwegs: Achataugen und Hände aus Kupfer, rotes Haar und milchweiße Haut. Menschen, die sich mischen, die willkommen heißen.

Hinter Castellammare, dort, wo zwischen Gemüsegärten und Olivenhainen eine neue Stadt geplant wird, stehen die Villen der Neureichen. Elegante Häuser, die auf den Fundamenten der alten Palazzi errichtet wurden, um neues Leben zu beherbergen, umgeben von Gärten mit exotischen Pflanzen, importiert aus den englischen und französischen Kolonien.

Hier wird Ignazio Florio die Reggia dell'Olivuzza, das prachtvolle Familienanwesen, erbauen, hier werden ein weiterer Ignazio und ein weiterer Vincenzo zur Welt kommen, hier wird auch die Villa Whitaker stehen. Doch noch ist die Zeit nicht gekommen, diese Geschichten zu erzählen, und es kann auch nicht berichtet werden, wie, immer noch an genau diesem Ort, dereinst Jugendstilvillen erbaut werden, welche, wiederum später, von Baggern umgepflügt und durch Betonbauten ersetzt werden.

Nein, das hier ist nicht der Moment.

Vorerst ist Palermo immer noch trunken vor Erwartung, denn es steht an der Schwelle zu einer Zukunft voller Ungewissheiten, während es darauf harrt zu erfahren, was die neuen Herrscher, die als Befreier gekommen sind, von dieser Stadt wollen. Doch die Stadt traut der Sache noch nicht; zu oft ist sie unterjocht worden.

Palermo, diese Stadt, die Herrin und Sklavin zugleich ist, die sich dem Anschein nach an alle verkauft und doch nur sich selbst gehört. In dieser Stadt, in der sich der Geruch nach Mist mit dem des Jasmins vermischt, trifft eine schmerzliche und unerwartete Nachricht ein.

Vincenzo und Ignazio befinden sich am Sitz der neu gegründeten Banca Nazionale, der Nationalbank. Vincenzo ist der Direktor der Filiale, Ignazio arbeitet an seiner Seite. In diesem Moment jedoch spricht er mit seinem Vater über den Export von Marsala. In der Tat wurde der Marsala der Familie Florio auf der nationalen Ausstellung des Jahres 1861 in Florenz prämiert; er ist der meistverkaufte Dessertwein Italiens und gilt in Frankreich, wo er bereits ebenfalls eine Medaille gewonnen hat, als Luxusartikel.

Ignazio hat die Hände nicht in den Schoß gelegt, als sein Vater ihm die Leitung der Kellerei anvertraut hat. »Und deshalb, Papa, habe ich über einen Riserva nachgedacht, den man für die nächsten Weltausstellungen einlagern könnte. Wenn man ein solche Prämierung aufs Etikett drucken könnte, das wäre schon …«

Ignazio kann den Satz nicht mehr zu Ende sprechen,

denn auf einmal steht ein atemloser Bote vor Vincenzo und verbeugt sich. Seine Livree ist in Unordnung, seine Miene sichtlich erregt. »Don Florio, hier, nehmt. Eine Nachricht von der Herzogin Spadafora.«

Vincenzo greift nach dem Umschlag aus feinem weißem Papier, er ist in unsteter Hand an ihn adressiert. »Bens Frau? Was kann sie nur wollen?«, murmelt er.

Er schaut zu dem immer noch atemlosen Mann und zögert. Auf einmal scheint der Umschlag tonnenschwer. Es ist, als wüsste er bereits, welchen Schmerz dieses Schreiben mit sich bringt.

Er öffnet den Umschlag und liest.

Ben Inghams Haus ist voller Menschen. Sie drängen sich auf den Treppen, auf der Straße, vor dem Tor. Bei Vincenzos Eintreffen teilt sich eine Menge aus Angestellten, Seeleuten, Reedern und anderen Kaufleuten vor ihm, um ihn durchzulassen.

Ignazio bemerkt, wie die Schritte seines Vaters immer schwerer und langsamer werden, als er sich dem Schlafzimmer nähert und über die Schwelle tritt. Er sieht, wie Vincenzo die Schultern hängen lässt, wie er den Kopf senkt. Er legt ihm eine Hand auf die Schulter.

Dann wirft auch er einen Blick hinein.

Der Leichnam trägt Kleidung aus englischer Herstellung. Kerzenleuchter stehen am Fußende des Bettes, ein anglikanischer Priester murmelt Gebete. Nur wenige Meter entfernt kniet eine kleine Gruppe von Gläubigen und betet. Ben war immer ein frommer Mann.

Die Herzogin Spadafora sitzt auf einem Sessel neben ihrem verstorbenen Mann. Sie sieht aus, als hätte jemand sie geschlagen: Ihr Gesicht ist geschwollen, ihre Miene verstört. Wieder und wieder dreht sie an ihrem Ehering; wie Giulia ist sie nach langen Jahren als Geliebte in den Ehestand getreten, allerdings gegen den Willen von Bens Lieblingsneffen.

Nur wenige Schritte entfernt nimmt Joseph Whitaker mit seiner Frau Sophia und dem drittgeborenen ihrer zwölf Kinder, dem zwanzigjährigen Willie, die Beileidsbekundungen entgegen. Auch Gabriele Chiaramonte Bordonaro ist gekommen; mit dem Hut in der Hand steht er neben den Kindern der Herzogin.

Alle blicken auf das Bett.

Sie können es nicht glauben.

Als Alessandra Spadafora Vincenzo erblickt, steht sie auf. Sie wankt, und so ist er es, der ihr entgegengeht und sie in die Arme nimmt. Beide sind sie durch diesen Tod zu Waisen geworden, ein jeder auf seine Art.

»Wie ist es passiert?«, fragt er und hilft ihr, sich wieder zu setzen.

»Heute Nacht ging es ihm auf einmal schlecht. Sein Gesicht lief dunkelrot an, er bekam keine Luft mehr.« Die Frau streckt die Hand aus und streichelt Bens Gesicht. Es sieht papieren aus, doch die Falten sind wie glatt gebügelt, fast wirkt er heiter. Die Herzogin zeigt auf eine dunkle Stelle auf der Höhe der Schläfe. »Der Arzt hat gesagt, ihm ist eine Vene im Kopf geplatzt. Er … er … Als der Doktor kam, war er schon …« Sie bricht in Schluchzen aus und klammert sich an Vincenzos Arm.

Ihm wird eng in der Kehle.

Er schafft es nicht, den Leichnam anzusehen.

Nicht er, sagt er sich, und schluckt seine Tränen hinunter.

Ben, der ihn dafür gelobt hat, dass er sich entschieden hat, Giulia zu heiraten. Ben, der ihn immer wie einen Gegner im Kampf behandelt hat, doch niemals wie einen Feind. Ben, der ihn, zusammen mit seinem Onkel Ignazio, auf einen Dampfer begleitet hat, der nach England in See stechen würde; Ben, der ihm gezeigt hat, wie es in England auf dem Land aussieht; Ben, der ihm seinen Schneider vorgestellt hat…

Bruder, Freund, Rivale, Geschäftspartner, Mentor.

Und alldem muss Vincenzo jetzt Lebewohl sagen. Er ist immer mehr allein.

Vor Giulia und ihrer schönen Villa in den Hügeln von San Lorenzo erstreckt sich ein Hain mit Zitrusfrüchten. Vor Kurzem hat es geregnet, und die Blätter schimmern feucht in der Nachmittagssonne; von der nassen Erde steigt ein angenehmer Duft auf, der sogleich ihre Laune hebt.

Es ist keine schöne Zeit, die sie gerade durchlebt. Vincenzo ist in finsterer Stimmung, oft wütend aufgrund der politischen Lage, die nach der Angliederung Siziliens an das Reich der Savoyer entstanden ist, denn diese verhalten sich nicht wie souveräne Herrscher, sondern wie Herren. Von ihnen bekommen sie Gesetze auferlegt, sie stellen die Staatsdiener, und offenbar hören sie nicht auf diejenigen, die mehr Erfahrung im Umgang mit den Sizilianern haben und wissen, dass diese zwar argwöhnische Dickköpfe sind, einem jedoch die Welt zu Füßen legen, wenn man gut zu ihnen ist.

Sie ziehen es vor, einfach zu herrschen, ohne zuzuhören, ohne zu verstehen.

Ignazio ist oft geistesabwesend, immer in Geschäften unterwegs. Giulia hat niemanden mehr, den sie umsorgen kann. Angelina und Giuseppina haben ihre eigenen Familien, und ihre Schwiegermutter wird von zwei Bediensteten gepflegt, die Tag und Nacht bei ihr sind.

Ihre Einsamkeit schmerzt.

Doch was sie am meisten beunruhigt, ist die Tatsache, dass Vincenzo sich nicht mehr für sie interessiert, für das, was sie will, was sie denkt. Der Streit, den sie kürzlich hatten, ist der beste Beweis dafür, und noch immer wird sie zornig, wenn sie daran zurückdenkt. Wie konnte er ihr nur so über den Mund fahren? Warum hat er ihr so schreckliche Dinge gesagt?

Sie geht zu der Balustrade, die die Veranda vom Garten trennt, und schaut zu den Bäumen. Ein schmaler Streifen Sonnenlicht fällt zwischen den Bergen herein. Der Regen hat die Luft von dem Sand gereinigt, den der Schirokko aus Afrika herübergetragen hatte, dieser verdammte Sand, der überall eindringt.

Giulia lebt nicht gern hier. Es ist eine riesige Villa mit zwei Stockwerken, einem Ballsaal, einem Gästehaus, Stallungen sowie einem Gutshaus. Vincenzo hat das Anwesen vor mehr als zwanzig Jahren gekauft, bevor er sie geheiratet hat. Und tatsächlich liegen die prachtvollen Anwesen des Fürsten von Lampedusa sowie das Jagdschlösschen der Bourbonen, die *Palazzina cinese,* in allernächster Nachbarschaft. Es ist ein lieblicher Ort inmitten von Zitrushainen, eine Allee führt direkt in Richtung Meer und zu dem kleinen Örtchen Mondello und teilt die Tenuta della Favorita in zwei Hälften.

Vincenzo und vor allem Ignazio ziehen während der Sommermonate dieses Anwesen der Villa dei Quattro Pizzi vor, doch Giulias Herz, ihre Erinnerungen, sind eng verknüpft mit jenem Turm neben der Tonnara von Arenella, als würden sie in den Netzen hängen, die dort zum Trocknen aufgespannt sind. Jene Villa ist ein Teil ihres Lebens, ihrer Wesensart; wenn sie könnte, würde sie auf der Stelle die Koffer packen, ihre beiden Männer zurücklassen und an jenen glücklichen Ort zurückkehren.

Sie lehnt sich an die Brüstung aus Tuffgestein, die auf Säulen ruht. Ein Bediensteter nähert sich von hinten. Er hüstelt diskret und fragt: »Donna Giulia, möchtet Ihr einen Sessel?«

»Nein, Vittorio, danke.«

Der Mann spürt, dass sie allein sein will, und entfernt sich.

Doch der Zorn in Giulia lässt nicht nach, ganz im Gegenteil. Er wütet in ihr, er verfestigt sich, wird zu tiefem Groll.

Sie hört, wie hinter ihr die Terrassentür geöffnet wird. Schritte nähern sich.

Kurz darauf legt sich Vincenzos Hand neben die ihre auf die Brüstung.

Sie schweigen, ein jeder zu stolz, um den anderen um Verzeihung zu bitten.

Vincenzo wartet. Er weiß, dass er den Bogen überspannt hat, doch was hat sich Giulia nur dabei gedacht? Seit wann will sie mit ihm über Politik und Wirtschaft reden und so tun, als wäre sie ihm ebenbürtig? Es stimmt, dass sie mehr weiß als viele Männer – doch sie ist und bleibt doch immer noch eine Frau!

Angefangen hat alles beim Mittagessen. Ignazio und er diskutierten über eine Frage, aufgekommen während der überaus bewegten Zeit der Besatzung durch die Garibaldianer, als die Schiffe der Casa Florio von den Bourbonen konfisziert worden waren.

»Sie haben uns ganze drei von den fünf Schiffen abgenommen, die wir besitzen. Angeblich brauchten sie sie, um Truppen zu transportieren. Doch jetzt, ein ganzes Jahr später, halten sie mir die Tatsache vor, dass der Postdienst damals zum Erliegen kam, und wollen sogar, dass ich die Strafen für diesen Ausfall bezahle, als hätte ich ihn zu verantworten.« Vincenzo legte die Gabel so heftig auf den Tisch, dass sie zu Boden fiel. »Die haben mir nicht nur einen Dampfer versenkt, sondern jetzt wollen sie auch noch Geld dafür, verdammt noch mal!«

Während ein Bediensteter eilfertig Vincenzos Besteck ersetzte, tupfte sich Ignazio den Mund mit der Serviette ab. »Die Übereinkunft mit den Bourbonen war durchaus vorteilhaft, Papa. Das Problem, das, worüber sie sich wirklich beklagen, ist die Tatsache, dass das gestempelte Papier und die Postwertzeichen nicht rechtzeitig kamen. Die Briefe hingegen sind nicht weiter von Interesse.«

»Die sollen sich doch um ihren eigenen Kram kümmern!«, rief Vincenzo aus. »Es geht um die Post, die Herrschaftsverhältnisse haben sich geändert. Und wir haben den Schaden davongetragen. Auf welcher Rechtsgrundlage drohen die eigentlich mit Strafen?«

»Du hättest andere Schiffe anmieten können. Ich meine, es war doch deine Aufgabe, oder?«

Mehr ratlos als verdutzt wandten sich die beiden Giulia zu.

Und sie fuhr fort: »Wenn jemand einen Vertrag unterzeichnet, dann …«

»Wir hielten es nicht für angebracht, Schiffe und Mannschaften in Gefahr zu bringen. Stattdessen ließen wir Segelschiffe der Firmen in See stechen, mit denen wir zusammenarbeiten, aber keine Dampfer.« Ignazio sprach ruhig, den Blick auf den mittlerweile geleerten Teller gesenkt.

»Zu viele Risiken. Palermo und Sizilien waren nach dem Durchmarsch Garibaldis zerstört. Die Piemonteser sind schlimmer als die Bourbonen, wenigstens bis zu diesem Moment. Sie wollen keine vernünftigen Argumente hören, kommen einfach hierher, ändern alles, und so wie sie es da oben machen, muss es bei uns auch gemacht werden«, fügte Vincenzo hinzu. »Man kann doch nicht ein ganzes Dampfschiff in Gefahr bringen, nur um ein paar Brieflein von Onkel Peppino an Donna Marianna zu transportieren. Das mit dem Stempelpapier verstehe ich ja, aber sonst …«

»Tatsache ist trotzdem, dass du dich auf die Seite dessen gestellt hast, der unrecht hat.«

Hier mischte sich Ignazio ein, um einer heftigen Reaktion des Vaters zuvorzukommen.

»*Maman*, in den nächsten Tagen erkläre ich Euch das alles richtig. Die Situation ist komplexer, als sich das auf den ersten Blick darstellt; dabei sind nicht nur unsere Interessen im Spiel, sondern auch die der Menschen, die für uns arbeiten. Deshalb haben wir ja erst im vergangenen Jahr unser Postdampfschifffahrtsunternehmen gegründet.« Er stand auf. »Mit Eurer Erlaubnis möchte ich jetzt wieder hochgehen, arbeiten. Papa?«

Vincenzo deutete nach oben, zum ersten Stock, wo ihn lange Geschäftsberichte aus der Gießerei Oretea erwarteten, die mittlerweile auch die Dampfschiffe belieferte. »Ich komme nach.«

Allein zurückgeblieben wechselten Vincenzo und Giulia einen verärgerten Blick. »Unser Sohn bringt es fertig, mir über den Mund zu fahren, ohne es dabei an Respekt mangeln zu lassen. Das kann ich nicht ausstehen«, schimpfte sie.

»Ignazio hat viel mehr gesunden Menschenverstand als du, falls du das noch nicht gemerkt hast.« Vincenzo rief nach dem Servierkellner, der ihm einen Verdauungsschnaps bringen sollte. In der letzten Zeit war Essen für ihn fast zur Qual geworden, und die Verdauung eine langwierige und unangenehme Angelegenheit.

»Nein. Die Wahrheit ist, dass du nicht wahrhaben willst, was vorgeht. Du hast doch selbst immer gesagt, dass Sizilien von allein nirgendwohin gegangen wäre, dass wir uns eher unter englisches Protektorat hätten stellen sollen oder Ähnliches, doch stattdessen …«

»Wieso? Was glaubst du denn, was die Piemonteser machen? Die verwandeln uns in eine ihrer Kolonien, nicht mehr und nicht weniger. Außerdem haben sie sich den Kronschatz der Bourbonen unter den Nagel gerissen und ihn ins Piemont gebracht, um damit ihren Eroberungsfeldzug zu bezahlen. *Eroberung*, verstehst du? Eine Farce, ein einziges Trauerspiel, inszeniert von Neapel und Turin. Und das ist erst der Anfang!«

»Du kannst es einfach nicht hinnehmen, wenn dir jemand sagt, was du tun sollst. Das war schon immer so, stimmt's? Ob es um mich geht, deine Kinder oder die Geschäfte, es muss immer nach deinem Kopf gehen. Warum schaust du nicht stattdessen, was es Gutes haben könnte, wenn wir endlich eine vereinte Nation sind, die von den Alpen bis nach

Marsala reicht? Bedeutet dir das denn gar nichts? Und was ist mit all denjenigen, die für dieses Ideal ihr Leben gelassen haben?«

Er sprang urplötzlich auf, und es war ihm deutlich anzusehen, dass er mit seiner Geduld am Ende war. Mit puterrotem Gesicht beugte er sich über sie, bis ihre Gesichter ganz nah waren. »Giulia, meinetwegen könnte uns ebenso gut der Zar von Russland regieren, denn für mich würde das wenig ändern, verstehst du? Die Casa Florio reicht nicht nur bis Messina. Mich interessiert nur, dass sie meine Welt in Ruhe lassen, doch sie haben nur eins im Sinn: mich zu verar…« Er schlug die Hand vor den Mund, bevor das Schimpfwort heraus war.

Nicht vor ihr, sagte er sich.

Kerzengerade aufgerichtet fuhr er eisig fort: »Sie haben mir mitgeteilt, dass ich meine Schiffe für den Postdienst umbauen muss, um sie schneller zu machen, denn sonst gehe mein Auftrag – *meiner*, verstehst du – an Genueser Firmen über. Das wollen sie, und ich werde es ihnen auch geben, aber sie müssen mich dafür bezahlen. Die wissen, ich kann ihnen nur zusichern, dass die Kosten, die sie für nötig halten, abgedeckt sind. Ich werde es aber nicht zulassen, dass sie mir das nehmen, was ich erreicht habe. Wenn ich mit vier aufgeblasenen, pomadisierten Schnurrbartträgern, die im Singsang reden, sprechen muss, dann tue ich es. Von mir aus. Aber wenn ich das schützen muss, was ich geschaffen habe, dann bin ich nichts und niemandem Rechenschaft schuldig. Die Casa Florio gehört mir. Mir und meinem Sohn. Das solltest du allmählich begriffen haben.«

Kreidebleich erhob sich Giulia und verließ, ohne ihn auch nur eines Blickes zu würdigen, das Speisezimmer.

Und jetzt?, fragt sich Vincenzo.

Er nähert sich ihr behutsam, sagt ihren Namen. Sie erstarrt.

Giulia ist dickköpfig. Mit den Jahren ist ihr Charakter weicher geworden, das stimmt, doch da ist trotzdem etwas an ihr, das durch die Zeit niemals gebrochen werden kann. Denn sie ist wie der Drachenbaum, der dem Säulengang der Villa Schatten spendet: grün, strahlend, doch unbeugsam.

Es stimmt, ohne Giulia könnte und wollte er niemals sein, weder in diesem Leben noch in vielen anderen, die noch kommen werden.

»Mach das nie wieder.« Giulia spricht jede Silbe dieser Worte einzeln aus, und auf einmal ist ihr Mailänder Akzent wieder da, wie immer, wenn sie wütend ist. »Wag es nicht, mich noch einmal zu behandeln, als wäre ich blöd.«

»Und bring du mich nicht noch einmal aus der Fassung.«

»Nach dreißig Jahren, die wir zusammen sind, betrachtest du mich immer noch als Fremde. Und du? Vergiss nicht, wer du bist und woher du kommst. Sohn von Kalabriern, die mit geflickten Kleidern nach Palermo kamen, vergiss das nicht.« Sie schreit ihn an und tippt mit der Fingerspitze an seine Brust. »Das ist es, was ich nicht ertragen kann: Du kapierst nicht, dass wir beide gleich sind, du und ich. Warum musst du mich so behandeln?«

Das stimmt, sie sind gleich, das weiß er. Aber zugeben wird er das nie und nimmer. Ein Mann kann eine Frau nicht um Verzeihung bitten. Vincenzo verstummt mit finster zusammengezogener Stirn, in seinen Augen steht eine Mischung aus Ärger und Resignation: In dreißig Jahren – ja, so viele sind vergangen – ist es ihm nicht gelungen, diese Frau zu zähmen. Verstummen – das ist seine Art, sie um Verzeihung zu bitten, eine andere kennt Vincenzo Florio nicht.

Er hebt den Blick zum Himmel. Er greift nach ihrer Hand, sie versucht, sich herauszuwinden, doch Vincenzo lässt sie nicht los.

Giulia schiebt ihn von sich. »Ich hätte dich wegschicken sollen, als mein Bruder dich damals zu uns nach Hause mitgebracht hat. Von dir ist in meinem Leben immer nur Schlechtes gekommen.«

»Das stimmt nicht.«

»Doch, das stimmt.«

»Nein, es ist nicht wahr«, wiederholt er noch einmal und packt sie an den Handgelenken. »Niemand hätte dir das gegeben, was ich dir gegeben habe.«

Sie schüttelt den Kopf, macht sich von ihm los. »Du hast mir keinen Respekt geschenkt, Vice'. Das nie. Und wenn ich nicht mit Zähnen und Klauen um das gekämpft hätte, was ich brauchte, dann hättest du mich für immer zu einem Leben in der Stille verdammt.«

Mit diesen Worten geht sie und lässt ihn im bronzenen Schein der Sonne zurück, die zwischen den Bäumen untergeht.

»Heiz den *cufune,* die Kohlenpfanne, an, Maruzza, die Nacht ist kalt.«

Die Dienerin bewegt sich mit flinken Schritten und füllt das Becken mit Kohlen. Eine Rauchfahne steigt daraus empor und wird von der Brise, die durchs Fenster hereinkommt, verweht. Das Jahr 1862 hat mit Kälte und reichlich Regen begonnen. Der Februar ist ein unbarmherziger Monat.

Vincenzo dankt seiner Bediensteten und schickt sie nach draußen. Er bleibt allein zurück.

Er betrachtet die Frau unter der Bettdecke. Schlag für Schlag wird das Herz seiner Mutter schwächer. Jahre, die von Härte, Wut, Bedauern und wenig Liebe gezeichnet waren, sind dabei, ihr Werk zu vollbringen.

Giulia ist bereits vor einer Weile hinausgegangen, nachdem der Priester von San Domenico Giuseppina die letzte Ölung verabreicht hatte. Sie hat Vincenzo gebeten, sie holen zu lassen, sollte sich die Situation verschlechtern.

Als könnte es noch schlimmer werden.

Giuseppinas Atem findet nur noch mit Mühe seinen Weg durch den Körper, als verlöre er mehr und mehr an Kraft, und verwandelt sich in ein Gemurmel. Die Hand auf dem Bettlaken ist nur noch wachsbleiche Haut und Knochen.

Seine Mutter ist noch am Leben. Aber lange wird es nicht mehr dauern. Seit Tagen schon wechseln sich Benommenheit und ein Zustand anstrengender Schlaflosigkeit miteinander ab. Sie schläft nicht. Vielmehr taumelt sie von einer Bewusstlosigkeit zur nächsten, und jedes Mal dauert dieser Zustand ein wenig länger.

Vincenzo spürt, wie ihm schwer ums Herz wird. Wieso nur muss man am Ende seines Lebens so leiden, fragt er sich, und warum kann der Tod keine Gnade sein? Warum trennt dieser Schnitter Tod nicht einfach einen Faden durch und nimmt den Menschen mit sich fort, statt ihn noch mehr leiden zu lassen? Es ist wie bei einer Geburt: ein Schmerz wie der, durch den ein Mensch auf die Welt kommt, gleich und doch ganz anders. Ein langes Leiden, um dann in die Arme des Herrn zu sinken. *Oder von wem auch immer*, denkt er.

Er rutscht tief in den Sessel, lehnt sich an, schließt die Augen. Er erinnert sich an den Moment zurück, als sein Onkel Ignazio starb. Jetzt begreift er, wie barmherzig das Schicksal gewesen ist.

Er nickt ein, fast ohne es zu merken.

Als Stoff raschelt, wacht er wieder auf. »Mama!«, ruft er und springt auf, läuft zum Bett, ohne auf den Schwindel zu achten, den diese abrupte Bewegung in ihm hervorruft.

Giuseppina ist unruhig, schlägt unter den Decken um sich. Vorsichtig setzt er sie auf, damit sie leichter atmen kann. »*Comu si'*? Wie geht es Euch? Wollt Ihr ein wenig Brühe?«

Sie schüttelt den Kopf, die Lippen zu einer Grimasse verzogen. Ihr Körper riecht nach einer Mischung aus Talk, Kölnischwasser, Urin und Schweiß. Es ist der Geruch des Alters, und fast gelingt es ihm, den wahren Geruch seiner Mutter, an den sich Vincenzo aus seiner Kindheit erinnert – süß, milchig – zu überdecken.

Er muss eine der Bediensteten holen, damit sie Giuseppinas Kleider wechselt. Doch nicht gleich, nicht jetzt. Lieber will er noch ein wenig mit ihr allein sein. Er streicht ihr die Stirn glatt, schiebt ein paar Haarsträhnen zurück, die sich aus ihrem Zopf gestohlen haben. »Wie geht es Euch?«

»*Tutti cosi mi fannu male*, mir tut alles so weh, als würde ich von tausend wilden Hunden gebissen«, klagt die alte Frau, und Tränen kullern über ihre Wangen.

Er trocknet sie. »Kommt, setzt euch auf, ich gebe Euch ein bisschen von der Medizin«, sagt er und zeigt auf die Reihe von Fläschchen und Tiegeln, die dicht an dicht auf dem Nachtkästchen stehen.

Doch Giuseppina schüttelt den Kopf. Sie schaut an ihrem Sohn vorbei, sucht das Sonnenlicht, findet es aber nicht. »Ist es Nacht?«

»Ja.«

»Und Ignazio? Wo ist mein Ignazio?«

»Unterwegs. Er ist ausgegangen.«

Sinnlos, ihr zu erzählen, dass Ignazio, ihr Lieblingsenkel, mittlerweile die Casa Florio leitet und auch Geschäftsführer der Kellerei in Marsala ist, wo er viel Zeit verbringt. In genau diesem Moment jedoch sitzt er mit mehreren sizilianischen Parlamentariern zusammen, unter ihnen auch ihr neuer Anwalt, Francesco Crispi.

Seine Mutter zeigt auf die Wasserflasche. Vincenzo gießt ein wenig kühles Nass in ein Glas, hilft ihr beim Trinken. Nur ein Schlückchen, um die Lippen zu benetzen.

»Aah. Danke.« Giuseppina schließt die Augen, doch es ist mehr eine Geste der Entkräftung als des Genusses.

Wie wenig es an diesem Punkt eines Lebens doch braucht, um jemanden glücklich zu machen, geht es Vincenzo durch den Kopf. Saubere Bettlaken. Die Berührung einer Hand. Frisches, kühles Wasser.

»*Assettati ccà*, setz dich zu mir«, sagt sie, und ihr Sohn gehorcht. In diesem Moment ist er wieder der kleine Junge, der Angst hat, allein zu bleiben, und spürt, wie ihm bei dem Gedanken, dass seine Mutter bald nicht mehr da ist, bang ums Herz wird. Es ist ein Schmerz, den er schon lange in sich trägt, seit dem Augenblick, als er begriff, dass sein Vater Paolo im Sterben lag.

Auch Ben ist gestorben; ein Verlust, der nur schwer hinzunehmen ist.

Und jetzt steht mir der schwierigste Verlust von allen bevor.

Sicher, Giulia und Ignazio waren immer bei ihm und werden es auch weiter sein, doch seine Mutter war lange, lange Zeit die einzige Familie, die Vincenzo hatte. Einen Augenblick lang wünscht er sich, er könnte die Uhr noch einmal zurückdrehen. Er würde alles darum geben, noch einmal dieses Gefühl durchleben zu dürfen, wie es damals, als Kind, war, in ihren Armen gewiegt zu werden.

Giuseppina scheint Gedanken lesen zu können. »*'Un mi lassari sula,* lass mich nicht allein«, bittet sie, und vor Angst ist ihre Stimme kaum mehr als ein Hauch.

Er küsst sie auf die Stirn, nimmt sie in die Arme. Dann ist es er, der sie in den Armen wiegt, ihr all das ins Ohr flüstert, was er ihr niemals sagen konnte, und ihr die Fehler verzeiht, die, das wird ihm jetzt bewusst, jede Mutter zwangsläufig begeht.

Giuseppina berührt sein Gesicht, fast ist es nur noch ein Tasten. »Wer weiß, wie du gewesen wärst, wenn dein Vater länger gelebt hätte. Wenn ich noch einen Sohn bekommen hätte«, sagt sie zu ihm.

Er zuckt nur die Achseln. Er weiß es nicht, murmelt er. An Paolo kann er sich kaum mehr erinnern.

Doch sie hört ihm nicht zu. Sie schaut auf einen Punkt jenseits des Fußendes ihres Bettes. »Ich weiß, dass er bald zu mir kommt, um mich zu holen. Und ich hoffe, der Herr weiß, was ich mit mir herumtrage, und kennt die hässlichen Gedanken, die ich gehegt habe. Und dass er mir verzeiht.«

»Natürlich weiß der Herr, was Ihr mit Euch herumtragt. Macht Euch keine Gedanken«, versucht er, sie zu beruhigen.

Seine Mutter neigt den Kopf. Ihre Haut entspannt sich, gewinnt etwas von ihrer Wärme zurück. »*Sangu meo*, Blut von meinem Blute«, murmelt sie.

Die Schlaffheit hüllt sie ein, wie eine Welle schwappt sie über sie hinweg. Ihr Körper ist heiß, vielleicht hat ein Fieber sie erfasst. Jetzt wird ihr Atem noch langsamer, er ist kaum mehr als ein Hauch.

Vincenzo streckt sich neben ihr auf dem Bett aus, schließt die Augen.

Als er nur wenige Augenblicke später wieder wach wird, ist Giuseppina Saffiotti Florio – seine Mutter – nicht mehr da.

Im Jahre 1865 ist Weihnachten gerade vorüber, als Ignazio die Räume an der Via dei Materassai mit langen Schritten durchmisst. Seine Schuhe sind voller Erde und Staub. Auf dem glänzenden Boden spiegeln sich die Flammen der Gaslampen, die er vor einiger Zeit installieren ließ.

Er hat mit seinem Vater über die Möglichkeit gesprochen, eine neue Wohnung zu kaufen, weil diese Räume ihm mittlerweile zu klein und dunkel vorkommen, nur wenig dem entsprechend, was ihre Familie mittlerweile darstellt. Vincenzo hat ihn nur von Kopf bis Fuß angeschaut, mit gerunzelter Stirn, die Hand in der Schwebe über einem Dokument. »Dann schau du dich um und sag mir, was du gefunden hast.«

Sein Vater vertraut ihm.

Ignazio hingegen fürchtet ihn noch immer. *Nein*, korrigiert er sich und öffnet die Tür zum kleinen Salon seiner Mutter. *Angst ist es nicht. Argwohn ist es.* Es handelt sich um eine alte Differenz zwischen ihnen, die die Geschäfte und das Vertrauen, das sich in den langen Jahren ihrer Zusammenarbeit aufgebaut hat, niemals ganz zerstreuen konnten.

Vertrauen schon, ja. Doch es ist nicht das Vertrauen der Gefühle, eine tiefe Verbundenheit, bei der es weniger Worte bedarf, um ein Schweigen zu füllen, weniger Worte, die doch so viel sagen. Diese Art von Vertrauen ist seiner Mutter vorbehalten.

Und da sitzt sie in ihrem Sessel aus geschnitztem Holz, an dessen Lehne der Umriss eines Löwen prangt. Giulia klöppelt, doch sie muss oft eine Pause einlegen, denn seit einiger Zeit sieht sie nicht mehr gut, ihre Augen ermüden schnell. Sie trägt eine Halbbrille mit Hornfassung, die sie allerdings oft abnimmt, um sich die Nasenwurzel zu massieren.

Ignazio tritt auf sie zu, gibt ihr die Hand.

»Setz dich«, sagt sie zu ihm und deutet auf einen Puff vor dem Tisch, auf dem allerlei Garn und mehrere Klöppel liegen.

»Ich muss mit Euch reden, *maman.*«

Giulia nickt. Sie verknotet die letzte Masche und hebt den Kopf. Weiße Strähnen durchziehen ihr einst dunkles Haar. »Erzähl.«

Und so ist das: Kaum sitzt er vor ihr, zögert er. Er weiß, sind die Worte einmal ausgesprochen, gibt es kein Zurück mehr, und er würde sie lieber nicht sagen, würde diesen Moment lieber noch hinauszögern, ihn aufschieben, so weit es eben geht.

Doch Feigheit ist seine Sache nicht. Wenn etwas getan werden muss, dann besser gleich.

»Es gibt da jemanden, den ich im *Casino delle dame* kennengelernt habe, Mama. Eine junge Frau, entfernt verwandt mit den Trigonas, Adel in der dritten Generation. Sie heißt Giovanna.« Ignazio macht eine Pause, betrachtet die Kante des kostbaren Qazvin-Teppichs, den sein Vater vor einiger

Zeit in Frankreich gekauft hat. Die Worte, die er jetzt sagen wird, fallen ihm am schwersten. »Sie könnte eine geeignete Ehefrau für mich sein.« Mit gesenktem Kopf verharrt er ein paar Sekunden. Als er aufschaut, begegnet er den glänzenden Augen seiner Mutter. Ihr Blick wirkt angespannt.

»Bist du dir sicher, mein Sohn?«

Nein, sicher bin ich mir nicht, möchte er ihr gern antworten, doch stattdessen nickt er. »Es ist ein liebenswertes Mädchen, anständig. Sie kommt aus einer sehr frommen Familie, nicht reich, aber … sie trägt einen Adelstitel und weiß sich in Gesellschaft zu bewegen. Ihre Mutter, die Ärmste, ist sehr beleibt, doch sie selbst … Ihr werdet sehen, sie ist wie eine Blume.«

Giulia legt ihre Handarbeit ab. »Ich weiß, wer das ist. Es handelt sich um Giovanna d'Ondes, stimmt's?«

»Ja.«

Giulia ergreift seine Hände, drückt sie. »Dann frage ich dich noch einmal, mein geliebter Ignazio, ob du dir sicher bist, und ich will, dass du gut darüber nachdenkst. Denn lass es dir gesagt sein: Ich habe aus eigener Entscheidung jahrelang ein Leben in Ehrlosigkeit geführt, nur um an der Seite deines Vaters zu bleiben, und habe es nie bereut, nie.« Tränen schimmern wie Perlen an ihren Wimpern, fast wirkt ihr Gesicht jünger. *Sie spricht, als wüsste sie von uns,* geht es Ignazio durch den Kopf, und es überläuft ihn kalt vor Scham. »Wenn für dich ein Mensch der Grund zum Leben ist, dann greif zu, denn mit einem solchen Menschen kannst du durch dick und dünn gehen. Ist es jedoch nur Verpflichtung, die dich an seiner Seite hält, oder, schlimmer noch, das Gefühl, es anderen schuldig zu sein, dann solltest du es nicht tun. Denn es wird Tage geben, an denen es euch nicht gelingt, euch auszusprechen, an denen ihr streitet und ihr euch auf den Tod nicht ausstehen könnt, und wenn euch dann genau hier« – sie berührt seine Brust – »und hier« – sie tippt an seine Stirn – »nichts verbindet und ihr nichts findet, das euch wirklich eint, dann werdet ihr nie glücklich sein. Und ich spreche nicht von gegenseitigem Respekt oder von der wilden Leidenschaft von Küssen, sondern von Zuneigung, von der Gewissheit, dass es da auf der anderen Seite des Bettes einen Menschen gibt, dessen Hand man jede Nacht drücken kann.«

Ignazio hat ihr stumm zugehört, doch er ist atemlos, als wäre er gerannt. Er spürt, wie sein Körper schwer wird, und auf einmal nimmt er ihn deutlich wahr, den Duft von Rosen und Lavendel, der dem Gewand seiner Mutter entströmt. Nie und nimmer hätte er gedacht, dass sie einmal etwas Derartiges zu ihm sagen würde, so unverblümt und aufrichtig.

Giulia legt ihm eine Hand an die Wange. »Bist du dir sicher, dass sie die Richtige ist? Und damit meine ich nicht, ob sie die Herrin von alldem hier sein könnte.« Sie zeigt auf den Raum, in dem sie sich befinden. »Sie soll die Frau deines Herzens sein.«

Ignazio entzieht sich dem körperlichen Kontakt mit seiner Mutter. »Die passendste Person, wenn man alle Faktoren einbezieht, insbesondere die Bedeutung einer Eheschließung mit einer Vertreterin des Adels, ist sie.«

»Meine Güte, jetzt rede doch nicht über die Ehe, als handelte es sich um eine Geschäftsangelegenheit! Du bist wie dein Vater«, empört sich Giulia und steht auf. Die Hände in die Hüften gestützt marschiert sie im Zimmer auf und ab. »Ach, apropos. Hast du schon mit deinem Vater darüber gesprochen? Nein, oder?«

»Nein.«

»Das ist auch besser so, denn ich wüsste genau, was er antworten würde. Genauer gesagt wäre er vermutlich sogleich zum Vater des Mädchens gestürmt, und wir könnten bereits heute eine Verlobung feiern.« Sie schnaubt und schaut ihren Sohn an, der ihr mit einem Blick antwortet, aus dem sie nicht recht schlau wird. Sie geht auf ihn zu, beugt sich zu ihm. »Ich bitte dich einfach nur, ehrlich zu dir selbst zu sein, bevor du ehrlich zu mir bist. Wirst du denn, wenn nicht glücklich, so doch zufrieden mit diesem Mädchen leben können? Denn eine Ehe kann man nicht führen, wenn man mit dem Herzen und der Erinnerung woanders ist. Am Ende tut man so nämlich nur sich selbst und anderen Menschen Unrecht. Derjenigen, die du in Wirklichkeit willst, und der, die gezwungen ist, an deiner Seite zu leben.«

Ignazio erstarrt.

Seine Mutter weiß es. Sie weiß von *ihr*, von Marseille. Wie kann sie das erfahren haben? Doch nicht aus den Briefen, die er immer nach Marsala bekam, nein, unmöglich …

Die Antwort dämmert ihm schnell, und sie macht seine Verwirrung komplett.

Giuseppina. Auch seine Schwester hat es also gewusst.

An diesem Punkt ist er gezwungen, den Kopf zu senken. Zu groß ist der Schmerz, den er empfindet. Nein, Ignazio ist nicht dazu in der Lage, das zu verbergen, was in ihm vorgeht, nicht seiner Mutter gegenüber. »Es gibt keine Hoffnung, *maman.* Was mich angeht, so trage ich Verantwortung meinen Eltern gegenüber, und der Casa Florio …«

»Zum Teufel mit dem Geld und uns Eltern! Du weißt doch, wie deine Großmutter Giuseppina mich genannt hat, als ich die Geliebte deines Vaters wurde!« Giulia ist rot im

Gesicht, wie immer, wenn sie erregt ist, doch es bekommt ihr nicht gut. »Ich habe so viel schlucken müssen damals. Trotzdem würde ich es wieder tun, wieder und wieder. Und deshalb frage ich dich zum letzten Mal, und wenn du mit Ja antwortest, dann werde ich höchstpersönlich zu Giovannas Mutter gehen und mit ihr reden. Bist du dir bei deiner Wahl sicher?«

Ignazio, der wie angenagelt auf seinem Sessel sitzt, weiß nicht, was er antworten soll. Es ist, als wäre das Paradies zum Greifen nah, als läge es allein an ihm, die Hand auszustrecken und jenen Apfel vom Baum der Erkenntnis zu pflücken. Seine Mutter ist an seiner Seite, sie würde ihm helfen. Sein Vater hingegen … würde viel zu sehr leiden. Sein Vater könnte niemals hinnehmen, dass alles, wofür er gearbeitet hat, nur aus einer Laune heraus verloren geht. Er hat so viel für ihn getan, und Ignazio steht in seiner Schuld. Jetzt ist der Moment gekommen, ihm etwas dafür zurückzugeben.

Von Palermo akzeptiert zu werden, das ist es, was zählt. Zugang zu den Salons der Aristokratie zu haben. Der Mächtigste unter den Mächtigen zu werden. Oder soll er sich etwa dem Gedanken hingeben, der schon seit Jahren an seinem Herzen nagt – wie es wäre, jeden Tag seines Lebens neben der Frau aufzuwachen, die er liebt? So, wie es bereits geschehen ist?

Doch geschehen ist es in der Vergangenheit. Und dort gehört es auch hin.

Er schließt die Augen, kneift fest die Lider zu. Der Ehrgeiz legt der Erinnerung mit flüchtigen Fingern den Knebel um. Und doch ist da noch ein Detail, das ihm entkommen kann: die Erinnerung an einen Kuss, der nach Tränen und Honig schmeckt, geraubt im Garten eines Hauses außerhalb von Marseille.

Und so ist es dann also, denkt Giulia. *Allein ist man zu Beginn, und man ist es auch am Ende.*

Sie geht in der Wohnung an der Via dei Materassai umher. Sie durchquert den Salon, steigt die Treppe hoch, bis sie in der ehemaligen Wohnung ihrer Schwiegermutter steht, die jetzt für sie und Vincenzo neu hergerichtet worden ist. Und sie steigt noch weiter hoch, bis zum Dach, wo Vincenzo vor Jahren eine Terrasse anlegen ließ.

Palermo erstreckt sich vor ihr, eingeschlossen zwischen den Bergen und dem Meer.

Jetzt sind Vincenzo und sie allein.

Ignazio hat vor kaum mehr als einer Woche ein Mädchen mit Samtaugen und einer Haut, weiß wie Mandeln, geheiratet. Die Baronesse Giovanna d'Ondes ist erzogen worden, wie es einem Mädchen von Adel gebührt, auch wenn die Familie erst kürzlich in diesen Stand erhoben wurde; auch die Mitgift ist standesgemäß und besteht hauptsächlich … aus Schulden.

So hat ihr Ehemann am Ende den Titel bekommen, den er wollte, und eine blaublütige Frau noch dazu. Für seine Nachkommen, für die Casa Florio.

Was die junge Braut angeht, so hat Giulia sie sofort ins Herz geschlossen. Alle nennen sie Giovannina, weil sie so zart, so zierlich und anmutig ist, möglicherweise fast zu dünn. Sie wird ihre Krallen ausfahren müssen, wenn sie den Respekt ihres Ehemannes gewinnen will, so wie Giulia das mit Vincenzo getan hat, doch es wird ihr gelingen. Denn unter dieser Larve einer *santuzza,* einer Heiligen, verbirgt Giovannina ein Gemüt wie Stahl, da ist Giulia sich sicher.

Ich hoffe, dass sie eine gute Schwiegertochter abgibt, denkt Giulia und betet insgeheim darum, dass ihr Sohn die richtige Wahl getroffen hat. Dass das, was er *für jene andere* empfunden hat, wirklich der Vergangenheit angehört. Sie würde den Gedanken nicht ertragen, dass er unglücklich ist.

Sie schaut weiter hinaus, aufs Meer; das junge Brautpaar ist zu kurzen Flitterwochen auf dem Kontinent unterwegs. Giovanna wird Gelegenheit haben, Ignazio besser kennenzulernen. Und sie werden gemeinsam wachsen.

Sie dreht sich um. Hört Schritte hinter sich.

Ihr Mann ist da, tritt zu ihr.

»Das Hausmädchen hat mir gesagt, dass du hier bist.« Er lässt sich schwer auf einen Stuhl sinken, und auf einmal macht sich Sorge in Giulia breit. Vincenzo ist müde. So müde.

Er bemerkt die Sorgenfalte auf ihrer Stirn und ruft sie mit einem Nicken zu sich. »Ich kann mich gar nicht mehr erinnern, wie es ist, allein mit dir zu sein.«

Giulia stößt etwas hervor, das wie eine Mischung aus Lachen und bitterem Seufzen klingt. »Ich schon. Wir saßen immer in irgendeiner Kutsche, oder wir haben uns in Ecken herumgedrückt, bis mein Bruder uns schließlich erwischt hat.«

Giulias Gedanken wandern zu ihren Eltern, die beide bereits seit einigen Jahren tot sind. Zu ihrer Mutter Antonia, die niemals ganz ihre Maske des Tadels und der Enttäuschung über ihre missratene Tochter abgelegt hat, und ihren Vater Tommaso Portalupi, der ihr hingegen irgendwann verziehen hat. »Es war nicht leicht, bei dir zu bleiben, weißt du das?«

Fast war es ihr gar nicht bewusst, dass sie diesen Satz gesagt hat. Das begreift sie erst, als sie die Antwort ihres Mannes darauf hört. Nur wenige verhaltene Worte, fast wie ein Geständnis. »Aber du bist geblieben.«

Giulia blickt auf ihrer beider Hände hinab. An Vincenzos Ringfinger fehlt der Ring seines Onkels Ignazio. Den hat er am Tage der Hochzeit seinem Sohn geschenkt, aufpoliert und verstärkt.

»Denn dieser Ring hat einmal einem anderen Ignazio gehört, dem, der für mich ein Vater war. Er war es, der unsere Casa Florio geschaffen hat«, waren seine Worte, als er ihn Ignazio überreichte. »Es ist nur richtig, dass jetzt du ihn hast, und du sollst ihn an deine Söhne weitergeben.«

Vincenzo konnte seine Rührung nur mit Mühe verbergen, als sein Sohn ohne Lächeln den Ring von der Handfläche seines Vaters nahm und ihn sich über den Ehering auf den Finger schob.

Jetzt schaut Vincenzo seine Frau an. Seine Gefährtin im Leben, in guten wie in schlechten Zeiten.

»Ja«, sagt sie schlicht. Sie beugt sich zu ihm hinab, gibt ihm einen Kuss auf die längst grau gewordenen Haare, und er drückt ihren Arm, lässt sich gegen ihren Körper sinken. Giulia denkt an die Kämpfe zurück, die sie ausgefochten haben, an die unehelichen Kinder, an ihren Impuls zu fliehen, als sie zum ersten Mal schwanger geworden war, an seine Weigerung, sie zu heiraten, an die Missbilligung ihrer Mutter, an den Groll, den sie jahrelang ertragen musste, an die Verachtung durch die Gesellschaft. »Ich bin geblieben.«

Und anders hätte sie es auch nie gewollt.

EPILOG

September 1868

Di ccà c'è 'a morti, di ddà c'è a sorti.
Auf der einen Seite der Tod,
auf der anderen das Schicksal.
Sizilianische Redensart

Ein intensiver Duft hängt in der Luft. Süß, nach Honig, nach Blüten und Früchten, nach reifen Oliven und nach Trauben, die in der Sonne vergären.

Es fühlt sich an wie Frühling.

Doch es ist ein überaus milder September.

Der Palazzo liegt inmitten des Grüns eines großen Anwesens: der Villa dell'Olivuzza, die eines Tages der Hauptsitz der Casa Florio werden wird.

Große gotische Linien erheben sich über dem Fußboden, bilden den Türbogen, öffnen sich zu zweibogigen Fenstern, die von weißen Vorhängen beschirmt werden. Bienen summen hinter dem weißen Stoff. Die Sonne hat nicht mehr die grelle Strahlkraft des Sommers, doch sie ist angenehm.

Das Zimmer – im ersten Stock des rechten Flügels, wo der ruhigste Teil des Hauses liegt – ist prachtvoll eingerichtet. Die beiden Fenster gehen auf den Garten hinaus. Von unten, dem hauswirtschaftlichen Bereich, hört man die Wäscherinnen die Wäsche schrubben und schlagen. Eine von ihnen singt.

Samtsessel, persische Teppiche, ein Toilettentisch aus Mahagoni und ein großes Bett mit geschnitztem Kopfteil.

Vincenzo liegt tief zwischen den Kissen versunken. Trotz des milden Wetters trägt er eine Hausjacke und hat eine Decke über seine Beine gebreitet. Ein halb geschlossenes

Auge blickt ins Leere, eine Hand liegt reglos auf dem schneeweißen Bettzeug. Die andere hingegen findet keine Ruhe, macht sich ohne Unterlass an der Kante des Bettüberwurfs zu schaffen.

Giulia sieht ihn an und hat das Gefühl zu sterben.

Sie sitzt in einem Sessel an seinem Bett, ihre Augen sind trocken. Weinen kann sie nicht mehr, aber sie weiß, dass die Tränen kommen werden. Und wie sie das weiß.

Geh nicht, denkt sie. An einem gewissen Punkt spricht sie es sogar laut aus, doch es ist nur ein leises Flüstern, das er nicht hören kann.

Nein, sie darf nicht daran denken. *Er ist immer noch hier bei mir,* schreit es in ihr. *Bis der Tod ihn mir entreißen wird, werde ich ihn beschützen.* Auf ihrem von Falten durchzogenen Antlitz steht eine Entschlossenheit, die die Tochter der Verzweiflung ist.

Sie sucht nach ihrem Handarbeitskörbchen, nimmt Nadel und Faden und macht mit dem Sticken weiter. Es soll das Taufhemdchen werden, das sie ihrem Sohn und ihrer Schwiegertochter versprochen hat. Der Kleine wird bald auf die Welt kommen – oder wer weiß, vielleicht wird es ein Mädchen? Hauptsache, das Kind ist gesund, so wie der kleine Vincenzo, der gut ein Jahr alt ist.

Ein Lächeln tritt auf ihre Lippen. Ihr Sohn hat alles richtig gemacht: Er hat der Casa Florio sofort einen Erben geschenkt und ihm den Namen seines Vaters gegeben. Damit die Casa Florio immer einen Vincenzo und einen Ignazio hat.

Und er, ihr Vincenzo, die Liebe eines ganzen Lebens, hat ihn gesehen. Er hat ihn auf dem Arm gehalten. Bis Mai hat er das noch gekonnt, kurz nach ihrem Umzug in jene Villa, die einmal der Fürstin von Butera gehört hat; dann spielte sein Körper ihm diesen schrecklichen Streich.

Ein Abend vor etwa vier Monaten. Sie waren bereits im Bett, in genau diesem Zimmer. Giulia hörte, wie Vincenzo sich unter den Decken unruhig herumwälzte.

»Ich fühle mich nicht gut, Giulia«, sagte er auf einmal mit belegter Stimme. Und sie sprang vom Bett und ging zum Lichtschalter – elektrisches Licht, diese Neuheit, die Ignazio installieren ließ, kaum hatte er die Villa gekauft.

Sie sah es sofort. Das verzerrte Gesicht. Das eine Augenlid, schlaff nach unten gesunken. Der schiefe Mund.

Und sie begriff.

Sie lief, um die Haushälterin zu holen. Ein Arzt kam, verabreichte Medikamente. Die Grimasse ist geblieben, ebenso wie die heisere Stimme.

Von diesem Moment an jedoch hat sich etwas an ihrem Mann verändert.

Er hat alle Geschäfte an Ignazio übergeben. Er selbst hätte es niemals zugegeben, doch sein Körper ist nicht mehr bei ihm. Mit seinen nicht einmal siebzig Jahren hat er ihn verraten. Und einem Verräter kann er nicht vertrauen.

Dann, einige Tage nach dem Vorfall, ließ Vincenzo den Notar Quattrocchi kommen, um das Testament aufzusetzen.

»Warum?«, fragte Giulia mit gewisser Nervosität, als der Notar wieder gegangen war.

Und Vincenzo, dort auf seinem Sessel im Arbeitszimmer, schaute sie seltsam an. Gereizt. Und zärtlich zugleich. »Diesmal hat mir Gott der Herr geholfen. Das nächste Mal hingegen… Ich weiß nicht. Ich will nichts in Unordnung lassen.«

Sie beugte sich über ihn und gab ihm einen Kuss auf die

Stirn. »Du wirst gar nichts in Unordnung lassen, weil du dich wieder erholst. Du musst dich nur ausruhen, Vice'. Du bist alt geworden, wie ich auch, und wir müssen jetzt einfach ein wenig kürzertreten.«

»Ja …« Er verzog den Mund. »Kürzertreten«, wiederholte er spöttisch. Dann fügte er noch mit leiser, bitterer Stimme hinzu: »Ich hätte nie gedacht, dass dieser Moment jemals für mich kommen würde.«

Sie umarmten sich.

Giulia spürte seine Angst, und diese Erkenntnis war für sie wie ein Schlag vor die Brust. Auf einmal hatte sie das Gefühl, ihre Kräfte würden sie verlassen, denn dieser Moment führte ihr deutlich vor Augen, wie die Zukunft sein würde: etwas, das zu schrecklich war, um es sich vorzustellen, geschweige denn zu ertragen.

Denn Vincenzo hatte niemals Angst. Vincenzo war stark. Hätte er es gewollt, dann hätte er auch dem Tod die Stirn bieten können.

Doch dann hat sich sein Zustand vor ein paar Tagen verschlechtert, vielleicht ein weiterer Schlaganfall, der die bereits betroffenen Teile des Körpers erneut schädigte. Er kann kaum noch sprechen, isst fast nichts. Nicht einmal der Gedanke, dass sein zweites Enkelkind bald auf die Welt kommt, vermag ihn aus seiner Benommenheit zu reißen. Er kann einfach nicht mehr. Jahre um Jahre des Schuftens, von frühmorgens bis spätabends, Jahre der Anspannung und der Wut fordern ihren Tribut.

Und sie, die ihn liebt, wie keine andere ihn hätte lieben können, weiß, dass dieser Mann, ihr Mann, aufgehört hat zu kämpfen. Dass er müde ist, denn das hier ist für ihn kein Leben. Dass er beschlossen hat zu gehen. Vincenzo, der immer so aktiv war wie ein aufgewühltes Meer, er kann einfach nicht so leben, gefesselt an ein Bett.

Doch Vincenzo ist nicht etwa bewusstlos. Ganz im Gegenteil.

Er erinnert sich.

Vor zwei Jahren, als sein Sohn ihm zum ersten Mal diese Villa gezeigt hat, die inmitten eines riesigen Parks voller Palmen, Drachenbäume und Rosen liegt, durchfuhr ihn ein Schauder. Er bat den Kutscher, noch ein Stück weit den halb zwischen Olivenbäumen verborgenen Weg entlangzufahren, der neben der Hauptstraße verlief.

Und dort stieß er auf ein zerfallenes Haus mit einem längst verwilderten Zitronenbaum, der seine Zweige nach einer Öffnung im Mauerwerk ausstreckte, die schon lange kein Fenster mehr war.

Er stieg aus und machte ein paar Schritte auf die aus den Angeln gehobene Tür zu. »Ja, das ist es«, sagte er mit zitternder Stimme und eng gewordener Kehle.

Ignazio, der hinter ihm ausgestiegen war, betrachtete ihn verwirrt, fast ein wenig furchtsam. »Was denn, Papa? Was ist los?«

Er schluckte, wandte sich um. Einen Moment lang glaubte er, dort zwischen den Bäumen die Gestalt seines Onkels Ignazio zu erkennen, der die Hand nach einem kleinen Jungen ausstreckte.

»Hier. Hier ist mein Vater Paolo gestorben.«

Ignazio betrachtete die Ruine voller Bestürzung. Ein Haus, das gewiss immer schon bescheiden gewesen sein musste, jetzt jedoch nur noch eine armselige Hütte war, eine leere, verlassene Hülse.

Vincenzo verspürte einen Schauder, der aus dem Boden emporstieg und ihm durch und durch ging, mehr eine Vorahnung als ein Zittern.

Genau in dem Moment wusste er, dass dort, wo alles angefangen hatte, auch alles enden würde. Dass das Leben wie ein Kreis ist, der sich irgendwann schließt. Und dass sich auch für ihn bald dieser Kreis schließen würde.

Das Lachen, das seiner Kehle entweicht, ist mehr ein grollendes Gurgeln. Er schlägt mit der noch gesunden Hand auf sein Laken. Das ist also aus ihm geworden: ein Stück Fleisch, das gewaschen und gewindelt wird. Er sieht den schmerzlichen Ausdruck von Giulia, die noch nie in der Lage war, etwas vor ihm zu verbergen. Und das Mitgefühl in den Augen seiner Schwiegertochter, die am Anfang doch regelrecht Angst vor ihm hatte.

Alle hatten Angst vor ihm. Doch jetzt ist er nur noch ein halber Mensch.

Er hebt sein gesundes Auge zur Decke, sucht nach dem Elfenbeinkruzifix. Das andere Auge ist erblindet, es reagiert nicht. Nutzlos. »Christus, lass uns Schluss machen«, flüstert er, doch seine Stimme ist für niemanden zu hören, kaum mehr als ein kehliges Wimmern.

Giulia ist sogleich an seiner Seite. Das Körbchen mit der Handarbeit rollt zu Boden, Garn und Nadeln landen auf dem Teppich. »Geht es dir nicht gut?«, fragt sie. »Vincenzo …«

Mit Mühe dreht er sich zu ihr.

Wie sehr hat er sie geliebt!

Erst in diesem Augenblick begreift er mit absoluter Klarheit, dass diese Frau der einzige Mensch ist, den er jemals an sich herangelassen hat. Giulia war für ihn keine Strafe oder Notlösung, sondern ein Geschenk. Ohne ihre Geduld, ihre Hingabe, hätte er rein gar nichts zustande gebracht.

Gar nichts, denn in ihr hat er genau das gleiche Feuer gesehen, das auch in ihm brannte.

Mit einer gewaltigen Anstrengung zieht er seine gesunde Hand dorthin, wo die ihre liegt. Er greift nach den kleinen Fingern, die voller Runzeln sind. »Habe ich dir genug gegeben?«, fragt er stockend. Es kostet ihn Kraft, deutlich zu sprechen, denn seine Zunge liegt wie totes Fleisch in seinem Mund. »Habe ich dir das gegeben, was du dir gewünscht hast? Hast du alles gehabt?«

Giulia begreift. Sie versteht die undeutlich gesprochenen Worte, die sonst niemand verstehen würde, und weiß, was sie bedeuten.

Tränen verschleiern ihre Augen, denn sie weiß auch, dass er ihr niemals sagen wird, dass er sie liebt. Dann muss sie es eben für beide tun.

Sie setzt sich vor ihn ans Bett, so wie Vincenzo es damals getan hat, als Ignazio auf die Welt gekommen war. Und sie sagt die Worte, die sie niemals gewagt hat, ihm zu sagen, während sie spürt, wie etwas in ihr zerreißt und ihr das Herz bricht. »Ja, mein Liebling. Du hast mich genug geliebt.«

Nur wenige Stunden später trifft ein Botenjunge aus der Via dei Materassai ein und verkündet lauthals, es sei ein Junge geboren worden, wieder ein Junge, und sie würden ihn Ignazio junior nennen. Ein weiterer männlicher Sprössling, der den Fortbestand des Hauses Florio sichern wird.

Vincenzo versteht die gute Nachricht nur mit Mühe. Das Blut in seinem Gehirn stößt immer wieder auf Hindernisse, es sammelt sich an, füllt sich mit immer weniger Sauerstoff, staut sich zwischen der Lunge und dem Herzen.

Er ist mitten in einem Traum.

Er ist wieder in Arenella, zu Füßen der Villa dei Quattro Pizzi. Er ist jung, hat den gesunden Körper eines Dreißigjährigen und einen klaren Blick. Anscheinend ist es Nacht, doch dann hellt sich die Dunkelheit auf, als könnte er dort im Finsteren auf einmal sehen, was ihn umgibt.

Vielleicht ist es ja nur eine Erinnerung, die Reminiszenz an jenes nächtliche Bad, bei dem er das Gefühl hatte, sein ganzes Leben zöge an ihm vorbei.

Er entkleidet sich, springt ins Wasser, schwimmt hinaus. Jetzt scheint die Sonne mit einer solchen Strahlkraft aufs Meer, dass es in den Augen wehtut. Er fühlt sich leicht, stark. Rein, wie nach einer Taufe.

Das Schwappen des Meeres ist das einzige Geräusch, das er wahrnimmt. Er sieht das Fenster von Giulias Schlafzimmer und weiß, dass sie auf ihn wartet. Doch hinter ihm, auf dem offenen Meer, liegt ein kleines Boot mit flachem Boden, mit einem Lateinersegel, das im Wind flattert.

Eine Schifazzo.

Er zuckt zusammen. Am Ruder sitzt sein Vater Paolo. Und dort, seitlich auf dem Boot, bereit, ihn aufzunehmen, steht sein Onkel Ignazio, der ihm winkt und ihm bedeutet, zu ihm zu kommen. Er lacht, ruft.

Vincenzo dreht sich um. Zu Hause wartet Giulia auf ihn. Er kann ihr das nicht antun. Er spürt, wie sehr es ihr wehtut.

Und doch ist diese nach ihm ausgestreckte Hand stärker, sie zieht mehr an ihm als alles andere auf der Welt.

»Komm, Vice'«, ruft ihn der Onkel. Er lacht und ist wieder so jung wie damals, als sie zusammen nach Malta segelten. »Komm.«

Da trifft er seine Wahl.

Mit weiten Schlägen schwimmt er auf das Boot zu.

Giulia weiß es. Sie wird es verstehen.

Und sie wird bald nachkommen.

DANK

Für mich waren Romane immer wie Kinder. Schwierige, manchmal launische Kinder, die einer Mutter unabdingbare Hingabe abverlangen. Und ganz gewiss war dies hier ein besonders anspruchsvolles.

Wie alle Kinder hatte dieser Roman Paten und Patinnen. Vor allem drei Personen muss ich danken: Francesca Maccani, einer wundervollen Frau, die diese Geschichte wieder und wieder mit einer Leidenschaft und einer Hingabe gelesen hat, die ihresgleichen sucht, und mich dabei auf Fehler und Unstimmigkeiten hingewiesen hat; Antonio Vena, einem wertvollen Freund, wie ihn alle Schriftsteller haben sollten, denn er hat die besondere Fähigkeit, über den Text hinauszublicken; und Chiara Messina, die mich selbst in den finstersten Momenten bei Laune gehalten und mir niemals Nein gesagt hat. Sie hat nie damit aufgehört, es »Licht werden zu lassen«.

Ein riesiger, unendlicher Dank gebührt Silvia Donzelli, meiner fantastischen Agentin, der nichts entging und die mit Engelsgeduld auf meine nervösen Anfälle reagierte. Ich weiß nicht, was ich ohne sie gemacht hätte.

Danke an Corrado Melluso, Freund und Ratgeber, auf den ich allergrößte Stücke halte und der eines Tages in Castellammare zu mir sagte: »Du kannst es. Natürlich kannst du es.« Danke dafür, und für alles andere auch.

Danke an Gloria, die mir immer zugehört hat.

Danke an Sara, die diese Seiten kennt wie ihre Westentasche.

Mein Dank geht an Alessandro Accursio Tagano, Angelica und Maria Carmela Sciacca, Antonello Saiz, Arturo Balostro, Teresa Stefanetti und Stefania Cima, und vor allem an den lieben, allerliebsten Fabrizio Piazza: Buchhändler, die niemals aufhörten, mir Mut zuzusprechen, und zu guten Freunden geworden sind.

Danke an alle (in ungeordneter Reihenfolge), die mir bei der Fertigstellung dieses Buches behilflich waren. Claudia Casano für ihre umfassende Beratung, was die Örtlichkeiten im alten Palermo angeht; Rosario Lentini, der mir die Florios in ihrer ganzen Komplexität vorgestellt und mir einen objektiven Blick auf diese außergewöhnliche Familie geschenkt hat; Vito Corte für seine Vorschläge im architektonischen Bereich; sowie Ninni Ravazza, dafür, dass er uns die Welt des Thunfischfangs und der Tonnare auf so einzigartige Weise nahebringt.

Ich danke meiner ganzen Familie, insbesondere meinem Mann und meinen Kindern, die niemals aufgehört haben, an das zu glauben, was ich tat, und mich auf all den Erkundungen, die ich in Palermo (und nicht nur dort) unternahm, begleiteten. Danke auch meiner Mutter und meinen Schwestern, die mich nie nach dem neuesten Stand fragten. Danke, Teresina – sie weiß warum.

Danke, S. C.; Ich weiß, dass du in diesem Moment lächelst.

Danke meinem Verlag, der Casa Editrice Nord, der von Beginn an an dieses Buch glaubte und mich in außergewöhnlicher Weise willkommen hieß. Danke Viviana Vuscovich; ich hätte mir niemand Besseren vorstellen können, der dieses Buch an die Hand nahm und ihm die Welt zeigte. Unser Gespräch unter einem Himmel, der sich nicht zwischen Sonne und Regen entscheiden konnte, wird mir für immer in Erinnerung bleiben.

Danke an Giorgia für ihre Engelsgeduld und ihre exorbitante Feinfühligkeit einer Autorin gegenüber, die immer alles vergisst. Und ich danke Barbara und Giacomo, die mich stützen und unterstützen, die immer an meiner Seite sind und genau wissen, was zu tun ist, wenn ich mal wieder nervös werde. Ihr habt die Casa Editrice Nord für mich zu einem Zuhause gemacht.

Und zum Schluss möchte ich noch meiner Diamantschürferin Cristina Prassi, meiner *magistra,* danken, denn ihr ist es zu verdanken, dass Sie dieses Buch in Händen halten: Ich danke dir für deine Leidenschaft, dein Engagement, für die Schönheit und die Liebe, die du ihm entgegengebracht hast, danke für die guten Worte und die Ruhe, die du mir stets vermittelst. Danke für die Geduld. Danke dafür, dass du meine Stimme gehört hast. Meine Hochachtung für dich ist grenzenlos.

Noch etwas, das Allerwichtigste: Das Buch, das Sie gelesen haben, ist zugleich die Geschichte der Florios und die der Stadt Palermo, einer Stadt, die ich über alles liebe, ebenso wie der Insel Favignana mein ganzes Herz gehört.

Die historischen Fakten über die Florios sind wohl dokumentiert und in Dutzenden von Büchern beschrieben; sie sind der Dreh- und Angelpunkt der Handlung. Dort, wo es keine genaueren Kenntnisse gab, kamen Fantasie und Vorstellungskraft ins Spiel: Kurz gesagt, es wurde ein Roman daraus, und der Wille, einer Familie gerecht zu werden, die ihresgleichen sucht und, im Guten wie im Schlechten, eine ganze Epoche geprägt hat.

Das hier ist auch »meine« Geschichte, in dem Sinn, dass ich sie so geschrieben habe, wie ich mir das alles vorgestellt habe – ohne jemanden in den Olymp zu erheben, habe ich mich tief in diese Zeit hineinversetzt und versucht, nicht nur das Leben einer Familie zu schildern, sondern den Geist einer Stadt und einer ganzen Epoche heraufzubeschwören.

INHALT